Hermann Glaser
Kulturgeschichte
der Bundesrepublik
Deutschland
Band 2

Hermann Glaser
Kulturgeschichte der Bundesrepublik Deutschland

Zwischen Grundgesetz und Großer Koalition 1949-1967

Carl Hanser Verlag

ISBN 3-446-14478-1
Alle Rechte vorbehalten
© 1986 Carl Hanser Verlag München Wien
Umschlag: Rambow Lienemeyer Van de Sand
Unter Verwendung eines Ausschnitts aus dem
dreiteiligen »Großen Strandbild« von Harald Duwe
Satz: LibroSatz, Kriftel
Druck und Bindung: Kösel, Kempten
Printed in Germany

Inhalt

Das große Unbehagen

Die Intellektuellen und der neue Staat

Wirklichkeitsflucht und Realitätsprinzip

Die Dichotomien des Kulturlebens

Anhang

Einleitung

Die zweite Phase der kulturellen Entwicklung im Nachkriegsdeutschland beginnt mit Währungsreform (1948) und Grundgesetz (1949). Eine tiefe Zäsur trennt die Trümmerjahre von der sich nun ausprägenden Wirtschaftswunderwelt. Der Aufbruchseuphorie mit vielen kulturellen Initiativen und Neugründungen unter dem Eindruck der totalen Kapitulation des nationalsozialistischen Deutschland folgte drei Jahre später eine herbe Ernüchterung; es begann zum Beispiel das große Theater- und Zeitschriftensterben. Nicht die materielle Not in den Besatzungszonen der unmittelbaren Nachkriegszeit, sondern der sich entwickelnde neue Wohlstand in der Bundesrepublik Deutschland wurde zur eigentlichen Probe auf die gesellschaftliche Verankerung der Kultur. Die Jahre 1945 bis 1948 bilden »eine kulturelle Zwischenphase, eine Etappe der Kulturgeschichte, die nach beiden Seiten hin, zum Nationalsozialismus ebenso wie zur Konsolidierung der sich herausbildenden Bundesrepublik Deutschland, abgegrenzt ist. Nur eine Verschnaufpause vieler Deutscher bei ihrer Umorientierung vom politischen Größenwahn zur wirtschaftlichen Kraftentfaltung? Oder ein Zeitraum der Besinnung, in dem, wie verdeckt und versteckt auch immer, Fundamente gelegt wurden für die Kultur der Bundesrepublik Deutschland?« – so Herfried Münkler in einem Resümee des ersten Bandes dieser *Kulturgeschichte der Bundesrepublik Deutschland*. Nach einer materiell tristen, kulturell jedoch innovatorisch-regsamen Inkubationszeit erfolgte die Geburt der Republik aus dem Geiste des Aufbruchs und des Willens zur Regeneration; zugleich formierten sich starke restaurative Kräfte. Das »Prinzip Hoffnung« konnte nicht vom Kopf auf die Füße gestellt werden.

Die Antwort auf die Frage, was aus Deutschland werden solle, hatten die Alliierten auf den Konferenzen von Jalta (Februar 1945) und Potsdam (17. 7. - 2. 8. 1945) wegen unterschiedlicher Interessenlage, damit auch verschiedene Friedensziele verfolgend, nicht eindeutig beantworten können. Deutschland war eine Tabula rasa, die zur Gestaltung lockte, aber auch zum Streit reizte. »Kenner der Materie betonen zu Recht, daß im Mai 1945 das Schicksal der besiegten Nation (und damit die Lösung ihrer Probleme) völlig offen war und daß darüber hinaus den vier Siegern die politische, die gesellschaftliche und die wirtschaftliche Struktur Deutschlands gewissermaßen ›zur Disposition‹ stand. Hier bot sich ein Betätigungsfeld eigener Art wie nie zuvor in der deutschen Geschichte.« (Thilo Vogelsang)

Gemeinsamkeit bestand in der Absicht, den deutschen Militarismus und Nazismus auszurotten und Maßnahmen zu ergreifen, damit Deutschland, wie es im Kommuniqué des Potsdamer Abkommens vom 2. August 1945 hieß, »niemals mehr seine Nachbarn oder die Erhaltung des Friedens in der ganzen Welt bedrohen« könne. Die Auffassung amerikanischer Progressiver, das deutsche Junkertum wie das deutsche Großkapital müsse zerschlagen werden, deckte sich zwar weitgehend mit dem von der Sowjetunion propagierten Kampf gegen

Junker, Monopole, Großgrundbesitzer und Großbourgeoisie; die Eigenmächtigkeit, mit der Stalin das Gebiet östlich der Oder-Neiße-Linie aus der russischen Besatzungszone und damit aus der Zuständigkeit des Alliierten Kontrolrates herauslöste (was nicht die Zustimmung Amerikas und Englands fand, aber als »de-facto«-Annexion hingenommen wurde), beeinträchtigte jedoch, zusammen mit der allgemeinen »Klimaverschlechterung«, auch diesen Konsens. Der zum sowjetrussischen Weltmachtanspruch korrespondierende Antikommunismus, vor allem der USA, bewirkte verhältnismäßig früh eine Wende in der Politik der Westalliierten gegenüber ihren Besatzungszonen.

Das Potsdamer Abkommen stellte fest, daß Deutschland während der Besatzungszeit als eine wirtschaftliche Einheit zu betrachten sei. Doch schon bei den Reparationen ergab sich eine unterschiedliche Vorgehensweise; der Westen hielt sich mehr als der Osten an die »wirtschaftlichen Grundsätze« der Vereinbarung, wonach den Deutschen genügend Mittel belassen werden sollten, um ohne eine Hilfe von außen existieren zu können. Die polit-moralische Absicht, dem deutschen Volk zu ermöglichen, sein Leben auf demokratischer und friedlicher Grundlage wiederaufzubauen, so daß es »zu gegebener Zeit seinen Platz unter den freien und friedlichen Völkern« einzunehmen in der Lage sei, erfuhr auf westlicher Seite eine nicht unwesentliche Verstärkung aufgrund realpolitischer Gegebenheiten; ein neuer westlich orientierter Teilstaat konnte zum Bundesgenossen gegenüber dem Osten werden. Die Konturen eines geteilten Deutschland bildeten sich heraus − ein Factum brutum, das freilich im idealistischen Überbau des Grundgesetzes nicht akzeptiert und später aufgrund schlechten Gewissens (in Hinblick auf die mit der Westbindung Hand in Hand gehende rasche wirtschaftliche Konsolidierung) verdrängt wurde.

»Bewegt von der Hoffnung aller Deutschen« − diese Formulierung aus der Präambel eines Grundgesetzentwurfes vom Oktober 1948 ging zwar nicht in die endgültige Fassung ein; doch ist damit treffend umschrieben, was, im Sinne politischer Kultur, die 1949 einsetzende neue Phase der kulturgeschichtlichen Entwicklung idealtypisch charakterisiert: nämlich die Erwartung, daß nun ein Staat entstehen werde, der sich zu den Prinzipien einer umfassenden Humanität bekenne. Nach dem mißglückten Versuch der Weimarer Republik sollten nun die im Ideenhimmel des deutschen Geistes seit langem angesiedelten Vorstellungen von der Würde des Menschen, von Freiheit, Gleichheit, Brüderlichkeit konkret und auf Dauer gesellschaftliche Realität werden. Die »verspätete Nation« schien − zwar nicht bewirkt durch eigenes Handeln, sondern als Folge des Sieges der Alliierten − den Anschluß an die demokratische Entwicklung gefunden zu haben. Die andere Hälfte Deutschlands war davon freilich, wie sich bald zeigte, ausgeschlossen; die Hoffnung *aller* Deutschen ging jedenfalls nicht in Erfüllung.

Die Politiker des neuen westdeutschen Staates, der nur langsam vom Gängelband der westlichen Siegermächte loskommen konnte, zeigen ein insgesamt eindrucksvolles Profil. Allerdings wurde das geistige Prinzip, das die Bundesrepublik in Absage an die Machtpolitik der vergangenen Jahrzehnte bestimmen sollte und das in Theodor Heuss als Bundespräsidenten einen höchst bedeutsamen Repräsentanten fand, bald von materialistischen Tendenzen überlagert. So verständlich es auch war, daß die mit der Währungsreform gegebenen wirtschaftlichen Chancen voll genutzt wurden –, die Hoffnungen und Erwartungen, daß die geistigen und kulturellen Errungenschaften der Trümmerzeit, als Erbschaft einer Zeit der »schönen Not«, nun eingebracht und in ihrer Fortwirkung verstärkt würden, hätten deshalb nicht enttäuscht werden müssen.

Thomas Manns appellativer Feststellung in einer Rundfunksendung aus dem amerikanischen Exil am 10. Mai 1945, daß Macht nicht alles, nicht einmal die Hauptsache sei – »nie war deutsche Würde eine bloße Sache der Macht; deutsch war es einmal und mag es wieder werden, der Macht Achtung, Bewunderung abzugewinnen, durch den menschlichen Beitrag, den freien Geist« –, einem solchen Diktum entsprach nicht die Realität des rapiden Wiederaufstiegs. Der Traum vom Wohlstand erwies sich geradezu als Obsession; alliierte Gunst und deutsche Tüchtigkeit machten daraus Wirklichkeit. Die neue Egozentrik hatte freilich die Bereitschaft zum Pendant, die im Grundgesetz niedergelegten sozialstaatlichen Grundsätze, wenn sie durch ein mutiges Parlament gesetzgeberisch festgelegt wurden, zu akzeptieren; der »Lastenausgleich« etwa, der die soziale, wirtschaftliche und politische Integration von Millionen Kriegsgeschädigter, vor allem Heimatvertriebener, bewirkte, erwies sich dabei als eine höchst bedeutsame Bewährungsprobe, die das neue Staatswesen eindrucksvoll bestand.

Die kulturellen Güter spielten freilich im »schwitzenden Idyll« bundesrepublikanischer Expansion, in dem man mehr nach den Preisen als nach den Werten fragte, keine besondere Rolle; lediglich als Teil des Sozialprestiges hatten sie die Chance, von den um Aufstieg bemühten Massen »befördert« zu werden. Konrad Adenauer steht für eine Phase gesellschaftlicher Restauration und damit geistiger Stagnation; diese verlief zwar politisch gediegen – Bonn war nicht Weimar; er konnte aber die kritische Intelligenz nicht an sich binden. Geprägt von der Unruhe und Vielfalt der Trümmerzeit, wollte man sich nicht auf ein »Keine Experimente!« festlegen lassen.

Das kulturelle Leben der sich konstituierenden und dann florierenden Bundesrepublik entfaltete sich als Opposition zum »Zeitgeist«. Im »Land der großen Mitte« siedelte es am Rande; von der Peripherie her entwickelte es jedoch eine auflockernde, der Stereotypie entgegenwirkende Kraft. Vor allem sorgte ein linker Feuilletonismus, der aus den Bereichen narzißtischer Unverbindlichkeit in die Zonen politischer Bedeutsamkeit vorstieß, für »Skandale«, die der allgemeinen Saturiertheit entgegenwirkten. Diese gegenläufige Kultur, die die für Deutschland charakteristische Kluft zwischen Geist und Macht wieder in aller Deutlichkeit zutage treten ließ, bemühte sich auch intensiv darum, daß der im Wirtschaftswunderrausch gedanken- und geschichts-los werdenden Gesellschaft die »Fähigkeit zu trauern« nicht vollends verloren ging; doch dominierte die Verdrängung; als gar 1954 die Bundesrepublik Fußball-Weltmeister wurde, schien ihrem Geltungsanspruch keine Grenzen mehr gesetzt. Anarchische Rock-Musik und Halbstarkenkrawalle konnten das Behagen in der zunehmend amerikanisierten Zivilisation wenig beeinträchtigen.

Vor allem die Literatur beklagte, daß dem wirtschaftlichen Wachstum kein seelisches entspräche. Der real existierende Kapitalismus förderte anpasserische und denunzierte querdenkende, gegen Leistungsdruck und Konkurrenzkampf angehende aufklärerische Bemühung.

Ein eigener »Wirtschaftswunderstil« war damit nicht ausgeschlossen; er orientierte sich geschickt an internationalen Standards und vermittelte den Eindruck eines »swinging Germany«. Häßlichkeit verkaufte sich eben schlecht. So erhielten die Entwürfe vom besseren Leben ein Styling, das in allen Lebensbereichen der »schönen Form« huldigte. Unter dem Einfluß der abstrakten Kunst nahm die bundesrepublikanische Kultur spielerische Züge an. Schönheitskönigin und Mädchenwunder, Kunststoffarbigkeit und Liebe zur Geometrie überlagerten den gleichermaßen präsenten dumpfen Provinzialismus.

Die Nierentisch-Ära zeigte eine auflockernde Urbanität, die zwar nicht derjenigen der zwanziger Jahre gleichkam, dafür jedoch diese demokratisierte und so der Allgemeinheit erschloß. Dazu kam ein gleichermaßen »bewegliches«, sozusagen mediterranes Bewußtsein, das die faschistische Blut-und-Boden-Ideologie auflösen half. Die Übergänge vom Oberflächen-Ästhetizismus in eine den Formalismus transzendierende, Gedankenräume sinnlich erschließende Aleatorik, dann in eine Ästhetik zum Protest gegen eine »falsche Wirklichkeit« umformende Gesellschaftskritik sind fließend. Ende der sechziger Jahre jedenfalls werden erstarrte Verhältnisse zum Tanzen gebracht. Eine ungeratene Generation verspottet Angepaßtheit und vertraut kritischem »Volksvermögen«. Politische Phantasie soll nun an die Macht kommen. Mit Ungeduld und rhetorischem neomarxistischen Überschwang beginnt man den langen Marsch durch die Institutionen, der freilich nur ein paar Sommer dauert.

Das Kulturleben zwischen Grundgesetz und Großer Koalition läßt sich dichotomisch beschreiben. An einigen Sektoren erläutert: Der alte Film betreibt Wirklichkeitsflucht; der junge Film wendet sich gesellschaftlichen Realitäten zu. Theater etabliert sich als Musentempel – und begreift sich als Werkstatt. In Konfrontation zum Eskapismus wenden sich »Literaturproduzenten« gegen den affirmativen Literaturbetrieb. Die Philosophie lebt eingekapselt im »Reich der Werte«; zugleich entwickelt sich eine kritische Theorie des Gesellschaftsverständnisses. Die Theologie bleibt dem Juste milieu verhaftet; doch greift Entmythologisierung um sich. Die Pädagogik versagt sich der Reform; aber die Schüler proben den Aufstand . . .

Der Blick zurück auf die fünfziger und sechziger Jahre geschieht häufig im Zorn: Die innere Regeneration habe nicht stattgefunden, sei vom Wirtschaftswunder erstickt worden. Man unterschätzt dabei die Beweglichkeit der Epoche, übersieht das Spannungsfeld, das sich zwischen den Polen Stagnation und Irritation ausbildete. Die Umbrüche, die sich Ende der sechziger Jahre einstellten, waren nicht nur Reaktion auf eine Phase der Erstarrung, sondern auch Ergebnis des diese Jahre prägenden Zeitgeistes, der sich in einem transitorischen Zustand befand.

Wie im ersten wird auch in diesem zweiten Band den Entwicklungssträngen des geistigen Geschehens erzählend nachgegangen. Auf kritische Analyse wird nicht verzichtet; doch ist phänomenologische Vermittlung das Hauptanliegen. Die Wirtschaftswunderzeit bedarf des rückblickenden »kritischen Kritikers« kaum, hat sie doch (etwa in der »kritischen Theorie«) das Instrumentarium für die Einsicht in ihre eigenen Verhältnisse und Bedingtheiten selbst entwickelt. Wer die kulturellen Entwicklungen dieser Phase nachzeichnet, erfährt somit, gewissermaßen immanent, nicht nur: wie es war, sondern auch: wie es hätte sein können, hätte sein sollen.

Trotz der Materialfülle, die ausgebreitet wird, geht es nicht um Vollständigkeit der Fakten, sondern um Begründungszusammenhänge – verdichtet in Knotenpunkten, von denen aus die kulturelle Vielfalt der Zeit aufgerollt wird. Einerseits bündeln solche Knotenpunkte auf übergreifende Weise, also unabhängig von »Spartenzugehörigkeit«, die Erscheinungen einzelner Kulturbereiche; andererseits ist das künstlerische Werk, das kulturelle Ereignis auch hinsichtlich seines Stellenwertes innerhalb des jeweiligen Genres beziehungsweise der jeweiligen Gattung zu betrachten.

Die Darstellung des Bandes ist somit doppelwertig; es finden sich Kapitel, die nach übergreifenden Gesichtspunkten gegliedert, und solche, die auf bestimmte Kulturbereiche ausgerichtet sind; daraus ergeben sich Überlappungen; doch ist eben Wirklichkeit nicht linear zu begreifen, sondern bedarf entsprechender konvergierender Beschreibungen. Wer eine stärkere geschichtliche, vielleicht gar chronologische Folge erwartet oder wünscht, sei daran erinnert, daß historische Kausalität, soweit es eine solche überhaupt gibt, bei einem Zeitraum von rund zwanzig Jahren kaum herausgearbeitet werden kann. Natürlich korrespondieren gewisse kulturelle Erscheinungen mit zeitlich nacheinander ablaufenden politischen Ereignissen; viel charakteristischer für die Kultur dieses Zeitraumes ist jedoch nicht vertikale Schichtung, sondern horizontale Gleichzeitigkeit; in diesem Sinne begreift sich die Darstellung als Kulturtopographie (wobei selbstverständlich die einzelnen markanten Kulturformationen jeweils auch auf ihren zeitlichen Entstehungsgrund hin interpretiert werden).

Eine Kulturgeschichte muß, wenn sie nicht als Sammelband vieler Fachleute, sondern als Zusammenschau eines einzelnen Autors konzipiert ist, auf den Anspruch enzyklopädischer Vollständigkeit verzichten. Dementsprechend erzählt dieses Buch Kulturgeschichte an Hand ausgewählter Beispiele: Um Mißverständnissen vorzubeugen, sei darauf verwiesen, daß es sich also nicht um eine Wirtschafts-, Ideologie-, Gesellschafts- und Politikgeschichte, auch nicht um eine Kunst-, Literatur-, Musikgeschichte handeln kann. Entwicklungs*tendenzen* stehen im Mittelpunkt, der Blick der Darstellung ist auf Landschaften, Umbrüche, Verwerfungen, nicht auf einzelne Berge, Wälder, Täler gerichtet. »Vermessungsfehler« sind bei solchen Perspektiven wohl nicht zu vermeiden; doch hat sich der Verfasser, wenn auch auswählendes Subjekt (zudem Zeitgenosse dieser Epoche), darum bemüht, die objektiven Materialien sprechen zu lassen. Leserin und Leser können so – wenig gegängelt, aber konkret informiert – verhältnismäßig leicht die ihnen angebracht erscheinenden Akzentuierungen und Wertungen selbst vornehmen.

Junge vor Schaufenster, Anfang der fünfziger Jahre

Politische Kultur und geteilte Nation

Macht ist nicht alles

Kurz nach seiner Rückkehr aus dem amerikanischen Exil veröffentlichte Theodor W. Adorno einen Artikel in den *Frankfurter Heften*, der nach der »Auferstehung der Kultur in Deutschland« fragte (Mai 1950).[1] Der Beitrag resümiert die kulturelle Befindlichkeit, wie sie sich aus der Trümmerzeit ergeben hatte; die Zukunft des Geistes in der neugegründeten Bundesrepublik wird kritisch »hinterfragt«, vieles von dem antizipiert, was in der Adenauer-Ära Stagnation und Restauration ausmachte. Der Intellektuelle, der nach langen Jahren der Emigration Deutschland wiedersehe, sei zunächst von dem geistigen Klima überrascht. Man erwartete, daß der nackte Zwang zur Selbsterhaltung während des Krieges und der ersten Jahre danach dem Bewußtsein das gleiche angetan habe, was den Städten durch die Bomben widerfuhr. Man setzte Stumpfheit, Unbildung, zynisches Mißtrauen gegen jegliches Geistige voraus; man rechnete mit dem Abbau von Kultur, dem Verschwinden der Teilnahme an dem, was über die tägliche Sorge hinausgehe. Davon könne aber keine Rede sein. Die Beziehung zu den geistigen Dingen sei stark. Die Menschen »sind auf sich selbst und die eigene Überlegung zurückgeworfen. Sie stehen gleichsam unter dem Zwang zur Verinnerlichung. Daher die intellektuelle Leidenschaft.«

Adorno ist vor allem überrascht, daß die Studenten eine leidenschaftliche Teilnahme an den sachlichen Fragen zeigten. Die Desorientierung nach dem totalen Zusammenbruch der totalen Herrschaft weckte das Bedürfnis, sich durch Besinnung und Nachdenken wieder zurechtzufinden, nachdem das bloße Nachdenken bereits als Volksfremdheit und Eigenbrötelei unter Strafe gestellt worden war. Als der Druck der anbefohlenen Kollektivierung von den Menschen genommen war, erzeugte er die Gegentendenz, für sich allein zu sein oder sich auf eine selbst gewählte intime Gemeinschaft zu beschränken. Das Glück des sich selbst genießenden Geistes, dem gerade der Zurückkehrende sich nur allzu willig überlasse, dem Glück im Gewinkel altertümlicher Städtchen vergleichbar, sei jedoch auch von dem gefährlichen und zweideutigen Trost der Geborgenheit im Provinziellen geprägt. Die deutsche Situation gebiete unabweislich die geistige Neuorientierung; die vorhandene geistige Leidenschaft kümmere sich jedoch wenig um die eigentlichen Fragen, an denen eine Neuorientierung sich bewähren könne. »Man zelebriert einen Heroismus an sich als Ideal richtigen Menschentums.« In der unmittelbaren Nachkriegszeit habe man in einem Rausch des Wiederentdeckens vor allem Schutz beim Herkömmlichen und Gewesenen gesucht. Den überlieferten ästhetischen Formen, der traditionellen Sprache, dem überlieferten Material der Musik, ja selbst der philosophischen Begriffswelt aus der Zeit zwischen den beiden Kriegen wohne jedoch keine rechte Kraft inne; sie würden Lügen gestraft von der Katastrophe jener Gesellschaft, aus der sie hervorgingen. Die Neutralisierung der Kultur, die man beförderte, indem man sie blind bewahrte, hat Max Frisch »Kultur als Alibi« genannt. Befreit vom nationalsozialistischen kulturellen Zwangskonsum (wesentliches Merkmal der Ästhetisierung der Barbarei) übernahm man freiwillig ein ganzes Lager von Begriffen und Bildern aus dem autoritären Bereich. »Die Welt ist aus den Fugen, aber die Fugen sind mit träger Masse ausgefüllt; die Kultur ist in Trümmern, aber die Trümmer sind weggeräumt, – wo sie noch stehen, sehen sie aus, als wären sie ehrwürdige Ruinen.«

In einem Augenblick, da die neugegründete »Bundesrepublik Deutschland« den Versuch unternahm, wieder zum politischen Subjekt zu werden, konstatierte Adorno, daß der Begriff der Nation angesichts der geistigen und materiellen Produktivkräfte der Menschheit sich überlebt habe. »Der Geist wird lebendig sein in dem Augenblick, in dem er nicht länger sich bei sich selber verhärtet, sondern der Härte der Welt widersteht.«

Im Dritten Reich waren die Menschen zu Anhängseln der undurchsichtigen Staatsmaschinerie gemacht worden; nun sollte die Starre durch einen politischen Selbstfindungsprozeß gelöst werden. Das »Grundgesetz für die Bundesrepublik Deutschland« – von den westlichen Alliierten initiiert, von einem Verfassungskonvent in Herrenchiemsee vorbereitet, vom Parlamentarischen Rat ausgearbeitet, verabschiedet und am 23. Mai 1949 verkündet – war »bewegt von der Hoffnung aller Deutschen«. Zwar war diese Formulierung, wie sie der Grundsatzausschuß im Parlamentarischen Rat für die Präambel des Verfassungswerkes vorgeschlagen hatte, mit ihrem »edlen Pathos« in der endgültigen Fassung nicht mehr anzutreffen; doch spiegelte das Verfassungswerk den festen Willen der demokratischen Kräfte, vereint das staatliche Schicksal zu meistern. Der deklamatorische Charakter des »Vorspruchs« verstand sich als Option auf einen nationalen Zustand politischer Sittlichkeit, der endgültig, zumindest im Ideenhimmel derjenigen, die die innere Erneuerung erstrebten, den Unrechtsstaat des Nationalsozialismus überwinden sollte:

»Im Bewußtsein seiner Verantwortung vor Gott und den Menschen,
von dem Willen beseelt, seine nationale und staatliche Einheit zu wahren und als gleichberechtigtes Glied in einem vereinten Europa dem Frieden der Welt zu dienen . . .«[2]

Vor allem die Grundrechte, im natürlichen Recht wurzelnde, vom positiven Recht nicht geschaffene, sondern dem positiven Recht vorgegebene Menschenrechte, machten deutlich, daß hier ein Staat und eine Gesellschaft geschaffen werden sollten, die auf einem ethischen Fundament basierten. Es galt, die Erstarrung in real- und machtpolitischen Kategorien, die immer wieder den »bösen Wunsch nach schrankenloser Herrschaft« bewirkt hatten, zu transzendieren – auf ein Ordnungsgefüge hin, das seinen Sinn in einem humanen Menschenbild findet. »Die Würde des Menschen ist unantastbar«, heißt es in Artikel 1 des Grundgesetzes; sie zu achten und zu schützen sei Verpflichtung aller staatlichen

Gewalt. »Das deutsche Volk bekennt sich darum zu unverletzlichen und unveräußerlichen Menschenrechten als Grundlage jeder menschlichen Gemeinschaft, des Friedens und der Gerechtigkeit in der Welt. Die nachfolgenden Grundrechte binden Gesetzgebung, Verwaltung und Rechtsprechung als unmittelbar geltendes Recht.« Damit, wie in den nachfolgenden Artikeln, wurde unverrückbar kodifiziert, was Thomas Mann (und viele andere mit ihm) als deutsche Selbstbesinnung erhofft und gefordert hatten. Furchtbarer, schwer zu tilgender Schaden sei dem deutschen Namen zugefügt und die Macht verspielt worden, sagte er in einer Rundfunkrede am 10. Mai 1945; »aber Macht ist nicht alles, sie ist nicht einmal die Hauptsache, und nie war deutsche Würde eine bloße Sache der Macht. Deutsch war es einmal und mag es wieder werden, der Macht Achtung, Bewunderung abzugewinnen, durch den menschlichen Beitrag, den freien Geist.«[3]

Das ungeteilte Deutschland war gemeint: Die bewegende Kraft einer freiheitlichen, demokratischen Grundordnung sollte die Erstarrung als Folge einer immer mehr sich entwickelnden Ost-West-Spannung überwinden helfen. »Das ganze Deutsche Volk bleibt aufgefordert, in freier Selbstbestimmung die Einheit und Freiheit Deutschlands zu vollenden.« »Es scheint fürwahr ein großer Augenblick der Geschichte zu sein«, hieß es in einem redaktionellen Kommentar der Zeitschrift *Die Gegenwart* am 1. November 1948 zu einem zuvor veröffentlichten Grundgesetzentwurf des Parlamentarischen Rates. »Das deutsche Volk, in seinem Antlitz seit Jahrzehnten entstellt, zur doppelköpfigen Mißgeburt entartet, die in den alten Zeiten als Vorbotin des Unheils galt, dieses Volk beschließt. Es beschließt ein Grundgesetz seines Lebens. Seine Vertreter in Bonn wirken – so will es die Präambel – ›getragen von dem Vertrauen und bewegt von der Hoffnung aller Deutschen‹.« Kein Deutscher werde sich gegen das Notdach erheben, das nun für Deutschland gebaut werde; aber viele Deutsche würden wünschen, daß es ohne große Worte und ohne den großen Anruf an die »Hoffnung aller Deutschen« geschehe.[4] Es geschah nicht. Zudem wurde das gespaltene Deutschland zur politischen, wirtschaftlichen und kulturellen Wirklichkeit. Ungeachtet der aus einem solchen Factum brutum entstehenden, sich immer mehr verstärkenden, aber dann auch immer mehr verdrängten Enttäuschung über die neue »Starre«, erwies sich das Grundgesetz als die entscheidende kulturelle Leistung der nun anhebenden zweiten Phase der Nachkriegsentwicklung.

Der Staat sei um des Menschen willen da, nicht der Mensch um des Staates willen, hatte es im Verfassungsentwurf des Beratenden Konvents von Herrenchiemsee geheißen. Gerechtigkeit als überwölbendes Prinzip schloß Sozialstaatlichkeit (mit der Sozialpflicht des Staates) ein. Freiheit und Gleichheit wurden vielfältig aufgefächert – als Recht auf freie Entfaltung der Persönlichkeit, als Recht auf Leben und körperliche Unversehrtheit, als Gleichheit vor dem Gesetz, als Gleichberechtigung von Mann und Frau, als Freiheit des Glaubens und des Gewissens, als Recht auf Kriegsdienstverweigerung aus Gewissensgründen, als Meinungsfreiheit, als Freiheit von Kunst, Wissenschaft, Forschung und Lehre, als Organisations- und Versammlungsfreiheit, als Recht auf Freizügigkeit, Berufswahl und Wahl der Ausbildungsstätte; das Eigentum sollte verpflichten, sein

Gebrauch dem Wohle der Allgemeinheit dienen. Wer freilich die Freiheit der Meinungsäußerung – im besonderen die Pressefreiheit –, die Lehrfreiheit, die Versammlungsfreiheit, die Vereinigungsfreiheit, das Brief-, Post- und Fernmeldegeheimnis, das Eigentum oder das Asylrecht zum Kampf gegen die freiheitlich-demokratische Grundordnung mißbrauche, verwirke diese Grundrechte. »Die Verwirkung und ihr Ausmaß werden durch das Bundesverfassungsgericht ausgesprochen.«

Die bewegende Kraft der rechts- und sozialstaatlichen Fundierung der Bundesrepublik wurde als solche freilich nur unzulänglich wahrgenommen. Man hatte sich in eindimensionaler Innerlichkeit eingerichtet; urbane Komplexität wirkte in der selbstgewählten Enge mit dem »gefährlichen und zweideutigen Trost der Geborgenheit im Provinziellen« eher beunruhigend als ermutigend. Die Demoskopie, jene in Westdeutschland sich damals gerade etablierende empirische Wissenschaft, brachte eine überraschende und erschreckende Gleichgültigkeit der Bevölkerung an den Tag:

»Im März 1949 war 40 Prozent der künftigen ›Bundesdeutschen‹ die kommende Verfassung gleichgültig, 33 Prozent zeigten sich mäßig interessiert und nur 21 Prozent erklärten, sie seien ›sehr interessiert‹. Im Mai 1955 – das Grundgesetz war sechs Jahre alt, das Besatzungsstatut soeben erloschen, die Bundesrepublik souverän geworden – hielten 30 Prozent der Deutschen in der Bundesrepublik das Grundgesetz für gut, 5 Prozent hielten es für nicht gut, unentschieden waren 14 Prozent und 51 Prozent gaben zu Protokoll: ›Kenne die Verfassung nicht.‹«[5]

Adenauer, der Patriarch

Am 15. September 1949 wurde der 73jährige Konrad Adenauer – 1917 bis 1933 Oberbürgermeister von Köln, seit 1946 Vorsitzender der CDU in der britischen Zone, 1948 bis 1949 Präsident des Parlamentarischen Rates – mit 202 gegen 142 bei 44 Enthaltungen und einer ungültigen Stimme (bei 402 Abgeordneten), das heißt mit einer Mehrheit von einer (seiner eigenen) Stimme, zum Bundeskanzler gewählt. Oppositionsführer wurde Kurt Schumacher (SPD). Vorausgegangen war am 14. August 1949 die Wahl zum Ersten Bundestag, bei der CDU/CSU 139 Mandate (31%), SPD 131 Mandate (29,2%), FDP 52 Mandate (11,9%) erhielten. Adenauer bildete sein erstes Kabinett als Koalitionsregierung mit Ministern von CDU/CSU, FDP und DP (Deutsche Partei).

Die politische Tätigkeit, so Adenauer am 23. April 1946 an einen nahen Freund, die er auf sich nehmen müsse, weil schlechthin kein anderer da sei, erweise sich als sehr aufreibend, körperlich anstrengend und sehr undankbar. »Ich suche ihr zu entgehen, sobald ich es irgendwie verantworten kann. Das ist ja überhaupt das Verhängnis für Deutschland, daß die alte Generation überall an die Spitze muß. Die mittlere Generation fällt nahezu vollständig aus, weil sie in der Partei war. Die junge Generation ist nicht urteilsfähig, weder in politischer noch einer sonstigen Hinsicht. Sie muß völlig umerzogen werden . . .«[6]

Ein Patriarch war an die Spitze des Staates getreten, der, wie seine erste Regierungserklärung deutlich machte, die soziale Marktwirtschaft in Frontstellung zur Planwirtschaft auszubauen beabsichtigte. »Das deutsche Volk hat sich im Wahlkampf mit großer Mehrheit gegen die Planwirtschaft ausgesprochen. Eine Koalition zwischen den Parteien, die die Planwirtschaft ablehnen, und denjenigen, die sie bejaht haben, würde dem Willen der Mehrheit der Wähler entgegengerichtet gewesen sein.« Der Wohnungsbau und die Landwirtschaft seien zu fördern, die industriellen Demontagen einzuschränken oder einzustellen, die Heimatvertriebenen und Kriegsgeschädigten zu integrieren. Die Förderung der Kapitalbildung, und zwar von Sparkapital wie von Betriebskapital, werde vordringlichstes Ziel sein. »Der Wiederaufbau unserer Wirtschaft aber ist die vornehmste, ja einzige Grundlage für jede Sozialpolitik und für die Eingliederung der Vertriebenen. Nur eine blühende Wirtschaft kann die Belastungen aus dem Lastenausgleich auf die Dauer tragen.« Adenauer erklärte, daß man sich unter keinen Umständen mit einer von Sowjetrußland und Polen festgelegten Oder-Neiße-Linie als Grenze und der damit vorgenommenen Abtrennung deutscher Gebiete abfinden werde. Der deutsch-französische Gegensatz, der Hunderte von Jahren die europäische Politik beherrscht habe, müsse endgültig aus der Welt geschafft werden. Er gedachte mit besonderem Dank der Vereinigten Staaten von Amerika und leitete damit die Westintegration ein (die für ihn Vorrang vor der nationalen Wiedervereinigung hatte). »Ich glaube nicht, daß jemals in der Geschichte ein siegreiches Land es versucht hat, dem besiegten Lande in der Weise zu helfen und zu seinem Wiederaufbau und seiner Erholung beizutragen, wie das die Vereinigten Staaten gegenüber Deutschland getan haben und noch tun.«[7]

Adenauers konservativer, katholischer Lebenszuschnitt, sein anti-preußisches, dem Nationalstaat skeptisch gegenüberstehendes Geschichtsverständnis, seine patriarchalisch bzw. paternalistisch geprägten Sozial- und Gesellschaftsvorstellungen machten ihn zur Leitfigur einer Mehrheit der Bevölkerung, die mehr an wirtschaftlichem Aufstieg denn an kultureller Vielfalt interessiert war. Materielle Konsolidierung und Solidität waren wichtiger als geistig-kulturelle Dialektik. Der Widerstand gegen die »Härte der Welt« war weniger gefordert als die pragmatische Anpassung an Gegebenheiten und die Absicht, durch entsprechenden Konformismus das Beste, jenseits des »Traums von Macht und Größe«, aus der schwierigen Situation zu machen.

Die Bundesrepublik Deutschland habe einen vierfachen Ursprung, stellt Hans Maier fest. Von der Volksgeschichte her gesehen sei ihre Gründung ein Ergebnis der Verlagerung des deutschen Volkes nach Westen, als Folge des Zweiten Weltkrieges; von der Staatsgeschichte her ein Ergebnis des Zusammenbruchs des deutschen Nationalstaates in seiner alten, von Bismarck geprägten Form; innenpolitisch und verfassungsgeschichtlich stelle sie einen Versuch dar, an ältere Traditionen des Rechtsstaates und des Föderalismus, unter Absage an moderne

Keine Experimente!
Konrad Adenauer CSU

Plakat zum Bundestagswahlkampf 1957

zentralisierte Staatlichkeit, anzuknüpfen; außenpolitisch habe sich ihre Entstehung in einem Vakuum der Entscheidungsfreiheit, das nur nach Westen hin bescheidene Schritte zuließ, vollzogen.[8]

So jedenfalls empfand Konrad Adenauer die geschichtliche Situation, in der sich Deutschland befand. Mit großer Zähigkeit, List und Härte setzte er seine Vorstellungen in politisches Handeln um – und errang dabei geradezu populistische Erfolge. (1950 zum Vorsitzenden der CDU gewählt, erhielten er und die von ihm repräsentierten Parteien der CDU/CSU 1953 bei der Wahl zum zweiten Bundestag 45,2% der Stimmen, bei der Wahl zum Dritten Bundestag 1957 50,2%.) Es war dabei charakteristisch, daß Adenauer den Wahlkampf 1957 mit dem Slogan »Keine Experimente!« führte. Der amerikanische Journalist und Publizist William S. Schlamm bezeichnete es 1959 (er war zu dieser Zeit Kolumnist beim *Stern*) als einen unheimlichen Glücksfall für Deutschland und den ganzen Westen, daß das erste Jahrzehnt der deutschen nachnazistischen Rekonvaleszenz von der ruhigen Männlichkeit Dr. Konrad Adenauers bestimmt worden sei. »Der steife, autoritäre, konservative, einwandfreie und sogar irgendwie arrogante Dr. Adenauer war genau der Mann, den die nervenzerrütteten Deutschen brauchten. Daß es ihn gab, als sie ihn brauchten, ist der große Haupttreffer der deutschen Geschichte.«[9] Der Wundergreis, so Sebastian Haffner, sei der Mann der Stunde gewesen, da er den Deutschen wieder eine der Vater- bzw. rüstigen Großvaterfiguren stellte, an denen sie immer gehangen hatten: am alten Kaiser, am alten Bismarck, am alten Hindenburg.[10] Der alte Adenauer, so schien es den meisten in den fünfziger Jahren, war der beste von ihnen allen.

Demgegenüber hatte schon 1950 Walter Dirks in den *Frankfurter Heften* die Sorge geäußert, daß die Restauration überall im Vordringen sei. Wirtschaftsliberalismus, patriarchalische Vorstellungen, das Traumbild einer Gesellschaft, in der die Persönlichkeiten, die Honoratioren, die kirchlichen Würdenträger eine entscheidende Rolle spielten – verbunden mit einer starken Staatsbürokratie –, ebneten den Weg für das Alte und Gewesene.[11] 1952 sprach Eugen Kogon davon, daß die Aussichten der Restauration weiter »gut« seien: Die Souveränität des Einzelnen tobe sich hauptsächlich in der Freiheit des wirtschaftlichen Wettbewerbs aus und in vielen, ja vielerlei Kulturunterfangen von mehr oder minder großem Wert, während die Souveränität der nationalen Kollektive sich fast ausschließlich expansiv äußere. Diese Einseitigkeiten verfehlten auf nahezu allen Sachgebieten des reich entwickelten gesellschaftlichen Lebens, das tausendfach in unterschiedlichster Arbeitsteilung ineinandergreife, die Synthese der notwendigen Ordnungen zur rechten Zeit, national und international. All das geschehe im Zeitalter der Rationalität, ja einer vorausgesagten und geglaubten Herrschaft der Vernunft. Nicht nur in der Bundesrepublik, sondern in allen kontinental-europäischen Ländern habe man es mit einer Art gesellschaftlicher Knochenerweichung bei gleichzeitigen Verwachsungen und gefährlichen Substanzverhärtungen zu tun.[12] War das Urteil über Adenauer auch »von der Parteien Haß und Gunst verwirrt«, so setzte sich selbst bei seinen Gegnern bald die Überzeugung durch, daß er eine der wenigen schicksalhaften Persönlichkeiten der deutschen Politik im 20. Jahrhundert darstellte.[13] In der Außen- wie Innenpolitik seiner Epoche hat er tiefe Spuren hinterlassen. Er betrieb in enger Zusammenarbeit mit dem französischen Außenminister Robert Schuman (dem Architekten des »neuen Europa«)[14] die Aussöhnung mit dem »Erbfeind Frankreich«, die in der Freundschaft mit dem französischen Staatspräsidenten Charles de Gaulle gipfelte. Gleichermaßen eng war sein Verhältnis zu John Foster Dulles, dem amerikanischen Außenminister (1953-1959), mit dem zusammen er Deutschland als Teil des Bollwerks gegenüber dem Kommunismus auszubauen trachtete. Aus Antibolschewismus und Bruttosozialprodukt habe Adenauer, so Peter Koch in seiner ansonsten wohlwollenden Biographie, jenen Schaumteppich zusammengerührt, mit dem jede Diskussion über gesellschaftliche Reformen im Keim erstickt werden sollte.[15] Vom Sozialismus grenzte sich Adenauer entschieden ab, wobei ihm jede Geschichtsklitterung recht war (so wenn er etwa in seinen Erinnerungen feststellt, daß der Nationalsozialismus den stärksten geistigen Widerstand in denjenigen katholischen und evangelischen Teilen Deutschlands gefunden habe, die am wenigstens der Lehre von Karl Marx, also dem Sozialismus, verfallen gewesen seien – ungeachtet der Tatsache, daß sich das katholische Bayern Hitler zuerst und das rote Preußen ihm zuletzt geöffnet hatten[16]). Kurt Schumacher nannte Adenauer eine »plumpe Siegesfeier der alliierten klerikalen Koalition über das deutsche Volk« und, dessen Westorientierung denunzierend, einen »Kanzler der Alliierten«.

Im politischen Kampf war Adenauer selbst bei seinen Attacken auf den politischen Gegner nie »pingelig«; sein trockener, von Zynismus durchsetzter Humor war auch ein Element seiner strengen Amtsführung, bei der er, die Rolle des »älteren Herrn« souverän stilisierend wie spielend, Distanz zum Parlament hielt. (Die Koalitionsfraktionen hätten der Regierung das ohnehin schwere Geschäft zu erleichtern ... Anträge, an denen man im Bundeskabinett nicht interessiert sei, sollten tunlichst gar nicht gestellt werden ...) In den Kabinettssitzungen verteilte er gerne Zensuren über die Sonntagsreden seiner Minister. Lange Diskussionen faßte er so zusammen, wie es seinen Intentionen entsprach.[17] Seine Diktion, die schriftliche wie mündliche, war äußerst knapp; er mied Vagheiten und Floskeln; sein Wortschatz schien bescheiden, die Redeweise einfach. »Viele unterschätzten ihn deswegen. In der Tat fehlt seinen Reden und schriftlichen Äußerungen phantasievolle Beweglichkeit und literarischer Glanz. Überall herrscht die kunstlose Genauigkeit, der nüchterne Geschäftsstil des Juristen. Doch hing dieser stilistische Grundzug, was oft übersehen wurde, aufs genaueste mit dem Charakter und der Arbeitsweise des Politikers Adenauer zusammen. Adenauer verfügte über eine reduzierende Intelligenz. Er schälte an jedem politischen Problem das Zufällige ab, bis der Kern bloßgelegt war. Dann entwarf er Technik und Taktik der Problemlösung. Von seiner Person sah er dabei ganz ab.«[18]

Obwohl Adenauer im Dritten Reich nie mit den Nationalsozialisten sympathisiert hatte, war seine Haltung gegenüber früheren Nationalsozialisten recht lax. Hans Globke, Kommentator der Nürnberger Rassengesetze, wurde sein engster Mitarbeiter;[19] Theodor Oberländer, Bundesvertriebenenminister von 1953 bis 1960, galt als »tief braun«. Die »Fähigkeit zu trauern« war bei Adenauer, der das Land wirtschaftlich wiederaufbauen und dann auch die Wiederbewaffnung durchsetzen wollte, wenig entwickelt. Anstelle einer Katharsis kam es zu einem Amnestiefieber; die Masse der Mitläufer und Belasteten hatte allen Grund, dem Kanzler, der keine »moralische Wehleidigkeit« zeigte und Verdrängung wie Vergeßlichkeit förderte, dankbar zu sein. Adenauers tiefe, religiös wie politisch begründete Abneigung gegenüber der Sowjetunion verstellte nicht seinen Pragmatismus. 1955 fuhr er nach Moskau; mit der »knöchernen Bedachtsamkeit des Juristen und dem Charme eines Weltmannes« führte er die Verhandlungen, die zu einem seiner größten Erfolge führten. Rund 10 000 Kriegsgefangene und 20 000 Zivilinternierte konnten aus russischer Kriegsgefangenschaft in die Heimat zurückkehren. Das Grenzdurchgangslager Friedland, seit Kriegsende in Funktion – bis Dezember 1955 waren über 1,8 Millionen Menschen hier durchgekommen –, wurde zu einem Symbol für die Adenauersche Hartnäckigkeit. »Auf diesem Fleckchen Erde flossen die Tränen von Müttern und Vätern, Frauen und Kindern, Tränen des Leides, aber auch der Freude. Nirgendwo ist andächtiger und aufrichtiger gebetet worden. Kein Lager kann sich rühmen, menschlicher gegenüber den Menschen gehandelt zu haben. In Friedland wurde die Liebe der Menschen zueinander wieder deutlich«, hieß es im Sprachstil der Zeit (1956).[20]

Bundeshauptstadt
Frankfurt oder Bonn?
Karikatur aus der
»Abendpost« (Frankfurt)
vom 24. Mai 1949

„Bundeshauptstadt" Bonn
Zeichnung: Sikorski

Die eine Seite dieses »erzpraktischen Politikers« war damit charakterisiert, daß er ein rauher Wahlkämpfer und schlauer Wahlgeschenkmacher, ein Menschenverächter (der Mitarbeiter am Zügel hielt, verbrauchte, schnöde beiseite schob), ein lauernder, dreister Unterhändler, ein Konstrukteur der breit und tief gesicherten, eigensten Machtfestung war. Die andere Seite zeigte einen im Innersten von Anfechtungen Heimgesuchten, einen Skeptiker, Sensiblen, Zögernden. Er sei – so Golo Mann – eine ambivalente Persönlichkeit gewesen, ein »geriebener Idealist«, zäh und schlau, aber auch schöpferisch und der Idee verpflichtet.[21]

Die »Starre«, die den Geist der Adenauer-Ära ausmacht, wurde in Bonn »ansässig« – einer Hauptstadt, die den »gefährlichen und zweideutigen Trost der Geborgenheit im Provinziellen« lokalisierte. In seinen Erinnerungen deutet Konrad Adenauer den Streit, der unter den Mitgliedern des Parlamentarischen Rates (vornehmlich zwischen CDU/CSU und SPD) ausgebrochen war, ob Bonn oder Frankfurt vorläufige Bundeshauptstadt werden solle, politisch. Frankfurt lag im sozialdemokratisch regierten Hessen; von dort habe man sich eine entsprechende Ausstrahlung der SPD auf das gesamte Bundesgebiet versprochen. Für Bonn hatten die Engländer eine Erklärung abgegeben, daß sie bereit seien, das Gebiet von Bonn aus der britischen Zone und Militärverwaltung freizugeben; für Frankfurt konnten die Amerikaner eine solche Erklärung nicht abgeben, weil die Stadt eine große Anzahl von amerikanischen Organisationen und sehr wichtigen Verwaltungsstellen beherbergte, für die in einer anderen Stadt nur schwer hätte Raum geschaffen werden können.[22] Tiefenpsychologisch gesehen ging es jedoch um etwas anderes: Dem ehemaligen Kölner Oberbürgermeister und Bürger von Rhöndorf schien es zu gefährlich, einen Staat, den er nach seinem Bilde zu formen gedachte, einem schwerer zu kontrollierenden Spiel der Kräfte auf dem von Geschichte so trächtigen Boden zu überlassen, dessen andere Art ihm fremd war. »Mit dem Beschluß, den Bundessitz in Bonn zu errichten, war für ihn die Hauptschlacht schon gewonnen. Von da an bewegten sich alle Lebensströme in dem gedeihenden, allmählich auch zu politischem Bewußtsein wieder erwachenden Lande auf ihn zu. Indem er die rheinische Heimat, auf deren Boden er sich am sichersten fühlte, nun in die Mitte rückte, stellte er zugleich sich selber als die maßgebende Zentralfigur dar.«[23] Die Macht sollte nicht durch den Geist irritiert werden; Berlin war abzuschreiben; Urbanität hätte den entstehenden Staat der großen Mitte irritiert; man wollte lieber unter sich sein. Von seinem in Bonn spielenden, 1953 erschienenen Roman *Das Treibhaus* meinte Wolfgang Koeppen, daß dieser jenseits der Bezüge von Menschen, Organisationen und Geschehnissen der Gegenwart seine eigene poetische Wahrheit habe. Das Werk spiegelte jedoch vor allem die politische Wahrheit: Der Provinzialismus als der Geist des total platten Landes schickte sich an, Vielschichtigkeit und Komplexität zu überlagern. »Ein Treibhausklima gedieh im Kessel zwischen den Bergen; die Luft staute sich über dem Strom und seinen Ufern. Villen standen am Wasser, Rosen wurden gezüchtet, die Wohlhabenheit schritt mit der Heckenschere durch den Park, knirschenden Kies unter dem leichten Altersschuh ... Deutschland war ein großes öffentliches Treibhaus ...«[24]

Heuss – Homme de lettres

Adenauer, der Patriarch, hatte einen sanften Gegenspieler: Theodor Heuss war ein geistreicher Homme de lettres, ein Mann republikanischer Bonhomie. In seinem Gesicht, meinte Carl Zuckmayer, fänden sich Erbe und Alter seines Volkes ganz und zu gleichen Teilen vermischt mit frischer, lebendiger Gegenwärtigkeit. »Es ist unabhängig von Tracht und Mode und – obwohl durchwoben von einer ganz bestimmten Geisteshaltung, ihrer Tradition und ihrer Erneuerung – auch unabhängig von Lehre und Doktrin: fern von den physiognomischen Verengungen der Dogmatik, doch in seiner natürlichen Fülle und Flüchtigkeit immer gehalten vom goldenen Schnitt der bewußten Humanität.«[25] Am 12. September 1949 wurde er im zweiten Wahlgang mit 416 Stimmen zum Bundespräsidenten gewählt. Nicht die Haltung der SPD, die Kurt Schumacher nominierte (er erhielt 312 Stimmen), hatte die Besetzung des Bundespräsidentenamtes schwierig gestaltet, sondern die heftige Ablehnung, die Heuss als FDP-Vorsitzender in weiten Kreisen der Union hervorrief. Seine politischen Auffassungen erschienen der CDU/CSU als zu liberal; zudem wurde sein distanziertes Verhältnis zum Christentum moniert.

Als Theodor Heuss ins höchste Staatsamt berufen wurde, war er ein relativ Unbekannter; bei seiner Wiederwahl 1954 fielen von 987 abgegebenen Stimmen 871 auf ihn. Eine demoskopische Umfrage ein Jahr zuvor hatte erbracht, daß 63% der Bevölkerung eine Wiederwahl wünschten. 14 000 Glückwunschschreiben trafen allein in der Villa Hammerschmidt, seinem Amtssitz, den er mit großbürgerlichem Geschmack eingerichtet hatte, ein. Heuss war zur bekanntesten Symbol- und Identifikationsfigur der neuen Republik geworden. Bei seinem Tod am 12. Dezember 1963 schrieb die *New York Times*: »Er war das passende Symbol des neuen Deutschland und er war der Hauptarchitekt der demokratischen Formen dieses Staates.«[26] Die Liebe und Verehrung, die ihm entgegengebracht wurden, waren gespeist von dem Wärmestrom, der von ihm ausging. Theodor Heuss verkörperte, neben Adenauer als Realpolitiker, die Wünsche und Sehnsüchte, die man – im eigenen Haus wie im Gehäuse des Staates – erfüllt bzw. befriedigt sehen wollte: Gemüthaftigkeit und Gemütlichkeit, lebensnahe Geistigkeit und integre Lebensführung, repräsentative Würde und großväterliche Leutseligkeit.

Heuss galt als Praeceptor Germaniae: milde zwar, aber bestimmt; verbindlich zwar, aber geistig stringent. »Wenn ich für unsere Generation oder unsere Richtung eine pädagogische Aufgabe sehe, so ist es die, den Menschen die Nüchternheit zur Pflicht zu machen«, schrieb er an Thomas Dehler, dessen politische Leidenschaft er kritisierte; man solle nicht mit dem Hammer politisieren.[27] Ein solcher Gegensatz bezog sich freilich mehr aufs Temperament als auf grundlegende Fragen. Beide waren in ihrer Gesinnung republikanische Liberale; damit jedoch keineswegs repräsentativ für ihre Partei, die FDP; weil diese 1955 in Niedersachsen den Verleger rechtsradikaler Schriften, Leonhard Schlüter, zum Kultusminister gemacht hatte, wollte Heuss sogar aus der Partei austreten. (Proteste aus der Öffentlichkeit bewirkten Schlüters baldigen Rücktritt.) Aber auch Erich Mende, seit 1946 Landesgeschäftsführer der FDP in Nordrhein-Westfalen und ab 1949 im Bundesvorstand der FDP, 1960-1968 deren Bundesvorsitzender, hatte hinsichtlich seiner Auffassung von politischer Kultur mit Heuss kaum eine Gemeinsamkeit; er hätte besser an die Spitze eines Kriegervereins gepaßt.[28]

Theodor Heuss war universal gebildet. Auch wenn die vielen Reden, die er als Repräsentant des geistigen Deutschland nicht nur halten mußte, sondern auch halten wollte, manchmal in eine gewisse generalistische Weitschweifigkeit ausuferten, so gilt insgesamt das Diktum, mit dem Hans Bott, Freund und persönlicher Referent, ihn als »bekennenden liberalen Schriftsteller« charakterisierte: »Aus der Verpflichtung zur inneren Wahrhaftigkeit dürfe es kein Schweigen geben, denn jede Kritik von Rang lebt nicht aus Anordnungen, sondern aus der Freiheit der inneren Berufung. Der Geist ist Gewissen, intellektuelle Reinlichkeit und Redlichkeit, ist religiöse Verantwortung – und das sind Werte, die der Luft der Freiheit bedürfen. Dem Pathos und der großen Dimension für Banalitäten setzte er die schlichte Präzisheit, die Sachlichkeit, den Sinn für Tatsachen entgegen.«[29]

Heuss sah seine Aufgabe darin, der neuen Republik wieder zu kultureller Tradition zu verhelfen: Deutscher Geist sollte, soweit er sich als ein solcher erwiesen hatte, »bewahrt« bleiben (fünfzehn Jahre war Heuss Vorsitzender des Verwaltungsrates des Germanischen Nationalmuseums; es war das einzige

Ehrenamt, das er auch als Bundespräsident beibehielt); deutscher Geist sollte »überwunden«, kritisch »weggeräumt« werden, wenn er der Affirmation verfallen und republikanischer Sittlichkeit entgegengesetzt war; wahrer deutscher Geist sollte »Erhöhung«, Sublimierung erfahren und damit ein Hort für kulturelle Kraft und Stärkung sein (im Hinblick auf den Geschichtsauftrag des Germanischen Nationalmuseums prägte er den, freilich nur mit »gemischten Gefühlen« zu akzeptierenden Satz, daß dieses als eine »Fluchtburg der deutschen Seele« sich erweise). Heuss wußte aus eigener politischer Erfahrung – obwohl er Hitler skeptisch gegenüber gestanden war, hatte er mit den vier anderen Abgeordneten der Deutschen Staatspartei im März 1933 dem Ermächtigungsgesetz zugestimmt –, daß die Grundrechte nicht Abstraktionen bleiben durften, sondern Kompaß fürs konkrete Handeln zu sein hatten. »Das bleibt und wird bleiben: die Spannung zwischen den ›ewigen Gesetzen‹, in denen wir die ›unantastbare Würde des Menschen‹ ansprechen, Zeitgenossen und Mitleidende ihrer vielmillionenfachen Schändung, und den immer, immer gegenwärtigen Notwendigkeiten, den Menschen vor dem Staat, den Staat vor dem Menschen, den Menschen vor dem Menschen zu schützen. Es ist die Sinngebung einer Verfassungsgerichtsbarkeit, das Ewige und das Gegenwärtige, auf den Einzelmenschen wie auf die Gemeinschaft abgestellt, außerhalb aktuell gesehener Interessenslagen, in sich zu binden.«[30]

Heuss machte einer breiten Öffentlichkeit mutig deutlich, daß Hochverrat in einem totalitären Staat ehrenvoll ist; indem er den deutschen Widerstand rehabilitierte, stellte er sich Tendenzen entgegen, die auf die Verdrängung von Trauerarbeit ausgerichtet waren. *Dank und Bekenntnis* hieß die Rede, die er 1954 zur 10jährigen Wiederkehr des Attentats vom 20. Juli 1944 in Berlin hielt. Das Bekenntnis gelte nicht nur den inneren Motiven, sondern es umfasse auch das geschichtliche Recht ihres Denkens und Handelns. »Der Dank aber weiß darum, daß die Erfolglosigkeit ihres Unternehmens dem Symbolcharakter des Opferganges nichts von seiner Würde raubt. Hier wurde in einer Zeit, da die Ehrlosigkeit und der kleine, feige und brutale Machtsinn den deutschen Namen besudelt und verschmiert hatten, der reine Wille sichtbar, im Wissen um die Gefährdung des eigenen Lebens den Staat der mörderischen Bosheit zu entreißen und, wenn es erreichbar, das Vaterland vor der Vernichtung zu retten.«[31]

Auferstehung der Kultur in Deutschland? hatte Theodor W. Adorno gefragt. Man zelebriere einen Heroismus an sich als Ideal richtigen Menschentums; eine auf sich selbst beharrende Innerlichkeit beanspruche mit herrischer Geste Würde und Wesentlichkeit. Dem setzte Heuss, auf Hölderlin sich berufend, »heilige Nüchternheit« entgegen. Eskapismus und Solipsismus galt es zu überwinden im Geiste einer neuen demokratischen Kultur, die jenseits des Raffinements der Macher sich »wahrhaftig« entwickeln sollte. Kultur dürfe eben nicht Alibi sein, Bildung nicht die Funktion einnehmen, das geschehene Grauen und die eigene Verantwortung vergessen zu machen und zu verdrängen. Exemplarisch machte solche Gesinnung Heuss' Streit mit Adenauer um die Nationalhymne deutlich. Da die Deutschen in ihrer Mehrheit nicht davor gefeit seien, wieder nationalistischen Stimmungen zu verfallen, sollte das Deutschlandlied, auch wenn es von dem Demokraten Hoffmann von Fallersleben gedichtet worden war, nicht mehr gelten; der Nationalsozialismus hatte Text wie Melodie desavouiert. Silvester 1950 schlug Heuss vor, die *Hymne an Deutschland* von Rudolf Alexander Schröder zur Nationalhymne zu erheben, was freilich in Hinblick auf den pathetisch-überladenen, traditionell-lyrischen Text auch die Begrenzung seines literarischen Horizontes aufzeigte. Unter Bezug auf den Reichspräsidenten Friedrich Ebert, der in der Weimarer Republik das Deutschlandlied durch eine »staatsmännische Entscheidung« zur Nationalhymne erklärt hatte, konnte sich Konrad Adenauer, der hier wie generell aufs Volksbewußtsein sich bezog (ohne Gefühl dafür, ob es sich um »richtiges« oder »falsches« Bewußtsein im Sinne politischer Moral handelte), durchsetzen.[32] Heuss, der in der Flaggen-Frage des neuen Staates erfolgreich gewesen war – die Farben Schwarz-Rot-Gold knüpften an 1848 und 1918 an –, hatte den Traditionalismus und sein Beharrungsbedürfnis unter-schätzt: nicht deshalb, weil man hier und dort in den ersten Jahren der Bundes-republik die erste Strophe des Deutschlandliedes singen hörte, was von auslän-dischen Beobachtern aufmerksam notiert wurde, sondern weil eben die Fakten gegenwärtiger (demokratischer) Politik geringer wogen als historisch weiter zurückliegende, aber weiterwirkende reaktionäre Tendenzen. Um diese zu über-winden, wäre eine Trauerarbeit notwendig gewesen, die durch praktisch-politi-sches Handeln hätte unterstützt werden müssen. Die Anstrengungen konzen-trierten sich jedoch vor allem auf wirtschaftliche und politische Expansion. Bei aller Popularität: nicht Heuss stand im Mittelpunkt des Fühlens und Denkens in der Bundesrepublik – zumindest nicht am Werktag. »Am Anfang war Ade-nauer.«[33]

Parlamentarismus ohne Reizklima

»Die Mehrheit exekutiert ihre Gegner nicht; aber sie ist doch ein kleiner Tyrann, und während sie herrscht, ist die Minderheit ein für allemal geschlagen und zu einer eigentlich sinnlosen Opposition verdammt. Die Fronten standen fest, und leider war es undenkbar, daß ein Redner der oppositionellen Minderheit die regierende Mehrheit überzeugen konnte, daß er einmal recht und sie unrecht habe. Aus der Opposition den Kurs der Regierung zu ändern, gelänge in Bonn selbst Demosthenes nicht; und auch wenn man mit eines Engels Zunge spräche, man predigte tauben Ohren . . .«[34] Was Wolfgang Koeppen dergestalt als die politische Atmosphäre des Bonner Parlaments einfängt, hat 1966 der Politologe Wilhelm Hennis – in Hinblick auf die »Leistung des Bundestages« – analysiert. Das parlamentarische Regierungssystem werde hingenommen, nicht bekämpft; es sei jedoch nicht genügend Gegenstand der Identifikation, so daß seine even-tuelle Gefährdung, seine zunehmenden Mängel keine besondere Sorge, nicht einmal wirklich anteilnehmendes Interesse hervorriefen.[35] Inhaltlich, von den wichtigen Materien der Nachkriegspolitik aus gesehen, könne man dem Bundestag nicht bestreiten, daß er, wenigstens bis in die Mitte der fünfziger Jahre hinein, in den großen Fragen der außenpolitischen Richtungsbestimmung: Wiedervereinigung, dann Wiederbewaffnung, auch Wiedergutmachung, sehr wohl ein bedeutendes Forum der öffentlichen Debatte gewesen sei. Dann aber wurden die großen Fragen tabuisiert. Die Hauptschuld am Verstummen der politischen Debatte im Parlament, ihrer Abwanderung in kirchliche Akademien, Frühschoppen- und Bürgerforen, trage sicher die Opposition, die ihre Mitbestimmungschancen mehr im nicht-öffentlichen Verhandeln und Paktieren als in der öffentlichen Diskussion gewährleistet sehe. Die im Bundestag eingebrachten großen Anfragen seien z. B. von der ersten Wahlperiode 1949-1953 bis zur vierten Wahlperiode 1961-1965 von 160 auf 35 zurückgegangen. Als Gesetzgeber habe der Bundestag ein ungeheueres Pensum bewältigt, z. B. auf den Gebieten Lastenausgleich, Mitbestimmung, Sozialpolitik. Das Problem des Bundestages bestünde jedoch darin, daß er von dieser Fixierung auf seine Gesetzgebungsaufgaben nicht mehr loskomme. Damit gefährde er die Erfüllung der Aufgaben, die, über die Gesetzgebung hinausgehend, das Parlament in der parlamentarischen Regierungsform als ihm eigentümliche zu bewältigen habe: Forum der Nation und Kontrolleur der Verwaltung zu sein. Der Bundestag als Institution, so resümiert Wilhelm Hennis, habe bis heute kein besonderes Profil gewonnen; oder vielmehr: er habe dieses Profil wieder eingebüßt. Politische Leidenschaft war ausgelaugt, das Kantige abgeschliffen worden. In seiner Rede am 21. September 1949 hatte Kurt Schumacher, seit 1946 Parteivorsitzender der SPD und nun auch deren Fraktionsvorsitzender, festgestellt, daß die Regierung sich eben die Mehrheiten für ihre Gesetze aus den Reihen der Regierungsparteien zu beschaffen habe. Opposition bedeute Begrenzung der Regierungsmacht und Verhütung ihrer Totalherrschaft. Ebenso richtig sei freilich, daß die Opposition sich nicht in der bloßen Verneinung der Regierungsvorschläge erschöpfen könne; das Wesen der Opposition bestünde in dem ununterbrochenen Versuch, an konkreten Tatbeständen mit konkreten Vorschlägen der Regierung und ihren Parteien den positiven Gestaltungswillen der Opposition aufzuzwingen.[36] Eine solche idealtypische Vorstellung vom politischen Diskurs hatte den Parlamentarischen Rat noch weitgehend geprägt, doch verlor sich diese demokratische Konzeption im Ränkespiel des Ringens um die Macht immer mehr.

Die großen parlamentarischen Persönlichkeiten, die die neue Republik inaugurierten, liefen sich in der trägen Masse der Funktionäre, Lobbyisten und Bürokraten fest; an die Stelle weitgreifender inspirierender politischer Ideen traten die Einflüsse der Verbände; die Expertokratie gewann an Boden. Die Zahl der Abgeordneten, die sich vor allem an den Interessen, die sie in den Bundestag gebracht hatten, orientierten, also nicht risikoreich für die Politik, sondern saturiert von der Politik lebten, nahm zu. Das Ringen um das Gemeinwohl wurde vom Aushandeln gruppenspezifischer Forderungen überlagert. Theodor Eschenburg, Professor für politische Wissenschaft, 1961-1963 Rektor der Universität Tübingen, hatte von Anfang an den Weg der neuen Demokratie mit fundierten Abhandlungen begleitet, Schwachstellen aufgezeigt und Verbesserungsvorschläge eingebracht. Seine 1955 erschienene Schrift *Herrschaft der Verbände?* stellt einen Markstein der Parlamentarismus-Kritik dar. Anhand vieler Beispiele machte er deutlich, daß das monokratische System der Verwaltung, das im Grundgesetz und im Beamtenrecht des Bonner Staats bewußt aufrechterhalten ist, durch die Dynamik, die das Mitwirkungsrecht der Gruppen auslöse, durchbrochen werde. Der Beamte, der die anonyme Macht der »Verbandsherzogtümer« kenne, scheue sich, mit ihnen in Konflikt zu geraten. Diese Scheu gehe manchmal bis hinauf zu den Ministern, die in ihren Amtssesseln »Wanderpreise der Wahlen« sehen und damit der Werbung den Vorrang vor den Amtsbelangen geben. So bilde sich allmählich – nicht aus bösem Willen, sondern auch aus Sicherheitsbedürfnis – der »Gefälligkeitsstaat« heraus. Es entstehe ein negativer Kampf um Zuständigkeit, denn keiner will die Last der Verantwortung tragen. »August Dresbach hat die deutschen Länder nach 1945 in ihrer mehr oder minder lockeren Verbindung zueinander als ›einen Kommunalverband höherer Ordnung‹ bezeichnet. Heute tendieren wir zu einem Zustand, der mehr einem ›Bund der vereinigten Verbände, Kirchen, Kreis- und Stadtrepubliken nahekommt‹, mehr einem Gruppenbund als einem Bundesstaat. Das mag eine überspitzte Formulierung sein, sie soll aber nur die Tendenzen zur Wandlung unseres Verfassungszustandes anzeigen.«[37]

1965 schrieb Karl-Hermann Flach (damals Chefredakteur der *Frankfurter Rundschau*, von 1969 bis 1972 Bundesgeschäftsführer der FDP), daß Bonn, die »reizende Universitätsstadt«, trotz seines gewaltigen Aufschwungs in den letzten fünfzehn Jahren gesellschaftlich und kulturell auf Provinzniveau geblieben sei – eine »Republik ohne Herz« repräsentiere. Das »Klima« habe allerdings nach Aussagen prominenter Leute Konrad Adenauer stets gut vertragen. »Auch so könnte man das physische Übergewicht der Exekutive über die Legislative in dem entscheidenden ersten Jahrzehnt der Bundesrepublik erklären. Vielleicht könnte es nur in der frischen Berliner Luft wieder ins rechte Maß kommen.«

Was Flach und viele andere mit ihm im besonderen Maße beschäftigte, war freilich weniger der Verlust an parlamentarischer »Herzlichkeit«, auch wenn die freundschaftlichen Beziehungen über die Fraktionen hinweg aus der Gründerzeit der Republik immer mehr sich lockerten und schließlich verloren gingen; viel mehr sorgte man sich wegen des »Ausverkaufs« politischer Konzeptionen. Überall habe die kleine, die kurzfristige Lösung den Vorrang vor großen und umfassenden Entwürfen. Man wolle über den nächsten Winter hinweg, über die nächsten Preissteigerungen, über die nächste Koalitionskrise, die nächsten Kommunalwahlen, die nächste Berlinkrise . . . In Bonn werde nicht mit Grundsätzen regiert.[38]

Adenauer, der Patriarch, schränkte, wie er seine Rosen im heimatlichen Domizil Rhöndorf in ihrem Wildwuchs zurechtstutzte, die parlamentarische Eigenständigkeit und den selbständigen Wirkungskreis seiner Mitarbeiter immer mehr ein, was die Entwicklung Bonns zur bürokratischen Mediokratie beförderte. Dies mußte im besonderen Ludwig Erhard (1949-1963 Bundeswirtschaftsminister, 1957-1963 Vizekanzler) erfahren; und in weniger spektakulärer, aber gleichermaßen tiefgreifender Form Heinrich von Brentano (von 1949-1955 und 1961-1964 Vorsitzender der CDU/CSU-Bundestagsfraktion, 1955-1961 Bundesaußenminister).

Flucht aus Bonn, »Erlösung« im Süden machte die tiefenpsychologische Komponente des sensiblen, durch familiengeschichtliche Bande mit der Romantik verknüpften Brentano aus, der fast jedes Weihnachtsfest in Rom verbrachte und dort im Kunstgenuß von der politischen Realität sich erholte. Als loyaler Diener seines Herren unterdrückte er – »wesentlich von kulturhistorischen Impulsen bestimmt, Abendländer in jeder Hinsicht, mit gefühlsmäßigen Abneigungen gegen den Norden, jedoch mit starken Sympathien für Polen«[39] – seine Sensibilität gegenüber Adenauer, der ganz aufs politische Machtkalkül setzte und sich von des Gedankens Blässe frei fühlte. Als er tief verletzt und resignierend dem Bundeskanzler im Oktober 1961 mitteilte, daß er für das künftige Kabinett nicht mehr zur Verfügung stehe, war dies auch ein Symptom für den unaufhaltsamen Aufstieg des Provinzialismus in Bonn, der jedes »Reizklima« vermissen ließ.

In strenger Zucht wurden CDU/CSU von Konrad Adenauer »rückwärts« geführt. Hatte zum Beispiel das Ahlener Programm (Februar 1947) die Partei noch als wirtschafts- und sozialpolitisch dynamisierende Kraft ausgewiesen – auch wenn es von Konrad Adenauer, beraten von seinem Freund, dem Bankier Robert Pferdmenges (Mitbegründer der CDU in Rheinland), vor allem unter dem Aspekt entworfen worden war, die Sozialisierung auf ein Mindestmaß zu beschränken –, so war sie immer mehr zur Machtbeschaffungs-Institution geworden. Konflikte wurden mit staatserhaltender Attitüde übergangen.

Auf dem Weg nach Godesberg

Mit dem frühen Tod Kurt Schumachers (August 1952) war auch die SPD, als führende Oppositionspartei, im besonderen dazu aufgerufen, für die Entwicklung eines republikanischen Reizklimas zu sorgen, in politische Beschaulichkeit abgedriftet. Schumacher[40], der große Gegenspieler Adenauers (1895 geboren, im Ersten Weltkrieg schwer verwundet, Abgeordneter des Deutschen Reichstags, während des Dritten Reiches fast ständig in Gefängnissen und Konzentrationslagern), hatte noch vor der deutschen Kapitulation in Hannover mit dem Aufbau der SPD begonnen. Er widersetzte sich von Anfang an mit äußerster Härte jedem Zusammengehen mit der KPD, so wie er als der wohl leidenschaftlichste Politiker der Nachkriegszeit in allen anderen wichtigen Fragen unbeirrbar zu seiner politischen Überzeugung stand. Ohne seinen Kampf im Parlamentarischen Rat wäre wohl kein Bundesstaat, sondern ein Staatenbund entstanden; sein Engagement für ein wiedervereinigtes Deutschland als politisches Nahziel konnte sich freilich angesichts der von Adenauer forcierten Westbindung nicht durchsetzen;

doch hat er in dieser so wichtigen »Schicksalsfrage« das gesamtdeutsche Gewissen verkörpert. Mit verletzender Schärfe attackierte er seine Gegner, was auch zu Befremden in der eigenen Fraktion führte; es irritierte seine »nationale Arroganz«. Wilhelm Kaisen (Bürgermeister und Senatspräsident von Bremen) warnte Schumacher 1949 vor dem verhängnisvollen Bestreben, den Patriotismus für die SPD zu monopolisieren, verkannte dabei freilich, daß dieser von der historisch begründeten Angst bewegt war, die Deutschen könnten wieder einmal die SPD der Vaterlandslosigkeit bezichtigen. Die Nationalsozialisten appellierten ständig an den »inneren Schweinehund«, hatte Schumacher in seiner Reichstagsrede vom 23. Februar 1932 gesagt, weshalb die Nazis dann seine Verhaftung kurz darauf als Beseitigung eines der größten sozialdemokratischen Hetzer feierten. Er selbst verfiel nie dem Konformismus oder Opportunismus. Mit großer Leidensfähigkeit – in Nachwirkung der Verfolgungen im Dritten Reich mußte ihm im September 1949 das linke Bein amputiert werden – erlebte er die neue Republik als ein physisch gebrochener, aber geistig unanfechtbarer Kämpfer, der eine neue politische Kultur und Moral forderte. »Wir bejahen die Demokratie als große tragende Idee unserer Vergangenheit und der Zukunft. Wir sind demokratische Sozialisten, das heißt wir kämpfen für den Sozialismus mit den Mitteln der Demokratie.«[41] Kurt Schumachers geschichtliche Erscheinung stehe im Schatten menschlicher Tragik und wirke doch zugleich als großartiges Beispiel dafür, wie Geist und moralische Kraft die Hinfälligkeit des Körpers niederzwingen könnten, meinte Theodor Heuss zu seinem Tod.[42]

Erich Ollenhauer, im Dritten Reich emigriert, seit 1949 Mitglied des Bundestages, von 1952-1963 Partei- und Fraktionsvorsitzender der SPD, war der Herausforderung solcher Nachfolgeschaft nicht gewachsen.[43] Er verkörperte den Gegentyp, den Funktionär, der ganz in Organisationstreue, Organisationsdisziplin und Solidarität aufgeht.

Der wegen seiner Zugehörigkeit zum Widerstand von den Nationalsozialisten hingerichtete führende Sozialdemokrat Julius Leber hat einmal die Bilderbuchkarriere des SPD-Nachwuchses sarkastisch so kommentiert, daß nur der hereingelassen werde, der treu und brav Disziplin halte und weder nach oben noch nach unten anstoße. Gute geistige Mittelmäßigkeit und einexerzierte Routine beherrschten weit und breit das Feld, und die Macht der Instanzen sorge dafür, daß der Weg nach oben sich nur auf diesem Felde öffne. »Ollenhauer statt Adenauer« blieb da ein frommer Wunsch; der »Biedermann und Patriot« Ollenhauer war dem raffinierten Adenauer nicht gewachsen. (Die »Veteranenära« der SPD ging erst mit dem Aufstieg Willy Brandts zur Parteispitze, 1964, zu Ende.)[44]

Die Partei müsse Ballast abwerfen, forderte Carlo Schmid (seit 1949 im Bundestag, von 1957-1966 stellvertretender SPD-Fraktionsvorsitzender); sonst könne man nicht aufsteigen. In der Bundestagswahl 1949 hatten die Sozialdemokraten 29,2% der Stimmen, 1953 28,8%, also 0,4% weniger erhalten. Die Stagnation führte zu einer weitverbreiteten Unruhe; intensive Diskussionen forderten die Verwandlung der Funktionärs- in eine Volkspartei und beschäftigten sich mit der Person des Partei-Vorsitzenden Erich Ollenhauer, mit dessen mangelnder Ausstrahlungskraft als Kanzlerkandidat die Wahlniederlage in Zusammenhang gebracht wurde.

»Die Blockierung der Möglichkeit, für die Wählermassen attraktivere Persönlichkeiten als Regierungschef und Regierungsmannschaft herauszustellen, wurde dem ›Apparat‹, das heißt dem ›Büro‹ der besoldeten Parteivorstandsmitglieder in der Parteizentrale, zur Last gelegt. Es ging also bei der von einflußreichen Persönlichkeiten und den hinter ihnen stehenden Parteiorganisationen erstrebten Reform darum, den ›Apparat‹ zu entmachten, die Parteispitze umzustrukturieren und personell neu zu besetzen. Das gelang auf dem Parteitag in Stuttgart im Mai 1958. Dort wurde zwar Erich Ollenhauer als Vorsitzender wiedergewählt, es wurden ihm jedoch zwei Stellvertreter, Waldemar von Knoeringen und Herbert Wehner, beigegeben, eine Kombination, die die Breite des sozialdemokratischen Spektrums zum Ausdruck bringen sollte: Wehner galt damals als der prominenteste Exponent des linken Flügels, Knoeringen war ein insbesondere in Bayern sehr populärer Politiker, der in der Tradition seines bedeutenden Landsmannes Georg von Vollmar stand.« (Susanne Miller)[45]

Herbert Wehner (von 1935-1944 in die UdSSR emigriert, dann in Schweden, ab 1949 Mitglied des Bundestages, 1958-1973 stellvertretender Vorsitzender der SPD) löste sich nicht nur selbst mit äußerster Rigorosität von seiner Vergangenheit; er wirkte maßgebend (nach Meinung linker Kritiker »übermäßig«) an der Öffnung seiner Partei mit.[46] Die SPD sollte aus dem Getto der Opposition herausgeführt werden. Der Sozialismus dürfe nicht dogmatisch verkümmern, sondern müsse den Platz jenseits einer Arbeiter- wie Kaderpartei finden, also für alle »Schichten und Stände« konsensfähig sein − freilich ohne Aufgabe sozialer und demokratischer Prinzipien. Da es in den zwanziger Jahren nicht gelang, die Arbeiterklasse mit dem Staat zu versöhnen, sei die Weimarer Republik schließlich zugrunde gegangen. Die »Integrierten« sollten aus der Mitte des Staates heraus, und nicht neben ihm und gegen ihn, die Gesellschaft zu verändern suchen. Nach Günter Gaus unterschätzte Wehner dabei freilich das geistige Beharrungsvermögen des Mittelstandes ebenso wie das ungeistige materielle Nachholbedürfnis der Gesellschaft insgesamt, das an einem wirklichen Wandel der politischen Grundhaltung vorbeizielte. Solange Wehner seinem Irrtum, nämlich der Vermutung nachhing, die vorangegangenen fünfzig Jahre hätten die Mehrheit des Wählervolkes für eine sozialbestimmte Reformpolitik sensibilisiert, fand er sich in Übereinstimmung »mit jener westdeutschen Minderheit, die − ohne kommunistisch zu sein − ehrenwerte, aber illusionäre Vorstellungen über einen radikalen Neubeginn in Deutschland hatte. Diese Minderheit war im selben Maße ideologisch bestimmt wie die Mehrheit, die aus einem strammen Antikommunismus die Berechtigung ableitete, uneinsichtig zu bleiben: Die Verhaftung im Ideologischen darf hierbei nicht im klassischen Sinne verstanden werden, sondern dient als Bezeichnung für den Bewußtseinsabstand zwischen den jeweiligen Illusionen und der politischen Realität.«[47]

Die Weichen für das neue Programm, das vor allem pragmatisch ausgerichtet sein sollte, wurden neben Wehner vor allem von Fritz Erler und Carlo Schmid gestellt. Schon kurz nach Kriegsende hatte Erler (1938 vom Volksgerichtshof zu 10 Jahren Zuchthaus verurteilt, in den Trümmerjahren Landrat in Tuttlingen und württembergisch-hohenzollerischer Landtagsabgeordneter, ab 1949 im Ersten Bundestag) in seiner Schrift *Die politische Entscheidung*, die 1947 unter dem Titel *Der Sozialismus als Gegenwartsaufgabe* veröffentlicht wurde, seine Fähigkeit zur analytischen Durchdringung der neuen Wirklichkeit erwiesen. »Die Parteigeschichte mag die alten Fehler untersuchen. Die Parteipolitik sollte sich weniger mit der Vergangenheit und dafür mehr mit der Zukunft befassen.«[48] Er orientierte sich zwar an zwei wichtigen Eckwerten sozialistischer Geschichtsdeutung, daß nämlich der Kapitalismus Krisen und die Krisen Krieg brächten und daß nur der Aufstieg in den Sozialismus den Untergang in die Barbarei verhindern könnte; doch modifizierte er das marxistisch-sozialistische Gesellschafts- und Wirtschaftsmodell: »Die Planwirtschaft braucht an ihrer Spitze keine Bürokraten, sondern entschlußkräftige, weitblickende, unternehmende Persönlichkeiten.«[49] 1950 formulierte Erler mit großer Deutlichkeit auf einer Funktionärskonferenz der SPD in Berlin die Forderung nach Öffnung der Partei: sie sollte zur großen linken Volkspartei werden. Wenig später sprach er davon, daß es vier Freiheiten gebe, um welche die Menschen heute ringen müßten: Freiheit des Glaubens – Freiheit der Meinung – Freiheit von Not – Freiheit von Furcht. Im Rahmen der in den fünfziger Jahren sich immer intensiver gestaltenden Programmdiskussion mit dem Ziel einer Parteireform konzentrierte sich Erler auf das Verhältnis von Theorie und Praxis, insbesondere auf die Bedeutung von Marx; auf die Frage, ob die SPD eine Weltanschauungspartei sei und die damit zusammenhängende Frage der Beziehung zu den Kirchen; auf den Fragenkreis, inwieweit die SPD offener für die Angestellten und Gruppen der Intelligenz sein müßte; auf das Verhältnis der SPD zum Staat des Grundgesetzes, vor allem zur parlamentarischen Demokratie.

Beim Marxismus gelte nicht Abschwören oder Bekenntnis; es sei wichtig, geschichtlich die Etappen herauszustellen, die zum heutigen Standort geführt hätten. Die Denkmethode von Marx sei durchaus nützlich; doch könne man sie nicht zur Axiomatik oder gar Programmatik machen. Den Kirchen gegenüber solle man überflüssige Reibungsflächen vermeiden. »Es muß klar gemacht werden, daß der Nimbus der Kirchenfeindlichkeit uns zu Unrecht angehängt wird. Wir sollten mehr tun, als nur den Grundsatz der Toleranz aussprechen. Wir sollten darüber hinaus etwas über die positive Bedeutung der Kirchen sagen. Das soll sich auch auf andere weltanschauliche Gemeinschaften, die nicht in den Kirchen organisiert sind, erstrecken.« Schwer sei zu definieren, was ein Arbeiter sei; sehr viel mehr hielt Erler davon, die »starke Interessensolidarität aller in abhängigen Positionen Arbeitenden gegenüber den anderen« anzusprechen und das Bild einer Gesellschaft zu entwickeln, das für alle diese Schichten »gleichermaßen anziehend« sei. Die produktivsten Schichten des Volkes sollten zur SPD-Wählerschaft gehören; die »Produktionsintelligenz« könne durch den Appell an die Vorstellungen von einer vernünftig geordneten Gesellschaft gewonnen werden.

Manche Sozialdemokraten würden den Kampf um einen anderen gesellschaft-

Die Wandlungen des Sozialismus. Von der Faust . . . zum Zeigefinger, Karikatur von E. M. Lang, 1956

lichen Inhalt mit dem Kampf gegen den demokratischen Staat verwechseln. »Das Bekenntnis: Dieser Staat ist auch unser Staat, und Regierung und Opposition bilden ihn gemeinsam, liegt unseren Ansprüchen im Bundestag zugrunde. Die Sozialdemokratie als ganzes muß ihre mittragende Rolle erkennen; das gilt nicht nur für die Spitze, sondern bezieht sich insbesondere auf ihr Auftreten im Lande.«[50] Fritz Erler, im Bundestag vor allem in militär- und außenpolitischen Fragen Vordenker seiner Partei, starb nach schwerem Leiden 1967, wodurch die Partei wiederum eine ihrer wichtigsten »motorischen Kräfte« verlor.

In der Sendereihe *Politik aus erster Hand* des Bayerischen Rundfunks hatte Carlo Schmid am 28. Oktober 1953 davon gesprochen, daß die SPD abwerfen müsse, was im Laufe der Zeit zum toten Ballast geworden sei. Der Sohn aus gutbürgerlichem Hause hatte sich als jugendbewegter Jurastudent in Tübingen einer sozialistischen Studentengruppe angeschlossen (»Wir waren elitär und glaubten nicht an die Masse«). Erst nach dem Krieg fand Schmid, der nach der Referendar- und Assessorenzeit in Tübingen an das Völkerrechtsinstitut nach Berlin gegangen und im Zweiten Weltkrieg als Militärverwaltungsrat in Lille tätig war, den Weg aus dem Elfenbeinturm; er entschloß sich zu politischer Betätigung. Im Februar 1946 wählte ihn der erste Landesparteitag der Sozialdemokraten in Württemberg-Hohenzollern zum Landesvorsitzenden; als Mitglied des Parlamentarischen Rates war er einer der Väter des Grundgesetzes; von 1949-1972 gehörte er dem Bundestag an. Er habe gewußt, schreibt Schmid – in seinem abendländischen Bildungshorizont Theodor Heuss vergleichbar –, daß politische Arbeit für Deutschland ihn auf ein steiniges Feld führen würde, das die Musen meiden und die Menschen nicht achten; es wachse auf ihm nicht das Brot, das Geist und Seele nähre. »Aber es ist der Bauplatz, auf dem ein Volk so in Verfassung gebracht werden kann, daß es den Mut zu sich selber, den Mut, zur Nation zu werden, zu finden vermag.« Die neue Zeit fordere neue Kräfte. Neue Staatsschiffe ließen, wie neue Boote, noch Wasser ein, bevor sie zugequollen seien.[51] Was den Kurs des Staatsschiffes bzw. des Oppositionsbootes betraf, so war Carlo Schmid immer mehr zu der Überzeugung gekommen, daß der Weg in

34

die Zukunft der SPD ein radikales Umdenken abverlange und dabei auch ein Wandel der Führungspraxis notwendig sei. Als »Troika« versuchten Wehner, Erler und Schmid – zusammen mit Willi Eichler, Vorsitzender der Programmkommission, und anderen (darunter Adolf Arndt, Heinrich Deist, Benedikt Kautsky) – den Entwurf des neuen Parteiprogramms so zu gestalten, daß er eine Chance bekam, auf einem Parteitag mit breiter Mehrheit angenommen zu werden: als zutreffender Ausdruck des neuen Selbstbewußtseins der Partei, »einer Partei, die den Menschen in das Zentrum ihres Verständnisses von Staat und Gesellschaft stellt und darum entschlossen ist, die Lebensordnungen unseres Volkes so einzurichten, daß künftig Freiheit und Gleichheit – miteinander durch Brüderlichkeit verbunden – nicht mehr nur Forderungen oder gar Träume zu bleiben brauchen, sondern auch unter den Bedingungen dieser harten Zeiten in Staat und Gesellschaft zu gelebter Wirklichkeit werden können«.[52]

Vom 13. bis 15. November 1959 tagten in Bad Godesberg 340 Delegierte; sie hatten sich mit 200 Anträgen zum zweiten Entwurf des neuen Programms zu befassen; in der Schlußabstimmung wurde der an einigen Stellen noch abgeänderte Entwurf mit nur 16 Gegenstimmen verabschiedet. Mit dem Godesberger Programm verzichtete die SPD auf jede weltanschauliche oder geschichtstheoretische Festlegung; sie bekannte sich zu Grundwerten und Grundforderungen, die im Rahmen eines pluralistischen Staates auf unterschiedliche Weise, religiös oder philosophisch, begründet werden konnten; die Achtung vor dem besonderen Auftrag der Kirchen und deren Eigenständigkeit wurde ausdrücklich erklärt. Zu Kunst und Kultur fanden sich nur ein paar Platitüden. Im Wirtschaftsteil fehlte der Terminus »Sozialisierung«; das Gemeineigentum sei jedoch als eine legitime Form der öffentlichen Kontrolle dort zweckmäßig und notwendig, wo mit anderen Mitteln eine gesunde Ordnung der wirtschaftlichen Machtverhältnisse nicht geleistet werden könne. Die in einigen Industrien bestehende Mitbestimmung erweise sich als ein Anfang zur Neuordnung der Wirtschaft, doch wurde auch die Bedeutung des Wettbewerbs betont. Die Bejahung der Landesverteidigung war verbunden mit der Forderung nach internationaler Entspannung, Abrüstung, Ächtung von Massenvernichtungsmitteln und Einbeziehung ganz Deutschlands in eine europäische Entspannungszone.[53]

Auf dem langen Marsch der SPD durch ideologische Ressentiments, politische Konstellationen, gesellschaftliche Institutionen – das Ziel einer demokratisch zu erringenden Macht immer vor Augen – war die langwierigste und schwierigste Strecke überwunden. Der Bart ist ab, meinten die Karikaturisten unter Bezug auf die Physiognomie von Karl Marx. Kritisch Gesonnene stellten mit Ironie fest, daß die SPD, auf dem Weg von der Staatsgründungspartei (1945) zur Regierungspartei (1966) nun mit Bonn ihren Frieden gemacht hätte (das letzte Rundschreiben des Parteivorstandes vor Godesberg war mit »sozialistischem Gruß«, das erste nach Godesberg mit »freundlichen Grüßen« unterzeichnet) – mit einer Stadt, die den Zustand der Stagnation und Saturiertheit »lokalisiere«. »Der weitverbreitete Provinzialismus der deutschen Politik findet durch Bonn seine Erklärung . . . So ist auch zu erklären, daß ein Mann wie Willy Brandt für eine parlamentarische Spitzenkarriere in Bonn seine Basis in Berlin nicht aufgeben will, daß ein Bundespolitiker von Format wie Kurt Georg Kiesinger seinen Frieden schließlich in Baden-Württemberg gefunden hat und Franz Josef Strauß über München den Weg zurück an die Macht sucht.« Das war 1965 (von Karl-Hermann Flach) formuliert.[54] Ein Jahr später einigte sich eine Verhandlungskommission von CDU/CSU und SPD, eine große Koalition zu bilden. Ludwig Erhard trat zurück, Kurt Georg Kiesinger wurde neuer Bundeskanzler, Willy Brandt sein Stellvertreter und Außenminister; Franz Josef Strauß übernahm das Finanzressort (Karl Schiller war für Wirtschaft zuständig). Das Motto der beiden großen Parteien, deren Programme und Methoden einander sehr ähnlich geworden waren, hieß: Konsens statt Konflikt.[55]

Der gute Mensch vom Tegernsee

Die Gesellschaft der Bundesrepublik zeige eine Tendenz zur »Versäulung«, auf der die vielgepriesene politische Stabilität beruhe, so Ralf Dahrendorf in *Gesellschaft und Demokratie in Deutschland*, 1965; der Weg zu beweglichen liberalen Strukturen werde damit versperrt. Niemand wünsche die Instabilität der politischen Verfassung, die die Auflösung der Weimarer Republik gekennzeichnet habe. Die Starre einer Gesellschaft, in der jede Verschiebung parteipolitischer Kräfteverhältnisse und politischer Herrschaft durch die blinde Entscheidung traditionsverhafteter Menschen aufgrund von Zugehörigkeiten, die sich ihrer Kontrolle entziehen, unmöglich gemacht werde, berge freilich kaum weniger Gefahren; denn der Wandel sei ein ständiger Gast in menschlichen Gesellschaften. Werde der Wandel aufgehalten, dann schlössen sich nicht nur die Tore des Fortschritts, sondern es würden auch die Energien des Wandels aufgestaut, die sich später dann in unkontrollierbaren und explosiven Veränderungen Luft verschafften. »Stabilität ist eine gute Sache; aber wenn sie zur Starre ausartet, produziert sie ihren inneren Widerspruch, die Revolution.« Was Dahrendorf hier andeutet, wurde in der Tat geschichtliche Wirklichkeit: Die Starre der Wirtschaftswunderzeit schlug Ende der sechziger Jahre um in die Revolte der Jugend. Es gebe eine experimentelle Haltung zur Welt, die das Recht des anderen auf seinen Lösungsvorschlag dann gelten lasse, wenn dieser jeden dogmatischen Anspruch vermeide. Es gebe einen liberalen Zweifel, der den Herrschenden vor allem Schranken zu setzen, nicht Brücken zu bauen suche; es gebe eine Gesinnung der Konkurrenz, die den Fortschritt nur dort garantiert sehe, wo mehrere um Vorrang streiten würden; es gebe eine Auffassung von Freiheit, die diese für das Individuum nur dort gewährleistet finde, wo experimentelle Gesinnung, konkurrierende soziale Kräfte und liberale politische Institutionen sich verbänden. »Eine solche Auffassung hat in Deutschland jedoch nie recht Fuß fassen können.«[56]

Der Heldendarsteller der neudeutschen »Statuarik« war ein beweglicher dick-

Bundeswirtschaftsminister
Ludwig Erhard vor einem
Modell des britischen
Atomkraftwerks
Calderhall

leibiger CDU-Mann, der seine freien Tage nicht so gerne im »Treibhaus Bonn«, sondern lieber im südbayerischen Dorado verbrachte. Ludwig Erhard (1948 bis 1949 Direktor der Verwaltung für Wirtschaft des Vereinigten Wirtschaftsgebietes, 1949-1963 Bundeswirtschaftsminister, 1963-1966 Bundeskanzler) wurde zur großen Symbolfigur des deutschen Wirtschaftswunders.

Der mutige Wirtschaftsprofessor, der sich bei der Währungsreform mit seiner Eigenmächtigkeit (die Aufhebung der Bewirtschaftung) die Herzen und Mägen der damaligen »Normalverbraucher« erobert hatte, verkörperte und inaugurierte den Erfolgsdeutschen, der sich nun anschickte, die Märkte mit harter, guter DM zu erobern. Die wirtschaftsphilosophisch durch Wilhelm Röpke und Alexander Rüstow abgesicherte, durch volle Schaufenster sinnlich präsentierte soziale Marktwirtschaft ermöglichte es, politische Moral und kaufmännischen Erfolg miteinander zu verbinden. Fleiß, Redlichkeit und Freiheitlichkeit gingen mit materieller Unabhängigkeit und persönlichem Wohlstand Hand in Hand. Die sozialdarwinistischen Gesetze des Dschungels galten nicht mehr, und doch konnte sich fast jeder eine gute Beute sichern. Der einzige wirkliche Systemveränderer in der Nachkriegszeit sei eigentlich Erhard gewesen, meint Hans Maier. Damals nämlich, als er die versteinerten Verhältnisse zum Tanzen brachte, als

Lebensmittelkarten und Zwangsbewirtschaftung wegfielen, ein freier Markt sich entwickelte, die Bundesrepublik und mit ihr eine neue Gesellschaft entstand.[57]

Den »guten Menschen vom Tegernsee« beschrieb *Spiegel*-Reporter Hermann Schreiber 1965 als einen Mann mit einem an sich unpolitischen, aber gefühlsechten Image.[58] »Ludwig Erhard zeugt für Deutschland. So sagt er. Und das soll heißen: Alles, was er tut, will er für das deutsche Volk tun – nämlich im Sinne einer Repräsentanz, die weniger auf Übereinstimmung als vielmehr auf Identifizierung beruht. Die politische Übereinstimmung mag im einzelnen sogar abhanden kommen; die – wiederum wechselseitig wirksame – Identifizierung aber soll dauern. ›Ich bin doch einer der Ihren, herausgewachsen unter Millionen aus dem deutschen Volk, und weil ich kein Felsbrocken bin, sondern ein fühlender Mensch mit Verstand, mit Hirn und mit Herz, brauche ich die Zustimmung des deutschen Volkes. Das ist mein Lebenselexier.‹« Dieses Erhard-Bekenntnis kehre, insbesondere in seinen Wahlreden, leitmotivisch wieder, manchmal verdichtet zu dem Schlüsselsatz: »Jedermann weiß, wer ich bin.« Wenn einer der zersetzenden Intellektuellen den guten Menschen vom Tegernsee, oder vielmehr Absicht und Leistung der sozialen Marktwirtschaft nicht begriff, wie etwa der Dichter Rolf Hochhuth, so empörte das den Volkskanzler: »Ich habe keine Lust, mich mit Herrn Hochhuth über Wirtschafts- und Sozialpolitik zu unterhalten ... Nein, so haben wir nicht gewettet. Da hört der Dichter auf, da fängt der ganz kleine Pinscher an.«[59] Die Intellektuellen hätte er lieber weniger intellektuell gehabt. Das Schlimmste sei dieser Pessimismus und dieser Skeptizismus gegenüber unserer Gegenwart, einer Gegenwart, die gerade den jungen Leuten sozusagen den Marschallstab in den Tornister gelegt habe. Deswegen sei zu unterscheiden zwischen verantwortungsbewußter Geistigkeit und einem blutleeren Intellektualismus ohne Substanz und ohne Gesinnung. Ludwig Erhard denke und rede so, ironisierte der *Spiegel*, als wäre die Frage, wo denn das Positive bleibe, nicht dem Herrn Kästner, sondern ihm gestellt. Jedenfalls gebe er immer Antwort. »Was ihm dabei von den Lippen kommt, ist nicht eigentlich Sprache, sondern geronnene Gesinnung.« Demgegenüber meinte Johannes Gross (1964), Erhard sei kein »Gummilöwe«. »Die hohe Meinung, die Erhard von der Sittlichkeit der Deutschen hat, wird von diesen geteilt. Es ist der erste Grund der tiefen Übereinstimmung zwischen der Gesellschaft und ihrem Kanzler. Es braucht diese Übereinstimmung nicht im mindesten zu stören, daß die hohe Meinung zu hoch ist, die Appelle weniger Erfolg haben, als entschiedene Interventionen haben könnten.«[60]

In zwei Wartesälen

Schon 1955 (im Januarheft des *Monat*) hatte der Schweizer Journalist F. R. Allemann in einem *Brief aus Westdeutschland* die Feststellung: »Bonn ist nicht Weimar« getroffen – als Resümee gründlicher Beobachtungen und Vergleiche, das ein Jahr später erweitert und vertieft auch in Buchform erschien; Allemanns politische Studie ist bis heute eine der am häufigsten zitierten Analysen der neuen Republik geblieben.[61] Könne man an die Stärke eines Staates glauben, der letztlich synthetisch aus der Retorte eines auferlegten Besatzungsregimes entstanden sei? Müßten nicht Zweifel an der Tragfähigkeit eines Gebildes angemeldet werden, das auf so eingestandenermaßen dünnen »provisorischen« Pfeilern ruhe und dessen Verfassungsgeber selbst nicht von einem Staat, sondern nur von einem »Staatsfragment« gesprochen hätten? Allemann kommt jedoch insgesamt, im Vergleich mit dem Schicksal der Weimarer Republik, zu beruhigenden Antworten:

— Der Staat, der nach dem Ersten Weltkrieg das Erbe des Wilhelminischen Kaiserreiches übernahm, wurde zuerst von innen her von restaurativen und reaktionären Kräften durchsetzt und dann von außen her von revolutionären und radikalen Kräften erobert. Die Demokratie seit 1945 ist jedoch unter ganz anderen Voraussetzungen erwachsen. Die Tiefenwandlungen im deutschen Volk reichen tief ins politische Leben, ins Verhältnis des Einzelnen zum Staat und seinen Formen hinein. Die Deutschen glauben nun an die Notwendigkeit einer europäischen Verständigung und sie fühlen sich in ihrem neuen Selbstbewußtsein vor allem dadurch bestätigt, daß sie wieder im Begriffe sind, einen Platz in der vordersten Reihe der europäischen Nationen einzunehmen; zudem konnten sie sich im Laufe weniger Jahre zum begehrten und geachteten Partner der Weltmacht USA aufschwingen.

— Zwar hatte auch die Weimarer Republik eine Phase der wirtschaftlichen und politischen Stabilisierung; zu jener Zeit stand aber ein namhafter Teil des Volkes bewußt außerhalb des Staates, um entweder über ihn hinaus zu neuen Formen wirtschaftlicher, gesellschaftlicher und politischer Organisation oder aber hinter ihm her zur Wiederherstellung jener alten Formen zu streben, die 1918 nicht so sehr unter innerem, als unter äußerem Druck auseinandergeborsten waren. Ein besonderes Kennzeichen der damaligen Situation war die Stärke des Kommunismus und später des Nationalsozialismus (mit besonderer Sogkraft für die völkische, nationalistische Opposition). Die innere und äußere Sezession ganzer Volksschichten vom Staat hat bisher in der Bonner Republik ihresgleichen nicht gefunden. Demokratie und Parlamentarismus mögen da und dort umstritten sein, umkämpft sind sie nicht. Im Bonner Staat wird die Psychologie einer nachrevolutionären Epoche sichtbar: die Mentalität des »Rückzuges auf sich selbst«, die Absage an den Mythos.

— Der Staat von Weimar wie der von Bonn sind zwar beide Produkte einer Niederlage gewesen. Aber ihr Verhältnis zu dieser Niederlage ist nicht dasselbe. Die erste Republik war mit dem Odium des verlorenen Krieges belastet; Millionen von Deutschen waren zutiefst überzeugt davon, daß der Sieg im Ersten Weltkrieg nicht an der Front, sondern im Hinterland durch Verrat (eben durch den »Dolchstoß in den Rücken des kämpfenden Heeres«) verspielt worden ist. Der von Hitler bis zum bitteren Ende geführte totale Krieg und die von den Alliierten erzwungene bedingungslose Kapitulation hatten immerhin ein Gutes:

Der nachhitlerische Staat kann wohl kaum mit den Konsequenzen der Niederlage, geschweige denn mit der Schuld an der Niederlage behaftet werden.

– In der Weimarer Republik war die Existenz der demokratischen Ordnung nur dann einigermaßen (und selbst dann nur halbwegs) gesichert, wenn und falls eine ganz bestimmte politische Kräftekonstellation herrschte: dann nämlich, wenn die »Weimarer Koalition«, die politische Allianz von Sozialdemokratie, Zentrum und bürgerlich-freisinniger Demokratie über eine genügend breite Basis in Volk und Reichstag verfügte. Die Opposition in der Bundesrepublik (SPD) ist eine staatstreue Opposition, die jederzeit im Stande ist, im Falle eines »Erdrutsches« die in Bewegung kommenden fluktuierenden Wählermassen aufzufangen, d. h. ihnen eine demokratische Alternative zur Regierungspolitik zu bieten.

Mit ambivalenten Gefühlen betrachtet Allemann die Tatsache, daß die Adenauer-Epoche offensichtlich durch »Restauration« bestimmt sei. Die Prosperität habe ihren Preis: den Preis der »sozialen Restauration« – nämlich den Verzicht auf jene grundlegende Neuordnung der gesellschaftlichen Beziehungen, von denen man bis weit in die Kreise des Bürgertums hinein in den Hungerjahren träumte. »Der Vulkan ist ausgebrannt; die Eruption wird als unzeitgemäß empfunden.«

Soweit die Welt noch aus den Fugen war, wurden die Fugen mit träger Masse ausgefüllt;[62] bald war die Welt wieder ordentlich verfugt und schön anzusehen; Häßlichkeit verkaufte sich schlecht; mit den Trümmern wurden auch die Träume weggeräumt.

Das »Land der großen Mitte« (die Bundesrepublik) bot sich als topographische Paradoxie dar; denn mitten in Deutschland lag Niemandsland. Die zunächst durchlässige, dann hermetisch abgeriegelte Grenze zwischen Ost und West wurde zum »Ort« politischer Ratlosigkeit – traumatisch erlebt, mit Hilfe von Antikommunismus verdrängt, phraseologisch hinwegrationalisiert. Das Land der großen Mitte fand ganz im Westen, in Bonn, den Topos seiner Stabilität; die Mitte Berlin erwies sich als Vakuum mit Sogwirkung für gefährliche Konfrontation; sie bot zudem genügend Raum für die Projektion politisch und kulturell motivierter idealistischer Freiheitshoffnungen. Im Land der großen Mitte reagierte man allergisch auf das, was in der Mitte – in Mitteldeutschland – geschah. Die doppelte Staatsgründung wurde bis in die Sprache hinein – die »sogenannte DDR« – verleugnet oder nur idiosynkratisch wahrgenommen. Mitteldeutschland wiederum kapselte sich von dem Land der großen Mitte ab; fasziniert und abgestoßen reagierte der nicht-real existierende Sozialismus auf den real existierenden sozial-gebändigten Kapitalismus; in der Mitte Deutschlands hatte der freiheitliche Geist keine große Chance; er wurde in den Westen abgedrängt, der so zum Zentrum kultureller Auferstehung wurde; der Exodus der Mittel- und Oberschicht machte aus der DDR ein »Staatsvolk der kleinen Leute«;[63] in der BRD breitete sich die nivellierte Mittelstandsgesellschaft aus.

Am 8. Mai 1949 wurde in Bonn das Grundgesetz vom Parlamentarischen Rat verabschiedet; am 30. Mai 1949 die Verfassung der Deutschen Demokratischen

Republik vom Volkskongreß der sowjetisch besetzten Zone bestätigt. Die westdeutsche Bundesversammlung wählte Theodor Heuss am 12. September zum ersten Bundespräsidenten, am 15. September der Bundestag Konrad Adenauer zum Bundeskanzler. Am 7. Oktober 1949 bestimmte die Provisorische Volkskammer Otto Grotewohl zum Ministerpräsidenten der DDR, am 11. Oktober wurde Wilhelm Pieck Staatspräsident der DDR. Die Regierung Adenauer hatte gegen die Verfassung in der SBZ (Sowjetische Besatzungs-Zone) sofort protestiert; das nicht frei gewählte SED-Regime sei rechtswidrig und nicht befugt, die Bevölkerung zu vertreten; auch Erklärungen der Sowjetzone, u. a. über die Oder-Neiße-Linie, würden nicht als verbindlich für das deutsche Volk angesehen. Am 22. März 1950 forderte die Bundesregierung erstmals öffentlich die Wiedervereinigung durch freie gesamtdeutsche Wahlen; die Anregung dazu hatte John J. McCloy, USA, gegeben; mit Sir Brian Robertson, Großbritannien, und André François-Poncet, Frankreich, bildete er den Rat der Hohen Kommissare, der sich aufgrund des Besatzungsstatus vom 10. 4. 1949 die oberste Gewalt vorbehalten hatte und hoch über Bonn, im ehemaligen Hotel »Petersberg«, residierte.[64] Am 10. März 1952 schlug Stalin den drei Westmächten vor, einen Friedensvertrag mit Deutschland, vertreten durch eine gesamtdeutsche Regierung, abzuschließen –, und zwar auf der Basis der Wiedervereinigung in den Grenzen, wie auf der Potsdamer Konferenz festgelegt (Oder-Neiße-Linie), der Neutralisierung Deutschlands nach Abzug aller ausländischen Truppen, des Aufbaus nationaler Streitkräfte zur Landesverteidigung. Die Westmächte lehnten es in einer Antwortnote vom 25. 3. 1952 mit ausdrücklicher Billigung Adenauers ab, einen Friedensvertrag zu erörtern, ehe nicht freie gesamtdeutsche Wahlen stattgefunden hätten. Im weiteren Notenwechsel verhärtete sich der jeweilige Standpunkt; nach alliierter, vor allem amerikanischer Meinung wollte Stalin lediglich den Deutschlandvertrag (den Vertrag über die Beziehung zwischen der Bundesrepublik und den drei Westmächten und den europäischen Verteidigungsvertrag, der eine weitere Integration der Bundesrepublik in den Westen zum Ziele hatte) verhindern.[65] Gerd Bucerius, 1946 Gründer und bis in die achtziger Jahre Herausgeber der Wochenzeitung *Die Zeit*, von 1949-1962 CDU-Mitglied des Bundestages, berichtet: »Während wir im Bundestag Stalins Noten prüften, habe ich McCloy gefragt, ob man nicht vielleicht doch die Unterzeichnung aufschieben und zuerst das sowjetische Angebot ausloten solle. Seine klare Antwort: ›Das ist eine schockierende Vorstellung. Noch einmal kriegen Sie die Westmächte nicht mehr an einen Tisch.‹ Und: ›Wenn die Amerikaner aus Deutschland gehen, sollten sie dann nicht aus Europa gehen?‹ . . . Der französische Außenminister Schuman machte in einem persönlichen Schreiben an seinen britischen Kollegen deutlich: Wie schon so oft in ihrer Geschichte sähen sich die Deutschen mit dem Problem ihrer Einheit konfrontiert, von dem sie geradezu besessen seien. Die Russen hätten dies sehr geschickt ausgenutzt und ein verlockendes Angebot gemacht. Das russische Manöver sei erfolgreicher als befürchtet, wie die Verwirrung zeige, die überall herrsche . . . Hätten wir uns aus den Verhandlungen mit den Westmächten zurückgezogen – mit uns gemeinsam hätten sie bestimmt nicht mit den Sowjets verhandelt, weil sie das mögliche Ergebnis für eine Katastrophe hielten –, dann wären nur Scherben geblieben. Und eine nicht mehr ernstgenommene, den Sowjets ausgelieferte Bundesrepublik.«[66]

Als Reaktion auf den Abschluß des Deutschlandvertrages begannen die DDR-Behörden, die bis dahin noch durchlässige innerdeutsche Grenze und West-Berlin hermetisch abzuriegeln (Mai 1952). Die Mehrheit des deutschen Volkes, ganz vom Wirtschaftswunder absorbiert, war dadurch nicht übermäßig irritiert. Jens Daniel (Rudolf Augstein) schrieb im *Spiegel*, daß den westlichen Partnern der Bundesrepublik weder etwas an den Gebieten östlich der Neiße noch an der deutschen Wiedervereinigung läge; Westdeutschland sei für sie als Provinz bequemer als ein einiges, wenn auch waffenarmes Deutschland. »Aber die 18 Millionen Deutschen jenseits der Elbe rechnen auf uns, sie sind ohne uns verurteilt, ihre Kinder in den Klauen eines unmenschlichen, lebenserstickenden Systems aufwachsen zu sehen, ihnen fremd und uns allen fremd. Was haben wir unter diesem christlichen Kanzler für sie getan? Was werden wir im Namen der abendländischen Kultur für sie tun?«[67]

Was ist des Deutschen Vaterland? Konnte man sich mit der Staatsnation identifizieren und dabei die Kulturnation vergessen? Nach Friedrich Meinecke[68] findet die Kulturnation ihre Begründung im Zusammengehörigkeitsgefühl aus dem Bewußtsein gemeinsamer Kultur. Gemeinsame Sprache, Geschichte, Sitte, Religion und Abstammung sind ihre wesentlichen Komponenten. Der Begriff der Staatsnation impliziert, daß der Staat das innerhalb seiner Grenzen wohnende Volk bzw. die dort lebenden Völker zu einer Nation zu einen weiß. »Was aber geschieht . . ., wenn eine Gruppe von Menschen, die aufgrund ihrer kulturellen Gemeinsamkeit eine Gemeinschaft bilden, durch Gewalt daran gehindert werden, miteinander zu verkehren: Sind sie noch eine Gemeinschaft? Bleiben sie eine Gemeinschaft? Oder werden nunmehr nicht mehr gemeinsam erlebte Erfahrungen diese einstmalige Gemeinschaft sprengen?«[69] »Das ist des Deutschen Vaterland: 70 Millionen in zwei Wartesälen.« In seinem gleichnamigen Buch (1957), das Friedrich Sieburg einen »Donnerkeil des Plauderers« nannte[70], konstatierte Erich Kuby – ausgehend von detaillierten Beschreibungen dessen, was er in den letzten zwölf Jahren westlich und östlich der Elbe beobachtet hatte –, daß die Teilung »festgeschrieben« sei, zumindest was die deutschen Regierungen beträfe.[71] Sie hätten stets gegen die Wiedervereinigung taktiert; dabei dürfe sich die Regierung der Bundesrepublik weitgehend mit der Bevölkerung in Einklang fühlen, die SED jedoch nicht.

Die Mehrheit der Bewohner des Wartesaals I. Klasse verhalte sich äußerlich und innerlich nach dem Grundsatz: Wo es mir gut geht, da ist mein Vaterland. Diese Verhaltensweise könnten nur Menschen abscheulich finden, die den Nationalstolz zu den Sachen zählten, die man um ihrer selbst willen wollen muß. »Wenn das ›Gut-Gehen‹, der Lebensstandard, nicht an gewisse politische Bedingungen geknüpft wäre, die aus den ehemaligen drei westlichen Besatzungszonen einen weltanschaulich aggressiven und in Zukunft militant-aggressiven Staat gemacht hätten, würde ich den Zivilisationsfetischismus von 50 Millionen Deutschen, durch den sie über Nacht ihren Herrenrassenwahn und Nationalismus vorübergehend ersetzt haben, für eines der wenigen Phänomene in einem kriegerischen Zeitalter ansehen, das die Aussichten für Frieden in unserer Zeit gesteigert hat.«

Im anderen Wartesaal, im Wartesaal IV. Klasse, lebten 17 Millionen, die sich äußerlich und innerlich nach dem Grundsatz verhielten: Wo es mir schlecht geht, da ist nicht mein Vaterland. Auch dieser Grundsatz sei höchst einleuchtend und vernünftig; er führe aber unter den gegebenen Verhältnissen geradewegs in den krassesten Nationalismus, insofern die Schuld daran, daß es schlecht gehe, einem a-nationalen Regime im Dienst einer fremden Macht zugeschrieben werde und nur in dem Gedanken an die Wiedervereinigung die Hoffnung auf Besserung aufleuchte. »Aber kann man sich vorstellen, daß in der Mitte Europas rund 70 Millionen Deutsche, zwischen Oder und Rhein eingeklemmt, von deutschen McCarthys aufgeputscht, von neuen Hugenbergs, die schon da sind, auf nationalen Vordermann gebracht, Ruhe geben?«

Kuby überschätzte die Rechtstendenzen in der Bundesrepublik. »Erwachte Deutschland schon wieder?«[72] Es erwachte jeden Morgen mit dem festen Willen, weiter eifrig und emsig am Wiederaufbau zu werkeln. Zumindest im Land der großen Mitte westlich der Mitte war das Neon-Biedermeier ausgebrochen. »Dem Westdeutschland bereisenden Berichterstatter fällt es schwer, seiner Gewohnheit gemäß lang in den Tag hineinzuschlafen; in aller Frühe weckt ihn Hämmern, Klopfen und anderer Lärm von nebenan, wo ein Haus fertiggestellt, von gegenüber, wo eine Ruine ausgebaut wird, bis er sich schließlich griesgrämig an sein Tagwerk macht und – infolge deutschen Fleißes und deutschen Wiederaufbaus etwas unausgeschlafen – über ebendiese seine Notizen macht.«[73]

Droben am Ideenhimmel hing natürlich weiterhin das Ideal von der Kulturnation als Staatsnation (der Staatsnation als Kulturnation); aber relevant war es nur für die Sonntagsreden der Politiker und die Philippiken intellektueller »Moralapostel«, die sich mit dem »schwitzenden Idyll« nicht zufrieden gaben. Das Vaterland, meinte Walter Dirks 1957, sei der Inbegriff dessen, was die in ihren Provisorien lebenden Deutschen an gemeinsamem Leben, gemeinsamer Ordnung und gemeinsamer Entscheidung voneinander zu erwarten hätten, der Inbegriff reicher, aber zwiespältiger Überlieferungen und eines Anspruchs auf Gerechtigkeit, der uns nie zur Ruhe werde kommen lassen.[74] Im Gegensatz zu so hochgemuter Einschätzung der Lage genossen die Bundesdeutschen die politische Ruhe, die ihnen ihre wirtschaftliche Aktivität einbrachte. Die Bequemlichkeit, mit der man sich im Wirtschaftswunder einrichtete, fürchtete die Unbequemlichkeit einer Wiedervereinigung. Als Karl Jaspers in einem Fernsehkommentar zur Spaltung Deutschlands im Sommer 1960 (und dann auch in seinem Aufsatz *Freiheit und Wiedervereinigung*[75]) die These von der zu Recht verscherzten Einheit aussprach und sich gegen eine nationalstaatliche Wiedervereinigungslösung wandte, erregte dies zwar einen Sturm der Entrüstung; alle Parteien fielen über ihn her, hatte er doch das Gebot des »Immer-davon-Redens« mißachtet. Dieses handlungslose »Immer-davon-Reden« bewahrte aber die bundesbürgerliche Seele »zugleich vor den Schrecken der Wiedervereinigung und vor denen des Verzichtes auf die erprobtermaßen schlafförendernde Wonne, sie sich so, wie sie bestimmt nicht kommen kann, weiter vorstellen zu dürfen«. (Ulrich Sonnemann)[76]

Die Grenzgänger

Vermaß man das Land der großen Mitte, so stieß man an seinem östlichen Rande, mitten in Deutschland, auf die Grenze. »Braune verrottende Holzpfähle, ein Kreuz und Quer von rostigem Stacheldraht, dann ein breiter Streifen verstepptes Land, wieder Stacheldraht, jetzt zwischen helle, vierkantige Betonpfeiler verspannt, zwei Reihen Pfeiler und Stacheldraht in knappem Abstand, hügelauf und hügelab, quer durchs Feld, quer durch die frisch ausgeschlagenen Schneisen der Wälder, hochragende Wachtürme dahinter, dunkeloliv uniformierte Streifen, die mit schläfrigem Schritt die Zäune abschreiten, manchmal verhalten, und durch das Fernglas herüberstarren. Das ist die Grenze.«[77]

So beschrieb sie 1962 Rolf Schroers, Romanautor und Publizist, Chefredakteur der Zeitschrift *liberal*; die deutschen Teilungen (territoriale Teilungen, Teilungen der deutschen Geschichte, Abtrennungen von Vergangenheiten) ließen die Zukunft perspektivlos erscheinen, hatten die deutsche Identität tief getroffen. Die Flucht der vier Millionen Deutschen aus Ulbrichts Herrschaftsbereich werde als geheime Wahl, als Absage an den Kommunismus und als Option für die Bundesrepublik gewertet; der Vorgang dürfe als gewaltloser, resignierter Aufstand gedeutet werden – gegen das System der DDR, aber damit noch nicht für die Bundesrepublik. Damit war die Position und Situation vieler Intellektueller umschrieben, die die DDR wegen der dort herrschenden Unfreiheit verließen, ohne deshalb in der BRD heimisch zu werden. »Wir Flüchtlinge aus einer Diktatur müssen uns fragen, wohin wir geflohen sind«, hieß es in dem Tagebuch von Gerhard Zwerenz (*Ärgernisse – Von der Maas bis an die Memel*, 1961.)[78] Nach seiner Entlassung aus russischer Kriegsgefangenschaft hatte er bei Ernst Bloch in Leipzig Philosophie studiert. Zusammen mit dem Schriftsteller Erich Loest und Günter Zehm, später Feuilleton-Chef der *Welt*, gehörte er der antistalinistischen Opposition um Wolfgang Harich an, weshalb er im Sommer 1957 nach Westberlin fliehen mußte. »Die Bundesrepublik imponierte uns, auch den Kommunisten, vorweg den jungen, kritisch eingestellten. Was imponierte uns am meisten? Daß die Bundesrepublik ohne Mitteldeutschland leben konnte. Der Gedanke daran war ärgerlich und böse, doch nichts weniger als falsch. Währenddessen vegetierten wir in Mitteldeutschland in einer elenden Diallele von Staatszwang, einer Mischung von Hochmut und Neid, Zorn und Enttäuschung, Ressentiment und Verzweiflung. Unser Stolz war verletzt, weil der Westdeutschen Stolz unverletzlich schien. Langsam wuchs in uns die Bösartigkeit unerwidert Liebender.«[79]

Als Zwerenz noch nicht die Grenze überschritten hatte, sich aber bereits versteckt hielt, sprach Alfred Kantorowicz über den Sender »Freies Berlin«. »Ich hörte seinen Zornausbruch an. Große Freude. Endlich hatte einer aus der Prominenz den Mut gefunden, mit Ulbricht zu brechen.«[80] Von Juli 1947 bis zum Dezember 1949 gab Kantorowicz – ein Bürgersohn, der Kommunist wurde, dann Freiwilliger im Ersten Weltkrieg und Kämpfer in der Internationalen Brigade gegen Franco war, Verfolgung und Emigration erlitt, nach Ostberlin heimkehrte, schließlich in die Bundesrepublik emigrierte – unter Lizenz der sowjetischen Besatzungsbehörden die Zeitschrift *Ost und West* heraus, ein symptomatischer Titel, denn politisch wie publizistisch mühte er sich um einen Brückenschlag zwischen den Siegermächten. Nach Gründung der DDR verfügte die SED die Einstellung der Zeitschrift; im Bruch mit der stalinistischen Praxis in der DDR war er wie sein Freund Ernst Bloch zum heimatlosen Linken geworden.[81] In einer Notiz vom 27. Januar 1957 in Kantorowicz' Tagebuch – es handelt sich um die letzte Eintragung – heißt es: »Die Rollkommandos sind am Werk. Die Schlägerkolonnen, die Spitzel, Denunzianten gehen um – qua Volkswille. Wie einst im März 1933. Ungarn war für Ulbricht, was der Reichstagsbrand für Hitler war. Der Teufelskreis hat sich geschlossen.«[82]

Hans Mayer lebte von 1935 bis 1945 im Exil in Frankreich und in der Schweiz; nach seiner »Heimkehr in die Fremde« war er 1946-1947 Chefredakteur von Radio Frankfurt. Die »zweite Emigration« führte ihn von 1948-1963 an die Universität Leipzig, wohin er auf einen neuen Lehrstuhl für die »Geschichte der Nationalliteratur« berufen worden war.[83] Nach einem vorübergehenden politischen Tauwetter folgte im Herbst 1956 eine neue Eiszeit. Zudem starb 1958 Johannes R. Becher, Minister für Kultur, der seine schützende Hand über Mayer gehalten hatte. Als dieser den geächteten Roman *Doktor Schiwago* von Boris Pasternak analysierte und Peter Hacks aus dem von Ulbricht abgelehnten Stück *Die Sorgen und die Macht* vorlesen ließ, kam es zum Bruch mit der SED. »Eine Lehrmeinung zu viel.« Ernst Bloch holte ihn nach Tübingen.

Bloch war nach der Emigration, die ihn über die Tschechoslowakei und Frankreich in die USA geführt hatte, 1949 auf einen Philosophie-Lehrstuhl in Leipzig berufen worden. In seinen Erinnerungen berichtet Hans Mayer über die zunehmende Isolierung des großen Denkers, der sein Institut nicht mehr betreten durfte. 1961 ging Bloch in die Bundesrepublik.

Robert Havemann weigerte sich, die DDR zu verlassen – ein utopischer Sozialist, der an das Humane im Kommunismus glaubte und dementsprechend auf freie Meinungsäußerung nicht verzichtete.[84] Er war Chemiker, der sich 1943 an der Berliner Universität habilitiert hatte; im gleichen Jahr verurteilte ihn der Volksgerichtshof als Mitbegründer der antifaschistischen Widerstandsgruppe »Europäische Union« zum Tode; seine Hinrichtung wurde zweimal verschoben, da er wichtige Forschungsarbeiten ausführen mußte. Nach 1945 trat er in die SED ein und war für den von ihm mitgegründeten Kulturbund von 1950-1963 Abgeordneter der DDR-Volkskammer. Weil sie ihn für einen Spion hielten, hatten ihn die Amerikaner 1947 als Leiter des Kaiser-Wilhelm-Instituts abgesetzt; er wurde daraufhin Direktor des Physikalisch-chemischen Instituts der Ostberliner Humboldt-Universität. Nach 14jähriger Tätigkeit erhielt er Berufsverbot; in seinem Haus wurde er streng bewacht. »Die Mächtigen scheinen arg zu zittern vor diesem unerschrockenen Mann: mit Recht, denn Ideen sind nun einmal stärker als die Polizeimacht, die ein totalitärer Staat gegen sie aufbringen kann. Niemand weiß, wann dieser ungleiche Kampf zwischen David und Goliath enden wird, soviel aber steht fest, der Name von Robert Havemann ist bereits heute mit unauslöschlichen Lettern eingeschrieben in das Buch der wechselvollen deutschen Geschichte.« (Marion Gräfin Dönhoff)[85]

Die Beispiele machen deutlich: der freie Geist, dessen Entfaltung die Hoffnung wenn nicht aller, so doch vieler Menschen nach dem Zusammenbruch des nationalsozialistischen Unrechtsstaates gewesen war, wurde mitten in Deutschland wiederum brutal unterdrückt. Die Schicksale prominenter Persönlichkeiten als Fallstudien für kommunistische Diktatur wurden in der Bundesrepublik nicht nur besonders beachtet, sondern auch als negativer Kontrast zur eigenen weißen Weste, die keineswegs so rein war, aber im Zeichen der Restauration sich mit repressiver Toleranz schmückte, herangezogen. Die Realität war allerdings kraß genug – so etwa im Fall des Schülers Hermann J. Flade, der 1950 wegen Verbreitung von Flugblättern in der DDR zum Tode verurteilt wurde; nach der Begnadigung kam er 1960 in die Bundesrepublik. Eva Müthel, die als Studentin 1948 wegen antisowjetischer Propaganda und angeblicher Spionage zu 25 Jahren Zwangsarbeit verurteilt wurde (1954 amnestiert und nach Westberlin entlassen), schrieb 1957 den stark biographisch gefärbten Roman *Für dich blüht kein Baum*[86], der von der Kritik als ein wichtiger Beitrag zur politischen und gesellschaftlichen Situation im geteilten Deutschland gepriesen wurde. Erika von Hornstein veröffentlichte 1960 unter dem Titel *Die deutsche Not* dreiundvierzig Flüchtlingsberichte aus den frühen Jahren der DDR[87]; Walter Kempowski, 1948-1956 aus politischen Gründen Häftling im Zuchthaus Bautzen, schrieb nach seiner Übersiedlung in die Bundesrepublik den Haftbericht *Im Block*.[88]

Zwei Ereignisse prägten dann das politische und kulturelle Bewußtsein der Deutschen auf ganz besondere Weise, Empörung wie Resignation verbreitend: der Aufstand am 17. Juni 1953 und der Beginn des Mauerbaus am 13. August 1961. Als die Arbeiter in der DDR auf die Straße gingen, um gegen ihre Ausbeutung zu demonstrieren (ausgelöst durch die von der Regierung verfügte Erhöhung der Normen um mindestens zehn Prozent), und dann der Aufstand mit Hilfe der sowjetischen Besatzungsmacht niedergeschlagen wurde, verharrte der Westen ohnmächtig in der Rolle des Beobachters. Der Bundestag in Bonn beschloß, den 17. Juni, paradoxerweise als »Tag der deutschen Einheit« (und nicht der deutschen Spaltung), zum gesetzlichen Feiertag zu machen. »Das ist immer der sicherste Weg einen Tag seines Sinns zu berauben. Man erhebt ihn ins Mythische und er endet im Gasthaus. Immerhin: man war gutwillig, man hat ihn wahrgenommen, diesen Tag. Man hat ihn aber nur als Bestätigung dessen wahrgenommen, was man selbst von ihm denken wollte.« (Gerhard Zwerenz)[89]

1961 wurde die letzte offene Stelle einer Grenze, die nach Abschluß des

Deutschlandvertrages (1952) immer perfekter und abschreckender abgeschottet worden war, geschlossen. Jens Daniel (Rudolf Augstein) sah im Mauerbau die Konsequenz zum einen des Flüchtlingsstromes, der die DDR strukturell bis zur Anämie geschwächt hatte, zum anderen der Politik der westlichen Alliierten, mit Kanzler Adenauer an ihrem Rockschoß, die seit 1950 Wiedervereinigung aggressiv als »Befreiung« propagierten. Günter Grass und Wolfdietrich Schnurre schrieben einen »offenen Brief« an die Mitglieder des Schriftstellerverbandes der DDR, in dem sie die Tragweite der plötzlichen militärischen Aktion vom 13. August herausstellten. Es komme später keiner und sage, er sei immer gegen die gewaltsame Schließung der Grenzen gewesen, aber man habe ihn nicht zu Wort kommen lassen. Wer den Beruf des Schriftstellers wähle, müsse zu Wort kommen und sei es nur durch lautes Verkünden dessen, daß er am Sprechen gehindert werde. Der Schriftsteller Stephan Hermlin, nach seiner Teilnahme am Spanischen Bürgerkrieg Emigrant in der Schweiz, von 1945 bis 1947 in Frankfurt am Main, danach in Ostberlin, antwortete:

»Das Unrecht vom 13. August? Von welchem Unrecht sprechen Sie? Wenn ich Ihre Zeitungen lese und Ihre Sender höre, könnte man glauben, es sei vor vier Tagen eine große Stadt durch eine Gewalttat in zwei Teile auseinandergefallen. Da ich aber ein ziemlich gutes Gedächtnis habe und seit vierzehn Jahren wieder in dieser Stadt lebe, erinnere ich mich, seit Mitte 1948 in einer gespaltenen Stadt gelebt zu haben, einer Stadt mit zwei Währungen, zwei Bürgermeistern, zwei Stadtverwaltungen, zweierlei Art von Polizei, zwei Gesellschaftssystemen, in einer Stadt, die beherrscht ist von zwei einander diametral entgegengesetzten Konzeptionen des Lebens. Die Spaltung Berlins begann Mitte 1948 mit der bekannten Währungsreform. Was am 13. August erfolgte, war ein logischer Schritt in einer Entwicklung, die nicht von dieser Seite der Stadt eingeleitet wurde.«

Ernst Bloch (im Dritten Reich in die USA emigriert, 1949 auf einen Philosophie-Lehrstuhl in Leipzig berufen) war während des Mauerbaus auf einer Reise im Westen; er blieb in der Bundesrepublik; in seinem Schreiben an den Präsidenten der Ostberliner Akademie der Wissenschaften hieß es: »Nach den Ereignissen vom 13. August, die erwarten lassen, daß für selbständig Denkende überhaupt kein Lebens- und Wirkungsraum mehr bleibt, bin ich nicht mehr gewillt, meine Arbeit und mich selber unwürdigen Verhältnissen und der Bedrohung, die sie allein aufrechterhalten, auszusetzen. Mit meinen 76 Jahren habe ich mich entschieden, nicht nach Leipzig zurückzukehren.«

Walter Jens, seit 1956 Professor für klassische Philologie, ab 1962 auch für Rhetorik in Tübingen, der als Schriftsteller mit Erzählungen, Romanen, Hörspielen und Übersetzungen sowie als Literaturkritiker hervorgetreten war, begrüßte Ernst Bloch begeistert; er sei als Demokrat aus der DDR weggegangen, als einer, der wisse, daß sich der Sozialismus nur in der Demokratie, dem »ersten humanen Wohnsitz«, verwirklichen könne. Er komme zu uns als ein Sozialist, der lehren werde, daß es keine Demokratie ohne jenen Sozialismus gibt, in dem sich allein, wie es Karl Marx formulierte, »der Reichtum der menschlichen Natur zu entfesseln« vermöge. »Wir möchten ihn nicht missen, ihn so wenig wie Karl Marx, Friedrich Engels, Rosa Luxemburg, Karl Liebknecht, Bertolt Brecht.«[90]

Das kommunistische Trauma und die Freiheit der Kultur

Eine ganze Reihe von Leuten wollten Bertolt Brecht durchaus missen. 1948, als dieser aus den USA wieder nach Europa zurückkehrte – 1933 war er vor den Nazis über die Tschechoslowakei, Österreich, die Schweiz, Dänemark, Schweden, Finnland, die Sowjetunion schließlich nach Amerika geflohen –, bekam er keine Einreisegenehmigung nach Westdeutschland. In Ostberlin baute er mit Helene Weigel das »Berliner Ensemble« auf. Alte Brecht-Mitarbeiter, die schon vor 1933 und zum Teil auch in der Emigration an der Aufführung seiner Stücke mitgewirkt hatten, stellten sich ein, u. a. der Regisseur Erich Engel, der Schauspieler Ernst Busch; mit Leonhard Steckel, Berthold Viertel und Therese Giehse kam es zeitweilig zur Zusammenarbeit.

Im Westen unterstellte man Brecht Opportunismus und doppelte Moral. Als 1951 die von Paul Dessau komponierte pazifistische Oper *Das Verhör des Lukullus* an der Berliner Staatsoper uraufgeführt wurde (mit Hermann Scherchen als Dirigent), wurde sie trotz starker Ovationen bei der Premiere anderntags vom Spielplan abgesetzt. Die SED kritisierte »formalistische Tendenzen«; Brecht nahm Änderungen vor; aus dem »Verhör« wurde eine »Verurteilung« – nun des Angriffskrieges; der Verteidigungskrieg wurde ausdrücklich gebilligt. Die Aufführung in Westdeutschland ein Jahr später (in Frankfurt, wo sie Harry Buckwitz herausbrachte) entsprach der ersten Fassung; ein Teil der Kritik beanstandete, daß der Dichter sich »äußerst zwielichtig« verhalte.

Wenige Tage nach dem Aufstand des 17. Juni 1953 richtete Brecht eine Solidaritätserklärung an Ulbricht; zugleich aber übte er lebhafte Kritik an den Mißständen in der DDR. Der Brief wurde verstümmelt veröffentlicht; er bestand nur noch aus der abschließenden Ergebenheitsformel. Schlagartig setzten die westdeutschen Bühnen seine Stücke vom Spielplan ab. Der Brecht-Boykott lockerte sich nur langsam wieder.

Im Mai 1955 erhielt Brecht im Kreml den Stalinpreis; nach Zeitungsmeldungen deponierte er den Geldbetrag auf einer Schweizer Bank. Dem sozialistischen Einheitsstaat blieb er treu; die heimliche Hoffnung vieler im Westen, »daß Brecht eines Tages mit seinem Köfferchen erscheint, die Freiheit wählend«, war illusorisch – »trotz wiederholter Maßregelungen, die Brecht sich gefallen ließ. Ist er ein Feigling, ist er ein Blinder, oder genügt ihm die Freiheit des Westens nicht, um auf das russische Geld zu verzichten?« (Max Frisch)[91]

Als Bertolt Brecht am 14. August 1956 starb, hatte er wieder viele Sympathien zurückgewonnen. Die Zeitschrift *Das Schönste* (»für alle Freunde der schönen Künste«), die den »gehobenen Geschmack« weiter Kreise kompetent bediente, schrieb: »Das Große in seinen Werken, das geistig Erhabene, überstrahlte bis zuletzt die Befangenheit in politischen Dogmen – der Mensch und Dichter Brecht bedarf deshalb keiner Rechtfertigung und wird nie einer solchen bedürfen. Sein Werk hat säkulare Geltung, die deutsche Sprache hat aus seinem Geist neuen Gehalt empfangen. Das deutsche Theater verdankt ihm stärkste Impulse, unsere Dichtung wäre unendlich ärmer ohne ihn.«[92]

Nach dem Mauerbau versuchten konservative politische Kräfte, die Spielpläne der westdeutschen Theater von Brecht zu »säubern«. Harry Buckwitz, Intendant der Frankfurter Städtischen Bühnen, fand »die von der Frankfurter CDU aus politischen Gründen geforderten Repressalien gegen einen toten Dichter geradezu beschämend«. 66 Intendanten erklärten in einem Manifest – und sie hatten Grund für eine solche Erklärung –, daß eine unerläßliche Voraussetzung für die künstlerische Arbeit an den deutschen Theatern die persönliche Verantwortung des Intendanten für den Spielplan sei. Künstlerischem Gewissen und politischer Einsicht müsse es überlassen bleiben, ob Brecht gespielt werde oder nicht. (Boleslav Barlog vom Berliner Schillertheater verschob im August 1961 eine *Puntila*-Premiere – zwar »unbeirrt von unsachlichen und niveaulosen Attacken, aber in der selbstgewonnenen Überzeugung, daß zum gegenwärtigen Zeitpunkt ... Mißverständnisse und Ausschreitungen die Folgen sein könnten«.)[93] Soll man Brecht im Westen spielen? fragte Friedrich Torberg in einem Vortrag der Sendereihe *Umstrittene Sachen* des Westdeutschen Rundfunks Ende 1961. Der Schriftsteller aus Wien (1938 in die Schweiz emigriert, 1940 von Frankreich über Spanien und Portugal in die USA geflohen, 1951 als Angestellter des amerikanischen auswärtigen Dienstes in seine Heimatstadt zurückgekehrt) griff in seinem Beitrag die Brecht freundlich gegenüberstehenden bundesrepublikanischen Intendanten und Regisseure mit äußerster Schärfe an. Als Theaterkritiker, als Herausgeber einer kulturpolitischen Zeitschrift und auf jeder anderen zugänglichen Plattform habe er in Wien nach besten Kräften darauf hingewirkt, daß Brecht seit dem 17. Juni 1953 nicht mehr gespielt werde. Seine Argumente stützten sich auf drei Grundlagen: Kunst hat mit Politik zu tun; Bertolt Brecht ist ein Kommunist; der Kommunismus ist der unerbittliche Todfeind der Demokratie. Gerade weil Brecht ein sehr bedeutender Dichter sei, müsse man ihn ernstnehmen, das bedeute: ihn boykottieren.[94]

Torbergs Ausführungen fanden bei Politikern eine starke, und zwar zustimmende Resonanz; die bundesrepublikanischen Intellektuellen lehnten durchwegs den Versuch einer solchen Zensur ab. Karl vom Rath, der Kulturdezernent von Frankfurt, meinte als »Amtsperson«: »Wir spielen Brecht, einmal aus Gründen der Meinungsfreiheit, dann im Hinblick auf die Konsequenzen, die sich ergeben würden, wenn wir ihn nicht spielten.« Denn der nächste Schritt bestünde dann doch wohl darin, daß man die Stücke Brechts aus den Buchhandlungen und den öffentlichen Bibliotheken nähme und dem Suhrkamp Verlag verbiete, sie weiterhin zu drucken.[95]

»Die Schriftsteller eines Volkes sagen, was ist. Sie können das Denken eines Volkes in Bewegung bringen durch Wahrhaftigkeit. Sie können den Willen zur politischen Freiheit heller und entschiedener werden lassen.« So Karl Jaspers in seinem Buch *Wohin treibt die Bundesrepublik?*[96] In einer sehr beachteten Kontroverse 1961/62 sagten sich zwei Schriftsteller unterschiedlicher Generation, »was ist« (in Hinblick auf das geteilte Deutschland), und brachten damit das literarische Leben durch ihre Wahrhaftigkeit in Bewegung. Bei einem Vortrag in Mailand erwähnte der 62jährige Hermann Kesten auch mit einigen Sätzen den 28jährigen Schriftsteller Uwe Johnson, der 1959 aus der DDR nach Westberlin übergesiedelt war. Von der Mauer war die Rede; sie setze eine Zäsur; die Verlogenheiten hüben und drüben müßten ein Ende haben; der Prozeß der moralischen und intellektuellen Gesundung sei durch den politischen Schock beschleunigt worden; hoffentlich würde Johnson seinen eigenen Weg zwischen den Fronten des Kommunismus, des Antikommunismus und des Nazismus finden. Uwe Johnson nahm demgegenüber die DDR-Behörden in Schutz: Der zwangsweise in Ostdeutschland eingeführte Sozialismus habe dazu geführt, daß 4 Millionen über die damals noch offene Grenze gegangen seien; der Arbeitskräftemangel, nicht Unmoral, habe die ostdeutschen Kommunisten, wollten sie weiterleben, zur Notwehr greifen lassen. Hermann Kesten bezichtigte Johnson daraufhin kommunistischer Gedankengänge; Johnson replizierte, indem er Kesten einen »Lügner« nannte. In einem »offenen Brief« schrieb Kurt Fassmann:

»Herr Johnson! Genausogut hätten Sie Hermann Kesten, der sein Leben lang gegen Tyrannen stritt, sagen können: Hitler habe in Notwehr gehandelt, als er seine politischen Gegner ins KZ sperrte oder als er das deutsche Volk in den totalen Krieg trieb, denn auch Hitler wollte weiterleben – das sei Geschichte, und die habe man nicht mit moralischen Vorwürfen zu vermengen. Ich weiß, Herr Johnson: Sie wollten objektiv sein, Sie wollten heraus aus der Verkrampfung politischer Fronten, aus der parteiischen Hysterie, die unser Leben vergiftet. Aber Hermann Kesten, der Ihre Worte als Antithese nahm, sah buchstäblich rot.«[97]

Johnson hatte über Westberlin ein Stipendium für die Villa Massimo (Rom) erhalten, das man ihm wegen der Auseinandersetzung mit Kesten streitig machen wollte. Der Kommunismusvorwurf genügte konservativen Kräften in der Bundesrepublik (im besonderen nach dem 17. Juni und dem Mauerbau) bereits als Legitimation für Intoleranz. In einem Gespräch mit Kuno Raeber antwortete der Dichter auf die Frage, was er vom Kommunismus halte: »Was ist Kommunismus? Es gibt zu viele verschiedene Theorien darüber, zu viele verschiedene Praktiken, die sich alle kommunistisch nennen. Auf jeden Fall halte ich es für fahrlässig, wenn man voneinander völlig verschiedene Entwicklungsstufen in voneinander gänzlich verschiedenen osteuropäischen Ländern unter dem Sammelbegriff Kommunismus auf einen Nenner zu bringen versucht.« Aus der »Ostzone« sei er weggegangen, da er dort keinen Verlag für sein Buch *Mutmaßungen über Jakob* gefunden habe; wohl aber in Westdeutschland. Die ostdeutschen Behörden hätten offensichtlich für eine Anklage gehalten, was als reine Beschreibung gemeint war. Sein neuer Wohnsitz Berlin liege zwischen der Zone und der Bundesrepublik; diese Mitte sei relativ günstig; sie ermögliche einen klareren Einblick in die Alternative, die Ostdeutschland anbiete.[98]

Plakat 1953

Uwe Johnson, 1934 in Pommern geboren, kam 1945 mit seiner Familie nach Mecklenburg; in seinem ersten Roman *Ingrid Babendererde*[99] schildert er das Schicksal einer Schülerin und eines Schülers, die als Mitglieder der Jungen Gemeinde im Rahmen der Kirchenkampf-Kampagne der SED der »Inquisition« ausgesetzt sind und deshalb nach Westberlin fliehen. Johnson hat dabei eigene Erfahrungen mit der DDR-Staatsmacht verarbeitet; viele Elemente dieses Romans finden sich auch in späteren Werken wieder. Als Einheimischer in Westberlin, mit einem Paß der BRD und der Nationalität »deutsch« (wie er seinen Status definierte), veröffentlichte er 1959 den Roman *Mutmaßungen über Jakob*, 1961 *Das dritte Buch über Achim*, 1965 *Zwei Ansichten*. Mit der ihm eigenen Akribie und Detailbesessenheit, verbunden mit großer Skepsis gegenüber der »Festschreibung« von Realität (»Wo die Realität nur ungenau bekannt ist, würde ich nicht versuchen, sie bekannter darzustellen«[100]), versuchte er, dem Sozio- und Psychogramm des geteilten Deutschland gerecht zu werden. Soweit man ihn in der DDR zur Kenntnis nahm, wurden seine Beschreibungen des bourgeoisen Westens für gut befunden, diejenigen der DDR aber als unzureichend und verzerrt bezeichnet. Im Westen schätzte man ihn als genauen Kenner der DDR-Realität, empfand aber seine BRD-Schilderungen als einseitig. Vor allem die konservative Kritik sah in ihm einen politischen Schriftsteller, der zwar die Verhältnisse im Osten Deutschlands genau kannte, aber trotzdem nicht bereit war, sie einer harten, grundsätzlichen Kritik zu unterziehen. Aus diesem Grund wurde er nicht nur von Hermann Kesten, sondern auch von Außenminister

Heinrich von Brentano angegriffen. Ein »Erzählen gegen den Strich«, eine Position, die sich weder diesseits noch jenseits der Mauer befand, sondern gewissermaßen beobachtend »auf der Mauer«, war in das offizielle antikommunistische Denkraster der Bundesrepublik schwer einzuordnen. In *Mutmaßungen über Jakob* geht der Eisenbahner Jakob Abs, sich der Verfügungsgewalt des SED-Regimes entziehend, nach Westberlin, kehrt aber dann nach Dresden zurück – von westlicher Freiheit befremdet, in der östlichen Wirklichkeit nicht mehr zu Hause: Schicksal einer Person, die überall »überfahren« wird. Er stirbt, als er beim Überschreiten der Gleise von einer Lokomotive erfaßt wird. »Das Sichere ist nicht sicher, so wie es ist bleibt es nicht, und aus Niemals wird Heute noch. Ich begreife es nicht. Als fühlte ich den Regen nicht. Jedoch sehe ich ihn.«[101]

Die Auseinandersetzung zwischen Hermann Kesten und Uwe Johnson hatte tiefe, ja geradezu tiefenpsychologisch zu deutende Gründe. Sie kann als Indikator für das Mentalitätsmuster der Intellektuellen in den fünfziger und anfänglichen sechziger Jahre verstanden werden. Einer heimatlosen, über den Verlust von Identität nachgrübelnden jüngeren oder jungen Generation – geprägt durch die Grenze, die oft genug ihre eigene Biographie »durchschnitt« – stand die von Hermann Kesten repräsentierte ältere Generation gegenüber, die Hans Magnus Enzensberger später, im Gefolge der Protestbewegung, »die Generation der Alt-Sozialdemokraten, Neo-Liberalen und Spät-Jakobiner« nannte. Als theoretische Basis habe sie eine unbestimmte Negation, nämlich der Antifaschismus, verbunden. Diese Intelligenz blieb an das historische Trauma von 1945 gebunden, fixiert an spezifisch deutsche Komplexe und Erscheinungen, von der Kollektivschuld bis zur Mauer, unfähig zu einem Internationalismus, der über die Rhetorik der Völkerverständigung hinausgegangen wäre. Der Sozialismus, dem sie anhing, sei nebulös, ihre soziologische Bildung gering, ihre Auseinandersetzung mit dem Kommunismus neurotisch und vordergründig gewesen.[102]

Diese Intelligenz, von Enzensberger einseitig gezeichnet, hatte ihren historischen Herkunftsort in der urbanen Großstadt der »goldenen zwanziger Jahre«; sie fühlte sich in der Asphaltstadt, vor allem im Café wohl. Das Kaffeehaus war der Ort, von dem die neuesten Stimmungen und Strömungen ausgingen; man dachte, fühlte und lebte à la mode, versorgte sich und seinesgleichen mit immer neuen Reizen, nahm immer wieder neue Attitüden an. »Sie dichten, komponieren, schmieren Papier voll und streiten sich um Richtungen, das muß sein . . . Welche Aufregung –! Welcher Eifer –! Welcher Trubel –! Horch: sie leben.« (Kurt Tucholsky)[103] Aus dieser Atmosphäre entstand die starke Zuwendung zum Kommunismus: Zum einen war er ein Produkt des Salons (Salonkommunismus) – in der Malaise der Komplexität sehnte man sich nach weltanschaulicher Eindeutigkeit, die geeignet war, den gordischen Knoten spätzivilisatorischer Verwirrung zu durchschlagen; zum anderen erfaßte das taedium vitae die liberale Existenz, die sich gegenüber dem stiernackigen Faschismus (der gerade deshalb eine andere Gruppe anämischer Intellektueller anzog) hilflos fühlte und nach ideologischer Stärke Ausschau hielt. Vor allem der Spanische Bürgerkrieg wurde als eine Möglichkeit empfunden, endlich handelnd sich verwirklichen zu können; gerade er machte aber auch deutlich, daß der idealische Kommunismus mit dem real-existierenden Stalinismus wenig gemeinsam hatte. Das Bündnis gegen Hitler verdrängte zwar noch die Erkenntnis, daß der Gott, an den man glaubte und durch den man sich gestärkt fühlte, versagt hatte; mit der totalen Niederlage des Dritten Reiches konnten jedoch die »gebrannten Kinder« des Liberalismus, Sozialismus, Urbanismus ihre eigene Identität im Bekenntnis zur Gedankenfreiheit wiederfinden, wobei sie häufig mit ihrer kommunistischen Vergangenheit brachen bzw. ihre Sympathien der kommunistischen Bewegung gegenüber aufkündigten. Der »Kongreß für kulturelle Freiheit« in Berlin, vom 26. bis zum 30. Juli 1950, brachte eine Reformation der alten Linken, die den Fehler »linker Melancholie« nicht mehr wiederholen, sondern als tatkräftige politische Kraft im Kampfe um die Menschenrechte in Erscheinung treten wollten.[104] Der Kongreß trug keinen offiziellen Charakter, sondern ging auf vielfältige Privatinitiativen in Europa und Amerika zurück (später wurde unterstellt, daß der amerikanische Geheimdienst CIA wesentliche Mittel auf indirektem Wege zur Verfügung gestellt hätte). Er wurde interpretiert als der »spontane Ausdruck einer gemeinsamen Sorge der Schriftsteller, Künstler, Wissenschaftler und Politiker, welche die außerordentliche Bedrohung der geistigen Freiheit in unserer Zeit erfahren haben und sich nun bei aller Mannigfaltigkeit ihrer Ansichten und Wirkungskreise als eine echte Gesinnungsgemeinschaft zusammenfanden«. Die symbolische Bedeutung eines solchen Zusammentreffens an einem Ort (Berlin), der für den unmittelbaren Freiheitskampf dieser Jahre und auch für die akute und unablässige Bedrohung der Freiheit so wichtig geworden sei, wurde nachdrücklich herausgestellt. »Auch die Freiheit bedarf der Propaganda«, schrieb Karl Jaspers als Grußwort an den Kongreß. (Im gleichen Jahr hatten bei der Kundgebung zum 1. Mai 600 000 West-Berliner für die Freiheit demonstriert.)

Die Parteilichkeit für die Sache der kulturellen Freiheit war, wie allein die Teilnehmerliste zeigte, in ein weites Spektrum kultureller Pluralität aufgefächert. Das Ehrenpräsidium bildeten Benedetto Croce, Karl Jaspers, John Dewey, Jacques Maritain, Bertrand Russell. Anwesend waren u. a. François Bondy, G. A. Borgese, Franz Borkenau, Margarete Buber-Neumann (1949 durch ihr Buch *Als Gefangene bei Stalin und Hitler* bekannt geworden), James Burnham, Werner Egk, Sebastian Haffner, Walter Hofer, Sidney Hook, Hermann Kesten, Arthur Koestler, Eugen Kogon, Karl Korn, Carl Linfert, Richard Löwenthal, Herbert Lüthy, Golo Mann, Peter de Mendelssohn, Norbert Muhlen, Hans Paeschke, Rudolf Pechel, Theodor Plievier, Herbert Read, Luise Rinser, Wilhelm Röpke, Jules Romain, Eugen Rosenstock-Huessy, Denis de Rougemont, Carlo Schmid, Jürgen Schüddekopf, Ignazio Silone, Dolf Sternberger, Paul Tillich, H. R. Trevor-Roper, Alfred Weber. Ihre Zustimmung zum Kongreß hatten ausgedrückt: Raymond Aron, Hans Barth, Hermann Broch, Louis de Broglie, John Dos Passos, Georges Duhamel, Louis Fischer, André Gide, Victor Gollancz, George Grosz, Julian Huxley, Hans Kohn, Carlo Levi, Salvador de Madariaga, André Malraux, Gabriel Marcel, Carson McCullers, Alexander Mitscherlich, Reinhold Niebuhr, Eleanor Roosevelt, Reinhold Schneider, Upton Sinclair, Barbara Ward, Tennessee Williams, Carl Zuckmayer.

Der Generalsekretär des Kongresses, Melvin J. Lasky, zugleich Chefredakteur der Zeitschrift *Der Monat*, die eine umfangreiche Dokumentation herausbrachte, stellte mit Befriedigung fest, daß zum ersten Mal seit der Machtergreifung der zeitgenössischen Diktatoren sich die freiheitsliebenden Schriftsteller, Künstler und Wissenschaftler der freien Welt versammelten, um ihre Verbundenheit mit dem Ideal der Demokratie zu begründen. Der Kongreß sei eine internationale Konferenz völlig neuer Art – nicht eine offiziell ausgesuchte Körperschaft, sondern eine freie Verbindung selbständiger Teilnehmer; er sei keine Tarnung für Propaganda der totalitären Rechten oder Linken, wie es die meisten von Kommunismus und Faschisten arrangierten und kontrollierten Intellektuellenkongresse der letzten fünfundzwanzig Jahre waren. Er sei der erste Schritt der Dichter und Gelehrten, Philosophen und Publizisten, Geistlichen und Gewerkschafter, Sozialisten und Konservativen, Maler und Verleger, sich in Freiheit zu treffen und ein unabhängiges Programm zur Verteidigung ihres gemeinsamen demokratischen Ideals zu besprechen, zu kritisieren und zu formulieren. Der Schauplatz des Kongresses, etwa einhundertfünfzig Kilometer hinter dem Eisernen Vorhang, bezeuge mit dramatischer Kraft die Initiative, die der Westen im gegenwärtigen Ringen mit der aggressiven Diktatur übernommen habe.

Zur Eröffnung begrüßte Oberbürgermeister Ernst Reuter die Gäste: Berlin sei eine arme, zerstörte, mühsam sich wieder aufrichtende Stadt, die weder Glanz noch Reichtum bieten könne. Hier aber habe man in langen Jahren bitterer Enttäuschungen, furchtbarer Verwüstungen und nicht zu schildernder Nöte dem »Medusenhaupt einer satanischen Zerstörungsmacht ins Auge gesehen«. Hier wisse man, daß Worte wie das kleine, bescheidene Wort »Freiheit«, das seinen Glanz verloren zu haben schien, eine Leuchtkraft ohnegleichen für den besitzen, der den Wert der Freiheit erkannt hat, weil er sie einmal verlor.

Ernst Reuter, 1912 zunächst Sozialdemokrat, nach dem Ersten Weltkrieg Parteisekretär der KPD, 1921 wieder zur SPD zurückgekehrt, 1931 Oberbürgermeister von Magdeburg, 1932 Reichstagsabgeordneter, von 1939 bis 1945 als Professor für Kommunalwissenschaft in der Emigration (Türkei), verkörperte, so drückte es Ignazio Silone aus, jene Art von Deutschen, die heute mehr als je volle Bewunderung und Zutrauen einflöße. »Leider weiß die Welt noch nicht genug von den außergewöhnlichen Deutschen, die damals der Tyrannei widerstanden und die sich in großer Zahl geopfert haben.«

Der Kongreß war durch große Gemeinsamkeit geprägt; zu einer gewissen Spannung kam es, als Adolf Grimme, damals Generaldirektor des Nordwestdeutschen Rundfunks, Arthur Koestler vorwarf, er habe sich zwischen der »Scylla des politischen Konvertitentums und der Charybdis der Dialektik« durchgewunden; und Franz Borkenau daraufhin die These vertrat, daß gerade die Konvertiten, die den Kommunismus aktiv durchlebt hatten, heute in der Demokratie einen ganz besonderen Beitrag zu leisten hätten: »Denn gerade wir wissen, daß die kommunistische Gefahr eine totale Gefahr ist, vor deren Unerbittlichkeit es kein Ausweichen gibt.« Als Borkenau auf den Korea-Konflikt anspielte (ab 25. Juni hatten die USA dort militärisch eingegriffen) und feststellte: »Haben wir nicht alle aufgeatmet, als Truman die Order gab: ›Waffen für Korea?‹«, kam es zu großer Unruhe. David Rousset (Frankreich) erklärte: »Es ist unmöglich und unannehmbar, die Debatte auf dieses Terrain zu verschieben. Wir protestieren.«

Zur Abschlußkundgebung des Kongresses, der größte Beachtung in den internationalen Medien fand, waren Zehntausende von Berlinern aufs Gelände am Funkturm gekommen. Ignazio Silone stellte fest: »Dieser Kongreß für kulturelle Freiheit war für uns Teilnehmer eine Wiederbegegnung und ein neues Beginnen. Es war eine Wiederbegegnung von Männern des Widerstandes. Nur das eine will ich hier sagen: Männer und Frauen von Berlin! In Eurem Bekenntnis zur Freiheit seid Ihr nicht allein.«

Schon damals machte die konzentrierte geistige Energie, mit der hier der Westen in Erscheinung trat – zu einem gewichtigen Teil in Gestalt ehemaliger Kommunisten –, deutlich, in welche kulturelle Isolation die DDR mit ihrem Kurs kultureller Gängelung geraten war. In immer neuen Wellen trieb sie Kulturschaffende wie das Besitz- und Bildungsbürgertum außer Landes. In Mitteldeutschland verblieb ein »Kleinbürgertum pur« (Günter Gaus).[105] Im Gegensatz zu den Intellektuellen der BRD, die in zunehmendem Maße der Oberflächenwelt des Wirtschaftswunders entgegentraten, freilich oft nur auf feuilletonistische Weise, wurde die verbleibende DDR-Intelligenz weitgehend gleichgeschaltet. Die affirmative Kultur schritt auf dem »Bitterfelder Weg« (Autorenkonferenz in Bitterfeld, 1959) zügig voran; zusammen mit der Arbeiterklasse sollten die »Höhen der Kultur erstürmt und von ihnen Besitz ergriffen werden«. Das hieß im Klartext: Die Kulturschaffenden sollten als Ingenieure der Seele das DDR-Bewußtsein »ohne Wenn und Aber« prägen, die bestehenden Machtverhältnisse bestätigen und ausbauen helfen. Im Vergleich zu der Entwicklung in den östlichen Ländern zeige die DDR, so formulierte es Hans Mayer in einem Gespräch mit François Bondy, die negativste, starrste und ungeschickteste Entwicklung; man täte so, als habe Kafka nie gelebt, als sei der *Ulysses* von James Joyce niemals geschrieben worden.[106] So war es auch folgerichtig, daß kurze Zeit nach dem Mauerbau die Zeitschrift *Sinn und Form*, herausragendes Organ und auch Symbol einer ungeteilten deutschen Literatur, aus »Papierknappheit und Personalmangel« ihr Erscheinen einstellen mußte.[107] Nach dem Krieg von Johannes R. Becher gegründet und seit 1949 von Peter Huchel als Chefredakteur geprägt (er verließ die DDR 1971), war sie, da im »imaginären, ästhetischen Raum« angesiedelt und nicht eindeutig auf den Sieg der Arbeiterklasse hin orientiert, den Funktionären ein Dorn im Auge. Herausgegeben von der Ostberliner Akademie der Künste, hatte sie es fertiggebracht, von den prominentesten, d. h. systemkonformen Akademiemitgliedern nie auch nur eine Zeile zu drucken; dagegen erwies sie sich als Sprachrohr der großen liberal-marxistischen Geister wie Ernst Bloch, Georg Lukács, Werner Krauß und Wolfgang Harich. Es kamen bedeutende, aber keineswegs immer geschätzte DDR-Autoren zu

Wort, wie Arnold Zweig, Bertolt Brecht, Anna Seghers, Willi Bredel, Peter Hacks, Stephan Hermlin, Günter Kunert und Johannes Bobrowski. *Sinn und Form* vermittelte, was an moderner Weltliteratur in der DDR konsequent unterdrückt wurde: Kafka, Musil, Proust, Babel. Es erschienen Beiträge von Alfred Döblin, Nelly Sachs, Gertrud Kolmar, Oskar Loerke, Georg Kaiser, Hans Henny Jahnn, Wolfgang Weyrauch und Hans Erich Nossack bis hin zu den jüngeren Schriftstellern wie Walter Jens, Helmut Heißenbüttel, Hans Magnus Enzensberger, Christoph Meckel, Klaus Wagenbach. Mitarbeiter waren Max Horkheimer und Theodor W. Adorno und viele andere Autoren der westlichen Welt. Auf der ersten Seite der letzten Nummer von *Sinn und Form* war ein Gedicht Bertolt Brechts abgedruckt, das symptomatisch die kulturelle Misere der DDR widerspiegelte; es hieß dort:

> »Du sagst:
> Es steht schlecht um unsere Sache.
> Die Finsternis nimmt zu. Die Kräfte nehmen ab.
> Jetzt, nachdem wir so viele Jahre gearbeitet haben
> Sind wir in schwierigerer Lage als am Anfang.
> Der Feind aber steht stärker da denn jemals.
> Seine Kräfte scheinen gewachsen. Er hat ein unbesiegliches Aussehen
> angenommen.
> Wir aber haben Fehler gemacht. Es ist nicht mehr zu leugnen
> Unsere Zahl schwindet hin . . .«

Die gespaltene Sprache

Die deutsche Sprache, an der Elbe entlang aufgeschnitten, habe viel von der lebendigen Kraft ihrer Gemeinsamkeit verloren. »Es ist nicht mehr das gleiche Wort, das beiderseits dieser Grenze gesprochen wird.« In seinem »Pamphlet« *Das gespaltene Wort*[108] meinte Gerhard Zwerenz, daß durch die Spaltung der Sprache die Teilung Deutschlands in Dimensionen getrieben werde, aus denen es kein friedliches Zurück mehr gebe. »Aus dem geteilten Wort wachsen Haß und Rache, die sichersten Elemente jedes Bürgerkrieges. Das geteilte Wort liefert die jeweilige Ideologie dazu.« Indem die Schriftsteller sich nicht widersetzten, würden sie schuldig. Mehr noch die Politiker, die mit dem Keil der Pragmatik (der Einbindung von Sprache in den gesellschaftlich-politischen Kontext) Bewußtsein aufspalteten und mit Hilfe semantischer Manipulation die Worte für ihre Zwecke zu instrumentalisieren versuchten. Günter Kunert, der lange Zeit in der DDR lebte, dann aber doch in die BRD überwechselte, hat von der Unmöglichkeit gesprochen, als Schriftsteller in einem klar abgegrenzten Gebiet der Sprachregelung leben zu müssen. Die Sprache sei die abstrakte Ausprägung seiner Individualität, während die geregelte Sprache alles Individuelle ausgeschieden habe, ohne jedoch objektiv zu werden. »Sie ist nur auf eine einzige Funktion herabgebracht oder vereinfältigt, die der Funktion von Literatur diametral entgegengesetzt ist.«[109]

Die in der DDR oktroyierte, in der BRD subkutan injizierte Sprachregelung zeigte strukturell ähnliche Tendenzen, die jedoch in ihrer Zielrichtung total gegeneinander gerichtet waren. Im Osten das ideologisch-belehrende, stereotyp-mechanistische, komplexe Sinngehalte auf eingängige Formeln reduzierende Sprechen; im Westen das in »Emotionalchiffren« ausufernde, ein Idyll auf dem Polster der Platitüde verheißende Sprechen. Der entscheidende Unterschied: Die offizielle Sprachregelung konnte sich in der DDR autoritär entfalten und alle anderen Bereiche, vor allem die der Publizistik und der Dichtung, usurpieren; in der Bundesrepublik entstand eine dem herrschenden Sprachgeschmack als dem Geschmack der Herrschenden widerstehende, in ihrer Sprachkritik wie Sprachphantasie unzensierte Gegenbewegung. Das Plansollerfüllungs- und Traktoristen-, das Antikapitalismus- und Antiimperialismus-Deutsch hatte zum Pendant ein Wiedervereinigungs-, Friede-und-Freiheit- und Selbstbestimmungsrechts-Deutsch, das die Politik der Stärke als Popanz vor sich hertrug. Die DDR entlarvte die demokratischen Führungskräfte der BRD als Revanchisten, Faschisten, Imperialisten, Kriegstreiber, Agenten, Provokateure; diese wiederum sahen die »Brüder und Schwestern« im Osten durch das Regime der »sogenannten DDR« versklavt, in größter Not lebend und voller aufgestauter Verzweiflung, die dann – so Konrad Adenauer in einer Feierstunde im Bundestag, ein Jahr nach dem Aufstand (1954) – wie ein Orkan losbrechen werde: »nicht achtend Tod und Gefahr«.[110] In »brüderlicher Zusammenarbeit mit der Sowjetunion« kämpfte die Nationale Volksarmee für den Frieden, während drüben die Bundeswehr revanchistisch den Sozialismus bedrohte. Im Arbeiter- und Bauernstaat erhöhten die Arbeiter freiwillig die Normen und begrüßten die Bauern die Kollektivierung, während auf der kapitalistischen anderen Seite die Ausbeutung wütete. Der Euphemismus schoß auf beiden Seiten ins Kraut; Liebe, Glück, Geborgenheit, Zärtlichkeit entfalteten sich voll – als Vokabeln – innerhalb der eigenen ideologischen Blutgruppe.[111] Ähnlich sah die Bildsyntax und Bildsemantik der Spielfilme aus, die die Teilungsproblematik aufgriffen; zum Beispiel DDR: *Der geteilte Himmel*, 1964; *Ich war neunzehn*, 1968; BRD: *Weg ohne Umkehr*, 1953. Eine rühmliche Ausnahme machte der von Helmut Käutner gedrehte Film *Himmel ohne Sterne*, 1955, in dem das Leiden an Deutschland ambivalent, freilich der pathetischen Filmsprache der fünfziger Jahre entsprechend, gestaltet wurde.

Im März 1961 unternimmt der Pädagoge Hartmut von Hentig, damals Lehrer der alten Sprachen an einem Humanistischen Gymnasium in Tübingen, eine Berlin-Reise. Das Tor von Ost nach West sei zu; wir müßten nun in die andere Richtung gehen. Aussichten für eine politische Wiedervereinigung der beiden Teile Deutschlands zeichneten sich nicht mehr ab; es ginge nun vor allem um menschliche Ansprüche; aber diesen stünden Verständigungsprobleme entgegen. »Wir klären ... die Positionen – mit aufzeigbaren Tatsachen: auf den Vorwurf des Militarismus bittet der Fahrtleiter seine Gesellschaft: ›Mal Hand hoch, wer von Ihnen schon einmal ein Gewehr in der Hand gehabt hat!‹ – Einer! und an die Funktionärin gewendet: ›Wie würde das bei Ihnen aussehen?‹ – Oder mit Definitionen: für euch in der DDR heißt ›Demokratie‹ Herrschaft *für* das Volk – alles, was seinem erdachten, kollektiven Wohl dient; und es gehört zu diesem Wohl, daß alle dazu gebracht werden, es anzuerkennen. Für uns ist Demokratie Minderheitenschutz, die Möglichkeit, daß ich Unrecht habe, das Aushalten ohne endgültiges Wissen davon, was unser aller Wohl ist, und ein Mechanismus, wie man sich ohne Gewaltanwendung darüber einigen könnte. Oder: für euch heißt ›Partei‹ ein Instrument, durch das die noch verschiedenen Interessen in das eine vorgefaßte Interesse eingeschmolzen werden; für uns die Möglichkeit, unsere Interessen nicht in der allgemeinen Notwendigkeit untergehen zu lassen. Oder: für euch heißt ›Freiheit‹ Erfüllung der Geschichte; für uns heißt sie Offenheit der Geschichte. Oder: für euch heißt ›Recht‹ die (gesetzliche) Ordnung, durch die der Staat (*dieser* Staat) sich vor seinen Feinden sichert; für uns heißt es der Konsensus, durch den die Gesetze entstehen, die vor dem Staat da sind und aus denen er selbst erst hervorgeht. Alle diese Unterschiede bestehen, und es gibt keinen Satz, den wir hier über die Novemberrevolution oder die Weimarer Republik oder das Dritte Reich oder die Bundesrepublik und die DDR reden, der nicht von diesen Unterscheidungen durchsetzt ist. Wir sprechen eine sehr verschiedene Sprache – und nur, wenn wir das wahrnehmen, wir und der andere, werden wir uns belehren, widerlegen oder verständigen können.«[112]

Abb. gegenüberliegende Seite: Ausschau nach der Weihnachtsgans, Berlin 1953

Wirtschaftswunder oder die Unfähigkeit zu trauern

Wohlstand in stampfender, rollender Zeit

Am 29. Januar 1956 wurde im Schauspielhaus Zürich unter der Regie von Oskar
Wälterlin, mit Therese Giehse und Gustav Knuth in den Hauptrollen, Friedrich
Dürrenmatts »tragische Komödie« *Der Besuch der alten Dame*[113] uraufgeführt; die
deutsche Erstaufführung erfolgte im Mai 1956 in den Münchner Kammerspielen
unter der Regie von Hans Schweikart, wiederum mit Therese Giehse als »alter
Dame«. Der Erfolg war sehr groß; in den nachfolgenden zwei Jahrzehnten
wurde das Stück rund 115mal inszeniert; im Ausland erwies es sich als das
erfolgreichste deutschsprachige Bühnenstück seit dem Kriege. Dürrenmatt zog
eine Quintessenz (auch) des deutschen Wirtschaftswunders – in Form eines
»sozialkritischen Höllenspuks«. Die Szene mit dem Pfarrer, in der der Satz fällt:
»Der Wohlstand steht auf!« empfand der Münchner Kritiker Hanns Braun als den
»flehendsten, bestürzendsten, zentralsten Satz des ganzen Werkes«.[114] In dem

Kleinstädtchen Güllen (= Jauche) flüchtet der von seinen Mitbürgern gehetzte Krämer Alfred Ill in die Kirche, um dort Schutz zu suchen. Vor fünfundvierzig Jahren hat er Kläre Wäscher, seine Geliebte, die ein Kind von ihm erwartete, auf schmähliche Weise in Stich gelassen und die Krämerstochter Mathilde geheiratet. Als Claire Zachanassian – durch Heirat mit einem Multimillionär die reichste Frau der Welt – kehrt sie nach Güllen zurück, bereit, der Stadt zu Wohlstand zu verhelfen. Für den Gegenwert einer Milliarde, davon 500 Millionen verteilt auf alle dortigen Familien, soll ihr ehemaliger Geliebter bestraft, das heißt von den Einwohnern umgebracht werden. Diese weisen zunächst das Ansinnen entrüstet zurück, beginnen aber unter dem Eindruck des angebotenen Geldes immer mehr Schulden zu machen. In Erwartung des Wohlstandes moralisch korrumpiert, fordern sie dann doch – mit humanitären Argumenten – den Tod Ills. In Form eines Kollektivmordes wird er von den Männern umgebracht. »DER ARZT: Herzschlag. DER BÜRGERMEISTER: Tod aus Freude. PRESSEMANN: Das Leben schreibt die schönsten Geschichten.« Claire erhält den Leichnam, die Güllener bekommen ihren Scheck. »Die einst graue Welt hat sich in etwas technisch Blitzblankes, in Reichtum verwandelt, mündet in ein Welthappy-End ein.« Die Bürger jubilieren und bitten, daß »in stampfender, rollender Zeit« ein Gott ihnen den Wohlstand bewahre.
»DIE FRAUEN: Ziemende Kleidung umschließt den zierlichen Leib nun
DER SOHN: Es steuert der Bursch den sportlichen Wagen
DIE MÄNNER: Die Limousine der Kaufmann
DIE TOCHTER: Das Mädchen jagt nach dem Ball auf roter Fläche
DER ARZT: Im neuen, grüngekachelten Operationssaal operiert freudig der Arzt
ALLE: Das Abendessen
  Dampft im Haus. Zufrieden
  Wohlbeschuht
  Schmaucht ein jeglicher besseres Kraut
DER LEHRER: Lernbegierig lernen die Lernbegierigen.
DER ZWEITE: Schätze auf Schätze türmt der
  emsige Industrielle
ALLE: Rembrandt auf Rubens
DER MALER: Die Kunst ernähret den Künstler
  vollauf.
DER PFARRER: Es berstet an Weihnachten, Ostern
  und Pfingsten
  Vom Andrang der Christen das Münster
ALLE: Und die Züge,
  Die blitzenden hehren
  Eilend auf eisernen Gleisen
  Von Nachbarstadt zu Nachbarstadt, völkerverbindend,
  Halten wieder.«[115]

Im Rückblick auf die Epoche des Wirtschaftswunders haben Alexander und Margarete Mitscherlich in ihrem Buch *Die Unfähigkeit zu trauern. Grundlagen kollektiven Verhaltens* (1967) davon gesprochen, daß die Bundesdeutschen, indem sie sich der Auseinandersetzung mit der eigenen, nationalsozialistischen Vergangenheit entzogen, zur materialistischen Expansion fähig wurden.[116] Der Verlust des historischen Gewissens entband von der melancholischen Selbstanklage (der Selbstzerfleischung wie dem Selbsthaß der Melancholie). Unbekümmert von der Notwendigkeit der »Bewältigung« von Vergangenheit im Sinne des Freudschen Erinnerns, Wiederholens, Durcharbeitens, empfand die große Majorität der Deutschen die Periode der nationalsozialistischen Herrschaft retrospektiv wie eine Infektionskrankheit in Kinderjahren. Hatte man die Regression, die man unter der Obhut des »Führers« kollektiv vollzogen hatte, zwar lustvoll erlebt – es war herrlich, ein Volk der Auserwählten zu sein –, mit der Stunde Null, vor allem aber nach der Währungsreform und der Gründung der Bundesrepublik ging man rasch, mit großer Verdrängungsenergie, zur Normalität über; als habe sich Auschwitz nicht ereignet. »Alle Vorgänge, in die wir schuldhaft verflochten sind, werden verleugnet, in ihrer Bedeutung umgewertet, der Verantwortung anderer zugeschoben, jedenfalls nicht im Nacherleben mit unserer Identität verknüpft. Die siegreichen Vormärsche werden glorifiziert, der Verantwortungslosigkeit, mit der auch Millionen Deutscher in einem Größenrausch geopfert wurden, wird selten gedacht.« Alle Energie wurde vielmehr mit einem Bewunderung und Neid erweckenden Unternehmungsgeist »auf die Wiederherstellung des Zerstörten, auf Ausbau und Modernisierung unseres industriellen Potentials bis zur Kücheneinrichtung hin konzentriert«. Die Restitution der Wirtschaft wurde zum Lieblingskind; man widmete sich ihr mit »monomanischer Ausschließlichkeit«.

Damit in stampfender, rollender Zeit der Wohlstand und mit ihm die heiligen Güter des Materialismus bewahrt werden konnten, wurde die Parole »Keine Experimente!« ausgegeben; Deutschlands falsche Träume[117], die Träume einer verführten, durch epigonale Romantik von der Aufklärung abgehaltenen, in die Dingwelt flüchtenden, insgesamt »verspäteten Nation«[118], waren keineswegs in der Stunde Null und der Stunde Eins vorherrschend gewesen; sie bildeten sich erst wieder an der »Konsumfront« aus und verhüllten dann zunehmend politische Moral wie politische Kultur.[119] Daß Friede sein werde, war freilich ein berechtigter, aus der Misere der Nachkriegszeit aufsteigender Tagtraum, den man jedoch nur in weiter zeitlicher Ferne für verwirklichbar hielt.

> » . . . Wenn Mütter froh die Kinder schwenken,
> Wenn die Onkels Neffen Uhren schenken,
> Wenn man Wohnung wechselt ohne Schein;
> Wenn, wer's Auto kauft, auch selber steuert,
> Wenn man Hausrat, der nicht paßt, erneuert,
> Wenn man Fleisch hat und lädt Freunde ein.
> Aber, Enkelchen, wann wird das sein?«[120]

Doch nicht erst in der Generation der Enkel, sondern schon einen Monat nach der Veröffentlichung dieses Gedichts von Karl Schnog (in der satirischen Zeitschrift *Ulenspiegel*) begann mit der Währungsreform (20. Juni 1948) für die Menschen der damaligen Westzone der Aufstieg ins Konsumparadies. Karl Krolow, geb. 1915, damals als freier Schriftsteller in Göttingen lebend, berichtet, daß er nur langsam und zögernd begriff, daß dies vielleicht der konkreteste Tag der westdeutschen Nachkriegsgeschichte gewesen sei. »Obwohl einiges sofort konkret wurde und sich Ware nannte, Ware, die tatsächlich käuflich war, auf dem offenen Markt angeboten, noch keine Fülle, aber viele Angebote.«[121] Heinrich Böll arbeitete, vom Krieg heimgekehrt, für einen Stundenlohn von 1 Mark in der Werkstatt seines Bruders und gab Nachhilfestunden. Für Kurzgeschichten bekam er in dieser Zeit die ersten Honorare von verschiedenen Zeitungen und Zeitschriften: seine Frau war als Mittelschullehrerin tätig und verdiente etwa 350 Reichsmark im Monat (etwas mehr als ein halbes Pfund Butter nach Schwarzmarktwerten). Nach der Währungsreform fingen die Bölls mit ihrem eineinhalb Jahre alten Sohn ein neues Leben an – im Besitz von einhundertzwanzig harter Mark. »Meine Frau träumte von Obst und Gemüse, auch von Tee und Kaffee wie ich, der ich mehr auf Zigaretten aus war und – Gott sei's geklagt – auf ›wirklich schönes‹ Schreibpapier; ich war die schäbige Sorte ›Saugpost‹, auf der ich bis dahin geschrieben hatte, leid, das schöne Papier war kriminell teuer, aber ich kaufte es, und außerdem (eine zufällig zu Besuch weilende Tante bekam darüber fast einen Anfall!) eine Briefwaage, die ich – was eben heftig bestritten wurde – dringend brauchte.«[122]

Die Wirtschaft hatte schamlos große Warenmengen gehortet; mit »weichem Geld« produziert und nun in »harter Währung« verkauft, stellten sich bald große Gewinne ein. Die öffentliche Moral wurde jedoch durch etwas ganz anderes erregt: nämlich durch die Vorderseite der ersten Banknote (ein Fünf-Mark-Schein), nach der Währungsreform von der Bank deutscher Länder in Umlauf gebracht. Dort ritt eine halbnackte »Europa« auf dem Rücken eines stilisierten Stiers, die Sonne in der rechten Hand, das Knie leicht verschleiert, den Busen unverhüllt, der Zukunft entgegen. Kritik übte man auch am »Liniengewirr« in Picasso-Manier. Der verantwortliche Graphiker mußte seine Arbeit rechtfertigen. Auch die 50- und 100-Mark-Noten schockierten als »Gipfel der Ahnungslosigkeit und der Abgeschmacktheit« die Öffentlichkeit, was aber ihrer regen Zirkulation im Dienste von Produktion und Konsumtion nichts antat.[123]

Eingeleitet und vorbereitet durch den Marshall-Plan[124] – ein Produkt des Klimas von kaltem Krieg und echter Not, von humanitären Impulsen und realpolitischem Kalkül –, führte der Weg des wirtschaftlichen Aufstiegs der Bundesrepublik über den Beitritt zur »Organization of European Economic Cooperation« (OEEC), 1949, die die Aufgabe hatte, die Marshallplangelder zu verteilen und das gemeinsame Wiederaufbauprogramm zu koordinieren, zur »Europäischen Wirtschaftsgemeinschaft« (EWG), zu der sich im März 1957 die Montan-Staaten (Bundesrepublik, Frankreich, Italien, Luxemburg, Belgien, Niederlande) zusammenschlossen. Die erstrebten »Vereinigten Staaten von Europa« blieben allerdings in unerreichbarer Ferne; sie hätten das Wirtschaftswunder eher gebremst als gefördert – hatte doch die Bundesrepublik mit ihrem

Sozialprodukt die anderen Staaten bald überflügelt. Dieses stieg auf der Basis der jeweils gültigen Preise zwischen 1950 und 1960 um das Dreifache. Der Umzug aus den Katakomben in die Beletage glückte innerhalb weniger Jahre reibungslos. Aus Kellerkindern wurden Wunderkinder. In dem kabarettistischen Film *Wir Wunderkinder* (Regie Kurt Hoffmann, 1958) steht ein Bruno Tiches im Mittelpunkt: in der Weimarer Republik treuer Republikaner und erfolgreicher Geschäftemacher, im Dritten Reich nationalsozialistischer Karrierist, nach dem Krieg im Schwarzmarktgeschäft wieder oben auf und nach der Währungsreform einflußreicher Geschäftsmann. Dieser Stehaufmann fällt in den Fahrstuhlschacht eines Verlagsgebäudes; dort hatte er sich bei dem Journalisten Hans Boeckel, der seinen Opportunismus dekuvrierte, beschweren wollen und dabei eine Tür verwechselt. In der Wirklichkeit fallierte man meist nicht.

Das süße und das karge Leben

La Dolce Vita, ein Film von Federico Fellini, der Anfang der sechziger Jahre die Öffentlichkeit erregte, wurde als Dekuvrierung auch des bundesrepublikanischen »süßen Lebens« empfunden. Im besonderen hatte die Ermordung der Edelprostituierten Rosemarie Nitribitt in Frankfurt (1957) das Thema des italienischen Filmes vorweggenommen: daß sich nämlich gewisse Schichten der oberen Zehntausend in Lebensstil und Unmoral aufs engste mit den untersten Schichten, den Kriminellen, berührten. Die Nitribitt war unter geheimnisvollen Umständen umgebracht worden; ihr Kundenkreis bestand vorwiegend aus vermögenden und einflußreichen Männern. Als der Fellini-Film anlief, fand der Indizienprozeß gegen einen Bekannten der Nitribitt statt; er mußte mangels Beweisen freigesprochen werden und avancierte zum Star der Regenbogenpresse.

Während in *La Dolce Vita* die Erlebnisse des italienischen Klatschkolumnisten Marcello den Leerlauf der Römischen High Society einfingen (sexuelle Ausschweifungen, Rauschgiftschmuggel, Verbrechen), ging es in Frankfurt um die käufliche Gunst einer infantilen Lebedame, die kaum ihren Namen zu schreiben vermochte, doch von Männern der sogenannten »besten Kreise« umworben wurde; der Film *Das Mädchen Rosemarie*, 1958 (Regie Rolf Thiele, mit Nadja Tiller), der die Nitribitt zur Symbolfigur neudeutschen Wunderwohlstandes machte, löste eine Flut von Protesten aus. Die Promiskuität, das wahllose Eingehen von Geschlechtsverbindungen, treffe man in den obersten Schichten nicht weniger häufig als in den untersten Schichten an, hieß es in einer Glosse der *Süddeutschen Zeitung*; auch das Publikum bei Ringerwettkämpfen, die besonders die archaischen Instinkte der brutalen Gewalt, der List und des Betruges ansprächen, setze sich zu einem großen Teil aus Lebewelt, Unterwelt und Halbwelt zusammen.[125]

Am Ende von *La Dolce Vita* steht nach einer wüsten Party Marcello mit einer übernächtigten Gesellschaft bei Sonnenaufgang am Strand; er sieht, wie Fischer einen riesigen toten Rochen an Land ziehen. Von gegenüber, durch einen Wasserlauf getrennt, ruft ihm ein junges Mädchen ständig etwas zu; aber er versteht nichts und geht, ausgelaugt, zu seinem Wagen zurück. An der Konsumfront, so Karl Bednarik, der in dieser Zeit durch viele gesellschaftskritische Essays reüssierte, verkümmere die Kommunikationsfähigkeit. Die vielen, von zahllosen wirtschaftlichen, kulturellen und geistigen Impulsen bewegten Einzelnen könnten sich nicht mehr zu einem homogenen gesellschaftlichen Ganzen verbinden. Aus dem bloßen Miteinander-arbeiten-Müssen lasse sich kein Füreinander-Sein ableiten. Ein verpflichtendes Moralsystem fehle. »Das Symbol für den uneingeschränkten Konsum ist der Automat: oben die Münze hinein in den Schlitz, und unten fällt das Glück der Welt stanniolverpackt in die Hand.«[126]

In dem 1958 erschienenen Roman *Schlußball* von Gerd Gaiser (der 1908 geborene Schriftsteller lebte seit 1949 als Lehrer in Reutlingen) ist über Neu-Spuhl, eine mittlere Industriestadt, das Wirtschaftswunder gekommen. Der Krieg ist überwunden, die Wunden sind vernarbt. Die Menschen sind gleich oberflächlich, gleich egoistisch, gleich brutal geblieben. »In Neu-Spuhl sprach man unaufhörlich davon, was die Sachen kosten.« Aber nur noch wenige wissen um den Wert der menschlichen Beziehungen.[127]

Von Martin Walsers 1957 erschienenem ersten Roman *Ehen in Philippsburg* – der Dichter erhielt dafür den Hermann-Hesse-Preis – schrieb Werner Helwig in einer Besprechung der *Süddeutschen Zeitung*, daß hier die tiefe Verlogenheit, die heute alle menschlichen Dinge zersetze und spürbar in der Welt des Westens, besonders in der Bundesrepublik, grassiere, deutlich werde. In diesem »Reigen« von Eheschicksalen und Managerporträts zeige sich unsere Unfähigkeit, das wundervolle Gut der persönlichen Freiheit im Tun und Lassen fruchtbar zu machen.

Ein junger Mann (Hans Beumann) kommt nach Philippsburg, einer Metropole des deutschen Wirtschaftswunders. Eine Studienkollegin (Anne Volkmann), die er heiratet, öffnet ihm die Tür zur »ehrenwerten Gesellschaft«. Er verkehrt mit Fabrikanten, Rechtsanwälten, Notaren, Redakteuren ... Die Philippsburger Gesellschaft, so Karl Korn in der *Frankfurter Allgemeinen Zeitung*, ziere sich durch Manieren, kulturelle Interessen und Phrasen – und lasse es an dem fehlen, was soziale Führung rechtfertigen könnte: an Großzügigkeit, Stil und Ehre. Der Durchschnitt ist biederes Provinzspießertum, das seinen gesellschaftlichen Rang durch Parties ausweist. Wer Parties gibt und zu Parties eingeladen wird, ist »oben«.[128]

Die Illustrierte *Quick* brachte in Nr. 1 ihres 3. Jahrgangs (1. Januar 1950) – sie kostete damals 40 Pfennig – ein Titelbild, das den Aufbruch in die fünfziger Jahre und darüber hinaus signalisierte: Eine junge Mutter, adrett gekleidet, hebt ihren nackten Säugling hoch; hinter ihr, mit gepflegtem Haarschnitt, jedoch etwas salopp gebundener Krawatte, ihr Mann; links und rechts Großmutter und Großvater (er noch mit »Vatermörder«); mit dem Sektglas in der Hand blicken alle, glücklich und strahlend lächelnd, auf das Kind, das freilich sein Gesicht zum Weinen verzieht. »Prost den zweiten 50! Du sollst das Jahr 2000 erleben!«

Die Mehrzahl der Menschen blickte hoffnungsvoll nach vorne, hatte aber kaum Anteil am »süßen Leben« derjenigen, die über Kriegs- und Nachkriegszeit hinweg ihre Schäfchen ins Trockene gebracht hatten. Von zehn jungen Menschen hatte einer den Vater oder die Mutter oder beide Elternteile verloren. Nach einer Erklärung der Bundesregierung vom 20. Oktober 1953 bezog jeder dritte Einwohner der Bundesrepublik Unterstützung von einer Sozial- oder Fürsorgeversicherung. Noch eineinhalb Millionen Deutsche wurden in sowjetischem Gewahrsam vermutet, als Moskau im Mai 1950 mitteilte, die Entlassung der Kriegsgefangenen sei abgeschlossen. Dazu kam die Massenflucht aus der DDR, die bis zum Bau der Mauer 1961 anhielt und die Arbeitslosigkeit verschlimmerte. Mangel- und Infektionskrankheiten waren weit verbreitet; die neu entwickelten Antibiotika aus den USA kamen freilich zunehmend zur Anwendung; die erste Massenimpfung mit dem neuen Salk-Serum gegen Kinderlähmung wurde erstmals im April 1957, und zwar in Oberhausen, durchgeführt. Zu den schlimmsten Kriegsfolgen gehörte das Schicksal der Schwerkriegsbeschädigten, der Kriegerwitwen, der Angehörigen der 3,5 Millionen Vermißten, die in den meisten Fällen immer noch auf ein »Wunder« (nämlich die glückliche Rückkehr des Sohnes, Bruders, Verwandten, Bekannten) hofften. Die Unfähigkeit zu trauern – dies muß man der These von Alexander und Margarete Mitscherlich entgegenhalten –, hatte sich nicht zuletzt deshalb entwickelt, weil man, zumindest in den Bereichen eigener, unmittelbarer Betroffenheit, zu viel zu leiden und zu trauern hatte, also notwendigerweise einer gewissen Abstumpfung verfiel. Vor allem in Hinblick auf die Millionen Flüchtlinge und Kriegsgeschädigte ist auch die Feststellung der Mitscherlichs, daß das Land keine politisch wirksamen sozialrevolutionären Ideen mehr hervorbrachte, zu relativieren. Das Lastenausgleichsgesetz vom 14. August 1952 diente dem Ziel, im Rahmen der volkswirtschaftlichen Möglichkeiten Schäden und Verluste zu regulieren, die durch die Zerstörungen und Vertreibungen in der Kriegs- und Nachkriegszeit entstanden waren. Zur Lastenausgleichsfinanzierung mußten Nichtgeschädigte mit nennenswertem Vermögen jährlich Vermögens-, Hypothekengewinn- oder Kreditgewinnabgaben an den Ausgleichsfond abführen, den das Bundesausgleichsamt in Bad Homburg als Sondervermögen des Bundes verwaltete. Damit sollten die finanziellen Folgen des verlorenen Krieges auf die gesamte Bevölkerung gerecht umverteilt werden (u. a. gab es Hauptentschädigungen, Kriegsschadenrenten, Hausratentschädigungen).[129]

Um 1950 arbeiteten in der Landwirtschaft 23,2 Prozent, 1960 14,1, 1970 8,5 der Erwerbstätigen; in der Industrie 1950 42,3, 1960 47,8, 1970 48,8; im Dienstleistungssektor und öffentlichen Dienst 1950 32,3, 1960 37,1, 1970 42,7. Fast die Hälfte aller Lohn- und Gehaltsempfänger brachte im Monat nur 250 DM netto nach Hause.[130] Die Industriearbeit Anfang der fünfziger Jahre galt – angesichts unvollkommener Betriebsorganisation und eines Modernisierungsrückstandes – als »physisches Drama«. Die Herausforderung, mit der sich der Arbeiter, vor

Titelseite der Illustrierten »Quick«,
1. Januar 1950
(Photo: Hanns Hubmann)

allem auch der Facharbeiter konfrontiert sah, führte zu einer starken Identifikation mit der jeweiligen Tätigkeit; man fühlte sich »für das Ganze« im Rahmen des insgesamt akzeptierten Konzepts der sozialen Marktwirtschaft verantwortlich. »Haltet die Setzmaschinen in allen Teilen sauber und trocken!«, heißt es zum Beispiel in Nr. 23 (1. Dezember 1950) von *Druck und Papier*, dem Zentralorgan der IG Druck und Papier; »wie das Blei das Blut, so ist das Magazin das Herz der Maschine. Wenn die trockenen Matrizen hellschlagend durch die verschiedenen Herzkammern jagen, dann ist es eine Freude, die Maschine zu bedienen. Also Mahnung und Forderung: Pflegt und hegt das Herz der Maschine!«[131] »Die ausgeprägte Arbeitsmoral bedeutet aber keineswegs automatische Unterordnung unter gesellschaftliche und betriebliche Verhältnisse. Gerade das Bewußtsein der Arbeiter von ihrer körperlichen Leistung stiftet eine ausgeprägte soziale Identität und ist die Basis für die Anmeldung gesellschaftlicher Ansprüche: ›Die Arbeiterschaft hat etwas zu bieten, das dem Kapital – dem ‚toten Kapital‘ – zumindest ebenbürtig, wenn nicht überlegen ist: die Arbeit – die ‚menschliche Arbeit‘. Sie wird verstanden als körperliche Arbeit, d. h. diejenige menschliche Tätigkeit, die am ‚sinnfälligsten‘ Arbeit ist; als produktive Arbeit, d. h. eine unmittelbar wertschaffende Leistung als primäre Arbeit; d. h. eine Funktion, die für die anderen, für die Gesellschaft, eine fundamentale Voraussetzung ihrer Existenz schafft.‹«[132]

In einer für die damalige Soziologie bahnbrechenden Untersuchung der Münsteraner Sozialwissenschaftler Hans Paul Bahrdt und Heinrich Popitz[133], basierend auf einer Befragung in einem großen Industriewerk Westdeutschlands, ergaben sich als Gesellschaftsbild des Arbeiters fünf typische Vorstellungen: Nur ein Prozent reagierte klassenkämpferisch im Sinne der marxistischen Ideologie;

Flüchtlingsfrau in einer
Notunterkunft, um 1952

über ein Drittel hatte sich mit der vermeintlichen Ohnmacht des Arbeiters im Wirtschaftsgefüge abgefunden und sich auf die private Sphäre zurückgezogen; etwa 25 Prozent glaubten, daß die Gewerkschaften noch nicht alles Erreichbare erreicht hätten, waren aber mit ihrer ganzen Energie an der produktiven Entfaltung des Betriebes interessiert; ein Achtel rechnete im Sinne altsozialdemokratischer Weltanschauung mit einer zwar allmählichen, aber unwiderstehlichen (»naturgesetzlichen«) Entwicklung zu einer neuen, nicht mehr in oben und unten gegliederten Wirtschafts- und Sozialordnung; eine verschwindend kleine Gruppe war mit dem damaligen Stand der Arbeitsteilung und der gesellschaftlichen Situation im großen und ganzen einverstanden.

Arbeitskraft, Arbeitsleistung, Arbeitsethik wie Arbeitsausbeutung in den fünfziger Jahren traten »verdichtet« in den Bereichen Kohlebergbau und Frauenarbeit zutage.[134] Die Ausgangslage für den Ruhrkohle-Bergbau war 1945 durch veraltete Zechenförderstruktur, rückständige Arbeitsmethoden, relativ schlechten Qualifikationsstand der Belegschaft, rückläufige Investitionen (bei höherer Attraktivität der schwerindustriellen Nachbarbranchen) und damit stagnierende Produktionsziffern charakterisiert. Da jedoch die Kriegszerstörungen gering waren, konnte man mit bald steigenden Förderziffern rechnen: die Kohle, der dominierende Lieferant für Primärenergie, beherrschte die Wirtschaftsplanung der Vorwährungszeit fast vollständig; sie galt als Schlüssel jeder industriellen Produktionssteigerung. Diejenigen, die im Bergbau arbeiteten – er übte auch eine große Sogwirkung auf die vielen Arbeitslosen der damaligen Zeit sowie auf Kriegsheimkehrer, die aus dem Beruf geworfen waren, aus –, hatten einen materiell privilegierten Status (Bergarbeiter-Punktesystem, Care-Pakete, Erhöhung der Kaloriensätze und Lohnerhöhungen seit 1946); sehr schlechte Arbeitsbedingungen waren der Preis dafür.[135]

Max von der Grün, 1926 in Bayreuth geboren, arbeitete nach seiner Entlassung aus amerikanischer Kriegsgefangenschaft zunächst in der Bauwirtschaft, dann, ab 1951, als Schlepper und Hauer unter Tage im Ruhrgebiet; nach einem schweren Unfall ließ er sich zum Grubenlokführer umschulen. Der Bergwerksroman *Irrlicht und Feuer*, dem *Männer in zwiefacher Nacht* vorausgegangen war, erschien 1963; auf Unternehmer-Seite rief er stürmische Proteste hervor. Der Hauer Jürgen Fohrmann erlebt die gefährliche Arbeitssituation unter Tage; er macht die traurige Erfahrung, daß der einzelne im Rahmen einer »Kosten- und Ertragsberechnung« nichts gilt; die Zeche wird eingestellt.[136]

Max von der Grüns Initiative ist die Gründung der »Gruppe 61«, einer Vereinigung westdeutscher Arbeiterschriftsteller, zu verdanken.[137] Der »Dortmunder Weg« wollte zur Kehrseite der Wirtschaftswunderwelt hinführen und damit Walter Jens' resignierendes Wort, daß man bei uns den Menschen nur im Zustand des ewigen Feierabends beschreibe, widerlegen. Der neue soziale Realismus, der sich von der ideologischen Einseitigkeit des sozialistischen Realismus östlicher Prägung genauso abgrenzte wie von dem Pathos früherer Arbeiterdichtung, experimentierte mit den verschiedensten Gestaltungsverfahren: von der symbolischen Darstellung bis zum einfachen Erfahrungsbericht. Er trat wirtschaftswunderlicher Schönfärberei dadurch entgegen, daß er eine proletarische Gegenöffentlichkeit bilden wollte.[138]

Das wichtigste Ergebnis der »Gruppe 61« bestand wohl darin, daß man Biographisches erfragte, also die unmittelbar betroffenen Arbeiter zum Sprechen brachte, und die Reportage literaturfähig machte.[139] So erwies sich denn auch Günter Wallraff als die eigentliche Schlüsselfigur. Nicht »Auseinandersetzung«, sondern »Dokumentation« hieß das entscheidende Stichwort: informierende Aufklärung über das, was die »Versuchsperson«, meist Wallraff selbst, als Arbeiter und Angestellter in den verschiedendsten Betrieben selbst erlebt und gesehen hatte (*Wir brauchen dich. Als Arbeiter in deutschen Industriebetrieben*, 1966; *Dreizehn unerwünschte Reportagen*, 1969; *Von einem, der auszog und das Fürchten lernte*, 1970).

Erika Runge publizierte ihre *Bottroper Protokolle*, in denen – so Martin Walser im Vorwort – Menschen zu Wort kamen, die offensichtlich »nicht in derselben Demokratie« lebten, 1968; in Soziologiebüchern kämen sie nicht zu Wort, im Film nicht, in der Literatur nicht: »Alle Literatur ist bürgerlich. Bei uns. Auch wenn sie sich noch so antibürgerlich gebärdet.« Wer die von der Runge vorgelegten Aussagen und Erzählungen gelesen habe, werde wünschen, daß die Autorin sich wieder auf den Weg mache mit ihrem Tonbandgerät, um weitere Bottrops aufzunehmen, weitere von böser Erfahrung geschärfte Aussagen, weitere Seufzer, Flüche, Sprüche und Widersprüche, weitere Zeugnisse einer immer noch nach minderem Recht lebenden Klasse.[140]

Erna E., zum Beispiel, Hausfrau, hatte einmal Träume: Nicht zu früh heiraten; dann ein Kind; arbeiten – und 'n Auto . . . »Mit Geld so knausern, hätt ich mir auch nicht vorgestellt. Jede 10 Tage, es kommt drauf an, wieviele Schichten dat warn, kam er mal mit 120, 150, mal hat er auch 160 gehabt, zweimal im Monat. Und wenn er dann Rest-Lohn hatte, er hat ja denn einmal im Monat Rest-Lohn, ja, dann kam er mal mit 300 Mark nach Hause. Und damit kann man keine großen Sprünge machen. Hier die Miete kostet 109 Mark. Jetzt kriegen wir nochn Zuschuß von der Zeche, aber wenn der dann wegfällt, dann zahlen wir hier 150 Mark dafür. Und dann soll man das alles aufbringen. Bei dem wenigen Lohn, was er hat, und dann so viel Miete. Und die Kinder wolln essen, die Kinder wolln angezogen werden. Dat hab ich mir wirklich früher nie vorgestellt, daß mir das später mal so schlecht gehen würde. Ich konnte mein Geld für mich selbst behalten, früher, ich hab mich eingekleidet, alles. Ich hatte Sachen gehabt! Aber heutzutage – ich weiß nicht, wie ich mit dem Geld rumkommen soll, das mein Mann nach Hause bringt. Ich mach mir die Haare selbst, da hab ich ja kein Geld für, zum Frisör. Ich war beim Frisör gewesen, kurz bevor ich ins Krankenhaus kam mit dem Kleinen, da hab ich ne Lockwelle gehabt, ne einfache Lockwelle und Haare abgeschnitten, da hab ich 9 Mark bezahlt. Und da kann man nich jeden Monat für nachn Frisör gehen.«[141]

Die Authentizität der *Protokolle* hat Erika Runge später selbst in Frage gestellt.[142] Sie habe die Aussagen nach eigenen Vorstellungen verwendet, habe sie benutzt wie Bausteine, ohne zu fragen, ob die Erzähler selber mit dem Ergebnis einverstanden seien. Abgesehen von den Fragen, die eine Auswahl nach politisch-historischen Gesichtspunkten vorgaben, wurde bei der weiteren Bearbeitung des Materials nicht auf Eingriffe und eigene Ansprüche verzichtet. Es ging also nicht allein um Dokumentation bzw. Reportage, sondern um gezielte Aufklärung.

Auf der Suche nach dem Vater

Als »Lehrstücke« haben die *Bottroper Protokolle* über eine Wirklichkeit informiert, die vom warenästhetischen Talmi-Glanz verklärt war; vor allem konnte man aus ihnen erfahren, wie die Frauen »ihr« Wirtschaftswunder erlebten. Die »Perlon-Zeit« war für die wenigsten angebrochen; dem »Boulevard der Träume« stand triste Alltäglichkeit gegenüber.[143] In einem im Bertelsmann Verlag 1959 herausgegebenen »Handbuch« *Die gute Ehe*[144] hieß es, daß die letzten Jahrzehnte gezeigt hätten, wie wichtig es für eine Familie sei, wenn in Not- und Krisenzeiten die Frau für den Mann einspringe oder ihn bei seinem Daseinskampf unterstütze. Aber auch für den normalen Alltag einer Ehe seien gemeinsame oder sich ergänzende, sogar anders geartete Berufsinteressen für Mann und Frau gewinnbringend, weil sie die gegenseitige Achtung und das Gefühl der Unabhängigkeit stärkten. Doch erfahre die moderne, außer Haus arbeitende Ehefrau, daß die Doppelarbeit unendlich viel Kraft und viel Nerven koste, großes Umstellungsvermögen abverlange »und andere an der Substanz solcher Frauen zehrende Werte«. Zwar könne es für junge Eheleute sehr gut sein, wenn beide arbeiteten, beide zum Aufbau des Haushalts beitrügen (die junge Ehefrau nicht untätig zu Hause sitze, wo sie mit dem noch geringen Maß an Hausarbeit gar nicht ausgefüllt sei); die Berufsarbeit der jungen Ehefrau gebe zudem heute, angesichts des knappen und teuren Wohnraums, oft überhaupt erst die Grundlage für ein eigenes Heim, »für Erlösung aus den möblierten Zimmern und damit auch für die Gründung einer Familie«. Wenn Kinder kommen, stelle sich die Sache schon wieder anders dar: »Die moderne Kinderpsychologie weiß sehr genau um die Notwendigkeit der ›Nestwärme‹ gerade für das Kleinkind ... deshalb sollte, solange die Kinder noch klein sind, die Mutter im Hause bleiben, falls nicht aus wirtschaftlichen Gründen ihre Mitarbeit unbedingt erforderlich ist.«

Die Realität sah nicht so harmonisch aus. Nach der Währungsreform verloren viele Frauen ihren Arbeitsplatz; die Kriegsheimkehrer wurden bevorzugt; 1951 waren 57 Prozent der Erwerbslosen Frauen, im Vergleich zu knapp 43 Prozent Männern. Damit wurden die Frauen wieder vom Einkommen des Mannes abhängig; die Männer übernahmen erneut die Rolle des Ernährers und des »Haushaltsvorstandes«.[145] Die patriarchalischen Strukturen verstärkten sich. »Als mein Mann wieder den Haushaltsvorstand übernahm, kam ich mir richtig überflüssig vor. Er hat es mich auch irgendwie spüren lassen, daß er meinte, ich hätte das auch alles nicht so gut hingekriegt ohne ihn. Er hat dabei völlig übersehen, daß es ja eine ganz andere Zeit war, in der es zum Beispiel viel schwerer war, an einen Zentner Kohlen ranzukommen, den es nirgendwo zu kaufen gab.«[146]

Ausgeprägte patriarchalische Entscheidungsstrukturen, konstatierte Gerhard Wurzbacher in seiner Studie *Leitbilder gegenwärtigen deutschen Familienlebens* (1951).[147] Allerdings beobachtete er auch eine starke Tendenz zur partnerschaftlichen Ehebeziehung. In Hinblick auf die Familie sei nicht Ohnmacht des einzelnen der vorherrschende Eindruck, und Abschiebung der Verantwortlichkeit die Folge; der ständige Anruf an die ganze Persönlichkeit fordere vielseitige Entfaltung der sozialen Fähigkeiten. Das war mehr ethisch postuliert, denn demoskopisch eruiert. In Abweichung von den eigenen Thesen beobachtete Wurzbacher eine starke Isolierung vieler Familien von der Gesamtgesellschaft, einen Rückzug der sozialen Teilnahmewilligkeit und -fähigkeit fast ausschließlich auf die Familie. Über ein Drittel der Befragten lebe für sich zurückgezogen, wolle mit Nachbarn, der Öffentlichkeit, der Politik, mit den Leuten nichts zu tun haben. »Trautes Heim – Glück allein«, sei der Wahlspruch.

Große Sorgen bereiteten die Kinder, die in den letzten Kriegsjahren geboren waren und als Säuglinge und Kleinkinder die Kriegswirren und Notjahre erlebt hatten, was sich nun im besonderen als Schwierigkeiten in der Schule auswirkte. Soweit die Mütter arbeiteten, kam das Problem der Schlüsselkinder hinzu. Die materiellen Unterschiede zwischen den einzelnen Familien verstärkten sich: In den Trümmerjahren waren die meisten arm gewesen, das führte zu einem Gefühl der Gemeinsamkeit; Konsumdruck und Sozialprestige bewirkten physische und psychische Belastungen; die einen erreichten verhältnismäßig rasch einen höheren Lebensstandard, die anderen nicht – trotz intensiver Anstrengungen; das

Kinderzeichnung aus den
fünfziger Jahren

förderte Frustration und Neidgefühle. Die Beziehungen innerhalb der Familie litten darunter; diese wurde vielfach nur als »Arbeitsgemeinschaft zur Hebung des Wohlstands« verstanden. Die Frage nach Vater und Mutter, nach der Rolle der Eltern und der Familie in der technisierten Konsumgesellschaft stellte Joachim Bodamer. Vater bedeute Mittelpunkt, Autorität – Autorität als »Urheberschaft«, aber nicht die der Zeugung allein, sondern im Sinne der Verantwortlichkeit für das seelische Werden des Kindes. Solche Vaterschaft verliere sich; der Vater mit seinem Berufspathos und Leistungswillen glaube, seine alleinige Aufgabe bestünde darin, die Familie ökonomisch sicherzustellen. In Wirklichkeit sei er familienflüchtig geworden; er scheue oft genug die Familie und ihre seelischen Ansprüche, weil er sich diesen nicht mehr gewachsen fühle, weil sein Inneres auf das Innen der Familie nicht mehr anspreche, weil er sich in der technisch überschaubaren Welt seines Berufes sicherer und heimischer fühle. Die Frau stürze sich im Sinne einer falsch verstandenen Gleichberechtigung (vom ausgesprochenen Männerberuf bis zu den Extremen des Sports und des Genußmittelkonsums) in den Strudel der Welt, verlasse Heim und Herd. In Bodamers Buch *Der Mann von heute. Seine Gestalt und Psychologie* (1956) heißt es, daß die »Frau ohne Schatten« dem »Mann ohne Eigenschaften« begegne.[148]

Bodamer, Facharzt für Nerven- und Gemütskrankheiten in Freiburg, interpretierte ein ökonomisches und gesellschaftliches Problem tiefenpsychologisch-theologisch. Die Titel seiner Bücher (*Gesundheit und technische Welt*, *Der Mensch ohne Ich*, *Schule der Ehe*, *Arzt und Patient*) wiesen ihn als einen konservativ-katholischen Kritiker der technischen Zivilisation aus, dessen Suada sich, wie der Erfolg seiner Bücher, Aufsätze und Vorträge bewies, großer Beliebtheit erfreute. Statt soziologischer Analyse wollten Autoren wie er stets zum »Wesentlichen« vorstoßen; der »Jargon der Eigentlichkeit« tat, auch wenn er pessimistisch eingefärbt war, der Wohlstandsgesellschaft gut, da man auf diese Weise auf

71

höherer Ebene seine existentiellen Sorgen »aufheben« konnte; man vermochte guten Gewissens, ein schlechtes Gewissen zu haben – reflektierte man doch theoretisch, was man parterre praktisch tat, aus Not-wendigkeit tat, wobei die Notlagen je nach gesellschaftlicher Schichtzugehörigkeit höchst unterschiedlich waren.

Bodamer und seinesgleichen hatten jedoch richtig erkannt, daß in der Wirtschaftswunderwelt die familiäre, innermenschliche Bindung vielfach dem Lebenskomfort geopfert wurde, der Verlust von Väterlichkeit und Mütterlichkeit (damit auch Kindheit) zu schweren individuellen wie kollektiven Krisen führte. Damit ergab sich eine Konvergenz zu dem gesellschaftskritischen Denken von Alexander Mitscherlich, der, vom linken Standpunkt aus (und nicht in feuilletonistischer Manier, sondern in kompetent-tiefenpsychologischer Deutung) in einem seiner wichtigsten Bücher die »vaterlose Gesellschaft« beschrieb.[149]

Die fortschreitende Spezialisierung habe zur Vaterlosigkeit des »ersten Grades« geführt, zum Unsichtbarwerden des leiblichen Vaters, zumindest zur Schwächung der ersten Objektbeziehungen überhaupt. Der Eingriff des technischen Routinebetriebs schon in die früheste Mutter-Kind-Beziehung sei nicht weniger folgenreich als das Verschwinden des Hand-in-Hand-Handelns zwischen Vater und Kind. Der »zweite Grad« der Vaterlosigkeit löse die personale Relation der Machtverhältnisse überhaupt auf; man könne sich, obwohl man sie ungemildert erfahre, »kein Bild von ihnen machen«. Das vaterlose und zunehmend auch mutterlose Kind wachse zum herrenlosen Erwachsenen auf; es übe anonyme Funktionen aus und werde von anonymen Funktionen gesteuert. Einesteils verstärkten sich die narzißtischen, andererseits die aggressiven Triebäußerungen. »Der zufällige Nachbar, der in mein Minimalterritorium gedrängt wird, muß zum Eindringling, zum Feind werden, der Angriffsbereitschaft oder Angriff auslöst. Ungeachtet der Tatsache, daß wir uns dabei überfordern, verlangt das Zusammenleben in dranghafter Enge, daß wir die affektiven Altreaktionen (die Angriffs/Flucht-Tendenzen) unterdrücken – das gilt auch für den Bereich der Konkurrenz in spezialisierter Enge.« Unweigerlich würde sich durch diese Abwehr unbewußte aggressive Spannung anreichern; sie werde durch das libidinöse Frustrationserlebnis, im Alltag auf gleich aggressiv Gestimmte zu treffen, weiter verstärkt. Ein echter Circulus vitiosus entwickle sich: Das in die spezialisierte Produktion, an Massenarbeitsplätze verbannte Individuum, das zu einem Ort der Bekanntheit, nach einem »Zuhause« drängt, an dem es sich in seinen Ichstrebungen, in seinen Konflikten und Hoffnungen wie in seinen Triebwünschen anerkannt und angenommen fühlt, auch auf die ebenso persönlichen Bedürfnisse der Partner trifft und mit ihnen umgehen kann –, dieses Individuum werde offensichtlich im Raum seiner Intimbeziehungen nicht gehalten, sondern wieder zurück an die Plätze massenhaften Genusses gedrängt (das Überhandnehmen des Fernsehens zeige zum Beispiel, wie wenig man noch mit familiärer Beziehung anzufangen wisse).

Politischem Konformismus und Opportunismus, in seiner Harmonie-Ideologie von der Warenästhetik flankiert, gelang es zwar, über zwei Jahrzehnte die sozialpathologischen Deformationen der Wirtschaftswunderwelt zu kaschieren; der Eisberg, der sich im Kältestrom der Dialektik der Aufklärung (einer sich zunehmend rationalisierenden Gesellschaft) einstellte, wurde übersehen – zumal die emotionalen Defizite der familiären »Verwahrlosung« unterhalb des Pegels der öffentlichen Aufmerksamkeit lagen. Doch ereigneten sich in der Wirtschaftswunderzeit neben Halbstarken-Krawallen, mit denen Teile der in ihren affektiven Bedürfnissen vernachlässigten Jugend um Beachtung kämpften, eine Reihe spektakulärer Verbrechen, die die »Aggressivität des Milieus« aufzeigten und damit als Verifikation der Thesen von Alexander Mitscherlich gelten konnten.

Jürgen Bartsch ermordete zwischen 1962 und 1966 vier Jungen (und unternahm mehr als hundert weitere erfolglose Versuche). Das Mentalitätsmuster, das einen Täter wie Bartsch kennzeichnete (weitgehend identisch mit dem Syndrom der autoritären Persönlichkeit) war Produkt einer provinziellen Erziehungsweise und eines provinziellen Milieus. Die Eltern, die ihn adoptiert hatten, verkörperten das kleinbürgerliche Sekundärtugendsystem (Ehrlichkeit, Pünktlichkeit, Sauberkeit, Zuverlässigkeit, Fleiß); sie hatten kein Verständnis für jugendliche Eigenständigkeit. Den Vater nannte Bartsch ein »Arbeitstier« und einen »Feldwebeltyp«, der »hart im Leben stand«, kein gutes Wort für sein Kind oder einen anderen Menschen übrig hatte.[150]

Im Januar 1960 ermordeten Wolfgang Ditz, Hans Jürgen Fuchs, Gernod Wenzel aus Landau in der Pfalz (eine gemütliche Stadt, von Weinbergen umgeben, alte Nußbäume, viele Gärten; zur Kirchweih ein Blumenkorso mit vierhunderttausend Dahlien und Gladiolen) drei Soldaten im Munitionslager von Lebach. Dominanter Zug im Psychogramm der Täter war ihre Einsamkeit, verstärkt durch die gesellschaftliche Ächtung, die ihre Homosexualität mit sich gebracht hatte. Als bezeichnend für den geistig-seelischen Zustand des Haupttäters erwies sich das Interieur seines Zimmers: eine schwarz gestrichene Kommode, ein schwarz gestrichener Schrank, ein schwarz gestrichener Korbsessel, ein marokkanischer Rauchtisch; die eine Wand mit einem selbstgemalten Bild bedeckt: in dunklem Blau und Grün, halb Südsee, halb Urweltlandschaft, in der Mitte eine weibliche und eine männliche Gestalt, in bräunlicher Hautfarbe à la Gauguin; Sehnsucht nach dem unbeschwerten Dasein in einem irdischen Paradies.[151]

Die treibende Kraft, die ihn bei der Niederschrift des Buches *Auf dem Weg zur vaterlosen Gesellschaft* bewogen habe, meinte Mitscherlich, sei der Wunsch nach Emanzipation gewesen. Während die menschlichen Moralen hinfälliger Art seien, stelle Emanzipation den Versuch dar, in einem nicht so leicht einzuschüchternden Bemühen der subjektiven Eigenwelt und ihres Verhältnisses zur bestehenden Gesellschaft bewußt zu werden. Ein Satz von Karl Marx leitete das Nachwort seiner Untersuchung ein: »Alle Emanzipation ist Zurückführung der menschlichen Welt, der Verhältnisse auf den Menschen selbst.«[152] Emanzipation aber stellte in der »verapparateten« Wirtschaftswunderwelt eine Behinderung dar; man sollte Öl, nicht Sand im gesellschaftlichen Getriebe sein, von dem man erwartete, daß es reibungslos funktioniere. Demgegenüber forderte Mitscherlich unermüdlich dazu auf, den Zusammenhang von Krankheit und unverarbeitetem Erleben, von Heilung und Aufklärung zu durchdenken; die wirtschaftliche Prosperität allein genüge nicht; sie könne prekäre Folgen für die menschlichen Beziehungen und die psychischen Strukturbildungen haben. Mitscherlich, der sich 1946 in Heidelberg habilitiert hatte, blieb dort als Leiter der psychosomatischen Klinik und außerplanmäßiger Professor bis 1967; er siedelte dann als Leiter des von ihm 1964 gegründeten Sigmund-Freud-Instituts nach Frankfurt über. Am Anfang wenig beachtet, wurde er zu einem der wichtigsten und einflußreichsten Kritiker der bundesrepublikanischen Entwicklung; seine Bücher, Aufsätze und Vorträge genossen weltweites Ansehen.

In der zweiten Hälfte der fünfziger Jahre verstärkte sich einerseits die Kritik an den negativen Folgen des Wirtschaftswunders, andererseits konsolidierten sich die wirtschaftlichen Verhältnisse. Von 1950 bis 1961 nahm die Zahl der Beschäftigten insgesamt um 43,9 Prozent zu, im gleichen Zeitraum stiegen auch die Löhne, erreichten jedoch erst 1956 wieder den Vorkriegsstand. Die Konjunktur ermöglichte eine Zunahme der erwerbstätigen Frauen; ihre Zahl erhöhte sich von 1950 bis 1962 um 19 Prozent, was meist eine Doppelbelastung in Beruf und Familie mit sich brachte. Die Zahl der erwerbstätigen verheirateten Frauen, die keine Kinder unter 14 Jahren hatten, stieg um 57 Prozent, die der Frauen mit Kindern unter 14 Jahren um 74 Prozent.[153] 1957 gab es rund 1 Million Familien, in denen die Frau hauptberuflich außerhalb des Hauses tätig war. Die Bundesregierung befürchtete, daß dadurch nicht nur die Geburten hinausgezögert würden, sondern die Geburtsfreudigkeit überhaupt abnehme.[154] Das »generative« Verhalten war bis 1953 in der Tat rückläufig und begann erst 1954 wieder zuzunehmen; die Zahl der Lebendgeborenen erreichte 1957 den höchsten Stand seit dem Kriege (außer 1949) und führte Anfang der sechziger Jahre zu einem ausgesprochenen »Baby-Boom«; im Vergleich zu anderen europäischen Ländern war die Müttersterblichkeit übrigens überdurchschnittlich hoch.

Von den Frauen »am Gängelband der Ideologie« sprach Lieselotte Mohl in einem Beitag der *Frankfurter Hefte*, Januar 1967.[155] Das Wort von der »Doppelrolle der Frau« in Familie und Beruf gehe bereits so glatt über die Lippen, daß man fürchten müsse, hier verfestige ein neues Schlagwort für viele Millionen den bestehenden Zustand zu einer Lebenssituation, die durch den Ausdruck »Zwickmühle« zu kennzeichnen sei. Die Wirtschaft brauche die Frau vor allem als Handlangerin, für Tätigkeiten, die Männer ungern übernähmen. Je weniger begehrt eine Tätigkeit sei, als desto weiblicher werde sie angepriesen. 80 Prozent der Mädchen unter achtzehn hatten keine Schulbildung über das 14. Lebensjahr hinaus. In Industrie und Handel waren nur 6 Prozent aller Frauen Facharbeiterinnen, 48 Prozent Hilfsarbeiterinnen, 46 Prozent ungelernte Arbeiterinnen; bei den kaufmännischen und technischen Angestellten kamen nur 3 Prozent in die höheren Gehaltsgruppen, 61 Prozent mußten sich mit unteren Positionen begnügen, 15 Prozent waren auch hier als Hilfsarbeiterinnen eingestuft. Die meisten

Frauen arbeiteten, selbst wenn sie angaben, es zur Erhöhung des Lebensstandards zu tun, kaum für das, was man als Luxusgüter bezeichnen konnte (Autos und Reisen zum Beispiel). Doch wollten sie angesichts der großen Konsumverlockungen ihrer Familie ein paar Bissen mehr vom allgemeinen Wohlstandskuchen verschaffen. Dazu kam, daß Berufstätigkeit das Sozialprestige aufwertete; die Hausfrau genoß in einer Gesellschaft, die den Wert und das Ansehen des Einzelnen weitgehend nach dem bemaß, was er in der Lohntüte nach Hause trug, ein wesentlich geringeres Ansehen. Als ein besonderes Problem der »Fassadenfamilie« (der Familie, deren Mitglieder berufstätig waren) wurden die »Schlüsselkinder« bzw. »Kühlschrankwaisen« empfunden. Wenn eine berufstätige Mutter ihre Kinder, weil sie niemanden zur Beaufsichtigung habe, einschließen oder ihnen den Wohnungsschlüssel überlassen müsse, dann sollte, wenn nicht dringliche wirtschaftliche Gründe vorlägen, die Entscheidung doch immer gegen die Berufsarbeit der Mutter ausfallen, hieß es in dem Handbuch *Die gute Ehe*.[156] Das war leichter gesagt als getan: Bald erlaubten die ökonomischen Verhältnisse dies nicht, bald war der Wille zur »Konsum-Entsagung« zu schwach.

Heinrich Bölls Roman *Haus ohne Hüter*, der mehr einer Reportage glich, erschien 1954.[157] Das Thema war die »heillose Welt der vernachlässigten Kinder«, die zu Opfern des Lebensstils der Erwachsenen wurden. Das »Personal« von Böll, so hat es Siegfried Lenz einmal formuliert, verpflichte den Leser in unnachgiebiger Weise zur Zeitgenossenschaft. »Sein Personal macht uns wieder zu dem, was wir zwar seit langem sind, was wir uns jedoch aus Gleichgültigkeit oder Zaghaftigkeit nicht einzugestehen wagen: zu Mitwissern.«[158] Der Leser erfährt seine eigene Not. Wo immer diesen Personen etwas zustößt, ihre Not läßt sie durch und durch vertrauenswürdig erscheinen. Genau dies aber machte den »guten Menschen von Köln« verdächtig: Er zeigte nämlich überzeugend auf, daß die glitzernde Fassade des Neo- und Neon-Biedermeier düstere Hinterhöfe kaschierte, daß das Land der großen Mitte armselige Randzonen hatte, die bis ins Zentrum reichten. Die nervöse Energie der Prosperität hatte zur Kehrseite eine moralische Indifferenz, die depressiv stimmen mußte.

Von den Schichten der nivellierten Mittelstandsgesellschaft

Aber nicht nur in Hinblick auf die mentalen »Lagen« ergab sich in der »nivellierten Mittelstandsgesellschaft« der Bundesrepublik (Helmut Schelsky) ein Gefälle; auch die soziale Situation zeigte weiterhin eine vertikale Struktur. Die unterste Schicht bildeten die ausländischen Arbeitnehmer; offiziell begann ihre Anwerbung mit dem Abschluß eines deutsch-italienischen Abkommens über die Vermittlung italienischer Arbeitskräfte für die deutsche Wirtschaft 1955. Ähnliche bilaterale Vereinbarungen folgten 1960 mit Spanien und Griechenland, 1961 mit der Türkei, 1963 mit Marokko, 1964 mit Portugal, 1965 mit Tunesien, 1968 mit

Jugoslawien. 1955 betrug die Zahl der ausländischen Arbeitnehmer 79 697, das waren 0,4 Prozent von der Gesamtzahl der beschäftigten Arbeitnehmer; 1960 waren es 329 356 = 1,5 Prozent, 1970 1 948 951 = 9 Prozent. Das Anwachsen des Brutto-Sozialprodukts, das von 1951 bis 1956 im Jahresdurchschnitt real um 9,4 Prozent, von 1956 bis 1960 um 6,6 Prozent stieg, löste einen steigenden Bedarf an Arbeitskräften aus; dem stand eine Verringerung des Angebotes gegenüber – bewirkt durch die Verlängerung der Ausbildungsdauer, die Verkürzung der Arbeitszeit (zwischen 1957 und 1967 wurde die tarifliche Arbeitszeit von durchschnittlich 46,1 auf 41,6 Wochenstunden verringert), den Eintritt der geburtenschwachen Nachkriegsjahrgänge ins Erwerbsleben, den Aufbau der Bundeswehr 1955 (der zunächst eine halbe Million Wehrpflichtige und Zivilbedienstete dem Arbeitsprozeß entzog) und durch das Versiegen des Flüchtlingsstromes aus der DDR nach dem Bau der Berliner Mauer 1961 (bis dahin waren einige Millionen Menschen, darunter eine Vielzahl qualifizierter Facharbeiter, in die Bundesrepublik gekommen).[159] »Wir haben uns an die ausländischen Arbeiter gewöhnt«, schrieb Valentin Siebrecht, Präsident des Arbeitsamtes Südbayern, 1964 in den *Frankfurter Heften* – im gleichen Jahr war der millionste Gastarbeiter, der Portugiese Hernando Rodrigues de Sá, in Köln mit »großem Bahnhof« von Unternehmern feierlich empfangen worden (er bekam Blumen und ein Moped); »wir begegnen ihnen in unserem Alltag allenthalben, auf Baustellen und in Fabriken, in Krankenhäusern und Hotels, als Personal in Gaststätten, beim Besuch des Friseurs, und selbst in den Familien, wenn man das seltene Glück hat, eine ausländische Hausgehilfin zu bekommen – und zu behalten. Wir sitzen mit den Südländern in Straßenbahnen und Eisenbahnen, an den langen Wochenenden bevölkern sie die Bahnhöfe, ruhig miteinander redend, oder sie ziehen – oft melancholisch – in kleinen Gruppen durch Parks und Anlagen, ihre Frauen wandern mit Einkaufskörben durch die Selbstbedienungsläden, und ihre Kinder spielen mit den unsern auf Straßen und Spielplätzen.« Die »sogenannten Gastarbeiter« gehörten zum Bild der deutschen Großstädte und Industriebezirke. Freilich gebe es eine Distanz zwischen Deutschen und Ausländern, sogar eine deutlich spürbare, weil der Durchschnittsdeutsche zwar auf Auslandsreisen das Fremdartige und Pittoreske gern bewundere und sympathisch finde, zu Hause aber dann auf Menschen dieser Herkunft ein wenig herabschaue.[160] Das war zurückhaltend formuliert; Günter Wallraff beschrieb 1969 die gängigsten Vorurteile gegen Ausländer dahingehend, daß man sie für »feige, dreckig und geil« halte. »Sie pöbeln blonde Mädchen an und machen Jagd auf unsere Ehefrauen. Wer sich mit ihnen anlegt, bekommt ein Messer zwischen die Rippen. Sie haben nur Weiber, Vino und Spaghetti im Kopf.«

Die Fürsorge, die die freiheitliche Gesellschaftsordnung ihren Gastarbeitern angedeihen ließ, war oft sehr ungenügend; bis 1961 wurden zum Beispiel im bayerischen Dachau italienische, spanische und griechische Arbeiter mit ihren Familien in den halbverfaulten Baracken des ehemaligen Konzentrationslagers einquartiert. Doch wurde auch, so Siebrecht in seinem Beitrag, in den Betrieben und Wohnheimen von zahlreichen Organisationen und Betreuungsstellen vielerlei getan, um die Wirkungen der Entwurzelung abzumildern und das Eingewöhnen in Deutschland zu erleichtern. In erheblicher Zahl entstanden Freizeitheime, meist getrennt für die einzelnen Nationalitäten, in denen am Wochenende immer viel Betrieb herrschte. »Es gibt Vereine, Sportklubs, Gruppen und Grüppchen, in denen man die Freizeit verbringt und Gemeinsames unternimmt. Musikkapellen werden gegründet, Theater- und Tanzgruppen. Man veranstaltet Unterhaltungsabende, Filmvorführungen, Besichtigungsfahrten, besucht Opernvorstellungen, Varietés, Museen, Konzerte. Sprachkurse werden angeboten ... Die Ausländer haben ihre eigenen Zeitungen und Zeitschriften, die Rundfunkstationen bringen in wachsender Zahl Sendungen in den Landessprachen.« In der Tat ergaben sich gerade auf kulturellem Gebiet osmotische Verbindungen, die den bundesrepublikanischen Provinzialismus auflockerten. Als besonders attraktiv wurden die von Ausländern betriebenen Restaurants empfunden; sie ließen etwas von den kulinarischen Genüssen der großen weiten Welt erahnen. Der Kavalier mit guten Manieren führte seine Angebetete – um eine zeitgenössische Werbeanzeige zu zitieren – nach dem Theater in den neueröffneten Chianti-Keller, um mit ihr eine Flasche erlesenen italienischen Rotweins zu trinken und dabei einige südländische Köstlichkeiten zu verzehren.[161]

Mit einer gewissen Überraschung stellte die Soziologie Mitte der fünfziger Jahre fest, daß sich das Sozialbewußtsein der Arbeiter – um auf die umfassendste Gruppe der nivellierten Mittelstandsgesellschaft einzugehen – entscheidend verändert hatte. Klassenspezifische Identität konnte man kaum mehr antreffen; Begriffe wie »Proletarier, Proletariat und Prolet« waren weitgehend ausgestorben.[162] Der real existierende Kapitalismus, der Drittes Reich, Weltkrieg und Trümmerzeit (trotz Demontagen) verhältnismäßig gut überstanden hatte, erfuhr eine Stärkung; die alliierten Entflechtungsmaßnahmen von Banken, Kohle und Stahl wurden schrittweise zurückgenommen; nur die Neuordnung der chemischen Industrie war von Dauer. Das »Gesetz gegen Wettbewerbsbeschränkungen« von 1957 verbot zwar horizontale Kartelle, vertikale Preisbindungen und den Mißbrauch marktbeherrschender Monopolbildung, doch konnte es die zunehmende Unternehmenskonzentration mit Kapitalakkumulation, gefördert durch eine kapitalfreundliche Finanzpolitik, nicht verhindern. Eine kleine Minderheit verfügte über das anwachsende Kapital. Schätzungen ergaben, daß 1960 die Reichsten (1,7 Prozent aller Haushalte) 35 Prozent des gesamten Vermögens und 70 Prozent des gewinnbringenden Produktivvermögens besaßen.[163]

Ihrem Bewußtsein nach war die Arbeiterschaft jedoch von der Forderung auf gesellschaftlichen Neubau, wie sie Kurt Schumacher seit 1945 vertreten hatte, abgerückt; man begnügte sich mit dem Wiederaufbau, zumal sich der Lebensstandard erheblich verbesserte. Hatte das monatliche Durchschnittseinkommen der Arbeitnehmer 1950 noch 243 DM betragen, was etwa dem Realeinkommen der Vorkriegszeit entsprach, so belief es sich 1960 auf 512 DM; das war ein nominaler Anstieg um 111 Prozent bzw. ein realer Anstieg, nach Berücksichtigung der gestiegenen Lebenshaltungskosten, um 76 Prozent. »Das wirtschaftliche Wachstum schlug sich nieder in besserer Ernährung, besserer Kleidung und besseren Wohnungen, in den Anfängen einer Motorisierungswelle und einer Reisewelle, im Wiederaufbau und Neubau der Städte.«[164] Die soziale Marktwirtschaft erfuhr breite Zustimmung; das sozialistische Engagement ging zurück.

Der antikapitalistische Kurs der beiden großen Parteien in den Jahren 1945 bis 1948 und die entsprechenden, mit eindeutigen Streikdrohungen versehenen Forderungen der Gewerkschaften hatten die Mitwirkungs-, Mitbestimmungs-, Informations- und Einwirkungsrechte der Arbeitnehmer wesentlich verstärkt (1949 gehörten zum DGB – von Hans Böckler, Vorsitzender von 1949 bis 1951, aufgebaut – 7,5 Millionen Mitglieder in 16 Industriegewerkschaften). Vor allem das »Gesetz über die Mitbestimmung der Arbeitnehmer in der Montanindustrie« (Eisen, Stahl, Bergbau) 1951 wurde überschwenglich als ein großer Sieg gefeiert; es habe das Tor zu einer neuen Sozialordnung aufgestoßen. »Aber der Kampf um ihre Verwirklichung wird erst dann beendet sein, wenn die Sozialverfassung in ganz Deutschland aus den Fesseln der Herrschaft des Kapitals über die Arbeit befreit sein wird.«[165] Doch was wie ein »Ende des Kapitalismus« aussah, führte zur »Zähmung der Gewerkschaften«. Nach Theo Pirker waren die Mißerfolge der Gewerkschaften in ihrem Kampf um die Sozialisierung der Grundstoff-Industrien und um das allgemeine Mitbestimmungsrecht eine Folge des politischen Versagens ihrer Führung; so wurde diese Massenorganisation zu einer »blinden Macht«.[166] Der einflußreiche linke Cheftheoretiker des Deutschen Gewerkschaftsbundes, Viktor Agartz, (1946-1947 Leiter des Zentralamtes für Wirtschaft der Britischen Zone, kurze Zeit auch Vorgänger von Ludwig Erhard im Direktorium für Wirtschaft der Bizone, dann Mitgeschäftsführer des Wirtschaftswissenschaftlichen Instituts des DGB) wurde 1955 entlassen und damit kaltgestellt. Als 1957 aufgedeckt wurde, daß er vom ostzonalen Freien Deutschen Gewerkschaftsbund (FDGB) im Laufe der Zeit 110 000 DM erhalten hatte, erfolgte seine Verhaftung; er gab an, es habe sich um die Subventionierung einer von ihm herausgegebenen Wirtschaftskorrespondenz gehandelt; verteidigt von dem früheren CDU-Bundesinnenminister Gustav Heinemann, der 1952 aus der CDU ausgetreten war und die Gesamtdeutsche Volkspartei (GVP) gegründet hatte, wurde er wegen Mangels an Beweisen freigesprochen.

Noch 1954 stand Agartz auf dem Höhepunkt seines Einflusses. Ausgehend von der alt-marxistischen Auffassung, daß der liberal-kapitalistische Staat in der Bundesrepublik den Klassengegensatz verschärft habe und nur durch systemsprengende Politik überwunden werden könne, verfolgte er das Ziel, mit Hilfe massiver Lohnkämpfe die Arbeiterschaft zu einem geschärften politischen Bewußtsein zu führen und damit die »verführerische Einwirkung« kapitalistischer Integrationsideologie zu zerstören. »Damit verbunden war die Absicht, über die Lohnpolitik nicht nur an der Produktivitätssteigerung teilzuhaben, sondern mit ihrer Hilfe auch eine Vermögensumverteilung in Gang zu bringen. Das wurde in die Form einer wissenschaftlich klingenden Lohntheorie gefaßt: In einem sogenannten marktwirtschaftlichen System drohe während einer Expansionsphase der Wirtschaft die Gefahr, daß die Nachfrage hinter dem Angebot zurückbleibe. Daher dürfe sich die Lohnpolitik nicht darauf beschränken, den Reallohn an die

Harald Duwe, Sonntagnachmittag, 1956-1960

volkswirtschaftliche Entwicklung nachträglich heranzubringen. Sie müsse selbst Motor der Expansion sein, um durch Kaufkraftsteigerung auch eine Ausweitung des Produktionsapparates herbeizuführen.«[167]

Nach dem großen Sieg der CDU/CSU bei den Bundestagswahlen 1953 konnte sich der starke christ-demokratische Gewerkschaftsflügel durchsetzen (wobei die Forderung auf »Überparteilichkeit« mit der Spaltungsdrohung verbunden war). Die christliche Soziallehre, die »sozialen Frieden« im Sinne der Gleichberechtigung von Kapital und Arbeit vertrat – maßgebend beeinflußt von dem Jesuiten Oswald von Nell-Breuning, Professor für Theologie –, trat in den Vordergrund. Zwar meinte Walter Dirks nach dem Streik der Metallarbeiter in Schleswig-Holstein 1957, daß sich die vorherrschende Meinung, das »Klassenbewußtsein« der Arbeiter sei in der konsum-orientierten Massengesellschaft mit ihren genormten Kleinbürgeridealen untergegangen, offensichtlich nicht bestätigt habe; die streikenden Arbeiter hätten vielmehr Züge des gegenwärtigen »mittelständischen« Bewußtseins mit einem ausgesprochenen Klassenbewußtsein verbunden; insgesamt jedoch schwenkten die Gewerkschaften in den fünfziger Jahren, nach den Forderungen auf Sozialisierung in der Trümmerzeit, allmählich auf eine Partizipation am kapitalistischen Wirtschaftswachstum ein.[168] An die Stelle der alten Klassengesellschaft trat als Leitbild die Mittelstandsgesellschaft, die man nun für alle verwirklichen zu können glaubte.[169] Bestehende Ungleichheiten und

Ungerechtigkeiten wurden übersehen zugunsten der Möglichkeit, an der Konsumgesellschaft teilzuhaben. Fühlte man sich in der eigenen Wohlfahrt befördert, nahm man die Herrschaft der Mächtigen (der Industriellenfamilien wie der Verbände) weitgehend kritiklos hin. Da man nun nicht mehr »drunten in der Tiefe« vegetieren mußte, ließ man die »da oben« schalten und walten. Solcher proletarischer Bewußtseinsverlust wurde auch durch den weiteren Aufstieg der Angestelltenschaft gefördert, mit der sich Teile der Arbeiterschaft amalgamierten; 1953 kamen vier Millionen Angestellte auf 12 Millionen Arbeiter.

Im Zuge der Industrialisierung war der eigentliche Mittelstand zurückgedrängt worden. Ökonomisch war er aufgrund seines Besitzes zureichend selbständig und in der Arbeitsweise weitgehend autonom; soziologisch gesehen erkannte die Gesellschaft den Angehörigen des Mittelstandes mannigfache Privilegien zu; sie galten als die wahren Stützen der Gesellschaft, wobei ihr Wertsystem sich zunehmend ins Spießbürgerliche verzerrte. Die neue Mittelschicht der Wirtschaftswunderzeit war nicht auf Besitz ausgerichtet, der selbständige Arbeitsweisen, sondern auf Einkommen, das Konsum ermöglichte. »Schöner leben« hieß die Devise fürs Mittelstandsglück. Die Stützen der Gesellschaft (der mittelständischen Konsumgesellschaft nämlich) erwiesen sich als vorbildliche Verbraucher, die den Trivialmythen der Werbung begierig folgten – vor allem den durch die Medien verbreiteten Leitbildern, die ein glanzvolles Dasein für die kleinen großen Träume bereithielten. Der alte Typ des Mittelständlers lebte in der Vorstellungswelt gesicherter Nahrung, die ihm »zukam«; sein Tätigkeitsbereich war eine geschlossene, rechtlich geschützte Berufsordnung, eine eigene Provinz wirtschaftlicher und sozialer Vorrechte. »Die Angehörigen der neuen Mittelschichten hingegen wissen, daß die Sicherheit, die auch sie fordern, wesentlich von der Ergiebigkeit ihrer Leistung abhängt. ›Efficiency‹ ist ein Ausdruck, den man heute sehr häufig hört; in ihm äußert sich ein Ziel, das mit dem Bewußtsein zusammenhängt, Dienste zu leisten. Die Triebkraft, die der industriellen Gesellschaft innewohnt, ist das Verlangen, durch Anwendung von Technik, Organisation und richtiger Zusammenarbeit die Leistung zu erhöhen, die eigene und die anderer. Kein Wunder daher, daß die Leistungsintensität ein hauptsächlicher Gradmesser für den sozialen Rang geworden ist. Es geht nicht mehr um die zureichende und allenfalls die reichliche tägliche Nahrung, sondern darum, ›besser zu leben‹. Man steht in jeder Hinsicht im Leistungswettbewerb, gleich, ob als Selbständiger oder als Unselbständiger, was in seiner Bedeutung für das erstrebte Ziel eben relativ geworden ist. Einen eigenen Laden zu haben, ist für die gesellschaftliche Stellung nicht wichtiger als etwa Abteilungsleiter in einem Warenhaus zu sein; besonders dann, wenn das Einkommen des qualifizierten Angestellten höher ist als das des selbständigen Einzelhändlers.« (Karl W. Böttcher)[170] In der nivellierten Mittelstandsgesellschaft fehle der Mut zum Selbstsein; die Konsumwelt verführe zum Konformismus, der sich durch Leistungsethik moralisch zu legitimieren trachtet. Die westliche technisierte Gesellschaft, meinte Paul Tillich, der in den fünfziger Jahren in herausragender Weise die Position der protestantischen Kulturkritik vertrat, habe zur Anpassung der

Personen an ihre Forderungen in Konsumtion und Produktion Methoden hervorgebracht, die zwar weniger brutal, aber auf die Dauer wirksamer seien als diejenigen totalitärer Unterdrückung; sie entpersönliche nicht durch Befehl, sondern durch »Bereitstellen« – durch ein Bereitstellen dessen, was individuelle Kreativität überflüssig mache.

Die Angst vor der Sogwirkung des Konsums sensibilisierte in diesen Jahren kritisches Bewußtsein; so wurde der utopische Roman *Schöne neue Welt* von Aldous Huxley (schon 1932 erschienen) zu einem großen Erfolg, da er die Wertunsicherheit und Sinnkrise des technischen Zeitalters aufzeigte. Im *Monat* meinte Huxley zum Mythos des technischen Fortschritts, wie er seinen symbolischen Ausdruck auf den Anzeigenseiten der populären Zeitschriften fand:

»Dort sieht man etwa die vier Mitglieder der Idealfamilie in Buntdruck hingerissen vor dem neuerworbenen Eisschrank, Staubsauger, Fernsehapparat oder Waschtisch stehen. Sie befinden sich, nach Aussage des Reklametextdichters ›auf dem Gipfel ihres Glücks‹. Ihre Mienen strahlen, makellos funkeln ihre Zähne hinter lächelnden Lippen. Der Vater ist jung, hübsch und breitschultrig; die Mutter sieht aus wie eine Büstenhalterreklame; die Kinder sind wahre Engel mit glühenden Wangen, blitzenden Augen und voll strotzender Gesundheit. Welche Atmosphäre häuslichen Glücks! Wie ordentlich, rechtschaffen und herzlich sie alle sind! ›O wackre neue Welt, die solche Menschen trägt!‹ Und, o ihr Waschtische und Fernsehapparate, die ihr diese wackre neue Welt geschaffen habt und die ihr unweigerlich, je mehr man euch verbessert, neuere und wackerere Welten schaffen müßt, die immer glücklichere Menschen bewohnen werden!«[171]«

In seiner Einleitung zu David Riesmans Buch *Die einsame Masse*, einem soziologischen Bestseller (1956), der den amerikanischen Konformismus analysierte, vertrat Helmut Schelsky die Meinung, daß in zunehmenden Maße die Gesellschaft der Bundesrepublik ähnliche Tendenzen aufweise; die soziale Konformität werde als Folge der industriellen Arbeits- und Freizeitwelt zum herrschenden Verhaltenstypus. Schüttle man das Kaleidoskop der Eigenschaften der amerikanischen Zeitgenossen als außen-gelenkten Menschen auch nur ein wenig, so erhalte man sehr bald Gestaltkonfigurationen, die uns selbst glichen.[172]

Der vierte Mensch und seine Apparaturen

Die zunehmende Zahl der Angestellten war eine Folge des unaufhaltsamen Aufstiegs der Bürokratie. Die Kulturkritik der Zeit beklagte die Mechanisierung, »Verapparatisierung«, Standardisierung der Gesellschaft, die damit zu etwas Künstlichem werde, eine Maschinerie, die des »Gemeinschaftsgeistes« entbehre. Alfred Weber, der Heidelberger Nestor der deutschen Soziologen und Historiker (1868-1958), der 1933 den Ausbruch des in »dumpfe Ungeklärtheit und chthonische Kräfte« eingesenkten Machttriebes diagnostiziert und 1946 den »Abschied von der bisherigen Geschichte« (die Überwindung des Nihilismus) gefordert hatte, erregte mit seinem Buch *Der dritte oder der vierte Mensch*, 1953, großes Aufsehen.[173] Als erster Mensch gilt Weber der Neandertaler, der zweite ist der primitive Mensch, der dritte ein historisch lebender und Geschichte schaffender Typus, der vierte der Roboter. Unsere Zeit sehe den Kampf zwischen dem dritten Menschen, der sich um die Verwirklichung von Freiheit und Menschlichkeit bemühe (ein Erbe jener Neuentdeckung des Menschen im 18. Jahrhundert, die geistig in Rousseau, politisch in der Erklärung der Menschen- und Bürgerrechte kulminierte), und dem vierten Menschen, der sich zum Roboter einer bürokratisch-autokratischen Terrormaschine eigne, weil er bestimmt werde durch anlagemäßige Desintegrierung; in dieser würden durch unsere westlichen Lebensgewohnheiten und durch unsere Charakterstruktur rezessiv gewordene brutale und simple Anlageschichten plötzlich dominant und stünden unverbunden neben den seelisch feineren, die auch noch da sind, die aber für das allgemeine Handeln ausgeschaltet würden. Vielleicht blieben sie für die Familie, vielleicht für die Freundschaft reserviert, während das allgemeine Handeln, weitgehend auf primitiv anmutenden Anlagetatsachen ruhend (vor allem Verschlagenheit und Rohheit), dem zur Funktion gewordenen Terrorhandeln angepaßt sei. Der Techniker, für den der Mensch zum Zubehör der Maschine werde, sei ebenso unterwegs zum vierten Menschen wie etwa der Forscher, der aus Fachfanatismus den Blick für die humanen Auswirkungen seines hochspezialisierten Tuns verliere. Nehme man zu den Verlockungen der Desintegration, welche die moderne technisierte und arbeitsteilige Welt biete, noch die verschiedenen geistigen »Weltauflösungstendenzen« hinzu, die seit rund einem Jahrhundert am Werk seien, so brauche die universale Drohung des »vierten Menschen« niemanden zu erstaunen. Man könne ihm nicht durch einfachen Rückgriff auf die klassische Humanitätsidee begegnen; denn diese gründe sich zuletzt in der Annahme eines objektiv-faßbaren Gesamtsinnes von Menschentum und Menschheitsgeschichte, der uns unwiederbringlich abhanden gekommen sei. Wir hätten heute mindestens drei Stufen der Bewußtseinsentwicklung zu unterscheiden: die magische, mythische und intellektuelle Daseinsbewältigung, und wir könnten nicht in die Geborgenheit früherer Integrationen zurück, so sehr wir ihren Verlust bedauern mögen. Um den »Menschen« zu retten, bedürfe es unmittelbarer Transzendenzerfahrung; Weber spricht von »immanenter Transzendenz« und meint damit das Gewahrwerden der »universalisierenden Mächte«, die im Dasein auch dann wirken, wenn sie nicht ausdrücklich ins Bewußtsein treten. Was Schönheit, Güte, aber auch was der übervitale Gestaltungswille der Natur sei, mag der Mensch nicht immer klar wissen; aber im Handeln werde er der Mitwirkung solcher »überzweckmäßiger Mächte« soweit inne, daß er nicht an ihrer Realität zu zweifeln brauche.

Die in den fünfziger Jahren dominante »Unsere-Sorge-der Mensch-Soziologie und -Philosophie«, wie sie vor allem auch Karl Jaspers vertrat (»Es ist der einzelne, der die Zukunft trägt«)[174] und in Albert Schweitzer mit seiner »Ehrfurcht vor dem Leben und der göttlichen Schöpfung«[175] leitbildhaft verkörpert war, setzte weniger auf die Trennschärfe des Begriffs, als auf die magisch beschwörende, appellative Diktion. Nicht die Analyse der Machtverhältnisse, die das Entstehen der »Apparate« begünstigten, stand im Mittelpunkt der Reflexion; die kulturkritischen Deutungen galten dem Verlust der Persönlichkeitskraft, die durchaus in der Lage sei, der Kollektivierung sich entgegenzustellen und die modernen Mythen, die das Schreckliche verklärten und damit zu einem Herrlichen machten, zu durchbrechen. In einem gewissen Sinne wurde die ums »Wesentliche der Existenz« kreisende Gesellschafts- und Geschichtsdeutung selbst zu einem Mythos, da sie bei allem Pessimismus Verheißungscharakter hatte: nämlich den verapparateten Menschen suggerierte, sie könnten sich, wenn sie nur ichstark wären, aus den Systemfesseln befreien.

Die Wirklichkeit sah anders aus. Gegenüber dem Apparat, vor allem dem Beamtenapparat, waren die Chancen des einzelnen gering. Die Romane Franz Kafkas, *Der Prozeß*, *Das Schloß*, zeigten die Verlorenheit des Individuums im Zeitalter der Organisation. Nach 1945 waren Auszüge aus seinem Werk und Deutungen seines Werkes in vielen Zeitungen und Zeitschriften erschienen – bahnbrechend der Essay von Hannah Arendt: *Franz Kafka, von neuem gewürdigt* im Dezemberheft 1946 der *Wandlung*[176], der die ästhetische wie gesellschaftskritische Bedeutung des Dichters, die künstlerisch gewollte Unwirklichkeit seiner Gestalten wie die modellartig exakte Beschreibung abgründiger Systeme herausarbeitete. Eine entscheidende »Schubkraft« erhielt die Kafka-Rezeption 1950, als es dem S. Fischer Verlag endlich gelungen war, die deutschen Rechte für eine Veröffentlichung seiner Dichtung zu erwerben, und die Gesamtausgabe mit dem *Prozeß* zu erscheinen begann. Von Kafkas wichtigsten Romanen wurden auch Bühnenfassungen erstellt; zunächst waren im Berliner Schloßpark-Theater *Der Prozeß* (Juni 1950, dramatisiert von André Gide und Jean-Louis Barrault) und *Das Schloß* (Mai 1953, bearbeitet von Kafkas Nachlaßverwalter Max Brod, inszeniert von Rudolf Noelte) zu sehen.[177] Das »Kafkaeske«, das diesen Dichter neben Brecht, Benn und Jünger zu einem Klassiker der Adenauer-Ära machte – bei all denjenigen, die den Sing-out-Optimismus der Wirtschaftswunderwelt nicht teilten –, erfuhr eine vielfältige, vor allem auch metaphysische Deutung. Der Germanist Wilhelm Emrich sprach in *Protest und Verheißung. Studien zur klassischen und modernen Dichtung* davon, daß Kafka (wie früher schon Eichendorff) von einer Urmelodie der Welt ausgehe; da diese verborgen bleibe, stehe er vor dem Chaos.[178] Vor allem aber beeindruckten Kafkas Parabeln in Hinblick auf ihre gesellschaftliche Relevanz. Emrichs großes Buch *Franz Kafka. Das Baugesetz seiner Dichtung* trug den Untertitel *Der mündige Mensch jenseits von Nihilismus und Tradition*; Kafkas Werk spiegle exakt den menschlichen Kosmos wider, »entlarve« ihn bis in den Grund, mache den Menschen durch rigorose Selbst- und Welterkenntnis mündig, führe ihn zum unbedingten, bestimmenden »Gesetz« seines Lebens, nämlich zum »wahren menschlichen Wesen, das nicht anders als geliebt werden kann«. In diesem Sinne beeinflußte Kafka auch sehr stark Walter Jens, der 1950 mit seinem viel beachteten Roman *Nein. Die Welt der Angeklagten* debütierte – ein Buch, das den Untergang des freien Individuums im totalitären Herrschaftsapparat thematisierte. (»Im Sommer war es heiß, im Winter kalt, und manchmal regnete es. Am Tage schien manchmal die Sonne, und abends ging manchmal der Mond auf. Sonne und Mond blickten auf einen nicht sehr großen Planeten, Gestalten lebten auf ihm. Früher nannte man sie: die Menschen.«[179]

Die Funktionsmerkmale, die Max Weber dem modernen Beamtentum zugeordnet hatte (daß sein Amt Beruf sei, eine spezifisch gehobene »ständische« Schätzung genieße, absolute Sachlichkeit sein Tun bestimme – unter Ausschaltung von Liebe, Haß und aller rein persönlichen, überhaupt aller irrationalen, dem Kalkül sich entziehenden Empfindungselemente)[180], waren im Dritten Reich, was die ethische Dimension betraf, ins Gegenteil verkehrt worden. Der Beamte erwies sich als willfähriger Erfüllungsgehilfe des unmenschlichen Systems. Nach der totalen Niederlage war man sowohl von den Militärregierungen wie in deutschen demokratischen Gremien der Meinung, daß man auf das Fachwissen der Berufsbeamten beim Aufbau des neuen Staates nicht verzichten könne. Es gab zwar Ideen und Pläne zur Neuordnung bzw. Umgestaltung der Verwaltung, die man aber nicht intensiv verfolgte, da man für Reformen nicht genügend Zeit zu haben glaubte. Solcher Pragmatismus mag auch mit verantwortlich dafür gewesen sein, daß die Entnazifizierung der Beamten sehr milde gehandhabt wurde; in der amerikanischen Zone gingen aus den Verfahren 98 Prozent Mitläufer und Entlastete hervor, die mit Zustimmung der Militärregierung wieder in den öffentlichen Dienst eingestellt werden konnten. Von den nach 1945 entlassenen 53 000 Beamten blieben 1950 aufgrund der Spruchkammer-Entscheidungen nur 1071 daran gehindert, ein öffentliches Amt zu bekleiden.[181] Vor allem im »Treibhaus Bonn« gedieh die Vergrößerung des Beamtenapparates. Eine kritische Anfrage im Deutschen Bundestag am 3. Oktober 1956 ergab, daß der Staat für die Staatsführung 4790 Beamte, 6052 Angestellte, 1657 Arbeiter und 2 Lehrlinge (12 501 Personen) benötigte. Angesichts solcher Verapparatung, die nicht nur die Bundes-, sondern auch die Landes- und Kommunalverwaltungen prägte, fand das satirische Buch des Engländers C. Northcote Parkinson (damals Ordinarius für Geschichtswissenschaft an der National University in Singapur) *Parkinsons Gesetz und andere Untersuchungen über die Verwaltung* (1958), entstanden aus einer Artikelfolge in der Londoner Zeitschrift *Economist*, große Resonanz. Zwei kurze Lehrsätze, von fast axiomatischer Natur, bestimmten die Bürokratie: 1. Jeder Beamte oder Angestellte wünscht die Anzahl seiner Untergebenen, nicht aber die Zahl seiner Rivalen zu vergrößern; 2. Beamte oder Angestellte schaffen sich gegenseitig Arbeit. Parkinson entwickelte auch die nach ihm benannte Formel, mit der sich die Zahl der Angestellten beziehungsweise Beamten, die von Jahr zu Jahr neu angeheuert werden müßten, berechnete: $x = \dfrac{2k^m + L}{n}$ (k = die Zahl der Angestellten, welche eine Beförderung anstreben, indem sie Untergebene einstellen; L = Differenz zwischen dem Alter der Einstellung und dem Alter der Pensionierung; m = Anzahl der Arbeitsstunden pro Mann, die der Anfertigung von Memoranden im internen Büroverkehr dienen; n = Zahl der Verwaltungseinheiten, welche vom Personal des Büros *tatsächlich* erledigt werden).[182]

Daß hier ein Gesellschaftskritiker nicht als gravitätischer Kulturpessimist, belastet mit apokalyptischen Visionen, sondern mit ironisch-satirischer Attitüde in Erscheinung trat, irritierte die stets am »Wesentlichen« orientierte deutsche Soziologie – was jedoch dem Erfolg des Buches keinen Abbruch tat. Durchschlagend wirkungslos blieben jedoch die Bemühungen um Entbürokratisierung und »Entbeamtung«, wie sie um die Mitte der fünfziger Jahre vor allem von Karl Bräuer, dem Präsidenten des Bundes der Steuerzahler, gefordert wurden. Der Beamtenapparat, den man mit einem Dinosaurier (dicke Haut und kleines Gehirn) verglich, wuchs; allerdings mit ihm auch – anders als etwa im Zweiten Reich, da ein Beamter in der Hierarchie weit oben stand – die nivellierte Mittelstandsgesellschaft; denn »in der entwickelten Industriegesellschaft wird das Sozialprestige nicht mehr so sehr nach Herkunft und Stand bestimmt, sondern nach Leistung und Beruf, nach Arbeitseinkommen und dem dadurch ermöglichten Konsum. Im Sinne der neuen Schichtungs- und Statuskriterien wird es aber der Beamtenschaft unmöglich, ihre Geschlossenheit, ihre Solidarität, ihr Selbstbewußtsein und ihren elitären Charakter zu bewahren«. (Emerich Francis)[183]

Männer, Mächte, Monopole

Das Fehlen einer selbstbewußten Oberschicht in der deutschen Gesellschaft der Gegenwart konstatierte Ralf Dahrendorf 1964. An den Spitzen der Gesellschaft habe ein Prozeß der Komplizierung eingesetzt, eine Tendenz zum Pluralismus, zur Auflösung der Eindeutigkeit sozialer Zugehörigkeit. Auch die »Oberen« fühlten sich mehr der (oberen) Mittelschicht zugehörig. Denn jeder kenne noch jemanden über sich, der Reiche den Mächtigen, der Mächtige den Prominenten, der Prominente den Reichen; selbst innerhalb der einzelnen Kategorien gelte diese Erfahrung: der politisch Mächtige fürchte die Überlegenheit des wirtschaftlich Mächtigen, dieser die der Militärs oder der Kirchen oder anderer Gruppen. Jeder Reiche kenne einen noch Reicheren, jeder Prominente einen Prominenteren. »Weder die sichtbare Eindeutigkeit einer durch aristokratische Standessymbole erkennbaren Führungsschicht, noch die zumindest vermutete Eindeutigkeit einer zusammenhängenden Clique von Drahtziehern, eines establishment, kennzeichnet die deutsche Gesellschaft der Gegenwart. Vielmehr finden wir an der Spitze unserer Gesellschaft eine Mehrzahl von etwas ängstlichen Konkurrenten, die häufig genug die eigene Position entwerten, indem sie mit einem Unterton von Neid auf andere schielen, die noch mehr haben als sie: mehr Macht, mehr Geld, mehr Ruhm.«[184]

Statistisch gesehen war freilich die Situation der Reichen eindeutig: Die Existenz einer Spitzengruppe stand außer Zweifel. 1957 verdienten die »oberen Zehntausend« zusammen etwa ebensoviel wie die »unteren« 2 Millionen; die 500 Menschen mit dem höchsten versteuerten Einkommen verdienten ebensoviel wie 500 000 mit den niedrigsten versteuerten Einkommen. 459 Personen hatten ein Jahreseinkommen von mehr als 1 Million Mark; 1960 schätzte man den gleichen Kreis auf 10 000 Personen. Zum alten gesellte sich neues Kapital; die Altreichen reüssierten Hand in Hand mit den Neureichen. Als Walter Matern, einer der drei fiktiven Erzähler in dem Roman *Hundejahre* von Günter Grass (1963), deren Erinnerungsgeschichten sich zu einer gesamtdeutschen Seelenlandschaft der letzten dreißig Jahre zusammenschließen (mit Danzig als zentralem Topos) – als Matern, dem Hitlers-Lieblingshund Prinz zugelaufen ist, Freunde und Feinde im Westen besucht, stellt er fest, daß die bundesrepublikanische Konjunktur auf Hochtouren läuft. Sein Vater, der Müller aus Nickelswalde in der Nähe der Weichselmündung, hat ein Säckchen mit Mehlwürmern in die Bundesrepublik hinübergerettet – kostbarster Besitz, denn diese weissagen die Zukunft. Viele kommen und erhalten die Tips, die ihnen Erfolg bringen: die Presseleute, die Finanzexperten, die Kapitalisten, die Politiker; die Würmer haben nicht Rast und nicht Ruh. In Deutschlands Aufstieg ist der Wurm drin – »im Wurm sitzt der Wurm«.[185]

Von Deutschlands wunderbarer Wiedergeburt kündete die Liste der hundert größten Unternehmen (bezogen auf ein Grundkapital von zehn Millionen DM als Basis), die von der *Frankfurter Allgemeinen Zeitung* 1959 erstmals veröffentlicht wurde.[186] Vergleicht man die Aufstellung mit dem Stand von 1936, so standen damals die IG-Farbenindustrie und die Vereinigten Stahlwerke an der Spitze, zwei Konzerne, die nach dem Kriege »entflochten« wurden. Die großen Nachfolgegesellschaften der IG-Farbenindustrie blieben jedoch, gemessen am Grundkapital, führende Unternehmen; sie belegten die Plätze eins, zwei und fünf der Nachkriegsliste. Von den Nachfolgern des Stahlvereins gehörte die Gelsenkirchener Bergwerks-AG der Spitzengruppe an (Platz vier); die August Thyssen-Hütte belegte den Platz vierzehn. Auf den dritten Platz, nach den Farbenfabriken Bayer und der Badischen Anilin, war die Firma Mannesmann gerückt, die damals an siebter Stelle gestanden hatte. Die Farbwerke Hoechst rangierten auf Platz fünf. Weit oben standen weitere »gute Bekannte«: Krupp, Siemens, Daimler. Alfried Krupp von Bohlen und Halbach, der im Nürnberger Prozeß 1948 anstelle seines Vaters Gustav, dem Leiter des größten deutschen Rüstungsunternehmens bis Kriegsende (wegen schwerer Krankheit außer Verfolgung gesetzt), zu zwölf Jahren Gefängnis verurteilt worden war, wurde schon 1951 aus der Haft entlassen; seit 1953 war er wieder Leiter des Unternehmens. Während des Krupp-Prozesses hatte Joseph Kardinal Frings, seit 1942 Erzbischof von Köln, 1945 bis 1965 Vorsitzender der Fuldaer (später Deutschen) Bischofskonferenz, in Hinblick auf die Sozialleistungen der Firma erklärt: Wenn es jemand gäbe, der das Recht darauf hätte, ein Ehrenbürger von Essen zu sein, dann wäre es sicher das Oberhaupt dieses Hauses.[187]

Auch Friedrich Flick, zu sieben Jahren Haft verurteilt, durfte 1950 zusammen mit Fritz ter Meer von den IG-Farben und dem Vorstandsmitglied der Dresdner Bank, Karl Rasche, vorzeitig die Haftanstalt von Landsberg verlassen. Auf die Kontinuität kapitalistischer Industriepolitik nach Ende des Dritten Reiches hatte man sich seit 1943 im »Kleinen Arbeitskreis« der »Reichsgruppe Industrie« und im »Arbeitskreis für außenwirtschaftliche Fragen« vorbereitet (mit Wissen und oft auch im Beisein hoher SS- und SD-Führer). In dieser illustren Gruppe fand sich fast alles, »was dann auch in den frühen Jahren der Bundesrepublik Rang und Namen haben sollte: Industrieführer wie Flick und Krupp ebenso wie Bankiers vom Range eines Herrmann Josef Abs und eines Karl Blessing. Bei ihren Planspielen für die Zukunft waren sie vor allem von der Denkschrift eines jungen Mannes beeindruckt, der später eine erstaunliche Karriere machen sollte: Ludwig Erhard. Mit dem Nationalsozialismus hatten diese Männer wenig im Sinn. Sie wollten ausschließlich – wie es in der Erhardschen Denkschrift hieß – ›die Reichsgruppe Industrie als geschlossene Phalanx zweckvollen kollektiven Handelns‹ erhalten, um gegen die Niederlage gewappnet zu sein, die auch ihre wirtschaftliche Macht bedrohen konnte. Und trotz der Nürnberger Urteile sowie spontaner Sozialisierungsversuche ging ihre Rechnung schließlich auf.« (Karl Unger)[188]

Für die Neureichen war vor allem die Währungsreform der Beginn des Aufstiegs gewesen. Neben Tüchtigkeit und Initiative halfen gehortete Waren und Rohstoffe sowie geschickte Spekulationen innerhalb der Preisbewegung, die durch das neue Geld ausgelöst wurde. Zu den erfolgreichsten Vertretern dieser Gründergeneration gehörten der Autofabrikant Carl F. W. Borgward, der Strumpffabrikant Hans Thierfelder, der Radiofabrikant Max Grundig und der Gastronom Friedrich Jahn.

Borgward[189] hatte 1928 die »Goliath«-Werke gegründet (Dreiradautos) und bald darauf die Aktienmehrheit bei »Hansa Lloyd« übernommen. 1948 entwickelte der damals schon 58jährige Unternehmer und Konstrukteur mit dem »Hansa 1500« den ersten deutschen Nachkriegswagen, der mit seiner Karosserie in moderner Pontonform den Sehnsüchten nach dem modernen (»amerikanischen«) Auto entsprach; weitere erfolgreiche Modelle folgten. Das Unternehmen fallierte freilich 1960.

Hans Thierfelder war 1946 aus der Ostzone mit einem einzigen Koffer über die »grüne Grenze« gekommen. 1951 rief er die bundesdeutsche Weiblichkeit »zum Wettkampf um die Krone einer Beinkönigin« auf. Hunderttausende von Frauen und Mädchen maßen Länge und Umfang ihrer Schenkel, Waden, Fesseln und Füße; eine Holsteinerin gewann. Thierfelders Meßaktion war die größte bis dahin durchgeführte Marktanalyse; er verarbeitete die Antworten mit Hilfe von Hollerithmaschinen und »erhielt so das vollendete Marktbild ›eines Drittels des Frauenkörpers‹, den er als erster mit den in Deutschland erzeugten Nylon- und Perlonfeinstrümpfen bekleidete«.[190] In den fünfziger Jahren kosteten Perlonstrümpfe noch fast 200 Mark; Laufmaschen waren genauso gefürchtet wie Verfärbungen oder Elastizitätsverlust (daß man kein Strumpfband beziehungsweise keinen Straps mehr tragen mußte, gehörte zum Strumpfmythos). »Eine Frau, die sich über eine Laufmasche ärgert, regt sich nicht nur über das verlorene Geld auf, sie fühlt sich ertappt. Außerdem wird durch den Riß, den ein Mißgeschick hervorrief, die fantastische Erotik, die sich um das real existierende Nichts rankt, mit einem Schlag zerstört.«[191]

Max Grundig begann 1947; mit einem genialen Trick setzte er sich über die Zwangswirtschaft hinweg: Die Produktion und der Verkauf von Radios waren verboten; er stellte Baukästen her, aus dem jedes Kind ein Radio basteln konnte. Bis zur Währungsreform hatte er 100 000 von diesen »Heinzelmann«-Kästen verkauft und über 20 Millionen Reichsmark eingenommen. In den fünfziger Jahren reüssierte er als Preisvorkämpfer: 1955 bot er erstmals ein Tonbandgerät unter 500 DM an; 1956 folgte der erste Fernsehempfänger für weniger als 1000 Mark. 1957 beschäftigte er 15 000 Mitarbeiter und produzierte das fünfmillionste Radio; 1982 mußte der Fürther Pionier-Unternehmer wegen schwerer Managementfehler sein Unternehmen verkaufen.[192]

Der Aufstieg von Friedrich Jahn, einem österreichischen Oberkellner in einem Schwabinger Lokal, begann 1955: Mit 8000 Mark Startkapital eröffnete er das »Linzer Stüberl« in München; billige »Brathendln« wurden in Wiener Atmosphäre angeboten.[193] Sieben Jahre danach verfügte der mit Franz Josef Strauß befreundete Gastronom über weit mehr als hundert Gaststätten, vor allem in der Bundesrepublik und in Österreich. (1982 geriet der »Konzern« – es gab inzwischen 460 deutsche Wienerwald-Restaurants – ins Schlingern.)

Sowohl bei altreichen wie bei neureichen Firmen gewann in den fünfziger Jahren eine neue Art von Führungskräften erheblichen Einfluß: die »leitenden Angestellten«; sie lösten immer mehr die seit Jahrzehnten amtierenden »Industriebarone« ab. Angesichts neuer Methoden wissenschaftlicher Unternehmensführung fühlten sich die »Eigentumsberechtigten« vielfach überfordert; sie stellten versierte Direktoren oder Organisatoren ein, die sich zu einer eigenen Kaste entwickelten. Nicht mehr die unternehmerische Persönlichkeit mit privatkapitalistischem Elan war entscheidend, sondern die funktionale Durchdringung. James Burnhams Buch *Die Revolution der Manager*, 1941 in Amerika veröffentlicht, deutsche Übersetzung 1949, deutete auch die westdeutsche wirtschaftliche Wirklichkeit, die sich zunehmend amerikanisierte.[194] Für den Manager steht nicht freie Initiative im Mittelpunkt, sondern Planung; verschiedene Aufgaben innerhalb des Produktionsprozesses müssen organisiert und koordiniert werden, so daß die verschiedenen Rohstoffe, Werkzeuge, Maschinen, Fabriken und Arbeiter im richtigen Augenblick und in der nötigen Anzahl an der richtigen Stelle bereitstehen; das erfordert Vertrautheit mit den Naturwissenschaften, der Psychologie und den Sozialwissenschaften. Die Manager heißen entsprechend Produktionsleiter, Geschäftsführer, technischer Leiter, Verwaltungsdirektor; im Staatsdienst, denn sie finden sich in Staatsbetrieben genauso wie in Privatunternehmen, werden sie Administratoren, Kommissare, Bürodirektoren genannt. Die Managerwirtschaft könne man als ein System kooperativer Ausbeutung, im Gegensatz zur Einzelausbeutung des Kapitalismus, bezeichnen. Während das Bürgertum schon längst den Glauben an seine eigenen Ideologien verloren habe, seien die Manager die einzige gesellschaftliche Gruppe, deren sämtliche Mitglieder Selbstvertrauen an den Tag legten. Die neue Gesellschaftsschicht werde gekennzeichnet sein durch Eigentumsrecht des Staates an den Produktionsmitteln, Planwirtschaft statt Marktwirtschaft, Konzentration der politischen und wirtschaftlichen Macht in der Hand der Manager als der herrschenden Klasse, durch eine Ideologie der sozialen Disziplin und das Fehlen von parlamentarischen Institutionen. Die Rezeption des Burnham-Buches seit seiner deutschen Übersetzung kümmerte sich um derartige gesellschaftliche Fehleinschätzungen des trotzkistisch orientierten New Yorker Universitätsprofessors wenig; an das Ende des Kapitalismus glaubte man angesichts der aufblühenden Prosperität sowieso nicht; akzeptiert wurde jedoch die variantenreiche Umschreibung einer neuen Form der wirtschaftlichen Führung, wobei »Management« in zunehmendem Maße eine umgangssprachliche Vokabel für effiziente Organisation, aber auch für Leistungsdruck und seine Folgen wurde.

Unter »Managerkrankheit« verstand man die in den fünfziger Jahren sich häufenden Todesfälle im Alter von 40 bis 60 Jahren bei besonders belasteten »verantwortlichen Persönlichkeiten«. Meist handelte es sich um Persönlichkeiten, »die ihr ganzes Leben lang ein geradezu zwangsartiges Streben und einen Drang haben, durch angestrengte Arbeit voranzukommen . . . Sie geben oft an, daß sie sich geradezu nicht wohl fühlten, wenn sie nicht auf ein bestimmtes Ziel hin (Vorankommen in Geschäft, Geld- oder Machtgewinn) arbeiteten, und machen den Eindruck eines fast ununterbrochenen Getriebenseins«.[195] Die Anamnese der Managerkrankheit erwies sich so als Psychogramm einer Mentalität, die sowohl das Wirtschaftswunder bewirkt hatte, als auch unter ihm litt. Die Alt- wie Neureichen und ihre Agenten bzw. Funktionäre arbeiteten zu viel, aßen zu gut, tranken zu viel. Die obere Schicht der nivellierten Mittelstandsgesellschaft ließ sich den Luxus etwas kosten − und mußte für das zahlen, was die unteren Schichten der nivellierten Mittelstandsgesellschaft mit gläubigem Staunen und mit der Hoffnung, auch eines Tages im Wohlstand angenehm leben zu können, erstrebten.[196] Man beobachtete nicht den Wurm im Wurm − die Krisen wurden verdrängt, so wie auch Managerkranke auf die ersten Krankheitserscheinungen nicht achteten, sondern durch vermehrte Arbeit sich abzulenken versuchten.

Gott erhält die Mächtigen. Rückblick und Rundblick auf den deutschen Wohlstand, nannte Kurt Pritzkoleit eines seiner Bücher, die seit 1953 in regelmäßiger, meist zweijähriger Folge bis zum Tod des Autors (1965) erschienen.[197] Als Wirtschaftspublizist hatte er eine wichtige Marktlücke entdeckt, die er mit Bestsellern schließen half: nämlich das ambivalente Interesse von Lesermassen, »die da droben«, die sich gerne in der Mitte verbargen, dekuvriert zu sehen; zum anderen viel Detail von einer Lebens- und Arbeitsweise zu erfahren, die zu einer »Woge von Gold«, zum »Triumph der Wirtschaft« geführt hatten und denen man fürs eigene Fortschreiten eventuell Handlungsanweisungen abgucken konnte.

Historisch und statistisch beschlagen, in der Kunst der Aufbereitung von Fakten wie ihrer Veranschaulichung bestens bewandert, durchmaß Pritzkoleit die deutsche Wirtschaftslandschaft. Er stellte dabei unbequeme Fragen: Wer kennt die Nutznießer der Motorisierung? Was bezahlen wir im Preis der Automobile alles mit? Wann wird das internationale Ölkapital unseren Markt ausschließlich beherrschen? Wem gehören unsere Reedereien, unsere Schiffe, unsere

Werften? Wer beherrscht die Textil-Industrie und wem gehören die Warenhäuser? Wer liefert die serienmäßig produzierten und verpackten Lebensmittel? Wer baut unsere Häuser, Fabriken, Straßen, Flugplätze, Kasernen? Wem gehört der Grund und Boden, auf dem wir wohnen, der uns ernährt? Er gab interessante Antworten, die bei der Leserschaft wie bei der Presse (obwohl er auch deren Macht- und Besitzstrukturen bloßlegte) große Resonanz fanden. Mit seinem Werk bot er ein Vademekum durch die deutsche Wirtschaft an, die durch Männer, Mächte, Monopole charakterisiert war – einen »Baedeker durch den Dschungel unseres politischen Alltags«. (*Freie Presse*)

War man schon unüberwindbaren Systemzwängen ausgeliefert, so wollte man sie zumindest durchschauen. Die außengeleiteten Mitglieder der nivellierten Mittelstandsgesellschaft empfanden Transparenz als Ichstärkung. Was freilich eine solche kritische Wirtschaftspublizistik als »Herrschaft der Mächtigen« bloßlegte, sahen die staatstragenden Parteien als wohlgeordnete, sozial gerecht formierte, durch die heilenden Kräfte des Marktes bestens regulierte Wirtschaftslandschaft vor sich; in ihr konnte jedermanns Glück blühen und reifen.

Soziale Marktwirtschaft

Mit dem Erfolg der Währungsreform wurden die Weichen für eine Entwicklung hin zur freien Marktwirtschaft gestellt. Durch die Liberalisierung, die Lohnstopp, Bewirtschaftung und Preiskontrolle (Mieten und Grundnahrungsmittel ausgenommen) aufhob, gelang, was die Zentralverwaltung bzw. die Planwirtschaft nicht hatte erreichen können: nämlich eine ausreichende und später sogar üppige Versorgung der Bevölkerung in allen Bereichen. Das Grundgesetz der Bundesrepublik Deutschland legte zwar kein bestimmtes Wirtschaftssystem fest, doch interpretierten CDU/CSU und FDP in Frontstellung zum Sozialismus das Grundgesetz »neoliberalistisch«: Den ökonomischen Kräften sollte nicht allein das Feld überlassen werden; der Staat dürfe keine Nachtwächterrolle spielen; seine Aufgabe sei es, die sachlichen Hindernisse zu beseitigen, die den Start ungleich machten. Die Freiheit jedes Einzelnen könne sich nur in den Grenzen entfalten, die die Freiheit aller anderen setze.[198]

Der Begriff der »sozialen Marktwirtschaft« – so Alfred Müller-Armack, Professor der Volkswirtschaftslehre, seit 1952 Leiter der Grundsatzabteilung im Bundeswirtschaftsministerium – könne als eine ordnungspolitische Idee definiert werden, deren Ziel es sei, auf der Basis der Wettbewerbswirtschaft die freie Initiative mit einem gerade durch die marktwirtschaftliche Leistung gesicherten sozialen Fortschritt zu verbinden.[199] Der Sinn der sozialen Marktwirtschaft bestehe darin, das Prinzip der Freiheit auf dem Markt mit dem des sozialen Ausgleichs zu verbinden. Müller-Armack, der mit seinem Werk *Religion und Wirtschaft* Max Webers Untersuchung über die Beziehungen zwischen Protestantismus und Kapitalismus ins Prinzipielle und Welthistorische weiterführte (wobei ihm die Glaubensformen als die eigentlichen Prägekräfte der Wirtschaftsstrukturen erschienen)[200], sah die rasche Durchsetzung der sozialen Marktwirtschaft in der deutschen Öffentlichkeit vor allem darin begründet, daß nach Jahren einer strengen Wirtschaftslenkung deren Versagen eindeutig erkannt worden sei.

Maßgebend beteiligt an der philosophischen Fundierung der sozialen Marktwirtschaft war der 1933 aus Deutschland emigrierte und seither in Genf lebende Professor der Nationalökonomie und Soziologe Wilhelm Röpke, der sich in seinen Schriften *Civitas Humana, Gesellschaftskrisis der Gegenwart, Maß und Mitte, Jenseits von Angebot und Nachfrage* gegen kollektivistische Lösungen im wirtschaftlichen, sozialen und politischen Bereich wandte.[201] Die Tendenz, die individuelle Freiheit zugunsten eines Wohlfahrtsstaates aufzugeben, erweise sich als Ursprung und Anlaß für den materiellen und geistigen Abstieg. »Der Schwerpunkt der Gesellschaft wird immer mehr von unten nach oben verschoben, hinweg von den echten, überschaubaren und mit menschlicher Wärme erfüllten Gemeinschaften und hinauf zum Zentrum der unpersönlichen Staatsverwaltung und der seelenlosen Massenorganisationen. Das bedeutet eine zunehmende Zentralisierung der Entscheidung und Verantwortung und eine wachsende Kollektivisierung der Bedingungen, von denen die Wohlfahrt und die Lebensplanung des einzelnen abhängen.«[202]

Die Krise äußere sich vor allem in einer zunehmenden Proletarisierung unserer Gesellschaft, die zu einem Dasein unter dem Druck der Diskontinuität, der Fremdgesetzlichkeit und der Beliebigkeit führe. Die immer mechanischer werdende Arbeit gebe weder materielle Sicherheit noch Lebenssinn. Das Streben nach Maß und Mitte ziele auf die Auflösung und Zerstreuung von übermächtigen Machtpositionen, eine günstige Verteilung des Eigentums und eine Wiederherstellung des echten Wettbewerbs. Der Staat müsse die Spielregeln des Marktes bestimmen, ohne ihn zu vergewaltigen; er übernehme die Rolle des Spielleiters und Schiedsrichters, ohne »gleichzeitig selbst Fußball zu spielen«. Als Wirtschaftsliberaler und Konservativer mit philosophischer Grundeinstellung verteidigt Röpke den freien Markt, um der Freiheit der Persönlichkeit und der Rettung der Kultur willen, die er stets als Kultur des vergehenden bürgerlichen Zeitalters sieht, während er von der vermaßten modernen Industriegesellschaft keine wirkliche kulturelle Leistung erwartet.

Oswald von Nell-Breuning (geb. 1890) engagierte sich für die soziale Marktwirtschaft vom katholisch-theologischen Standpunkt aus; er forderte eine Sozialpolitik, die die Trennung von Kirche und Staat zugunsten einer christlich geprägten Gesellschaftspolitik aufzuheben und die Versöhnung von Arbeit und Kapital, jenseits von Ausbeutung, zu erreichen sucht.[203] Der Priester habe im besonderen die verantwortungsvolle Aufgabe, die Menschen über sozioökonomische Verhältnisse aufzuklären und ihnen die Grundsätze der christlichen Soziallehre zu vermitteln; aber nicht durch »Anweisungen, für oder gegen wen, für oder gegen was sie sich im politischen Tageskampf einsetzen sollen«. Im Sinne solchen Bemühens, das von einer tiefgreifenden Geistesverwandtschaft zwischen Neoliberalismus und einem neu verstandenen Sozialismus ausging, arbeitete Nell-Breuning – in Konfrontation mit Viktor Agartz (»Mit Agartz in die Spaltung des DGB?«) – auch am Godesberger Programm der SPD mit.

»Wettbewerb soweit wie möglich – Planung soweit wie nötig!« Unter diesem Motto revidierte die Sozialdemokratische Partei Deutschlands im November 1959 (Godesberger Programm), nach langer Vorbereitungszeit, ihre bis dahin eingenommene »sozialistische« Position (Vergesellschaftung, zentrale Lenkung der Produktion, Mitbestimmung in Betrieben und Unternehmen).[204] 1949 war die SPD in die Opposition gegangen mit der sicheren Gewißheit, daß der Neoliberalismus und die soziale Marktwirtschaft scheitern würden. Das seit 1951 einsetzende Umdenken führte zur Abwendung vom Prinzip der Sozialisierung und zur Annäherung an das Prinzip des Leistungswettbewerbs.

Karl Schiller, Professor für Nationalökonomie in Hamburg und dort 1948 bis 1953 Senator für Wirtschaft und Verkehr (von 1966 bis 1972 Bundesminister für Wirtschaft), war prägende Figur der wirtschaftspolitischen Tagung in Bochum 1953. Er war bemüht, die SPD vom Odium der Zentralverwaltungswirtschaft, der Befehls-, Zwangs-, Kommando- und Mangelwirtschaft zu befreien; das Schwergewicht legte er auf Produktivitätssteigerung und Vollbeschäftigungspolitik. Er anerkannte das Privateigentum und den Wettbewerb, forderte sogar die Verschärfung des Leistungsprinzips seitens des Staates als sozialistisches Prinzip.

Für viele von uns, so resümierte Willy Brandt 1979 aus Anlaß des 20. Jahrestags des Godesberger Programms die damalige Entwicklung, »war es wichtig, daß wir weltanschaulichen und staatskapitalistischen Ballast los wurden . . . Für die deutsche Sozialdemokratie war es von schicksalshafter Bedeutung, daß sie endlich ein ungebrochenes Verhältnis zum Staat und den Organen seiner Macht gewinnen konnte.«[205] Die SPD hatte sich, vor allem aufgrund ihrer wirtschaftspolitischen Kehre, als mehrheitsfähige Volkspartei konstituiert.

In einer Zeit fortschreitender Nivellierung von unten und oben auf eine mittlere Ebene zu, wäre es sinnlos gewesen, weiterhin vom proletarischen Befreiungskampf als dem Ziel der Arbeiterklasse zu reden. Kritisch wurde angemerkt, daß die Preisgabe sozialistischer Grundsätze im Programm der SPD eine Leere, eine Region der Grundsatzlosigkeit und des Sowohl-als-auch hinterlasse: ein Hin- und Herschwanken zwischen Wettbewerb und Planung, eine Kapitulation vor den Tagesfragen.[206] Unabhängig von der inhaltlichen Entscheidung: Der Wohlstand ging Hand in Hand mit Entpolitisierung; die nivellierte Mittelstandsgesellschaft war vor allem an ihrem materiellen Fortkommen interessiert; vom Politiker erwartete man, daß er als Manager die reibungslose Organisation von Staat und Gesellschaft garantiere. Nicht Doktrinäre, sondern Techniker der Macht waren gefragt.

Die Konzentrationsbewegung im deutschen Parteiensystem hatte die Unterschiede zwischen drei Hauptrichtungen (der liberalen, konservativen, dezidiert katholischen) verwischt; nun war auch die Grenzlinie zwischen sozialistischem und bürgerlichem Lager porös geworden. Eine »neue Homogenität« war entstanden. Der ideelle Grundkonsens bestand in der Auffassung, daß die staatliche und gesellschaftliche Ordnung der Bundesrepublik freiheitlich und demokratisch sein müsse (am Nichtvorhandensein dieser entscheidenden Voraussetzung war der pluralistische Parteienstaat Weimarer Prägung gescheitert); ansonsten waltete Pragmatismus – im Sinne des Zweckrationalen.

Die »Parteienszenerie«, wie sie sich vor allem in den Jahren 1948 bis 1960 herausbildete, zeigte nach Hans Maier fünf Grundzüge:[207]

– Es entwickelten sich relativ große und im Prinzip mehrheitsfähige Parteien bzw. einigermaßen stabile Parteienblöcke, Parteienbündnisse; die 5-Prozent-Klausel, konstruktives Mißtrauensvotum und Stärkung der Exekutive verhinderten Zersplitterung; es kam zur Abflachung der Unterschiede, zur Annäherung der Parteiprogramme und zur Entprofilierung. »Der Kampf um den Wähler wird nicht mehr so sehr im Unverwechselbar-Eigenen der Partei, mit gezielten Programmen geführt – er spielt sich mehr ab in der Mittelzone, im floating vote der Wechselwähler, in einer Idealkonkurrenz der Parteien um die Besetzung von ›Mitte‹, Konsens, Gemeinsamkeit.«

– Die politischen Parteien, die das Bonner Parteiensystem bildeten, erwiesen sich vor allem als politische Parteien und nicht als Regional- oder Interessenparteien; sieht man von der CSU als »Regionalpartei« ab, so konnten die interessenorientierten Gruppierungen immer wieder integriert werden – wie etwa der ursprünglich mächtige »Bund der Heimatvertriebenen und Entrechteten« (BHE).

– Das Parteiensystem zeigte eine starke Tendenz zur Mitte hin. »Damit hängt die begreifliche Allergie zusammen, mit der man hierzulande auf Extremisten von rechts und links reagiert – auch dies ein Trauma aus Weimarer Zeiten, als die schmale demokratische Mitte immer wieder von rechts und links durch ›tote Mehrheiten‹ außerhalb der verfassungsmäßigen Ordnung in Gefahr gebracht wurde – bis zum bitteren Ende 1933.«

– Die deutschen Parteien verfügten allesamt über ein ausgeprägtes, stark strukturiertes Vorfeld; ein großer Teil politischen Interessenaustrags und -ausgleichs vollzog sich so bereits im Weg der Vorab-Integration: in Verbänden, Landsmannschaften, Fachvereinigungen, Männer-, Frauen-, Jugend- und Altengruppen.

– Das deutsche Parteiensystem war durch ein breites politisches Aktionsfeld gekennzeichnet: Bund, Länder und Gemeinden standen einander als annähernd gleichgewichtige Rekrutierungsfelder und Aktionsrahmen gegenüber – ein System, das man als regionale und horizontale Gewaltenteilung bezeichnen könnte. Bundestagswahlen, Landtagswahlen, Kommunalwahlen lösten einander in regelmäßiger Folge ab; es herrschte ein reger, im Laufe der Zeit sogar intensivierter Austausch des politischen Personals hinüber und herüber.

Der große Konsumverein

Im Land der großen Mitte, in den blühenden Gefilden der Prosperität, stellte man mit geschwellter Brust, in einen Ausruf Ludwig Erhards einstimmend, fest: »Wir sind wieder wer!« Man blickte um sich und sah ein Land, in dem Milch und Honig flossen. Das Recht auf Glück (pursuit of happiness, in der Verfassung der USA explizit verankert) wurde zu einem wichtigen Element des kollektiven wie individuellen gesellschaftspolitischen Bewußtseins. Die »Soziologie der Prosperität«[208] machte deutlich: Die neue zentrale Figur (»Figur der Mitte«) war der »kleine Mann«: Er hatte mehr Freizeit als jemals zuvor; via Tourismus fühlte er sich als Weltbürger; er vertraute auf Dauer der Vollbeschäftigung; er hatte mehr Geld im Beutel als früher und gab es leichter aus.[209] Entsprach auch die Wirklichkeit nicht solcher Euphorie – es ging aufwärts: 1950 mußte ein Industriearbeiter noch für 1 kg Bohnenkaffee 22 Stunden und 37 Minuten, für 1 kg Kotelett 4 Stunden und 35 Minuten, für 1 kg Zucker 1 Stunde arbeiten; 1959 hatte er mit 6,15 Stunden 1 kg Kaffee, mit 2 Stunden 25 Minuten 1 kg Kotelett und mit 26 Minuten 1 kg Zucker sich erarbeitet. 1950 kosteten gute Schuhe 2 Arbeitstage, ein Rundfunkgerät 15 Arbeitstage, ein Leichtmotorrad 56,5 Arbeitstage, ein Volkswagen 493 Arbeitstage; 1959 mußte man für Schuhe 10 Stunden 42 Minuten, für ein Rundfunkgerät 13,5 Arbeitstage, für ein Leichtmotorrad 21 Arbeitstage und für den Volkswagen 174 Arbeitstage aufwenden.[210]

Der »kleine Mann«, ein aufgeklärter, schlauer, selbstbewußter (freilich auch leicht beeinflußbarer) Typus, wollte mehr denn je bedient sein; als Kunde fühlte er sich inmitten der nivellierten Mittelstandsgesellschaft ich-stark. Das Warenhaus erwies sich dabei als zentraler Topos: feudale Üppigkeit zu kleinen Preisen. Den Katalog des Versandhauses N. in Frankfurt nannte Hans Magnus Enzensberger »einen Bestseller ohne Autor«.

Der 1912 geborene Geschäftsmann Josef Neckermann (1938 Erwerb eines jüdischen Versandhauses; im Krieg stellvertretender »Reichsbeauftragter für Kleidung und verwandte Gebiete«; 1945 verhaftet) wurde mit seinem Versandhaus zum Synonym für wirtschaftlichen Erfolg: »Neckermann macht's möglich!« Es hieß, daß er sich in der Aufbauzeit nach dem Krieg jede Nacht nur vier Stunden Schlaf geleistet habe; morgens nach absolviertem Reittraining – als Dressurreiter errang er große sportliche Erfolge – war er einer der ersten, abends meist der letzte in der Firma; Ludwig Erhard bezeichnete er als Geistesverwandten. Luxusgüter wollte er zu Gebrauchsgütern machen: »Ich bin für den Abbau von Klassenunterschieden.« Dem dienten auch die Neckermann-Reisen, die den bundesrepublikanischen Massentourismus entscheidend förderten. (1976 kam die Firma in Schwierigkeiten, Neckermann schied als Firmenchef aus.)[211]

Der Neckermann-Katalog – so Enzensberger – ist mehr als das Resultat einer normalen kaufmännischen Kalkulation: er ist das Resultat eines unsichtbaren Plebiszits. Offensichtlich hat sich die Mehrheit der bundesrepublikanischen Bevölkerung für eine kleinbürgerliche Hölle entschieden, aus der es kein Entrinnen mehr gibt. Diese Welt ist vollkommen geschlossen und gegen jede Störung abgedichtet. Jeder neue Gegenstand, der in sie eindringt, wird von ihr sofort assimiliert und adaptiert. So gibt es »Schweden-Einbauküchen« und »Moderne Möbel im nordischen Stil«, vor deren dumpfer Mediokrität jedes altdeutsche Herrenzimmer erblassen würde. Die Sprache des Katalogwerkes erweise sich als so barbarisch wie das, was sie beschreibe. »Die Ware wird ›schnell alle Herzen erobern‹, ›durch dankbare Tragfähigkeit erfreuen‹, ›der Liebe aller Frauen sicher sein‹. Sie ist ›mit Trageigenschaften ausgestattet‹, ›mit Gütepaß‹ und ›Hochveredelung‹ ›ausgerüstet‹. Sie ›verdient‹ nicht nur ›das Prädikat Wertvoll‹, sie ›verdient das Prädikat Wertvoll mit Recht‹. Die Kleider heißen altdeutsch ›Kunigunde‹ und ›Gudula‹, folkloristisch ›Grindelwald‹ und ›Edelweiß‹, touristisch ›Festival‹ und ›Ibiza‹. ›Fawsia‹ und ›Soraya‹ sorgen für den Duft der großen Welt im Mief der Mittelmäßigkeit. Reich vertreten ist das pseudotechnische Rotwelsch, das in der Madison Avenue erfunden worden ist. Der Kunde hat die

Plakatentwurf von Kurt Glombig, 1953

Wahl zwischen IRISETTE und OPTILON, SUPPREMA und KINGFLASH, TUBOFLEX und DANUFLOR, MINICARE und ERBAPRACTIC, SKAI und LAVAFIX, NO IRON FINISH und NINO-IRIX-AUTOMAGIC.«[212]

Enzensberger kommt zu dem Ergebnis, daß das deutsche Proletariat und das deutsche Kleinbürgertum – er hätte auch sagen können: »der kleine Mann« der nivellierten Mittelstandsgesellschaft – in einem Zustand lebten, der der Idiotie näher sei denn je zuvor.

Daß Deutschland zu einem großen Konsumverein geworden war – wobei man auf der Spirale der Bedürfnisbefriedigung bei immer neuen Wünschen ankam, die wieder zu bedienen waren – interessierte tiefenpsychologisch.[213] Weltanschauliche Manipulation glaubte man im Dritten Reich genügend erfahren zu haben; politisch setzte man auf Entideologisierung; nun entdeckte man im Konsumbereich mit Faszination wie Schaudern, daß die staatsbürgerliche Ichstärke keineswegs besonders ausgeprägt war, sondern von Seeleningenieuren bestimmt wurde. David Riesman hatte davon gesprochen, daß der heutige autonome Mensch ständig daran arbeiten müsse, sich von den schattenhaften Umklammerungen der Außenlenkung zu befreien, die gerade deshalb so einflußreich sei, weil ihre Forderungen »vernünftig«, ja geradezu trivial erschienen. Besondere Anstrengungen, sich seiner Eigenständigkeit mit Hilfe von Konsumaskese oder auch nur Konsumzurückhaltung zu vergewissern, widersprachen dem Wirtschaftswunderbewußtsein, das mit seinen kleinen und großen Träumen, kleinen und großen Sehnsüchten nach den tristen Kriegs- und Nachkriegsjahren auf ein schöneres Dasein hinzielte. Als beruhigend konnte auch empfunden werden, daß die Amerikaner das Werbegeschäft nicht nur routiniert-geschäftsmäßig betrieben, sondern die dabei angewandten Strategien offenlegten, wobei solche »Aufklärung« sich ebenfalls als Geschäft, als publizistisches nämlich, erwies. Vance Packards Buch *Die geheimen Verführer. Der Griff nach dem Unbewußten in Jedermann* wurde dementsprechend in deutscher Übersetzung (1958) ein Bestseller.[214] Die smarten Werbemanager, die aus den USA herüberkamen – herausragend die Deutschlandtournee des Verkaufspsychologen Ernest Dichter (1958)[215] –, verbreiteten den Eindruck gelassener, spielerischer Überlegenheit, so daß selbst die Kulturkritik mehr heiter denn sauertöpfisch reagierte. Leo Spitzer schrieb in der von Walter Höllerer herausgegebenen Zeitschrift *Sprache im technischen Zeitalter* einen Artikel, der den Titel *Amerikanische Werbung als Volkskunst* trug.[216] Eine Flut von Sachbüchern[217] (häufig Übersetzungen aus dem Amerikanischen) arbeitete das Thema »Werbung und Reklame« unterhaltsam auf. Dazu kam, daß Werbung als wesentliches Element ihrer Strategie erotisch-sexuelle »Verpackung« bevorzugte – »Verkaufen Sie an Frauen nicht Schuhe, verkaufen Sie hübsche Füße!« (E. Dichter) –, so daß Aufklärung über Werbung auch die Lust des Voyeurismus vermittelte. Die Werbemanager, »Sendlinge eines neuen, unblutigen Umsturzes, die Armee einer friedlichen Durchdringung des Lebensraumes mit den Versprechungen der Zivilisation« (E. Zahn)[218], halfen schließlich mit ihren urbanen Attitüden über langweiligen Provinzialismus hinweg. Lebte man auch selbst noch in dumpfen Verhältnissen – in der

Werbung wenigstens kam zum Vor-schein, was man eigentlich erstrebte: Ausbruch aus der nivellierten Mittelstandsgesellschaft in die große weite Welt, in der Herz und Gemüt »feudal« bedacht wurden. Die Weltläufigkeit der Reklame ermöglichte die (Schein-)Befriedigung von Sehnsüchten, die die Wirklichkeit freilich immer wieder abkappte. Die Trivialmythen der Warenästhetik lenkten die Libido auf den Konsum. »Mythen sind starre, auf weniges reduzierte Abziehbilder von dem, was wir Wirklichkeit nennen. Der Mythos ist eindimensional und unreflektiert, er zeigt nur seine schöne Oberfläche. Er ist statisch, er ist unpolitisch; er gilt jetzt, seine historische Entwicklung (das was dahinter steckt) kümmert mich nicht. Er will von Veränderung nichts wissen, er hält am Status quo fest. Er ist reaktionär, und das ist das einzige, was irgendwie politisch an ihm aussieht.« Ein solches Wort von Urs Widmer[219] kann deutlich machen, daß innerhalb der »Dramaturgie der Wirtschaftswunderzeit« der Werbung eine zentrale Rolle zukam. Die Beweglichkeit der Reklame ist Oberflächenreiz; darunter wird nichts bewegt; vor der Unruhe der Welt regrediert man in die Boutique. »Reklame« nannte Ingeborg Bachmann eines ihrer bedeutendsten Gedichte.[220]

>>Wohin aber gehen wir
ohne sorge sei ohne sorge
wenn es dunkel und wenn es kalt wird
sei ohne sorge
aber
mit musik
was sollen wir tun
heiter und mit musik
und denken
heiter
angesichts eines Endes
mit musik
und wohin tragen wir
am besten
unsre Fragen und den Schauer aller Jahre
in die Traumwäscherei ohne sorge sei ohne sorge
was aber geschieht
am besten
wenn Totenstille

eintritt<<

Die Innenwelt materialisiert sich in der Außenwelt der Werbung, und umgekehrt entlehnen die menschlichen Beziehungen ihre Ausprägung den Waren. Dementsprechend gerieren sich Heiratsanzeigen als »Erfüllung« von Stanzmustern der Warenästhetik. Die ontologische Lehre der Liebesbeziehungen hüllt sich in den Schein, in den sich auch die Waren hüllen. Zwei Herzen, die sich suchen, suchen sich so, wie Verkäufer und Käufer sich suchen. Angeboten werden Rothändle-, Stuyvesant- und Reyno-Typen, beliebig auswechselbar mit Typen der Parfüm-, Sekt- oder Bekleidungsindustrie. Außenwelt und Innenwelt erweisen sich als eine Mischung von Feten, Flirts, Wassersport, Tanz und Zärtlichkeiten; der Charaktercode ist ein sportlich eingefärbter Spätidealismus. Der gute Ton, so Jürgen Habermas über das »Pathos« der Heiratsanzeige in der *Süddeutschen Zeitung* (November 1956), verlange, daß man für »alles Schöne und Edle« schwärme, daß man »Ideale« habe, »Natur und Musik« liebe, »vielseitig interessiert« sei; daß man Sport treibe, möglichst »Tennis und Reiten«, oder »Wasser- und Motorsport«; manche Damen fühlten sich gar »motorisch veranlagt«. Modellfall: Vielseitig interessierter Ingenieur, »dem das Erleben von Natur und Kunst kein Unterhaltungsstoff, sondern Lebensnotwendigkeit« ist. Leitbild des guten Menschen ist nach wie vor die gemäß einem sozialisierten humanistischen Bildungsideal entfaltete Persönlichkeit.[221]

Die sexuelle Revolution

Die Warenästhetik kennt nur jugendliche Schönheit. Deren Figurationen und Personifikationen leuchteten aus dem Überbau auf die hart arbeitende Bevölkerung herab und prägten die alltäglichen, vor allem feierabendlichen und sonntäglichen Verhaltensformen. Die trivialmythischen Bilder vom schöneren Dasein suchte man vom Kopf auf die Füße zu stellen: indem man sich schöner kleidete, schöner aß, schöner wohnte, die Welt schöner (mit dem Auto) »erfuhr«.

Der Schönheitskult fand seine besondere Ausprägung in der »Institution« der Schönheitskönigin. Zum einen verkörperte sie das deodorante Frischwärts der Warenästhetik (weshalb Verkaufsstrategien auch immer wieder auf Schönheitswettbewerbe rekurrierten); zum anderen repräsentierte und präsentierte sie das deutsche Mädchen- und Frauenwunder »leibhaftig« und damit auch die neudeutsche Sinnlichkeit. Die heutige Praxis öffentlicher Schönheitskonkurrenzen, meinte Hans Egon Holthusen 1955, scheine auf den ersten Blick eine reichlich vulgäre Abart der ewigen Huldigung des Menschengeschlechts an die Hoheit Helenas zu sein; »in Wahrheit ist sie eine Verkehrung ihres Sinns in reinen Widersinn; denn wie sich die Leidenschaft einer Frau von Art hinter ihrer Scham verbirgt und ihre soziale Macht hinter den Vorhängen ihres Privatlebens, so gehört es zum Wesen einer integren Gesellschaft, daß ihre Königinnen ungekrönt bleiben. Erst wo sich Gesellschaft desintegriert und in eine schiere, ungegliederte Menschenmasse verwandelt, erst wo alle Instinkte für Rang, Ordnung und Diskretion unscharf geworden oder verloren gegangen sind, da kann man auf den Gedanken kommen, einer Anzahl von weiblichen Individuen vor den Augen einer frigid-lüsternen Jury mit dem Zentimetermaß zu Leibe zu gehen, um den Umfang ihrer Waden, Taillen und Brustkörper festzustellen, sie in Abendkleidern und Bikinis über einen Laufsteg marschieren zu lassen und dann die ›Schönste‹ zur ›Miss Berlin‹, ›Bayern‹, ›Germany‹, ›Europa‹ und schließlich zur ›Miss Universum‹ zu erklären und ihr eine entsprechende Schärpe umzuhängen.«[222]

Hans Egon Holthusens Polemik gegen die Praxis der öffentlichen Schönheitskonkurrenzen war exemplarisch für die konservative Kulturkritik, die für die »Würde der Frau« und gegen ihre Profanierung durch Vergnügungs- und Werbeindustrie eintrat. Ein hochgeputschter Sexus zerstöre den Eros. Die primitive Sexualität des Mannes von heute, so Joachim Bodamer, habe die Frau gezwungen, sich gleichsam zu prostituieren, in einen Konkurrenzkampf einzutreten, der die seelischen Werte nicht zählt, sondern nur die Bereitschaft zur körperlichen Hingabe. Die mobil gewordene, geistentfremdete Sexualität erzwinge eine sexuelle Freizügigkeit, in der die Angleichung des erotischen Habitus an die modernen Konsum- und Verhaltensweisen zum Ausdruck komme.[223]

Amerika führte wiederum vor, was moderne Zivilisation an Auflösungserscheinungen bewirkte: Die Kinsey-Reports, die das sexuelle Verhalten von Männer und Frauen offenlegten, wirkten als Schock; solchem »Sexismus«[224] setzte man die Tugenden der Keuschheit und Jungfräulichkeit entgegen. Zur Schutzbedürftigkeit der Frau korrespondierte die Ritterlichkeit des Mannes. »Sollten nicht die Tugend der Jungfräulichkeit, der Rang des Mädchens, das Geheimnis und die Wichtigkeit der ersten Hingabe auf dem Wissen der Frau von dieser ›Einmaligkeit‹ beruhen?« Erbauungsprosa solcher Art kritisierte nicht nur »Unmoral«; sie war tendenziell gegen die Emanzipation der Frau gerichtet – signalisierte doch das »Mädchen- und Frauenwunder« in seinen Erscheinungsformen, daß das »zarte Geschlecht« nicht mehr bereit war, die Rolle des »Heimchens am Herd« beziehungsweise des verwöhnten »Singvogels« zu spielen, sich mit Kinder, Küche, Kirche zu begnügen. Kosmetik und Mode, vor allem die Vermarktung der Frau durch die Medien, behinderten freilich vielfach die sich abzeichnende Enttabuisierung, da sie politische und gesellschaftliche Fragen ästhetizistisch verschleierten. Die harten Auseinandersetzungen, die es im Parlamentarischen Rat bei der Beratung des Grundgesetzes um die Gleichberechtigung der Frau auf allen Rechtsgebieten gegeben hatte (bis schließlich der Artikel 3 des Grundgesetzes – »Männer und Frauen sind gleichberechtigt« – angenommen wurde), machten deutlich, daß es hinsichtlich der Stellung der Frau in Familie, Beruf und Öffentlichkeit auch nach 1945 keinen selbstverständlichen Konsens gab, sondern bürgerlich-patriarchalische Denkweisen weiterhin stark ausgeprägt waren.[225]

Der durch »Konsumzwang« verstärkte Leistungsdruck erschwerte den Aufbau partnerschaftlicher Beziehungen; die Statuskriterien waren wichtiger als geistig-seelisches Verständnis. Glück erhielt zunehmend dinghaften Charakter. Die heimgekehrten und wirtschaftlich reüssierenden Männer, die in der Frauenarbeit vorwiegend »Hilfsarbeit« sahen, bewirkten eine »innerfamiliale Feudalisierung«, die zum Beispiel 1961 zu einer gesetzlichen Erschwerung der Scheidung führte. Christliche Familienpolitik stand unter dem Vorzeichen »progenitiver Moral«: »Mutterglück ist stets von Anfang an nicht nur mit großer Verantwortung, sondern auch mit stetem Verzicht verbunden . . . Diese Gabe und Aufgabe der Selbsthingabe und Selbstverleugnung um höherer Ziele willen ist es auch, die die Mutter zur verständnisvollen Lebensbegleiterin des Mannes und Vaters und zum Herzen der Familie werden läßt . . . Da wird heute so viel von der Gleichberechtigung der Frau geredet, aber so wenig von dem höchsten und schönsten Beruf der Frau und Mutter in der Familie . . .« Franz-Josef Wuermeling, aus dessen Schrift *Familie – Gabe und Aufgabe* (1959) diese Zitate stammen,[226] hatte sich schon vor seiner Berufung zum Bundesminister für Familienfragen politisch engagiert, unter anderem eine »Kampfgruppe für die Familie« gegründet. »Familie« empfand er vor allem als Gegenpol zum »unbarmherzigen Konkurrenzkampf«, als Gegengewicht zur »Inanspruchnahme der Menschen im Erwerbsleben, gegen Unrast, materialistische Interessengebundenheit und gegen Vermassung«. Frausein bedeutete für ihn: verständnisvolle Lebensbegleitung des Mannes und Vaters, pflegende und aufopfernde Erziehung der Kinder. Andere Lebensvorstellungen erschienen ihm in jedem Fall negativ und an dem wirklichen Sinn des Lebens vorüberzugehen. Ideen und Wünsche von Frauen, die sich nicht an der Familie orientierten, nannte er materialistisch und egoistisch.

Was eigentlich, obwohl im »treuherzigen« Sprachmuster vorgetragen, als Kritik an der sozialen Marktwirtschaft hätte empfunden werden können (die offensichtlich nicht so sozial war, wie ihre Propagandisten vorgaben), wirkte sich systemstabilisierend aus: Mußte der Mann auch hinaus ins feindliche Leben – der Staat sorgte dafür, daß er, erschöpft heimkehrend, im trauten Nest sich wieder regenerieren konnte. Dienend sollte das Weib nach ihrer Bestimmung, die Defizite der rauhen Realität kompensieren helfen. Eine Reihe von künstlerischen Skandalen markieren das durch Verdrängung und Tabuisierung, Prüderie und moralische Überforderung aufgestaute triebdynamische Aggressionspotential der fünfziger Jahre, das freilich nicht voll zum Ausbruch kam. Einerseits wurde es »abgearbeitet«: der Leistungsgesellschaft als »produktive Kraft« wieder zugeführt; andererseits ermöglichte zunehmende »Liberalisierung«, die schließlich zu den »Sexy Sixties« führte, entsprechende Abventilierung.

1950 rief Willi Forsts Film *Die Sünderin*, mit Hildegard Knef in der Hauptrolle, wegen einer kurzen Nacktszene eine heftige Protestkampagne hervor – obwohl er von der Story her voll und ganz dem affirmativen Kulturverständnis der nivellierten Mittelstandsgesellschaft entsprach: Eine Animierdame, vor allem durch den Krieg aus der Bahn geraten, findet in der Liebe zu einem Künstler wieder »sich selbst« und damit »frauliche Erfüllung«. Um dem schwererkrankten Lebensgefährten die Operation zu ermöglichen, ist sie bereit, sich nochmals zu »verkaufen« – und zwar dem selbst schwerkranken Arzt, der ihr »Opfer« jedoch nicht annimmt, sondern sozusagen »kostenlos« den Geliebten zu kurieren sucht; die Krankheit, ein Tumor im Kopf, kann jedoch nicht geheilt werden. Beide begehen Selbstmord. »Pfarrer predigten von den Kanzeln gegen ›Die Sünderin‹; Kinos wurden von aufgebrachten Moralaposteln verbarrikadiert; der nordrhein-westfälische Landtagspräsident erklärte fordernd: ›Ich warte auf weitere Demonstrationen‹; Flugblätter stellten die ›Ehre unserer Frauen und Mädchen‹

Die Schönsten bei einem Wettbewerb im Berliner Strandbad Wannsee, 1949
(Photo: Friedrich Seidenstücker)

und ›das gesunde Ehrbarkeitsgefühl unseres Volkes‹ wieder her, das Hildegard Knef ›verhöhnt‹ hatte. Die war noch zwei Jahrzehnte später in ihrer Biographie ›Der geschenkte Gaul‹ verblüfft über die nachkriegsdeutsche Reaktion. ›Ich begriff nichts‹, schreibt die ›Sünderin‹ von einst, ›hatte die Jahre der sittlichen Aufrichtung ... verpaßt, verstand nicht, daß mit Währungsreform, regelmäßiger Nahrung, geheiztem Schlafzimmer eine auf Keuschheit bedachte Betulichkeit Einzug gehalten und das Unfaßliche des Vorhergegangenen ignoriert, abgeschrieben und verdrängt hatte.«[227]

Ab Mitte der sechziger Jahre fielen dann überall und exzessiv alle Hüllen – »vorbereitet« von einigen Filmen wie *Der Reigen* (Regie Max Ophüls, 1950), und *Sie tanzte nur einen Sommer* (Regie Arne Mattsson, 1951), die trotz der von dem CDU-Politiker Adolf Süsterhenn initiierten »Aktion saubere Leinwand« erfolgreich waren.

Die moderne Reproduktionstechnik ermöglicht es, die Sexualität hautnah und frei Haus zu liefern; indem die Massenmedien vor allem ein Aphrodisiakum darstellen, erfüllen sie den ihnen von der Wohlstandsgesellschaft zugewiesenen Zweck. Die Illustrierten kämpften millimeterweise um die Entblößung bis hart an die Brustwarzen und den Venushügel (dort wachte zunächst noch die Bundesprüfstelle für jugendgefährdende Schriften). Von 52 Nummern des Jahres 1965 präsentierten 27 Titel von *Quick*, 28 von *Revue* die »weibliche Epidermis im Stadium fortgeschrittener Entblätterung«.[228] Ein manisches Interesse wandte sich Themen wie Zeugung, Geburt, Abtreibung, Prostitution, Eheschließung, Ehebruch, Impotenz, Eifersucht, Ehescheidung zu; Ausziehen wurde zur großen Mode; die Oben-ohne-Diskussion (»eröffnet« durch den Badeanzug des New Yorker Modeschöpfers Gernreich) überdeckte politische Lebensfragen.

Populistisches Idol auf der Filmleinwand war Brigitte Bardot (BB) – ein blutjunges, meist halbentblößtes Wesen ungewisser Herkunft, ein »süßes Biest ohne Parfüm-Mystik, den feuchten Schmollmund halb offen und, zumindest als fiktive Tochter einfacher Leute, in Sand, Meereswellen oder ungemachte Betten hingestreckt, ohne Bewußtsein, Sünde und Repressionen, das Inbild einer Generation, die zu gleicher Zeit James Dean, den immer Ruhelosen in seinen Texas-Monster-Filmen bewunderte.« (Peter Demetz)[229]

Für die erotischen Feinschmecker der oberen Mittelstandsklasse wurde die Lolita-Figur, nach dem gleichnamigen Roman von Vladimir Nabokov (deutsche Übersetzung 1959) zum Aphrodisiakum.[230] »Die Volksschülerin mit nackten Schenkeln ist schon seit Jahren in der ganzen Welt der werbende Typ, der die echte Frau spielend aus dem Felde geschlagen hat. Von der Schulbank ins Bett – das ist die geheime und unerfüllbare Lustvorstellung, auf die heute mit allen Mitteln der Werbung spekuliert wird und nach der der weibliche Plakattyp sich zu richten beginnt. Es ist ein Typ, der sich mit dem Prestige der Unerreichbareit und dem verlogenen Schein kindlicher Reinheit oder wenigstens Ursprünglichkeit als Mittel zur Erregung des Konsumenten durchsetzt.« (Friedrich Sieburg)[231]

Die Erregung der Konsumenten gelang in ganz besonderem Maße Oswalt Kolle, der gar nicht so unrecht hatte, wenn er meinte: er habe eigentlich die Sexwelle ausgelöst. Mit seinen Erfolgsserien *Dein Kind, das unbekannte Wesen* in der Illustrierten *Quick, Dein Mann, das unbekannte Wesen* in der *Neuen Revue, Deine Frau, das unbekannte Wesen*, wieder in der *Quick*, wurden Erkenntnisse der Psychologie, Pädagogik, Soziologie, Sexualwissenschaft in leicht faßbarer Aufbereitung und mit konkreten Beispielen für ihre Anwendung im Alltagsleben solchen Menschen vermittelt, »die ansonsten nicht auf die Idee kamen, zur Bewältigung ihrer familiären und sexuellen Schwierigkeiten Bücher zu Rate zu ziehen«. (Aus diesem Grunde wurden übrigens die aus den Illustrierten-Serien hervorgegangenen Bücher Kolles »trotz mancher Bedenken« von *Buch und Bildung* den städtischen Büchereien zur Anschaffung vorgeschlagen.)[232] Den Deutschen sei es nun ernst mit der Lust, meinte Peter Brügge im *Spiegel*; Kolle stehe für Aufklärung und Auflagensteigerung; er sei der Tambourmajor einer Volksbewegung, die zu höherer Lust führe, ohne die höhere Ordnung zu stören. Er sauge sich aus dem unerschöpflichen Quell chiffrierter Sexualwissenschaft von Kinsey bis Masters voll und gebe diese in bildhafter, leicht verständlicher Sprache weiter, ein Ceram der Sexualität.[233] Die Verfilmung von Kolles Serie *Das Wunder der Liebe* sahen innerhalb von vier Monaten fünf Millionen Bundesbürger. Auf wissenschaftlicher Ebene [234] wirkte Helmut Schelskys Studie *Soziologie der Sexualität* (1950), die den Beziehungen von Geschlecht, Moral und Gesellschaft nachspürte, bahnbrechend. Die Sexualwissenschaftler Hans Giese, der Psychiater Hans Bürger-Prinz, der Anthropologe Karl Saller traten mit wichtigen Büchern über Fragen der Sexualität hervor. Ludwig Marcuse schrieb mit *Obszön* (1962) die »Geschichte einer Entrüstung«. Ein umfangreiches Schrifttum, darunter viele Zeitschriften- und Zeitungs-Aufsätze[235], unterbreiteten Vorschläge für eine Revision des Sexualstrafrechts. Der hessische Generalstaatsanwalt Fritz Bauer, einer der republikanisch-engagiertesten Juristen, forderte dazu auf, die Pönalisierung der »einfachen Homosexualität« zwischen Erwachsenen aufzuheben.[236] Die Bestrafung des Ehebruchs sei überflüssig. Empfängnisverhütung – besser als Abtreibung, zumal bei jungen Mädchen – solle ermöglicht werden; die Aufklärung der Jugend müsse die Unterrichtung über empfängnisverhütende Mittel einschließen; die Kriminalisierung einer bloßen Ausstellung empfängnisverhütender Mittel, zum Beispiel in Automaten, erscheine daher überflüssig; das Verbot von Obszönitäten genüge. Freiwillige Sterilisierungen, sei es der Frau oder des Mannes, könnten in der pluralistischen Gesellschaft nicht als verwerflich und damit auch nicht als Körperverletzung angesehen werden. Es gehöre zu der zu respektierenden Intimsphäre des Menschen zu entscheiden, ob er sich Kinder wünsche und welchen Sinn er seinem Eros und Sexus beilegen wolle. »Bei allen verbleibenden Sexualdelikten sollte geprüft werden, ob nicht – nach ausländischen Vorbildern – die Verfolgung der Tat von der Einwilligung des Verletzten abhängig gemacht werden soll. Oft wiegt die Verfolgung der Tat für den Verletzten seelisch schwerer als das vorausgegangene Geschehen.«

Während die katholische Kirche dogmatisch fixiert blieb – 1968 wandte sich der Vatikan (Papst Paul VI.) erneut gegen die Geburtenkontrolle (die Anti-Baby-Pille hatte sich seit 1958, in der Bundesrepublik seit 1961 zunehmend durchgesetzt) –, zeigten sich beim Protestantismus Liberalisierungstendenzen. Der Theologe Helmut Thielicke, der selbst ein Buch mit dem Titel *Sex*[237] herausgebracht hatte, erklärte in einem *Spiegel*-Gespräch[238], daß es einen tiefgreifenden Wandel des Eros-Verständnisses gäbe und daß diese Veränderung sich im besonderen auch auf voreheliche Beziehungen junger Leute beziehe.

Eine Umfrage aus dem Jahre 1962, die von dem Soziologen und späteren hessischen Kultusminister Ludwig von Friedeburg geleitet wurde, zeigte, daß von den 16jährigen nur jede/jeder Fünfzigste eine feste Freundin oder einen festen Freund hatte (1985 jeder/jede Fünfte). Die Frage, ob man schon vor der Heirat zusammenleben wolle, hatte man überhaupt nicht zu stellen gewagt. (1985 erklärten 82 Prozent, daß sie erst zusammenleben und dann heiraten wollten.)[239]

1965 wurde Ulrich Schamonis Film *Es* uraufgeführt (er wurde als Auftakt des »jungen deutschen Films« empfunden). Manfred, Assistent eines Grundstücksmaklers (Bruno Dietrich) und Hilke, technische Zeichnerin (Sabine Sinjen), leben zusammen: »Ihre Gemeinsamkeit scheint ohne Probleme. Dann erwartet Hilke ein Kind. Weil sie zu wissen glaubt, daß Manfred ein Kind als Fessel empfinden würde, und weil sie auch nicht ›aus Pflichtgefühl‹ geheiratet werden möchte, will sie ›es‹ abtreiben lassen. Sie verheimlicht Manfred ihren Zustand und sucht verschiedene Ärzte auf, die aber alle mit mehr oder weniger aufdringlichen Platitüden den Eingriff ablehnen. Als Bruno schließlich durch eine Freundin Hilkes die Wahrheit erfährt, hat sie soeben einen ›Helfer‹ gefunden. Beide sitzen sich in ihrer Wohnung gegenüber – schweigend.«[240]

Besonders stark wirkte sich die Aufklärungswelle im Bereich der Pädagogik aus; hier kam es auch zu den heftigsten Auseinandersetzungen. Sah man von gelegentlichen Ansätzen ab, wie sie vor allem die Schriften von Friedrich Wilhelm Foerster (1869-1966) darstellten, so hatte sich die Schule im 19. und 20. Jahrhundert der sexualpädagogischen Aufgabe fast völlig entzogen bzw. diese verdrängt. Erst unter dem Einfluß der »Sexwelle« fanden Stimmen Gehör, die, wie etwa der Psychologe und Jugendforscher Helmut Kentler, der Psychologe Günther Bittner, der Pädagoge Horst Scarbath, eine Revision der Sexualpädagogik forderten.[241] 1963 hatte Kentler eine Untersuchung über das Verhalten junger Leute im Urlaub durchgeführt (*Sonne und Amore – Ferienlager-Bericht über einen Typus deutscher Jugendlicher*)[242], deren Ergebnisse vor allem deshalb Aufsehen erregten, weil sie Schilderungen über das Sexualverhalten enthielten. Er beobachtete an dieser freilich sehr begrenzten Gruppe, die sich noch dazu in einer besonderen »abgehobenen« Lage befand (»Wir leben hier völlig verrückt! . . . Es ist hier, als sei dauernd Karneval . . .«) überraschende Freizügigkeit, verbunden mit »Entpersonalisierung«. Spiegelbildlich trat eine Auffassung vom »freien, süßen Leben« zutage, wie sie auch die Träume der nivellierten Mittelstandsgesellschaft im Wirtschaftswunderland bestimmte – freilich dort noch weitgehend abgeschirmt durch die Fassade der »Wohlanständigkeit«. Die Jungen sahen im Mädchen eigentlich nicht eine Person, sondern ein Wesen mit Haut, Fleisch und Wärme; ähnlich schätzten die Mädchen die Jungen ein. Die Jungen wollten, daß das Mädchen »sexy« sei; die Mädchen zogen einen Jungen vor, der »sportif« wirkte. Die Pärchenbildungen bezogen sich also vorwiegend auf die Leibzone; tiefere seelische Bindungen waren rar. »Übrigens sagten einige Mädchen sehr offen, daß sie zu Hause einen festen Freund hätten, einige waren sogar verlobt und sagten das auch (sie trugen keinen Ring). Die meisten partnerschaftlichen Beziehungen waren von vornherein auf Zeit angelegt, in der Zeit, die man zusammensein konnte, war man ›nett zueinander‹.« Daraus resultierte eine leichte Auswechselbarkeit der Partner. Zu Eifersüchteleien kam es nicht; man trennte sich – wenn man sich trennte – so leicht, wie man sich gefunden hatte. Daß sich die »jugendlichen Seelen« keineswegs im Zustand »strahlender Reinheit« und »keuscher Ritterlichkeit« befanden, entsetzte eine Pädagogik, die mit ihrem Idealismus aus zweiter Hand weder die repressive Pädagogik des Wilhelminismus noch die autoritäre des Nationalsozialismus kritisch aufgearbeitet und sich auch von den Reformansätzen in der Weimarer Republik distanziert hatte. »Frühlings Erwachen« lief eben anders ab, als es sich die Vertreter der affirmativen Kultur wünschten und vorstellten. Groß war deshalb auch die Irritation ein paar Jahre später, als der Lyriker und Essayist Peter Rühmkorf (geb. 1929) in seinem Buch über das *Volksvermögen* »Exkurse in den literarischen Untergrund« vornahm, das heißt eine Sammlung von Kinderreimen (Abzählreime, Gossenreime etc.) vorlegte und kommentierte[243], die mit den Klischees einer kindlichheilen Welt aufräumte. Angesichts des »Guten, Schönen und Wahren«, einer idealistischen Trias, die aber von offizieller Pädagogik in ein Sekundärtugendsystem von Reinlichkeit, Pünktlichkeit, Ordentlichkeit aufgelöst worden war, hatte diese Literatur als Offenlegung jugendpsychologischer Realität bislang natürlich keine Beachtung gefunden. »Deftige derbe Ungeschminktheit bestimmt die meisten dieser Verse, Obszönität läßt sich da keinesfalls als Randerscheinung abtun, sie ist geradezu das Charakteristikum der Gattung. Lust an der Entzauberung, Neugier, Kritik, Respektlosigkeit seien die Dominanten dieser Subliteratur. Bange machen gilt da nicht, Kampf den Autoritäten, vom Polizisten bis zum Weihnachtsmann. Und so ihrer vermeintlichen Unschuld entkleidet, erweist sich die Kinderpoesie als höchst brisante Literatur des Klassenkampfes – zwischen Unterdrückten und Unterdrückern, zwischen Mündel und Vormund.« Ein solcher Kommentar, hier des *Tagesspiegels*, verweist auf die Tatsache, daß die sexualpädagogischen Reformbemühungen, die zunächst anthropologisch und pädagogisch (didaktisch-curricular) fundiert waren, sich immer mehr in eine gesellschaftspolitische und gesellschaftskritische Dimension hinein bewegten. In diesem Sinne hatte schon Helmut Kentler in seinem Beitrag *Fernhalten und Ablenken* (1965)[244] fatale Tendenzen der bisherigen Aufklärungsliteratur, nämlich die ihr eigenen Mystifikationen, ideologiekritisch aufgezeigt. Sexualerziehung werde zu einem Instrument der Beschwichtigung und der Anpassung an die gegebenen gesellschaftlichen Verhältnisse. Da die meisten Autoren »beschlossen« hätten, ein Sexualleben gebe es nicht, nur ein Geschlechtsleben (nämlich die Existenz als Mann oder Frau), würden sie, auch wenn sie sich modern gerierten und über alles redeten, doch alles beim alten lassen. Sie sähen ihre Aufgabe allein darin, den einzelnen in der (entsprechend dem weltanschaulichen Engagement jeweils als »göttlich« oder »natürlich« bezeichneten) »Schöpfungsordnung« zu verorten, wodurch die Person erst ihren Adel empfange. »Diese veredelnde Verortung geschieht in der Ehe. Was vorher störend nur empfunden, darf jetzt ›bestätigt‹ werden, und sogar die untergegangene Sexualität kann zu ihrem Recht kommen, denn sie hat nun eine andere Qualität angenommen, sie ist Sehnsucht nach dem Kind, und was dann geschieht, braucht nicht gelernt zu werden.«

Demgegenüber forderte Kentler eine nichtrepressive Erziehung, die er in zehn Thesen zusammenfaßte; u. a. müsse Sexualität frei von Angst sein und frei machen zum Genuß und zur Liebe. Sexualerziehung sei zugleich politische Erziehung.[245]

Abgestützt wurden solche und ähnliche Forderungen, die in der damaligen Zeit als revolutionär empfunden wurden und in der Tat auch wichtige Forderungen der 68er Protestbewegung vorwegnahmen (dann freilich in einem »offensiven« Sprachmuster vorgetragen), durch empirische Untersuchungen, die anstelle von gutgemeinten Fiktionen konkrete Wirklichkeit ansprachen. (Da man aber das »Idealitätsprinzip« angesichts hemmungsloser materieller Expansion zur Absicherung der innerpsychischen Stabilität nicht aufgeben wollte, riefen Untersuchungen, die dem Realitätsprinzip verpflichtet waren, Schocks hervor.) In der

Schrift *Sexuelle Konflikte in Gymnasien. Ergebnisse einer Umfrage* stellte Otto Brüggemann, Oberschulrat bei der Schulbehörde der Freien und Hansestadt Hamburg, fest, daß die sexuellen Konflikte an Gymnasien fast immer Konflikte mit der Sexualmoral einer bestimmten Gesellschaftsschicht seien.[246] Die von den Schulen vertretene Moral erweise sich nach den historischen und soziologischen Voraussetzungen als bürgerliche Moral, streng genommen als die Sexualmoral der oberen Schichten des deutschen Bürgertums. »Während aber die Jugend sich weitgehend von der bürgerlichen Sexualmoral direkt oder indirekt emanzipiert hat (und zwar ohne Rücksicht auf ihre eigene soziale Position), ist die Schule aufgrund der gesellschaftlichen Gegebenheiten nicht nur sachlich durch Gesetz und Recht, durch Dienstvorschrift und Schulordnung, sondern gerade auch personal durch die soziale Zugehörigkeit der Lehrer und Schulleiter zu eben dieser Schicht (soweit sie in der ›egalitären Massengesellschaft‹ noch als eigene Schicht existiert) der bürgerlichen Moral verpflichtet. Man kann geradezu sagen, die Schule wird im Falle eines sexuellen Konfliktes zum vollziehenden Organ der bürgerlichen Moralordnung.«

Gewissermaßen als Abschluß dieser ersten Phase des Versuchs einer Revision der Sexualpädagogik legte die »Bundeszentrale für gesundheitliche Aufklärung«, beauftragt von der damaligen Bundesministerin für Gesundheitswesen Käte Strobel (sie war 1966 im Rahmen der Großen Koalition von CDU/CSU und SPD durch Bundeskanzler Kurt Georg Kiesinger in dieses Amt berufen worden), 1969 einen *Sexualkunde-Atlas* vor, der für die Sexualerziehung an den Schulen gedacht war.[247] Vorausgegangen war eine Debatte im Deutschen Bundestag über die Situation der Kinder in der BRD (1967), bei der die Bundesregierung erklärt hatte, daß die Sexualerziehung der Kinder und Jugendlichen seitens der Eltern in unbefriedigender Weise geschehe. Die Kultusminister der Länder waren aufgefordert worden, die Aktivitäten der Schulen auf diesem Gebiet weiter zu fördern; Empfehlungen zur Sexualerziehung in den Schulen hatte die ständige Konferenz der Kultusminister am 3. 10. 1968 beschlossen.

Die nüchterne und informative Art, mit der im *Sexualkunde-Atlas* der biologische Unterschied der Geschlechter, Eireifung und Menstruation, Befruchtung und Schwangerschaft, Geburt, Empfängnisregelung, Schwangerschaftsunterbrechung, Geschlechtskrankheiten, Körperhygiene behandelt wurden, führte zu einer langanhaltenden kontroversen Diskussion. Die CDU-Politikerin Inga Wex schrieb in der *Zeit*, daß die rein biologische Tatsachenvermittlung, wie sie in dem Atlas vorgenommen werde, kein Wertempfinden als Grundlage jeder wirklichen Bindung entwickeln helfe; sie führe zur »Entweihung der engsten menschlichen Beziehungen, die auf ein bindungs- und verantwortungsloses Sexualverhältnis verkürzt« würden.[248] In der *Frankfurter Allgemeinen Zeitung* meinte Helene Rahms, daß das Buch aus einer »Aufklärungsneurose« entstanden sei;[249] in der *Bayerischen Staatszeitung* nannte man die Sprache der Aufklärungsschrift »barbarisch«: »Das ist die Sprache tiefgekühlter Pornographie.« Nach wie vor bevorzugte die Pädagogik den »Jargon der Eigentlichkeit«, wie er auch die Empfehlung der Kultusminister-Konferenz bestimmte (»Erziehung zu verantwortlichem geschlechtlichen Verhalten und zum Bewußtsein der Verantwortung, in die der einzelne in Bezug auf sich selbst, den Partner, die Familie und der Gesellschaft gestellt ist, ist Aufgabe der Schule während der ganzen Schulzeit«).

Der *Sexualkunde-Atlas* hatte durchaus Schwächen – wie auch der vom Bonner Gesundheitsministerium in Auftrag gegebene Aufklärungsfilm *Helga*, der in Deutschland von fünf Millionen (auf der ganzen Welt von 40 Millionen) gesehen wurde; insgesamt stellte er jedoch eine schul- und kulturpolitische Tat ersten Ranges dar.

New look

Ein warenästhetischer Glanz lag über dem Wirtschaftswunderland; er umhüllte als Aura Erscheinungen wie die Schönheitskönigin, die Fernsehansagerin, das Covergirl; ihren Leitbildern eiferte man nach, was etwa der rapide Aufstieg der Kosmetikindustrie bewies; die deutsche Frau schminkte sich nun. Vor allem erfaßte die Angehörigen der jungen Generation, die nun Teenager und Twen hießen, aber auch Frau und Mann, die sich als Dame und Herr fühlten, die Sehnsucht nach schöner Kleidung. Man liebte das Elegante wie das Sportliche, das Feierlich-Pompöse wie das Kess-Schicke, das Amerikanische wie das Französische, die Perlonwelt wie die Haute Couture, alles was in New York, Paris, Rom tonangebend war.[250] Zum ersten Deutschen Schneidertag der Bundesrepublik August 1950 reisten 4000 Meister nach Köln, um sich vom Bundesmodewart Willi Staben, einem Hamburger Herrenausstatter, mit den Ergebnissen des internationalen Schneiderkongresses, der kurz vorher in London getagt hatte, vertraut zu machen.[251] Die Jungmädchenträume kreisten um Petticoats; aus Perlon wurden »empfindsame« Modelle für »junge gazellengleich gewachsene Mädchen« geschaffen; aber auch die Hausfrauen, denen die Freßwelle zu schaffen machte, die vollschlank waren, konnten Perlon genießen: »Die junge Frau braucht nicht mehr so viel zu flicken . . . so viel zu bügeln, das Waschen wird leichter . . . Der Kleiderwohlstand wächst. Man kann sich besser anziehen und gefällt einander.«[252] Christian Dior, seit 1943 Modezeichner in Paris, entwarf 1947 den »New look«; in Ablösung der farblosen Kleidung der Kriegszeit kreierte er die neue Frau mit Wespentaille, Stöckelschuhen, romantischen Volants und hellem Teint – zart, anlehnungsbedürftig, exklusiv, zerbrechlich. An die Stelle militärischer Plumpheit (die Frauen waren häufig dienstverpflichtet gewesen) trat urbane Eleganz. Der »New look« setzte sich, wie der *Spiegel* 1958 schrieb, »sogar in jenen ausgedörrten Gegenden Europas durch, in denen die Frauen mit dem Enttrümmern von zerbombten Grundstücken beschäftigt waren und ihre Kleider aus den gewürfelten Einheitsstoffen ehemaliger Luftschutzkellerbetten zusammennähten«.[253] Mit dem Sieg des »New look« erfolgte die eigentliche Proklamation des Kriegsendes, die sichtbarer war als ein diplomatisches Vertragswerk. Er wurde bald von neuen »New looks« abgelöst[254]: 1951 Oval-

Linie (auf die Betonung von Brust, Taille und Hüften wird verzichtet); 1952 Pfeillinie (die Röcke schwingen glockig weit); 1953 Tulpenlinie (die Taille schiebt sich nach oben, die Röcke sind eng); 1954 H-Linie (Brust flach, bleistiftenger Rock); 1955 A-Linie (die Jacken tief über die Hüften, die Röcke weit oder in plissierter Form); 1956 Bogen-Linie (herabfallende Schultern, lose geschnittene Kleider). 1966 verbreitete sich der Minirock, von England her, als Teil der Pop-Mode; Eugen Kogon meinte: »Diese neue Mode, die beginnende Sexualisierung wird uns vieles kaputtmachen . . . Diese offensive Sexualität der Mädchen wird nun natürlich die sexuellen Bedürfnisse der Männer aktivieren, und die sind nun mal in Deutschland so gesättigt mit autoritären Taten, so durchdrungen von Herrschaft, daß gar nicht ausbleiben kann: Die sexuelle Emanzipation wird zu Lasten der Frauen die alten autoritären Beziehungen wieder herstellen.«[255]

1955, in dem Jahr, da der Pariser Modeschöpfer Jacques Fath starb, wurde das Mode-Institut München gegründet; 1959 entstand die »Mode-Woche-München«, die sich zu einer großen Modemesse entwickelte. Die Modefotografie erlebte in den fünfziger Jahren einen Durchbruch. »Heraus drängt nun, aus den Modebildern, die Traumfrau der fünfziger Jahre, nein, der Traum von der Frau, der Frautraum, passend erfunden für eine Zeit, in welcher möglichst nur das eine angenehme Stück gespielt werden sollte: Ich sehe nichts, was du nicht siehst.« *Film und Frau* hieß jene Traumweltzeitschrift, in der führende Modephotographen ihre Bilder zum ersten Mal veröffentlichten. »Film und Frau, oder auch gemeint: Frau als Film, ganz einfach zurückverwandelt und zurückverpuppt durch die Anwendung des umfangreichen, komplizierten Arsenals von Zaubermitteln aus der alten Weibchen-Trickkiste. Das zerbrechliche, halb entrückte Ding war endlich wieder vorrätig, unwahrscheinlich wespentailliert und irgendwo in der Mitte des Leibes zusammengeschraubt. Es wartet, lautete die eine Botschaft, vielleicht zu Hause, auf dich, auf jeden der abgekämpften heldisch-müden Krieger. Der Frautraum wurde in den Bildern überhöht durch die Accessoires unerreichbarer Ferne: kleine Italiener, Caprifischer wahrscheinlich, bewunderten die blonde Traumfrau; Traumfrau (und nicht mehr Panzergrenadier) vor dem Eiffelturm; Traumfrau sogar in Ägypten. Perfekter, unwiderstehlicher könnte man das Jahrzehnt gar nicht illustrieren als durch die Addition der Traumfrau mit dem entmilitarisierten Fernweh.« (C. H. Meyer)[256]

Im Lächeln der »bezaubernden Eva« spiegelten sich Herz und Charme als wertvollstes Gut; beides war ihr »Grundkapital«; aber auf den »äußeren Menschen« sollte man deshalb nicht verzichten. Deshalb »zurück ins Schlafzimmer«, vor den Kleiderschrank mit der Frage: Was ziehe ich an? Goethe als Ratgeber: »Frauen sollten durchaus mannigfaltig gekleidet gehen, jede nach eigener Art und Weise, damit eine jede fühlen lerne, was ihr eigentlich gut stehe und wohl zieme.« In dem Kapitel »Rund um Kleider-, Wäsche- und Toilettenschränke« ihres Buches *Etikette neu*, eines »Standardwerks des gesellschaftlichen Lebens« (1956), führten Karlheinz Graudenz und Erica Pappritz die Kleidung der »Dame von Welt« vor.[257]

Mannequin in Berlin, fünfziger Jahre

Mit ihrem dümmlich-süßen Parlando verstand es »die Pappritz« zur Institution zu werden. Es gehörte zum Sozialprestige der nivellierten Mittelstandsgesellschaft, über den richtigen »Benimm« zu verfügen; zwar waren alle gleich; wer aber den »guten Ton« kannte und die feine Sitte beherrschte, war eben doch etwas weniger gleich. Mochten die Karikaturisten und Kabarettisten über das »Buch der Etikette« auch lästern; Erica Pappritz, die als Beamtin des Bonner Protokolls ihren Mann stand, zeigte, wohin die Reise ging: Nach der Verwahrlosung im Krieg und in der Trümmerzeit erfolgte die Restauration der bürgerlichen Umgangsformen.[258] Friedrich Sieburg stellte freilich mit *FAZ*-Dünkel fest, daß die vielen Leute, die bei uns über den erforderlichen »Benimm« Bescheid wüßten, dennoch keine Gesellschaft bildeten; sie seien völlig außerstande, höhere Lebensformen zur Allgemeingeltung zu bringen. Die meiste Prominenz werde heute von den Werbeabteilungen geschaffen; ohne sie hätten wir vom gesellschaftlichen Stil nicht einmal den falschen Abglanz, der so tröstlich auf den Lebensweg des Normalverbrauchers fällt.[259]

Natürlich gab die Pappritz auch genaue Auskunft, wie man speiste, zu Tische führte; sie informierte über deutsche und internationale Tischordnung, über Tischkarten, Platzteller, Brotteller, Fingerschale, über den Umgang mit Bestecken, wie mit Schneckengabel und mit Schneckenzange zu speisen war. Schrittweise mußte der deutsche Konsumverein vom Brot zum Toast und von der Hausmannskost zu den Delikatessen geführt werden. Der deutsche Gourmand war zum Gourmet heranzubilden.

Im Lokal, so hieß es im *Einmaleins des guten Tons* (1955)[260] erhalte der Herr die Speisekarte und schlage der Dame einige Gerichte vor, unter denen sie dann wählen könne. Nicht der Ober, sondern ihr Begleiter helfe der Dame in den Mantel; er lege übrigens zuerst ab und ziehe sich auch zuerst an, bevor er seiner Begleiterin behilflich sei. »Es geht aufwärts«, das bedeutete auch, daß man auswärts aß. Nach der Trümmerzeit-Kargheit[261] begann mit der Währungsreform ein neues Kapitel der Küchengeschichte. Zuhause wirkte sich mehr die Freßwelle aus; im Restaurant zeigte man, daß man »fein« zu essen wußte. Hier war der Ort, da schön gekleidete Frauen mit höflichen Männern gepflegt speisten und geistreich miteinander parlierten. »Sie hatte sich extra die Haare frisch ondulieren lassen und ihr festliches Piqué-Kleid angezogen, denn zum ersten Mal hatte er sie eingeladen, abends mit ihm auszugehen. Gern hatte sie ihm zugesagt, war er doch ein Mann, der es so kurz nach der Währungsreform schon zu etwas gebracht hatte und bei dem sie sicher sein konnte, daß er es ernst meinte.«[262]

Das neue Lebensdesign wollte das Dasein mit Schönheit ausstatten. Die Sehnsucht nach dem Extravaganten blieb freilich oft im provinziellen Ritual stecken. Doch waren die fünfziger Jahre, und das machte sie einige Jahrzehnte später zum Objekt der Nostalgie, auch bewegt von einer naiven Lebensfreude, die sich nicht einengen und einzwängen ließ. Die Jeunesse dorée probte die Emanzipation.

Im Unterkleid steht sie vor dem dreiteiligen Toilettenspiegel, unter der Achsel nur wenige Haare; im Petticoat; mit Pferdeschwanz-Frisur. Auf der Glasplatte des Toilettentisches Bürsten und Kämme, Cremes und Puderdöschen, Fläschchen mit Kölnisch Wasser und Parfüm; sie zieht die Nylonstrümpfe über. »Wie sehe ich aus?« Dann dreht sie sich mit einer raschen Bewegung einmal um die eigene Achse, daß die einzelnen Tüllagen des Petticoats luftig aufgebauscht werden; sie trägt einen weiten schwarzen Glockenrock und knöpft sich über den Brüsten die weiße Bluse zu. »Bin ich schön?« Dann tupft sie sich Rouge auf die Backenknochen, verreibt es in Kreiselbewegung mit den Fingerspitzen über die Haut, öffnet ihr Kästchen voll Wimperntusche, feuchtet mit spitzer Zunge den Augenbrauenstift an, legt Puder auf. Fertig zum Ausgang. »Wir gehen!« Der Vater sitzt im Wohnzimmer am nierenförmigen Schreibtisch. Angelika Mechtel beschreibt diese Szene in einem Roman, der den bezeichnenden Titel *Wir sind arm, wir sind reich* trägt.[263]

Aleatorik und Tristesse

»Die Jahre, die Ihr kennt« (und an die man sich als eine Phase jugendlichen Aufbruchs später wehmütig erinnerte) umspannten einen Zeitraum, in dem literarisch wie künstlerisch ein Oszillieren zwischen Tiefsinn und Unsinn, dunklem Charme und mokantem Spleen im Schwunge war. Effizienz more geometrico wurde abgelöst durch plan-loses Farben- und Liniengewirr. In der Starre der nivellierten Mittelstandsgesellschaft blühte ein Rokoko auf, dessen Spielfreude das schwitzend-kleinbürgerliche Idyll auflockerte. Die neue Aleatorik war hinreißend schwermütig, rhapsodisch erotisch, arabesk leichtsinnig, raffiniert doppelbödig.

In dunkler Stunde erschien Gottfried Benn als leuchtende Beispielfigur. »Er kam von der nächtlichen Seite Nietzsches her, seiner erdabgewandten, und er verband einen ungeheuren Riecher für Finalstimmungen mit einem stupenden Zug zum Antibourgeoisen, ästhetisch Imperialen, der kam uns in jedem Fall entgegen, Kleinbürger, die wir waren, Gelegenheitsjobber, Wanderarbeiter, Underdogs.« (Peter Rühmkorf)[264] Benn, Lyriker und Essayist, forderte vom Dichter, daß er an allem nah dran bleibe, sich stets orientiere, wo die Welt heute hält. »Er muß Nüstern haben – mein Genie sitzt in meinen Nüstern, sagte Nietzsche –, Nüstern auf allen Start- und Sattelplätzen, auf den intellektuellen, da wo die materielle und ideelle Dialektik sich voneinander fortbewegen wie zwei Seeungeheuer, sich bespeiend mit Geist und Gift, mit Büchern und Streiks – und da, wo die neueste Schöpfung von Schiaparelli einen Kurswechsel in der Mode andeutet mit dem Modell aus aschgrauem Leinen und mit ananasgelbem Organdy.«[265]

Eine rokokoverspielte Zauberoper in maliziösester Kunstprosa nannte der Kritiker Karl Heinz Kramberg den 1949, im Jahr der Konstituierung der Bundesrepublik, erschienenen galanten Roman *Der blaue Kammerherr* des damals 36jährigen Wolf von Niebelschütz.[266] Das Werk wollte die historisch-galante Dichtung wiederbeleben. Über das Manuskript schrieb der Dichter: ». . . wer für todwürdig erklärt, was ihm mißfällt; wer nicht bemerkt, was das Mißfällige aufhebt, und wie alles relativ ist; wer immer gleich Galle schnaubt, wo ein Kind nur ein Taschentuch zückt; und vollends, wer ein phantasmagorisches Zauberspiel ernstnimmt – der zahlt einen Taler.« Für Niebelschütz, Sohn eines Majors, der Geschichte und Kunstgeschichte in Wien und München studiert hatte und mehrere Jahre als Kunst-, Theater- und Literaturkritiker tätig war, bevor er 1940 Soldat wurde« war die »Kultur mit der Französischen Revolution zu Ende«. Zu einem Zeitpunkt, da Otto Normalverbraucher noch der Anzug um die ausgemergelte Gestalt schlotterte, offerierte Niebelschütz einem »spielsüchtigen« Publikum ein phantastisches, mythologisch-erotisches Geschehen. Als in Bonn der Erste Bundestag zusammentrat und Adenauer seine Regierung bildete, versetzte der Dichter seine Leser in die Zeit um 1730, auf eine Insel der Ägäis. Der Eskapismus des Romans, von dem Walter Boehlich 1955 meinte, daß er die gesamte Elendsliteratur durch seine Schönheit, Poesie und Kunstfertigkeit überrage, wurde als Gegengewicht zur engagierten Kahlschlagliteratur empfunden.

Rudolf Hagelstange, 1912 geboren, war nach dem Krieg mit dem Sonettenzyklus *Venezianisches Credo* (1948), der *Meersburger Elegie* (1950), der *Ballade vom verschütteten Leben* (1952) und dem Gedichtband *Zwischen Stern und Staub* (1953) hervorgetreten. Die breite Wirkung seines Werkes beruhte auf einer konventionell-elegischen Grundhaltung, die für die Trümmerzeit charakteristisch war und auch in der Adenauer-Ära fortwährte. Die Arbeitsatmosphäre des Dichters, der am Bodensee lebte, charakterisierte die Zeitschrift *Das Schönste* mit den Worten: »Am Tag lockt der See, das Boot, die Familie, der Garten. Die Arbeit Rudolf Hagelstanges beginnt, wenn die Schatten der tiefen Nacht über den sanften Hügeln liegen.«[267] Der Roman *Spielball der Götter – Die Aufzeichnungen des trojanischen Prinzen Paris*, als fiktive Autobiographie angelegt (1959), zollte der neudeutschen Heiterkeit Tribut. Die Komposition sei von kunstreicher Nonchalance, ein wunderliches Doppelspiel der Mythe und des Lebens. (Karl Heinz Kramberg)[268]

Hagelstange hatte seinen Roman auf der griechischen Insel Mykonos geschrieben; er war oft zu Gast in Italien, sei es in Positano, in Ischia oder – wie der seinerzeitige Außenminister Heinrich von Brentano – in Rom. Den deutschen Geist wie den anhebenden Tourismus der Wirtschaftswunderzeit zog es überhaupt in den Süden. Den »Grauwelten« des »unerbittlichen Konkurrenzkampfes« entfliehend, fand man dort im besonderen die Möglichkeit, schöner zu leben. Unter mythischem wie trivialmythischem Aspekt erschienen die fernen arkadischen Landschaften bestens für einen Genuß ohne Reue, wie ihn der puritanische Leistungsdruck im eigenen Land nicht erlaubte, geeignet. 1948 war Werner Egks heitere Oper *Circe* aufgeführt worden; 1953 wurde Erhart Kästners Griechenlandbuch (1942) unter dem Titel *Ölberge, Weinberge* wieder aufgelegt. Die romantisch-ironischen Dramen von Jean Giraudoux, die schon in der Trümmerzeit durch ihr Spiel mit der antiken Mythologie und Historie das solenne deutsche Geschichtsbewußtsein aufgelockert hatten, erfreuten sich weiterhin und zunehmend großer Beliebtheit (*Amphitryon 38*, *Der trojanische Krieg findet nicht statt*). Auch die Pièces noires von Jean Anouilh (*Eurydike*, *Antigone*, *Medea*), die antikbajuwarische Oper *Antigonae* von Carl Orff (nach Sophokles und Hölderlin, 1949) sowie die Nachdichtungen *Die Troerinnen* und *Medea* von Matthias Braun (1959) verstärkten das Interesse an der Antike. Werner Gilles, der mythische Grübler, ein Maler des Leidens, der Ratlosigkeit, des Todes, erfuhr im Süden Errettung und Erlösung; der Kunstkritiker Erhard Göpel schrieb in seinem Nachwort der Reproduktionen von Gilles *Mythischer Landschaft*[269] – er widmete seinen Text Erhart Kästner –, daß diese Aquarelle die Visionen einer naiv gebliebenen Seele offenbarten; Freude und Heiterkeit, aber auch Ernst und Strenge kennzeichneten diese Kunst, die insgesamt den Eindruck der »Unbeschwertheit« hinterließ.

Ambivalenz prägte die Zeichnungen und Texte von Willibald Kramm (*Italienisches Skizzenbuch*, 1957)[270]. Genua: höchste Beunruhigung, Lebensgefühl, Lebensfreude; diese Stadt rast in sich, vom Hafen bis zu den Felsenspitzen, bis zu der einsamen, monumentalen und erschütternden Größe des Felsenfriedhofes, einem versteinerten Meer ... Pisa: abends zur Zeit des Korso erscheinen die jungen Einwohner, gehen an den Ufern des Flusses auf und nieder, sitzen still auf den Brücken und Ufermauern; man hat das Gefühl von geheimnisvollen Riten, die nur dem verständlich sind, der aus dieser Stadt hervorgegangen ist und der hier sein Leben vollbringt ...«

In einer skurrilen Traumstadt war die Dichtung des Lyrikers Peter Paul Althaus zu Hause. Für den *Simplicissimus* und den »Simpl« (die Zeitschrift und das Kabarett) hatte er geschrieben; er wirkte als Regisseur am Theater, kam 1927 zum Rundfunk, war Chefdramaturg am Deutschlandsender und schrieb viele Gedichte (*In der Traumstadt*, 1951; *Dr. Enzian*, 1952; *Flower Tales*, 1953; *Wir sanften Irren*, 1956). Er war ein Meister des Spiels mit Worten und Begriffen, ein Nachfahre von Morgenstern und Ringelnatz, der wie diese Hintersinn im Unsinn versteckte.[271]

> »Dr. Enzian begibt sich manchmal auf den Allgemeinplatz
> und da setzt er sich mit einem Freund auf eine Bank,
> und dann prägt er immer irgendeinen Allgemeinsatz;
> (beispielsweise: »Wer gesund bleibt, wird nicht krank!«)
>
> Und sein Freund, der Tierausstopfer Eugen Rüchlein
> schreibt die Sätze alle in ein Büchlein,
> daß die Nachwelt später nichts verliert,
> wenn der Allgemeinplatz mal bebaut wird oder parzelliert.«

Bele Bachem illustrierte Bücher, »meistens entzückende Liebhaberausgaben von kleinen Novellen, von Märchen wie ›Tausend und eine Nacht‹ und von selbstverfaßten Geschichten.«[272] Ab 1950 arbeitete sie für Philipp Rosenthal; beliebte Porzellan-Entwürfe hießen *Mädchen mit Flöte, Daphne, Hirte und Nymphe*. Die weiteste Verbreitung fanden ihre Dekors für Eßgeschirre; *Maxim* zeigte lauter Gesichter, die sich aus Gemüse und Früchten zusammensetzten.

Immer wieder tauchen in den Bildern des französischen Zeichners Raymond Peynet zwei Figuren auf: ER, der kleine Mann mit dem schwarzen Hut und den langen Haaren, schüchtern, etwas altmodisch, aber auch verschmitzt, ein Meister in der Kleinkunst der Freude; und SIE, unschuldig, doch kokett, naiv, rührend, schelmisch; bisweilen kann sie die kleinen weiblichen Schwächen des Grollens und Schmollens nicht unterdrücken, sie entlockt ihm sogar Tränen, aber nur, damit er merkt, was er an ihr hat. »In Peynets Welt, die außer Strickarbeit keine Arbeit kennt, ist der Poet ein rechter König. Er schwebt auf Windmühlenflügeln hin, auf Wolken sogar, und wenn er den Zug verpaßt, zieht ein hilfreicher Arm aus Rauch ihn rasch noch mit. Die Eisenbahnfahrt bezahlt er mit Rosenblättern. Er vertändelt das Leben mit Sang und Minne, wie es sich für einen Minnesänger geziemt. Die Lampe, abends in seinem Gärtchen, ist ein Komet, und die Sonne, mittags über seinem Haus, eine Sonnenblume.« (Kurt Kusenberg)[273] Junge Wirtschaftswunderpaare versahen Schlaf- wie Kinderzimmer mit solchen Reproduktionen; was das »erzdeutsche« Werk von Fidus ihren bourgeoisen Eltern gewesen war, stellte für die damaligen Yuppies (young, urban, professional) Peynets verspielte Modernität dar, die pazifistische Poesie höher einschätzte als mythologische Stereotypie.

Verquerer wirkte da die Welt Saul Steinbergs, dessen Zeichnungen und Karikaturen durch den Rowohlt Verlag eine besondere Verbreitung erfuhren. Was der rumänische Zeichner, seit 1943 in den USA, mit den Augen eines »wild gewordenen Röntgenapparats« an zivilisatorischen Monstrositäten, vor allem in den Wohn- und Stadtlandschaften, entdeckte und mit ironischer Kalligraphie festhielt, war der deutschen, sich zunehmend amerikanisierenden Wirklichkeit verwandt. Die »liebenswürdige« Strichführung versöhnte dabei mit dem schwarzen Humor seiner Themenauswahl.[274]

Die deutschen Karikaturisten, die nun Cartoonisten genannt wurden, schnitten im internationalen Vergleich gut ab (von den Franzosen wurden, neben den »Poeten« Peynet und Jean Effel, vor allem François, Chaval und Mose durch ihre »Frivolitäten« bekannt).[275] Insgesamt interessierte das Allgemeinmenschliche, Allzumenschliche mehr als das Politisch-Aktuelle. H. M. Brockmann, in beiden Bereichen ein Meister, zeichnete *Das deutsche Wunder. Ein ABC in Karikaturen* (1955)[276] »Was Brockmann meint, und was er sieht, ist die Wirklichkeit des deutschen Wunders. Man erfährt durch dieses Buch indirekt, daß das eigentlich Wunderbare am deutschen Wunder die Virtuosität ist, mit der wir über die Wirklichkeit hinweggetäuscht werden. In 20 Jahren, vielleicht, wird einer, der wissen möchte, wie es heute gewesen ist, und wie alles hat so kommen können, Brockmanns Buch vom deutschen Wunder studieren und sagen: Aha, so war das. Es wird ihm ein Dunkel aufgehen, das licht genug ist, um die Vergangenheit aufzuhellen.«[277]

Ab 1950 versuchte sich der 1923 in Brandenburg an der Havel geborene Vicco von Bülow als Karikaturist – unter dem Pseudonym Loriot.[278] Sein Bestseller *Auf den Hund gekommen*, erschienen im Diogenes Verlag, der sich neben dem Buchheim Verlag vor allem der in- und ausländischen Karikaturisten annahm, war der Beginn einer langen Reihe äußerst populärer Cartoonbände.[279] Aufgespießt wurden die Schwächen des Kleinbürgertums und die Absurditäten gesellschaftlicher Konventionen, wobei Humor die Schärfen milderte. Loriots heile Welt, so der Philosoph Odo Marquard, sei eine Welt mit doppeltem Boden und mit Falltür; doch wenn sie sich öffnet, stürzt man nicht ins Bodenlose, sondern gerade ins Menschliche. Die Knollennasen seiner Figuren, Attribute menschlicher Endlichkeit, machen deutlich: »Der Mensch – Homo sapiens – ist also das Wesen mit Nase, das, nicht selten naseweis und hochnäsig, ebendarum auch häufig auf die Nase fällt; just dadurch werden natürlich die menschlichen Nasen – alle – auf die Dauer platt und dick, also zur Knollennase.«[280]

Verglichen mit der Weimarer Republik hatte die politische Karikatur ihre verletzende Schärfe eingebüßt; Gutmütigkeit entsprach mehr dem Mentalitätsmuster der Wirtschaftswunderzeit. Die Karikatur hatte ihren aggressiven Elan gegen eine Art von Koketterie mit der Tücke der Objekte eingetauscht. »Wie merkwürdig! Aus ihrer tödlichen Mission, das Erhabene ins Lächerliche zu verkehren und die Wölfe im Schafspelz zu entlarven, ist in unserer Zeit, die wahrlich zum Fürchten ist, fast eine tröstliche Narretei geworden.« (Richard Biedrzynski)[281] Die Hofnarren des Zeitgeistes waren beliebt, aber reichlich wirkungslos.

»Doktor Enzian, als Existentialist, beweist
den Begriff des Daseins, daß er nie verreist.
Wenn er reise, sagte er, würd' er fort sein
und sein Dasein wäre dann ein Dortsein.«[282]

Kündete ein solches Gedicht von Peter Paul Althaus auch mehr vom Nest-
hocker-Idyll denn vom Fernweh – der Existentialismus als Lebensform schloß
beides ein: das Hiesige und das Ferne. Aber bei ihm ging es nicht um Südlandsehnsucht; es war die neueste Stimmung im Westen, die für Auflockerung sorgte.
Die Aleatorik war dunkel grundiert – so wie die Mädchen aus den Existentiali-
sten-Kellern des Pariser Künstler- und Philosophenviertels Saint-Germain-des-
Prés durch ihre Lidschatten betörten. Dort residierte Jean-Paul Sartre, mit der
Schriftstellerin Simone de Beauvoir verbunden; deren Buch *Das andere Geschlecht*
(1949) wurde in den fünfziger und sechziger Jahren zum »Leuchtfeuer für die in
der Dunkelheit einer namenlosen Verzweiflung ganz und gar isolierten Frauen«.
(Alice Schwarzer)[283]

Im gesellschaftlichen Bewußtsein wurde Sartres Überzeugung, daß die
menschliche Freiheit dem Wesen des Menschen vorausgehe und es erst ermögliche (»Ich *bin* meine Freiheit!«),[284] als ein Lebensdesign empfunden, das den
»Systemzwang« aufzuheben vermochte. Inmitten des Provinzialismus der nivellierten Mittelstandsgesellschaft (mit Nierentisch-Gemütlichkeit, Gummibaum-
Exotik und Capri-Tourismus) wurde Revolte zum Faszinosum.[285] Vom »Menschen in der Revolte« sprach Albert Camus; die Revolte schaffe Solidarität: »Ich
revoltiere, also sind wir«. Das Ziel der Kunst, das Ziel eines Lebens bestehe, so
Camus, darin, die Summe von Freiheit und Verantwortung, die in jedem Menschen und in der Welt liege, zu vergrößern. Das Werk eines Künstlers könne
geglückt oder verfehlt sein, ein Leben könne geglückt oder verfehlt sein. »Aber
wenn er sich am Ende seines langen Bemühens sagen kann, er habe das Gewicht
der auf den Menschen lastenden Ketten erleichtert oder vermindert, dann ist er
im gewissen Maße gerechtfertigt, dann kann er im gewissen Maße sich selber
vergeben.«[286]

Daß die Situation des Menschen auf dieser Welt absurd und das Dasein sinnlos
sei, der Mensch aber im Protest gegen solche Sinnlosigkeit den Stein zu wälzen
habe, was ihn zum Sisyphos mache – ein solches Bewußtsein war den Kindern
des Wirtschaftswunders zumindest als Nachtgedanke keineswegs fremd. Angesichts der vielen Frustrationen, die ihnen die Mühen des Aufbaus und Aufstiegs
bereiteten, erfuhren sie so Trost: Der Kampf gegen Gipfel vermochte ein Men-
schenherz auszufüllen; man mußte sich Sisyphos als einen glücklichen Menschen
vorstellen.[287] Als Albert Camus 1960 starb, schrieb die Zeitschrift *Das Schönste*:
»Eine Hoffnung ging verloren.«[288]

In seinem Buch *Der unbehauste Mensch* (1951)[289] entwarf der Lyriker, Essayist
und Kritiker Hans Egon Holthusen das weitgespannte Panorama der neuen
Malaise. Er verwies auf T. S. Eliot, Wystan Hugh Auden, Ernest Hemingway,
Paul Valéry, Jean-Paul Sartre, Graham Greene, Evelyn Waugh, Arthur Koestler,

Bernard Buffet, Der Strand, 1956

Willibald Kramm, Pisa
(»Italienisches Skizzenbuch«, 1957)

Curzio Malaparte und viele andere, die hinter jedem Gesicht die geistige Leere
sahen, die von der wachsenden Angst vor dem Nichts ergriffen waren. Insgesamt
bewirkte der Existentialismus (im weitesten Sinn des Wortes verstanden) jedoch
weniger eine tiefgreifende Erschütterung; er war viel mehr – vor allem bei der
Jugend – eine »Spielvorlage«. Mode. Attitüde. Kontrastfolie zum bundesrepublikanischen Schönheitskult. Selbst wieder zum (dunklen) Schönheitskult wer-
dend. Pièce noire. Die Bilder von der verlorenen Generation aus dem Zweiten
Weltkrieg und der Nachkriegszeit verblaßten; an ihre Stelle trat die Koketterie
mit der Verlorenheit. Die »leeren Menschen«, die Ernest Hemingway in *Fiesta*
schildert – das Buch wurde 1950 als einer der ersten Titel der rororo-Taschen-
buchreihe wieder aufgelegt und erwies sich als stupender Erfolg –, stellen eine
kragenlose, unrasierte Gesellschaft dar, eine Bande von desperaten und wurzel-
losen Intellektuellen, Exzentrikern und Berserkern. Die Öde des Daseins soll
überwunden werden in exorbitanten Freß- und Saufgelagen und in langen
Liebesnächten. Zwischen Whisky und Stierkampf spannt sich der Bogen eines
süßen, wilden Lebens.

Die Haupthandlung von Audens Epos *Das Zeitalter der Angst* (deutsch 1958)
spielt in einer New Yorker Bar. »Wenn der Gang der Geschichte unterbrochen ist
und Armeen die eintretende Öde, die sie nie wieder gutmachen können, mit ihren
großartigen Reden organisieren, wenn Notwendigkeit sich mit Grauen und
Freiheit sich mit Langeweile verbinden, dann hat das Bar-Geschäft seine gute
Zeit.«[290] Als Relikt des Krieges war die Bar geblieben; »aus dem Relikt ist eine
Hydra geworden, zwischen Mondänität und Müllabfuhr just in der Mitte. Die
Bar ist in der Wüste des demokratischen Alltags für viele Zeitgenossen die
abendliche Oase.« Vor allem war die Bar zentraler Treffort der neuen »Existen-
tialistengeneration« – von den fleißigen, biederen Wohlstandsbürgern mit
»schrägem Blick«, mißtrauisch wie bewundernd, beäugt. Die »verschonte Generation« besuchte französische Filme in Nachtvorstellungen; »sie alle haben von
den ›Existos‹ gehört und wissen, wie Calvados schmeckt. Aber mit Literatur

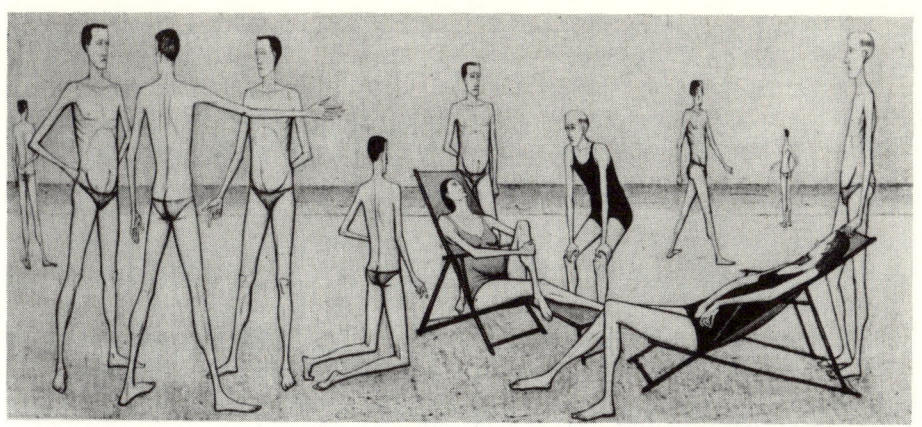

haben sie nicht gern zu tun, lieber Film, lieber Cocteau und Carné, bloß keine Lyrik! Sie machen übrigens in Paris weder halt noch kehrt, sondern jagen ihre junge Einbildungskraft über den Ozean. Das Gegenstück zu New York ist Paris, und umgekehrt. Hollywood ist der Vorort für beide Städte. Überall gibt es Sartre zu atmen, Cocteau mißzuverstehen. Engländer mögen sie nicht so gern, in englischen Gasthäusern steht das unsympathische Verbot: ›Jitterbugging ist not allowed‹. Diese jungen Leute, Gründer von Hot-Clubs und Träger eines neuen, umrhythmisierten Lebensgefühls, kühle Optimisten und unblutige Vergeuder von Zeit, machen die Menge der Barbesucher, sie sind das Volk. Und hätten sie mehr Geld, man fände kein Eckchen unbesetzt. Ihre Poesie ist Schlagzeugreim, ihre Prosa die Müdigkeit und der Ladenschluß, die unter der Theke kauernde Polizeistunde, die endlich aufsteht und sie verjagt.« (Helmuth de Haas)[291]

Von ihrer »Jungmädchenzeit« in Hanau berichtet Ingrid Schmidt-Harzbach: »Man machte das erste Espresso in Hanau auf. Das war natürlich todschick ... Wir waren ständig in Pose – das rechte Bein etwas vorgestellt, die Hüfte leicht verschoben. Alles im Kino und in Zeitschriften abgeguckt, vorzugsweise von Brigitte Bardot. Deren offensiv zur Schau getragene Sinnlichkeit bewunderte ich sehr ... Die ›Halbstarken‹ haben wir uns mehrmals angesehen, das war ein richtiger Kultfilm. Wichtig war für mich auch Marion Michael in ›Liane. Das Mädchen aus dem Urwald.‹ Diese langen blonden, offenen Haare. Damals saßen wir auch in Cliquen zusammen und verschlangen Heftchen – heute Comics genannt – wie ›Akim‹, ›Sigurd‹ und ›Tarzan‹ und haben uns als Jane gefühlt ... im starken Arm von Tarzan auch mal an einer Liane mitschwingen, das muß wohl eine Traumvorstellung gewesen sein – überhaupt waren einige Filme prägend für mich: die mit Marlon Brando und natürlich James Dean in ›... denn sie wissen nicht, was sie tun‹. Das war auf einmal eine ganz andere Männerfigur. Der weinte und zeigte Gefühle. In Kleidung, Frisur und Gesten haben sich viele Jungen sehr an ihn angelehnt. Außerdem natürlich an Elvis – die Koteletten. Und was den Kamm betraf, hinten in der Hosentasche, ohne ihn ging man damals nicht aus dem Hause, auch die Mädchen nicht . . . ›Zusammen schlafen‹ war tabu. ›Petting‹ hieß damals das Zauberwort, und dafür gab's ungeschriebene Regeln – grad noch bis zum Bauchnabel, dann hörte es aber auch auf, dann begann das ›Forbidden Territory‹, wie wir es nannten . . . In die Rock'n' Roll-Bars ging ich zwar auch noch manchmal im Petticoat; aber meistens trug ich da schon enge Hosen, denn zum Rock' n' Roll mit Überschlag, links und rechts, auf die Hüfte springen, waren die praktischer. Rock' n' Roll war ja wie ein Ventil, durch das all die Energie, die wir in uns spürten, herausgelassen werden konnte. Das war Lebensfreude und Protest. ›Negermusik‹ hieß es dazu nur von den Erwachsenen. Bei uns ging das so weit, daß wir die Musik wie eine Droge konsumierten. Zwei Stunden ununterbrochen tanzen, daran kann ich mich genau erinnern. Rekordaufstellen, das gab's auch beim Küssen . . . Mich interessierte dann eine ganz andere Clique, nämlich der Kreis von Studenten der Goldschmiede-Akademie in Hanau. Die brachten ein bißchen Bohème-Flair in die Kleinstadt. Bei denen wurde Rotwein getrunken, das kannte ich bis dahin gar nicht. Und wir lasen François Villon. In dieser Zeit gastierte in der Hanauer Stadthalle Klaus Kinski mit Villon-Balladen . . . Mein ›Philosoph‹, Peter hieß er, hat überhaupt nicht getanzt, und das fand ich toll. Der saß da im schwarzen Rollkragenpullover und mit interessanter Brille und war Existentialist, hat mir Gedichte geschrieben und gewidmet. Wir lagen stundenlang nebeneinander im Bett, und die Grenzen waren schon fließender, aber weiter gingen wir nicht . . . Ich trug jetzt nur noch schwarze Sachen und der Petticoat war abgemeldet. Ich wollte nie mit der Masse gehen – bloß nicht so sein wie alle! Und vor allem bloß nicht spießig sein. Auf den Existentialisten-Festen wurde gesungen, Gitarre gespielt, rumphilosophiert und Juliette Greco gehört. Meine Freundin Benita und ich lasen Camus und Sartre. Wir haben uns gegenseitig bei Kerzenlicht einzelne Stellen vorgelesen und dem Sinn nachgespürt. Mit Benita bin ich dann auch im Sommer 1959 nach Paris getrampt. Unwahrscheinlich noch heute, daß meine Eltern das erlaubt haben, denn damals sind kaum Jungen getrampt. Wir wohnten in einem billigen Hotelzimmer am Place Pigalle oben im 5. Stock und lebten von Baguette, Milch und Käse. Unsere frankophile Zeit hatte begonnen, und Paris war eben das Herz des Existentialismus. Irgendwie haben wir uns auch als Künstlerinnen, als angehende Malerinnen gefühlt. In der Zeit habe ich auch alles mögliche gesammelt. An den Wänden hing Kunst: Modigliani, van Gogh, Toulouse-Lautrec, Manet, Monet . . . Wir haben in Paris in der Rue Huchette von Ionesco ›Die kahle Sängerin‹ gesehen, fühlten uns dort in den Jazzkellern heimisch – überhaupt so richtig im Zentrum des Lebens. Aber Sartre zu besuchen, das haben wir uns dann doch nicht getraut.«[292]

Zwei zentrale »Figuren« fehlen erstaunlicherweise in diesem Lebensbericht: Françoise Sagan und Bernard Buffet. In beiden kulminiert, literarisch wie bildnerisch, der dunkle Schönheitskult der fünfziger Jahre, der Jugend-Stil androgyner Melancholie und narzißhafter Koketterie. »Bonjour Tristesse«: Der Widerstand gegen das schwitzende Idyll blieb freilich im wesentlichen auf eine ästhetische Revolte beschränkt. Françoise Quoirez, die sich Françoise Sagan nannte, publizierte mit neunzehn Jahren ihren Roman (1954), dem sie ein Gedicht von Paul Éluard voranstellte: »Adieu tristesse/ Bonjour tristesse/ Tu es inscrite dans les lignes du plafond ... Verlaß mich Traurigkeit/ Kehr wieder Traurigkeit/ Du bist in das Gebälk meiner Träume geschrieben ...«[293]

Die 17jährige Cécile erzählt von ihrem Liebesleben, von dem ihres Vaters und von der Traurigkeit, die sie »wie Seide, weich und ermattend« einhüllt. Sie verkörpert – inmitten einer sterilen Luxuswelt (Mode, Make-up, Braunwerden, gepflegte Manieren, gutes Essen – der Roman spielt in einer Ferienvilla an der Riviera) – das neue Schönheitsideal der Epoche: den Teenager mit dem Horror vor Wohlerzogenheit, Ordentlichkeit, pedantisch geregelter Lebensführung. »Du schaust aus wie eine verwilderte Katze. Wie gern hätte ich eine schöne blonde, vollschlanke Tochter mit sanften Porzellanaugen«, sagt der Vater und ist doch stolz auf seine Tochter, die über seine amourösen Beziehungen auf dem laufenden ist und in aller Freiheit mit ihm darüber spricht; und selbst, frühreif, die körperliche Liebe genießt. Leitmotiv ist die Lust und die Erinnerung an die Lust – aber auch an das Leid (Anne, die Geliebte des Vaters, hat sich aus Eifersucht in den Abgrund gestürzt): »Der Sommer kehrt wieder mit all seinen Erinnerungen. ›Anne, Anne!‹ Immer wieder sage ich diesen Namen sehr leise und lange Zeit ins Dunkel hinein. Dann steigt etwas in mir auf, das ich mit geschlossenen Augen empfange und bei seinem Namen nenne: Traurigkeit – komm Traurigkcit.«

Friedrich Sieburg staunte über das Talent der Sagan: »Daß ein so junges Mädchen mit einer so kaltherzigen Sachkunde den seelenlosen Mechanismus der Erotik in einer bestimmten Gesellschaftsschicht zu schildern« vermöge. Ein Backfisch, der zwar nicht mehr »im Flügelkleide«, sondern im knappen Bikini daherkam, strichelte den Überdruß, den der bedenkenlose Genuß physischer Liebe hervorzurufen vermag, so geschwind und doch so vieldeutig hin, daß jedermann sich die Frage stellte: »Woher weiß sie das alles?«[294]

In der BRD, einer Republik der Saubermänner und Unschuldslämmer, identifizierten sich viele mit der Autorin, weil sie auf Heuchelei verzichtete und ein tabuisiertes Thema gleichermaßen direkt wie poesievoll anging. Faire l'amour. Straflos, angstfrei.[295] Das »gewisse Etwas« faszinierte vor allem Mädchen zwischen Backfisch und junger Frau, deren Erziehung auf Anstand und gute Sitte »festgelegt« war und deren Sexualität unterdrückt wurde. Aus dem Kultbuch wurde ein Kultfilm (Regie Otto Preminger, 1958); unzählige Mädchen schnitten sich wie Jean Seberg, die in der Verfilmung die Hauptrolle spielte, ihr Haar auf Sreichholzlänge.[296] Weitere Bücher der Françoise Sagan folgten in rascher Folge: *Ein gewisses Lächeln* (1956), *In einem Monat, in einem Jahr* (1957), *Lieben Sie Brahms?* (1959). »... Von atemberaubender Traurigkeit: hinter dem Zynismus: leise, süß und verzweifelt.« (Barbara Bondy)

Herber in der Verzweiflung ist das Werk von Bernard Buffet. Der 1928 in Paris geborene Künstler verkaufte 1947 sein erstes Bild; 1948 machte ihn die Verleihung des »Prix de la Critique« bekannt; im nachfolgenden Jahrzehnt schuf der Maler etwa 1500 Werke. Zusammen mit Françoise Sagan, für deren Ballett *Das verpaßte Rendezvous* er das Bühnenbild entwarf, und Roger Vadim, der als Journalist Brigitte Bardot entdeckt hatte und ihr als Filmregisseur zum Durchbruch verhalf, gehörte Buffet zur französischen »frühreifen« Generation. Sein Markenzeichen war eine hochstilisierte Düsternis, die sich gut verkaufte. Seine Stilleben waren Stiltode, »Natures mortes«. Wie eine Illustration von Sartres *Ekel* oder des *Fremden* von Camus strahlten sie verkrampfte Lebensangst aus. »In ihrer strengen geometrischen Komposition wirken sie erstarrt, hohl, grinsend; der flächige Mensch selbst, in leeren Räumen verloren, ist in eine leblose Dinglichkeit eingegangen, mit seiner dreieckigen Maske, seinen Spinnengliedern. Der spitze Winkel scheint die Grundfigur all dieser von einem unnachsichtigen, schneidenden Linienwerk durchzogenen Bilder zu sein mit ihrer Verlängerung der Senkrechten und der Waagrechten, wo ein Gitter, eine Sturmlampe, ein Alkoholbrenner oder ein ausgezehrter Fisch, ein Netz sich vom Farblosen abheben«. (Werner Bökenkamp)[297]

Die Zeitschrift *Das Schönste* berichtete immer wieder über Buffet, für den der Mensch »ein geometrisches Tier«, nichts weiter, sei – so im Frühjahr 1957, als in Nürnberg die erste deutsche Buffet-Ausstellung stattfand, und im März 1961, als er in Paris dreißig Porträts seiner Frau Annabel zeigte. (»Buffets Bilder mögen das graue Elend sein, sie mögen auf dieser Zeit lasten wie ein Alptraum. Aber eine Zeit wie diese braucht sie.«) Im März 1962 entstanden zwanzig Szenen aus dem Leben Christi in Monumentalformat. Aufstieg und Niedergang Buffets zeigten die Bedeutung der Kulturindustrie für den Bereich der bildenden Kunst.[298] Der Hauptgrund für die große Popularität dieses Meisters der perfekten Malaise lag darin, daß die Beliebigkeit seiner Pièces noires nicht eigentlich unter die Haut ging – ein Spiel mit dem Entsetzen (Bonjour Tristesse – adieu tristesse), das einen wichtigen Grundzug der Epoche, nämlich Aleatorik, düster variierte.

Der schräge Geschmack

»Häßlichkeit« – dies bewies der »Fall Buffet« – verkaufte sich durchaus gut, wenn sie ins modische Styling eingepaßt war. Noch mehr galt freilich der Satz: Häßlichkeit verkauft sich schlecht! Formgestaltung hieß die Devise.

Häßlichkeit verkauft sich schlecht[299] hieß der Titel eines Buches des amerikanischen Formgestalters Raymond Loewy (1953), der zum geflügelten Wort wurde; die Publikation galt in den Design- und Werbebüros der Bundesrepublik als Standardwerk. Es war ein Bedürfnis der Zeit, nicht nur zu kaufen und zu verkaufen, sondern die ökonomische Motorik, die den Fortschritt weitertrieb, mit der Aura des Schönen zu versehen, sie dadurch zugleich legitimierend. Die nivellierte Mittelstandsgesellschaft als Massengesellschaft nivellierte sich »nach oben«; Warenästhetik bedeutete nicht nur Manipulation, Verführung, sondern auch Erziehung. Die konkrete Umwelt machte deutlich: jeder, wenn er nur strebsam genug war, konnte sich »guten Geschmack« leisten. Die Bundesrepublikaner ergriffen diese Chance und richteten sich schön ein, wobei die revolutionäre Verwendung des Kunststoffes für die Dinge des alltäglichen Bedarfs dafür sorgte, daß man sich dies auch leisten konnte. Die leichte Gestaltung der Kunststoffe war allerdings mit dem Verlust von »Materialechtheit« verknüpft und förderte die »Wegwerfmentalität«.[300] Diolen, Krepp, Nylon, Perlon, PVC, Resopal, Trevira . . . wurden Zauberworte. Die schöne Welt der fünfziger Jahre war weitgehend »Plastik-Welt«.[301]

Die Botschaft des Buches von Loewy fiel auf fruchtbaren Boden. Zum einen war man des puren technischen Funktionalismus überdrüssig; Umwelt sollte nicht nur ein durchrationalisiertes Gehäuse für den Homo faber sein; zum anderen empfand man das historisierende Schmuckbedürfnis aus vergangener Zeit als »absolut spießbürgerlich«. Loewy nannte die Plüschära und ihre Auswirkungen eine »künstlerische Bierreise«. Die Grundforderung für jeden Formgestalter heiße: Schönheit durch Funktion und Vereinfachung. Der Prüfstein für die Kunst des Formgestalters sei seine Fähigkeit, Schlichtheit durch Ordnung zu erreichen. »Die Wege sind klar vorgezeichnet. Erstens muß jedes Einzelteil zweckentsprechend und mit äußerster Materialersparnis gestaltet werden. Zweitens sind, da Vielfalt die Mutter der Verwirrung ist, Auswüchse, Spitzen und Vorsprünge auszuschalten . . . Diese Technik könnte man ›Beschränkung auf das Wesentliche‹ nennen.« Weiter werde der Gestalter nicht nur das Material selbst, sondern auch Farben, Strukturen und Polituren unter die Lupe nehmen und gleichfalls dem Prinzip der Vereinfachung unterwerfen.

Die Idee des Bauhauses, Kunst und Handwerk, Künstler und Maschine auf eine neue Weise miteinander zu verbinden, übte einen großen Einfluß auf die Entwicklung der industriellen Formgestaltung in den USA aus. 1933, als die Nationalsozialisten an die Macht kamen, verließen die meisten »Bauhäusler« (wie Walter Gropius, Marcel Breuer, Laszlo Moholy-Nagy, Josef Albers, Mies van der Rohe) Deutschland; sie kamen vielfach nach Amerika, um dort zu arbeiten und zu lehren. Hinzu kam der Einfluß der holländischen De-Stijl-Bewegung, deren Kennzeichen ein Gestaltungsprinzip von asymmetrischem Gleichgewicht, rechteckigen Formen und Primärfarben war, das dann auf Architektur (Theo van Doesburg), Malerei (Piet Mondrian) und Inneneinrichtung angewandt wurde.[302]

Auf einer Karikatur von Saul Steinberg blickt man in ein Haus, das keine Wände, nur noch Fenster hat. Gäste kommen auf Besuch; Hausherr und Hausfrau wollen sie aber nicht empfangen; sie verstecken sich hinter einem alten Sessel, dem einzigen Einrichtungsgegenstand, der im ganzen Haus noch »dinglich« ist. Alles andere ist weggestellt, weggeklappt, versenkt – auf das Allernotwendigste reduziert. Mit rationalistischer »Entleerung« und hygienischer »Entlüftung« ging die Heimeligkeit verloren. »Die Entwicklung der Möbel und Geräte hat sich seit 1945 in engem Kontakt mit der Entwicklung der Architektur vollzogen. Die Prinzipien der funktions- und materialgerechten Gestaltung, der Ausprägung von Zweck und Sinn zu einer richtigen und schönen Form, gelten in gleichem Maße für die architektonische Gestaltung der Räume wie für ihre Einrichtung mit Möbeln und Geräten. Da die Architekten unserer Zeit ›von innen nach außen‹ bauen, da der Raum den Baukörper und nicht der Baukörper den Raum bestimmt, hat sich in entsprechender Weise auch das Verhältnis zwischen dem Raum und den Gegenständen seiner Einrichtung gewandelt. Der Raum dient nicht der Einrichtung, sondern die Einrichtung dient dem Raum, – das heißt: der Raum ist nicht ein bloßes Gehäuse für die Unterbringung und den wirkungsvollen Aufbau eines Arrangements von Möbeln und Geräten, sondern er selbst, seine charakteristische Gestalt und Wirkung, bestimmen die Art seiner Einrichtung. Möbel und Gerät werden der Raumgestalt ein- und untergeordnet. Das hat zunächst zweierlei zur Folge gehabt: die Vielzahl der den Raum anfüllenden Einrichtungsgegenstände wurde auf wenige Möbel und Geräte reduziert, und an die Stelle der bisher üblichen ›kompletten Garnituren‹, die durch ein beherrschendes, an jedem Gegenstand wiederholtes Form-Motiv die Raum-Wirkung beeinträchtigen, traten Einzelstücke, deren Gestalt nicht durch ein erfundenes oder entlehntes Form-Motiv, sondern durch die charakteristische Ausprägung von Zweck und Sinn bestimmt ist.« (Wend Fischer)[303]

Moderne Formgestaltung sah Schönheit weiterhin unter funktionalistischem Aspekt; zugleich aber sollte auch der Wärmestrom, in dem der Mensch sich emotional wohlfühlen konnte, fließen. Nach Gert Selle übernahm das Design der fünfziger Jahre die Funktion einer historischen Klammer zwischen den Codes der Vor- und Nachkriegszeit.[304] Die vielen importierten Amerikanismen stellten eine warenästhetische Differenzierung dar, rekurrierten jedoch auf »Früheres«. Die deutsche »Stromlinienform« blieb präsent (etwa in den Autokarosserien von VW und Mercedes); ihr stand freilich der »verschlungene«, romantisch verspielte, »abwegige«, »schräge« Geschmack entgegen. Es dominierte das Bizarre, Kapriziöse, Asymmetrische; dazu kam die Farbe, die in greller und überschäumender Buntheit Verwendung fand. Die Vorurteile gegenüber moderner Kunst, Ergebnis nationalsozialistischer Indoktrination, wirkten sich zwar weiter aus; wurden aber Mondrian, Klee, Kandinsky, Miró in Dekor von Gebrauchsgegenständen umgesetzt, so erfreuten sie sich großer Beliebtheit. Als 1952 die Weberei Pausa AG einen Wettbewerb für Dekorationsstoffe veranstaltete, waren von den 9000 eingereichten Vorlagen 70 Prozent in abstrakten Dessins gehalten. An Materialien waren beliebt: Holz gebogen, rund, oval gepreßt und verleimt; Glas, Drahtglas progressiv geschnitten und geschliffen; Metall gestanzt, gelocht, gebogen, gefärbt; Möbelstoff mit konkaven Noppen, plastischen Wollrippen; Teppiche mit »abstrakten« Mustern; Vorhänge und Kissen mit ornamental-asymmetrischen Kompositionen; bunte Plastikfolien für die verschiedensten Materialien.[305]

Der Nierentisch charakterisierte exemplarisch die verdinglichte Bereitschaft zur Extravaganz. Lange genug hatte man sterile Ordnungsvorstellungen verinnerlicht. Vom nationalsozialistischen Wohnstil hatte Gottfried Benn gesagt: ». . . Kleinbausiedlungen, darin subventionierter, durch Steuergesetze vergünstigter Geschlechtsverkehr; in der Küche selbstgezogenes Rapsöl, selbstbebrütete Eierkuchen, Eigengraupen; am Leibe Heimatkurkeln, Gauflanell und als Kunst und Innenleben funkisch gegrölte Sturmbannlieder . . .« Plüsch war mit Bauern- und Jägerstil versetzt und so aufgenordet worden. Der Mythos bewachte die gute Stube mit Zimmerlinde, viel Nippes und repräsentativem Bücherschrank (Goethe, Binding, Dwinger, Schulungsbriefe).[306] *Nun* wollte man sich so einrichten, wie es dem modernen Menschen entsprach. Dabei korrespondierte der Drang in die Ferne mit der Bereitschaft, Anschluß an gestalterisches Weltniveau, das hieß: an die Standards der führenden Industrienationen zu finden. Zu den Hits der Interbau (1957) zählten die von den Skandinaviern eingerichteten Wohnungen und die Möbel der Firma Knoll International. In der Zeitschrift *Magnum*, in Typographie und Layout selbst ein Produkt des neuen Stils, schrieb der Herausgeber Karl Pawek: »Das kleine Volk der Dänen hat es fertiggebracht, daß von New Delhi bis New York eine bestimmte Schicht sich dänisch möbliert. Die Skandinavier schaffen die neuen Leitbilder der Form. Die Schweizer die der Graphik. Die Italiener beleben die Konstruktion und den Dekor, die Franzosen haben ein paar geniale Bauvorstellungen . . . Der Beitrag der Deutschen für internationale Formgebung ist jedenfalls ein gut gebauter Radioapparat.«[307]

Als Wallfahrtsort des guten Geschmacks erwies sich in den fünfziger Jahren Mailand mit den dort stattfindenden Triennalen. Die Tendenzen des Weltstils wurden hier manifest und für die nationale Arbeit fruchtbar gemacht. In allen Bereichen – vom Eierbecher bis zum gedeckten Tisch, von der Tapete bis zum eingerichteten Wohnraum, vom Küchenporzellan bis zum wissenschaftlichen Gerät – »war die Schönheit im Kommen«. »Im Märchenwald der modernen Form« überschrieb die *Süddeutsche Zeitung* ihren Artikel über die Mailänder Triennale 1954.[308] Drei Jahre später hießen die Untertitel des Berichts »Die Finnen gehen voraus«, »Der ideale Löffel«, »Renaissance der Gefühle«, »König der Sessel«. Besonders die Schweden wurden als »Meister formaler Beschränkung« hervorgehoben; sie wirkten ohne jeden Effekt der Aufmachung; ihre Formen seien von äußerster Delikatesse: hauchdünn, ganz schlank und eben an der Grenze der Zerbrechlichkeit; sie bedienten sich zarter Pastelltöne und zartester Übergänge vom Farblosen zum Ton. Alles, was »fein«, verspielt, leichtbeschwingt, »durchsichtig«, grazil sich darbot, wurde von den deutschen Beobachtern besonders geschätzt – wohl als sublimierende Gegensteuerung zur Schwerfälligkeit des deutschen Wirtschaftswunder-Materialismus empfunden.[309]

Modernität forderte nicht nur abstrahierendes Sublimierungs-, sondern auch gutes Sitzvermögen, denn die Kunststoffschalen, tuchbespannten Stahlrohrschleifen, Sessel in Swing-Form (zum »gelockerten Lesen und Plaudern«) und knirschenden Korbgeflechtstühle waren keineswegs immer bequem. Verkauft wurden vorwiegend schrägbeinige Möbel: »Als ›optische Akzente‹ oder mit dem Argument der ›Körpergerechtigkeit‹. Schräge, Diagonale und Keilformen bedeuteten ›Spannung‹; Rundungen, ei- und palettenförmige Schwünge priesen sich ›organisch-plastoid‹. Neben diesen ›mobilen Sitzgelegenheiten‹ stand oder

Plakatentwurf von Joseph Caspar Ernst, 1949

hing im Idealfall ein Beispiel der – um 1950 in Italien geboren – Metall-Leuchte, wenn es nicht die biegbaren Tütenlampen mit Ölpapier-Schirmchen waren. Sonst konnte es sich um ›Plexizylinder mit farbigen Lochblenden‹ handeln, um ›Messingrohr mit mattweißen Aluminiumkelchen‹, um ›Opalglasstrahler‹, ›verchromte Pendel‹, ›Schlaucharme‹ und ›Klemmfüße‹.« (Paul Maenz)[310]

Der Designer als Arbiter elegantiarum war vielfach den Stilnormen des »Deutschen Werkbundes« verpflichtet. Der Architekt Hermann Muthesius, beeinflußt von den Engländern John Ruskin und William Morris sowie dem Belgier Henry van de Velde, hatte 1907 diese Vereinigung der »besten Vertreter der Kunst, der Industrie, des Handwerks und des Handels« gegründet. Alle Anstrengungen seien auf eine »hohe Qualität der industriellen Erzeugnisse« zu richten; es sollte ein Sammelpunkt für all diejenigen geschaffen werden, die fähig und willens waren, »für das Ziel der hohen Qualität zu wirken«.[311] Als nach 1945 die Werkbundarbeit in einzelnen Städten, dann in Form von Landesgruppen, schließlich im Rahmen eines Dachverbandes (1950 in Kloster Ettal beschlossen) wieder aufgenommen wurde, sah sie sich mit weitreichender Zerstörung und einem daraus resultierenden Pragmatismus des raschen Wiederaufbaus konfrontiert. Unbeirrt von einer solchen entmutigenden Konstellation forderte der Werkbund dazu auf, um »schöne« (humane) Umweltgestaltung besorgt zu sein.

In einem Aufruf 1947, unter anderem unterzeichnet von Otto Bartning, Willi Baumeister, Gerhard Marcus, Ewald Mataré, Ludwig Neundörfer, Max Pechstein, Fritz Schumacher und den späteren DWB-Landesgruppen-Vorsitzenden Gustav Hassenpflug, Otto Haupt, Hans Leistikow, Hans Schwippert, hieß es: »Der Zusammenbruch hat die sichtbare Welt unseres Lebens und unserer

Kombination der Firma
Kurt Ashelm, 1954

Arbeit zerstört. Mit einem Gefühl der Befreiung glaubten wir damals, wieder ans Werk gehen zu können. Heute, nach zwei Jahren, erkennen wir, wie sehr der sichtbare Einsturz nur Ausdruck der geistigen Zerrüttung ist, und könnten in Verzweiflung verharren. Wir sind auf den Grund der Dinge verwiesen, und von da aus muß die Aufgabe in aller Einfalt neu begriffen werden. Alle Völker der Erde sind vor diese Aufgabe gestellt, für unser Volk entscheidet sich daran Sein oder Nicht-Sein. Uns aber, den Schaffenden, ist es auf das Gewissen gelegt, die neue sichtbare Welt unseres Lebens und unserer Arbeit zu bauen.«[312]

Im Sinne solcher Prinzipien versuchten die um Geschmack und Stil sich bemühenden Gestalter in zweierlei Richtung »ordnend« einzugreifen: Zum einen war dafür zu sorgen, daß der »schräge Geschmack« nicht in eine bizarre Wildnis entlief, sondern sublimiert blieb; deshalb immer wieder der Hinweis auf »Kurven höherer Ordnung« bzw. die Kritik an unreflektiertem »modischem Zierbedürfnis«. So warnte Wolfgang Hildesheimer im Februar 1957 in der Wochenzeitung *Die Kultur*, einem maßgebenden Organ der linken Intelligenz, vor einer »mißverstandenen Moderne«. (Hildesheimer hatte nach der Emigration der Eltern von 1933-1936 in Palästina Möbeltischlerei gelernt und Innenarchitektur studiert; nach seiner Tätigkeit als Simultandolmetscher beim »Nürnberger Prozeß« war er zunächst als Maler tätig, ehe er sich 1950 endgültig für die Literatur entschied). Nierentisch wie asymmetrische Vase hätten mit der Moderne soviel zu tun wie der Filmschlager mit der Zwölftonmusik. Viele Firmen erhöben den Anspruch, daß Künstler die Schöpfer solcher Gegenstände seien. »Kein Künstler steht jemals dem ›Empfinden für gepflegte Wohnkultur‹ aufgeschlossen gegenüber, und was die ›Entwicklung einer schmückenden Eleganz‹ betrifft, so wird sich jeder wahre Künstler entschieden dagegen wehren, auch nur das Geringste damit zu tun zu haben.«[313]

Zum anderen sollte Stil »als Ausdruck höherer Gesinnung« vor der Stofflichkeit des Warenhausangebots bewahrt bleiben, zumal dieses mit Hilfe »billiger Angebote« bedrohlich an Einfluß gewann. Der Designer, der Ästhetik als Teil von Ethik verstand, sah dadurch die »ästhetische Erziehung des Menschen« aufs äußerste gefährdet. Tröstend meinte Hans Wichmann in einem Heft des Bayerischen Werkbundes über »Gerät in der Wohnung«, daß der Kulturschutt, auch wenn er sich in den Warenhäusern breit mache, nicht charakteristisch für die Gegenwart sei. »Auffallend ist vielmehr eine lebendige Aktivität des Formschaffens aus frischen und eigenen Impulsen, die im Laufe weniger Jahre hier und dort Neues und Eigenes hervorbrachte.«[314] Als »formschönes Gerät« wurden unter anderem, neben vielerlei Geschirr, eine Wanduhr der Firma Gebrüder Junghans, ein Siemens-Breitraumherd, ein Bosch-Gefrier-Kühlschrank, ein Vaillant-Geyser-Durchlauferhitzer, ein Fernsehgerät (»Mallorca«) der Firma Metz, eine Nähmaschine der Pfaff AG, vorgestellt; von der Braun AG, Frankfurt am Main, waren gleich vier Geräte vertreten: der Stereo-Phonosuper SK61, der Tischlüfter HL1, der UKW-Transistor T52 und der Diaprojektor D40. Dies entsprach der Bedeutung des Hauses Braun für das deutsche Design der fünfziger Jahre. Bei den Phonogeräten überwog in diesen Jahren die Talmi-Eleganz (Goldknöpfe, »magisches Auge« . . .) – sollte deren »Kostbarkeit« doch das Sozialprestige ihrer Besitzer unterstreichen; Braun jedoch produzierte Geräte in hellen, klaren, einfachen Formen, die auf eine Integration in moderne Wohnelemente abzielten. »Wenn das Brauchen Sinn und Zweck hat, und wenn das Gestalten und Herstellen Sinn und Zweck vollkommen erfüllt, dann gelangen die Dinge nicht nur zu ihrer eigenen Fom, sondern sie gewinnen auch diese überindividuelle gemeinsame Haltung, die wir Stil nennen«, schrieb Wend Fischer in dem Katalog *Form – nicht konform – 20 Jahre Braun-Design* (1976).[315] Hans Gugelot, Otl Aicher und Herbert Hirche, »das Dreigestirn des deutschen Design-Gewissens«, waren maßgebend an der Entwicklung des Braun-Stils (Phono- und Elektrogeräte, darunter auch elektrischer Trockenrasierapparat) beteiligt.

Otl Aicher baute zusammen mit dem Schweizer Max Bill (Bauhausschüler, Architekt und Bildhauer) ab 1949 die »Hochschule für Gestaltung« in Ulm auf;[316] die Institution begriff sich als eine Weiterentwicklung der Bauhaus-Ideen; sie setzte sich das Ziel – so Bill, ab 1951 Gründungsrektor –, »eine mit unserem technischen Zeitalter übereinstimmende Lebensauffassung schaffen zu helfen«. Die »Geschwister-Scholl-Stiftung«, die seit 1947 für die Einrichtung warb und um Geldgeber bemüht war, knüpfte an die moralische Integrität des deutschen Widerstandes an; Aicher war von früher Jugend an den Geschwistern Scholl und ihrem Kreis eng verbunden gewesen und dem Nationalsozialismus ablehnend gegenüber gestanden.[317] Bei der Einweihung der Hochschule (1955) sprach Walter Gropius vor siebenhundert Gästen, darunter vielen Bauhäuslern, von der »Notwendigkeit des Künstlers in der demokratischen Gesellschaft«; bald jedoch erhob sich Kritik am Pragmatismus des »neuen Bauhauses«: Theorie und Praxis seien zu sehr an der industriellen Fertigung orientiert. Max Bill, der die Anlage (»Design-Kloster«) entworfen hatte, schied aus. Die Frage: Bill oder Nicht-Bill bedeute, so Max Bense (dessen philosophische Arbeiten um eine moderne Ästhetik kreisten), die von Qualität oder Nichtqualität, und die von »Hochschulniveau oder Werkschule«. Die Kulturjournalistin Clara Menck, die in dieser Krisenzeit (1957) die »HfG auf dem Q-Berg« besuchte, schrieb, daß Bills Schritt nicht eine akute Krise der Hochschule, sondern den Abschluß einer von Anfang an schleichenden Gefährdung bedeute. Eine experimentelle Schule könne, ganz abgesehen von allen persönlichen Fragen, heute kein Dogma haben, sondern nur Arbeitshypothesen; sie brauche, wie ein guter Kenner von Bills Arbeiten sagte, »keinen Mann, der ihren Geist beherrscht, sondern einen, der ihren Geist herbeiführt«. »Die ›roaring twenties‹ sind vorbei; Aufgabe und Linie einer Schule können nur durch vorsichtiges Tasten und Zusammenarbeit sich ergänzender Persönlichkeiten gefunden werden.« Die meisten Lehrer hätten wohl eingesehen, daß irgend etwas nicht stimme, wenn die Schüler Worte wie Kybernetik, Topologie, Logistik, Morphologie spielend im Mund haben, aber unter Umständen vom Unterschied zwischen Romanik und Gotik, oder sogar schon vom »Blauen Reiter« nichts wüßten. Dennoch: der experimentelle Charakter der Hochschule sei für die Öffentlichkeit interessant, für die Wirtschaft wichtig, vielleicht sogar unentbehrlich.[318] Nicht dieser Meinung war rund ein Jahrzehnt später (1968) der Deutsche Bundestag, der den jährlichen Zuschuß von 200 000 DM, und der württembergische Landtag, der den Zuschuß von 1,3 Millionen strich. Der Betrieb wurde eingestellt. »Die HfG hat die Hoffnung auf eine demokratische Renaissance Westdeutschlands konkretisiert und starb mit ihr.« (Claude Schnaidt, Architekt und Dozent von 1959-1967)[319]

Neben dem »Deutschen Werkbund« und der »Hochschule für Gestaltung in Ulm« wurden weitere Instanzen geschaffen, die das ästhetische Gewissen der Nation zu schärfen trachteten. Die »Neue Sammlung« in München, zunächst von Hans Eckstein, dann von Wend Fischer geleitet, setzte mit ihren Ankäufen und Ausstellungen Maßstäbe und rief durch ihr Engagement für »Nicht-Repräsentatives« schöpferische Unruhe hervor – »gerade in München, das sich dekorationsfreudig mit Vorliebe auf den Lorbeeren seiner berühmten Vergangenheit vom Rokoko bis zum Klassizismus ausruht.«[320]

Die Zeit des Wiederaufbaus brachte eine gestaffelte Institutionalisierung des »industrial design«, die Hand in Hand ging mit einer gesellschaftlichen Anerkennung der demokratischen Bedeutung von Formgebung. Neben dem »Institut für Neue Technische Form« wurde auf Beschluß des Deutschen Bundestags 1951 der »Rat für Formgebung« als gemeinnützige Stiftung geschaffen und in Darmstadt, in Verbindung mit dem »Deutschen Werkbund«, etabliert. Die Stiftung, die den »Bundespreis Gute Form« alljährlich verlieh, hatte den Auftrag, »bei Industrie, Handwerk, Handel und Verbraucherschaft aufklärend und fördernd zu wirken, Behörden, insbesondere die Bundesregierung und die Regierungen der Länder, zu beraten, auf eine vorbildliche Deckung des öffentlichen Bedarfs hinzuwirken, sich an der Vorbereitung von Ausstellungen, Ausschreibungen und Wettbewerben fördernd und beratend zu beteiligen, Institute und freischaffende Gestalter bei ihrer Tätigkeit zu fördern und zu beraten und Einfluß auf die Berufsausbildung zu nehmen.«[321] Unter der Parole »Forderungen zur ästhetischen Bildung« wurde im März 1965 der »Gestaltkreis im Bundesverband der deutschen Industrie« gegründet.

Kritiker der deutschen Formgestaltung in der Wirtschaftswunderzeit stellten fest, daß – abgesehen von der HfG und einigen Firmen (darunter Rosenthal, für die auch Raymond Loewy einige erfolgreiche Dekors lieferte) – das Gesamtbild trist aussähe. Mitten in der Freßwelle habe sich der Durchschnittsbürger eher für den Inhalt eines Kühlschrankes als für dessen äußere Hülle interessiert. »Knoll oder Karstadt? die Entscheidung fiel fast stets zugunsten des Kaufhauses von nebenan.«[322] Vor allem auf dem Gebiet der Wohnmöbel dominierte die »einfache Geschmacklosigkeit«. Zwar erhielt Max Bill auf der Triennale in Mailand 1954 eine Goldmedaille für den von ihm entworfenen Stuhl, doch wurden in Deutschland Möbel, die in der Qualität etwa den Stühlen von Eero Saarinen, Charles Eames oder Arne Jacobsen vergleichbar waren, nicht produziert; auch auf anderen Gebieten kam das überzeugende »dynamische« Styling meist aus dem Ausland (eine Tatsache, die bereits 1957 in Wend Fischers Standardwerk *Bau. Raum. Gerät* herausgestellt wurde).

Der Versuch, beim Design der Gebrauchsgegenstände und Möbel wie der Innenausstattung insgesamt einen Gegensatz zum schwerfälligen altdeutschen Stil – prägend für die protzigen Räume der wilhelminischen Gesellschaft, dann der Nationalsozialisten und nun der Neureichen – zu suchen, verlief nicht sehr erfolgreich.[323] Das machen auch die innenarchitektonischen Berichte der Zeitschrift *Das Schönste* deutlich, die bei aller sonstigen kulturellen Aufgeschlossenheit gerade in diesem Bereich einem fatalen Eklektizismus verfiel.[324] An der vorherrschenden Stil- wie Geschmacksverwirrung (-verirrung) konnte man den restaurativen Charakter der Epoche ablesen. Das Wohnzimmer hatte weiterhin den Rang eines Klassenabzeichens. War auch in der nivellierten Mittelstandsgesellschaft insgesamt das ökonomische Niveau gehoben – sozialpsychologisch bzw. sozialpathologisch galt nach wie vor die Definition von Hans G. Helms: »Das Wohnzimmer ist ein typisches Produkt der zwiespältigen Klassensituation, zum Großbürgertum emporgierend, zum Proletariat materiell hinabgezogen, eine Mischung aus großbürgerlichem Salon und dem Allzweckgemach des Eigentumslosen ... Vom Salon sind dem Wohnzimmer diese Pflichten überkommen: das materielle und ideelle Eigentum des Wohnungsinhabers zu repräsentieren; die Öffentlichkeit zu empfangen und ihr Tribut zu zollen; Ort der Muße und des dezenten (wenn es mit Sicherheit unentdeckt bleibt, auch des indezenten) Zeitvertreibs zu sein.«[325] Der »Schmücke-dein-Heim-Fetischismus« erweist sich als Flucht vor der Leere; sie führt zur kompensatorischen Übermöblierung und Vollstopfung. Das Wohnzimmer der nivellierten Mittelstandsgesellschaft erweist sich als Hochburg einer vorgetäuschten Wirklichkeit und entleerten Intimität, von der Sinnlichkeit des Kitsches durchromantisiert, möglicher Ort aggressiver Phantasmagorien. »Rauchtischchen-Blumenständer-

Fernsehleuchte, lauter Sachen die niemand braucht, die in jedes behagliche Heim gehören, weder nützlich, noch schön, aber preiswert. Artikel, Waren – nicht Gegenstände, Gebrauchsgüter, Nahrung, Speis und Trank, Leben, lebenswichtige Schönheit, sondern austauschbare Symbole, teure Trostpreise, Attrappen mit denen du deinen frustrierenden Alltag hoffnungslos aufputzt, ein öder Traum, Hunger und Durst lebenslang ungestillt.« (Peter Kurzeck)[326] Dem »unheimlichen Heim«, der »schaurigen Geborgenheit« neubürgerlichen Wohnens im Neon-Biedermeier und Neureichen-Barock war auch nicht durch die Wohnberatungsstellen beizukommen, wie sie seit 1953 vom »Deutschen Werkbund«, erstmals in Mannheim, eingerichtet wurden.[327] Gleichermaßen blieb die älteste Wohnzeitschrift *Schöner Wohnen* (seit 1960), bieder, aber aufklärerisch bemüht, mit ihrem Versuch, Phantasie anzuregen und die Menschen dazu zu ermutigen, sich in den eigenen Wänden als Individualisten gegen den Warenhauskitsch zu behaupten, trotz Riesenauflage verhältnismäßig wirkungslos.[328]

Als in Hamburg 1950 die erste Ausstellung »Schöner Wohnen« eröffnet wurde, hieß es in der Wochenschau: »Unendlich viele Familien müssen bei uns auf engstem Raum zusammenleben. Aber dieser Zustand darf kein Dauerzustand werden. Bald, hoffentlich recht bald, stehen viele Millionen Deutsche vor der Frage: wie richten wir unsere Wohnung ein? Viele der hier gezeigten Einrichtungsgegenstände erfüllen einen Doppelzweck. Es fehlt nichts, und nichts ist zuviel! Das Möbelhandwerk weiß, daß wenig Geld für Möbelkäufe vorhanden ist, daß auch in Neubauwohnungen mit jedem Meter Raum gerechnet werden muß und daß die wenigsten sich mit einem Schlag eine vollständige Wohnungseinrichtung kaufen können. Zunächst eine Couch, einen Tisch, dann einen Schrank, und schließlich bequeme Polstersessel. Die Wohnungseinrichtung soll ›wachsen‹. Jeden Monat oder jedes Vierteljahr ein neues Stück, das ist der Leitgedanke dieser Ausstellung.«[329] »Schöner Wohnen« – als quantitativ-materialistischer Begriff: Das Wirtschaftswunder sorgte dafür, daß solche Sehnsucht in Erfüllung ging. Der »endliche Sieg« des modernen geistbezogenen Stils (in Möbeln, in der Raumgestaltung, im Kunstgewerbe und in den Gebrauchsgeräten), wie ihn Wolfgang Heyn 1955 vorhergesagt hatte[330], fand freilich trotz aller Anstrengungen in der Formgestaltungsbewegung nicht statt.

Wohnmaschinen

Gehäuse des Schönen, gepflegter Entspannung und gesitteter Gemeinsamkeit zu schaffen, war höchstes Ziel reflektierender Architektur. Es ging um »erbauliches Wohnen«, solides Glück. Licht und Luft waren bestimmend; die Mauern wurden weitgehend durch Glas ersetzt, damit der Sonnenhunger und die Südsehnsucht gestillt werden konnten. Solches »Schöner Wohnen« wurde über unzählige Architekturreportagen einer Gesellschaft vermittelt, die nun, nach Notunterkunft und Untermieter-Dasein, die Chance fürs eigene Heim, auch fürs Eigenheim, gekommen sah. Als höchstes Glück der Erdenkinder galt der Bungalow, bei dem sich die Kunst des Architekten im »Einfangen des wärmenden, heilenden und beglückenden Lichts« besonders gut entfalten konnte. »Ein ebenerdiger Bau, klar und weiträumig in den Ausdrucksformen unserer Zeit« ... In der Heimstatt »voll lichter Großzügigkeit« fühlte man sich schon »fast in Italien«.[331] »Die klare Linienführung des Hauses fügt sich gut in die Landschaft. Voll heiterer Farbwirkung ist das Gelb der Klinkersteine, das Blau der Markisen und das Rot des Sandsteinunterbaus im Grün der Wiesen. Weit dringt die Sonne in den großen Wohnraum, der sich durch das versenkbare Fenster mit der Terrasse verbindet. Die Bücher bilden eine buntfarbige Rückwand zu der Sitzgruppe aus blauen Polstern auf weißem Stahlrohr.«[332] Die Fenster des Kinderspielzimmers sind natürlich besonders groß. »Die Haustür ist aus Glas. Der Türknopf ist rot. Der Rahmen des Dielenspiegels ist rot. Die Garderobenhaken sind rot. Der Hut am Haken ist rot ... Die Böden sind mit hellen Teppichen belegt. Es geht ordentlich zu in diesem Haus. Es gibt Weißwein aus Weißweingläsern. Die Gläser stehen auf Untersätzen. Die Weinflasche liegt in einem Korb bereit. In die Dose mit Mackintosh' Quality Street Chocolate Toffees sind Schnuller und Colaflaschen aus Weingummi geraten, weil ein Kind im Hause ist. Es schläft im hinteren Teil des Hauses, ganz allein, ohne Lichtschlitz, ohne Kuscheltier oder Daumen im Mund ... Und wenn sie sich einen Swimming-pool bauen sollten, dann werden sie sich den dazu passenden Wasserball auch aus dem ›Bienenkorb‹ holen. Es würde so werden, wie es auf dem Titelbild von ›Das Heim‹ Nr. 12 abgebildet ist: Auf einem weiß-gelb gestreiften Swimming-pool schwimmt ein weiß-gelb geachtelter Wasserball.«[333]

Der Kanzler ging mit gutem Beispiel voran; es galt, Stil zu demonstrieren; man war wieder wer. Staatliche Repräsentation durfte keinen Anachronismus darstellen. Im Zeitalter »schwindender sozialer Antagonismen« – also in der nivellierten Mittelstandsgesellschaft, als deren Repräsentant sich Ludwig Erhard fühlte – bedurfte es »keiner Inszenierung und Erhöhung mehr durch einen rhetorisch verbrämten Betonklassizismus«. Nicht förmliches Zeremoniell, sondern nur Kontakte, Begegnungen, Verständigung von Mensch zu Mensch könnten die Politik fördern. Moderne Architektur diene menschlicher Freiheit und einem globalen Föderalismus. So wurde es als Glücksfall empfunden, daß Erhard sich für den Bau eines Wohn- und Empfangsgebäudes, eines Bungalows, den Architekten Sep (eigentlich Sepp) Ruf holte, dem man als maßgeblichem Vertreter der Moderne zutraute, mit dem Bungalow des deutschen Bundeskanzlers ein »Gegengewicht zur stilistischen Mediokrität« zu schaffen. »Der ›Bungalow‹ als Ausdruck politischer Gesinnung ... Es hat etwas mit dem geistigen Niveau in unserem Staat zu tun, in welcher Form seine gewählten Vertreter repräsentieren. Das neue Haus des Bundeskanzlers in Bonn ist ein würdiges Beispiel zeitgemäßer staatlicher Repräsentation. In Deutschlands finsterster Zeit wurde das Bauhaus geschlossen. Die tüchtigsten Architekten mußten außer Landes gehen. Haben wir nicht allen Grund, uns über den Bungalow zu freuen?« (Erich Steingräber)[334]

Die Freude am Bungalow vereinte zwei Tendenzen in sich, die für das Bauen nach 1949 von großer konstitutiver Bedeutung waren: zum einen die Liebe zum Grünen, zum anderen die Liebe zur Geometrie. Vor allem diejenigen, die sich in der nivellierten Mittelstandsgesellschaft zur oberen Schicht zählten, wollten, daß ihrer Wohnung ein Garten oder ein Gärtchen zugeordnet sei. Die »grüne Stube« bzw. das »grüne Zimmer« gehörte zum Sozialprestige (etwa als Innenhof): »Die Kieselsteine tönen unter den Sohlen. Am kleinen Wasserbecken wächst Pampasgras. Die Wedel sind wie Schaum und glitzern kalt im Licht der Gartenlampen. Es schießt schnell aus dem Boden, es braucht zuerst viel Wasser, dann nicht mehr . . . Es steht sehr lange bis in den Winter, es raschelt bei dem leisesten Wind, man glaubt, man sei an der See.«[335]

An der »blühenden Stadt« war der Zeilenbau (Eigenheime in Zeilen) ausgerichtet, der sich aus ökonomischen Gründen nicht nur auf Flachbauten beschränken konnte. Er wurde als eine große und notwendige Befreiung von den »Schändlichkeiten und Scheußlichkeiten des ausbeutenden Wohnungsbaus im Früh- und Hochkapitalismus«, von der Pseudoromantik gutmeinender Reformer und vor allem von den »unerträglich gewordenen Korridorstraßen« empfunden. »Diesen Zeilenbau können wir nennen: exakt, klar, gesund und gerecht«, schrieb Erich Kühn 1957 in *Christ und Welt*. Unsere Zeit suche wieder Bindungen an die Elemente der Natur. Auch wenn man nicht mehr die Wohnungen der Großeltern, ihre Gärten, ihre ländliche Umgebung mit dem Zauber, der sie umgab, zurückrufen könne – organische Planung müsse dafür sorgen, daß der Perfektion in der Maschinenwelt »alltägliches Grün« entgegengesetzt werde. »Wir brauchen und wir wollen die aufgelockerte, die grüne, die blühende Stadt, der man noch die Attribute gesund, hell, sonnig, strahlend anfügen könnte. Die Grenze der Auflockerung sollte jedoch dort liegen, wo der spannungssteigernde Gegensatz zum Lande aufgehoben wird. Sie zu finden, ist die gemeinsame Aufgabe des Grünplaners und des Städtebauers.«[336]

Das war freilich eine idealistische Stadtplanung, die mit ihrem aufs »natürliche Wohlbefinden« zielenden Layout dem ökonomischen Profitmaximierungsdenken wenig entsprach. Wollte man Grundfläche sparen, mußte man die querliegenden »Flachbauschachteln« nur aufrichten, was zwar die Liebe zum Grünen, nicht aber die Liebe zur Geometrie beeinträchtigte. Amerika demonstrierte – für die damalige Zeit auf »überzeugende Weise« – sowohl die horizontale als auch die vertikale Expansion: Suburbia war flach- und weitgestreckt, lag allerdings dem Stadtzentrum fern; downtown erhoben sich die Gebäude aus Beton und Glas wie »Schichttorten« und garantierten hohe Rendite. (Ab Mitte der sechziger Jahre wurde die grüne, offene Gartenstadt dann immer heftiger kritisiert, weil sie dem humanen Städtebau, der urbane Verdichtung notwendig mache, widerspräche. Der Nachbarschaftsgedanke amerikanischer Provenienz sei illusionär; in der Tat berichtete die soziologische und belletristische Literatur von schlimmen sozial- wie sexualpathologischen Deformationen in Trabanten- beziehungsweise Schlafstädten – vor allem was das Leben der »grünen Witwen«, trotz Gewächshaus und Swimming-pool, betraf. In Deutschland kam noch das Nachwirken der Blut-und-Boden-Ideologie hinzu, gefördert von dem die Bonner Politik bestimmenden Eigentumsgedanken, der mit seiner Kleinhausförderung zu langweiligen und umweltfeindlichen Vorortkolonien führte.[337])

1947, dem Jahr, da als Teil der antikommunistischen Truman-Doktrin der Marshall-Plan verabschiedet wurde und damit für Deutschland auch umfassende Aufbauhilfe zu erwarten war, veranstaltete die amerikanische Militärregierung eine Vortragsreise von Walter Gropius nach Deutschland, auf der er erneut die Ideen des Bauhauses vertrat und Hans Scharoun als den »besten Planer und Architekten« des Landes pries. Der Re-import der funktionalistischen Architektur eines Gropius, Mies van der Rohe, Richard Neutra, aber auch die Aneignung der in ihrem Gefolge oder mit ihnen in Verbindung stehenden amerikanischen Architekten (etwa eines Frank Lloyd Wright), vor allem auch die erneute Rezeption von Le Corbusier, konnte als ein Teil der Entnazifizierung empfunden werden. Was der Architekt Bruno Taut einst in *Frühlicht – Eine Folge für die Verwirklichung des neuen Baugedankens* formuliert hatte, galt mehr denn je – der dumpfen Blut-und-Boden-Weltanschauung entgegengesetzt: »Hoch das Durchsichtige, Klare! Hoch die Reinheit! Hoch der Kristall und hoch und immer höher das Fließende, Grazile, Kantige, Funkelnde, Blitzende, Leichte – hoch das ewige Bauen!«[338] Die alt-neue Architektur wurde in diesem Sinne gerade auch von den linksliberalen Intellektuellen der Bundesrepublik begrüßt. Als die erste Monographie über Mies van der Rohe Mitte der fünfziger Jahre erschien, schrieb Erich Pfeiffer-Belli in der *Süddeutschen Zeitung*, daß alles Verständnis Amerika gebühre, dessen Funktion als kulturförderndes Land in Hinblick auf die europäischen Refugiés gar nicht hoch genug veranschlagt werden könne.[339] Die ins Land geholten Gropius, Albers, Bayer, Moholy-Nagy, Kraemer und Mies hätten drüben das ihnen gemäße Klima sowie Aufträge und Anerkennung gefunden. Mies van der Rohe (der unter anderem die Technische Hochschule in Illinois und das Seagram-Building in New York gestaltet hatte) verkörperte zusammen mit Walter Gropius, über den kurz vorher ein Buch von Siegfried Giedion erschienen war, eine Architektur, der in ihrer Kultiviertheit, ihrem Form- und Materialgefühl, ihrem Sinn für das Geistige alles Auftrumpfende, Derbe und Pathetische völlig fremd waren.[340] Als er 1953 seinen 70. Geburtstag feierte, wurden ihm große Ovationen zuteil. Gropius (Architekt, Lehrer, Organisator, Bildungspolitiker, Kulturphilosoph, Designer) war Universalist und Generalist; kein Praktiker. Er hat nicht selbst »gezeichnet«, sondern als Spiritus rector seine Ideen und Vorstellungen detailliert verbal mitgeteilt und dann mit Hilfe seiner Mitarbeiter umsetzen lassen.[341] Walter Gropius wie Mies van der Rohe, die Protagonisten der deutschen Moderne der zwanziger Jahre, wurden für wichtige Aufträge zurückgerufen. Gropius baute 1957 ein Haus auf der Berliner »Interbau«. Mies van der Rohe errichtete 1962 bis 1968 die »Neue Nationalgalerie« in Berlin: »Das strukturelle und formale Schema übernahm er von seinem 1957 entstandenen Projekt für den Verwaltungsbau der Firma Bacardi in Santiago (Kuba): eine quadratische Kassettendecke aus schwarzem Stahl auf acht, von den Ecken weggerückten Stahlstützen. Darunter stellte er, weit zurückgesetzt, eine filigrane Glaswand als durchsichtige Raumhülle auf.« (Vittorio M. Lampugnani)[342] Als

Irene Zander 1953 die »Unité d'Habitation« von Le Corbusier in Marseille besuchte und darüber für die *Neue Zeitung* berichtete, gab sie ihrem Artikel den Titel: *Das Haus der Zukunft*.[343] Der Bau erscheine so sehr als ein Ganzes, als ein gestalteter Körper, daß man unwillkürlich nach Vergleichen unter den großen Kunstwerken der Vergangenheit suche, die jene körperhafte Einheit noch hatten. »›Wie in einer Kirche‹, rief spontan ein kleines Mädchen aus München, das mit einer Gruppe von Architekten den Bau besichtigte, als es zwischen den grauen Betonpfeilern unter dem Haus hindurchging. Tatsächlich vermitteln diese Pfeiler etwas von der Kraft gotischer Säulenbündel. ›Wie eine gotische Kathedrale‹, sagte ein Berliner Architekt, und dieser Vergleich überzeugt, obwohl nicht die geringste Ähnlichkeit der Form anklingt.«

Zu der damaligen Zeit nahm man Architektenträume wichtiger als bauliche Solidität: der Architekt faszinierte als kühner Gestalter, als einer, der souverän gewaltige Massen »ordnete« und modernes Leben zum Funktionieren brachte. Die Stadt war Maschine, die im Dienste zivilisatorischer Perfektion auf vollen Touren lief. »Die Maschinen arbeiten im innigsten Verhältnis mit dem Menschen. Die Auswahl der Intelligenz vollzieht sich mit unverwirrbarer Sicherheit: Handlanger, Arbeiter, Vorarbeiter, Ingenieur, Direktor, Verwalter, jeder steht an seinem richtigen Platz, und derjenige, der das Zeug zum Manager hat, bleibt nicht lange Handlanger. Alle Posten sind zugänglich. Die Spezialisierung koppelt den Menschen an die Maschine; man verlangt von jedem eine unerbittliche Genauigkeit, denn das Stück, das durch die Hand des Nebenmannes geht, kommt nicht wieder zurück, kann nicht verbessert oder noch einmal überprüft werden; es muß genau gearbeitet sein, um seine Detailrolle im Weiterspiel der Genauigkeit ausfüllen zu können, es muß sich selbsttätig dem Ganzen fügen.« (Le Corbusier)[344]

Man bewunderte auch Chandigarh; dort, im Pandschab (im nördlichen Indien), war nach Entwürfen von Le Corbusier eine Siedlung für anfangs 150 000 Menschen (später 500 000) nebst Regierungsgebäuden, Parks und einem Staudamm von 4 Kilometer Länge und 20 Meter Höhe hervorgestampft worden. Und Ronchamp (Elsaß): Die von Le Corbusier 1950-1954 errichtete Wallfahrtskirche Notre-Dame-du-Haut bewies mit ihrer strengheiteren Wirkung (»ein Zelt für Pilger«), daß moderne Architektur das Gemüt keineswegs vernachlässigte.[345] Die Moralisten am Reißbrett, die Pioniere der modernen Bewegung (etwa Le Corbusier mit dem Schlagwort: »Das Haus ist eine Wohnmaschine«), dürften nicht als Anhänger starrer mechanistischer Prinzipien mißverstanden werden; sie wollten keineswegs die Maschine verherrlichen, zeigten keine Gleichgültigkeit gegenüber feineren menschlichen Werten, meinte Walter Gropius; im Vordergrund der Diskussion stünde das Problem der Humanisierung der Maschine und der Suche nach einer neuen Lebensform. Funktionalismus sei nicht gleichbedeutend mit rationellem Vorgehen; den emotionalen Bedürfnissen müsse ebenso zwingend nachgegangen werden wie den praktischen. Wissenschaft und Maschine seien in den Dienst des menschlichen Lebens zu stellen. Im ähnlichen Sinne forderte Richard Neutra (*Wenn wir weiterleben wollen*, 1956), daß die Gestalt-

Neubausiedlung in München, 1953

planung sich von allen überkommenen Ordnungsschemata, von Geometrie wie Symmetrie und traditionellen Schönheitsmustern, lösen und mit Hilfe von verschiedenen Wissenschaften den »physiologischen Raum« ermitteln müsse. Darunter verstand er den Raum, der den »nervlichen Reaktionen« völlig angepaßt war – einen Raum, bei dem Aufteilung, Anordnung der Möbel, Tastformen, optische und akustische Phänomene, Geruchsreize so kombiniert seien, daß den Menschen als überanstrengten Kindern der noch ungestalteten Zivilisation die größtmögliche Nervenschonung und die angenehmsten Sinneseindrücke gewährleistet werden.[346]

So wie bei moderner Wohnraumgestaltung Nierenform und rechter Winkel zusammenfanden, so sollte »organisches Bauen« den »Geometrismus« romantisieren, gewissermaßen Hygiene mit Religion verbinden. Bewältigung des Lebensraumes stand im Mittelpunkt des Darmstädter Gesprächs 1951 (*Mensch und Raum*). Rund tausend Menschen folgten der von Otto Bartning geleiteten Diskussion, zu der wichtige Architekten, darunter Richard Riemerschmid, Sep Ruf, O. E. Schweizer, Hans Schwippert, Hans Scharoun (freilich nicht Mies van der Rohe und Gropius) sowie bedeutende Philosophen und Soziologen (Martin Heidegger, Ortega y Gasset, Alfred Weber) gekommen waren. Während Heidegger, seinem Ruf getreu, ins »Wesentliche« transzendierte – die eigentliche Wohnungsnot bestünde nicht so sehr im Fehlen von Wohnungen, sondern weil die

Neungeschossiges Wohnhaus von Walter Gropius, Hansaviertel Berlin

»Sterblichen« erst wieder das Wohnen lernen müßten –, sprach Hans Schwippert zeitaktuell davon, daß häufig das »Raumwollen« vorhanden wäre, man aber keine technischen Mittel hätte, es zu verwirklichen. Der Mensch, so Ortega, sei ein »Technical«; er gehöre zur Natur, in deren Licht er freilich krank sei; er müsse sich eine technische Welt, einen technischen Apparat schaffen, um leben zu können: Die Welt ist für den Menschen eigentlich eine riesige orthopädische Anstalt; die Unzufriedenheit, mit der er vorwärtsdrängt und neu schafft, ist das Höchste, was er besitzt. Heidegger indirekt ironisierend, schlug er einen Salto mortale von dem Wort »Eleganz« zu dem Wort »Intelligentia«. »Es war hocherfreulich«, meinte der Kritiker Bruno E. Werner.[347] Solche spielerische Semantik enthielt eine wichtige essentielle Aussage – waren doch zu dieser Zeit der Architekt wie der Intellektuelle mehr an der Schönheit der Form als an ihrer sozialen Relevanz interessiert. Beim 9. Kongreß der 1928 gegründeten CIAM (Congrès International d'Architecture Moderne) 1954 in Aix-en-Provence wurde von Siegfried Giedion Schönheit als »Rhythmus« gedeutet.[348] Man könne sie einem Bau nicht zu guter letzt aufkleben wie ein Etikett; sie müsse aus dem Plan, aus der Konzeption erwachsen. Auf die Stadt angewandt, bedeutete Rhythmus Absage an regelmäßige Aufteilung; dafür aleatorische Gliederung der Räume, Hauskörper, Wohnungen. So könnten die Probleme der Massierung in der Stadt und der industriellen Bauproduktion gelöst werden. Neue Schönheit befähige dazu, Masse und Serie in Harmonie mit dem natürlichen Leben zu bringen. »Wir brauchen eine Schönheit, die Masse und Serie rhythmisch formen kann.« Das Thema des Kongresses, zu dem erstmals nach dem Krieg deutsche Architekten wieder offiziell eingeladen worden waren, hieß »Habitat«; Le Corbusier wurde begeistert gefeiert; auch Walter Gropius erntete stürmischen Beifall, als er kritisierte, daß viele der heutigen Architekten keine Künstler mehr seien. »Steigerung der persönlichen Ausdrucksmöglichkeiten« stand im Mittelpunkt seiner Ausführungen.

Beim 4. Kongreß der Internationalen Architekten-Union (UIA) in Scheveningen ein Jahr später traten im Gegensatz dazu Fragen der Normierung, Standardisierung, Rationalisierung in den Vordergrund. Auf der ganzen Erde fehlten fast eine Milliarde Wohnungen; nur die »genormte Stadt« könne das Problem lösen helfen. Die »strahlende Utopie der neuen Stadt« war damit bedroht: von der bevorstehenden Realisierung der »seelenlosen« Stadt mit ihren zerlegbaren, beliebig austauschbaren, beliebig transportierbaren Massenwohnungen – ohne Dekor und »Schwünge«, alles einheitlich im Maß, rechtwinklig, beliebig am Bau verwendbar, genormte Grundrisse, Fassaden, Pläne (aus dem Katalog beziehbar). Das Haus, das dem Menschen mit seinem Widerspruch und der Natur mit ihren Wandlungen dienen solle, so Irene Zander, widerstrebe aber der Serie – es sei denn, man norme vorher den Menschen, das Leben, das Klima, die Sonne, den Regen, den Wind und die Erde. Sobald es um Geld und Zahlen gehe, würden die Rationalisten seltsam träumerisch; doch der Mensch wehre sich.[349]

Hinsichtlich der bundesrepublikanischen Wirklichkeit konnte von solchem Widerstand in den fünfziger Jahren kaum die Rede sein. Ein Bauboom nach dem anderen wurde vertan. »Ganz gleich, ob es sich um sozialen Wohnungsbau handelte, um Fertighäuser, um Hochschulen, um Gesamtschulen oder um Krankenhäuser: alles wurde größtenteils in provinzieller Manier als tumber, mit Haustechnik vollgestopfter und stets von Raumqualitäten unbeleckter Container produziert . . . Die borniertе Rechnungshof- und DIN-Normen-Architektur, die unsoziale Unwirtlichkeit sozial legitimierte und allenfalls a priori verbrauchte ästhetische Metaphern einer ›Freiheit‹ schuf, die konkret keineswegs gemeint war, wurde zum gesichtslosen Symbol der deutschen Wirtschaftswunderzeit.«[350]

Vittorio M. Lampugnani spricht in diesem Zusammenhang von einer »zweideutigen Kontinuität der Moderne«. Die hoch aufragenden, schlanken Bauten seien nicht einem geistigen Gestaltungsprinzip erwachsen; sie symbolisierten lediglich das grenzenlose Vertrauen in ökonomisches Wachstum und technischen Fortschritt. Als perfekte gläserne Gespenster, die wie Pilze aus dem Boden sprossen und die Stadtbilder von Frankfurt am Main, Hamburg und Hannover genauso zu bestimmen begannen wie jene von Chicago und New York (was dem Begriff des International Style einen negativen Beigeschmack verlieh), spiegelten sie vorherrschende ökonomische Verhältnisse. Gegen den Masseneinsatz einer Architektur des Kaufmanns und die Bevorzugung der normierten, vorfabrizierten »Architektur der Zelle« aus rein ökonomischen Gründen wandte sich Eberhard Schulz, einer der wenigen Journalisten, die zu dieser Zeit systematische

Architekturkritik betrieben.[351] Im Rückblick meinte Schulz (1977): »Inzwischen leben wir in diesen neugewordenen Städten, oder was ein Narr wie Le Corbusier uns davon beigebracht hat, in diesen aufgerichteten Haustafeln und ihrer verblichenen Identität, die eigentlich – wie jene Warenschachteln – dieses Prädikat einer Architektur nie verdient haben. Unsere Ingenieurkisten, durch die Kubuskonzeption von Gropius früh angelegt, lagen in den Bauzeichnungen alle vor, bis Amerika kam und die letzten Traditionen wegwischte. Und nun wuchsen sie alle empor, den alten Stadtkörper zerstörend, in diesem Geist der Bulldozer, der bis heute hinter so manchem Wettbewerb steht.«[352] Der mit Hilfe der Ökonomie bewerkstelligte Sieg der modernistischen Architektur über die traditionalistische hieß freilich nicht, daß diese das Mittelmaß von jener überragt hätte. Die »Brikettgiebel-Architektur« konnte sich zudem, vor allem in Kleinstädten, so weit entfalten, daß man ihre Qualitätsmängel als Folge einer heruntergekommenen Romantik drastisch vorgeführt bekam.

Die Architektur dieser Zeit zeigt aber nicht nur modernistische und traditionalistische, sondern auch genuin moderne und traditionale Züge. Eine negative Beurteilung der Bauten während der Wirtschaftswunderzeit bedarf einer wesentlichen Korrektur in Hinblick auf herausragende Einzelleistungen, die die Bandbreite der Qualität zu markieren vermögen:

Bei den Bürohochhäusern erregten besondere Aufmerksamkeit das Gebäude für die Badische Anilin- und Sodafabrik (BASF) in Ludwigshafen (1957), das Mannesmann-Hochhaus am Rheinufer in Düsseldorf (1958) und das »Drei-Scheiben-Haus« von Phönix-Rheinrohr am Rande des Düsseldorfer Hofgartens (1959). Die Architekten (Helmut Hentrich: BASF und Phönix; Paul Schneider-Esleben: Mannesmann) waren stark an amerikanischen Vorbildern orientiert; die technische Struktur bestimmte das starre Käfiggerüst mit den Fensterbändern und den verkleidenden Aluminium-Bändern.[353]

Alois Giefer und Hermann Mäckler gewannen 1951 den ersten Preis im Wettbewerb für ein neues Fluggast-Abfertigungsgebäude der Verkehrs-Aktiengesellschaft Rhein-Main. Das Preisgericht konstatierte, daß die typische Ausbildung der Abfertigungsanlage den Reisenden klare Richtpunkte für ihre Bewegungen sowohl von der Stadt wie auch vom Rollfeld und, was besonders wichtig sei, auch von der Luft aus gebe. In den zwanzig Jahren von der Auftragsvergabe 1952 bis zur Einweihung im März 1972 wuchs das Projekt über achtunddreißig Vorentwürfe aus einer Kapazität für fünf Millionen Fluggäste und fünfzehn Millionen Mark Kosten zu einer Kapazität für dreißig Millionen Fluggäste und achthundert Millionen Mark Kosten.[354]

Friedrich Wilhelm Kraemer gehörte zu der ersten Nachkriegsgeneration, die Anschluß an den modernen Stil zu finden suchte. Die sterile Einseitigkeit des Funktionalismus überwog noch bei der Gestaltung des Bahnhofsvorplatzes und des Atrium-Hotels in Braunschweig; wesentlich besser gelang ihm die Integration alter Bausubstanz (Gewandhaus und Altstadtmarkt in Braunschweig, Herzog-August-Bibliothek in Wolfenbüttel).[355]

Ein eigenwilliges Rathaus entwarf Gottfried Böhm 1962 für Bensberg, ein

Bau, der sich der »Dialektik von Banalität und Absonderlichkeit« entzog; er bot »Niegesehenes, aber es erschien selbstverständlich; mit Geschichte ging er nicht zimperlich, doch auch nicht respektlos um; originell bis zur Tollkühnheit nahm das Bauwerk seinen Platz in der Stadtlandschaft ein, als könne es nicht anders sein.«[356]

Max Taut, Bruder des bekannteren, 1938 in der Emigration verstorbenen Bruno Taut, wurde 1945 als Einundsechzigjähriger von Karl Hofer an die Hochschule für bildende Künste in Berlin-Charlottenburg berufen, wo er eine »Bau- und Architekturschule« einrichtete. Zwischen 1947 und 1949 war er an dem von Hans Scharoun geleiteten »Institut für Bauwesen« der Deutschen Akademie der Wissenschaften für das Ressort Wohnungswesen verantwortlich. Er trat vor allem mit Sozial- und Schulbauten hervor; auch die Bonner »Baracke«, der langjährige Sitz der SPD-Bundeszentrale, war von ihm entworfen worden.[357]

Die neue Stuttgarter Liederhalle 1956 (2000 Sitze), von Adolf Abel und Rolf Gutbrod, verzichtete auf Festbaupathos; die asymmetrische Agglomeration verschiedener massiger, konträrer Baukörper war ganz durch Funktionalität bestimmt: verglichen mit den übrigen »Repräsentations-Monstren unseres ›Wiederaufbaus‹ erstaunlich geglückt«.[358]

Das Credo von Egon Eiermann (1904-1970) wurzelte im Funktionalismus der klassischen Moderne; die Tugenden des Bauens seien Sauberkeit, Klarheit und Wahrheit bis ins kleinste Detail; das bewußte Reduzieren habe eine tiefe ethische Grundlage; nie könne etwas zuwider sein, was einfach sei. Die »schöne Zweckform« versuchte er mit der Blumberger Textilfabrik von 1951 zu verwirklichen; 1957/58 baute er zusammen mit Sep Ruf die deutschen Pavillons auf der Weltausstellung in Brüssel; 1958-1960 entstanden nach seinen Entwürfen der Neubau des Versandhauses Neckermann in Frankfurt am Main, 1964 die deutsche Botschaft in Washington, 1968 die Verwaltung der Hoch-Tief AG in Frankfurt, 1969 das Abgeordneten-Hochhaus in Bonn sowie 1973 das postum fertiggestellte Olivetti-Zentrum in Frankfurt. Eiermann erhielt auch den Bauauftrag für die Neugestaltung der Kaiser-Wilhelm-Gedächtniskirche: »Berlins Mahnmal, Gotteshaus und Architekturexperiment«.[359] Die Turmruine blieb erhalten; westlich davon entstand ein achteckiges Kirchengebäude mit zwölfhundert Plätzen; östlich eine Gemeindekapelle mit sechseckigem Glockenturm. »Mit großer Leidenschaft haben die Berliner um die Erhaltung der Überreste ›ihrer Kirche‹ gerungen, die als Symbol für eine große, verklärte Vergangenheit wie als Mahnmal typisch Berlinische Gefühlswerte erfüllt. Leicht macht es der Architekt dem Beschauer nicht, das Zwingende seiner Planung zu erkennen.«[360]

Sep Ruf (1908-1982) war einer der erfolgreichsten Architekten der fünfziger und sechziger Jahre; rund fünfzig Bauten entwarf er zwischen dem Neubau der Bayerischen Staatsbank (1949) und dem Erweiterungsflügel für das Germanische Nationalmuseum (1960), beide in Nürnberg. Mit Egon Eiermann zeichnete er für die deutsche Abteilung der Brüsseler Weltausstellung 1958 verantwortlich. »Durchsichtige Flächen, die schwebend eingehängt in straffen, aber möglichst schlank gehaltenen Gerüsten, die klare, der Geometrie verpflichtete Gliederung, die empfindlichen Proportionen, dies war die neue Bauästhetik, die Sep Ruf der wirtschaftlich rasch aufsteigenden Bundesrepublik zugedacht hatte.«[361]

Hans Scharoun, erster Stadtbaurat nach dem Kriege in Berlin (unter seiner Leitung wurde 1946 der »Strukturplan des Raumes Berlin« erarbeitet und damit die Diskussion um Stadtentwicklung im Nachkriegsdeutschland erstmals intensiv entfacht), gewann zusammen mit Hermann Mattern 1952 den Wettbewerb zum Neubau des Kasseler Staatstheaters. Der Entwurf, der mit den Vorstellungen von einem monolithisch hochgezogenen Theaterbau brach und eine völlig neuartige Baugliederung vorsah, wurde von weiten Kreisen der Bürgerschaft leidenschaftlich bekämpft – vor allem mit dem Vorwurf, das Projekt entspräche mehr einem modernen Großkraftwerk als einem repräsentativen Musentempel. Von 1954 bis 1955 entstanden in Zusammenarbeit mit Wilhelm Frank die expressiv geformten Stuttgarter Wohnhochhäuser »Romeo und Julia«, 1956–1963 als Höhepunkt seines Schaffens die Berliner »Philharmonie«. »Die Treppen und Galerien lassen die Struktur wie eine Stadt in der Stadt wirken. Der Zuschauerraum ist in verschiedene unregelmäßige Podeste aufgelöst, um dessen Größe zu gliedern und aneignungsfähig zu machen; Orchester und Saal sind zusammengefaßt. Die elegant geschwungene Decke verleiht dem Saal trotz seiner Dimensionen Geborgenheit. Wie beinahe bei allen Entwürfen von Scharoun bietet der verwinkelte Grundriß unaufhörlich visuelle Überraschungen.«[362]

Frei Otto, geboren 1925, seit 1954 freier Architekt, 1957-1969 Leiter der Entwicklungsstätte für den Leichtbau in Berlin – ein scharfer Kritiker der westdeutschen Nachkriegsarchitektur (»Mir wird speiübel«)[363] –, entwickelte vor allem leichte Konstruktionen, die ein Maximum an Leistung bei einem Minimum von Aufwand erbrachten: 1955 den zeltförmigen Musikpavillon auf der Bundesgartenschau in Kassel, 1957 den sternförmigen Tanzbrunnen auf der Bundesgartenschau in Köln. Der zusammen mit Rolf Gutbrod für die Weltausstellung in Montreal (1965-1967) entwickelte Pavillon war ein achtmastiger Zeltbau aus Stahlnetz und Polyesterhaut, mit einem Blumenhimmel im Inneren. Von den einen als »Kleenex-Architektur« kritisiert, rief er mit seiner »raffinierten Dynamik«, der »Einheit von Konstruktion und Form«, der »kühnen heiteren Extravaganz« Begeisterung hervor. 1968-1972 entstanden in Zusammenarbeit mit dem Ingenieurbüro Leonhardt & Andrä, sowie dem Architekturbüro Behnisch & Partner – als ins Riesenhafte vergrößerte Fortsetzung des Experiments von Montreal – die Sportstätten im Münchner Olympia-Park.

Unter den handwerklich orientierten Traditionalisten war Rudolf Schwarz besonders bedeutsam. Der Architekt, der 1953 heftig gegen das »Bauhaus« polemisierte, entwarf in Zusammenarbeit mit Josef Bernard das Walraff-Richartz-Museum in Köln. »Das wunderliche Äußere des Baues dient im Inneren einer sachlich-klaren Aufstellung der Kunstwerke.«[364]

Beim Kirchenbau trat Otto Bartning schon 1946 mit dem Entwurf von Notkirchen hervor.[365] Nach Plänen von Emil Steffann entstand 1962-1964 das Kloster Marienau in Seibranz bei Leutkirch – für das 20. Jahrhundert ein

Kuriosum. Der Architekt vermied jede ornamentale Üppigkeit, verschrieb sich ganz dem asketischen Prinzip. »Die ›Ehrlichkeit‹ der Bauhäusler hat diesen Außenseiter der Moderne zurück zu den Quellen geführt, zum Abc von Mauer, Tür, Fenster, Dach, zu den primären Elementen und Materialien des Bauens, auch insofern, als er im Haus, im Gotteshaus wie im Menschenhaus, zunächst die bergende Hülle anerkannte – das ›fließende‹ Ineinander von innen und außen war seine Sache nicht . . . Arme, fundamentale, sinnliche, höchst gegenwärtige, uneitle Architektur: Wenn Adalbert Stifter Architekt gewesen wäre, er hätte wohl so gebaut.« (Mathias Schreiber)[366]

Die Unwirtlichkeit der Stadt

Alle diese Beispiele (Einzelbauten wie Gesamtwerke) verweisen auf die Tatsache, daß respektable Leistungen vor allem auf dem Gebiet wirtschaftlicher und kultureller Repräsentationsbauten erzielt wurden; demgegenüber erwies sich der Wohnungsbau als besonderes Debakel. Die später von Alexander Mitscherlich beklagte Unwirtlichkeit der Stadt war eine Folge des Mangels an ästhetischer Phantasie und sozialem Einfühlungsvermögen; ein solches Defizit bestimmte vor allem den sozialen Wohnungsbau. In seiner Eröffnungsrede zur Ausstellung »Berlin plant« im August 1946, in der die Ergebnisse des »Planungskollektivs« vorgestellt wurden, sagte Hans Scharoun (von 1947 bis 1960 Professor an der Technischen Universität Berlin, Institut für Städtebau): »Was nach der ›Auflockerung‹ des Stadtgebietes durch Bombenangriffe und Endkampf blieb, gibt uns die Möglichkeit, eine ›Stadtlandschaft‹ daraus zu gestalten. Die Stadtlandschaft ist für den Städtebauer ein Gestaltungsprinzip, besonders, um der Großsiedlungen Herr zu werden. Durch sie ist es möglich, Unüberschaubares, Maßstabloses in übersehbare und maßvolle Teile aufzugliedern und diese Teile so zueinander zu ordnen, wie Wald, Wiese, Berg und See in einer schönen Landschaft zusammenwirken. So also, daß das Maß dem Sinn und Wert der Teile entspricht, und so, daß aus Natur und Gebäuden, aus Niedrigem und Hohem, Engem und Weitem eine neue lebendige Ordnung wird. Unsere Meinung ist, daß die Großstadt nicht überholt ist, sondern daß sie bisher eine ihr gemäße, wahre Form noch gar nicht gefunden hat.«[367] Die Modernisten werteten mit ihren stadtplanerischen Vorstellungen, explizit oder implizit, die historische Stadt ab, die für sie mit Beengung, Immobilität, Dunkel- und Dumpfheit identisch war. Der Mensch brauche für seine Entfaltung Raum, Licht und Luft. Der Automobilverkehr, bei entsprechender großzügiger Straßenplanung, sollte urbane Beweglichkeit ermöglichen. Als sich nach Beendigung der Enttrümmerungsarbeiten herausstellte, daß die Kriegszerstörung doch nicht ganz die Tabula rasa hinterlassen hatte, wie sie »fortschrittsorientierte« Planer als Voraussetzung für die Konstruktion der Zukunftstadt erhofften, wurden in »gründlicher Arbeit« bis tief in die fünfziger Jahre hinein die Spuren der historischen Stadt gelöscht.

»In Berlin wurde – keineswegs als Einzelfall – ein ganzes Stadtviertel aus dem 19. Jahrhundert, das zwar ausgebombt, aber im Stadtgrundriß noch existierte, Stück um Stück ausradiert. Es war das Hansa-Viertel, und an seine Stelle sollte 1957 mit der Internationalen Bauausstellung in Berlin (›Interbau‹) das heroische Emblem des Wiederaufbaus entstehen.«[368] »Wohnen in der Stadt von morgen« war auch das Motto, mit dem man in Ostberlin, vor allem unter der Regie des Architekten Hermann Henselmann, mit der »Organisierung des Raumes für eine neue Gesellschaft« begann. Das »Haus an der Weberwiese« von Henselmann, 1951, bildete den Auftakt zum Bau der Stalin-Allee, deren Gestaltungsprinzipien zwischen Bauhaus- und Zuckerbäckerstil oszillierten.[369]

Zur »Interbau« hatte man die internationale Architekturelite, darunter Alvar Aalto, Walter Gropius, Arne Jacobsen, Le Corbusier eingeladen; auch Oscar Niemeyer Soares Filho wirkte mit; er war in Zusammenarbeit mit dem Stadtplaner Lúcio Costa für den Aufbau von Brasilia verantwortlich. Brasilia als die erste Großstadt, die völlig auf dem Reißbrett entstand und seit 1957 verwirklicht wurde, faszinierte und beflügelte Architekten und Stadtplaner, die ihre »kühnen Ideen« vor allem dann verwirklichen zu können glaubten, wenn sich ihnen nichts in den Weg stellte. »1956 starteten die ersten Flugzeuge nach Brasilia, der Stadt, die damals nur ein Punkt auf der Landkarte war. Sie warfen über dem Urwald, 1000 Kilometer westlich von Rio de Janeiro, Werkzeuge und Verpflegung ab, der Bau der neuen Hauptstadt begann. Im Frühjahr 1960 sind die ersten Bewohner dieses Beton gewordenen Traumes in die Stadt eingezogen . . . Das neue Regierungszentrum Brasiliens wird erst 150 000, dann 400 000 und schließlich 600 000 Einwohner haben, eine Stadt aus dem Nichts.« So eine Reportage im Maiheft 1960 von *Das Schönste*, mit Fotos von Stefan Moses.[370]

In ihrem Bericht Juli 1957 zur Eröffnung des Berliner Hansa-Viertels – dem Kernstück der »Interbau« – folgerte Irene Zander aus einer ausführlich dargestellten »Fallstudie«, daß vielfach die Bewohner der neuen Bauten hilflos seien: sie erfaßten nicht den Sinn des Grundrisses; sie wüßten nicht, wie man Farben zusammenstellt und warum Chippendale häßlich sein soll. Fachleute reagierten auf die falsch eingerichteten Wohnungen mit Kopfschütteln, Verzweiflung und leiser Verachtung. Die Architekten und Mieter sprächen nicht miteinander. Das war charakteristisch für eine Architektur, die ästhetischer Signifikanz wesentlich mehr Bedeutung als sozialer Relevanz einräumte.[371]

Ein großer Teil der Bauten demonstrierte den Schönheitsbegriff von Architekten, die wenig Bereitschaft zeigten, sich in die individuellen und familiären Wohnbedürfnisse einzufühlen. Der Architekt fühlte sich als Missionar der schönen Form, der sich die Menschen zu unterwerfen hatten. »Viele Küchen sind so klein, daß die Frau sich wie in einem Käfig fühlen muß; es gibt ›Kochwände‹ von minimalen Ausmaßen und außerdem immer wieder Innenküchen, die doch nur erträglich sind, wenn sie in direkter Verbindung zu einem sehr hellen Raum stehen. Einer der bekanntesten deutschen Architekten (Hans Schwippert) baut ein Hochhaus, in dem 61 Wohnungen mit 61 Innenküchen liegen. Ohne direkte Belüftung und direkte Beleuchtung.« Eberhard Schulz sprach davon, daß das

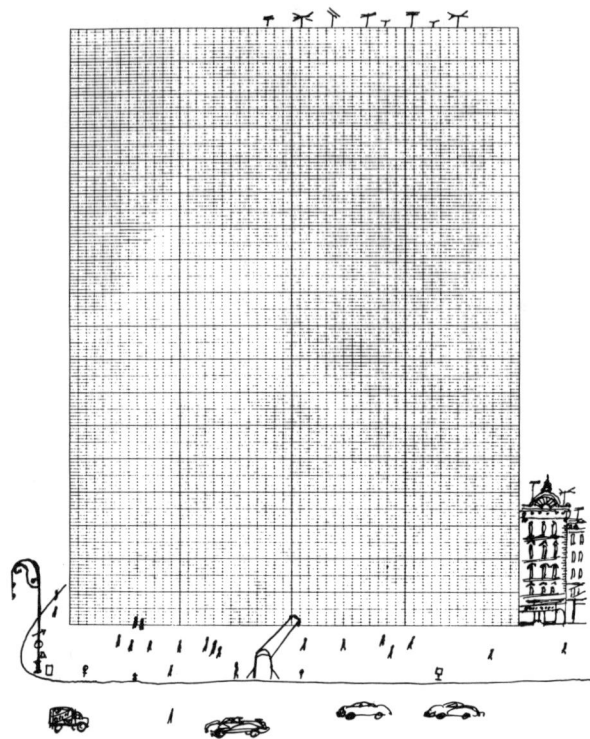

Aus: (Saul) Steinberg's
Passeport

»Musterbuch der Formen« nicht darüber hinwegtäuschen könne, daß solche Wohnquartiere auf den Zellenstaat zielten; die Bewohner eines ganzen Stadtteils müßten sich der »technischen Diktatur«, die mit Hilfe der Rasterung regiere, unterwerfen. »Wer eine Formel für das moderne Lebensgefühl sucht, das sich in unserer Architektur auswirkt, mag sie in der Dreiheit von Gefängnis, Komfort und Illusion finden.«[372]

Die Menschen waren freilich zunächst glücklich, daß sie überhaupt wieder ein Dach über dem Kopf hatten. Von 1949 bis 1977 wurden in Berlin knapp 500 000 Wohnungen neu gebaut; das sich ausweitende Straßennetz sorgte für »fließenden Verkehr«. Die Opfer, die man dafür erbringen mußte, wurden erst später erkannt. 1964 sprach Wolf Jobst Siedler von der »gemordeten Stadt« (im gleichnamigen Buch).[373] In einem Gespräch äußerte er: »Wenn ich mir den fast gleichzeitig mit dem Bau des Hansaviertels veranstalteten ›Hauptstadtwettbewerb Berlin‹ ansehe, finde ich nirgendwo mehr den Versuch, entweder die bürgerliche Stadt gereinigt wiederherzustellen oder eine neue Sozialstadt im Sinne des Sozialen Bauens der 20er Jahre aufzuführen.«[374]

Die Stadt als Profitopolis, geprägt vom Wirtschaftswunder, konnte ihren kommunikativen Aufgaben nicht mehr gerecht werden.[375] Nur noch ein kleiner elitärer Kreis genoß die Freuden des Stadtlebens. Das Scheinbild der Urbanität entlarvte sich in den Wohnsilos des »sozialen Wohnungsbaus«, in denen Sozialisation vollends verlorenging. »Da sind überall sogenannte ›Heimstätten‹ gewachsen, Ergebnisse eines Wohnungsbaus, den man, nicht ohne grotesken Beigeschmack, als ›sozialen‹ Wohnungsbau bezeichnet; kaum übertrieben darf man von ›geplanten Slums‹ sprechen. Baulücken werden geistlos und rücksichtslos aufgefüllt, Park- und Gartenoasen werden überbaut; die Städtebauordnung scheint mehr an unwichtigen Einzelheiten herumzukommandieren, als sich je einen Gedanken zu machen, worauf eigentlich die Hausbewohner blicken, wenn sie ans Fenster ihrer Wohnung treten, ans Fenster ihrer zu teuer gekauften oder zu abschreckenden Preisen gemieteten Wohnung. Wenn irgendwo freie Marktwirtschaft versagt hat, dann auf dem Gebiet des Neuaufbaues unserer Städte. Wenn irgendwo mit dem Gebrauch des Wortes ›sozial‹ Schindluder getrieben wurde, so im sogenannten sozialen Wohnungsbau.« (Alexander Mitscherlich)[376]

Ein *Protokoll aus dem Märkischen Viertel Berlin* kann das urbane Defizit illustrieren. 1962 begann die Planung für diesen »kanonischsten und abschreckendsten Höhepunkt des deutschen Siedlungsbaus der 60er und 70er Jahre« unter der Leitung von Werner Düttmann, Georg Heinrichs und Hans Christian Müller; das Wohngebiet (17 000 Wohnungen für 60 000 Menschen, 12 Schulen, 15 Kindertagesstätten, 4 Kirchen bzw. Gemeindezentren und ein Hallenbad) sollte vor allem »Sanierungsgeschädigte«, die aus dem Stadtzentrum vertrieben worden waren, aufnehmen. Irene Rakowitz – 41 Jahre, 4 Kinder, Teilzeitarbeiterin, ihr Mann 47 Jahre, gelernter Bergarbeiter, 1968 durch Zechenschließung arbeitslos, jetzt in Berlin Hilfsarbeiter auf dem Bau – berichtet: »50 Kinder in diesem Haus in so 'ne kleine Kiste gesperrt, da müssen die jetzt hausen: so 'n Spucknapf, so 'n Trichter, so richtig schön hoch schräg gemauert, wenn dat Kind runter fällt schlägt sich gleich tot – wie Ameisen krabbeln se da rum: ja das is doch kein Spiel, keine Befriedigung – ne Weile geht das gut und dann werden die unheimlich aggressiv weil der Platz zu klein is, da sind einfach zu viele drin in dem kleinen Loch: die einen fangen nach kurzer Zeit Schlägereien an, die andere Partei haut dann ab und der Rest hockt auf dem Rand da rum und dreht Daumen.«[377]

Ihr Glück in der Stadt fand zum Beispiel auch nicht Fräulein Klara Heydebreck, alleinstehend, 72 Jahre alt. Am Abend des 10. März 1969, nach Einnahme einer Überdosis Schlaftabletten, gestorben; Motiv unbekannt. »Klara Heydebreck, geb. 16. Juli 1896 in Berlin, evangelisch, ledig, ohne Kinder. Wohnhaft in Berlin-Wedding. Grünthaler Straße 59 a, kleiner Aufgang. Gegenüber dem Haus liegt die Grenze, die hier von dem S-Bahn-Damm gebildet wird. Die Straßenunterführung hat man zugemauert. – Klara Heydebreck wohnte sehr lange in diesem Hause – über 50 Jahre – genau seit dem 1. April 1913. Als sie einzog, war sie 17 Jahre, als sie es verließ 72. Und doch wußten die Nachbarn nicht mehr über sie zu sagen als: ». . . die kenn' ich ja gar nicht . . . . . . sie hat ja, wie gesagt, kaum mit jemandem gesprochen . . . . . . also im Haus selbst hat sie gar nicht Kontakt gehabt . . . . . . sie wohnte sehr zurückgezogen . . . . . . nein, nein, nein, nein . . . . . . also, die hat alles allein gemacht . . .« Eberhard Fechner drehte als Rekonstruktion solch »verlorenen Lebens« einen der bedeutendsten Fernsehfilme.[378]

Kritiker des modernen Städtebaus stellen fest[379]: Die zwischenmenschlichen Beziehungen haben einen Tiefstand erreicht. Die Menschen leben in den ohnehin nach Schichten isolierten Wohngebieten völlig abgekapselt vor sich hin. Die außerordentliche Verbreitung psychischer Erkrankungen ist die unmittelbare Folge der Vereinsamung des Einzelnen, selbst innerhalb der Familie. Fast jeder ist auf sich gestellt; die Verbindung nach außen wird vor allem von Presse, Funk und Fernsehen geliefert. Es gibt aber nicht nur Vereinsamung, sondern auch die unechte, gespielte gegenseitige Teilnahme. Das Private tritt völlig in den Hintergrund; jede Behausung wird mehr oder weniger zur offenen Tür für alle; die Würdelosigkeit des Daseins im Getto eines Altersheims zum Beispiel kann sich darin ausdrücken, daß man im Interesse des Heimklimas munter und umgänglich zu sein hat. Die Kritiker fordern: Eine humane Stadt müsse die private Sphäre schützen, spontane Kommunikation fördern, gesellschaftliche Vielfalt bieten, unterschiedliche Wohnwünsche erfüllen, die Natur zurückgewinnen, den Kindern Lebensraum geben, Lärm und Luftverschmutzung zurückdrängen, Fußgängern ihr »Wegerecht« garantieren, die Alten am gesellschaftlichen Leben teilnehmen lassen. Quartiere mit eigener Atmosphäre schaffen, Erholung und Begegnung am Wohnplatz ermöglichen. Insgesamt: den Menschen als Maß des Städtebaus akzeptieren.

Diese Form von Heimat ist in Profitopolis nicht zuhause. »Mit falsch gebauten Städten kann man eine Gesellschaft und eine Demokratie genauso ruinieren wie durch die Errichtung eines totalitären Regimes.«[380]

»Beton« steht für ein Syndrom, für das Zusammentreffen vielfältiger Versäumnisse; Gerhard Zwerenz hat das Betonsyndrom drastisch beschrieben: Der Mensch ist eingemauert in Betonburgen; wer in der Stadt wohnt, sucht ihr zu entfliehen – und gerät erneut in den Betondschungel. »Tonnenbrocken um Tonnenbrocken schleudert die Stadt aus sich heraus, in die nächste Landschaft, wo Beton und Steine zu neuen bizarren Vorstadtgebieten zusammenklumpen, Gebäude bilden, Straßenviertel, denen die Straßen erst nachgeliefert werden, wo man durch knietiefen Sand und Morast watet, von Baustellenfahrzeugen bedrängt und Gerüsten eingezäunt. Die Stadt wächst. Die Zukunft marschiert. Rings um die Stadt wird das Land zur Stadt, die Fliehkraft verschlägt Menschen in Randzonen, die Innenbezirke veröden, nachts ist das Zukunftsmodell bereits erreicht: eine vereinsamte City und von Schläfern schwere Vorstädte; und draußen vor den Vorstädten die aufragenden neuen Vorstädte, die Vorstädte von morgen, die die Vorstädte von heute der City eingemeinden: Hochhäuser über Niedrighäuser, Bürobauten über Wohnbauten, und immer wieder Abrißmanöver und verbesserte Großplanungen, und immer wieder Ausschreibungen, Architektenwettbewerbe, Bebauungsplanungen, und immer gewaltigerer Fortschritt des Städtebaus mit mehr Gastarbeitern als gestern, mit von weit hergeholten Baugesellschaften und erneuten ausgeklügelten Techniken und immer erstaunlichere architektonische Revolutionen; die Dunstglocke von Sankt Urbania erreicht bereits die Landesgrenze, ein Himmel von falschem Blau und falschen Versprechungen: Schöner wohnen, schöner atmen, schöner leben. Und immer erneut und immer schöner und immer erneut schöner und immer schöner erneut.«

Riesige Verkehrsströme durchfließen Profitopolis; Mobilität erweist sich freilich weniger als Befreiung denn als Zwangshandlung. »Die in den Schlafstädten wohnen, arbeiten in den Vorstädten oder der Innenstadt. Am Morgen fahren die Wagen aus den Schlafstädten in die Vorstädte und die Innenstadt. Am Abend nehmen alle Wagen den umgekehrten Weg, aus der Innenstadt in die Vorstädte und Schlafstädte, aus den Vorstädten in andere Vorstädte, aus den Vorstädten in die Schlafstädte. Zur späteren Abendzeit sitzen die Leute außerhalb der verödeten Innenstadt, in den Vorstädten und Schlafstädten an den Fernsehapparaten, und einige von ihnen fahren aus den Schlaf- und Vorstädten in die Theater, Kinos, Lokale der Innenstadt. Um Mitternacht und danach fahren sie wieder hinaus in die Vor- und Schlafstädte, und am Morgen wieder hinein, falls kein Sonn- oder Feiertag ist.«[381]

Die Auto- und Freizeitgesellschaft

Das Auto erwies sich als Vehikel einer Wohlstandsgesellschaft, die sich ständig auf der Suche nach Heimat befand. Dem Heimweh entsprach das Fernweh: das Auto beförderte ins Traumland der Freizeit; schließlich war das Auto auch Statussymbol, Fetisch des Fortschritts, helfende und schützende Zauberkraft für wirtschaftlichen und gesellschaftlichen Aufstieg. Auf einer Werbeanzeige der fünfziger Jahre – das Beispiel steht für viele andere, die auf ein ähnliches Appetenzverhalten zielen –, sieht man das neueste Modell eines Ford-Taunus mit aufgeklapptem Kofferraum am Straßenrand stehen. Der Familienvater im weißen Nyltest-Hemd mit Krawatte deponiert gerade das letzte Gepäckstück. Neben ihm die Ehefrau im Pepita-Kostüm, mit weißen Handschuhen und Dauerwelle, den Sohn an der Hand, der ein schwarzes Samtschleifchen trägt. Dahinter ein vierstöckiges Haus, schmuckloser Neubau. Aus den Fenstern recken sich die Wohnungsinhaber. »Wir haben es geschafft. Das neue Auto steht vor der Tür. Alle Nachbarn liegen im Fenster und können sehen, wie wir für eine kleine Wochenendfahrt rüsten. Jawohl, wir leisten uns etwas, wir wollen etwas haben vom Leben; dafür arbeiten wir schließlich alle beide, mein Mann im Werk und ich als Sekretärin wieder in meiner alten Firma.« Eine Szene, die, wie Wolfgang Sachs kommentiert, die Soziodynamik der anhebenden Wirtschaftswunderwelt trefflich veranschaulicht. Dargestellt wird eine Dreiecksbeziehung: das Konsumgut (das Auto), die Besitzer und die anderen. Die Besitzer, der Nyltestvater und die Pepitamutter, sie wollen nicht einfach gut leben, sondern etwas vom Leben haben. Die Sprache schon drückt aus, daß für sie gutes Leben mit Haben, mit der Akkumulation von Gütern gleichbedeutend ist. Das Glück wohnt draußen, jenseits der eigenen Person, in einer Welt von Dingen, die man sich erst aneignen muß, um in den Genuß des rechten Lebens zu kommen.[382]

Der Aufstieg der Nation zu einem schöneren Leben implizierte die Verwirklichung des lange gehegten, in der Weimarer Republik aufgrund der wirtschaftlichen Depression gescheiterten, im Dritten Reich mißbrauchten Traumes vom Jedermann-Auto (Volks-wagen).[383] Was in der Trümmerzeit noch unvorstellbar schien – nämlich Befriedigung der automobilen Sehnsucht –, brachte das Wirtschaftswunder zuwege. Der Vorkriegsbestand von 802 129 Personenkraftwagen, berechnet für das Gebiet der Bundesrepublik ohne Berlin und Saarland, war 1946 auf 192 438 PKWs zurückgegangen. 1953 erreichte der Bestand an Personenkraftwagen wieder die Millionengrenze; er verfünffachte sich in den folgenden acht Jahren.

Das Volkswagenwerk in Wolfsburg gehörte zu den ersten Fabriken, die die Produktion wieder aufnahmen. Es war zwar im Krieg zu 85 Prozent zerstört worden, aber dennoch die einzige Anlage, die eine gewisse Funktionsfähigkeit aufwies. In dem zunächst von den Amerikanern besetzten, dann (am 26. Mai 1945) an die Engländer übergebenen Werk wurden bis Ende 1945 1293 Fahrzeuge, darunter 539 Kübelwagen, montiert; das entsprach der gesamten PKW-Produktion der Westzone. Mit knapp 9000 hergestellten Personenwagen war das Volkswagenwerk 1947 die größte Autofabrik auf deutschem Boden. Am 2. Januar 1948 legten die Engländer die Verantwortung für das Werk in deutsche Hände; dem ehemaligen Opel-Vorstandsmitglied Heinrich Nordhoff wurde die Leitung übertragen. Am 4. Dezember 1961 lief der fünfmillionste Volkswagen seit 1945 vom Montageband. Daimler-Benz hatte 1946, Opel 1947, Ford 1948, die im Westen neu gegründete Auto-Union 1950, BMW/München 1952 die

Harald Duwe,
Großes Strandbild, dreiteilig

Produktion wieder aufgenommen. In den meisten Fällen stellte man Vorkriegs-
modelle her. Als erste deutsche Personenwagen-Neukonstruktion nach dem
Kriege brachte Borgward 1950 den »Hansa 1500« heraus. Als Neuling auf dem
Personenwagenmarkt nahm die Firma des Konstrukteurs und Fabrikanten Carl
Friedrich Wilhelm Borgward, der seit 1922 mit großem Erfolg den Goliath-
Dreirad-Lieferwagen hergestellt hatte, einen enormen Aufschwung.[384] Der
»Hansa 1500« wie weitere Modelle, darunter die »Isabella« mit fast 170 000
Exemplaren (ein in 130 Länder exportierter Welterfolg), entsprach um die Mitte
der fünfziger Jahre mit seiner rassigen Ponton-Form, dem Chromzierat und den
weißwandigen Reifen dem Prestigebedürfnis der deutschen Käufer.

Die Massenmotorisierung begann mit Kleinst- und Kleinautos – gewissermaßen Motorrädern mit drei oder vier Rädern bzw. Autos mit Motorradeigenschaf-
ten. Das Goggomobil, 1955 bis 1967 von der Hans Glas GmbH im niederbaye-
rischen Dingolfing hergestellt, war der erfolgreichste deutsche Kleinstwagen
nach dem Krieg; von ihm wurden insgesamt 245 000 hergestellt. Ein von Fritz
Fendt entwickelter einsitziger dreirädriger Wagen (»Fendt-Flitzer«) wurde in
veränderter Form von 1953 bis 1962 von den Regensburger Messerschmitt-
Werken, die im Krieg vor allem durch ihre Flugzeugkonstruktionen bekannt
geworden waren, produziert; vom Messerschmitt-Kabinenroller wurden etwa
70 000 Stück abgesetzt. Die Isetta 300, ab 1955 von BMW produziert (als
verbesserter Nachbau eines Kabinenrollers der Mailänder Iso-Werke), war ein
sehr populäres Kleinstfahrzeug der fünfziger Jahre.[385] »Tante Barbara hatte eine
Isetta gekauft. Papa behauptete, sie wäre nichts anderes als eine Vespa mit

Regenschutz. Wir standen unten vorm Haus auf der Straße, Papas Schuhspitzen ragten über den Bordstein hinaus, und er hörte nicht auf zu lachen. Fred gab ihm recht: So etwas ist kein Auto, sowas ist eine Sardinenbüchse ... Tante Barbara stieg in den Straßenfloh wie in die Pilotenkanzel eines Flugzeugs, startete, und ich lief die Straße entlang nebenher. Mir kam sie wie eine Schildkröte auf Rädern vor. Ich malte mir aus, wie Fred sie samt der Isetta in den Kofferraum seiner Isabella packen könnte. Er stand neben der geöffneten Wagentür, ließ sein Autoradio laufen, sie brachten Connys Schlager Pack die Badehose ein.« (Angelika Mechtel)[386]

In seinem Roman *Rosemarie – des deutschen Wunders liebstes Kind* hat Erich Kuby am Beispiel der Frankfurter Edelprostituierten Rosemarie Nitribitt den Autofetischismus der Wirtschaftswunderwelt[387] satirisch dekuvriert: »Es dauerte nicht lange, da nannte man sie den Engel mit dem SL. Sie lernte ihn in wenigen Tagen beherrschen, und nun, wenn sie das schwarze niedere Boot mit einer Hand im Schrittempo durch den Verkehr lenkte, wurde ihre vollkommene Vereinigung mit der Maschine ganz deutlich. Sie war nicht Leda mit dem Schwan, sie war Rosemarie mit dem SL, und was immer man über Autos als Symbole des Weiblichen geschrieben haben mag, die Beziehung zwischen Rosemarie und ihrem Wagen war keineswegs lesbischer Natur; sie war, im Wagen sitzend, den Wagen steuernd, in den Augen der Männer, die mit ihr schlafen wollten, dem Bett viel näher, als wenn sie ihnen zu Fuß begegnet wäre; sie war gewissermaßen schon darin. Die reichen Männer stellten nicht nur fest, daß dieses Mädchen teuer war, weil es einen teuren Wagen fuhr, den Wagen, den sie selbst fuhren oder hätten fahren können, wenn sie gewollt hätten; sie sahen auch angesichts dieser schamlosen und radikalen Person im offenen Wagen eine Art körperlicher Vereinigung in Permanenz zwischen einem blonden Mädchen und einem schwarzen Auto, ausgeführt auf offener Straße, mitten in Frankfurt, und wenn sie sich dessen auch nicht bewußt waren, so gerieten sie doch spontan in einen Zustand, in dem sie gierig wurden, die Rolle des Wagens zu übernehmen, und glaubten plötzlich ebenfalls über 105 PS zu verfügen, oder vielmehr: über 105 Männerstärken.«[388]

Das Ansteigen des Gebrauchswertes des Autos war nicht zuletzt eine Folge der Stadtplanung ab 1948, wie auch umgekehrt die Möglichkeit umfassender Motorisierung eine bestimmte Stadtplanung bewirkte. Beim Wiederaufbau setzte sich in den meisten Fällen die autogerechte Stadt gegenüber der historischen Rekonstruktion durch. Die Euphorie über die Mobilität, die den »Kosmos Stadt« als Addition von Sektoren begriff (durch eine automobile Infrastruktur zusammengehalten), verdrängte die bereits in den fünfziger Jahren sich erhebenden kritischen Stimmen, die auf die Gefahren der sich immer mehr steigernden Motorisierung hinwiesen: Luftverschmutzung, Zersiedelung der Landschaft, psychosomatische Belastungen etc. Ende der sechziger Jahre verstärkten sich die Bedenken angesichts des weiter zunehmenden, die Menschen zu Nomaden machenden »Fahrzwanges«.[389]

Er habe, so Erich Kuby in seinem Buch *Das ist des Deutschen Vaterland,*

Dr. Nordhoff, den Leiter des Volkswagenwerkes, einmal gefragt, ob er glaube, daß mehr Kunden das Auto aus Freude und Lust am Fahren oder aus praktischen Überlegungen kauften. Nordhoff antwortete, daß die Lust am Fahren überwiegen würde.[390] In der Tat bezogen sich die Tagträume mehr auf den Freizeit- als auf den Gebrauchswert des Autos.

Die Sehnsucht nach dem Süden rief eine besondere Fahrlust hervor, wobei Reise- und Aufenthaltszeit in einer ungünstigen Relation zueinander standen. Die zur freien Verfügung verbleibende, allenfalls dem Genuß dienende Zeitdifferenz (so folgerte Kuby aus einer Reihe von Fallstudien) sei so gering, daß allein die Zeitwerte bewiesen: die Reise sei nicht zu dem Zweck unternommen worden, an Ort und Stelle Italien oder italienisches Leben zu genießen. Der Autoreisende war weniger darauf aus, dieses oder jenes zu sehen bzw. zu erleben, da und dort zu sein; er wollte da und dort gewesen sein.[391]

Als Trophäe brachte der Tourist Photos, erst schwarz-weiß, dann in Farbe, schließlich selbstgedrehte Filme mit nach Hause. Den Zugvögeln gleich fuhren Millionen an die Mittelmeerstrände, um sich die Sonne auf den Bauch und ins Herz scheinen zu lassen. »Im engen und vollgestopften Wagen, Koffer und Taschen auf dem Gepäckträger verstaut, quengelige Kinder auf dem Rücksitz, Vater am Steuer, Mutter daneben, die Straßenkarte auf dem Schoß, so fuhr man gegen Süden. ›Hinfahren, aussteigen, schönfinden, einsteigen, weiterfahren‹ – so läßt sich mit Jürgen von Mangers genialem Herrn Tegtmeier die Reisewirklichkeit seit den fünfziger Jahren kurz und bündig zusammenfassen.«[392] Touristikwerbung, Illustrierten-Berichte, Filme, Schlager (*Capri-Fischer, Laß uns träumen am Lago Maggiore, Die Rose vom Wörthersee*[393] – statistisch gesehen rangierte Österreich als Urlaubsland noch vor Italien!) verstärkten das Fernweh.

Während eine Umfrage aus dem Jahr 1952 zeigte, daß nur ein Viertel der erwachsenen Bevölkerung in den letzten Jahren eine Urlaubsreise gemacht hatte, gab 1955 schon die Hälfte aller Erwachsenen an, seit der Währungsreform eine Urlaubsreise oder mehrere Urlaubsreisen unternommen zu haben. (Zwischen 1953 und 1956 ging jährlich ein knappes Drittel der Bevölkerung auf Reisen.)[394] Noch aber hatten nur 20 Prozent der Deutschen einen Reisepaß. In der Trümmerzeit hatte die Fahrt ins Ausland zur größten Sehnsucht gehört. Nun konnte man sie sich leisten; ein neues Selbstwertgefühl stellte sich ein. Man kehrte als gut zahlender Gast in die Länder zurück, die ein paar Jahre zuvor von der deutschen Wehrmacht besetzt gewesen waren, was nicht nur Verklemmung beseitigte, sondern auch zu neuen Überheblichkeitsgefühlen führte. Der Deutsche aus dem Wirtschaftswunderland sah sich »weltläufig«. Gewaltig sei die Kraft, welche heute überall auf der Welt die Massen an den Strand ihres kleinen Urlaubsglückes werfe, so Hans Magnus Enzensberger in seiner *Theorie des Tourismus* (1958); es sei die Kraft einer blinden, unartikulierten Auflehnung, die in der Brandung ihrer eigenen Dialektik immerfort scheitere. Die Flut des Tourismus bedeute eine einzige Fluchtbewegung aus der Wirklichkeit, mit der unsere Gesellschaftsverfassung uns umstellt. Jede Flucht aber, wie töricht und ohmächtig sie sein mag, kritisiere das, wovon sie sich abwendet.[395] Die Wirklichkeit war gegenüber den

Bildern des großen romantischen Glücks, vorgegaukelt von den Massenmedien, die die Südlandsehnsucht vermarkteten, recht bescheiden. Die Massen mußten fleißig arbeiten und intensiv sparen, wollten sie sich einen Urlaub in der Ferne leisten. Die neue Reiseform, die für Sehnsucht und Geldmangel einen gemeinsamen Nenner fand, hieß Camping: Zelten mit Motor.»In jedes Zelt strömt der Miniaturkomfort unserer Zivilisation ein und läßt sie als Spielzeug wiederauferstehen. Camping, das eigentlich in die Weiten der jungen Kontinente, nach Australien und Kanada und nach Amerika gehört, ist bei uns auf künstlich gehaltenen Wiesen zusammengedrängt, in die neugierige Zuschauer wie in einen merkwürdigen Menschenzoo hineinblicken. Jeder Campingplatz leidet an dem Widerspruch von Naturfreude und der Fesselung, die der Motor erzwingt. Die Freiheit, die das moderne Auto verspricht, wird in diesen Karawansereien selten gehalten, die Romantik ruht sich auf Gummimatratzen aus, und die Unruhe treibt die Gäste nach ein oder zwei Tagen meist aus ihrer selbstgebastelten Herberge hinweg.« (Eberhard Schulz)[396]

Mit zunehmendem Reichtum konnte das Zelt durch den Wohnwagen ersetzt werden; mit kleinbürgerlichem Stolz reiste man mit den eigenen vier Wänden (aus Plastik und Blech) durch die weite schöne Welt. Die »Seßhaftigkeit auf Rädern« verband Nesthockeridyllik mit Fernwehbefriedigung. Auf dem Campingplatz war man abgehoben von der Schwerkraft des Alltags, aber doch unter sich; man genoß freiheitliches Leben, ohne die häuslichen Lebensgewohnheiten aufgeben zu müssen.[397]

In der Hierarchie der Vergnügungen stand das Reisen ganz oben. Die Unterlegenheitsgefühle, die der harte Daseinskampf (trotz sozialer Marktwirtschaft) mit sich brachte, konnten durch touristische Freizügigkeit, bei der man sich die Welt »unterwarf«, nicht zuletzt dadurch, daß man sie mit dem Photoapparat »fixierte«[398], kompensiert werden. Ansonsten, in der »normalen Freizeit«, dienten Hobbys als Ausgleich für den Mangel an Befriedigung bei der Berufsarbeit. Man vergnügte sich, indem man Radio hörte oder sich das Fernsehprogramm ansah. Regelmäßig ging man ins Kino; 1956 war mit 818 Millionen Besuchern das Glanzjahr der Filmindustrie.[399] Ein Großteil der Freizeit, vor allem auf dem Lande, wurde in die Mitarbeit am Eigenheimbau investiert. Am Wochenende ging man gerne aus; der Stammtisch war ein wichtiger Ort »politikfreier Geselligkeit«; die zahlreichen Tanzcafés wurden vor allem von Jüngeren besucht. Das Wichtigste war jedoch der Auto-Ausflug. Das Spazierengehen werde zunehmend (meinte Erich Dombrowski in der *Frankfurter Allgemeinen Zeitung*, August 1957) zum prähistorischen Vorgang.[400] Beklagt wurde auch, daß bei Sport und verwandten Interessen – nach einer Umfrage Ende der fünfziger Jahre mit 22,5 Prozent die häufigste Freizeitbeschäftigung – der Schwerpunkt mehr auf passivem Konsum denn aktivem Tun lag. Mit »pädagogischem Eros« waren viele bemüht, die Sportidee gegenüber »technischem Perfektionismus« in ihrer »Reinheit« zu erhalten. Die Demokratie brauche den olympischen Agon – »eine in dieser Form einzigartige Verbindung zweier sonst schwer zu vereinigender Forderungen: das Höchste aus sich herauszuholen, doch zugleich im Mitkämpfer das gleichberechtigte Du zu erkennen.« (Frank Thieß)[401] Mit dem Homo ludens als Vorbild sollte Spiel vor allem freies Handeln darstellen; befohlenes Spiel sei kein Spiel mehr. In Absage an die Indienstnahme des Spiels durch den Totalitarismus (besonders im Dritten Reich) wurden Sport und Spiel als natürliche Vervollkommnung, als »Körperbetätigung in Freiheit« interpretiert. »Der Mensch, der aus Lust am Laufen und Springen zu laufen und zu springen anfängt und damit aufhört, wenn diese Lust in ihm erlischt, ist ein ganz anderer, als der Läufer und Springer, der sich zu einer Sportveranstaltung begibt und unter Wahrung technischer Regeln, unter Verwendung von Zeituhren und Meßapparaten einen Rekord zu erspringen oder zu erlaufen versucht.« (Friedrich Georg Jünger)[402] Man habe bisher Bildung immer von oben nach unten hin betrieben und den Grund der Wirklichkeit und das Volk in seiner Tiefe dabei nicht erreicht. Die große kopernikanische Umwandlung, die jetzt eintreten müsse, sei die Bildung von unten nach oben; der Sport erweise sich dabei von grundlegender Bedeutung. »Hier atmet das Leben unmittelbar aus sich selbst in der Jugend wie im Volk. Aber alles das gilt vom Sport nur, wenn er rein ist, das heißt frei von allen sportfremden Elementen, daß er weder politisch noch wirtschaftlich mißbraucht wird, sondern unverfälscht aus seinem eigenen Gesetz lebt, seiner freien Spielfreude.« (Herman Nohl)[403]

Einer der wichtigsten Vertreter solcher vollmundigen, technikkritischen, demokratischen Kalokagathie war Carl Diem, der Rektor der Sporthochschule Köln. Für die XI. Olympischen Spiele in Berlin (1936) war er Generalsekretär gewesen; nun fungierte er (von 1948 bis 1954) als Sportreferent im Bundesministerium des Innern, eifrig bemüht, der neuen Republik ein »Mens sana in corpore sano« zu vermitteln, das dem »Jargon der Eigentlichkeit«, der begriffliche Blößen mit Erbaulichkeitsmetaphern kaschierte, voll entsprach. Es gehörte zum guten Ton der Sportfunktionäre, sich wie ihre geistigen Ziehväter zum Idealismus zu bekennen und, moderat auf Kulturpessimismus rekurrierend, die Entartung des »Sports in unserer Zeit« zu kritisieren. Dem Sport drohe die Gefahr, daß sich sein eigentliches Wesen verkehre. Sei er bis »dahin« (gemeint war wohl kein historisches, sondern ein idealtypisches »Datum«) Entspannung und Erholung gewesen, ein Tun um seiner selbst willen, worin er seinen Sinn und seine Ehre sah, so diene er heute längst dem Gelderwerb – und zwar nicht nur bei anerkannten Berufssportlern, sondern, was einen Widerspruch in sich selbst darstelle, auch bei weiten Kreisen der »Amateure«, die sich nicht scheuten, in Form von erhöhten Spesen und Handgeldern eine reale Bezahlung ihrer schaustellerischen Leistung anzunehmen. Die Jugend wachse ohne ein rechtes Verhältnis zu ihrem Körper auf. Trotz aller Bemühungen und der Mittel der Bundes-Jugendpläne sei es nicht gelungen, mehr als ein Drittel der Jugendjahrgänge in irgendwelchen Jugendvereinen zusammenzuschließen. Und von diesen gehöre wiederum nur die Hälfte, etwa 1,5 Millionen, den Turn- und Sportvereinen an. Insgesamt würden heute etwa 4 Millionen deutscher Jugendlicher und Erwachsener Sportvereinen angehören, von denen aber nur die Hälfte wirklich regelmäßig Sport trieben. Die anderen trügen nur die Nadel.[404]

Die Diskrepanz zwischen Idee und Wirklichkeit des Sports trat eklatant beim

Fußball zutage.[405] Es gab 600 000-700 000 Fußballspieler, dafür aber allsonntäglich – im Durchschnitt – 5 Millionen Zuschauer. Jede Woche zahlten etwa 12 Millionen Menschen eine Mark in die Toto-Kasse; pro Jahr wurde fast eine halbe Milliarde DM verwettet. Einige Wochen nach der Währungsreform, am Sonntag, 8. August 1948, war es in Köln-Müngersdorf zum ersten Mal seit der Kapitulation wieder zu einem Meisterschaftsendspiel (jetzt der Westzonen) gekommen. Im Stadion verfolgten 70 000, an den Radiolautsprechern Millionen in West und Ost das Treffen zwischen Nürnberg und Kaiserslautern; der Nürnberger Fußballclub gewann mit 2:1, und damit seinen insgesamt siebten deutschen Meistertitel. Nach 1951 tat sich in der inzwischen aufgestellten deutschen Nationalmannschaft unter Bundestrainer Sepp Herberger Fritz Walter aus Kaiserslautern besonders hervor. 1954 war er 33 Jahre alt; in diesem Jahr kehrte er als siegreicher Spielführer der Fußballnationalmannschaft (neben ihm Helmut Rahn, Jupp Posipal, Horst Eckel, Werner Liebrich, Ottmar Walter, Hans Schäfer, Max Morlock, Karl Mai, Toni Turek, Werner Kohlmeyer) aus Bern zurück; man hatte die hochfavorisierten Ungarn besiegt und war Fußballweltmeister geworden. »Das Unglaubliche ist wahr, das Unerwartete Wirklichkeit. Der Fußballweltmeister 1954 heißt Deutschland!« (Fritz Walter)[406] Die Mannschaft erhielt einen triumphalen Empfang; für viele stand nun – als »Wunder von Bern« – »ideell« fest, was das Wirtschaftswunder auf materieller Ebene signalisiert hatte: »Wir sind wieder wer!«

Ein solches Bewußtsein wurde auch durch andere sportliche Erfolge gestärkt. Sepp Weiler trat seit 1950 als Skispringer hervor; 1951 stellte Wilhelm Herz auf NSU den Motorrad-Weltrekord ein; bei den Olympischen Winterspielen 1952, den ersten, zu denen deutsche Sportler wieder zugelassen wurden, gewannen Mirl Buchner und Ossi Reichert vier Medaillen; Ria und Paul Falk siegten überlegen im Paarlauf (die Kür zu Musik von Ludwig van Beethoven und Carl Maria von Weber). Gold gab es auch für die Bob-Mannschaft mit dem Bayern Anderl Ostler am Steuer; die norwegische Presse schrieb: »Wenn die Deutschen statt der Zweieinhalb-Zentner-Männer Elefanten auf die Bobs gesetzt hätten, wären sie noch schneller gewesen.« Bei den Olympischen Sommerspielen 1952 in Helsinki belegte Herbert Schade hinter Emil Zatopek und Chris Chataway über 5000 m den dritten Platz. Herbert Klein trat als Weltrekordschwimmer hervor. Der Boxer Bubi Scholz wurde 1958 Europameister im Mittelgewicht. Beim Turnierreiten gehörte Fritz Tiedemann zur Spitzenklasse.

Die von der Kulturkritik beklagte Kommerzialisierung des Sports hielt sich insgesamt noch in bescheidenen Grenzen. Der Weltmeisterschaftssieg von Bern brachte jedem Spieler der Fußballmannschaft 2500 Mark Prämie und eine Polstergarnitur; Angebote zwischen 165 000 und 250 000 Mark von Inter Mailand und Atletico Madrid lehnte Fritz Walter ab. Mehr als 320 Mark im Monat durfte man übrigens beim Fußballspielen nicht verdienen. Die Zeit der Profis war noch nicht »ausgebrochen«.[407]

Abb. gegenüberliegende Seite: Demonstration gegen die geplante Atombewaffnung der Bundeswehr, München 1958

Das große Unbehagen

Die Intellektuellen und der neue Staat

Die Skeptischen und das Schönste

Die Sehnsüchte nach einem Schöner-werden und Schöner-sein, die im Land der großen Mitte aufstiegen, liefen sich oft genug in Verhaltensritualen fest oder verdinglichten sich in Formgestaltung. Die Schwerkraft des Provinziellen erschwerte das Transzendieren des Bürgers zum Höheren. Die Suche nach südlicher Heiterkeit führte beim Wohlstandsbürger mehr zu einem automobilen denn psychodynamischen Aufbruch. Vertikale Orientierung mit Blick auf den Ideenhimmel kippte immer wieder in die Horizontale genußvoller Expansion um (»Mercedes-Benz: Ihr guter Stern auf allen Straßen«). Der Phönix, der der Asche entstiegen war, erwies sich als smarter Aufsteiger, der fleißig und geschickt, flexibel und anpassungsbereit sich seinen Platz an der Sonne sicherte. Die neue

Jugendgeneration, die zur futuristischen Aktivität bereitstand, am Machen mehr interessiert als am Sinnieren, beschrieb 1957 Helmut Schelsky als »skeptische Generation«: nüchtern, ideologiefern und propagandaresistent.[408] Die in Kriegs- und Nachkriegszeit erfahrene Not und Gefährdung der eigenen Familie durch Flucht, Ausbombung, Deklassierung, Besitzverlust, Wohnungsschwierigkeiten, Schul- und Ausbildungsmängel oder gar durch den Verlust der Eltern oder eines Elternteils hätten einen sehr großen Teil der gegenwärtigen Jugendgeneration frühzeitig gezwungen, für den Aufbau und die Stabilisierung ihres privaten Daseins Verantwortung oder Mitverantwortung zu übernehmen. Die Gefähr-dung der vitalen und einfachsten materiellen Daseinsgrundlagen und die damit verbundenen Erschütterungen der unmittelbarsten Personenbeziehungen inner-halb der Familie und anderer kleingruppenhafter Sozialbeziehungen, im Lebens-bereich der Schule und der beruflichen Ausbildung und Entwicklung hätten eine den anderen Jugendgenerationen in diesem Ausmaß und dieser Eindringlichkeit nicht zugängliche neue Bedürfnisgrundlage der Jugend in ihrem Streben nach sozialer Verhaltenssicherheit geschaffen. »Sie sah und sieht sich heute vor die Notwendigkeit und die Aufgabe gestellt, diese persönliche und private Welt des Alltags, vom Materiellen her angefangen, selbst stabilisieren und sichern zu müssen.« Für Schelsky bedeutete der jugendliche »Skeptizismus« eine Absage an romantische Freiheits- und Naturschwärmereien, an einen vagen Idealismus, dem die Konkretisierungsmöglichkeiten fehlten, aber auch an intellektuelle Planungs- und Ordnungsschemata, die das Ganze in einem Griff zu erfassen und zu erklären glaubten. Der distanzierende Skeptizismus sei nur eine Facette in der ganz auf das Praktische, Handfeste, Naheliegende, auf die Interessen der Selbst-behauptung und -durchsetzung gerichteten Denk- und Verhaltensweisen dieser Jugendgeneration. »Sie entwickelt aus dieser Grundeinstellung ›eine fast mei-sterliche Bewegungsfähigkeit in den Bezirken des praktischen Lebens . . ., einen klaren und sicheren Sinn für das Mögliche und Nötige, ein scharfes, nüchternes Abschätzen eigener und anderer Fähigkeiten und ein erstaunliches Gespür für Nützlichkeiten.‹ Man hat diese Geisteshaltung mit einem sehr treffenden, aus einer fachpsychologischen Bedeutung gelösten Begriff ›Konkretismus‹ genannt (soviel ich sehe, ist die Verwendung dieses Begriffes Theodor W. Adorno zu danken).« Die Jugend zeige heute das Bestreben, diejenigen sozialen Beziehun-gen als Grundlage ihres Daseins positiv zu bewerten und zu pflegen, die ihr einen Halt im persönlichen und privaten Dasein vermittelten. Die starke Berufszuge-wandtheit, die durchaus solidarische Einstellung zur eigenen elterlichen Familie, die Neigung zu einer frühen festen partnerschaftlichen Bindung begründeten ein privatistisches Grundverhältnis dieser Jugendgeneration zur Gesellschaft und sozialen Wirklichkeit. Die Verhaltensformen der jungen Generation seien da-durch geprägt, daß diese sich offensichtlich in allem frühzeitig den erfolgreichen sozialen Handlungsformen der Erwachsenen anpasse.

Das Anpassungspotential, das dergestalt die Generationen im Land der gro-ßen Mitte verband und ihnen die Kraft zum Aufstieg verlieh, wollte sich stets auch geistig legitimieren. Der Schönheitskult als verdinglichte Form ästhetischer

Party mit Telefunken-Großraumtruhe, 1961

Entschlossenheit, Wohlstand als Teil eines sublimierenden Lebensdesigns zu begreifen, gibt dem restaurativen Charakter der Epoche einen rekreativen Glanz. Die Vertreter »skeptischer Mentalität« (in der von Schelsky beschriebenen Form) waren erfolgreiche Macher *und* Freunde der schönen Künste.

Der große Erfolg der seit Oktober 1955 erscheinenden Zeitschrift *Das Schönste* kann die gepflegte Geistigkeit der in der nivellierten Mittelstandsgesellschaft nach oben drängenden Schicht verdeutlichen. Die *Monatschrift für alle Freunde der schönen Künste* (Theater, Filmkunst, Fernsehen, Tanz, Musik, Dichtung, Malerei, Plastik, Baukunst, Wohnkultur) appellierte an die vielen »Freunde der schönen Künste, die nach echten Werten suchen«. Das Schöpferische und Unvergängliche aufzuspüren, über die künstlerischen Ereignisse und ihre Repräsentanten in Bild und Wort zu berichten, also eine Kulturchronik der Zeit zu bieten, war das Anliegen – übrigens bis in den Anzeigenteil hinein, denn es handelte sich dort um die »Ankündigung von Unternehmen, die sich mit ihren Erzeugnissen zum Qualitätsbegriff bekennen«. Zielgruppe war eine gutgelaunte Elite, die nicht nur sich schöner kleidete, schöner wohnte, schöner speiste, schöner reiste, sondern auch die Schönheiten der Kultur explorieren wollte und somit »allmonatlich das neue Heft mit Ungeduld« erwartete. Die Inhaltsverzeichnisse – exemplarisch nachfolgend dasjenige vom Oktober 1956, das mit Dankesworten an den Leser und die Inserenten den Erfolg der Zeitschriftengründung nach einem Jahr feiert –, spiegeln die wohltemperierte, um die Einholung verspäteter Aufklärung bemühte Kulturbeflissenheit einer Generation wider, die sich nicht mehr den Vorwurf des Banausentums machen lassen wollte, sondern den Anschluß an Weltläufigkeit suchte: Besessen vom Theater . . . Respekt vor den kleinen Bühnen . . . Ingrid Bergman: Zauber eines Gesichts . . . Junge Meister für den Rundfunk . . . Das Orchester der Idealisten . . . Tanz auf klassischem Boden . . . Das Lied ist die Mutter der echten Dichtung . . . Vor diesen Bildern verweilt die Welt . . . Glanz von innen . . . Landhaus im Alpenvorland . . . Kleine Wohnung ganz aus Glas . . . Mäzenatentum als persönliche Verpflichtung . . . Berichte aus London, New York, Paris und Rom . . . Umglänzter, umschatteter Genius . . . Unvergängliches . . .[409] Bild- und Textredaktion informierten, inspirierten, motivierten; man war aufgeschlossen für »alles«, soweit es die Schicklichkeit erlaubte. Erschlossen wurden die Gefilde des Geistes; die Pfadfinder waren gebildete, liberale Autoren, kenntnisreich, gediegen und anregend.

Die Zeitschrift *Das Schönste* erfüllte mit Erfolg eine Aufgabe, wie sie die *Gartenlaube* um die Mitte des 19. Jahrhunderts übernommen hatte: nämlich kulturellen Liberalismus zum Wohle einer republikanischen Gesellschaft zu befördern – Anstößigkeit meidend, um Sympathiewerbung bemüht. Die Kultur half dabei, daß die skeptische Generation nicht noch skeptischer, die Angepaßten nicht noch angepaßter, die Opportunisten nicht noch opportunistischer wurden. *Das Schönste* erwies sich gewissermaßen als eine Zwischenstufe zur Meta-Ebene, auf der die skeptische Intelligenz (nun »skeptisch« im aufklärerischen Sinne verstanden) sich mit »spielerischer Schärfe« zum Angriff gegen den Provinzialismus der Wirtschaftswunderwelt formierte.

Narren am Hofe der Restauration

Ralf Dahrendorf sprach in *Gesellschaft und Demokratie in Deutschland*[410] davon, daß die Stabilität der Bundesrepublik zur Starre ausarte; es fehle der Rhythmus des Wandels. Da boten »Kunst-Produkte« eine gute Möglichkeit für Kompensation und Projektion: Im Überbau gab man sich dynamisch, liberal, weltoffen, urban. Das statische, hierarchisch gegliederte Gesellschaftsgefüge blieb davon unberührt. Im Gegenteil: Das rege Kulturleben mit viel Aleatorik und Dialektik gab eine glitzernde Fassade ab vor einer fest »versäulten«, Veränderungen und Experimente perhorreszierenden »heilen Welt«. Am Hofe der Restauration spielte der Intellektuelle die Rolle des Hofnarren, und er tat dies mit feuilletonistischem Geschick – er war immer »dabei«, immer im Gespräch, manchmal auch im Gerede, einflußreich, was die peripheren Probleme anging, insgesamt durchschlagend wirkungslos.

Einer der erfolgreichsten »Narren« in den fünfziger Jahren hieß Dr. Karl Emmerich Krämer; er provozierte einen Literaturskandal, von dem die *Süddeut-*

sche Zeitung meinte, daß er in der deutschen Nachkriegsliteratur ohne Beispiel sei. Über seinen Freund und Kampfgefährten (aus Hitler-Jugend-Tagen) Dr. Karl Friedrich Leucht spielte er dem Düsseldorfer Verleger Dr. Peter Diederichs Gedichte von einem George Forestier zu, die dann unter dem Titel *Ich schreibe mein Herz in den Staub der Straße* 1952 in einem graphisch eindrucksvoll gestalteten Band veröffentlicht wurden.[411] Die Biographie des fiktiven Autors besagte, daß er, am 13. Januar 1921 in Roufach/Elsaß geboren, in Straßburg und Paris studiert und als SS-Freiwilliger am Ostfeldzug teilgenommen habe. »Nach seiner Verurteilung als Kollaborateur hielt er sich einige Zeit unter fremdem Namen in Marseille auf, um dann als Freiwilliger nach Indochina zu gehen. Seit den Kämpfen um den Song-Woi im November vergangenen Jahres ist er vermißt . . .« George Forestier hätte seine Gedichte ohne Hoffnung, sie eines Tages veröffentlicht zu sehen, geschrieben; seine letzten Verse fanden sich zwischen Gedichtblättern Gottfried Benns in einer kleinen schmutzigen Mappe, die er einem Kameraden übergab, bevor seine Truppe im Herbst 1951 erneut in Marsch gesetzt wurde. »Seit dieser Zeit fehlt von ihm und seiner Vorpostentruppe jede Spur . . .« Die tragische Weltläufigkeit von Forestiers Biographie und die »abenteuerlich betörende Farbenglut« seiner Lyrik bewirkten einen sensationellen Erfolg. Prominente Kritiker beschäftigten sich in sämtlichen namhaften Zeitungen ausführlich mit dem aus vierzig kurzzeiligen Gedichten bestehenden Werk, das enthusiastisch gelesen und mit erstaunlicher Einmütigkeit gelobt wurde. »Heute hat jede zweite Primanerin den schmalen Band unterm Kopfkissen, und jeder Sonntagsleser weiß über Forestiers Lebensweg Bescheid. Seit Rilke ist bei uns kein Lyriker mehr so populär geworden, und seit Wolfgang Borchert hat kein deutscher Nachkriegsautor einen so stürmischen Über-Nacht-Erfolg erzielt.« (Heinz Piontek) Aus der Enge des Provinziellen »entführte« der Dichter mit Hilfe romanzenhaften Singsangs und raffinierter Metapherntechnik – in eine Ferne, da der rote Maisgott im Feuer tanzte, Sternrauch aus sieben Höhlen stieg und »Urmund, der dunkel verscholl« von geheimnisvollen Mythen kündete. »Forestiers Instrument ist die Gitarre, nicht die Leier. Er sitzt mit untergeschlagenen Beinen an Lagerfeuern im Dschungel Indochinas und vor den Hütten der weizenfarbenen Ukraine, singt in schäbigen Hafenbordells und in verwanzten Kasernen. Er singt von Tod und Liebe – kraß, sentimental, schwermütig und bitter. Gaia lockt, er möchte zurück ›in den Schoß der großen Mutter‹, aus Festungen und Baracken in die Arme der Freudenmädchen. Fast in jedem Gedicht erscheinen erotische Motive, sinnlich erhitzte Metaphern, unbeherrscht hervorgestammelt, man spürt hinter ihnen die Sexualität des Landsknechts, des kasernierten Legionärs, der sich einem hemmungslosen Phantasieren überläßt.«[412]

Als der Verleger Peter Diederichs herausgefunden hatte, daß George Forestier ein Pseudonym für Karl Emmerich Krämer war –, als deutlich wurde, daß der vermeintliche Dschungelkämpfer mit seiner großen Lesergemeinde ein, wie er sich selbst charakterisierte, »sentimentaler Zyniker« war, ließ er zwar den zweiten Band noch erscheinen, gab aber kurz darauf bekannt, daß der Verfasser ein

Deckname sei. Ein zweiter Forestier-Rummel, diesmal mit negativem Vorzeichen, entstand. Beim 229. Mittwochsgespräch des Kölner Bahnhofs-Buchhändlers Ludwig (im Wartesaal 3. Klasse) – ein sehr beliebter literarischer Treffpunkt mit spannenden Lesungen und Diskussionen – stellte sich Krämer erstmals seinen Kritikern: »Sie müssen es mir glauben, daß ich die Forestier-Legende nicht erfunden habe, um einen geschäftlichen Vorteil daraus zu ziehen . . . Ich bin freiwillig für Hitler marschiert. Ich gehöre einer Generation an, die aus den Wirren des Zusammenbruchs erst langsam wieder den Weg in eine Neuordnung suchen muß.« Der Verleger Dr. Josef Witsch sprach ein erregtes Verdikt: »In meinen Augen sind Sie ein Hochstapler!«[413] Dabei hatte Krämer (milder beurteilt) sich doch nur geschickt in die »rauschhungrige Equipe der Benn-Nachhut« eingereiht und eine wesentliche Marktlücke geschlossen: er gab dem neudeutschen Fernweh eine exotische Dimension. Baedeker-Bewußtsein wurde auf der Meta-Ebene zum Rausch der Exorbitanz. »Rom heißt sein Herz/ Paris ein andres,/ London, Berlin/ Den Haag und Madrid./ Das alte Europa/ hat viele Herzen/ hat viele Kronen,/ die nie verdunkeln./ Sag Moskau und fühle:/ Du bist allein./ Nenne New York/ und Du bist/ in der Fremde.«[414]

Nüstern auf allen Start- und Sattelplätzen

»Meinen Sie Zürich zum Beispiel/ sei eine tiefere Stadt . . .« Man meinte es. Der mokante, melancholisch-rhapsodische Charme Gottfried Benns ließ Konkretismus aufs Rätselhaft-Seelische hin transzendieren: »Bahnhofstraßen und Ruen/ Boulevards, Lidos, Laan -/ selbst auf den Fifth Avenuen/ fällt Sie die Leere an . . .«[415] Großstadtmelodien wollte man genießen, intoniert von lyrischen Feuilletonisten, feuilletonistischen Lyrikern, mit »Nüstern auf allen Start- und Sattelplätzen, auf den intellektuellen, da wo die materielle und ideelle Dialektik sich voneinander fortbewegen wie zwei Seeungeheuer, sich bespeiend mit Geist und Gift, mit Büchern und Streiks – und da, wo die neueste Schöpfung von Schiaparelli einen Kurswechsel in der Mode andeutet mit dem Modell aus aschgrauem Leinen und mit ananasgelbem Organdy. Aus allem kommen die Farben, die unwägbaren Nuancen, die Valeurs – aus allem kommt das Gedicht.«[416] Die Aufforderung zur Introspektion: »Spät erst erfahren Sie sich:/ bleiben und stille bewahren/ das sich umgrenzende Ich« war so »bewegend« formuliert, daß man es als Innerlichkeitsaphrodisiakum fürs Fernweh konsumierte.

Heute könne man keine Literaturseite mehr aufschlagen, keine Nachtsendung mehr einschalten, ohne daß dieser exklusive Dichter, dessen einsames und unzugängliches Werk sich selbst in den freiesten Zeiten höchstens an eine Handvoll Menschen richte, hervorgeholt werde, schrieb Friedrich Sieburg in einer Besprechung von Gottfried Benns autobiographischer Schrift *Doppelleben*. Dort heißt es unter anderem: »Und die Einladungen und die Blumen auf dem

Tisch und das Gemüt? Ich persönlich besitze nichts davon. Ich besitze Müdigkeiten, Melancholie, produktives Aufbrausen, Zögern, Zaudern, Zaubern – das kann ich eine Stunde durchhalten, aber Gemüt, was fange ich damit an?«[417] Solche philosophische Schnoddrigkeit, die Souveränität gegenüber Kleinheit und Kleinlichkeit ausstrahlte, deren pessimistische Suada den Mief des Provinziellen wegwehte, chrakterisierte einen Lyriker, Essayisten und Feuilletonisten, in dessen Gefolge man sich gegen die vorherrschende betuliche Saturiertheit formieren konnte. In den Jahren zwischen 1948 und 1950, so Peter Rühmkorf in seinen Erinnerungen,[418] begann die Naturlyrik ins Weite und Breite zu wuchern; flink auf der Flucht vor Tragik und Erschütterung und rückgetrieben an den Hang, den Knick, zum Rasenstück, zum Beet und Blumentopf, geriet sie immer tiefer ins Bescheidene und Verschnittene. Der Poet nahm keine Aufregungen mehr an und keine Anregungen mehr auf. Kleine heile Welt. Gottfried Benn jedoch nannte die Kräutersammler und Botaniseure der Naturpoesie »Bewisperer von Nüssen und Gräsern«; mit seinem Comeback Ende der vierziger Jahre (*Statische Gedichte*, 1948, und *Trunkene Flut*, 1950) trat wieder eine komplexe Dichtungstheorie in den Gesichtskreis, die gereimter Eindimensionalität ein Ende bereitete. In Benn schien die auch lyrisch verspätete Nation mit ihrem widerstands- und spannungslosen Ästhetizismus den Anschluß an eine internationale Großstadt- und Bewußtseinspoesie zu finden. Dieser Dichter hatte seine Nüstern auf allen Start- und Sattelplätzen; seine Werke erschienen in rascher Folge: *Fragmente*, 1951; *Frühe Lyrik und Dramen*, 1952; *Destillationen*, 1953; *Aprèslude*, 1955; Prosaschriften: *Der Ptolemäer*, 1949; *Ausdruckswelt*, 1949; *Provoziertes Leben*, 1955; *Reden*, 1955. Benn vermittelte angesichts der konkretistischen Wirtschaftswundereuphorie die Wahrheit des Misanthropen, der gegenüber Fortschrittsbilanzen die Bitterkeit dieser Welt vorrechnete. Inmitten sentimentaler Vernebelung erwies er sich als »Radardenker«, der, allgemeine Anpassung hinter sich lassend, den Nonkonformismus anpeilte, und von dessen »Seßhaftigkeit« (er verließ Berlin seit Jahrzehnten kaum) höchste Beunruhigung ausging: »Auf einem bestimmten Holzstuhl sitze ich vielfach vormittags an meinem Fenster, das eine Straße übersieht. Das kann ich mir für Augenblicke leisten. Reisen kann ich nicht, einmal wegen der Kosten und der Schwierigkeiten, die eine solche Angelegenheit jetzt mit sich bringt, zum anderen erhalte ich keinen Paß aus der Stadt, ich stehe auf allen schwarzen Listen, schwarzes Schaf – Grund: Ich denke über vieles anders als die meisten.«[419]

Abendland war für Benn keine affirmative Vokabel: Denken und Handeln klafften unüberbrückbar auseinander; auf der einen Seite ein Leben im Dienst des technischen oder staatlichen Leviathans, auf der anderen ein Leben im individuellen freien geistigen Raum. Seine Empörung über solche Schizophrenie ließ er in sich »kalt hochkochen«; an »Form« klammerte er sich als einzigen Halt: »Nichts, aber darüber Glasur.« Das »absolute Gedicht« war – inmitten einer Flut des Nihilismus – das »Gedicht ohne Glauben, das Gedicht ohne Hoffnung, das Gedicht an niemanden gerichtet, das Gedicht aus Worten, das Sie faszinierend montieren«. Ordnung hieß Geist; ihr Gesetz: Ausdruck, Prägung, Stil; alles andere bedeute Untergang. Der nivellierten Mittelstandsgesellschaft mit ihrer optimistischen Aufbaumentalität trat er mit der Attitüde eines lyrisch-feuilletonistischen Dandyismus entgegen; Dandyismus sei, so Baudelaire, die letzte Verwirklichung des Heroismus in Zeiten des Verfalls. Von Rainer Maria Rilke schrieb Benn: »Diese dürftige Gestalt und Born großer Lyrik, verschieden an Weißblütigkeit, gebettet zwischen die bronzenen Hügel des Rhonetals unter einer Erde, über die französische Laute wehn, schrieb den Vers, den meine Generation nie vergessen wird: ›Wer spricht von Siegen – Überstehn ist alles!‹«[420]

Die meisten Intellektuellen, bis weit ins konservative Lager hinein, bewunderten Gottfried Benn (wobei den linken Liberalen seine intensive, wenn auch kurze Koketterie mit dem Irrationalismus der Nationalsozialisten bei Anbruch des Dritten Reiches anstößig war). Er schien der Inbegriff der Moderne zu sein. Der Bravheit und Borniertheit der durch warenästhetische Idole gesteuerten kleinbürgerlichen Wirtschaftswundergesellschaft setzte er das Bekenntnis zu einem, vom isolierten Individuum auszuhaltenden Nihilismus entgegen, der die »Seidnett-zueinander«-Appelle der sozialen Marktwirtschaft zutiefst schockierte. »Das monologische Element, die Negation der Gemeinschaft, gehörte ebenso dazu, wie jene fremden Städtenamen, die mit Blut und Boden so wenig zu tun haben wie mit Fahrten unter dem Motto ›Kraft durch Freude‹. Sie drückten viel von der Sehnsucht der ersten Jahre aus.«[421]

Zu den Kritikern Benns gehörte Hans Egon Holthusen; er verurteilte dessen manisch einseitigen nihilistischen Ästhetizismus. Als Promotor der konservativen Haltung des englischen Dichters T. S. Eliot vertrat er als Gegenformel die Forderung, daß Poesie humanistisch-christlicher Weltordnung dienen müsse. Die Unbehaustheit des Menschen galt es zu überwinden.[422] In diesem Sinne war die von Holthusen und Kemp herausgegebene Anthologie *Ergriffenes Dasein – Deutsche Lyrik 1900-1950* Dokument einer »tröstenden« (teilweise freilich auch resignierenden) Innerlichkeit. Wer es heute unternehme, eine Anthologie der deutschen Lyrik der letzten fünfzig Jahre herauszugeben, könne nicht mehr den Anspruch erheben, eine revolutionäre Situation sichtbar zu machen. All das Neue, Kühne, das Unerhörte und hinreißend Skandalöse, was vor mehr als dreißig Jahren auf dem Höhepunkt der expressionistischen Bewegung in der berühmten Sammlung *Menschheitsdämmerung* von Kurt Pinthus präsentiert wurde, sei längst historischer Besitz geworden oder aber legitimer Vergessenheit anheimgefallen. Ein umstürzlerischer Impuls fehle heute; wir befänden uns im Künstlerischen, wie im Politischen und Sozialen, offenbar in einer nachrevolutionären Situation; eine allgemeine Ernüchterung bis in die Tiefen der Seele hinein habe stattgefunden.[423] Diese Lyrikanthologie, so Peter Rühmkorf sarkastisch (dabei die Offenheit der Sammlung mißachtend), sei an der eigenen Harmlosigkeit gescheitert, mehr noch an der Unmöglichkeit, sich gegen die »aufreibenden Tendenzen des geschichtlichen Prozesses« mit Vegetarismus zu behaupten und die »kulturpessimistischen Schwindelanfälle« im Heublumenhemd zu bestehen.[424]

Walter Höllerers »Lyrikbuch der Jahrhundertmitte« *Transit*, 1956, das etwa

300 Gedichte von 120 Autoren, zumeist lebenden, vor allem von damals jungen und jüngsten in sich versammelte (Günter Eich war mit siebzehn, Karl Krolow mit elf, Hans Magnus Enzensberger mit sechs, Höllerer selbst mit dreizehn Gedichten vertreten), wollte das Neue, das in den Gedichten der Gegenwart als Ahnung und Andeutung stecke, offenbar machen. Stellen wir uns vor, hieß es im Klappentext, das Jahr 1955 sei ein enger Durchgangspaß für den lyrischen Strom der Jahrhundertmitte: »Dort hat Walter Höllerer Reusen ausgelegt. Er hat sie auf bestimmte Beobachtungsfelder eingestellt, so daß sich in ihnen fängt, was ihn beschäftigt, was ihn angeht: Gedichte, vielleicht halb erschlossene erst, die weiterdeuten, über unsere gegenwärtige Situation hinaus, indem sie unserem Selbst Ausdruck geben mit gemäßen neuen Mitteln. Das fischt er nun heraus aus den lyrischen Gewässern . . . Das Glatte, Epigonale, Gefällige glitt durch die Reusen hindurch, wurde nicht notiert.«[425] Höllerers Biographie spiegelt den Aufbruch der Provinz zur Urbanität – von der Beschaulichkeit zur hektischen Aktivität, aus der konservativen Innerlichkeit zur revolutionären Extraversion. 1922 in Sulzbach-Rosenberg geboren, studierte er Philosophie, Germanistik, Romanistik und Geschichte in Erlangen, Göttingen und Heidelberg. 1959 als Professor an die Technische Universität Berlin berufen, wurde er zum Mittelpunkt vielfältiger geistiger und künstlerischer Aktivitäten. In seiner »Dankrede auf meine Heimatstadt Sulzbach-Rosenberg« *Hier, wo die Welt anfing* (als ihm dort 1974 der Kulturpreis verliehen wurde) sagte er: »Der Motor rast, und die Gefühle strengen sich an, auf ihren altmodischen Beinen daneben herzulaufen. Versuchen wir das in Einklang zu bringen, versuchen wir uns in dem Stichwort ›Lebensmöglichkeit‹.«[426] Das Genie des Intellektuellen saß in seinen Nüstern . . . Nicht in die Gartenlaube wollte man sich einschließen, sondern auf allen Start- und Sattelplätzen dabei sein. Die Wahrheit des lyrischen Moments wollte kein verschlafenes, unverwandeltes Zurück zulassen, keinen Ausverkauf an die Vergangenheit. »Das Wort *Transit* heißt auf deutsch: ›es geht hindurch‹, aber auch: ›es geht darüber hinaus‹. Das menschliche Selbst in der Jahrhundertmitte geht durch das Gestrüpp seiner Epoche hindurch; aber es kommt – zumindest ist das zu hoffen – in seinen besten Augenblicken auch darüber hinaus. Wird es von denen gefragt, die Programme und Parolen setzen, worauf es sich denn berufen könne, so könnte es antworten: auf seine Wachsamkeit und seine Bereitschaft zur Kritik, zur Selbstkritik vor allem; auf seine Bemühung, in jedem Moment, nach Einsicht in die Verhältnisse und mit dem Blick auf die unbegrenzte, noch nicht definierte Wirklichkeit, neu zu entscheiden.«[427]

Viele moderne Gedichte seien aus der Faszination des Augenblicks und des Nebeneinanders der Augenblicke geboren, der kleinsten Erlebniseinheit, deren Funke ungetrübt bleibe, die Einzelnes scharfrandig herausschneide aus dem Allzuvielen, es aneinandersetze, mit Klüften der Fremdheit dazwischen. Damit war auch das Happening antizipiert, eine Kunstform, die Ende der fünfziger Jahre in der Bundesrepublik bekannt wurde. Im Dezember 1959 malten Bazon Brock und Friedensreich Hundertwasser in der Hamburger Hochschule für Bildende Künste, begleitet von einer Verlesung des alttestamentarischen Judenzuges durch die Wüste, die *Endlose Linie*. Die Düsseldorfer Zero-Gruppe veranstaltete Lichtballette; Wolf Vostell, der eine Pariser Straße zur Kunst deklarierte, bezog die anarchischen und oft brutalen Strukturen der Realität, wie Flugplätze, Autofriedhöfe, Schlachthäuser, Hochgaragen, in sein »inszeniertes Geschehen« ein. Während eines 24-Stunden-Happenings am 5. Juni 1965 in der Wuppertaler Galerie Parnass, einer der »letzten Sternstunden der Happening- und Fluxus-Idee, brachte Joseph Beuys mit seiner Aktion *und in uns – unter uns – landunter* durch »ritualhaft inszenierte Materialien« wie Honig, Fett, Filz, Kupfer etc. ein symbolisch-spirituelles Dingvokabular für Energiespeicherung, Spannung, Kreativität zur Anschauung, das sich in weiteren Einzelaktionen mit den Titeln *wie man dem toten Hasen die Bilder erklärt, Eurasia, mit Braunkreuz, Manresa, Hauptstrom* metaphorisch präzisieren und vertiefen sollte«.[428] Trotz der Devise »Erstarrung vermeiden – beweglich bleiben – hindurch gehen – darüber hinaus gehen – weitergehen« (das Jahr 1960 brachte die von Walter Höllerer, Franz Mon, Manfred de la Motte herausgegebene Anthologie *Movens*, eine Bestandsaufnahme experimenteller Literatur und Kunst, sowie das *Textbuch I* von Helmut Heißenbüttel) verfiel man oft genug einem Manierismus, der »beim Andenkenhöker, im Antiquitätenladen, im Zeughaus, Schmuckgeschäft, Museum, in der Petrefaktensammlung« stehen blieb, bei »Örtlichkeiten« also, die man ideologisch hinter sich lassen wollte. Der Modernitätseifer, mit dem man gegen den restaurativen Charakter der Epoche vorging und deren Ablehnung des Experimentellen experimentell zu überwinden suchte, ließ oft den Kontakt, auch den Konträrkontakt, zur Zeit, Gesellschaft, Natur und Wirklichkeit vermissen. Im Elfenbeinturm der Avantgarde fand sich ein, was dem Alltag die Gefolgschaft, der Gegenwart das Interesse aufkündigen wollte. Was Rühmkorf an *Transit* kritisierte, galt vielfach für die experimentellen »intellektualistischen« Kunstrichtungen der Zeit: Mit allen möglichen Raritäten und Erlesenheiten schmückte sich, was dem gemeinen Durchschnitt zu entkommen trachtete – übersehend, daß »all die Ausgefallenheiten am Ende ihr Stelldichein im Massenverhaften finden könnten und daß das Sonderbare, zur Regel erhoben, bar jeder Besonderheit sein würde.«[429]

Kulturbetrieb

Dem »gemeinen Durchschnitt« zu entkommen, war sicherlich ein wichtiges Ziel des bundesrepublikanischen Intellektuellen. Zwar wurde deshalb der Gegenwart nicht das Interesse aufgekündigt; aber es blieb insofern esoterisch, als man hoffte, durch geistigen und geistreichen Diskurs, der vor allem auch literarisch orientiert war, das allgemeine sittliche Niveau heben zu können. Man wollte schreiben, debattieren, argumentieren; vom Überbau auf den Unterbau einwirken, von dessen Realität man ziemlich weit entfernt war. Der Intellektuelle begriff sich als Repräsentant kritischer Theorie und nicht als Demonstrant für oder gegen politische und soziale Praxis. Die »Örtlichkeiten« seines Wirkens waren nicht die Straße, sondern die Podiumsdiskussion, das Feuilleton, das Nachtstudio, das Buch, vor allem der verschiedene Stimmen vereinigende Sammelband, die Anthologie. Was Walter Jens in *Deutsche Literatur der Gegenwart* 1961 feststellte, daß nämlich die Komplexität der modernen Industriegesellschaften den Schriftstellern es nicht mehr erlaube, sich beschreibend auf ein klares Bewußtsein von sozialen Unterschieden zu beziehen, konnte man in einem gewissen Sinne verallgemeinern.[430] In dem von Heinz Friedrich herausgegebenen Band *Schwierigkeiten heute die Wahrheit zu schreiben. Eine Frage und 21 Antworten* (1964) sprach Jens davon, daß der steigende Wohlstand die sozialen Gegensätze, zumindest äußerlich, eingeebnet habe, so daß der Literat oder der Intellektuelle in seinem Rezeptionshorizont beschränkt sei. »Angestellte und Vertreter, Industrielle und Kommis, Studenten und Arbeiter sprechen die gleiche Sprache, kleiden sich gleich, haben die gleichen Gewohnheiten. In einer solchen Situation kann der Schriftsteller im Unterschied zu den Autoren etwa der Fontane-Zeit weder durch die Fixierung von Spracheigentümlichkeiten noch durch die Bezeichnung von charakteristischen Eigenschaften andeuten, welchem Milieu die von ihm geschilderten Personen entstammen.«[431]

Die zunehmend gesellschaftskritisch orientierte Literatur seit Mitte der fünfziger Jahre widerlegte zwar diese These von Walter Jens; richtig beobachtet war jedoch das Faktum, daß sich der Intellektuelle, selbst wenn er marxistisch orientiert war, mehr im Spekulativen als im Konkreten bewegte. Im Gefolge liberaler und republikanischer Traditionen des 19. und 20. Jahrhunderts, im besonderen auch der großstädtischen »Kaffeehausliteratur« der Weimarer Republik (vom Nationalsozialismus als »Asphaltliteratur« denunziert), wurde nach 1945 der Intellektuelle zu einer wichtigen Leitfigur. Inmitten eines Volkes, das in seiner Vergangenheit unberührt geblieben war »von der moralischen und ästhetischen Verfeinerung benachbarter Kulturländer, philosophisch von konfuser idealistischer Begrifflichkeit, prosaistisch dumpf und unpointiert« (wie Benn den abgründigen nationalsozialistischen Provinzialismus charakterisierte)[432], verkörperte der Intellektuelle, vor allem wenn er aus der westlichen Emigration zurückkehrte und so den »Geist von draußen« vermitteln konnte, ein Stück faszinierender Weltoffenheit. Ein Volk, geprägt durch Spießerideologie, erwartete nun mit kindlich anmutender Naivität die feuilletonistische Offenbarung. Thomas Manns inspirierendes Diktum: »Deutsch war es einmal und mag es wieder werden, der Macht Achtung, Bewunderung abzugewinnen, durch den menschlichen Beitrag, durch den freien Geist«[433] wurde in den fünfziger und sechziger Jahren, in Ablösung des gravitätischen Ernstes der Trümmerzeit, auf eine mehr aleatorische, auch modische Weise beachtet.

Der Oberflächenglanz des wieder erstandenen, neu entstehenden Intellektualismus (viele seiner Repräsentanten wie Gottfried Benn, Hermann Kesten, Erich Kästner, Alfred Polgar hatten schon im Kaiserreich und in der Weimarer Republik gewirkt) trat vor allem im »Kulturbetrieb« zutage. Was Kurt Tucholsky 1927 über die intellektualistische »Reizwelt« ironisch gesagt hatte, empfand man nach der Unterdrückung des Geistes durch die Nationalsozialisten als Offenbarung: »Welche Aufregung –! Welcher Eifer –! Welcher Trubel –! Horch: sie leben.«[434] Aus der »kastalischen Ferne« seines Schweizer Refugiums hatte Hermann Hesse 1943 im *Glasperlenspiel*, in Form eines fiktiven Rückblicks vom Jahr 2200 aus, den zeitgenössischen feuilletonistischen Kulturbetrieb charakterisiert und kritisiert, in dem er eine Entwürdigung und Selbstaufgabe des Geistes sah – und fand damit die Zustimmung vor allem derjenigen, die sich als Konservative dem »Tiefgründig-Wesentlichen« verpflichtet fühlten, wobei sie gerne ihre ambivalente Haltung im Dritten Reich als »innere Emigration« hochstilisierten. Feuilletons waren nach Hesse ein besonders beliebter Teil im Stoff der Tagespresse, zu Millionen erzeugt, Hauptnahrung der bildungsbedürftigen Leser. Die Hersteller dieser »Tändeleien«, industriemäßig erzeugter Artikel (die durchaus auch Ironie und Selbstironie enthielten), »gehörten teils den Redaktionen der Zeitungen an, teils waren sie ›freie‹ Schriftsteller, wurden oft sogar Dichter genannt, aber es scheinen auch sehr viele von ihnen dem Gelehrtenstand angehört zu haben, ja Hochschullehrer von Ruf gewesen zu sein . . . Es wurden von Fachleuten sowohl wie von geistigen Buschkleppern den Bürgern jener Zeit, welche noch sehr an dem seiner einstigen Bedeutung beraubten Begriff der Bildung hingen, außer den Aufsätzen auch Vorträge in großer Zahl geboten, nicht etwa nur im Sinne von Festreden bei besonderen Anlässen, sondern in wilder Konkurrenz und kaum begreiflicher Masse. Es konnte damals der Bürger einer mittelgroßen Stadt oder seine Frau etwa jede Woche einmal, in großen Städten aber so ziemlich jeden Abend Vorträge anhören, in welchen er über irgendein Thema theoretisch belehrt wurde, über Kunstwerke, über Dichter, über Gelehrte, Forscher, Weltreisen, Vorträge, in welchen der Zuhörer rein passiv blieb und welche irgendeine Beziehung des Hörers zum Inhalt, irgendeine Vorbildung, irgendeine Vorbereitung und Aufnahmefähigkeit stillschweigend voraussetzten, ohne daß diese in den meisten Fällen vorhanden war . . . Man hörte Vorträge über Dichter, deren Werke man niemals gelesen hatte oder zu lesen gesonnen war, ließ sich etwa dazu auch mit Lichtbildapparaten Abbildungen vorführen und kämpfte sich, genau wie im Feuilleton der Zeitungen, durch eine Sintflut von vereinzelten, ihres Sinnes beraubten Bildungswerten und Wissensbruchstücken.«[435]

Mit dem die 200. Wiederkehr von Goethes Geburtstag feiernden Goethejahr 1949, das die Chance bot, der Welt das »eigentliche«, das andere, das eigentlich ganz andere innere Deutschland zu präsentieren (»Goethe's Germany invites you!«), erhielt der Kulturbetrieb einen ersten großen Aufschwung. Tagungen, Kongresse, Wochenendseminare, zu Schwerpunktthemen gruppiert und Großveranstaltungen gebündelt, boten den Intellektuellen öffentlichkeitswirksame Auftrittsmöglichkeiten. Auf der einen Seite: der konkretistische Lapidarstil einer Politik, die den »Intellektuellenzirkus« ablehnte (von Adenauers Zweihundert-Worte-Vokabular sprach Rudolf Augstein, worauf Gerd Bucerius konterte, daß dessen deutscher Bierernst für die intellektuelle Schärfe des Kanzlers kein Organ besäße[436]). Auf der anderen Seite: die rhetorische Üppigkeit einer intellektuellen Star-Equipe (darunter François Bondy, Hans Magnus Enzensberger, Walter

Jens, Joachim Kaiser, Hans Mayer, Marcel Reich-Ranicki, Alfred Andersch, Heinrich Böll, Hans Werner Richter, Wolfgang Hildesheimer, Helmut Heißenbüttel, Wolfgang Koeppen, Günter Grass), die, wie es Horst Krüger formulierte, jeden Versammlungssaal zu einem Pfingstfest der rosaroten Geistausgießung machten. Die Podiumsdiskussion wiederholte Elemente des öffentlichen Spiels und der Theaterszene, halb sportlicher Wettkampf, halb Schauspielbühne; Geistesgegenwart, Präsenz der Argumente, Ensemblegeist waren notwendig, auch ein leichter Sinn für Massenführung. »Die Leute sind unglaublich leicht zu handhaben. Als Kollektiv können sie nur mit ganz elementaren und ambivalenten Emotionen reagieren. Sie können nur buhen und klatschen, eine eindeutige und simple Kindersprache, bestehend aus zwei Worten. Die idealen Diskutierer wissen damit zu spielen. Es sind beschlagene und gebildete Intellektuelle, mit einem heimlichen, lange unterdrückten Hang zur Bühne. Wären sie nicht so verteufelt gescheit, so wären sie vielleicht erste Liebhaber oder Heldentenor an der Oper geworden. Sie führen sich jetzt selber als Rolle vor. Sie setzen eine Stegreifkomödie in Gang. Die heißt: Seht mich als Schauspieler meiner selbst. Ich spiele jetzt mich selber als fragendes, denkendes, argumentierendes Wesen.«[437]

Die »Darmstädter Gespräche« waren 1950 gegründet worden. Im Mittelpunkt der ersten Veranstaltung (*Das Menschenbild in unserer Zeit*) stand eine Auseinandersetzung zwischen dem Kunsthistoriker Hans Sedlmayr, dem Autor des Buches *Verlust der Mitte* (1948), der einen Vortrag über die *Gefahren der modernen Kunst* hielt, und dem Maler Willi Baumeister, Verfasser des Buches *Das Unbekannte in der Kunst* (1947), der mit seinem Referat *Verteidigung der modernen Kunst gegen Sedlmayr und Hausenstein* nicht nur die Gegenposition zu Sedlmayrs konservativ-katholischem Standpunkt einnahm, sondern dessen NS-Vergangenheit beschwor: »Sedlmayr ist kaum Demokrat, noch erweist er der Kirche einen rechten Dienst. Seine Theorie ist so einspurig wie die Rassentheorie von Rosenberg . . . Sedlmayr sieht keinen Unterschied zwischen Humanität und Entartung. Er sieht nur Entartung in der Humanität. Ich protestiere gegen die Behauptung, die moderne Kunst sei ohne ethische Werte und hätte keine Rückverbindung – religio . . . Das Abstrakte ist geistiger als das Konkrete.«[438] 1951 diskutierte man über *Mensch und Raum*.[439] Rudolf Schwarz stellte fest, daß der real existierende Sozialismus sich als eminent unschöpferisch erwiesen habe; es gäbe kaum eine Lehre in der ganzen Weltgeschichte, die architektonisch so unproduktiv gewesen sei wie dieser Sozialismus, wo immer er auch zur Macht gekommen war. Er forderte demgegenüber einen idealtypischen Sozialismus, der endlich das Leid und das Unrecht, das die Menschen sich selber zufügten, beseitige. Hans Schwippert bemerkte, daß die Zeit des Baus monumentaler Fluchtburgen zu Ende sei; rund um die Welt entstünden »Zelte«, leichte offene Dinge; die Menschen hätten Sehnsucht nach der Helle, nach einem Dach zwar, aber nicht nach dem Bunker.[440]

1955, das Jahr, in dem Bertolt Brecht sein Stück *Der kaukasische Kreidekreis* in Frankfurt inszenierte, Carl Zuckmayers Atomdrama *Das kalte Licht* von dem nach Hamburg übergewechselten Gustaf Gründgens uraufgeführt wurde, Erwin

A. Paul Weber,
Die Experten, 1965

Piscator eine pazifistische, heftig umstrittene Dramatisierung von Tolstois *Krieg und Frieden* im Berliner Schillertheater auf die Bühne brachte, diskutierte man in Darmstadt über das Theater. Unter den Teilnehmern waren Gustav Rudolf Sellner, Kurt Hirschfeld und Will Quadflieg (der die Trennung von Kunst und Politik forderte).

Eine wichtige Rolle bei allen »Darmstädter Gesprächen« spielte der Philosoph Max Bense (geb. 1910, Studium der Mathematik, Philosophie, Physik, 1946 Professor für Philosophie und Wissenschaftstheorie in Jena, seit 1949 Professor für die gleichen Fächer an der Technischen Universität Stuttgart). Im Mittelpunkt seines Denkens stand die Ästhetik; sie sollte mehr sein als eine Phänomenologie oder Interpretation von Kunst; mit mathematischer Exaktheit müßten die gestalterischen Prinzipien für eine neue Realität entwickelt werden. »Bense war einer der wirksamsten Aufklärer und Moralisten der Nachkriegszeit, der durch sein rigoroses Denken, seine polemischen Ausfälle gegen die westdeutsche Restauration und den aufkommenden Konformismus – die baden-württembergische Regierung wollte ihm aus weltanschaulichen Ressentiment seinen Stuttgarter Lehrstuhl verweigern – viel kritisches Aufsehen erregt hat. Als einer der entschiedensten hat er den Anschluß an die angelsächsische Philosophie gesucht und das mathematische, naturwissenschaftliche und technische Denken in der weltfremden deutschen Geistesgeschichte etablieren helfen.« (Eduard Beaucamp)[441]

Von den »Nürnberger Gesprächen«[442], die 1965 der Nürnberger Kulturdezernent Hermann Glaser einrichtete, meinte die *Süddeutsche Zeitung*, daß diese Kongresse zu soziologischen, politologischen und anthropologischen Fragen nicht mit der bekannten bundesrepublikanischen Tagungsfreudigkeit verwechselt werden dürften. »Hier soll an eben dem Ort, an dem die grotesk-makabre Figur eines Julius Streicher wirkte, Gegenmittel gegen jene gröberen und feineren Gifte gefunden werden, welche das deutsche Nationalgefühl so monströs entarten ließen, Mittel der Vernunft, der Reflexion und der wissenschaftlichen Analyse.«[443] Die Themen: *Haltungen und Fehlhaltungen in Deutschland* (1965), *Aufklärung heute* (1966), *Erkennen und Handeln* (1967), *Opposition in der Bundesrepublik* (1968), *Teilhabe. Kommunikation und Partizipation in unserer Gesellschaft* (1969) erwiesen sich als eine Tour d'horizon der bundesrepublikanischen Geisteslandschaft, die zunehmend schärfere Konturen zeigte.[444]

Deutlich wurde hier wie anderswo, daß Ende der sechziger Jahre die Basis des bisherigen intellektuellen Diskurses zerbrochen war. Die Protestbewegung hatte eine Kluft zwischen »Deklaration und Aktion« aufgerissen, die nicht mehr zu überbrücken war. Die Intellektuellen, die sich »redlich« um Erkenntnis und Aufklärung bemühten, spürten ihr Dilemma, daß nämlich Sprache keine Wirkung, Diskurs keine Folgen hatte. Genau dies meinte auch Karl Markus Michel in seinem Essay über die sprachlose Intelligenz: nicht daß ihr die Wörter und Sätze fehlten; aber sie konnte auf keinen Konsens der Allgemeinheit mehr rekurrieren – blieb damit unverständlich und einflußlos.[445] (Die »Nürnberger Gespräche« wurden denn auch 1969 eingestellt.)

Die Aktivitäten von Walter Höllerer, ab 1959 Professor für deutsche Literatur an der Technischen Universität in West-Berlin, führten dazu, daß Berlin zu einem Treffort der bundesrepublikanischen Intellektuellen wurde. 1963 (mit einem Vorlauf 1962, als die Gruppe 47 in Berlin tagte) wurde das »Literarische Colloquium Berlin« in einer Villa am Wannsee gegründet.[446] Es war reichlich Geld da, um die isolierte Stadt international ins Gespräch zu bringen; Höllerer war dafür der geeignete Mann: »Ein Literaturpapst, ein Medienäquilibrist, ein Hansdampf in der Kulturwarenproduktion? Von allem etwas und doch etwas Besonderes mehr, das schwer nur auf einen Begriff zu bringen ist.«[447] Ziel des Colloquiums war es, den Meinungsaustausch zwischen Schriftstellern, Künstlern, Theater- und Filmregisseuren zu fördern; das literarische Leben anzuregen: für die Zusammenarbeit mit Fernsehen und Hörfunk neue Möglichkeiten zu erproben. In übervollen Auditorien stellten sich Literaten aus ganz Europa vor, zum Beispiel Heimito von Doderer, Natalie Sarraute, Alain Robbe-Grillet, Michel Butor, Ingeborg Bachmann; sie kamen aus Frankreich und Österreich, aus der UdSSR und den USA, aus Polen und der Tschechoslowakei, Jugoslawien und Rumänien. Theater reisten aus allen Himmelsrichtungen an, mit neuen Stücken und

Spielweisen; desgleichen Komponisten, von Luigi Nono über Hans Werner Henze bis zu Jannis Xenakis. Interessant war die Einrichtung, so Hermann Peter Piwitt, selbst Teilnehmer des Literarischen Colloquiums, vor allem wegen der Freundschaften, die dort entstanden. »Wir schrieben, lasen was vor, kritisierten uns, gaben einander Tips und bekamen sanfte Lenkung von gestandenen Kollegen, die dort manchmal auftauchten. Grass, Rühmkorf, Richter . . . Unvergeßlich Peter Weiss. Er zum Beispiel war kein öffentlicher Vater. Eher ein großer Bruder. Ein sehr großer noch dazu. Aber einer, der es nie zeigte. Oder auch Franz Tumler. Auch ein Bruder.«[448]

Gottfried Benns im *Roman des Phänotyp* niedergeschriebene Selbstermunterung »Erkenne die Lage!« ging im Kulturbetrieb, den Helmuth de Haas einen von Arrangeuren beherrschten »Wanderzirkus der Intelligenz« nannte[449], oft genug unter. Man war »in« (up to date), aber die »zu den Wurzeln« hinabreichende Radikalität des Denkens fehlte. Walter Höllerer, so Peter Rühmkorf[450], war in den mittleren Fünfzigern Bundesdeutschlands unangefochtener Kulturpapst gewesen, erster Schleusenwärter der Zeitschrift *Akzente* und Weichensteller zahlreicher Anthologien (»bis ich ihn anfocht«). »In den frühen und mittleren Sechzigern schien Höllerer dann die Gigantomanie gepackt zu haben. Theatralische Riesenspektakel lösten sich ab mit lyrischen Massenveranstaltungen, Kritikerkongresse im Weltmaßstab wechselten mit Mammut-Film-Vorführungen, und Höllerer, der Schriftsteller, mühte sich ab an einem Infinitesimal-Roman ›Die Elefantenuhr‹. Diese Uhr begann dann aber mehr und mehr nachzugehen, und schließlich stand sie völlig still.« So traf ihn, da ihn seine gute Vorwitterung für Kommendes verlassen hatte, die Berliner Kulturrevolution fast unvorbereitet. Mit dem Beginn der großen Straßenunruhen, Demonstrationen und Erschütterungen der Lehrgebäude, genau in dem Moment, als sich die jugendliche Intelligenz aus der Veranstaltungsklammer löste und sich selbst zu organisieren begann, »verschlug es Höllerer buchstäblich die Stimme.«

Die abgekapselte Situation der linken Intellektuellen in der Weimarer Republik vor dem Ausbruch des Dritten Reiches als eine Mischung aus geistiger Brillanz und narzißtischer Koketterie mit dem eigenen Witz, aus literarischer Zeitkritik und Nach-uns-die-Sintflut-Stimmung kannte Ludwig Marcuse aus eigener Erfahrung; die Henkersmahlzeit war serviert; »aber wir aßen uns auch satt und freuten uns des Lebens!«[451] Aus der Emigration verhältnismäßig spät nach Deutschland zurückgekehrt[452], beobachtete er nun, daß die Intellektuellen eher noch wirkungsloser geworden waren.

»Was Bonner Geist vom Weimarer trennt, ist das Monolithische, vierzig Jahre später. Unentwegt ablaufende Diskussionen werden nicht mehr bemerkt, weil sie jeden Tag stattfinden . . . immer zwischen denselben, die, auch wenn sie sich streiten, dasselbe sagen: es gibt Schriftsteller vom Dienst, Rhetoren vom Dienst. Man will keine Klarheit. Der viel gepriesene Dialog besteht entweder aus einem Haufen von Monologen oder aus einer monologischen Aktion zur Störung des Dialogs, was Diskussion genannt wird. Der Ausweis eines Zugehörigen ist eine

Unterschrift gegen Vietnam, eine Witzelei gegen Bonn oder wenigstens die zustimmende Erwähnung des meist zitierten goldenen Worts der letzten Jahre: daß man nach Auschwitz keine Gedichte mehr schreiben könne ... und sie schrieben alle weiter: Gedichte, Interpretationen von Gedichten, Anti-Interpretationen (nimm kein Haar und spalte es), und dazwischen rezitierten sie immer noch einmal das goldene, das goldigste Wort.«[453]

Gerade diejenigen, die bittere Erfahrungen im Dritten Reich hatten machen müssen, forderten gegenüber feuilletonistischem Imponiergehabe eine stärkere Politisierung. War schon der Intellektuelle als unbequemer Mahner und Warner für eine freie Gesellschaft unentbehrlich, was allenthalben selbst von der Politik (als Mundbekenntnis) verkündet wurde, so sollte er seine Einwirkungsmöglichkeiten konkreter wahrnehmen. »Radikalität« war aber seit dem 19. Jahrhundert für den bürgerlichen Intellektuellen mehr eine Angelegenheit des Denkens als des Handelns; Idee und Wirklichkeit wurden als Antinomie empfunden. Damit war der Konflikt zwischen den literarisch orientierten idealistischen Generalisten und den auf konkrete Gesellschaftsveränderung abzielenden Realisten vorprogrammiert; er brach mit der Protestbewegung voll aus. Den Altlinken, die gerne Manifeste unterzeichneten und in literarischen Texten zum Engagement für eine Sache aufriefen, trat eine zum Handeln entschlossene Generation von Revolutionären entgegen, deren ideologische Rigorosität den gängigen liberalen Toleranzbegriff überforderte und eine bis zum Bruch reichende Entfremdung zwischen den beiden »Lagern« bundesrepublikanischer Intelligenz bewirkte.[454]

In seinem Buch *Das sogenannte Gute. Vom Unvermögen der Ideologen*[455] stellt Gerhard Szczesny fest, daß die Väter der jungen Revolutionäre in der Mehrzahl liberal gewesen waren – darauf aus, erträgliche Lebensverhältnisse zu schaffen, jedem nach Möglichkeit das Seine zukommen zu lassen. »Sie erwarteten keine Wunder. Sie wollten Wohlstand und Frieden für den Rest ihres Lebens. Sie hatten genug von den hehren Prinzipien, Opfern und Entbehrungen für irgendwelche Verheißungen. Sie waren bereit zu arbeiten – aber nicht bereit zu kämpfen.« Diese Väter seien nun den Söhnen zu schlapp und zu indifferent; die heimliche Sehnsucht nach Ideal und Vorbild, großen Zielen, Gesten und Taten könne sie nicht befriedigen. Dazu komme der Aufstand gegen die Leistungsgesellschaft. Die Söhne wollten die Zivilisationsgüter erben oder geschenkt erhalten – nicht aber dafür arbeiten. »Die Welt der jugendlichen Neolinken ist die alte romantische Welt des Knabenalters: sie wollen spielen oder spektakuläre Taten tun, nicht aber acht Stunden täglich an einer Maschine stehen, an einem Schreibtisch sitzen, irgendeine banale und mühselige Kleinarbeit verrichten. Es sind nicht die Atombombe und nicht Vietnam und nicht der Kapitalismus, die die Revolte der Jugend wirklich tragen. Völkermord und Elend hat es immer gegeben. Die Geschichte der westlichen Völker ist voll davon. Die Jugend ist der Wohlstandsgesellschaft überdrüssig.« Sie sei nicht bereit, den Weg des steten Diskurses weiter mitzugehen.

Szczesny, der Begründer der Humanistischen Union und Autor des vieldiskutierten Buches *Die Zukunft des Unglaubens* (1958)[456], nahm damit (wie viele seiner früheren republikanischen Mitstreiter) Abschied von den Linken, enttäuscht über deren ideologische Einseitigkeit. Von der Gegenposition her verurteilte 1968 in einer Rede in Frankfurt Hans Magnus Enzensberger die Praxisferne und Redseligkeit der in der Tradition der bürgerlichen Aufklärung stehenden Intellektuellen. Er forderte sie auf, mit den Studenten und Arbeitern auf die Straße zu gehen und auch in Deutschland endlich französische Zustände herzustellen. In solcher Kritik – verstärkt durch die Attacken der Protestbewegung auf die »Frankfurter Schule«, die im besonderen Theodor W. Adorno tief verletzten – schwang die Überzeugung mit, daß die liberale Intelligenz lediglich das alte Versagen repetiere, statt humanistisch sophistisch, statt nonkonformistisch konformistisch, statt revoltierend revozierend sich verhalte. »Die Kasse war leer. Diese linke Intelligenz war literarisch fleißig und fruchtbar, doch politisch im tiefsten Sinne unproduktiv. Sie bestand in der Hauptsache aus gebrannten Kindern, aus Alt-Sozialdemokraten, Neo-Liberalen und Spät-Jakobinern. Die einzige theoretische Basis, die sie verband, war eine unbestimmte Negation, nämlich der Antifaschismus. An das historische Trauma von 1945 blieb diese Intelligenz gebunden, fixiert an spezifisch deutsche Komplexe und Erscheinungen, von der Kollektivschuld bis zur Mauer.«[457]

Die neue Generation erwies sich als »ungeratene Generation«: als Produkt einer vaterlosen Gesellschaft, die, ganz auf materielle Expansion ausgerichtet, das dadurch entstandene geistig-seelische Vakuum unbeachtet gelassen hatte. Abgebrochen wurden die Brücken zur liberalen Tradition der deutschen Intelligenz, der man vorwarf, die Welt beredet, aber nicht verändert zu haben. Die junge Generation setzte auf den revolutionären Frühling mit seinen schillernd-farbigen Blüten, denen aber die Fruchtlosigkeit in vielem schon anzusehen war. »Die Niederlage der reformistischen Intelligenz in Deutschland ist vollkommen . . . Mit ihrem Narrenparadies ist es vorbei, die Zeit der schönen Selbsttäuschungen hat ein Ende.« Der bald darauf einsetzende »deutsche Herbst« zeigte, daß Enzensbergers Prophezeiung eine große Selbsttäuschung war. Beim neulinken Intellektuellen war »Differenzierungsneugierde durch das Reinheitsgebot« ersetzt. Aus der Sorge, er könne der Machtlogik der Institutionen bzw. des »Systems« verfallen, verdrängte er das Problem solcher »Verstrickung« und zog sich auf die ultraradikale Position zurück, die sich als praktisch konsequenzlos erwies.[458] Zudem wurde der lange Marsch durch die Institutionen wegen der damit verbundenen Beschwerlichkeit bald abgebrochen.

Der erfolgreiche Sisyphos

Anweisung an Sisyphos hieß ein Gedicht in Hans Magnus Enzensbergers erstem Gedichtband 1957. »was du tust, ist aussichtslos. gut:/ du hast es begriffen, gib es zu,/ aber finde dich nicht damit ab,/ mann mit dem stein. niemand/ dankt dir . . .«[459] Enzensberger selbst konnte man dagegen einen erfolgreichen Sisyphos nennen; gedankt hat man ihm auch: er wurde zu einer renommierten literarischen und politischen Instanz.[460] Er hat nicht nur den Stein gerollt und ihn über verschiedene Berge gebracht; er jonglierte meist mit mehreren Steinen. Als Enzensberger 1968 den Tod der Literatur verkündete und die Dichter von ihren Schreibtischen auf die Straßen verwies, schrieb er im gelegentlich aufgesuchten stillen Kämmerlein fleißig weiter: während die Ideologiegläubigen aus ihrem poetischen Bewußtsein eine Tabula rasa machten, füllte er die »weißen Blätter« längst wieder mit den Emanationen eines neuen lyrischen Ich-Bewußtseins. Er erwies sich als Dandy und Ästhet, Moralist und Poeta doctus – immer als geistreicher Sprachkünstler. ». . . ich wünsche *saboteur!* / es behagt mir *feigling!* / mein leben sorgfältig auszulegen/ wie eine sammlung von schönen kupferstichen/ auf den kühlen fliesen im sommerhaus.«[461] Er fand viele Topoi für »Optionen«; war in vielen Ländern zuhause – vor allem aber in Liebeszorn und Lustangst mit der Bundesrepublik verbunden, die ihm mit ihrer provinziellen Wirtschaftswundermentalität genügend Stoffe und Motive für zorniges wie spöttisches, attackierendes wie dekuvrierendes Eingreifen bot:[462]

> »was habe ich hier verloren,
> in diesem land,
> dahin mich gebracht haben meine älteren
> durch arglosigkeit?
> eingeboren, doch ungetrost,
> abwesend bin ich hier,
> ansässig im gemütlichen elend,
> in der netten, zufriedenen grube . . .«

Geboren am 11. November 1929 in Kaufbeuren im bayerischen Allgäu (»unter uns gesagt, der Geburtsstadt Ganghofers . . .«), kam Enzensberger als Kind nach Nürnberg: »Reichsparteitage vor mittelalterlicher Kulisse; im Nachbarhaus wohnte Streicher, die Leute aus den Slums brachten ihm Blumen zum Geburtstag; später kamen die Luftminen. Im Winter 44/45 zum Volkssturm, Ehrenkleid in die Mülltonne, Schwarzhandel und Abitur. Studium in Erlangen, Hamburg, Freiburg im Breisgau und an der Sorbonne: Literatur, Sprachen, Philosophie. Zwei Jahre Studententheater. In den Ferien Trampreisen durch Europa, Promotion 1955.«[463] Mit sicherem Spürsinn für die aktuellen Trends und Themen »machte« er Prosa- wie Gedichttexte, die Montagetechnik Benns wie Brechts Kombinatorik von schöpferischer und zitierter Sprache auf souveräne, eigenständige Weise weiterführend. »Der Begriff Zitat ist dabei im weitesten Sinne zu verstehen: es reicht vom politischen Jargon bis zur Bibelstelle, vom terminus technicus bis zu Rilke.«[464]

Als der feuilletonistische Essay in Gefahr war, in allgemein kulturkritische und kulturpessimistische Platitüden auszuufern, hat Enzensberger ihn konkretisiert und dabei jenen die Leviten gelesen, die sich aufgrund ihrer Machtstellung gesichert fühlten. Musterbeispiel hierfür der legendäre, am 8. Februar 1957 im

Süddeutschen Rundfunk unter der redaktionellen Betreuung von Alfred Andersch gesendete Funkessay über den »Spiegel«: *Moral und Masche eines Magazins*. Wenige Wochen später erschien der Text im *Spiegel* selbst, was die Cleverness sowohl des Kritisierenden als auch der Kritisierten verdeutlichte.[465]

Enzensberger war und ist Moralist; zugleich aber auch ein guter Showman, zu dessen Qualität es gehört, sich nicht durch zu häufige Auftritte zu verschleißen. Als Lyriker, Essayist, politischer Publizist, aber auch als kenntnisreicher Herausgeber und Nachdichter (sein *Museum der modernen Poesie* erschien 1960[466]), wußte er genau, wann es jeweils »Zeit war«. Wann es Zeit war, als Amerikareisender unterwegs zu sein, und wann es Schlagzeilen machte, sich aus den USA enttäuscht nach Kuba abzusetzen. Und wann es angebracht war, sich von Fidel Castros Sozialismus zu distanzieren. Wann es opportun war, die *FAZ* zu sezieren und wann in ihr wieder zu schreiben. Wann die Zeit gekommen war, die linke Zeitschrift *Kursbuch* zu gründen (1965), und wann es angebracht war, von der langweilig gewordenen Revolution mit ihrem erstarrten »Jargon der Dialektik« abzuheben. Eine Zeile aus der Ballade von T. R. M. (Thomas Robert Malthus) in *Siebenunddreißig Balladen aus der Geschichte des Fortschritts* kann auch für die Charakterisierung von H. M. E. herangezogen werden: ». . . unter den Propheten der Katastrophe der muntersten einer.« Was Enzensberger in seiner Dissertation über Clemens Brentano geschrieben habe – so Christian Linder in seinem Artikel *Der lange Sommer der Romantik* – beschreibe auch das Psychogramm des eigenen Wesens: »Gebieter über ein phantastisches Fürstentum zwischen Himmel und Erde; ein Kobold und Bürgerschreck . . ., ein Komödiant, Tagdieb und Gitarrenspieler; ein strahlender Jüngling, der im erleuchteten Kreis . . . rücksichtslos zu spotten und bezaubernd zu erzählen verstand; ein leidenschaftlicher, unsteter Mann, zur Hingabe, zum gefährlichen Spiel . . . fähig . . ., ein erotisches Genie . . . Ein sorgfältiger und genialer Sammler wunderbarer alter Geistesschätze, aber auch ein radikaler Artist, der jeden Kanon verwarf und Verse ohne Vorbild schrieb, scheinbar mühelos, in begeisterter Laune Schnurren, Feuerzeilen, urkräftige Mythen ausstreuend, doch vieldeutig und verborgen Zukünftiges fordernd.«[467]

Enzensberger, ein Aleatoriker par excellence, wagt stets »schwierige Arbeit«, nämlich die Anstrengung des Begriffs. In Enzensbergers dritten Gedichtband *blindenschrift* (1964) stehen die Verse, die nicht nur in einem allgemeinen Sinne aufklärerische Bemühung zu spiegeln, sondern die besondere »pädagogische« Leistung der bundesrepublikanischen Intelligenz in den fünfziger und sechziger Jahren zu resümieren vermögen: »geduldig/ bloßstellen den rüstigen kollaps«.[468]

Das Schöpferische, heißt es einmal bei Gottfried Benn, sei weder nach rechts noch links, sondern immer zentral aufs Allgemeine zielend. Dem scheint die politische Lyrik Enzensbergers zunächst zu widersprechen; sie ist durchaus links, doch auch zentral. Sieht man nämlich genauer hin, erweisen sich die konkret zeitkritischen Details als Accessoires. Dementsprechend geht sein »bundesrepublikanischer Zorn« stets rasch in einen allgemeinen Kulturpessimismus über. Der Dichter, der als ein einzelner den Abfall von der Idee zugunsten einer häßlichen Realität registriert, bietet keine Abhilfen an. Er bezieht die Position des reinen Dichters, der sich am liebsten, wie Rousseau, auf eine Insel zurückzöge. So ist es nicht von ungefähr, daß eines der schönsten Naturgedichte der modernen Lyrik von Enzensberger stammt (*Kirschgarten im Schnee*), mit den abschließenden Versen: »zwischen fast nichts und nichts/ wehrt sich und blüht weiß die kirsche.«[469] Enzensberger, der die Not der Mitmenschen und die Misere der politischen wie gesellschaftlichen Zustände mit expressiver Empörung zu konstatieren vermag, weilt mit seinen Gedanken und Sehnsüchten gerne in einer anderen Welt. Der Topos »Villa«, Gehäuse heiter-beschaulichen Rückzugs, abendländische Enklave fernab vom »napf des dressierten affen« und dem »diktaphon des dompteurs«, ist ein Ort, nach dem der Dichter, wenn auch mit allen Weltstädten intim, sich inniglich sehnt: »wo immer wir spielen ist ein april.«[470] Enzensbergers »lock lied«[471] ist das einer linken Anakreontik, eines sentimentalischen Naturglücks. Stets zwischen freundlichen, traurigen und bösen Gedichten oszillierend, ist ihm die Realität zwar wichtig, aber nicht so wichtig, daß sie die Tagträume zu verdrängen vermöchte.

1969 schrieb Gerhard Zwerenz über Enzensberger als Kommentator und Agitator der Studentenbewegung: »Ein bürgerlicher Marxist? Unselds Linksaußen und Alibi? Bewundernswert seine Adaptionskunst. Bedauerlich seine Un-Dialektik. Das Bürgertum entzieht ihm vorübergehend seine öffentliche Gunst, sucht aber die sozialistischen Streiche als pubertäre Extravaganzen hinzunehmen. Möglicherweise kehrt der Dichter tatsächlich in den Schoß der Bourgeoisie zurück.«[472] Enzensberger nannte wenig später den »ganz echten Revolutionär« (»volltransistorisiert, selbstklebend und pflegeleicht«) einen »Papier-Truthahn« und »Lieblingsclown«.[473]

Konservative Zivilisationskritik

Der kulturkritische Konservatismus fand in Arnold Gehlen, Ernst Jünger und Friedrich Sieburg herausragende Vertreter. Heroischem Pessimismus und rhapsodischer Untergangsstimmung verband sich analytische Verhaltenheit. Den »geschichtlichen Triumph der Vernunft« empfand man zwar als Schein-Sieg, als »Verlust der Mitte«, als Widerspruch zum Natürlichen; doch war es nicht völkischer Irrationalismus, der zu solchen Schlüssen führte, sondern luzide Nachdenklichkeit. Auf höherer, sublimierterer Ebene entfaltete sich nun diese Antimodernität, die zum Beispiel an der »Atomisierung der Kunst« die Gefährdung alles »Wesenhaften« glaubte ablesen zu können. »Die Bewußtseinsform eines Zeitalters hat die Unwiderstehlichkeit des Fatums, des Verhängnisses, auch wenn sie Freiheit heißt.«[474] Die universitäre Karriere des 1904 geborenen Arnold Gehlen, der sich 1930 als Privatdozent der Philosophie in Leipzig als Schüler des Philosophen Hans Driesch habilitierte, hatte sich im Dritten Reich voll entfaltet.

1933 war er Assistent von Hans Freyer, eines Soziologen und Philosophen, der 1931 auf dem Hintergrund der damals bei intellektuellen Konservativen gängigen Reagrarisierungsideologie die Revolution von rechts gefordert hatte; diese sollte das Industriesystem mit der in ihm eingebauten »Revolution von links« beseitigen. Da in den fünfziger Jahren das Industriesystem endgültig etabliert war, hob der frühere Nationalsozialist Freyer mit der *Theorie des gegenwärtigen Zeitalters* (1955)[475] seine Kultur- und Zivilisationskritik auf eine abstraktere Stufe: Die neue Realität, das »sekundäre System«, sei so gebaut, daß keine vorgefundene Ordnung in es aufgenommen, keine eingebrachte Eigenschaft anerkannt, auf keine vorausliegende Gültigkeit vertraut und mit keiner gerechnet werden könne. »Frühere Sozialordnungen hoben den Menschen mitsamt der Erde aus, in der er wurzelte, und pflanzten ihn so in sich ein. Die sekundären Systeme beschäftigen ihn als eine Arbeitskraft, die den Kategorien und Tarifen des Systems eingepaßt ist, und nur in dieser Umformung beschäftigen sie ihn voll.« Ähnlich wie bei der Kulturkritik von links wird Zivilisation in ihrer Konsumbesessenheit als mentale Verelendung abqualifiziert, die Reduktion des Menschen aufs Instrumentelle (was Herbert Marcuse die »Eindimensionalität« nennt), bald aggressiv, bald resignativ beklagt. »Revolution« läßt Freyer nicht gelten, nur »Schwelle«, wobei geschichtliche Phasen, in denen der Sachprozeß des Fortschritts zum Katarakt anschwillt, zu den – von ihm paradox formuliert – »Durststrecken« der Menschlichkeit gehören. Gehlen, der 1938 nach Königsberg, 1940 nach Wien berufen und als Offizier im Zweiten Weltkrieg schwer verwundet wurde – »Erscheinungsbild zwischen Generalstabsoffizier und Professor, wenn schon nicht Adliges, so doch Hochbürgerliches, Formgeprägtes«[476] – schrieb sein Hauptwerk *Der Mensch, seine Natur und seine Stellung in der Welt* 1940.[477] Obwohl er damals Nazi war, meinte Wolfgang Harich in einem Gespräch, und zwar nicht aus Opportunitätsgründen, sondern aus nationalistisch-konservativer Überzeugung, habe er faktisch alle theoretischen Voraussetzungen des Rassismus zerschlagen[478]: Die menschliche Natur wird von der des Tieres scharf abgegrenzt und, in Absage an darwinistisch bzw. biologisch-evolutionistisch orientierte Theorien der Menschheit, als »ungesichertes Wesen«, als »Mängelwesen« definiert. Aus der Sonderstellung des Menschen in der Entwicklung des Lebens, vor allem aus seiner »Instinkt-losigkeit«, leitet Gehlen die Notwendigkeit starker Institutionen ab, die, wie er in *Urmensch und Spätkultur* (1956) ausführlich darstellt, Verhaltenssicherheit ermöglichten; sie entlasten den Menschen einerseits vom Überdruck der Antriebe und der Komplexität der Welteinwirkungen und bieten ihm andererseits im sozialen Leben die entscheidenden Führungs- und Steuerungssysteme. Die »Seele im technischen Zeitalter« (das gleichnamige Buch erschien 1957) erleide in der neuen Industriekultur einen hohen Grad von Entsinnlichung und damit einen Verlust von »Naturhaftem«. Die Dialektik der Aufklärung, die Umkehrung der Vernunft in ihr Gegenteil – These der linken Kulturkritik – wird als Vollendung der Magie interpretiert.[479] Auf der einen Seite ist der Geist als Widersacher der Seele an der Verapparatung der Welt schuldig; auf der anderen Seite wirkt im »Automatismus« ein magisches

Element weiter, also eine vorrationale Kraft, die den Rationalismus antreibt. Solche Ambivalenz spiegelt sich auch darin, daß der Intellektuelle Arnold Gehlen die »durchgreifende Intellektualisierung in den eigentlich geistigen Bereichen der Künste und Wissenschaften« (den »Abbau an Anschaulichkeit, Unmittelbarkeit und unproblematischer Zugänglichkeit«) heftig kritisiert;[480] auf der anderen Seite abstrakte »Ordnungskonstruktionen« preist, da sie »Herrschaftslosigkeit« zu verhindern vermögen.

Überall dort, wo Gehlen Anarchismus, querdenkerischen Individualismus, widerborstigen Liberalismus vermutet, setzt er zum Angriff an. Der Experte der großen Apparate ist ihm viel lieber als der Sozialträumer. Anknüpfend an Max Weber, wirft Gehlen, vom »verantwortungsethischen« Standpunkt aus, den Intellektuellen, die die neue gewaltige Informationsindustrie aufgebaut hätten und beherrschten, gesinnungsethische Unverbindlichkeit vor.[481] Vor allem die Linksintellektuellen hätten aus ihrer Geistigkeit und Moral heraus zu allen Institutionen ein gebrochenes Verhältnis: zur Verwaltung, zum Parteiwesen, zur Wirtschaft, zum Rechtsvollzug, zur Armee. Die Sorge war unangebracht; die Stabilität der Institutionen war durch die Intellektuellen nicht gefährdet; freilich förderte deren »Rückzug« die Erstarrung der Institutionen, die dann Ende der sechziger Jahre von der Protestbewegung als »Establishment« bekämpft wurden.[482]

Ernst Jünger war Leitfigur vor allem für diejenigen, die sich von der nivellierten Mittelstandsgesellschaft mit ihrer Demokratisierung und Amerikanisierung dadurch abzugrenzen suchten, daß sie eine elitär-aristokratische Position bezogen. Angesichts des grassierenden Konformismus wurde in Jünger der Einzelgänger, der »Unzeitgenosse« gefeiert. Die feuilletonistische Masche dieses »Meisters des kalten Blicks« bestand vor allem darin, daß er sich zum großen Einsamen stilisierte. Während die »Eilfertigen« dem Zeitgeist nachjagten, zog sich Jünger in den Elfenbeinturm zurück, von dem aus er stolz und scheinbar unbeteiligt auf die sich abmühende Masse herunterblickte. Peter de Mendelssohn (1933 nach England emigriert, 1945 mit der britischen Besatzungsmacht nach Deutschland zurückgekehrt) schrieb in einem Essay zu Jüngers Kriegstagebuch *Strahlungen* (1949): »Der Mann, der sich standhaft und selbstherrlich geweigert hat, vor einer Spruchkammer zu erscheinen oder auch nur einen alliierten Fragebogen auszufüllen, hat sich mit seinem selbstsicheren Eigensinn durchgesetzt: ›Auch habe ich, wenn es darauf ankam, nie einen Zweifel gelassen, wie ich denke und wer ich bin.‹ Das ist eine wichtige Behauptung, wenn man zu ermessen versucht, welche Wirkung dieses Buch in Deutschland haben wird. Es kommt in einem entscheidenden Moment der Neukanalisierung nationalistischer Tendenzen. Seine arrogante, selbstherrliche Tonlage wird viel mitschwingen machen, das im Lager Jüngers ansonsten nichts zu suchen hat.«[483] Ob *Am Sarazenenturm* (1955) oder *An der Zeitmauer* (1959) – der Dichter liebte die abgelegenen Topoi, die seiner deskriptiven Essayistik große Entfaltungsmöglichkeiten boten. Mit heroischer Pose gab er vor, Welt und Zeit in ihrer mythischen Tiefe zu durchdringen, wobei intellektuelle und ästhetische Brillanz pedantischer und steriler Ritualistik die Waage hielten. Auch die Romane dieser Zeit (*Heliopolis*, 1949, *Gläserne Bienen*, 1957) sind Traktate, fiktional aufgelockert – oft genug durch eine krause und verkrampfte, aber auch eigenartig provokante Symbolik bestimmt. Diejenigen, die sich ihm in konservativer Grundhaltung verbunden fühlten, übersahen die Zwiespältigkeit wie Fragwürdigkeit dieses »Rittmeisters der Meditation«, dessen Exerzitien auf dem *Waldgang* (1951), am *Kieselstrand* (1951) oder angesichts der Sanduhr (*Sanduhrbuch*, 1954) eine Kulturkritik einübten, die sich »jenseits der Masse« fühlte. Die Sprache dieses Autors, meinte Hans Egon Holthusen 1955, die Schlüssigkeit seines herrisch verknappten Stils, die apodiktische Führung seiner klaren, festen Sätze, die fast immer mit einer streng rhythmisierenden Kadenz und einer schwer betonten Silbe, oft mit einem Einsilber, schließen, habe etwas unbedingt Zwingendes. »Aber hat man nicht immer das Gefühl, daß durch sie etwas höchst Lebenswichtiges ausgesondert wird?«[484]

Friedrich Sieburg war seit 1956 Leiter des Literaturblattes der *Frankfurter Allgemeinen Zeitung* und damit von großem Einfluß auf das literarische Leben der Bundesrepublik. Das »Pathos der Anpassung« habe ihn geprägt, meint Klaus Harpprecht in der Einleitung zu dem von ihm herausgegebenen Band *Abmarsch in die Barbarei. Gedanken über Deutschland*, der Auszüge aus Sieburgs Büchern *Es werde Deutschland* (1932), *Die Lust am Untergang* (1954) sowie Essays aus den Jahren 1931 bis 1960 enthält.[486] Der Fall dieses deutschen Schriftstellers und Journalisten sei exemplarisch: Als Auslandskorrespondent der *Frankfurter Zeitung* hatte er in der Weimarer Republik aus Paris berichtet und dabei eine tiefe, freilich mit Ressentiments durchsetzte Zuneigung zu Frankreich gefaßt (*Gott in Frankreich*, 1929).[487] Feuilletonistische Weltoffenheit und Urbanität korrespondierten mit einem »poetischen Patriotismus«, der sich in dem, vom »Fronterlebnis« des Ersten Weltkrieges geprägten Buch *Es werde Deutschland* niederschlug. Die Romantisierung des Mordens – charakteristisch auch für Ernst Jüngers Frühschriften – »entstammt einer psychologischen Notwehr. Wie sollte jene Generation, ganz von den humanistischen Idealen des 19. Jahrhunderts erfüllt, die Totalität der Schlächtereien ertragen, in denen alle Ritterlichkeit verloren war und nur noch ein dumpfer Vernichtungswille regierte? So flüchten sich die Jünglinge, noch immer Hölderlin rezitierend, in den heroischen Mythos von Verdun und der Somme, in die Mystik des deutschen Schmerzes und in die Wärme der Kameradschaft, die der entsetzlichen Wahrheit einen Anhauch von Menschlichkeit gab. Mit der Beschwörung des gequälten Vaterlandes und einer ›Volksgemeinschaft‹ ohne Klassen versuchten sie, dem Grauen zu entgehen. Der Exodus des deutschen Bildungsbürgers aus der Realität hatte begonnen.«

Sieburg bekannte sich zum neuen (nationalsozialistischen) Staat; er vollzog den Bruch mit den Mitgliedern der Emigration, von denen er manche als seine Weggenossen, ja Freunde geschätzt hatte; im Dienst der Macht denunzierte er Heine. Nach 1945 schwieg er einige Zeit, an Trauerarbeit nicht sonderlich interessiert. Er profitierte vom restaurativen Charakter der Epoche – ein »glänzender Irrläufer der deutschen Entwicklung«. Bald war er wieder als konservativer

Intellektueller Arbiter litterarum. In seinem Buch *Die Lust am Untergang* (1954), dem Thomas Mann »äußerst gescheite und stilistisch hochstehende Dinge« attestierte, goß er seinen Spott über die nivellierte Mittelstandsgesellschaft der Bundesrepublik aus (mit ihrer aufgeblasenen Autorität, kulturellen Betriebsamkeit, neureichen Geschmacklosigkeit). Ein literarisches Bewußtsein habe sich nicht herausgebildet, eine geistige Gesellschaft bestehe nicht; im Wirtschaftswunderland sei das Wunder spiritueller Erneuerung völlig ausgeblieben.[488]

Als feinsinniger Bildungsbürger blieb Sieburg traditionellen Maßstäben verhaftet, freilich sensibel für Neuentwicklungen – nur durften sie nicht degoutant sein. Symptomatisch dafür der Tenor, mit dem er Martin Walsers Roman *Halbzeit* (1960) verriß: »Walser kann weder beschreiben noch darstellen, er kann weder erzählen noch Zusammenhänge bilden, ja, er, der Erzgescheite, kann nicht einmal Probleme ausbreiten, aber er ist der Sprache mächtig wie kein anderer Schriftsteller seiner Generation. Es ist schrecklich, diese neunhundert erfrorenen, vor Leblosigkeit raschelnden Seiten durchpflügen zu müssen, um zu erkennen, daß dieser Mann ein Genie der deutschen Sprache ist.«[489]

Die in der Gruppe 47 vereinten »linken« Dichter, Literaten und Kritiker waren ihm, dem konservativen Intellektuellen, äußerst suspekt. Eine Betrachtung der literarischen Szene des Jahres 1959 beschloß er mit dem Satz: »Wir halten uns bis dahin an ihre Bücher, die zu schreiben sie keine Zeit haben und die trotzdem erscheinen.«[490] In diesem Jahr waren Günter Grass' *Die Blechtrommel*, Heinrich Bölls *Billard um halbzehn* und Uwe Johnsons *Mutmaßungen über Jakob* erschienen, Bücher, die er nie rezensierte. »Der grand old man der deutschen Literaturkritik, eine rocher-de-bronze in den Gezeiten, während, die Flut verebbe im Brack – während doch die Strömung gewechselt hatte.«[491] Weltfremd war dieser Papst der traditionalen Literaturkritik freilich nicht; süffisant stellte er fest, daß in der Bundesrepublik die Machtverhältnisse eindeutig, wenn auch diskret gruppiert seien. Die wachsende Duldsamkeit gegenüber »Radikalem«, soweit es sich auf das Geistige beschränke, habe ihren Grund darin, daß man von dort keine Störung befürchte. Das konservative Prinzip sitze so fest im Sattel, daß die Toleranz in künstlerischen Dingen sozusagen zu den Attributen seines Hofstaates gehöre. Da die Politik stabil rechts war, konnte man die Kunst sich links aleatorisch abreagieren lassen. »Diese Verteilung der Akzente gibt unserem Gemeinwesen den viel beneideten Anstrich des Musterhaften.«[492] Eine Machtergreifung durch die Hofnarren der bürgerlichen Gesellschaft mußte man nicht befürchten.

Im Etablissement der Schmetterlinge

Von der Gruppe 47 meinte Heinrich Böll, einer ihre wichtigsten Repräsentanten, daß sie das gewesen sei, was Deutschland nach 1945 fehlte: Treffpunkt, mobile Akademie, literarische Ersatz-Hauptstadt. Lange bevor es Mode wurde, habe sie

Pluralismus praktiziert.[493] Auf Initiative von Hans Werner Richter war am 16. September 1947 eine Reihe von Dichtern und Publizisten, zum Teil der Redaktion und dem Mitarbeiterkreis der verbotenen Zeitschrift *Der Ruf* angehörend, zu einer Gesprächs- und Leserunde im Haus der Schriftstellerin Ilse Schneider-Lengyel am Bannwaldsee (bei Hohenschwangau im Allgäu) zusammengekommen.»Worauf es ankommt, ist die Mitteilung, ist dem anderen, Nächsten zu zeigen, was man denkt und was man kann, Ersatz für eine literarische Kommunikation, die noch nicht besteht . . . Der Ton der kritischen Äußerung ist rauh, die Sätze kurz, knapp, unmißverständlich. Niemand nimmt ein Blatt vor den Mund. Jedes vorgelesene Wort wird gewogen, ob es noch verwendbar ist oder vielleicht veraltet, verbraucht in den Jahren der Diktatur der großen Sprachabnutzung. Jeder Satz wird, wie man sagt, abgeklopft. Jeder unnötige Schnörkel wird gerügt. Verworfen werden die großen Worte . . .«[494] Als man sich wieder trennt, sagte Walter Maria Guggenheimer, Redakteur der *Frankfurter Hefte* (er trug noch immer den verschlissenen Uniformrock der gaullistischen Armee, in der er in Italien gegen das Dritte Reich gekämpft hatte), zu Hans Werner Richter: »Das müssen Sie wieder machen. Das müssen Sie unbedingt wieder machen.« Im Rückblick meinte dieser (seitdem Spiritus rector der »Vereinigung«): »Mit diesem Satz, der mich beeindruckt und beflügelt, wird er, ohne es zu wissen, zum eigentlichen Gründer der Gruppe 47, von deren kommender Entwicklung er in diesem Augenblick so wenig ahnen kann wie ich.«

Bei der nächsten Tagung im April 1948 in Jugenheim an der Bergstraße stellte sich die Gruppe zum ersten Mal der Öffentlichkeit vor; sie werde, meinte Gunther Groll in der *Süddeutschen Zeitung*[495], in Zukunft aus den öffentlichen und privaten Diskussionen um die junge Gegenwartsliteratur nicht mehr wegzudenken sein; Georg Hensel schrieb im *Darmstädter Echo*, daß ihre Chance in der Verbindung zwischen »Freundschaft und kritischer Grausamkeit« läge, in ihrer lockeren Struktur, die die verschiedensten künstlerischen Temperamente vereinige.[496] Bei der Tagung in Utting am Ammersee Oktober 1949 waren Gäste aus dem Ausland (Frankreich, Holland) anwesend; man beschloß, jenseits »akademischer und blutleerer Europagespräche« den Kontakt zum »wirklichen jungen Europa« zu verstärken. Bei der Tagung in Inzighofen Mai 1950 erhielt Günter Eich den erstmals verliehenen Preis der Gruppe. Im »Altmeister« Hermann Kesten ehrte man das »andere Deutschland«. Kesten erwies sich zudem als »gütiger, ja fast väterlicher Mentor«. Inmitten des sich zunehmend ausprägenden bundesrepublikanischen Provinzialismus verkörperte er die Kunde von den »goldenen zwanziger Jahren«, den Geist und Witz des »Romanischen Cafés« und damit weltstädtische Kultur.[497]

Psychotopographisch spielten für die Gruppe 47 zwei »Örtlichkeiten« eine große Rolle, die in ihr wirkenden bzw. von ihr vertretenen, auch propagierten literarischen Tendenzen signalisierend: Die klösterliche Abgeschieden- und Abgeschlossenheit (in Inzighofen tagte man in einem ehemaligen Kloster, man schlief in den Mönchszellen) und das literarische Café mit seinem intellektuellen Reizklima. (»An Stelle eines Romanischen Cafés« überschrieb *Die Gegenwart* ihren Bericht über die Oktober-Tagung 1957.[498]) Auf der einen Seite lyrisch-poetische Introversion – die Tagungsorte waren meist von »erlesener Innerlichkeit«[499] –, auf der anderen feuilletonistische Extraversion, die »Nüstern auf allen Start- und Sattelplätzen« hatte.

Neben Günter Eich waren es vor allem zwei Frauen, Ilse Aichinger und Ingeborg Bachmann, die die »neue Innerlichkeit« verkörperten – eine Innerlichkeit, die nicht mehr durch sentimentale Rhetorik und geschwätzige Metaphorik, sondern durch existentielle Wahrheit und reflektierte Symbolik bestimmt war. Die 1921 in Wien geborene Aichinger (Studium der Medizin, Verlagslektorin, in Ulm am Aufbau der Hochschule für Gestaltung beteiligt und an der dortigen Volkshochschule tätig, »hübsch hintergründig«[500], seit 1953 mit Eich verheiratet) erhielt auf der Tagung in Niendorf an der Ostsee 1952 für ihre *Spiegelgeschichte*, die in der Zeitschrift *Merkur* im Januar 1952 erschienen war, den Preis der Gruppe; ihr Roman *Die größere Hoffnung*, 1948, und die Erzählungen *Reden unter dem Galgen*, 1952, waren bis dahin nur einem kleinen literarischen Publikum bekannt.[501] »Ihre ›Spiegelgeschichte‹[502], der rückwärtige Ablauf eines Mädchenlebens, in dessen Spiegelschau Tod und Geburt eins werden, ist vielleicht die seltsamste, zarteste deutsche Prosa der Nachkriegszeit, ein unheimlich vibrierendes Geheimnis, das sich keusch verhüllt. Hier räumte die oft vorwitzige Kritik das Feld einem sonst nicht üblichen Beifall.« (Hans Georg Brenner)

Die 1926 in Klagenfurt geborene Ingeborg Bachmann (Studium der Philosophie in Innsbruck, Graz und Wien), die 1952 erstmals in der Gruppe gelesen hatte, erhielt auf der Frühjahrstagung in Mainz 1953 den Preis der Gruppe 47. Ihre Gedichte wurden als das »Zeugnis einer erstaunlichen Begabung« gewertet: »Zumeist reimlose Strophen, reich an sinnhaften Bildern und von einer Sprachgewalt, die bewegt.«[503] Von ihrem Gedichtband *Die gestundete Zeit*, der im gleichen Jahr erschien, meinte der Kritiker Günter Blöcker in der *Frankfurter Allgemeinen Zeitung*: »Seit Gottfried Benn hat es im deutschen Sprachraum kein lyrisches Talent gegeben, an dem sich diese Grundbedingung dichterischer Existenz überzeugender bewahrheitet hat als an Ingeborg Bachmann.«[504] Ein solches Urteil war um so wichtiger, als Blöcker der Gruppe 47 ablehnend gegenüberstand.

Die Lyrik der Bachmann war beliebt, doch waren ihre Gedichte »zu scheu, oder auch zu hochmütig«, um zur »Masche« zu werden; ihr Kummer wurde nicht zum letzten Schrei, ihr Glück nicht Form-Experiment des Übermuts, ihr Traum nicht zur »modisch geschwungenen Assoziationskurve«.[505] Die Esoterik der Bachmann lag außerhalb des Literaturbetriebs, zugleich aber zeigte die Dichterin einen kämpferischen Sprachgeist. Hans Egon Holthusen, in seiner konservativen Grundeinstellung der Gruppe 47 fernstehend, auch von dieser in seiner profunden Literaturkenntnis wenig erkannt und anerkannt, sprach in einem Essay zur Lyrik der Ingeborg Bachmann im *Merkur* 1958 davon, daß mit der Dichterin eine wahrhaft unabhängige Stimme sich erhoben habe – eine Stimme von harter Melancholie und eigensinniger Wahrhaftigkeit; eine, die nicht nach vorgeschriebenen Noten singe, sondern allein nach dem Diktat einer sclbsteigenen Notwendigkeit.[506] (Inzwischen war der Gedichtband *Anrufung des großen Bären*, 1956, erschienen.[507])

Brachten die Preise an Günter Eich, Ilse Aichinger, Ingeborg Bachmann (aber auch an Johannes Bobrowski 1962, Peter Bichsel 1965, Jürgen Becker 1967) die lyrisch-introspektive bzw. mythisch-essentielle, auch artistisch-hermetische Gestimmtheit der jungen, in Opposition zum grassierenden Materialismus sich befindlichen Literatur zum Ausdruck, so verwiesen die Preise an Heinrich Böll 1951, Martin Walser 1955, Günter Grass 1958 auf die zeitkritische und zeitengagierte Komponente des damaligen literarischen Schaffens.

Über seine erste Begegnung mit Böll (1951) berichtete Hans Werner Richter in der Zeitschrift *Das Schönste*: »Es war an einem heißen Frühlingstag in Dürkheim. Die ›Gruppe 47‹ stand vor der Tagung, und ich saß in der Vorhalle des Hotels, beschäftigt mit den Vorarbeiten. Da kam er herein. Er sah aus wie ein Monteur, der etwas an der Wasserleitung in Ordnung bringen wolle und inzwischen vergessen hatte, wozu er eigentlich gekommen war. Er war rot und schwitzte, und ich dachte: ›Was will denn der hier?‹ – ›Böll‹, sagte er, setzte sich an meinen Tisch und sagte kein Wort. Damals war er noch völlig unbekannt. Er hatte nichts an sich, was an einen Schriftsteller erinnerte. ›Was machen Sie?‹ fragte ich. Er wischte sich mit dem Taschentuch über die Stirn, sah mich einen Augenblick verzweifelt an und antwortete: ›Ich bin arbeitslos.‹ Zwei Tage später las er vor dem Auditorium der ›Gruppe 47‹ seine mit skurrilem Humor geschriebene Geschichte von den schwarzen Schafen, erhielt in zwei heftigen Wahlgängen den Preis der ›Gruppe 47‹ und war nach wenigen Monaten in allen literarischen Kreisen bekannt. Heinrich Böll ist der bescheidenste Schriftsteller, den ich kenne.«[508]

Zu dieser Zeit waren von Böll die Erzählsammlungen *Der Zug war pünktlich* (1949) und *Wanderer, kommst du nach Spa* (1950) erschienen. Es folgten die Romane *Wo warst du, Adam?*, 1951 (vom Leiden der Schwachen und Kranken im Krieg handelnd), *Und sagte kein einziges Wort*, 1953 (von der Eheproblematik, Wohnungsnot und Wurzellosigkeit der Trümmerstadt-Bewohner), *Haus ohne Hüter*, 1954 (über das Schicksal von Kriegerwitwen und Kriegerwaisen), *Billard um halbzehn*, 1959 (eine Familiengeschichte, die sich über Kaiserreich, Weimarer Republik, Nazi-Zeit bis zur Nachkriegszeit erstreckt) und *Ansichten eines Clowns*, 1963 (von einem Außenseiter und Moralisten, dessen Schicksal die bundesrepublikanischen Mißstände deutlich macht). In seinen Aufsätzen, Kritiken und Reden kam Bölls feuilletonistisches Talent voll zur Geltung.[509] Impressionen und Expressionen werden aneinandergereiht, die Anstrengung des Begriffs tritt zurück gegenüber zupackendem, »gesundem« Menschenverstand. Avantgardist war Böll insofern, als er ungeschützt und ungesichert in Bereiche vorstieß, die zu betreten die Tabus der Gesellschaft den meisten verwehrten. Er nannte meist als erster oder als einer der ersten das beim Namen, was andere bestenfalls hinter vorgehaltener Hand kommentierten. Er ordnete sich nicht ein, paßte sich nicht an. Sprachlich jedoch fehlten seiner Prosa die Widerhaken und Stacheln, die ins schlaffe Fleisch der Platitüden einzudringen vermögen. »Ich behalte mir das

Heinrich Böll, Ilse Aichinger und Günter Eich, 1952

Recht vor, Geschichte bildhaft zu sehen« – das machte nicht zuletzt seine große Popularität aus. Er reduzierte Komplexität auf handfeste Verständlichkeit. Auch wenn er, allerdings in ironischer Brechung, behauptete, er meine seine Angriffe symbolisch, nicht persönlich, so legte er sich meist persönlich an. Eine seiner härtesten Attacken schrieb er auf Adenauer, als dieser tot war – auf Adenauers Begräbnis nämlich, das er als ein Schau- und Schauerstück personifizierter Machtüberheblichkeit empfand.

»Weiß keiner mehr, was es bedeutet, einer gnadenlosen Gesellschaft gegenüberzustehen?« Böll wußte es nicht nur, er insistierte darauf, dies immer wieder dieser Gesellschaft zu sagen – und zwar auf eine Weise, die es nicht ermöglichte, hinter Verallgemeinerungen sich zurückzuziehen. Beim Thema Kirche war Böll, den man als »gläubigen Katholiken« bezeichnen kann (wäre eine solche Bezeichnung nicht durch den gängigen Sprachgebrauch affirmativ besetzt), wohl am tiefsten berührt und beunruhigt; hier lag der wundeste Punkt seiner Existenz: der ungelöste Widerspruch von Einfalt und Verführung, Ergriffenheit und Herrschaft, Heiligem und Profanem. Angesichts der Wirklichkeit von Kirche bedrängte ihn die bittere Erfahrung, daß diese zu wenig Zugang zum Menschen findet und diesen auch gar nicht sucht; daß der Mensch in seinen Sorgen und Nöten und in seinen Möglichkeiten verlassen bleibt, weil die Kirche zu sehr an ihre Macht denkt. In dem *Brief an einen jungen Katholiken* (1961) schreibt Böll: »Ach, ihr braven, sauberen katholischen Frauen: wohin habt ihr euch führen lassen! Was übrig bleibt, ist Herrn Saubermanns dummes, dreistes Gesicht. Die Katholiken als die einzige große statistische Masse hätten eine Chance gehabt, dieses Volk friedfertig zu erhalten. Die Chance ist verspielt: was übrig bleibt, ist das strahlende, heitere, reine, nicht ganz uneitle Gesicht des katholischen Wehrbischofs, der in einem Sturmboot der Bundeswehr einen deutschen Fluß überquert. Guten Tag und fröhliche Urständ, Herr Saubermann!«[510] Das Kirchenvolk ist ihm meist nichts anderes als eine Herde von Schafen, die bald dahin, bald dorthin geführt wird und nachblökt, was ihr vorgesagt wird. Die Kunst ist frei (und wär' der Mensch in Ketten geboren) – Bölls Ästhetik läßt sich auf die Maximen des deutschen Idealismus zurückführen; er appliziert sie auf aktuelle Weise und ist darauf aus, Ärgernis zu erregen, durch direkte Provokation Heilungsprozesse in Gang zu setzen. In seiner Rede zur Gründungsversammlung des »Verbandes deutscher Schriftsteller« (1969) stellte er fest: »Wir verdanken diesem Staat nichts, er verdankt uns eine Menge; mag er also darauf gefaßt sein, daß er uns nicht länger auf dem Umweg über einen Pseudo-Geniekult oder auch nur auf dem Umweg über einen Pseudo-Individualitätskult zerspalten und zersplittert halten und einzeln abfertigen kann.«[511]

Martin Walser bekam den Preis der Gruppe 47 auf der Tagung 1955 in Berlin. 1927 in Wasserburg am Bodensee geboren, hatte er nach dem Krieg erst in Regensburg, dann in Tübingen studiert; am Studententheater war er Schauspieler und Verfasser von Sketchen. Für Radio Stuttgart (später Süddeutscher Rundfunk) arbeitete er als Redakteur; 1951 promovierte er mit einer Dissertation über Franz Kafka; sein erstes Hörspiel wurde 1952 gesendet. Im Jahr der Preisverleihung debütierte er mit dem Prosaband *Ein Flugzeug über dem Haus*; die Kritik war noch zurückhaltend. *Ehen in Philippsburg* (1957) und *Halbzeit* (1960) waren gesellschaftskritische Romane, die die Brüchigkeit des bundesrepublikanischen Familienlebens aufzeigen. Damit traf er ins Herz der CDU/CSU-Politik, die in der intakten Familie die eigentliche Stütze des Staates sah. »Der brave Mann mit der braven Frau an seiner Seite, mit den Kindern, die den Warenkorb bestaunten, gehörte zu den Idealen, die für die Bürger dargestellt wurden, die gleichzeitig zeigten, wie viel besser die Bundesrepublik ist als dieser kommunistische und deswegen wohl auch sittenlose Staat dort drüben im Osten.«[512]

Die Welt meine es ganz offenbar besser mit Günter Grass als er, »grimmig, raubtierhaft, voll böser Phantasie«, mit ihr, schrieb Joachim Kaiser in der *Süddeutschen Zeitung* 1958, nachdem der Dichter den Preis der Gruppe 47 erhalten hatte. Die zur Verfügung stehende Geldsumme von DM 3000,– war durch eine Kollekte der anwesenden Vertreter der Verlage S. Fischer, Hanser, Insel, Neske, Piper, Rowohlt, Suhrkamp, Ullstein, Desch, Westermann und Goverts wesentlich erhöht worden. Der Dichter hatte zwei Kapitel aus seinem fast vollendeten Roman *Die Blechtrommel* vorgetragen; sie verrieten eine »wilde Energie des Ausdrucks, eine unwiderstehliche Sicherheit der Gebärde und unheimliche Empfänglichkeit für die bizarr-groteske Verbindung. Oft ungleichartige Stilmittel tarnen eine wilde Attacke, vor deren Kraft die Gruppe 47 kapitulierte. Wie man dergleichen – die bilderreiche Geschichte eines buckligen Trommlers, in der Irrenanstalt erzählt – über lange Distanzen vortragen soll, ob Menschen, die kein oder ein verkorkstes Bewußtsein haben, einen Roman zu bilden vermögen, ob dies großartige handgreifliche Ballett zwischen Polen und dem Ruhrgebiet ein Rechenschaftsbericht für uns und über uns sein kann: Das ist natürlich noch nicht zu entscheiden.« (Joachim Kaiser)[513] Die *Blechtrommel* verstörte die bundesrepublikanische Betulichkeit; die literarische Kritik war hin und hergerissen.[514] Hans Magnus Enzensberger meinte, das Werk sei ein Brocken, an dem Rezensenten und Philologen mindestens ein Jahrzehnt lang zu würgen hätten, bis es reif zur Kanonisierung oder zum Vergessenwerden sei. Die von ihm prophezeiten »Schreie der Freude« wurden konterkariert von Wutausbrüchen, die den makabren Humor, die »abstoßenden Obszönitäten«, die sprachliche Schaumschlägerei anprangerten.

Grass, 1927 in Danzig geboren, Soldat, nach dem Krieg in einem Kali-Bergwerk und als Steinmetz tätig, dann Studium an der Düsseldorfer Kunstakademie, war 1956 ziemlich mittellos nach Paris gezogen und hatte dort bis 1959 an seinem Roman gearbeitet. »Mich hat nicht edle Absicht getrieben, die deutsche Nachkriegsliteratur um ein robustes Vorzeigestück zu bereichern, und auch der damals billigen Forderung nach ›Bewältigung deutscher Vergangenheit‹ wollte und konnte ich nicht genügen, denn mein Versuch, den eigenen (verlorenen) Ort zu vermessen und mit Vorzug die Ablagerungen der sogenannten Mittelschicht (proletarisch-kleinbürgerlicher Geschiebemergel) Schicht für Schicht abzutragen, blieb ohne Trost und Katharsis.«[515]

Mitte der fünfziger Jahre beobachtete Hans Werner Richter eine wesentliche Veränderung in der Zusammensetzung des Kreises: die »neue Generation – die Kinder des Krieges« machten sich geltend. »Als Hitler die Macht übernahm, waren sie drei oder vier Jahre alt, oder gerade geboren, als der Krieg zu Ende ging und das Dritte Reich zusammenbrach, waren sie noch Schüler wie Hans Magnus Enzensberger, oder gehörten zum letzten Aufgebot wie Günter Grass. Die wiedergewonnene Freiheit war etwas anderes für sie als für uns. Viele ihrer Väter waren Anhänger Hitlers gewesen, und als der Zusammenbruch kam, saßen sie noch in dem politischen und sprachlichen Schul- und Familiengehäuse dieser Zeit. Um so schneller und energischer befreiten sie sich daraus; was ihnen fremd sein mußte, war die Literatur der zwanziger Jahre, war das Erlebnis der Niederlage von 1933 und war die große sozialistische Diskussion jener Zeit. Ihr Nachholbedarf war groß. Aber sie holten nach.«[516] Von der älteren Generation unterschieden sich die »Neulinge« vor allem durch ihre größere Artistik, ihre Sprachgewandtheit; zum Teil kamen sie von den Universitäten, wie Enzensberger, Walser, Höllerer. Zwar hatte auf der Tagung in Niederpöcking (1957) der Versuch von Theo Pirker, mit soziologischen Argumenten zu kritisieren, noch zu einer harten Auseinandersetzung mit Enzensberger, Walser und Grass geführt, die nur ästhetische und formale Kriterien gelten lassen wollten, doch zeichnete sich insgesamt eine Politisierung der Gruppe ab – als Reaktion auf die Niederschlagung der ungarischen Revolution durch die Rote Armee (1956), verstärkt zutage tretende neofaschistische Tendenzen und die vom Bundestag März 1958 auf Antrag von Adenauer beschlossene atomare Aufrüstung der Bundeswehr im Rahmen der NATO. (Als eine Art »Ableger« der Gruppe 47 konnte man den »Grünwalder Kreis« bezeichnen, der 1956 auf Initiative des damaligen Landesvorsitzenden der SPD, Waldemar von Knoeringen, gegründet und von Hans-Jochen Vogel, damals in der bayerischen Staatskanzlei tätig, Gerhard Szczesny, dem späteren Gründer der Humanistischen Union, und Hans Werner Richter geleitet wurde, aber nur zwei Jahre bestand.) Allerdings »dämpfte« die Tatsache, daß die Gruppe 47 nun zehn Jahre bestand und »etabliert« war, querköpfigen Individualismus und literarische »Eigensinnigkeit«. Von der Tagung 1957 hieß es in einem Bericht der Zeitschrift *Die Gegenwart*: »Im Hof parkt Auto neben Auto, ein Aufnahmewagen des Rundfunks dazwischen. Drinnen plaudernde, diskutierende Menschen. Korrekt angezogene Männer, mittleren Alters zumeist, hier und da schon ein grauer Schopf, nur selten ein farbenfreudiges Clubhemd über gestreifter Samthose. Elegante Frauen in den schmalen lässigen Kleidern dieses Herbstes ... Auch die Jungen von 1947, denen der Krieg die frühen Jünglingsjahre geraubt hatte, sind heute, da die meisten von ihnen mit goldenen Ketten an den Rundfunk gefesselt sind, nicht mehr die armen Dichter aus den Dachstuben der ersten Nachkriegszeit. Zehn Jahre sind auch für sie hinweggezogen – fette Jahre, magere Jahre, je nachdem, wie man es ansieht. Äußerlich sind diese Schriftsteller Arrivierte geworden. Ihre Gruppe ist an ihrem zehnten Geburtstag längst eine Institution, vor deren Gremium die Nachfolgenden debütieren.«[517] Die Kritiker der Gruppe meinten, daß der »Club der Individualisten« Individualitäten außerhalb der eigenen »Blutgruppe« nicht mehr »hochkommen« lasse; man agiere wie eine Holdinggesellschaft in Sachen Poesie. Die Agenten deutscher Verlage würden im Ausland zunächst einmal gefragt, ob der für eine Übersetzung angebotene Autor denn zur Gruppe 47 gehöre; die literarische Öffentlichkeit, von der Gruppe geschaffen, bleibe exklusiv und sperre all diejenigen aus, die nicht in den Kreis der »Auserwählten« paßten.[518] Schon 1952 hatte Friedrich Sieburg in der *Zeit* und in der *Gegenwart* zumindest indirekt der Gruppe unterstellt, daß sie aus der deutschen Literaturkritik einen »Sprechchor« gemacht habe. Die Literatur sei zu einem gewissen Teil dem Irrglauben verfallen, sich der Gegenwart dadurch aufzwingen zu können, daß sie aktuelle Fragen behandle. Die Schriftsteller des Landes organisierten sich fleißig und gäben sich Geschäftsführer, die darüber zu wachen hätten, daß niemand gegen das soziale Gewissen verstoße oder sich »zeitfeindlich« zeige.[519] Neben Sieburg war es vor allem der angesehene Publizist Günter Blöcker, der zehn Jahre später mit der Gruppe hart ins Gericht ging.[520] Nicht mündige Literaten hätten sich zusammengefunden, sondern clevere Literaten, die die schwache Stelle der armen Demokratie nur zu gut kennen würden und ausnützen wollten. »Auch literarische Qualität, auch literarischer Erfolg sollen in unserer autoritätssüchtigen Welt am liebsten auf dem Verordnungswege verabfolgt werden. Genau diesen Punkt hat die Gruppe erkannt und handelt danach.«

Aber nicht nur aus konservativer Richtung kam Kritik. Hermann Kesten, einst gefeiertes Mitglied, sprach von einem autoritären Autorenverband auf postalischer Grundlage;[521] Rolf Schroers, Essayist und Romancier (*Der Trödler mit den Schachfiguren*, 1952; *Jakob und die Sehnsucht*, 1953), ein streitbarer Radikaldemokrat, kritisierte 1965 – im gleichen Jahr wurde er Chefredakteur der FDP-Zeitschrift *liberal* – die Unbestimmtheit und Unverbindlichkeit der Gruppe. Sie sauge alles in sich auf; auf der einen Seite habe sie die Alten (wie Hermann Kasack, Ricarda Huch, Rudolf Alexander Schröder), aber auch die im mittleren Lebensalter Stehenden (Hans Erich Nossack, Wolfgang Koeppen, Marie Luise Kaschnitz, Hans Henny Jahnn, Erich Kästner) ausgegrenzt, zum anderen aber keine Fähigkeit gezeigt, über den nonkonformistischen Habitus der einzelnen Mitglieder hinaus zu einem eigenen literarischen Profil zu gelangen. So verschwänden hinter dem »Plakat Gruppe 47« die literarischen Kontroversen und Unterschiede der deutschen Nachkriegsliteratur.[522] 1964 machte Martin Walser ob solcher Vorwürfe den Vorschlag: »Sozialisierung. Oder für den, der das Wort nicht leiden mag: Verallgemeinerung der Gruppe 47. Probieren wir's doch einmal demokratisch. Das wäre mal was Neues.«[523]

Den CDU-CSU-Politikern war die Gruppe 47 aber weniger wegen ihrer (literatur-)marktbeherrschenden Stellung ein Dorn im Auge – »reine Literatur« konnte ja die Funktion einer Ventilsitte übernehmen –, sondern weil sie bei aller »Diffusion« und »Profillosigkeit« als »linkes Establishment«, vor allem über die Medien, zu irritieren und zu provozieren vermochte, und zwar mehr, als man es Hofnarren zugestehen wollte. Der literarische Rebell, so Hans Egon Holthusen in einem Artikel der *Süddeutschen Zeitung* November 1960, der offiziösen Auffassung sich anschließend, gehöre zu den Stars der bundesdeutschen Öffentlichkeit; nicht wenige Nonkonformisten hielten Schlüsselstellungen in einer vollbeschäftigten Kulturindustrie besetzt und würden als glänzend besoldete Außenseiter allen Komfort jener Wohlstandsgesellschaft genießen, die das tägliche Objekt ihrer Angriffe sei.[524] Den Vogel solcher denunziatorischer Vereinfachungen schoß im Januar 1963 der geschäftsführende Vorsitzende der CDU, Josef-Hermann Dufhues ab; in Sorge über den Einfluß der Gruppe 47 nicht nur im kulturellen, sondern auch im politischen Bereich nannte er diese eine »geheime Reichsschrifttumskammer« (zu gleicher Zeit attackierte Dufhues als Vorsitzender des Verwaltungsrates des Westdeutschen Rundfunks die Fernsehsendung »Panorama« wegen ihrer linken Tendenz).[525] Als es im Landtag von Nordrhein-Westfalen über den Vorgang zu einer lebhaften kulturpolitischen Debatte kam, zitierte der CDU-Fraktionsvorsitzende Lenz, Geschäftsführer beim Beamtenbund,[526] zur Unterstützung des Dufhues-Angriffs Äußerungen von Franz Schonauer und Gerhard Szczesny aus dem von Martin Walser herausgegebenen Taschenbuch *Die Alternative oder Brauchen wir eine neue Regierung?*[527]

Der äußere Druck konservativer Kräfte konnte die Stabilität der Gruppe 47 freilich nicht erschüttern; er verstärkte eher noch die Solidarität. Probleme entstanden im eigenen Kreis. Bei der Tagung in Princeton, USA (1966), zu der sich etwa achtzig Repräsentanten der deutschen Nachkriegsliteratur eingefunden hatten, revoltierte im Namen der Jüngsten der Österreicher Peter Handke, »mit hübscher Beatle-Frisur und unaustilgbarem Zorn gegen die alten Bonzen«. Die jungen Autoren machten es sich zu leicht, wenn sie in leerem, endlosem Beschreiben verharrten; die verstaubten Kritiker seien damit höchst einverstanden, weil für einen so langweiligen Quatsch ihre Kategorien gerade noch ausreichten.[528]

Handke, 1942 in Kärnten geboren, veröffentlichte im gleichen Jahr den Roman *Die Hornissen* und die drei Stücke *Publikumsbeschimpfung, Selbstbezichtigung* und *Weissagung.* »Ihr seid profilierte Darsteller, ihr Maulaffenfeilhalter, ihr vaterlandslosen Gesellen, ihr Revoluzzer, ihr Rückständler, ihr Beschmutzer des eigenen Nests, ihr inneren Emigranten, ihr Defätisten, ihr Revisionisten, ihr Revanchisten, ihr Militaristen, ihr Pazifisten, ihr Faschisten, ihr Intellektualisten, ihr Nihilisten, ihr Individualisten, ihr Kollektivisten, ihr politisch Unmündigen . . .«[529] Was sich hier noch theatralisch-wortspielerisch, also innerhalb der von der Gruppe 47 stets als entscheidend erachteten ästhetischen Kategorien artikulierte, schlug bei der Tagung 1967 in der Pulvermühle (Fränkische Schweiz) in politische Konfrontation um. Studenten demonstrierten gegen die literarischen »Saubermänner« und für die »konkrete Aktion«; sie wollten die Welt nicht mehr interpretiert, sondern verändert sehen. »Sie sind im hochfeudalen Wagen angereist. Ich weiß, die wenigsten sind Studenten. Ihre Hintermänner sitzen im Saal, Freunde von mir, die sich aus allzu harmlosen Formalisten in lautstarke Ideologen verwandelt haben und nun Revolutionär spielen.« (Hans Werner Richter)[530]

Der Kreis der Dichter, Kritiker, Literaten, Publizisten und Verleger, der sich innerhalb von zwei Jahrzehnten vom »Vorlesezirkel im schäbigen Nachkriegsrock zum literarischen Corps herausgemausert« hatte, verdankte seine Gründung und Kontinuität dem 1908 geborenen Richter, der mit dem ihm befreundeten Alfred Andersch zunächst die Zeitschrift *Der Ruf* herausgegeben und dann, nach ihrem Verbot durch die amerikanische Militärregierung, eine neue Plattform des Diskurses gesucht und geschaffen hatte; (später distanzierte sich Andersch von der Gruppe und deren Aktivitäten, auch wenn er mit einzelnen Gruppenmitgliedern weiterhin freundschaftlich verbunden blieb).[531] Richter, Sohn eines Ostseefischers, war 1927 als Buchhändler nach Berlin gegangen; seine Jugend inmitten politischer und geistiger Engstirnigkeit schildert er poetisch-realistisch in dem Roman *Spuren im Sand* (1953). Die Erfahrungen als Soldat im Zweiten Weltkrieg (zuletzt in amerikanischer Kriegsgefangenschaft) spiegeln die Romane *Die Geschlagenen* (1949) und *Sie fielen aus Gottes Hand* (1951), deren Prosa übrigens Friedrich Sieburg bewunderte.

Andersch war von diesen, die Nachkriegsliteratur entscheidend fördernden und beeinflussenden Dioskuren der mehr kämpferische Typ. »Generation 1914, kleinbürgerlicher Herkunft, Bayer, Gymnasiast in München, Buchhändlerlehrling, Büroangestellter, Unzufriedener, Brillenträger, Radfahrer, Pfeifenraucher, Rilkeleser, kommunistischer Jugendorganisationsleiter, Revolutionär, Häftling, Illegaler, Soldat, Einzelgänger, Revisionist, Abtrünniger, Antifaschist, Antibolschewist, Deserteur, Kriegsgefangener in USA . . . von bewußter, aber an sich haltender Radikalität, immer ein wenig linker Hegelianer, auch Neigungen zum religiösen Sozialismus.« (Max Bense)[532]

Anderschs erstes Buch *Deutsche Literatur in der Entscheidung* (1948) war eine präzise Standortbestimmung der Literatur in der Situation des Kahlschlags und des Null-Punktes. Der Roman *Sansibar oder der letzte Grund* (1957) schildert das Schicksal von Verfolgten im Dritten Reich, die in einem kleinen Ostseedorf zusammentreffen; inmitten politischer Enttäuschung (die vor allem zwei KPD-Funktionäre erfaßt hat) entsteht erneut der alte Traum von der Brüderlichkeit der Menschen; ein jüdisches Mädchen wird zusammen mit einer »entarteten« Plastik, die den dortigen Pfarrer der Bekennenden Kirche in Schwierigkeiten gebracht hat, nach Schweden gerettet. Der Roman *Die Rote* (1960) handelt von der Wirtschaftswunderwelt; eine Chefsekretärin und frustrierte Ehefrau verläßt Gatten und Liebhaber, flüchtet aus dem deutschen Luxus nach Italien und beginnt ein neues Leben unter Arbeitern. In den ersten Jahren, erinnert sich Richter,[533] war Andersch fast auf jeder Tagung der Gruppe 47 dabei. Wenn er las, blieb der große Erfolg aus; er fand Zustimmung, aber keinen Enthusiasmus. »Dann kam er immer seltener, er ließ wichtige, auch für ihn wichtige Tagungen vorübergehen, etwa die Tagung 1952 in Niendorf, an der Ingeborg Bachmann, Ilse Aichinger und Paul Celan teilnahmen.« Er fühlte sich hingezogen zur Gruppe 47 und gleichzeitig abgestoßen. Günter Grass hielt er für einen Karrieristen; zunehmend übertrug er diese Ansicht auf die ganze Gruppe. Er kehrte wieder mehr zu dem Glauben seiner Jugend, »zu einer Art Marxismus«, zurück. Die Bundesrepublik, aus der er ins Tessin übersiedelte, »war für ihn nicht mehr ein Land bürgerlicher Restauration, sondern schon so etwas wie der Vorhof einer neuen faschistischen Zeit. Er glaubte, dort schon den Geruch der Gasöfen von morgen wahrzunehmen. Ein Gedicht dieses Inhalts rief viel Unmut, Ärger und Widerstreit hervor. Vielleicht hatte er sich zu sehr isoliert, der Berg in der Schweiz, auf dem er lebte, hatte sich wohl zu einer Schallmauer für ihn ausgewachsen. Ich habe mich bemüht, ihn zu verstehen, aber ich verstand ihn nicht mehr«. (H. W. Richter) »Ich baue nur noch auf Deserteure« – diesen Satz von André Gide hatte er seinem 1952 erschienen autobiographischen Bericht *Die Kirschen der Freiheit*, der seine Fahnenflucht in Italien 1944 schildert, vorangestellt.

Die Krise der Intellektuellen der fünfziger und sechziger Jahre bestand nicht zuletzt in der Unsicherheit der »Positionsbestimmung«. »Was ist links?« fragte Walter Dirks in einem Artikel Januar 1961 in den *Frankfurter Heften* (*Heilige Allianz – Bemerkungen zur Diffamierung der Intellektuellen*).[534] Es sei klar, daß sich in dem politischen Grundschema rechts-links, das weder der politischen Weisheit letzter Schluß noch so blöd und überholt und inhaltslos sei, wie manche meinten, sehr verschiedenartige Positionen verbänden und durchkreuzten. »Links« überwiege der Blick auf die Zukunft, der Wunsch zu verändern, das Pathos der Freiheit, die Sympathie mit den Schwächeren, die Kritik aus allgemeinen Vernunftprinzipien; »rechts« der Blick in die Vergangenheit, die Rechtfertigung des Bestehenden, der Wille zu erhalten (»keine Experimente« zu machen), das Pathos der Ordnung, die Sympathie für die etablierten Ordnungen und Mächte.

Eine solche Interpretation ließ sich am besten e contrario verifizieren; dementsprechend setzt sich Dirks mit einem der »forschesten und naivsten Denunzierer der Intellektuellen«, dem konservativen Katholiken Josef O. Zöller, auseinander, der in seiner Schrift *Irrlehren der Gegenwart* (1960) die philosophischen Merkmale intellektuellen Denkens als subjektivistisch, ichbezogen, idealistisch, kritizistisch, perfektionistisch, idealtypisch, anorganisch, mechanisch, gebannt von hegelianischer Dialektik, fern von jedem objektiven Ordnungsbild und als realitätsfremd bezeichnet hatte.

Gerhard Stoltenberg, damals Universitätsdozent und CDU-Mitglied des Deutschen Bundestags, kam 1962 zu dem Ergebnis, daß im freiheitlichen Rechtsstaat die wesentlichen Prinzipien Gemeingut aller demokratischen Kräfte seien.[535] Begriffe wie Freiheit, Recht, Loyalität zur Verfassung und soziale Verantwortung seien nicht das Reservat einer politischen Richtung. Auf politische Vokabeln zur Kennzeichnung der verschiedenen Gruppen und Tendenzen könne man nicht verzichten; aber in den Namen der Parteien, in ihren Programmen und der allgemeinen ernsthaften Diskussion über Fragen des Staates fände man geeignetere Begriffe für möglichst präzise Analysen und Aussagen als in dem alten Schema »rechts« und »links«.

Helmut Schmidt, damals Innensenator der Freien und Hansestadt Hamburg (von 1953-1961 SPD-Mitglied des Deutschen Bundestages), meinte unter Bezug auf eine Diskussionsbemerkung von Walter Dirks (»nichts ohne Not ändern, ist das stille Bekenntnis der echten Rechten. Das Notwendige tun, ist der lautere Wille der Linken«), daß das eine das andere nicht ausschlösse. Diese Formel lasse erkennen, wie nahe sich im Grunde doch »rechts« und »links« seien. »Schließlich sitzen wir ja auch alle im gleichen Boot, und Backbord und Steuerbord können nicht unabhängig voneinander operieren, sondern sie bilden zusammen ein Schiff, das seinen Kurs im Strom zu bestimmen hat.«[536]

Im *Monat* definierte der Schweizer Armin Mohler *Konservativ 1962*.[537] Nach langen Jahren der Zusammenarbeit mit Ernst Jünger als dessen Sekretär, wirkte er seit 1954 längere Zeit als Korrespondent der Züricher *Tat* und der Hamburger *Zeit* in Paris. (In seinem vieldiskutierten Buch *Die konservative Revolution in Deutschland*[538] erwies sich der Autor als Interpret und Apologet der national-revolutionären geistigen Strömungen, die in der Weimarer Republik das rechte Gegenstück zur »heimatlosen Linken« dargestellt hatten.) Er sprach vom »Widersinnigen« des »Moralisierungsrummels« in der Bundesrepublik und meinte damit die »Bewältigung von Vergangenheit«. Man versuche, den letzten deutschen Kriegsverbrecher aufzustöbern, während die Kriegsverbrecher der anderen Seite als Vergnügungs- oder Geschäftsreisende die Bundesrepublik bereisen dürften. Damit wurde der »moralische Konservativismus« denunziert, der ja, wie der Widerstand im Dritten Reich zeigte, keineswegs auf der Seite des Unrechts und der Inhumanität gestanden hatte. Mohlers Standort »auf den Resten des untergegangenen Reichs«, von dem aus er die deutsche Selbstkasteiung, die Demutspolitik, den »negativen Konformismus«, den nach innen gewendeten Imperialismus attackierte, kritisierte denn auch die Publizistin Margret Boveri, die ganz bestimmt nicht zum linken Lager zu zählen war. Das sei die Sprache des kalten Krieges, und zwar nicht in der vorsichtigen Diktion Bonns, sondern in der urwüchsigen Mundart der bayerischen CSU-Politiker, von denen Mohler die Rettung der deutschen Politik erhoffe.[539]

War es nun »links« oder »rechts«, seine Heimat zu lieben? In der von Wolfgang Weyrauch (dem 1907 geborenen Erzähler, Lyriker, Essayisten) veröffentlichten Taschenbuch-Anthologie *Ich lebe in der Bundesrepublik. Fünfzehn Deutsche über Deutschland*, 1960 (Johannes Gaitanides, Hans Magnus Enzensberger, Wolfgang Koeppen, Geno Hartlaub, Marie Luise Kaschnitz, Kasimir Edschmid, Hans Werner Richter, Wolfdietrich Schnurre, Walter Jens, August Scholtis, Martin Beheim-Schwarzbach, Paul Schallück, Martin Walser, Ernst Kreuder, Helmut Gollwitzer) –, in diesem Sammelband, der allein schon von den Beiträgern her das weite Spektrum bundesrepublikanischer Intellektualität abdeckte, hieß es: »Ich liebe meine Heimat. Weil ich sie liebe, sorge ich mich um sie. Weil ich mich um sie sorge, habe ich diesen kleinen und unvollständigen Band zusammengestellt und herausgegeben . . .«[540] Eine solche Äußerung sagt vieles aus über die Rolle der kritischen Intelligenz in der Wirtschaftswunderwelt. Ganz gleich, wo man kulturtopographisch stand, das Gemeinsame – und dies war eine große, aus der Trümmerzeit nicht nur übernommene, sondern weiterwirkende Errungenschaft – war die Diskursfähigkeit und Diskursfreudigkeit, die über alle Lager und Positionen hinweg praktiziert wurde. Darin vereint waren die unterschiedlichsten Positionen, wobei gerade die Literarität der intellektuellen Szene für die notwendige Offenheit und Beweglichkeit sorgte. Solchen diskursiven Pluralismus, den er schon an der Gruppe 47 gepriesen hatte, beschrieb Heinrich Böll 1962 auf eine für ihn charakteristische bildhafte Art: »Ich weiß nicht, was heute links sein könnte. Die offizielle Linke hat ihren rechten Flügel, die Rechte ihren linken Flügel; ich höre die Flügel rauschen und weiß doch: kein Vogel erhebt sich in die Lüfte. Es gibt so viele Mitten: die Mitte der Rechten, die Mitte der Linken, die Mitte des rechten Flügels der Linken und die Mitte des linken Flügels der Rechten. Es gibt auch eine heimatlose Linke, ohne Flügel.«[541] Der Vogel des intellektuellen Pluralismus erhob sich recht gut in die Lüfte, ließ freilich die Realitäten, in Abstraktion, gar zu weit unter sich liegen. Das von Enzensberger beim Übergang in das Lager der Aktivisten abgewertete Narrenparadies der Intellektuellen mit seinen schönen Selbsttäuschungen – Hans Werner Richter spricht im Rückblick vom »Etablissement der Schmetterlinge«[542] – war allerdings viel dauerhafter als das Wolkenkuckucksheim der Protestbewegung, die nicht nur den seit 1945 bewirkten demokratischen und republikanischen Fortschritt verachtete, sondern auch die Leistungen des evolutionären Sozialismus wie des für Kunst- und Meinungsfreiheit engagierten Liberalismus mißachtete. Im *Kursbuch 15*, November 1968, schrieb Enzensberger, daß nun das Sterbeglöckchen für die Literatur läute; die Literaten feierten das Ende der Literatur; die Poeten bewiesen sich und anderen die Unmöglichkeit, Poesie zu machen; die Kritiker besängen das definitive Hinscheiden der Kritik.[543] Im *Kursbogen* zum gleichen *Kursbuch* stimmte Walter Boehlich (geb. 1921, Lektor bei Suhrkamp, nach Anschluß an die Protestbewegung aus dem Verlag ausgeschieden) einen Triumphgesang angesichts des in Gang gekommenen Autodafés an.[544] »An die bürgerliche Literatur glauben nicht einmal mehr die bürgerlichen Literaten. Die bürgerliche Ästhetik unterhält sich mit sich selbst über ihre eigenen Fiktionen. Die Kirchen des bürgerlichen Gottes stehen leer.«

Die liberalen Intellektuellen, die auf einem von rechts wie links attackierten (verlorenen) Posten standen, kämpften an gegen Dumpfheit und konfessionelle Enge, Sekundär-Tugendsystem und Spießertum. Bei den »Reisen in die Provinz« – nach Ostfriesland wie nach Bayern, nach Nordrhein-Westfalen wie in die Rheinpfalz, nach Niedersachsen wie ins Schwabenland – wurden die Boutiquen der Schickeria mit ihren modischen Gartenzwergen genauso aufgesucht wie das Justemilieu mit seiner »Schmücke-dein-Heim-Kultur«: Es lohnten sich Blicke »vom Blessing über den Rhein. / O, ihr linken und rechten Nebenflüsse: / die Barzel fließt in die Wehner / Abwässer speisen das Sein. / Grauwacke, Rehwinkel, laubgesägt Tannen / Karst, Abs und Kulmbacher Bier, / altfränkische Wolken über dem Heidegger Land«.[545] Mit empörter oder resignierender Sensibilität registrierte man die Nachrichten aus der Hinterwelt, in der die NPD zum Erfolg kam. Im schönen Wiesengrunde schoß die Agrarromantik ins Kraut. Innerhalb verwinkelter Historismen verbauten ökonomischer und politischer Nationalismus den Weg in die überregionale und europäische Solidarität. Rassismus und Antisemitismus gediehen beim Bier der bösen Denkungsart; im muffigen Hinterstübchen tradierter Ressentiments kultivierte man Biologismus, Antiliberalismus und Antidemokratismus. Aufgestaute Frustration sehnte sich nach dem totalen Führerstaat, da der Marktplatz noch etwas wert war und im Saalbau aggressive Tiraden Abreaktion ermöglichten. Der Schoß war fruchtbar noch . . .[546]

Von einer Reise »durchs Revier« als Topos mentaler Verelendung notiert Horst Krüger 1968:[547] »Überaltert, erzkonservativ und sehr provinziell liegt das Ruhrgebiet mitten in unserer Republik, so als gehörte es nicht dazu. Es hämmert und dröhnt, es zischt und sprüht, es glüht und rostet zugleich. Es spiegelt die verspätete Bewußtseinslage der Arbeiter. Es stellt seine beschädigten Kleinbürgerträume aus, spielt seine Paradiese durch.« Zwischen dieser grauen und tristen Welt aus Hochöfen und Kühltürmen, aus Schuppen und Schächten gebe es Inseln atemloser Modernität, Anfälle, die verlorene Zeit nachzuholen; Einsprengsel von New York und Brasilia im Sauerland, eine Ausstellung isolierter und bizarrer Zukunftsmodelle auf freiem Feld. Bayern zeigte sich da aufgehellter – aufgrund seines landschaftlichen Charmes und seiner folkloristischen Spontaneität. Der weiß-blaue Bierdunst, Almduft, Weihrauch zergehe auf jeder neugierigen Reise nach Westen, Osten, Norden, tief in die unberühmtere Provinz, löse sich auf in einem Stimmengewirr aus Widersprüchen, meinte Reinhard Baumgart in einem Reisebericht.[548] Zwei Wahrzeichen ragten überall in den Himmel: Silos und Kirchtürme. Die CSU, die in Bayern immer stärkste Partei sein werde, weil sie der bayerischen Lebensart am besten entspreche, hatte in der Nachkriegszeit neben Milch, Butter und Käse als wichtigstes »Produkt« Franz Josef Strauß, den

190

Provinz-Politiker par excellence, hervorgebracht. 1915 geboren, kam er mit vierunddreißig Jahren in den Bundestag; von 1949 bis 1952 war er Generalsekretär, von 1952 bis 1961 stellvertretender Vorsitzender der CSU, ab 1961 ihr Vorsitzender; (1953-1955 Bundesminister für besondere Aufgaben; 1955-1956 Bundesminister für Atomfragen; 1956-1962 Bundesverteidigungsminister). Mit »krachlederner Zunge« verstand er es, sich nicht nur in wichtige Machtpositionen »hinaufzuartikulieren«; sein Nimbus lag vor allem darin, daß er, bei aller Klugheit, nicht von des Gedankens Blässe angekränkelt war, sondern den politischen Tätertyp verkörperte – verbunden mit bajuwarischer Lebensfreude. Er reüssierte und bestätigte immer wieder inmitten gesellschaftlicher Farblosigkeit, daß er ein »Vollblutpolitiker« war. Der kritischen Intelligenz bot er stets eine zündende Reibungsfläche, die beiden Seiten bei ihren Profilierungsbemühungen zugute kam. Er vertrat die föderative Struktur der Bundesrepublik als selbstbewußter Bayer: nicht nur, weil er politisch von ihr überzeugt war, sondern auch, weil er in kluger Einschätzung seiner Chancen wie Begrenzungen in der mobilisierten Hinterwelt seine eigentliche Stütze erkannte. »Wir sind wieder wer!« Dem Charisma seiner Persönlichkeit war keine Urbanität gewachsen; und wenn – so war diese in München, nicht in Bonn lokalisierbar. Affären konnten seinem Willen zur Macht nichts anhaben; er brauchte sie, um einer Welt voller Feinde die Unsicherheit heimzuzahlen, die ihn im Tiefsten plagt. Ein Primus, der erster werden will, so charakterisiert ihn Ludolf Herrmann.[549]

Auch wenn er dem repressionsfreien Diskurs nur wenig vertraute, sich lieber als gerissener Machtpolitiker gerierte – er war und blieb der bundesrepublikanischen Intelligenz liebster gehaßtester Politiker, da er stets, und zwar mit Geist, keine Provokation scheuend, dafür sorgte, daß der Geist auf seiner Seite nicht stand, was diesem die Befriedigung verschaffte, auf der »ganz anderen Seite« (derjenigen politischer Ohnmacht, aber politischer Moral) stehen zu können. In der Auseinandersetzung mit Franz Josef Strauß, dem Provinzler, konnte man sich des republikanischen Glücksgefühls vergewissern, daß man selbst jenseits des Provinzialismus stand.

Aufstieg der Soziologie

Die Gruppe der Intellektuellen, die durch Literarität und einen ästhetisch fundierten allgemeinen Humanismus bestimmt waren, hatte zum Pendant Intellektuelle, die ihre Gesellschaftskritik aus soziologischem und philosophischem Denken ableiteten. Die fünfziger und sechziger Jahre brachten nicht nur einen Höhepunkt des Feuilletonismus, sondern auch des Soziologismus. Neben poetisches, metaphorisches, assoziativ-hermeneutisches Denken trat ein Denken, das stringente Systematik anpeilte, die Anstrengung des Begriffs auf sich nahm und an »Ableitungslogik« wie »Begründungszusammenhang« interessiert war. Die Ideologiekritik stand im Mittelpunkt der Bemühungen einer Intelligenz, die ihre kritische Theorie aus der Aufklärung herholte und deren Maximen wie Kategorien auf die real existierende Bundesrepublik anzuwenden trachtete.

»Ich habe die Ehre, im Namen des Präsidiums den Ersten Deutschen Soziologentag hiermit zu eröffnen. Wenn es erlaubt wäre, in einem für heutige Gewohnheiten sehr gemäßigten Reklame-Stil zu reden, so möchte ich meine Rede beginnen mit den Worten: ›Der Soziologie gehört die Zukunft.‹ Ich begnüge mich aber, die Erwartung und Hoffnung auszusprechen: Die Soziologie *hat* eine Zukunft«,[550] so hatte am 20. Oktober 1910 in den Räumen der Frankfurter »Akademie für Sozial- und Handelswissenschaften« der Kieler Extraordinarius Ferdinand Tönnies, einer der Vorsitzenden der im Januar 1909 in Berlin gegründeten »Deutschen Gesellschaft für Soziologie«, die erste sozialwissenschaftliche Fachtagung auf deutschem Boden eingeleitet. Die wissenschaftliche Soziologie konnte vor allem in der Weimarer Republik ein ausgeprägtes Profil entwickeln; neben Ferdinand Tönnies, Werner Sombart, Georg Simmel, Wilhelm Dilthey, Karl Mannheim, Leopold von Wiese, Max Scheler, Helmuth Plessner erwies sich Max Weber als überragende Leit- und Bezugsfigur. Aber erst in den fünfziger und sechziger Jahren – zuvor behindert oder ideologisch vereinnahmt vom Nationalsozialismus – erfolgte der Aufstieg zur beherrschenden Disziplin, verbunden mit breiter Popularität. Heute würden sich Prinzessinnen und Hilfsarbeiter gleichermaßen für Soziologie interessieren, meinte Jürgen Habermas 1955 in der *Frankfurter Allgemeinen Zeitung* (bei einer Besprechung des von Wilhelm Bernsdorf und Friedrich Bülow herausgegebenen *Wörterbuchs der Soziologie* sowie des von Arnold Gehlen und Helmut Schelsky edierten Lehr- und Handbuchs der modernen Gesellschaftskunde *Soziologie*)[551]. Es ging weniger um eine formale Soziologie mit entsprechender Prinzipiendiskussion; in einer Zeit, da »Mensch und Gesellschaft im Zeitalter des Umbaus« sich befanden und eine »Diagnose unserer Zeit« als vordringlich erachtet wurde – um mit den Titeln zweier in der Emigration geschriebener Bücher von Karl Mannheim zu sprechen –, erhoffte man sich von der Soziologie Orientierung, Aufklärung, Emanzipation. Ideologie glaubte man mit Hilfe »theoretischer Vernunft« ausschalten zu können. Die Utopie wies in eine bessere Zukunft. Vor allem aber bemühte man sich um eine realistische Bestandsaufnahme, was zu einer Reihe bedeutsamer empirischer Studien, etwa zur Situation der Familie und der Großstadt, führte. Als Schlüsselwissenschaft des 20. Jahrhunderts bezeichnete Schelsky die Soziologie,[552] weil sie über ihre fachlichen Erkenntnisse hinaus für das Selbstbewußtsein und Bewußtsein einer Reihe von Generationen zum Erkenntnismittel des Lebenssinnes schlechthin geworden sei; in dieser Rolle habe sie die Geschichtswissenschaft abgelöst, die bis in 20. Jahrhundert hinein als »Bewußtseinsführungswissenschaft« fungierte und von deren Breitenwirkung der Geist der Zeit gelebt habe. Mit dem Einrücken der Soziologie in diese Rolle sei der »Vorrang der gesellschaftlichen Auffassung vom Menschen«, der »soziale Gesichtspunkt« nicht nur gegenüber den anderen Wissenschaften, bis in die Naturwissenschaften hinein, durchgesetzt worden; vielmehr sei die »gesellschaftliche Auffassung vom Menschen« weithin zum bestimmenden Moment des Alltagsdenkens, zum konstitutiven Element der »natürlichen Einstellung« der Gesellschaftsmitglieder geworden.

In den fünfziger Jahren glaubte man mit zunehmender Intensität, daß die soziologische Kulturrevolution das Leben erleuchten und sozial handelnde Menschen hervorzubringen vermöge. Das menschliche Wesen könne man nicht erfassen, wenn man es nicht in seiner sozialen Dimension sehe; die Gruppe als wichtigste Lebensform rückte in den Mittelpunkt der Analyse. Zugleich ging es um die Herausarbeitung der Entwicklungstendenzen der nächsten Zukunft und um die Erklärung der bestehenden Konflikte. Man erwartete von der Soziologie aber auch Erhellung der kulturellen Zusammenhänge: das Gebiet der Literatursoziologie erschloß der Anglist L. L. Schücking; als bahnbrechend für die Kultursoziologie erwies sich Arnold Hauser mit seinem zweibändigen Werk *Sozialgeschichte der Kunst und der Literatur* (1953).[553]

Was kann die Soziologie? fragte M. Rainer Lepsius in der *Neuen Zeitung*, März 1953.[554] Sein Beitrag resümiert die Erwartungshaltung der Soziologie gegenüber der damaligen Zeit. Drei Bereiche seien wichtig: Die statische Strukturanalyse; die dynamische Verlaufsanalyse; die Entwicklung der Soziotechnik. Man verfüge heute, vornehmlich in der amerikanischen Literatur – in Deutschland waren besonders bekannt geworden Vance Packard, James Burnham, David Riesman –, über gründliche Monographien, die uns in umfassendem Detail das soziale Gebilde der Stadt, der Landgemeinde, des Betriebs, die typischen Verhaltensweisen sozialer Gruppen, die symbolischen Inhalte und sozialen Reflexe von Verständigungsmitteln vorführten. Mit verfeinerten Methoden und ausgedehnter Forschung würden Summenbegriffe wie Klassenkampf, Landflucht, Familienverfall in inhaltlich genauer bestimmte Einheiten aufgelöst. In die alte Diskussion um die Beeinflußbarkeit des Menschen von Umwelt und Vererbung sei eine neue Perspektive getragen worden; die Erkenntnisse über den Sozialisationsprozeß, insbesondere die Erziehung des Menschen, hätten eine wichtige Ausweitung erfahren. Positiv wird in diesem Zusammenhang die aus Amerika kommende Meinungsforschung beurteilt; dabei geht der Verfasser sogar so weit, daß er anregt zu prüfen, ob man ihre Methoden nicht auch, rechtlich organisiert, zur Ermittlung des politischen Willens der Bürger benützen sollte. Die Soziologie könne zwar die Entscheidung in der Frage »Was sollen wir tun?« nicht abnehmen; wohl aber besser und zuverlässiger als jede noch so geniale Deutung der Zeit und ungetrübt von Wünschen und Ideologien sagen, wie unsere gesellschaftliche Gegenwart beschaffen sei.

Der Aufstieg der Soziologie als analytisch-diagnostische, empirisch-kritische und theoretisch-spekulative Wissenschaft vollzog sich in drei Entwicklungsstufen[555]:

In der Phase der Wiedergründung (1946 bis zum Ende der fünfziger Jahre) wurde die Disziplin nach der Unterdrückung durch den Nationalsozialismus an einzelnen Universitäten wieder eingerichtet. Da sie hinter die Herrschaftsinstitutionen jedes Staates ein Fragezeichen setze – so Wolfgang Rothe im Januarheft 1954 der von Rudolf Pechel geleiteten *Deutschen Rundschau* –, erweise sie sich als

Ausdruck einer freien Gesellschaft; Hitler habe nichts Eiligeres zu tun gehabt, als 1934 die »Deutsche Gesellschaft für Soziologie« aufzulösen und die angesehensten deutschen Soziologen ins Exil zu jagen.[556] Der Mangel an Lehrkräften und finanziellen Mitteln erschwerte die Arbeit, vor allem die Ausweitung der Untersuchungsgebiete; doch waren bedeutende Soziologen wie Max Horkheimer, Theodor W. Adorno, Helmuth Plessner, René König, Alexander Rüstow aus der Emigration zurückgekehrt und hatten in Frankfurt, Göttingen, Köln und Heidelberg die ersten empirischen sozialwissenschaftlichen Untersuchungen inspiriert. Zugleich war der Gegensatz zwischen der Kölner formalsoziologischen Richtung Leopold von Wieses und der Heidelberger Geschichtssoziologe Alfred Webers wieder ausgebrochen; er fand seine Fortsetzung in der Debatte über die Werturteilsfreiheit und die wissenschaftstheoretischen Grundlagen der Soziologie, in dem sogenannten Positivismusstreit zwischen Theodor W. Adorno und Karl R. Popper (dessen Name in dem von René König 1958 herausgegebenen Fischer-Lexikon *Soziologie* überhaupt nicht erwähnt wird)[557], und später in der Kontroverse zwischen Jürgen Habermas und Hans Albert. Die einen hofften mit Hilfe der mathematisch-quantifizierenden Methoden der neuesten amerikanischen Sozialwissenschaften, die deutsche Soziologie von einer Astrologie zur Astronomie zu erheben, die anderen sahen in der Formalsoziologie bestenfalls Handwerkszeug für eine die Zusammenhänge aufdeckende Zeitkritik, die ansonsten auf prognostischen Mut und antizipatorische Vernunft angewiesen war. Die ersten Diplomprüfungen für Soziologen wurden 1956 in Frankfurt und 1958 in Berlin eingerichtet.

Die zweite Entwicklungsstufe zwischen 1960 und 1967 ist durch das stete Wachstum und die allgemeine Ausbreitung der Soziologie an den Universitäten und das Einrücken der jüngeren, in den fünfziger Jahren in Deutschland weitgehend amateurhaft ausgebildeten Soziologen auf die neuen Lehrstühle bestimmt.

In der dritten Phase (1968 bis 1974) nahm die Auseinandersetzung zwischen empirischer Forschung und Kulturphilosophie zu, einschließlich einer starken Politisierung. Die beiden Lager bezichtigten sich gegenseitig der Ideologie; die einen meinten, daß die anderen mit Hilfe vorwiegend marxistischer Versatzstücke als messianische Heilsbringer aufträten; diese wiederum sahen in den empirischen Ergebnissen bestenfalls eine Bestätigung des Schon-Gewußten oder, schlimmer noch, eine Untermauerung falschen Bewußtseins mit Hilfe einseitig »abgefragter« Faktizität.

Die von der wiedergegründeten »Deutschen Gesellschaft für Soziologie« alle zwei Jahre durchgeführten »Deutschen Soziologentage« erwiesen sich als Seismograph solcher Polarität. Auf der einen Seite stand eine Soziologie, die sich als Wissenschaft der Experten verstand – von ihren Gegnern als Anpassungssoziologie verschrien –, auf der anderen Seite eine die Grenzen des demoskopisch Erfaßbaren überschreitende Soziologie, die die Selbstbehauptung des Menschen in der Zukunft für wichtiger hielt als eine Perfektionierung des Bestehenden. Auf dem 15. Deutschen Soziologentag in Heidelberg meinte Theodor W. Adorno, daß die Soziologie heute, und zwar auf der ganzen Welt, die Tendenz habe, in Sozialtechnik überzugehen, nach dem Modell der technischen Naturwissenschaften. Während sie sich dadurch wie diese vielfach verwendbar und nützlich mache, drohe ihr so gründliche Integration, daß sie am Ende das Analysieren darüber verlerne. Schon fehle es nicht an solchen, die sie aufs ominös Positive vereidigen möchten. Was auch immer aus den Werken Max Webers, der im Mittelpunkt der Tagung stand, herauszulesen sei – es bestünde vor allem in der Kraft, geistig der übermächtigen, auf Anpassung zielenden gesellschaftlichen Tendenz standzuhalten.[558]

Auf dem Frankfurter Soziologentag 1968, der von der Protestbewegung bestimmt war, erreichte die Konfrontation zwischen den empirischen Traditionalisten und der kulturkritischen Avantgarde ihren Höhepunkt. Gegenüber der Soziologie als Mode hofften viele, daß nun die kritische Theorie zur »materiellen Gewalt« werde, indem sie die Massen ergreife.[559] Die 1963 begründete *edition suhrkamp* erwies sich in ganz besonderem Maße als verlegerische Heimat des links-soziologischen Schrifttums, das durch Aktualität, Agitation und Abstraktion, durch provokantes dialektisches Denken, aber auch durch sterile »Ableitungslogik« gekennzeichnet war. Der konservative Literaturkritiker und Literaturwissenschaftler Werner Ross, Mitarbeiter vieler Zeitungen und Zeitschriften, stellte rückblickend fest: »Nun verschlossen die lawinenartig herabstürzenden Papiermassen den Dawiderredenden den Mund, und die Verleger überboten einander in der Eintönigkeit ihres linksgefärbten Sortiments. Das alles segelte unter den Flaggen ›demokratisch‹, ›kritisch‹, als ›Diskurs‹ und ›Diskussion‹, aber es trat hämmernd auf, predigerhaft, mit theologischem Wahrheitsanspruch. Ausgetilgt war die demokratische Lust an der Vielfalt der Meinungen.«[560]

Unter den Promotoren, Propagatoren und Popularisatoren des neuen Soziologismus war Helmut Schelsky, der sich 1939 als Assistent von Arnold Gehlen habilitiert hatte, der wohl einflußreichste. Rund drei Jahrzehnte erwies er sich als Stichwortgeber für die gesellschaftswissenschaftliche Diskussion in der Bundesrepublik, als einer, der die Trends empirisch beobachtete, und daraus auch »spekulative« Folgerungen zog. So wurde er zugleich zum »Trendsetter«.[561] Mit seinem Buch *Die skeptische Generation* (1959) brachte er nicht nur Beobachtungen über ein verändertes jugendliches Verhalten auf den Begriff; er stärkte das bundesrepublikanische Selbstvertrauen, indem er den für die Weiterentwicklung des Wirtschaftswunders so wichtigen Konkretismus als pragmatische Offenheit gegenüber ideologischem Bewußtsein interpretierte. Mit seiner *Soziologie der Sexualität* (1955) leitete er, die »gefühlsmäßige Hemmung« gegenüber der Erörterung geschlechtlicher Beziehungen mit Hilfe soziologischer Objektivierung souverän überspielend, die sexuelle Emanzipation mit ein. Die Analyse der Wirtschaftswundergesellschaft als nivellierter Mittelstandsgesellschaft wurde als Bestätigung sozialstaatlicher Errungenschaften im Zeichen von Freiheit, Gleichheit, Brüderlichkeit empfunden. Schelskys Argumente fanden Resonanz bei Liberalen und Konservativen, bei Sozialisten und Christlich-Demokraten; vor allem bediente er das Feuilleton, das ausführlich für die Verbreitung der Ergebnisse seiner Forschungen sorgte. Als Ende der sechziger Jahre »Dialektik« den steten, aber müde gewordenen Diskurs innerhalb der intellektuellen Szene auf Konfrontation hin zuspitzte und die Studenten ihre »Herren und Meister« attackierten, begab Schelsky sich wie so viele der durch die Protestbewegung Betroffenen und Getroffenen auf die »andere Seite«, worüber die Toleranz und Offenheit seiner früheren Position verlorenging. Aus der Soziologie, der er zahlreiche neue Felder erschlossen hatte, sei eine Anti-Soziologie geworden; die Intellektuellen, denen er als streitbarer Geist voll zugehörte, bezichtigte er der Priesterherrschaft. Einst Vorkämpfer für Aufklärung, wurde er Vordenker der Konservativen, die über Kulturverfall, Erosion der Institutionen, Moralverlust, sozialistische Gleichmacherei, Vergesellschaftung des Menschen lamentierten. Er, der dem Prinzip Erfahrung sich verpflichtet fühlte und sich auf die »Suche nach Wirklichkeit« begeben hatte, verfiel einer zornigen, oft auch nur polemisch-polternden Emotionalität, die seinen Kampf gegen die »Klassenherrschaft der soziologischen Reflexionselite« bestimmte.

Als ein besonders wichtiges Thema empfand die soziologisch orientierte Kulturphilosophie die Wechselbeziehung von »Vermassung und Kulturzerfall«. In seinem gleichnamigen Spätwerk (1951)[562] legte der belgische Sozialpsychologe und Historiker Hendrik de Man eine Diagnose unserer Zeit vor, in der er die technokratische Kultur der Epoche mit einem steuerlos auf die Katastrophe zutreibenden Schiff verglich. Man fühlte sich der Technik, vor allem nach den Erfahrungen des Zweiten Weltkrieges und angesichts der Erfindung der Atombombe, hoffnungslos ausgeliefert. Für die Tatsache zerstampfter, zerstoßener, zerquetschter, zerschundener, zerfetzter, zerteilter, auseinandergerissener Menschenleiber sei die Maschine verantwortlich, stellte Robert Dvorak in seiner Schrift *Technik, Macht und Tod* (1948) fest.[563]

Der nach Wien zurückgekehrte Günther Anders (geboren 1902) veröffentlichte 1956 den ersten Band seines Hauptwerkes *Die Antiquiertheit des Menschen*, eine – wie er selbst sagte – »Kreuzung aus Metaphysik und Journalismus«. Vor allem am Beispiel von Rundfunk und Fernsehen zeigte er, daß die Welt nur noch als Phantom und Matrize empfunden werde. Der Mensch befindet sich nicht mehr »auf der Höhe der Objekte«; die Geräte sind uns fremd geworden, vor allem aufgrund ihrer entseelten Perfektion. Er empfinde »prometheische Scham«: »Prometheus hat gewissermaßen zu triumphal gesiegt, so triumphal, daß er nun, konfrontiert mit seinem eigenen Werke, den Stolz, der ihm noch im vorigen Jahrhundert so selbstverständlich gewesen war, abzutun beginnt, um ihn durch das Gefühl eigener Minderwertigkeit und Jämmerlichkeit zu ersetzen. ›Wer *bin* ich schon?‹ fragt der Prometheus von heute, der Hofzwerg seines eigenen Maschinenparks, ›wer bin *ich* schon?‹« Vor dieser veränderten Folie habe man das Begehren des heutigen Menschen, ein selfmademan, ein Produkt zu werden, zu sehen. Nicht deshalb, weil er nichts von ihm selbst nicht Gemachtes mehr duldet, will er sich selbst machen, sondern deshalb, weil auch er nichts Ungemachtes sein will.[564] Mit der Atombombe – Anders besuchte 1958 Hiroshima, 1959 führte er einen Briefwechsel mit dem Hiroshima-Piloten – hat der technische Nihilismus seinen Höhepunkt erreicht; ist die heutige Menschheit tötbar, erlischt mit ihr auch die gewesene und die künftige. Zugleich hat der Fortschrittsbegriff den Menschen mit »Apokalypse-Blindheit« geschlagen. Früher korrespondierte eschatologische Hoffnung mit apokalyptischer Angst; heute ist der Mensch mit Hilfe der Warenästhetik dem Bewußtsein von Bedrohung »entführt«; wir sind nicht mehr Handelnde, sondern nur Mittuende; meist werden wir »getan«. Selbst-Tun ist uns abmontiert; »Getriebene« leben ohne Zukunft, ohne Verständnis für die Gefahr des Zukunftsendes.

In der Literatur demonstrierte der »Homo faber« in Max Frischs gleichnamigem »Bericht« (1958), ein erfolgreicher Ingenieur im Dienste der UNESCO, die Antiquiertheit des Menschen und Menschlichen. Perfektion und Zivilisation machen dessen Glaubensbekenntnis aus; Gefühl ist da überflüssig. »Ich habe mich schon oft gefragt, was die Leute eigentlich meinen, wenn sie von Erlebnis reden. Ich bin Techniker und gewohnt, die Dinge zu sehen, wie sie sind. Ich sehe alles, wovon sie reden, sehr genau; ich bin ja nicht blind. Ich sehe den Mond über der Wüste von Tamaulipas – klarer als je, mag sein, aber eine errechenbare Masse, die um unseren Planeten kreist, eine Sache der Gravitation, interessant, aber wieso ein Erlebnis?« (Doch dann erfährt der Homo faber das Schicksal im furchtbaren Ausmaße: Er hat ein Liebesverhältnis mit der eigenen Tochter, von der er nichts wußte; wird mitschuldig an ihrem Tod; er selbst leidet an Magenkrebs; aber da die Technik der »Kniff« ist, die »Welt so einzurichten, daß wir sie nicht erleben müssen«, erweist sich die »Tragödie des blinden Technikers unserer Zeit« eigentlich gar nicht als Tragödie, sondern nur als ein Betriebsunfall, der sich freilich ständig wiederholt.)[565]

Indem die technologische Wirklichkeit die erotische Energie herabmindere und die sexuelle intensiviere, beschränke sie die Reichweite der Sublimierung und verringere das Bedürfnis nach Sublimierung, schrieb Herbert Marcuse in seinem Buch *Der eindimensionale Mensch. Studien zur Ideologie der fortgeschrittenen Industriegesellschaft* (1967). »Im seelischen Apparat scheint die Spannung zwischen dem Ersehnten und dem Erlaubten beträchtlich herabgesetzt, und das Realitätsprinzip scheint keine durchgreifende und schmerzhafte Umgestaltung der Triebbedürfnisse mehr zu erfordern. Das Individuum muß sich einer Welt anpassen, die die Verleugnung seiner innersten Bedürfnisse nicht zu verlangen scheint.«[566] Der »Apokalypse-Blindheit« entspricht bei Marcuse der Verlust »unglücklichen Bewußtseins«; die repressive Toleranz bewirkt, daß der Mensch gar nicht mehr merkt, was ihm fehlt, zumal (um mit Erich Fromm zu sprechen) das Defizit an Sein durch ein Übermaß von Haben kompensiert wird. Die technische und zivilisatorische Welt läßt den Menschen vor der Freiheit fliehen und im autoritären Charakter Geborgenheit suchen; da er nicht mehr »bei sich« ist, besitzt er keine Identität – innerhalb der Axiomatik von Eindimensionalität wird mit Mehrdimensionalität gar nicht »gerechnet«. Die Welt tendiert dazu, Stoff totaler Verwaltung zu werden, die am Ende sogar die Verwalter verschlingt. Das Gewebe der Herrschaft ist zum Gewebe der Vernunft selbst geworden, und die Gesellschaft ist verhängnisvoll darin verstrickt. Die transzendierenden Denkweisen scheinen die Vernunft selbst zu transzendieren. Allerdings ist es durchaus möglich – und damit ermutigte Marcuse den revolutionären Aus- wie Aufbruch –, daß Kräfte und Tendenzen vorhanden sind, die solche Verstrickung zu zerreißen, die Eindämmung zu durchbrechen und die Gesellschaft zu sprengen vermögen.[567]

Der Homo faber, der industrielle Mensch, mache Werkzeuge; das sei das einzige, was er machen könne – so der Theologe Paul Tillich 1954. Die »Welt über der Welt«, die er schaffe, sei die Welt der Mittel; die Frage nach dem Ziel bleibe offen. Die westliche technisierte Gesellschaft habe zur Anpassung der Personen an ihre Forderungen in Produktion und Konsumtion Methoden hervorgebracht, die weniger brutal, aber auf Dauer als wirksamer sich erweisen würden als die totalitäre Unterdrückung.[567] Was das konkret bedeutete, erfuhr Robert Jungk auf Reisen durch die USA. Dort war eine Welt im Entstehen, wie es sie nie zuvor gegeben hatte – eine von Menschen entworfene, im Höchstmaß vorausgeplante, kontrollierte und je nach dem Fortschrittsstand immer wieder »verbesserte« Schöpfung. Griff nach dem Himmel, Griff nach dem Atom, Griff nach der Natur, Griff nach dem Menschen, Griff nach der Zukunft . . . *»die Zukunft hat schon begonnen«* (das gleichnamige Buch wurde 1952 ein Bestseller).[568] Der Mensch schuf künstliche Materie, er baute eigene Himmelskörper und war dabei, sie am Firmament aufgehen zu lassen; er kreierte neue Pflanzen- und Tierarten, setzte eigene, mit übermenschlichen Sinnesorganen ausgestattete mechanische Wesen, die Roboter, in die Welt. Das Experimentum medietatis (der Versuch des Menschen, sich selbst als gottgleichen Schöpfer in die Mitte der Welt zu rücken) faszinierte und flößte Schrecken ein. An der Automation konnte man im ganz besonderen Maße die Hybris konkret erleben: Der Mensch ging in die Mensch-Maschine über, war als Mensch schließlich durch die Maschine ersetzbar. Der eigentliche Sinn der Maschine bestand darin, ein potenzierter Mensch zu sein: ein Übermensch, stärker, rascher, ausdauernder und exakter. Der Maschinenmensch (das Elektronengehirn) konnte vor allem besser und schneller denken als sein Schöpfer. Vom Standpunkt der Rechenmaschine aus bestehe geistige Individualität in der Speicherung ihrer früheren Programmierung und Gedächtnisinhalte und in der Fortsetzung ihrer Entwicklung in bereits angelegten Richtungen, meinte Norbert Wiener, der die Wissenschaft der Kybernetik begründet hatte.[569] Kombinierte man das Wahrnehmen mit dem Erinnern, so ließen sich via Lernen Verhaltens- und Handlungsweisen erzielen, die an Lebewesen erinnerten. Schließlich war sogar ein quasi moralisches Verhalten denkbar, sperrten sich doch die Automaten gegenüber bestimmten Handlungen von selbst, wenn sie mit einem fest vorgegebenen Kodex erlaubter Handlungen in Widerspruch standen.

Vor Robotern hatte man nicht nur Angst, man sah in ihnen die unermüdlich tätigen technischen Sklaven, die ein Höchstmaß von Bequemlichkeit ermöglichten. Bei der Massenfabrikation würden Elektronengehirne die Leitung und Steuerung des industriellen Produktionsprozesses übernehmen; die Fabrik der Zukunft sei vollautomatisiert. »Die Hallen sind menschenleer. Nur ein paar

Ingenieure, Techniker, Monteure gehen auf den Galerien vor einer ungeheuren Wand von Kontroll- und Schautafeln auf und ab, sie beobachten die Instrumente, die in Batterien angeordnet sind, und korrigieren Fehler durch Betätigung eines Hebels oder Drehen eines Knopfes. Alles andere geht automatisch vor sich. Ein laufendes Band bringt das Rohmaterial, das an selbsttätigen Inspektionsgeräten vorbeigeführt wird, in die Verarbeitungsmaschinen, auf die Teilmontage- und Montagebänder – alles von den zentralen Schalttafeln aus kontrolliert –, bis die automatischen Packmaschinen das fertige Produkt übernehmen: Radiogeräte, Kühlschränke, Traktoren, Füllfederhalter, Vergaser, Schraubenflugzeuge, was das Herz begehrt.«[570] Die zweite industrielle Revolution bewirkte Hoffnungen auf ein sich selbst steuerndes irdisches Paradies. Dem technokratischen Alptraum stand die kybernetische Utopie gegenüber. Die Soziologie malte die automatisierte Gesellschaft bald dunkel, bald hell. Die einen sahen im »Feed-back« ein Zauberwort, Teil einer technologischen Magie, die die Probleme in allen Bereichen des Denkens und Handelns zu lösen vermochte (pädagogische Kybernetik, politische Kybernetik, Organisationskybernetik ... – überall ließen sich Informationsverarbeitungsstätten etablieren); die anderen, vor allem die Vertreter der von Ossip K. Flechtheim aus linkem Bewußtsein initiierten Futurologie, begriffen solche »neue Aufklärung« nicht unter dem Aspekt eines technokratischen Sing-out-Optimismus, sondern als Notwendigkeit gegenüber gegenwärtiger Fehlsteuerung. »Zwischen der Skylla eines ›empirischen‹ Pragmatismus, der nur Vergangenheit und Gegenwart kennt, und der Charybdis eines dogmatischen Monismus, der die Zukunft nur positiv sieht, muß die Futurologie im Wissen um die ganze Tragik der menschlichen Existenz in ihrer Endlichkeit und Entfremdung, aber auch in der ewigen Hoffnung auf den Fortschritt und die Humanisierung der Menschheit ihren Weg suchen; reflektierter, kritischer, skeptischer, als es die Utopien und Gegenutopien tun – aktivistischer, dynamischer, dialektischer, als es die Ideologien vermögen.«[571] Was Flechtheim dergestalt als Aufgabe einer antizipatorischen Soziologie beschrieb, hatte ein großer Außenseiter der Soziologie, Eugen Rosenstock-Huessy, in seinem Hauptwerk, das 1956 erschien, »Argonautik der Zukunft« genannt.[572] Soziologie schien in besonderer Weise aufgerufen, den Kurs in Richtung auf eine humane Gesellschaft hin finden zu helfen.

Stress als Folge gestörten Zeit-Bewußtseins

Mechanisierung – Automatisierung – Automation: Während man die sozialen Folgen, etwa hinsichtlich der Verteilung von Arbeit verhältnismäßig optimistisch sah – zumindest mittelfristig herrsche überall Mangel an Arbeitskräften[573] –, entwickelte sich eine neue Sensibilität für die gefährlichen Wechselbeziehungen von geistig-seelischer Belastung und körperlichen Problemen. Die Euphorie angesichts des medizinischen Fortschritts vor allem in der Chemotherapie und Chirurgie und angesichts entscheidender Verbesserungen im Krankenhauswesen dauerte zwar an (im Krieg und in der Trümmerzeit hatte man erlebt, was es bedeutete, ohne ausreichende ärztliche Versorgung krank zu sein); zugleich aber erkannte man, daß die Mechanisierung des Lebens, die rationale »Durchkontrolliertheit« der verschiedenen Lebensbereiche sich negativ auf die Gesundheit auswirkte.[574] Das »gestörte Zeit-Bewußtsein«[575] artikulierte sich in neuartigen Formen von Krankheit, denen man mit dem Instrumentarium klassischer Therapie hilflos gegenüberstand.

Zur Wirtschaftswundermentalität gehörte es, daß man sich gesund fühlte; man suchte folgerichtig den Arzt erst dann auf, wenn man »echte« Krankheitssymptome an sich feststellte. »Dem entspricht, daß wir trotz des angeblichen Hochstandes unserer Medizin heute eine wirklich umfassende Gesundheitslehre für den Menschen unserer Zeit nicht besitzen, trotz einzelner beachtlicher Ansätze. Dieser Mangel an einer verbindlichen und gültigen Gesundheitslehre ist sehr bezeichnend für unsere Epoche und hat tief herabreichende Gründe. Sie kennzeichnet unsere Stellung zu unserem Leib und nicht zuletzt zu dem Schöpfer dieses Leibs.« (Joachim Bodamer)[576] Von religiös-ganzheitlichem Denken aus wie vom Standpunkt politischer Anthropologie und Sozialpsychologie her begann man, Gesundheit und Krankheit anders als bislang zu begreifen.[577] Die durch den Nationalsozialismus weitgehend verdrängte Tiefenpsychologie wurde, zumindest in bestimmten Kreisen, erneut rezipiert; die Soziologie zeigte dem Arzt die gesellschaftlichen »Szenarien« auf, aus denen viele Patienten kamen: Angina temporis führte zu Angina pectoris;[578] nervöse Hetze und mangelnde Entspannung, Lärm, Unruhe, seelisch-geistige Belastungen und die Aufregungen des technisierten, durch Konkurrenzdruck bestimmten Lebens schlugen in Organerkrankungen um; der Körper erwies sich als empfindlicher Seismograph für die Erschütterungen, die mit dem »Umbau der Gesellschaft« verknüpft waren. Die Krankheit enthüllte sich dann als ein unbewußter Versuch, gleichzeitig ein Triebbedürfnis zu befriedigen und ein Ideal zu erfüllen, wobei aber dieser Versuch nicht in fruchtbarer produktiver Auseinandersetzung mit der Realität geschah, sondern in zerstörerischer Entzweiung mit sich selbst. Der plötzliche Herztod, die »Managerkrankheit«, wurde immer wieder im Feuilleton und auf den Wissenschaftsseiten der Zeitungen sowie in vielen Zeitschriftenartikeln behandelt – Ausdruck eines allgemeinen Interesses an medizinischen Fragen, wobei der Arzt und Psychiater Friedrich Deich durch seine journalistische und publizistische Tätigkeit besonders bekannt wurde. War man »falsch programmiert«, konnte man psychosomatische »Ausgeglichenheit« nicht erwarten. Das Unbehagen in der Kultur wirkte sich als körperliche Gefährdung aus. »Die Massenerkrankung, die der Arzt heute unter den wechselnden Namen der vegetativen Dystonie oder der neurozirkulatorischen Dystonie und ähnlichen Bezeichnungen kennenlernte, und die als Massenerscheinung eine Hochflut von angeblich sedierenden, beruhigenden, entspannenden Mitteln hervorrief, ist Ausdruck einer exogenen Überbeanspruchung, die zu einer innerleiblichen Unordnung geführt hat.«[579]

Mit »Stress« wurde aus dem Amerikanischen eine Universalvokabel übernommen, die größte umgangssprachliche Popularität erhielt. Das Buch *Stress beherrscht unser Leben* (1957) des in Kanada lebenden österreichischen Arztes und Forschers Hans Selye, den man einen »Einstein der Medizin« nannte, bedeutete für den »gehetzten und überarbeiteten Menschen unserer Tage« eine »authentische Unterrichtung« darüber, daß der Preis, den man fürs Wirtschaftswunder zahlen mußte, sehr hoch war. War »Stress« die unspezifische Reaktion des Körpers auf jede Art von Anforderung, so zeigten die psychosomatischen Erkrankungen, daß der Körper den neuen Anforderungen nicht mehr gewachsen war, also der Anpassungs- und Verteidigungsmechanismus nicht mehr funktionierte.[580]

Die Schulmedizin fühlte sich durch die tiefenpsychologisch und soziologisch orientierte Psychosomatik provoziert – gelegentlich auch mit Recht, so wenn der »abtrünnige« Hamburger Internist Arthur Jores davon sprach, daß jede Krankheit, also nicht nur die durch Neurosen hervorgerufene, etwas mit Schuld und Sühne zu tun habe; die naturwissenschaftliche Medizin könne diesen Sachverhalt jedoch nicht anerkennen, weil sie von einem ganz falschen, am Tier orientierten Menschenbild ausginge.[581]

Schon 1925 hatte Viktor von Weizsäcker (1886-1957) sich auf dem »Kongreß für innere Medizin« gegen die kartesische Trennung des Menschen in Leib und Seele gewandt. Leib und Seele würden als zwei Aspekte eines Gemeinsamen auf eine dahinter liegende Identität verweisen. Ein solcher Denkansatz machte ihn gerade in den fünfziger Jahren zum Nestor einer »anderen Medizin«, die sich als »Medizin der Zukunft« begriff.[582] Auf »pathosophische« Weise suchte Weizsäcker dem Problem des kranken Menschen im technischen Zeitalter zu begegnen. Jeder Mensch besitze seine eigene Krankheitsgeschichte; die Medizin habe zu versuchen, aus der Krankheit herauszuhören, was diese unserem Körper sagen wolle, und dann von da aus an die Krankheit heranzugehen. Nicht nur Spritzen und Tabletten solle man zur Hilfe nehmen, sondern sich eines weiteren Hilfsmittel bedienen: der Biographie des Patienten nämlich. Der Arzt müsse sowohl mit der äußeren wie mit der inneren Lebensgeschichte des Patienten vertraut sein (den Willen zur Krankheit, wie zum Beispiel bei der Rentenneurose, einkalkulieren). Dementsprechend war das bisherige Verhältnis zwischen Arzt und Patient umzugestalten. Arztberuf und Arztausbildung, fast ausschließlich auf technisches Wissen ausgerichtet, berücksichtigten nicht die Notwendigkeit humaner Bildung. Weizsäcker forderte neben dem Spezialisten, ohne den man schwerlich mehr werde auskommen können, den Hausarzt, der die Menschen von klein auf kennt und deren Schicksale beobachtet. Die Sprechstunde müsse auch ein Ort sein, an dem nicht nur untersucht und verordnet wird, sondern die Nöte und Sorgen zur Sprache kommen. Die Revision moderner Medizin habe »im Angesicht des Menschen« zu erfolgen.

Heute werde Krankheit oft verwaltet, aber nicht behandelt, meinte in einem Beitrag zu Weizsäckers 70. Geburtstag Alexander Mitscherlich, damals Leiter der Abteilung für psychosomatische Medizin an der Klinischen Universitätsanstalt

Heidelberg. Vor allem die Psychoanalyse erweise sich als ein Baustein jener gesuchten Wissenschaft vom Menschen, die Weizsäcker mit dem Begriff der »sittlichen« bezeichnet sehen will. Daß diese Sittlichkeit nicht im Philosophieren über, sondern in der Erweiterung der Bewußtseinsgrenzen für das, was in uns und durch uns geschieht, gesucht werde, dafür spreche eine unableitbare Eigentümlichkeit des Menschen: »Er hat Geist«.[583] Dezidiert vertrat Mitscherlich den Standpunkt, daß soziologische und psychoanalytische Forschung als natürliche Verbündete zu gelten hätten; in Kritik an den alten Organisationsformen der ärztlichen und der Krankenhauspraxis forderte er die gesellschaftswissenschaftlich fundierte Revision des Arztberufes. »Der entscheidende Fortschritt der psychosomatischen Medizin in jüngster Zeit brachte die Nutzung der tiefenpsychologischen Entdeckungen, deren Qualität man darin erblicken mag, daß sie uns erkennen lehrten, wie unser Wissen vom Menschen als einem Subjekt durch unsere eigene Subjekthaftigkeit vermittelt wird.«[584]

So wie Mitscherlich im medizinischen Bereich aus soziologischen und sozialpsychologischen Überlegungen heraus Kritik an konkreten Zuständen übte, war sein Werk insgesamt darauf angelegt, Erkenntnisse vom Kopf auf die Füße zu stellen. Mit seinen gleichermaßen mutigen wie kompetenten Schriften, Essays, Pamphleten (darunter *Auf dem Weg zur vaterlosen Gesellschaft*, 1963; *Die Unwirtlichkeit unserer Städte*, 1965; *Die Unfähigkeit zu trauern*, 1967)[585] war er ein einflußreicher Zeitkritiker – verachtet, aber auch gefürchtet von denjenigen, die seine »Anstiftung zum Unfrieden« inmitten der Wirtschaftswundersaturiertheit als höchst unangebracht und irritierend empfanden. Mit all seinen Widersprüchen[586] verkörperte er in hervorragender Weise jene Intellektualität und Literarität, die das geistige Leben der Bundesrepublik in dieser Phase ihrer Geschichte bestimmten. Die Freudsche These von der mangelnden Kultureignung des in seinem Ursprung unfriedlichen Menschen wurde durch die Sublimierungsfähigkeit der Republik und durch die bei aller dialektischen Schärfe friedliche Form der Auseinandersetzungen widerlegt. Daß die Chance des gewaltfreien steten Diskurses von der Politik freilich nicht wirklich genutzt wurde, man sich statt dessen auf die Position »repressiver Toleranz« zurückzog, war mit ein Grund für die spätere, aus der Protestbewegung hervorgehende, bis zum Terrorismus führende Gewalttätigkeit.

Kritische Theorie

In Hinblick auf die späteren Ereignisse, vor allem was die Abkehr von der »Anstrengung des Begriffs« betraf, muß man auch der »kritischen Theorie« der Frankfurter Schule durchschlagende Wirkungslosigkeit bescheinigen. Ihre beiden Begründer, Max Horkheimer und Theodor W. Adorno, waren in einem aktuellen wie metaphysischem Sinne tief geprägt von dem Bewußtsein des Scheiterns. Aus der Einsicht in »praktische Vergeblichkeit« entwickelten sie jedoch einen Mut zur Theorie, der mit Hilfe der Negation der Negation »Positives« zu erreichen suchte. Heute, am Ende der Zivilisation, schrieb Max Horkheimer 1960, seien die Menschen zu Atomen geworden, und keine Liebe vereinige sie. Indem die Menschen das Atom zu spalten lernten, öffnet sich als eine Art Trost die Aussicht, daß sie, die in ihrer Gesellschaft zur kontrollierten, bis ins letzte beherrschten Existenz herabgesunken sind, den Kreis schließen und wieder zur bloßen Materie werden. »Irgendwo mag in ihr aufs neue eine Bewegung den Anfang machen, die den Namen der Liebe verdient.«[587] Adorno, der sich immer wieder auf Auschwitz als einen Endpunkt menschlicher Entwicklung bezog, teilte ein derartiges »apokalyptisches Bewußtsein«. Beide jedoch fühlten sich aufgerufen, der Selbstzerstörung der Vernunft, die sich in der bürgerlichen Welt aus der Kraft der Emanzipation in ein Instrument von deren Verhinderung verkehrt hatte, mit dem Versuch entgegenzutreten, eben diese Vernunft durch die Dekuvrierung der Unvernunft wieder zum Leben zu erwecken. »Das Verzweifelte, daß die Praxis, auf die es ankäme, verstellt ist, gewährt paradox die Atempause zum Denken, die nicht zu nutzen praktischer Frevel wäre.« (Th. W. Adorno)[588] Im allgemeinsten Sinne war »kritische Theorie« ein Ausdruck für den Mut zum geistigen Widerstand, die »negative Dialektik« Absage ans bestehende System, also Antisystem. Da aufklärendes Denken, nicht weniger als die konkreten historischen Formen, die Institutionen der Gesellschaft, in die es verflochten ist, den Keim zu jenem Rückschritt enthalte, der heute überall sich ereigne, müsse Aufklärung die Reflexion auf das regressive Moment von Aufklärung in sich aufnehmen. In einer Art von Metakritik ging es darum, mit Hilfe der Vernunft der Vernunftherrschaft Einhalt zu gebieten, ohne Vernunft aufzugeben (also nicht wieder dem Mythos von der Vernunft zu verfallen). Wahrheit konnte sich nicht auf vernünftiges Bewußtsein zurückziehen, sondern mußte dieses in der Wirklichkeit zur Gestaltung bringen. Dann aber drohte die Gefahr, daß die Reinheit des Gegenentwurfs in der Realität verlorenging. »Es gehört zum heillosen Zustand, daß auch der ehrlichste Reformer, der in abgegriffener Sprache die Neuerung empfiehlt, durch Übernahme des eingeschliffenen Kategorienapparats und der dahinter stehenden schlechten Philosophie die Macht des Bestehenden verstärkt, die er brechen möchte.«[589]

Horkheimer und Adorno, beide der großbürgerlich-jüdischen Welt entstammend, hatten sich am Vorabend des Dritten Reiches in Frankfurt zusammengefunden; dort erhielt Horkheimer 1930 über Paul Tillich einen Lehrstuhl für Sozialphilosophie; ferner übernahm er die Direktion des »Instituts für Sozialforschung« und begründete 1932 die *Zeitschrift für Sozialforschung*.[590] Die Kritik am Kapitalismus führte zu einer Annäherung an den Marxismus, dessen Dogmatismus jedoch der damals sich ausbildenden »kritischen Theorie« (»Das Ganze ist das Unwahre«) widersprach. Nach der Rückkehr aus dem amerikanischen Exil wurde die Basis der »kritischen Theorie« weiter ausgebaut; sie bestand, so hat es Horkheimer bei Adornos Tod formuliert, in der Überzeugung, daß wir das Gute, das Absolute, nicht darzustellen vermögen, jedoch aufzeigen könnten, worunter wir leiden und was der Veränderung bedarf. Die Wirtschaftswunderwelt bot

Der Vater der »Kritischen Theorie«
und seine Sprößlinge: Horkheimer,
Marcuse, Adorno und Habermas,
Karikatur von Volker Kriegel

viele Beispiele für »kritische Modelle«, die zu intellektuellen »Eingriffen«[591]
herausforderten. War es auch schwer, die Utopie vollständiger Freiheit zu anti-
zipieren, so war man doch frei genug, um zu erkennen, wie Zwänge, unter denen
man litt, abgeschafft werden konnten.[592] Damit war freilich die Gefahr verbunden, daß man zwar die Unmenschlichkeit der Gesellschaft (des »Systems«)
herausstellte, jedoch den Menschen selber in seiner ambivalenten Individualität
zu wenig beachtete. Ein solches Defizit entsprach dem vorherrschenden Soziologismus, der zwar die Emanzipation des einzelnen propagierte, aber dabei gerne
ins »Abstrakte« abhob. Die so entstehende Vagheit werde durch einen »Jargon der Dialektik« kompensiert – ein Vorwurf, den man vor allem Adorno
machte. Wenn dieser zum Beispiel, so Karl R. Popper, feststelle: »Die gesellschaftliche Totalität führt kein Eigenleben oberhalb des von ihr Zusammenge-
faßten, aus dem sie selbst besteht«, so heiße dies lediglich: »Die Gesellschaft
besteht aus den gesellschaftlichen Beziehungen.«[593] Damit war freilich verkannt,
daß die »kritische Theorie« komplexe Tatbestände eben nicht simplifizieren
wollte, sondern auf adäquater Ebene zu demaskieren suchte. »Weil ich der
Sprache als einem Konstituens des Gedankens so viel Gewicht beilege, wie in
der deutschen Tradition Wilhelm von Humboldt, dränge ich sprachlich, auch
im eigenen Denken, auf eine Disziplin, der die eingeschliffene Rede nur allzu-
gern entläuft.« (Th. W. Adorno)[594] Im begrifflich geschliffenen Sprachgitter
der Negation sollten vor allem der romantisch-hochstapelnde, in Irrationa-
lismen schwelgende, bestehende Verhältnisse affirmierende Jargon (»Jargon
der Eigentlichkeit«) eingefangen und bloßgestellt werden. War der Gedanke
zur Ware und Sprache zu deren Reklame herabgewürdigt, so mußte der Versuch, solcher Depravation auf die Spur zu kommen, den »geltenden sprachlichen

Johannes Grützke,
Demonstration, 1968

und gedanklichen Anforderungen Gefolgschaft versagen«.[595] Die begriffliche
Strenge, mit der die kritische Theorie sich gegen eine Gesellschaft wandte, die in
der Verpackung oft schon die Botschaft sah, faszinierte Alt- und Jungintellek-
tuelle – abgestoßen von einer Politik, die unentwegt zum Verweilen auf dem
Polster der Platitüde einlud. Adornos 1966 erschienenes Werk *Negative Dialektik*,
sei, so Georg Picht, das letzte Buch der europäischen Philosophie, in dem deren
klassische Themen – das Absolute, Freiheit und Unsterblichkeit, Liebe und
Tod –, geschützt durch die Form der Negativität, in ihrer verschwiegenen
Wahrheit sich entfalten können.[596] Adorno selbst habe formuliert, welche Ko-
metenbahn des Geistes durch die Erfahrung seiner Philosophie so nachgezeich-
net werde, daß dann ihr überhelles Licht auch die versteckten Untergründe der
Industriegesellschaft des 20. Jahrhunderts transparent mache. Der letzte Satz der
Negativen Dialektik lautet: »Solches Denken ist solidarisch mit Metaphysik im
Augenblick ihres Sturzes.«

Der Sturz Adornos erfolgte auf viel banalere Weise. Da er sich praktischen
Aktionen verweigerte, kündigten protestierende Studenten schon 1967 ihm die
linke Solidarität auf; unter Anspielung auf seinen ersten Vornamen Theodor
(Teddy) erhielt er bei einer Diskussion in Berlin mit lautstarkem Hohn einen
roten Gummibär (Gummiteddy) überreicht. 1969 wurden seine Vorlesungen
gestört, unter anderem durch Studentinnen, die im Hörsaal einen Striptease
veranstalteten und ihn barbusig »bedrängten«. In einem *Spiegel*-Gespräch sagte
Adorno: »Ich habe in meinen Schriften niemals ein Modell für irgendwelche
Handlungen und zu irgendwelchen Aktionen gegeben. Ich bin ein theoretischer
Mensch, der das theoretische Denken als außerordentlich nah an seinen künstlerischen Intentionen empfindet. Ich habe mich nicht erst neuerdings von der

Praxis abgewandt, mein Denken stand seit jeher in einem sehr indirekten Verhältnis zur Praxis.«[597] Kurz darauf starb er an einem Herzinfarkt. Der emeritierte Horkheimer hatte sich schon vorher in die Schweiz zurückgezogen. Die »Alt-Theoretiker« hatten ausgedient.

Hoch dagegen stieg der Stern Herbert Marcuses.[598] 1898 in Berlin geboren, mit Max Horkheimers »Institut für Sozialforschung« nach der nationalsozialistischen Machtergreifung über Genf nach New York geflohen, lehrte er seit 1965 an der University of California. Man nannte ihn einen »freudianischen Heidegger-Marxisten«; er glaubte zwar nicht wie Marx an die heilbringende Kraft des Proletariats, teilte aber dessen Hoffnung auf ein Reich der Freiheit, in dem dann auch eine repressionsfreie »libidinöse Moral« walte. Seine Bücher, vor allem *Triebstruktur und Gesellschaft* (1965), *Der eindimensionale Mensch* (1967) und die Essays *Über den affirmativen Charakter der Kultur* (1937 bzw. 1965), *Repressive Toleranz* (1966) waren von großem Einfluß auf die Protestbewegung. Als er 1967 nach Berlin kam, wurde er bei einem Podiumsgespräch im Auditorium maximum der Universität (dort war einige Tage vorher Adorno »abserviert« worden!) von Repräsentanten der Studentenopposition mit fünfundzwanzig roten Nelken begeistert als geistiger Vater der Jugendrevolten in der westlichen Welt begrüßt – als einer, der die Gesellschaft nicht nur mit Marx interpretierte, sondern die Jugend zum revolutionären Handeln aufrief. *Die Zeit* schrieb: »Herbert Marcuse hat den Eier- und Tomatenwerfern vor der Berliner Oper den Arm geführt. Eine neue Studentengeneration hat sein Taschenbuch in der Kollegmappe. Marcuse macht jeden Jungakademiker zum potentiellen Revolutionär. Und die Schlußsätze seiner Kritik der ›repressiven Toleranz‹ sind Alibi und politisches Glaubensbekenntnis der jungen Aufständischen nicht nur in Berlin: ›Ich glaube, daß es für Unterdrückte und überwältigte Minderheiten ein Naturrecht auf Widerstand gibt, außergesetzliche Mittel anzuwenden, sobald die gesetzlichen sich als unzulänglich herausgestellt haben . . . Wenn sie Gewalt anwenden, beginnen sie keine neue Kette von Gewalttaten, sondern zerbrechen die etablierte.‹ Da man sie schlagen wird, kennen sie das Risiko, und wenn sie gewillt sind, es auf sich zu nehmen, hat kein dritter, und am allerwenigsten der Erzieher und Intellektuelle, das Recht, ihnen Enthaltung zu predigen.«[599]

An der »kritischen Theorie« vermißte man nicht nur die Bereitschaft zum Handeln; es fehlte ihrem »Essayismus« und ihrer rückwärts gewandten Analyse die weit in die Zukunft weisende Utopie. Neben Herbert Marcuse wurde so Ernst Bloch Mentor der Protestgeneration – ein »Prophet mit Marx- und Engelszungen«: zornig singend gegen den »riesengroßen Schlaf der Dummheit oder Disparatheit in dem so schweren Fahrwasser unserer Prozeßwelt« (Martin Walser).[600] Grassierender Frustration setzte er das »Prinzip Hoffnung« entgegen[601]; er vertrat eine ganz in der Diesseitigkeit verwurzelte »Theologie vom glücklichen Menschen«, der vom »Träumen nach vorwärts« bewegt sei – aber ständig auch gefährdet durch Betrüger, die seine Tagträume sich zur Beute machten beziehungsweise ausbeuteten.

Der 1929 geborene Jürgen Habermas erwies sich im Kreis der neu in Erscheinung tretenden Publizisten, Soziologen und Philosophen als der bedeutendste Kopf (»mit Janusgesicht«). In seinem Werk interpretierte er nicht nur die »Gesellschaft im Umbau«; er verhalf zu einem agierenden kritischen Bewußtsein, das die Errungenschaften des theoretischen steten Diskurses mit denjenigen des radikal-demokratischen Denkens der Protestbewegung zu verbinden trachtete und schließlich in die neue »Unübersichtlichkeit« der Postmoderne hinüberrettete. Im Sommer 1965, in seiner Frankfurter Antrittsvorlesung, hatte Habermas schemenhaft das Programm seiner Arbeit umrissen – in Konfrontation mit dem herrschenden Positivismus. Durch die Entdeckung »erkenntnisleitender Interessen« sollte der »ontologische Schein reiner Theorie« zerstört werden. Versprochen wurde auch eine neu entworfene Verbindung von Theorie und Praxis. Als sein darauf fußendes Buch *Erkenntnis und Interesse* im April 1968 erschien, hatte sich das politische Gesicht der Bundesrepublik verwandelt: »Gegen das Machtkartell der Großen Koalition, in der sich die restaurative Nachkriegsepoche vollendet, ist eine außerparlamentarische Opposition in Bewegung geraten. Der Konflikt zwischen einem reflexionslosen Politmanagement und einer unerfahrenen Fundamentalkritik treibt auf seinen Höhepunkt.«[602] Habermas empfand die »kritische Theorie«, bezogen auf die historische Ebene der dreißiger Jahre als fortschrittlich; in Hinblick auf die Probleme der siebziger Jahre bot sie ihm nur unvollkommen verknüpfte Einzelergebnisse.[603] Aufgewachsen in der Provinz, »in einer Stadt, in der Strukturen der bürgerlichen Gesellschaft wie im Einweckglas konserviert waren«, wurde er, Marx rezipierend, zu einem scharfen Kritiker der erstarrten bourgeoisen Verhältnisse im Wirtschaftswunderland. Ein Heideggerverriß wurde in der *Frankfurter Allgemeinen Zeitung* auf Veranlassung von Karl Korn, Mitherausgeber und Leiter des Feuilletons, gedruckt. Habermas setzte sich für den SDS (Sozialistischen Deutschen Studentenbund), von dem sich die SPD 1960 löste, ein, weil er Motor einer Bewegung war, die »politischen Spielraum für Aufklärungschancen eines radikalen Reformismus« schuf. Auf dem in »Scheinradikalität« ausartenden Studentenkongreß in Hannover 1967, nach dem Tod von Benno Ohnesorg, bezichtigte er militante Kreise des SDS eines »linken Faschismus«, worauf die Betroffenen das »Institut für Sozialforschung« besetzten. Eine Philosophie habe er, Habermas, nicht – »höchstens eine Sozialtheorie in praktischer Absicht« –; aber seine Stärke bestand vor allem darin, daß er die Philosophie wieder als kritische Instanz der Gesellschaft einsetzte, und zwar mit der Absicht, die Gesellschaft zu verändern, sie menschlicher zu machen. Herbert Marcuse schrieb in ein Widmungsexemplar des *Eindimensionalen Menschen*: »Für Jürgen Habermas – Hoffnung der Hoffnungslosen«; dessen Skepsis dem idealistischen Philosophen der großen Weigerung gegenüber war jedoch nicht viel geringer als die Kritik, die er an den mit empirisch-analytischen Methoden arbeitenden Neopositivisten (Karl R. Popper, Hans Albert, Ernst Topitsch, Ralf Dahrendorf, Erwin K. Scheuch) übte, da sie Erkenntnis durch die Leistung der Wissenschaft definierten und Erkenntnistheorie als Methodologie begriffen. Die Forschung dürfe nicht gegen eine erkenntnistheoretische Selbstreflexion abgeschirmt werden; erst die Reflexion über die Erkenntnisinteressen bringe die Einstellungen zum Bewußtsein, von denen Entscheidungen über den methodologischen Rahmen ganzer Forschungssysteme abhingen. Die einzelwissenschaftliche Forschung müsse hinterfragt werden – nach dem Zusammenhang mit anderen Wissenschaften und mit der Gesamtgesellschaft. Gerade unter einem solchen Gesichtspunkt habe sich Wissenschaft mit Politik und Politik mit Wissenschaft zu verbinden.

Jürgen Habermas, erst von den Rechten diffamiert und von den Linken ästimiert, dann von den Linken attackiert und von den Rechten toleriert (1980 erhielt er aus der Hand des Frankfurter CDU-Oberbürgermeisters Walter Wallmann den Theodor-W.-Adorno-Preis), vertrat unbeirrbar die Position der Notwendigkeit »kommunikativen Handelns«, die er mit seinen Werken auf originäre Weise theoretisch fundierte.[604] Habermas, der als Essayist mit einer gesellschaftskritischen Analyse von Heiratsanzeigen[605] 1956 debütierte, begann seine wissenschaftliche Tätigkeit (nach seiner von Heidegger bestimmten Dissertation über Schelling[606]) mit der Analyse der Probleme, die nach dem Krieg auch im Zentrum des Denkens der Frankfurter Schule standen: nämlich der Entfremdungserscheinungen einer Kultur, die durch Technokratie, Bürokratie, »Konsumterror« geprägt war.[607] Der von Marx für die kapitalistischen Gesellschaften diagnostizierte Pauperismus qua materieller Ausbeutung werde durch einen anderen, qualitativ neuen ersetzt: durch die »Entwertung der Menschenwelt«. Wissenschaft und Technik sorgten dafür, daß der Bezug zu den »Sachen« verlorengeht; ist der Mensch ihnen entfremdet, verliert er nach und nach »auch das Bewußtsein von einer unmittelbar realitätserschließenden Kraft« des gewaltlosen Eingriffs in das Wesen der Dinge. Solcher Wahrnehmungsverlust wird durch Konsum verstärkt; »die konsumreifen Dinge sind so glatt geworden, daß sie im reibungslosen Verschleiß stumm bleiben und nichts mehr hergeben«.[608] Das Ziel, die Gesellschaft wieder zu sich selbst (und das heißt auch »zu den Dingen«) zu bringen, erschwert der Spätkapitalismus, in dem »die im Legitimationsbereich einer kommunikativen Ethik zugelassenen Sollwerte mit einem exponentiellen Wachstum der Systemkomplexität unvereinbar sind und andere Legitimationen aus entwicklungslogischen Gründen nicht erzeugt werden können«.[609] Technikkritik solle dafür sensibilisieren, daß demokratische Identität sich nur über stete diskursive Kommunikationsprozesse ausbilde.[610] Ließen sich die Hoffnungen auf eine soziale Rationalisierung im Produktionsbereich nicht erfüllen, so könne der Mensch, auch der Arbeiter, zumindest in der Freizeit (indem er sich vom Konsumismus löse) ein Citoyen werden. Statt sich in unverbindliche Scheinprivatheit ablenken zu lassen, müsse er nur die Chance nützen, »sich in eine bewußte Teilnahme am undurchdringlich gewordenen gesellschaftlichen Geschehen« einzuüben – was weniger durch die restaurative Entwicklung der Bundesrepublik als viel mehr durch die sozialen Folgen der Automation gefährdet werde.[611] Kernpunkt ist für Habermas, im Gefolge der »kritischen Theorie«, die Ideologiekritik – nämlich die »Auflösung« falschen Bewußtseins. Was falsches Bewußtsein ist und warum es falsch ist, »bestimmte nach Karl Marx die ausgeführte Analyse der Gesellschaft, die gleichzeitig Analyse und Kritik des ›falschen

Bewußtseins< und seiner Grenzen sein sollte. Dieser Zusammenhang ist bei Habermas zerrissen: die eine Seite wird von den empirisch-analytischen Wissenschaften übernommen, deren Ergebnisse dann auf der anderen Seite von der Philosophie re-interpretiert und dem Bewußtsein der individuellen Subjekte nahegebracht werden sollen.«[612] »Öffentlichkeit« erweist sich als eine wichtige Möglichkeit, falsches Bewußtsein »abzubauen«. Der »räsonierende Bürger«, der Vernunft gegen Herrschaft setzt, habe nach wie vor eine große Chance. »Die Auflösung von Herrschaft in Vernunft durch Öffentlichkeit als regulatives Ideal bei Kant, als Begriff an eine historische Etappe der bürgerlichen Gesellschaft gebunden, versucht Habermas mit Marxens Dimension einer nichtentfremdeten Gesellschaft zu retten, in welcher homme und citoyen zusammenfallen und die Autonomie des privaten Individuums sich nicht mehr durch den Besitz von Eigentum, sondern im Medium gesellschaftlicher Öffentlichkeit selbst noch konstituiert.«[613] Ideal nannte Habermas eine Sprechsituation, in der Kommunikationen nicht nur nicht durch äußere kontingente Einwirkungen, sondern auch nicht durch Zwänge behindert werden, die sich aus der Struktur der Kommunikation selbst ergäben. Die ideale Sprechsituation schließe systematische Verzerrungen der Kommunikation aus.[614] Daß der herrschaftsfreie stete Diskurs, wenn auch nicht idealtypisch, so doch einigermaßen »unbehindert« vonstatten gehen konnte, war nicht zuletzt der Medien- und Meinungsfreiheit zu danken, wie sie vom Grundgesetz verbürgt war; und über die die »gebrannten Kinder«, die »Alt-Sozialdemokraten, Neo-Liberalen, Spät-Jakobiner« nicht nur mit Entschiedenheit wachten, sondern die sie auch als kritische Publizisten unermüdlich für die Verbreitung von Aufklärung nutzten.

Das Pressewunder und seine Kehrseite

Das »deutsche Pressewunder«[615] – daß nach dem Vorbild der westlichen Demokratien, trotz des total verlorenen Krieges, eine freie und unabhängige, in demokratisch-politischem Sinne zuverlässige Presse entstehen konnte – war vor allem ein Ergebnis der Medienpolitik der westlichen Alliierten, die den steten Diskurs gewissermaßen institutionalisierten.[616] 1949, als die westlichen Alliierten dem Artikel 5 des Grundgesetzes Rechnung trugen und die Lizenzpflicht aufhoben, erhöhte sich die Zahl der Zeitungen von 150 auf fast 550; bis Ende 1950 stieg sie nochmals um 80. Aber auch die »Altverleger-Presse« fühlte sich im wesentlichen den durch die Lizenzpresse gesetzten journalistischen Standards wie der ihr zugrunde liegenden politischen (demokratisch-republikanischen) Moral verpflichtet; in der Provinz konnten sich allerdings des öfteren restaurative und reaktionäre Tendenzen ausbreiten.

Peter Grubbe meinte freilich 1965, daß nach anderthalb Jahrzehnten christlich-demokratischer Regierung die Stimme der Linken, der Opposition in der Presse, im Rundfunk und in der Publizistik immer dünner, immer leiser geworden sei. Vor Jahren, als die SPD aus wahltaktischen Überlegungen verstärkt den Habitus und das Programm einer bürgerlichen Partei annahm und als Opposition auf eine aggressive Kritik verzichtete, habe man sich in der Bundesrepublik vielfach mit der teils sarkastischen, teils resignierten Feststellung getröstet, die Opposition werde in Deutschland von der Presse wahrgenommen. »Aber inzwischen hat gerade das weitgehend aufgehört. Von den liberalen und sozialistischen Kritikern verstummt einer nach dem anderen. Und in geradezu beängstigendem Maße wächst der Chor regierungstreuer konformistischer Stimmen in der Öffentlichkeit.«[617]

Der 1913 geborene Grubbe war von 1948-1953 als Korrespondent für die *Frankfurter Allgemeine Zeitung* in London gewesen und hatte dann für die *Welt* gearbeitet. Seit 1964 gehörte er der Redaktion des *Stern* an. Sein Beitrag erschien in der Zeitschrift *Der Monat*, die von dem polyglotten Amerikaner Melvin J. Lasky 1948 gegründet worden war und sich weiterhin (unter der Redaktion von Hellmut Jaesrich und Peter Härtling) durch hohes publizistisches Niveau auszeichnete. Grubbe hatte in seinem Artikel, den der *Spiegel* nachdruckte,[618] auch den Journalisten Paul Sethe erwähnt, der zehn Jahre zuvor »von einem geschickten Mitherausgeber übertölpelt«, die *Frankfurter Allgemeine Zeitung* zusammen mit anderen liberalen Journalisten verlassen hatte, weil sie zu konservativ, zu sehr Regierungsblatt geworden war. Sethe wollte sich zwar nicht »links« einstufen lassen, doch stimmte er in einem Brief an den *Spiegel* der Analyse zu: Im Grundgesetz stünden wunderschöne Bestimmungen über die Freiheit der Presse; aber wie so häufig stelle sich die Verfassungswirklichkeit ganz anders dar als die geschriebene Verfassung; »Pressefreiheit ist die Freiheit von zweihundert reichen Leuten, ihre Meinung zu verbreiten. Journalisten, die diese Meinung teilen, finden sie immer. Ich kenne in der Bundesrepublik keinen Kollegen, der sich oder seine Meinung verkauft hätte. Aber wer nun anders denkt, hat der nicht auch das Recht, seine Meinung auszudrücken? Die Verfassung gibt ihm das Recht, die ökonomische Wirklichkeit zerstört es. Frei ist, wer reich ist.«[619]

Sethe war 1955 zur *Welt* (Chefredakteur Hans Zehrer) gegangen. Die Liberalität der *Welt*, die allerdings 1963 nach dem Tod des Verlagsleiters Heinrich Schulte auf Regierungskurs ging, zeigte sich auch darin, daß 1953, als die Zeitung aus den Händen der britischen Besatzungsmacht an Axel Springer (damals noch der Sozialdemokratie zuneigend) überging, ein Viertel der Besitzanteile für eine Stiftung zur Förderung der Publizistik abgezweigt wurde; diese vergab für journalistische Leistungen jährlich den Theodor-Wolff-Preis und stellte für verlegerischen und journalistischen Nachwuchs Stipendien bereit.

Neben der *Frankfurter Rundschau*, deren linksliberale Reputation vor allem unter der Chefredaktion von Karl-Hermann Flach (1964-1971) weiter anstieg, wurde die *Süddeutsche Zeitung* (1966 mit einer Auflage von täglich 220 000 verkauften Exemplaren), trotz ihrer Verankerung in München und Bayern, zu einem bedeutenden meinungsbildenden Faktor für die gesamte Bundesrepublik. Was ihr Chefredakteur von 1951 bis 1960, Werner Friedmann, zum zehnten Geburtstag der 1945 lizenzierten *SZ* schrieb, galt auch unter dem von 1960 bis 1970 amtierenden Chefredakteur Hermann Proebst weiter: »Es gab niemals Richtlinien und Sprachregelungen; nur eine im besten Sinne liberale und demokratische Haltung war die Voraussetzung für die Mitarbeit und eine klare Feder, frei von Schönfärberei und Propaganda-Schlagworten. Und es galt, die Fahne des Widerstands gegen Nazismus und Nationalismus, gegen Gesinnungsterror und Intoleranz niemals sinken zu lassen. In diesen Grundsätzen waren sich, ungeachtet mancher interner Auseinandersetzungen, alle Mitglieder der Redaktion stets einig.«[620]

In der »Mitte«, später rechts von der Mitte, lag der politische Standort der *Frankfurter Allgemeinen Zeitung*, die seit dem 1. 11. 1949 erschien (1966 250 000 verkaufte Exemplare). »Für die Denkfaulen möchten wir nicht schreiben. Aber sonst meinen wir, daß die Vereinigung von breiter Wirkung und geistigen Ansprüchen sehr wohl möglich sei«, hieß es im eröffnenden Kommentar *Zeitung für Deutschland*[621]. Die Herausgeber waren Hans Baumgarten, Erich Dombrowski, Karl Korn, Paul Sethe, Erich Welter; zur Redaktion gehörten schon in der Anfangszeit die damals jungen Adalbert Weinstein, Thilo Bode, Heinz Höpfl, Walter Henkels, Herbert von Borch; in der zweiten Hälfte der fünfziger Jahre rückte Benno Reifenberg zu den Herausgebern auf; es kamen hinzu Friedrich Sieburg als Leiter des Literaturblattes und Jürgen Tern (der dann im Frühherbst 1970 wegen seiner Sympathien für den neuen Bundeskanzler Willy Brandt die Zeitung verlassen mußte). Dolf Sternberger, bis zur Streichung von der Berufsliste 1943 Redakteur der alten *Frankfurter Zeitung*, nach 1945 Herausgeber der *Wandlung* und Mitherausgeber der *Gegenwart*, zudem ordentlicher Professor der politischen Wissenschaft an der Universität Heidelberg, meinte in einem Beitrag der *FAZ*, bei der er als Mitarbeiter und Berater tätig war: »Die Journalisten sind die Vorhut, die Erkundungsabteilung der allgemeinen Bürgerschaft des Staates. Sie sind zugleich die Protagonisten der öffentlichen Diskussion und bleiben es – auch im Zeitalter der Meinungsumfragen ... Tätig den öffentlichen Geist zu pflegen – das ist es, mit einem Wort, was die Journalisten im Staatsleben leisten und auch leisten sollen.«[622] In diesem Sinne wirkte vor allem der frankophile, durch Freisinnigkeit und Kampfgeist geprägte Karl Korn (von 1949 bis 1973 als Mitherausgeber zugleich Leiter des Feuilletons). »Wahrscheinlich basierte Korns Macht auf der Übereinstimmung zwischen seinem Engagement, seinen Überzeugungen – und den Wünschen seiner damaligen Leser.«[623] Zu diesen gehörte freilich auch Hans Magnus Enzensberger, der nach einer gründlichen Durchsicht von neun Ausgaben (vom 7. bis 16. Dezember 1961) den *FAZ*-Journalismus als »Eiertanz« bezeichnete und ihn der Verfälschung bei der Vermittlung von Nachrichten bezichtigte.[624] Mit doppelter Zunge rede die feine *Frankfurter*; sie spreche die Sprache der Herrschaft. »Hans Magnus, ein böswilliger Leser«, replizierte Benno Reifenberg und ließ ein ganzes Jahr später noch eine zweiundvierzigseitige Apologie folgen.[625]

Ein paar Jahre vorher (1957) hatte Enzensberger die Sprache des *Spiegel* kritisiert.[626] Zwar sei dieses seit 1946 erscheinende Wochenmagazin inzwischen mindestens achtmal verboten oder beschlagnahmt worden, doch könne man irgendwelche Überzeugungen bei diesem Blatt dennoch nicht feststellen; es habe keine Position. »Die Stellung, die es von Fall zu Fall zu beziehen scheint, richtet sich eher nach den Erfordernissen der Story, aus der sie zu erraten ist: als deren Pointe. Sie wird, oft wenige Wochen später, durch eine andere Geschichte dementiert, weil diese einen anderen ›Aufhänger‹ verlangt.« Die Ideologie des *Spiegel* bestehe in nichts weiter als in einer skeptischen Allwissenheit, die an allem zweifle außer an sich selbst. Der *Spiegel* vermöge Kritik nicht zu leisten, sondern nur deren Surrogat.

Die *Spiegel-Affäre* 1962[627] führte dann freilich dazu, daß weite Kreise, im besonderen Angehörige der jungen Generation und der kritischen Intelligenz, sich für das Blatt und damit für die Presse- und Meinungsfreiheit engagierten. Veranlaßt durch eine Anzeige des Würzburger Professors und Bundeswehrbrigadegenerals der Reserve Dr. Friedrich August von der Heydte,[628] hatte die Bundesanwaltschaft wegen einer militärpolitischen Analyse im *Spiegel* (*Bedingt abwehrbereit*) ein Ermittlungsverfahren eingeleitet und beim Verteidigungsministerium ein Gutachten eingeholt. Daraufhin wurden Haft- und Durchsuchungsbefehle wegen des Verdachts des Landesverrats, der landesverräterischen Fälschung und der Aktivbestechung erlassen. Die Redaktions- und Verlagsräume des Nachrichtenmagazins in Hamburg und Bonn wurden von der Polizei besetzt; der Herausgeber Rudolf Augstein, der Verlagsdirektor Hans Detlef Becker und mehrere leitende Redakteure verhaftet. In Spanien, wo er sich auf Urlaub befand, wurde der stellvertretende Chefredakteur und Militärexperte Conrad Ahlers aufgrund direkter Intervention des Verteidigungsministers Franz Josef Strauß festgenommen. Konrad Adenauer sprach im Bundestag von einem »Abgrund von Landesverrat im Lande«; der *Spiegel* treibe ihn systematisch, um Geld zu verdienen. Das Hauptverfahren gegen Augstein und Ahlers wurde vom Bundesgerichtshof mangels Beweises nicht eröffnet. Die fünf FDP-Bundesminister traten zurück; die FDP, unter Vorsitz von Erich Mende, machte den Fortbestand der Koalition davon abhängig, daß Strauß, der nun nicht mehr tragbar sei, als Minister ausscheide. Dieser verzichtete auf ein Ministeramt und machte so eine erneute CDU/CSU / FDP-Koalition (fünftes Kabinett Adenauer) im Dezember 1962 möglich. Die Auflage des *Spiegel* stieg sprunghaft von 500 000 auf 600 000 Exemplare; allerdings hatte das Verfahren den Herausgeber rund zwei Millionen DM gekostet. Theodor Eschenburg meinte: »Wir sollten die Dinge nicht ad acta legen, sondern sollten tief in unser Gedächtnis hineinschreiben: Wiedervorlage.«[629] In den *Frankfurter Heften* stellte Hans Albert Walter fest, daß in der Reaktion der öffentlichen Meinung und weiter Volksschichten auf die vermutetermaßen von Strauß gelenkte, ferngesteuerte oder wie auch immer beeinflußte Justiz-Aktion gegen die Zeitschrift etwas zutage getreten sei, was man so stark gar nicht vorhanden geglaubt habe: ein Engagement für die Freiheiten, die der *Spiegel* bedroht sah;[630] u. a. protestierte die Gruppe 47 mit einem Manifest, das PEN-Zentrum der Bundesrepublik mit einem Telegramm an Bundeskanzler Adenauer und eine Gruppe bekannter Publizisten mit einem Telegramm – »In brennender Sorge um die Wahrung der Rechtsstaatlichkeit . . .« – an den Bundespräsidenten Lübke.[631]

Spiegel Affäre 1962, Studentendemonstration an der Hauptwache Frankfurt am Main

Im Bereich der Wochenzeitungen war die Auflage der *Zeit* von ihrem Höchststand im Jahre 1950 (81 000) im Jahr 1953 auf 44 000 Exemplare gesunken. Zum einen war dies eine Folge der Konkurrenz durch liberale Tageszeitungen; zum anderen steuerte der Chefredakteur Richard Tüngel einen Kurs, der die liberale Richtung verließ. In Protest gegen eine solche Tendenz ließ sich Marion Gräfin Dönhoff aus der politischen Redaktion beurlauben. Als Tüngel Josef Müller-Marein, den Chef vom Dienst, 1955 entließ, wurde er selbst von Gerd Bucerius, dem über die Kapitalmehrheit verfügenden Mitverleger, abgesetzt. *Die Zeit* hatte damals eine Auflage von 61 000 Exemplaren. Gräfin Dönhoff kehrte zurück. Nun ging es mit der *Zeit* wieder aufwärts; 1965 machte sie zum ersten Mal keinen Verlust mehr.[632]

Bei den Wochenzeitungen erwies sich der Anteil der christlich orientierten Publizistik als verhältnismäßig stark. Der *Rheinische Merkur* war 1946 als ein »Meldegänger christlich-katholischer Botschaft« von Franz Albert Kramer, der acht Jahre in der Emigration verbracht hatte, gegründet worden; er erhielt sein Profil – ein katholisches, unorthodox-konservatives, föderalistisches, sozial-liberales – vor allem durch Paul Wilhelm Wenger, der 1948 in die damals in Koblenz arbeitende Redaktion eintrat und fünfunddreißig Jahre, bis zu seinem Tod, bei der Zeitung blieb.[633]

Die dominante Figur von *Christ und Welt*, deren erste Ausgabe wenige Tage vor der Währungsreform im Juni 1948 erschien, war Klaus Mehnert. Er war von Eugen Gerstenmaier, damals als Leiter des Hilfswerkes der Evangelischen Kirche für die Zeitung verantwortlich (von 1949 bis 1969 Mitglied des Bundestags, ab 1954 Bundestagspräsident) zum Chefredakteur bestellt worden. Mehnert, 1906 als Sohn eines deutschen Fabrikanten in Moskau geboren, hatte ein Drittel seines Lebens außerhalb Deutschlands verbracht. Mit seinem Buch *Der Sowjetmensch* (1958) warb er um Sympathie für das russische Volk, was in der Zeit des kalten Krieges eine Provokation darstellte. »Man begann mit Maßen liberal, mit Maßen national, mit Maßen christlich, mit Maßen fortschrittlich, war zuweilen ausgesprochen schneidig gegen den ›Zeitgeist‹ und sprach also jenen aus dem Herzen, denen die Kurve 1945 zu scharf gewesen war.« Mit Giselher Wirsing, Chefredakteur seit 1954, Ulrich Frank-Planitz, Hans-Georg von Studnitz, Wolfgang Höpker wurde ein »gewisses geo-politisches Vibrato« unüberhörbar. »Das süße alte Opium des deutschen Bildungsbürgertums, das gern über Deutschlands Rolle ›im Herzen Europas‹ und über die große Linie der Weltkonflikte dozieren hört – von höchster Warte aus versteht sich –, dieses angenehme Gift war wieder zu schmecken.«[634]

Der späte Versuch der katholischen Bischöfe, zum links-liberalen *Deutschen Allgemeinen Sonntagsblatt*, das von der evangelischen Kirche unterstützt wurde, ein Pendant zu schaffen, konnte sich gegen das kirchliche Establishment nicht durchsetzen. Nach fünf Jahren (davon zwei Jahre Planungszeit) wurde 1971 *Publik* – entwickelt von Hans Suttner, dem Leiter des Staatspolitischen Referats im Zentralkomitee der deutschen Katholiken – wieder eingestellt. »Diese Zeitung wird sich bemühen, eine katholische Zeitung zu sein auf eine so ursprüngliche Weise, wie es kaum jemandem mehr ins Bewußtsein kommt, wenn von katholisch die Rede ist. Diese Zeitung wird nur existieren können, wenn es ihr gelingt, unbefangen zu fragen und zu antworten, ohne Rücksicht auf bequem oder unbequem, auf nützlich oder weniger nützlich.«[635] Da die Redaktion unter Alois Schardt dies versuchte, mußte sie scheitern. Man wollte lieber Kirchhofsruhe als Streit, meinte der Theologe Karl Rahner im *Spiegel*; »die deutsche katholische Kirche hat durch ›Publik‹ die seltene Chance gehabt, für die deutsche Gesellschaft ein Beispiel zu geben und zu zeigen, daß ›systemimmanent‹ und ›systemkonformistisch‹ nicht dasselbe sind, daß eine Gesellschaftsgruppe den Mut aufbringen kann, in ihr System eine kritische Instanz einzubauen, die ihr unangenehm sein kann. Der deutsche Katholizismus hat diese Chance vertan, bei der er einmal nicht hintendrein hätte hinken müssen.« Wenn es so weiter gehe, lande man am Ende noch bei einer katholischen Publizistik, die im Stil der Leute vertrieben werde, die den »Wachturm« an den Straßenecken verkauften.[636]

Die Fülle der Zeitschriften in der Trümmerzeit – man sprach von einer »Flucht in die Zeitschrift« – war durch die Währungsreform wesentlich reduziert worden. Doch konnten eine Reihe wichtiger Literatur- und Kulturzeitschriften überleben (darunter *Die deutsche Rundschau, Die neue Rundschau, Hochland, Die Gegenwart, Frankfurter Hefte, Universitas, Merkur, Der Monat*) und auch nach der durch Geldknappheit bewirkten Reduzierung ihrer Auflagen wieder an Terrain gewinnen. Dazu kamen Neugründungen wie *Die Literatur* (1952), *Perspektiven* (1952), *Antares* (1952), *Neue deutsche Literatur* (1953), *Akzente* (1954), *Neue*

Deutsche Hefte (1954), *Sprache im technischen Zeitalter* (1954), *Texte und Zeichen* (1955), *Die Horen* (1955), *Alternative* (1958), *Antaios* (1959), *Das Argument* (1959), *Theater heute* (1960), *Das Schönste* (1962), *Text und Kritik* (1963), *Kürbiskern* (1965), *Kursbuch* (1965), *Tintenfisch* (1968).

Im Sinne seines Untertitels, *Deutsche Zeitschrift für europäisches Denken*, erwies sich der *Merkur* unter Joachim Moras und Hans Paeschke als ein Diskussionsforum, auf dem philosophische, naturwissenschaftliche, politische, kulturkritische Themen auf hohem Niveau abgehandelt wurden. Der Spezialisierung zwischen den einzelnen Wissenschaften sollte entgegengewirkt und die Gefahr der geistigen Provinzialisierung gebannt werden. Nach Ansicht von Paeschke hatte sich der Trend dazu bereits in den zwanziger Jahren ausgebildet, als das Bürgertum in den Auseinandersetzungen zwischen »Links-Ideologen«, die sich — zumeist im literarischen Gewand des Expressionismus — zu Romantikern entwickelten, und Konservativen, die sich (wie der Ernst Jünger des *Arbeiters – Herrschaft und Gestalt*) als Radikale bekannten, von zwei Seiten her angegriffen wurde und sich dem Nationalsozialismus zu öffnen begann. Der »Prozeß einer dialektischen Antithetik der Weltanschauungen« habe seiner Aufhebung in einer totalitären Weltanschauung zugestrebt. Nach deren Untergang sei in der Bundesrepublik daher ein Ausfall der echten Polaritäten gegeben, der sich lähmend und nivellierend auswirke. Den geistigen Kahlschlag wollte der *Merkur* wieder aufforsten helfen.[637] Häufiger vertretene Autoren waren Alfred Andersch, Theodor W. Adorno, Hannah Arendt, Ingeborg Bachmann, Gottfried Benn, Max Bense, François Bondy, Ernst Robert Curtius, Günter Eich, Hans Magnus Enzensberger, Walter Höllerer, Helmut Heißenbüttel, Hans Egon Holthusen, Karl Jaspers, Walter Jens, Ernst Jünger, Marie-Luise Kaschnitz, Wolfgang Koeppen, Golo Mann, Ernst Schnabel, Dolf Sternberger — insgesamt ein breit angelegtes geistiges Spektrum von großer Farbigkeit. Zum Tod von Joachim Moras (1961) schrieb Hans Egon Holthusen: »Diese Zeitschrift war in der Tat ›radikal‹, wenn man darunter verstehen wollte, daß sie in ihrer Neugierde unbedingt, in ihrer Offenheit grenzenlos, in ihrer Sachlichkeit gründlich und oft genug grundstürzend, in ihrem Urteilsvermögen auf das Ursprüngliche gerichtet war ... Instrument einer negativen, unaufhörlich Platz freihaltenden Freiheit.«[638]

Die *Frankfurter Hefte*, ab 1946 von Eugen Kogon und Walter Dirks, zunächst unter Mitarbeit von Clemens Münster, dann alleine herausgegeben, bis zu seinem frühen Tod stark von dem in der Redaktion tätigen Walter Maria Guggenheimer unterstützt, waren vor allem politisch und gesellschaftskritisch engagiert. Auch als ihre Auflage von 75 000 (1946) auf 20 000 (1950) zurückging, übte die Zeitschrift, die einen links-katholischen, sozialistisch wie gewerkschaftlich orientierten Standort einnahm, einen höchst bedeutsamen Einfluß auf das geistige Leben der Bundesrepublik aus; sie war von Anfang an ein Sprachrohr für Gruppen, die für eine Politik von der Basis her eintraten. Die Schuld des deutschen Volkes, Entnazifizierung, die Christen und der Marxismus, die Kritik an der Kirche, die Adenauer-Ära, die europäische Politik, die Restauration ...

die »ganze, vielschichtige, reiche, arme Wirklichkeit« wurde thematisiert. Dazu gehörte auch das immerwährende Eintreten für die Emanzipation Unterprivilegierter, für kulturelle Progressivität und gegen die atomare Bewaffnung der Bundeswehr. Der Verständigungspolitik mit den »Ostblockländern« wurde das Wort geredet. Der gemeinsame Nenner all solcher Bemühungen hieß: Kampf gegen die Restauration. »Wir sind dabei, den Frieden zu verlieren. Die Völker Europas haben weder den militärischen Zusammenbruch noch den militärischen Sieg zu nutzen verstanden«, heißt es in Walter Dirks' Aufsatz *Der restaurative Charakter der Epoche*, September 1950; »sie haben die Aufgabe nicht gelöst, die ihnen gestellt war: nach dem Zusammenbruch der alten Welt eine menschlichere aufzubauen. Sie haben den Weg des geringsten Widerstandes gewählt. In dem harmlosen Wort ›Wiederaufbau‹ hat sich dieser Weg bereits 1945 angekündigt. Angst, Bedürfnis nach Sicherheit und Bequemlichkeit waren stärker als Mut, Wahrheit und Opfer, und so leben wir denn in einem Zeitalter der Restauration.« Erhofft wurde eine europäische Bewegung gegen den Geist und die Macht der Restauration; nur revolutionäre Herzen könnten sie tragen; sie fordere Mut, Ausdauer und eine Klugheit, die in der Gegenwart nicht steckenbleibe. Denn innerhalb der Sackgassen könne der Kampf nicht gewonnen werden.[639]

Von 1955 bis 1958 gab Alfred Andersch *Texte und Zeichen* heraus, eine »literarische Zeitschrift«, die aber auch viele Beiträge über Philosophie, Architektur, bildende Kunst, Film und Musik brachte. Ein Vergleich mit dem *Ruf*, den Andersch zusammen mit Hans Werner Richter in den Jahren 1946/47 edierte, zeige, daß von dem verblasenen Idealismus, dem naiven Pathos und der vage sozialistisch eingefärbten Illusion jener Nachkriegsjahre zehn Jahre später nichts mehr übrig geblieben war – so Hans Magnus Enzensberger, der seinerzeit von Andersch als Leiter des »Radio-Essays« des Süddeutschen Rundfunks als Autor entdeckt worden war, in einem Rückblick auf diese Publikation. »Zu einer Zeit, da es in Deutschland bereits wieder Mode geworden war, die Bezeichnung ›Intellektueller‹ als Schimpfwort zu gebrauchen, gab Andersch, mit stoischem Selbstbewußtsein, eine Zeitschrift heraus, die sich ohne Einschränkung als Forum einer kritischen Intelligenz verstand.«[640]

Die von Walter Höllerer und Hans Bender 1954 gegründete »Zeitschrift für Dichtung« *Akzente* (ihre erste Nummer mit einem Gedicht von Oskar Loerke eröffnend) war ganz auf Literarität ausgerichtet; es kamen zwar auch Philosophen wie Martin Heidegger zu Wort, doch nur auf dem poetischen Parcours (». . . dichterisch wohnet der Mensch . . .«).[641]

Das rund ein Jahrzehnt später (1965) von Hans Magnus Enzensberger im Suhrkamp Verlag herausgegebene *Kursbuch* stellte politische und gesellschaftliche Themen, in internationalem Kontext, zur Diskussion – der zunehmenden Politisierung Rechnung tragend. »lies keine oden, mein sohn, lies die fahrpläne: / sie sind genauer. roll die seekarten auf, / eh es zu spät ist. / sei wachsam, sing nicht. / der tag kommt, wo sie wieder listen ans tor / schlagen und malen den neinsagern auf die brust / zinken . . .«, heißt es in Hans Magnus Enzensbergers Gedicht *ins lesebuch für die oberstufe*. Die »Fahrpläne«, auf die es ankam, wiesen in

Richtung Aktualität: Im ersten Heft des *Kursbuches*, so in der »Ankündigung einer neuen Zeitschrift«, werde gehandelt von Grenzübertritten in Berlin, vom Verlust einer Kneipe, von einer Stadt in Finnland, von der Lage der Intelligenz, von den Rechten und den Möglichkeiten der Schriftsteller, vom Frankfurter Auschwitzprozeß. »Eine Überschrift heißt: Ein Streit um Worte, eine andere: Was geschieht in Wirklichkeit.« Neuer Poesie und neuer Prosa stehe man durchaus offen gegenüber; insofern sei das *Kursbuch* auch eine literarische Zeitschrift; sei es jedoch nicht, sofern sie sich auch dem öffne, wodurch die Literatur sich herausgefordert sehe, wessen sie aber nicht Herr werde. »Unser literarisches Bewußtsein ist begrenzt; es ignoriert weite Zonen der zivilisatorischen Realität. Wo die literarische Vermittlung versagt, wird das Kursbuch den unvermittelten Niederschlag der Realien zu fassen suchen: in Protokollen, Gutachten, Reportagen, Aktenstücken, polemischen und unpolemischen Gesprächen. Diesem Zweck dient die Einrichtung der ›Dossiers‹, die sich in jeder Nummer finden werden.«[642]

Dem hohen, sublimierten Niveau, auf dem die Zeitschriften der fünfziger und sechziger Jahre Pluralismus und Dialektik praktizierten, fehlte freilich die quantitative Abstützung. Von der nivellierten Mittelstandsgesellschaft war offensichtlich nur ein schmales Segment am steten Diskurs interessiert. Die Auflagen waren entsprechend gering.[643] 1962 betrugen sie für die *Akzente* 6 700, für die *Frankfurter Hefte* 7000, für den *Merkur* 4500, die *Neuen deutschen Hefte* 2000, *Sprache im technischen Zeitalter* 2500, *Welt und Wort* 2200; die höchsten Auflagen hatten *Theater heute* mit 16 000, *Colloquium*, *Civis*, *Der Monat* mit je 20 000, *abschnitte* und *Literatur-Revue* mit 30 000, *konkret* mit 36 000, *Das Schönste* mit 63 000 Exemplaren.

Die »Massenblätter« gaben sich ausgesprochen unpolitisch – was ein besonderes Politikum war. Die materiellen Sehnsüchte der Wirtschaftswunderwelt wurden durch sie affirmiert, die Frustrationen, Folge des oft erbarmungslosen Konkurrenzkampfes, mit bilderreichen Trivialmythen hinwegprojiziert. Die in den Kiosken feilgebotene Konsumware »Traumwelt« sättigte die Bedürfnisse nach Reiz, Sensation, Luxus ab. Die Kulturkritik sprach von »verzerrter Optik«, »unbekannten Schamgefühlen«, »Neigung zur exzessiven Flucht vor dem Alltag« und »Sexbesessenheit«. Dazu kam die warenästhetische Verpackung – ein deodorantes Frischwärts, wie es die Publikumszeitschriften ausstrahlten.[644] Im April 1961 betrug die Auflage der wichtigsten Illustrierten: *Stern* 1 333 641 Exemplare, *Quick* 1 242 202 Exemplare, *Revue* 1 046 915 Exemplare, *Neue Illustrierte* 810 238 Exemplare, *Bunte Illustrierte / Münchner Illustrierte* 868 882 Exemplare, *Frankfurter Illustrierte* 480 628 Exemplare. Von den sogenannten »illustrierten Wochenblättern« verkaufte *Das Neue Blatt* 993 273 Exemplare, *Heim und Welt* 822 844 Exemplare, *Neue Welt am Sonnabend* 532 490 Exemplare, *Das grüne Blatt* 364 773 Exemplare, *Neue Post* 317 006 Exemplare, *Wochenend* 295 981 Exemplare. Aus der Gruppe der vierzehntägig erscheinenden Frauen- und Modezeitschriften brachte es *Constanze* auf 630 847 Exemplare, *Für Sie* auf 510 124 Exemplare, *Brigitte* auf 493 182 Exemplare, *Film und Frau* auf 382 750 Exemplare.[645] 1964 besagte eine Schätzung, daß etwa dreißig Millionen Bundesbürger regelmäßig eine Illustrierte konsumierten. Dazu kamen die Blätter, die den jugendlichen Markt modisch erschlossen: *Bravo* – 1956 erstmals auf dem Markt, in den sechziger Jahren Sprachrohr des Beat- und Rockmusikbooms wie der Sex- und Aufklärungswelle in der Jugend, für Vierzehn- bis Neunzehnjährige, 1965 885 000 Exemplare; *Twen* – eine Revue der Zwanzigjährigen, 1959 von Willy Fleckhaus, der unter anderem den Einband zu Martin Walsers Roman *Halbzeit* schuf, mitbegründet und mit einem raffinierten modernen Styling versehen.[646] Ferner Rundfunk- und Fernsehzeitschriften, unter denen *Hör zu* die bekannteste war; die erste Nummer erschien kurz nach der Währungsreform in einer Höhe von 100 000 Exemplaren; 1965 war die Vier-Millionen-Grenze erreicht.[647] Auch Satire verkaufte sich gut; *Pardon* erlebte von 1961 bis 1969 eine Auflagensteigerung von 50 000 auf 360 000 Exemplare.[648]

Ein größerer Teil der »Illustrierten Blätter« und »Bunten Wochenzeitungen« (wegen der vielen romantisch-kitschigen Stories über die Kaiserin Soraya, die sich wegen Kinderlosigkeit 1958 von ihrem Mann, dem Schah von Persien, hatte trennen müssen, auch »Soraya-Presse« genannt) hatte Frauen zum Zielpublikum. Kleidung, Kosmetik, Komfort, Küche, Kinder und natürlich Liebe und Ehe, bald in Dur, bald in Moll, bestimmten die Themen; Politik und relevantem Zeitgeschehen ging man aus dem Weg; beliebt war die Präsentation gepflegter Innerlich- wie Äußerlichkeit. Eine Analyse von Frauenzeitschriften Juli 1966 stellte fest, daß die Titelbilder (137 aus 177 = 77 Prozent) fast ausschließlich das junge, smarte, gepflegte, sympathische namenlose Mädchen zeigten – teils Mode oder Kosmetik vorführend, teils nur Heiterkeit ausstrahlend.[649] Das große Geschäft teilten sich fünf bis sechs Illustriertenverlage; 1968 betrug der Marktanteil von Bauer 26,1, von Springer 13,3 von Burda 8,9, von Gruner & Jahr / Bertelsmann 8,4 Prozent.[650]

Vor allem Axel Cäsar Springer wurde mit seiner Pressekonzentration zum großen Negativsymbol der Protestbewegung. Den unaufhaltsamen Aufstieg der *Bildzeitung* empfand man als Katastrophe der Pressefreiheit. Als »Monster aus dem Hause Springer« triumphierte sie über ihre Widersacher – ein Produkt, das (an der Grenze zum Analphabetismus angesiedelt) der Hoffnung auf steten Diskurs Hohn sprach.[651] 1964 wurden von dieser größten überregionalen deutschen »Tageszeitung« 4,05 Millionen Exemplare verkauft, von einem Verleger, der sich bis zu seinem Tod (1985) als politischer Missionar für die Wertvorstellungen der Adenauer-Ära fühlte.[652]

Einen Höhepunkt der auf »neonbiedermeierliche« Süßlichkeit getrimmten Gazetten stellte die vom Springer-Konzern 1968 – in Nachfolge von *Eltern* (die *Zeitschrift für die schönsten Jahre des Lebens*) und *Es* (ein *Magazin für die junge Familie*) – auf den Markt geworfene Zeitschrift *Jasmin* dar, die zwar in Kürze eine Auflage von 1,6 Millionen erreichte, sich aber dann doch nicht auf Dauer, wohl auch wegen der zunehmenden Allergie gegenüber romantischer Kitschwelt, durchsetzen konnte.[653]

Das Kabarett als moralische Anstalt

Im gleichen Schrott und Trott hieß der Titel des dritten Programms der »Lach- und Schießgesellschaft«, mit dem sie den Sieg der CDU/CSU bei den Bundestagswahlen im Herbst 1957 ironisch kommentierte. In einer Nummer tritt Axel Springer inkognito auf; er läßt sich von seinen Angestellten erklären, welche Zeitungen und Journale ihm gehören (oder noch nicht gehören), um sich einen Begriff von seiner Macht und seinen Einflußchancen zu machen. – *Frei wie die Presse* lautet der Titel einer Nummer aus dem Jahr 1958; in der Redaktion der *Frankfurter Allgemeinen Zeitung* melden sich telefonisch Dr. Alexander Haffner, Vorsitzender des Vorstandes der Salamander AG, Stuttgart, Karl Blessing, der Präsident der Deutschen Bundesbank und Aufsichtsrat der Daimler-Benz AG, der Auto-Union, der Howaldt-Werke, Vorstand der Margarine-Union AG, Hamburg . . . Die Sekretärin fragt verwundert, was sie alle wollten; es stellt sich heraus, daß sie Gesellschafter der Allgemeinen Verlagsgesellschaft sind und diese wiederum Hauptgesellschafter der *FAZ* . . .». . . . Ach, so ist das! Und rufen die öfters an? . . . Jeden Morgen, wenn sie unsere Zeitung gelesen haben. . . . Ach so! – (Telephon) ›Frankfurter Allgemeine Zeitung für Deutschland‹ – bitte? – Freie Presse? – Nein, da sind Sie falsch verbunden.«[654]

Die »Lach- und Schießgesellschaft« war 1956 von Dieter Hildebrandt und Sammy Drechsel gegründet worden. Bis in die siebziger Jahre galt sie als das politischste Kabarett-Ensemble; ihre Beliebtheit lag darin begründet, daß aktuelle Probleme direkt angegangen, Skandale und das Fehlverhalten der Politiker konkret aufs Korn genommen wurden. In seinen Notizen aus dem Neon-Biedermeier (*Das Land der großen Mitte*) hatte Norbert Muhlen im Dezember 1953 noch gemeint, daß die Programme der Kabaretts, hießen sie nun »Kleine Freiheit«, »Die Amnestierten«, »Kom(m)ödchen«, »Haferstängel«, »Stachelschweine«, »Die Schmiere« oder einfach »contra«, ebensogut im Jahre 1928, wenn nicht sogar 1908, hätten dargebracht werden können.[655] Anders diejenigen der »Lach- und Schießgesellschaft«; sie empfand Adenauer, »dem siegreichen Pferd«, gegenüber »ein tiefes Gefühl der Dankbarkeit«; denn eine bessere aktuelle Zielscheibe könne man sich nicht vorstellen. Den zeitsatirischen Diskurs – meist Kurzszenen mit aphoristisch zugespitzten Pointen – genossen aufgrund der Rundfunk- und Fernsehübertragungen Millionen (bei einer Einschaltquote bis zu neunzig Prozent). Was das »nüchtern zupackende, fröhlich Attacke reitende Quartett« (Dieter Hildebrandt, Klaus Havenstein, Hans J. Diedrich und Ursula Noack) auszeichne, sei sein nach vorn gerichteter Blick, meinte der Publizist Klaus Budzinski, bekannt als Historiker und Kritiker des Kabaretts. Zustände würden nicht nur karikiert, sondern in Hinblick auf ihre letzten Konsequenzen in der Zukunft angeprangert und entlarvt.[656]

Die Westberliner »Stachelschweine«, die im Oktober 1949 zum ersten Mal auftraten und später ebenfalls regelmäßig in Funk und Fernsehen übertragen wurden, hoben mehr auf unmittelbare Verständlichkeit und humorvolle Präsentation ab, um möglichst volkstümlich zu wirken. »Tatsächlich stiegen sie auf diese Weise zu einem außerordentlich populären Kabarett auf, wobei erstmals das Phänomen auftrat, daß geradezu erdrückende Publikumsmehrheiten die Programme positiv beurteilten und sich offenbar kaum mehr schockiert, getroffen oder angegriffen fühlten.«[657] Die »Stachelschweine«, so Budzinski, hätten den westdeutschen Kabaretts gegenüber, die sich mehr und mehr in die Rolle der Hofnarren im Thronsaal des Wirtschaftswunders gedrängt sähen, mit dem geteilten Berlin eine günstige Position voraus: das Publikum sei besonders aufnahmebereit, weil es diese Gefährdung schmerzlich spüre. In Berlin betrachte das Volk, einschließlich des Arbeiters und des kleinen Mannes, das Kabarett als Selbstbestätigung und als Sprachrohr. »Und umgekehrt betrachten sich die ›Stachelschweine‹ als politisches Gewissen ihrer Stadt und ihres Landes, welche Einstellung ihnen erlaubt, sich mit dem Osten sachlich auseinanderzusetzen und auch dem Westen den entlarvenden Spiegel vorzuhalten.«[658]

Die »Kleine Literaten-, Maler- und Schauspielerbühne« des »Kom(m)ödchens« wurde im März 1947 in Düsseldorf gegründet. Mit »frechen Liedern« wollte man seinem Unbehagen über das, »was sich so ereignet auf der Welt«, Ausdruck verleihen; »ohne Hemmung« oder »innere Beklemmung« sollten, so der Eingangssong des ersten Programms, die Ereignisse »zwischen Honolulu und Berlin« durch den »Wochenschaukakao« gezogen werden. Satirische Schärfe entwickelte das Ensemble unter der Leitung von Kay Lorentz und Lore Lorentz vor allem in der Anfangszeit – in Auseinandersetzung mit aufkommendem Opportunismus und befürchtetem neuem Militarismus.

In der zweiten Hälfte der fünfziger Jahre verstärkte sich die Tendenz zur indirekten Verklausulierung der Satire und damit zu einer gewissen Distanzhaltung, was von Kritikern häufig als besonderes Markenzeichen dieses Kabaretts empfunden wurde.[659] Der Akzent läge – so Klaus Budzinski – eindeutig auf dem Literarischen, nicht allein, was die Themen beträfe. Das »Kom(m)ödchen« sei ein Kabarett mit literarischem Feinschliff, hochintellektuell in den Texten (vornehmlich von Kay Lorentz, Eckart Hachfeld, Martin Morlock) und sparsam in den komödiantischen Mitteln. Viel trüge dazu die delikate Begabung von Lore Lorentz bei, die mit souveränem Charme, ohne Aufwand an äußeren Mitteln, fast beiläufig die Pointen serviere.[660]

> »Sie schien so weit
> Die böse Zeit,
> Der Hexenwahn,
> Kaum einen Blick
> Auf das zurück,
> Was man getan.
> Die inneren Scherben auch loszuwerden, –
> Wir habens nicht vermocht. –
> Das Schicksal pocht!
> Wir können dem, was unbequem und tot erschien
> Doch nicht entfliehn.

Die Hölle speit von Zeit zu Zeit
Noch etwas aus vom alten Graus.«

So hieß es in der nationalen »Schicksals-Symphonie«, die mit Klängen aus Beethovens fünfter Symphonie unterlegt war (1960). Anläßlich des Eichmann-Prozesses wurde ein Fazit der bundesdeutschen Entwicklung gezogen: Hinter der Fassade einer ökonomisch erfolgreichen und sympathisch-demokratischen Gesellschaft lag eine furchtbare Vergangenheit, die nicht in Trauerarbeit angegangen, sondern zugunsten des wirtschaftlichen Fortschritts verdrängt worden war.[661]

Was im Land der großen Mitte verdrängt wurde, brachte auch der Kabarettist Wolfgang Neuss an den Tag.[662] 1962 verriet er in einer Zeitungsannonce dreißig Stunden vor Schluß einer damals sehr populären Krimiserie im Fernsehen (*Das Halstuch* von Francis Durbridge) den Mörder, der von Dieter Borsche dargestellt wurde; die Fernsehnation war empört. Neuss, der zunächst mit Wolfgang Müller (1960 tödlich verunglückt), zusammenarbeitete, galt als »Bundesdeutschlands Kabarett-Schnauze Nr. 1«; man nannte ihn den »Mann mit der Pauke«, »Spötter der Nation«, »Till Eulenspiegel des Wirtschaftswunders«, »Berliner Hofnarr« und »Brunnenvergifter«. 1966 sah sich Neuss, nach eigenen Worten, in Berlin einer Pogrom-Stimmung ausgesetzt, da er für den Vietkong Geld sammelte. Die SPD schloß ihn aus der Partei aus: er hatte für die Deutsche Friedensunion Zweitstimmen geworben. (»Wenn man nicht haargenau wie die CDU denkt, fliegt man aus der SPD raus«.) Der »Running-Gag der brüchigen Sechziger« schloß sich der außerparlamentarischen Opposition an, verstummte aber einige Zeit danach fast völlig.

In seiner materialreichen Studie *Kritik durch Spott – Satirische Praxis und Wirkungsprobleme im westdeutschen Kabarett (1945-1974)* stellt Jürgen Pelzer fest, daß das Problem der Kabaretts in den fünfziger und sechziger Jahren darin bestanden habe, daß man von einer bürgerlich-liberalen, zum Teil nonkonformistischen Position aus Kritik üben wollte und sich dabei ausgerechnet an ein zunehmend saturiertes, kaum noch an Veränderungen interessiertes Publikum wenden mußte. Da man auf die veränderte historische Situation und die ebenfalls gewandelten Wirkungsbedingungen nicht flexibel reagierte, bewegte man sich schließlich nur noch auf einem mehr oder minder gehobenen Unterhaltungsniveau. Man diente kaum noch der politischen Aufklärung, sondern nahm allenfalls eine Ventilfunktion wahr, die letztlich im Sinne des Bestehenden war.[663] Die Opposition des politischen Kabaretts erwies sich zunehmend als Scheinopposition. Der stete Diskurs war um eine Hoffnung, wie sie aus dem intellektuellen und literarischen Klima der fünfziger Jahre aufgestiegen war, ärmer.

Rundfunk und Fernsehen:
Erziehung des Menschengeschlechts

Der Massenerfolg des Kabaretts war vor allem Rundfunk und Fernsehen zuzuschreiben. Die »heimatlose Linke« hatte insgesamt dort ein Refugium gefunden und erwies sich – im wahrsten Sinne des Wortes – von großer Ausstrahlungskraft. Vom konservativen Standpunkt aus meinte Wolf Jobst Siedler, damals Feuilletonchef des *Berliner Tagesspiegel*: »Die Abendstudios und Nachtprogramme der Rundfunkanstalten sind die pensionsberechtigten Stützpunkte der literarisch artikulierten Unbotmäßigkeit. Die sich da ihrer Schwachheit rühmen, sind die Mächtigen im Lande. Wenn ein junger Literat Karriere machen will, tut er gut, sich mit der deutschen Linken zu arrangieren.« (Auch die Dramaturgien der deutschen Theater seien, von Ausnahmen abgesehen, von linksorientierten Intellektuellen besetzt; die Feuilletonredaktionen der meisten wichtigen deutschen Zeitungen befänden sich in der Hand von Publizisten, die mit Heinrich Mann mehr als mit Reinhold Schneider anfangen könnten; die Lektorate fast aller bedeutenden Verlage würden von Lektoren verantwortet, deren Namen unter keinem der Schriftstellermanifeste der letzten Jahre fehlten.)[664]

Neben Alfred Andersch, der erst in Hamburg und dann in Stuttgart für den Funk tätig war, verkörperte vor allem Gerhard Szczesny, von 1947 bis 1962 Leiter des Nachtstudios, dann (1963-1969) des Sonderprogramms im Bayerischen Rundfunk, die aufklärerische Avantgarde der in den Sendeanstalten tätigen Intellektuellen. Er gründete die »Humanistische Union« (1961) und war bis 1969 ihr Vorsitzender; zudem baute er einen Verlag mit emanzipatorischem Programm auf.

Am Bayerischen Rundfunk wirkte auch Walter von Cube als Kommentator (»Ich bitte um Widerspruch«), Chefredakteur, Hörfunkdirektor und stellvertretender Intendant – ein liberaler Konservativer mit subtilem Sprachgefühl, der sich als Anwalt des freien Geistes empfand, aber angesichts der Herrschaft des Parteienproporzes und des Parteiengerangels zunehmend resignierte.[665]

Ernst Schnabel war von 1947 an Chefdramaturg und später Leiter der Abteilung »Wort« am damaligen Nordwestdeutschen Rundfunk in Hamburg, den er von 1951 bis 1955 als Intendant leitete. »Zusammen mit Alfred Andersch, den er anfangs der fünfziger Jahre nach Hamburg holte, hat Schnabel für den westdeutschen Rundfunk eine Vielzahl von journalistischen, essayistischen und erzählerischen Formen entwickelt, die dem Rundfunk seine hervorragende Stelle im öffentlichen Bewußtsein der Nachkriegszeit sicherten. Das waren Pionierarbeiten, ebensosehr intellektuell brisanten wie breitenwirksamen, populären Charakters; Zeugnisse einer Weltoffenheit, Neugier und einer aufklärerischen Verbindung von Poesie und Politik.«[666]

Es gab kaum einen »freien Schriftsteller« in den fünfziger und sechziger Jahren, der nicht für den Rundfunk arbeitete – was auch ökonomisch wichtig war, da auf diese Weise jenseits des Massengeschmacks selbständiges, nonkonformistisches Denken »honoriert« werden konnte. »Seid unbequem, seid Sand, nicht das Öl im Getriebe der Welt«, hieß es in Günter Eichs Hörspiel *Träume*.[667] Das in den Rundfunkanstalten intensiv gepflegte Hörspiel vermittelte in einer gefährdeten Welt eine Vorstellung von dem, was Ernst Bloch das »Prinzip Hoffnung« nannte. Es bot keine billigen Lösungsmöglichkeiten von Krisen an, hoffte aber doch, das Menschliche im Menschen zu erwecken. Ausgehend von Wolfgang Borcherts Hörspiel *Draußen vor der Tür* (1947), einem Markstein der neueren deutschen Rundfunkgeschichte, fand dieses literarische Genre wichtige Autorinnen und Autoren, darunter Günter Eich, Ilse Aichinger, Ingeborg Bachmann, Fred von Hoerschelmann, Max Frisch, Friedrich Dürrenmatt, Heinrich Böll, Gerd Oelschlegel, Leopold Ahlsen, Wolfgang Hildesheimer, Wolfgang Weyrauch. Nach dem eigentlichen Durchbruch ab 1950 im Nordwestdeutschen Rundfunk (mit Eichs *Träumen*) war das Hörspiel von besonderer Attraktion für fast alle Autoren der jüngeren und mittleren Generation. Die Publikumsresonanz war ihnen sicher; inmitten »materieller Vordergründigkeit«, die die Entfaltung von Phantasie weitgehend unterband, liebte man die im »Hallraum« sich entfaltende Kunstart – »einerseits als Mischung von lautwerdenden und zugleich verlöschenden Worten und Klängen durch das Mittel der technisch-elektrischen Produktion, andererseits als ganz unkörperliche, bloß spirituelle ›Anschauung‹ im Innern des Zuhörers« (Heinz Schwitzke im Vorwort zu der Hörspielsammlung *Sprich, damit ich dich sehe*)[668]. Ein feinfühliges Publikum, des grob realen Lärms überdrüssig, genoß die Stille dieser »inneren Bühne«, auf der Andeutungs- und Aussparungstechnik vorherrschten. Zu *Szenen*, wie sie Ilse Aichinger entwickelte, meinte Ernst Schnabel, daß außerhalb der Finsternis eigentlich keine dieser Geschichten möglich und nötig wären; sie würden augenblicklich erlöschen wie ein Filmbild in der Dunkelkammer, fiele der schwächste Lichtstrahl ein. Die 1940 geborene Filmautorin Helma Sanders-Brahms berichtet in Erinnerung an die »Hörspiel-Enklaven« im damaligen Wirtschaftswunderland: »Hörspiele sind das Schönste, was man zu Hause haben kann. Die Geschichten von den Termiten, die die Gebäude von innen annagen, bis sie zusammenfallen, von den Biedermännern und den Brandstiftern, vom Tiger Jussuf, von der Brandung von Setúbal, die bis an das Bügelbrett rauscht, das ist die Wahrheit, so ist die Welt. Wenn ich im Bett liege, spreche ich die Texte, soweit ich sie behalten habe, und ahme die Stimmen der Schauspieler nach. Sie sind so schön, diese Stimmen, und die Menschen, die dazugehören und die man im Radio nicht sehen kann, müssen so schön sein wie diese unendlich entfernten Städte mit den leuchtenden Namen auf der schwarzen Glasscheibe: Rom Amsterdam Paris Warschau Prag.«[669] Es gab freilich auch eine ganz andere Stille in den Rundfunkanstalten. In der Satire *Dr. Murkes gesammeltes Schweigen* hat sie Heinrich Böll beschrieben. Murke muß in der Abteilung »Kulturelles Wort« einer Rundfunkanstalt dem intellektuellen Starautor Bur-Malottke die Vortragsbänder zurechtstutzen. Wegen des Umschwungs des politischen Klimas schneidet er siebenundzwanzigmal »Gott« heraus und ersetzt die Lücke durch »höheres Wesen«. Doch ist deshalb Gott nicht überflüssig geworden; er kann in eine andere Sendung

Zuschauer vor einem Münchner Radiogeschäft während der Übertragung des
Fußball-Länderspiels Deutschland-Italien am 30. März 1955, eine der ersten großen
Sportfernsehsendungen

einmontiert werden. Der ermattete Murke (sicherlich einer der vielen vom
Betrieb Zermürbten und Entmutigten) sammelt privat »Leer-Stellen«, die Pausen zum Gesamt-Schweigen zusammenfügend.[670]

1948 bei der Übergabe des NWDR an die neugeschaffenen deutschen Gremien
warnte Hugh C. Greene (im Krieg Leiter der deutschsprachigen Sendungen der
BBC, nach 1945 für Aufbau und Kontrolle des Nordwestdeutschen Rundfunks
von der englischen Militärregierung aus zuständig) vor den Gefahren eines
Regierungsrundfunks ebenso wie vor denen einer staatlich gelenkten Presse; er
hoffte, daß die Unabhängigkeit von Rundfunk und Presse in einer zukünftigen
deutschen Verfassung verankert würden. »Die Gefahren einer parteipolitischen
Einflußnahme sind etwas versteckter und heimtückischer, und es gibt wahrscheinlich in allen Parteien kurzsichtige Menschen, die für ihre eigene Partei die
Vorherrschaft im Rundfunk wünschen.«[671] Die Sorge war berechtigt. Kurz nach
der Gründung der Bundesrepublik kündigte Adenauer eine Neuordnung des
Rundfunkwesens an; aber während die von den Kabinetten Adenauer zwischen
1949 und 1961 »verzweifelt versuchte generelle Richtungsänderung in der Rundfunkpolitik in einem Fiasko endete, kam es noch unter alliierter Funkhoheit bis
1955 zu einer Reihe von Korrekturen, die zwar die föderalistische Grundordnung des Rundfunks nicht antasteten, jedoch eine erhebliche Parlamentarisierung und Politisierung der Aufsichtsgremien bewirkten. Dies führte unaus

Familie mit Freunden vor dem Fernsehgerät (Anfangszeit des Fernsehens)

weichlich zur engeren Bindung der Anstalten an die Parteien und den Staat.«
(Norbert Frei) »Ausgewogenheit« wurde immer mehr zur magischen Vokabel;
allerdings sorgte die anfangs der fünfziger Jahre sendefähig gewordene Ultra-
Kurzwelle, die jedem Funkhaus einen zweiten Hörfunkkanal erschloß, auch für
Auflockerung; es gab nämlich nun viele Wortprogramme, die live gesendet
wurden, und damit genügend Zeit für Diskussionen boten. Die erste Phase der
Entwicklung des Rundfunkwesens kann ein Satz Ernst Schnabels kurz vor
seinem Ausscheiden als Intendant des NWDR resümieren: er erinnerte die den
Rundfunk kritisierenden Politiker daran, daß dieser in Deutschland in den ersten
Jahren nach Kriegsende wohl mehr für die Demokratie geleistet habe als die
Parteien.[672]

Die zweite Phase der Rundfunkpolitik der Nachkriegszeit stand im Zeichen
des Fernsehens. Es bewirkte, daß der kritische Diskurs in seinen Sublimierungs-
hoffnungen beschnitten bzw. weiter nach unten nivelliert wurde. Wie von einer
»Dialektik der Aufklärung« konnte man auch von einer »Dialektik des Fernsehens« sprechen: der Verkehrung einer kulturellen Möglichkeit in ihr Gegenteil –
wobei freilich im Gegensatz zu anderen westlichen Industrienationen (zumindest
bis zur unseligen Entscheidung fürs »private Fernsehen« Mitte der achtziger
Jahre) der Status der öffentlich-rechtlichen Rundfunkanstalten dafür sorgte, daß
die Kommerzialisierung stark zurückgedrängt blieb. Vor genereller »Niveau-

losigkeit« blieb also das deutsche Fernsehen dank der von den Alliierten getroffenen grund-legenden Entscheidungen bewahrt. Zu diesen gehörte auch der Pluralismus der Fernsehanstalten, der, analog zum föderativen Aufbau der Bundesrepublik, keine Veränderung erfuhr. Die Überzeugung Konrad Adenauers, daß der Rundfunk ein »politisches Führungsmittel der jeweiligen Bundesregierung«[673] zu sein habe – die vermeintliche Einflußlosigkeit des Bundes auf die Rundfunkprogramme empfand er geradezu als peinigend –, war beim Fernsehen angesichts des zu erwartenden großen Einflusses dieses Mediums noch viel ausgeprägter. Der Bundeskanzler scheiterte jedoch bei dem einen wie bei dem anderen Versuch, den Bund gegenüber den Ländern zum ausschlaggebenden Faktor zu machen.

Der 1953 durch CDU und FDP eingebrachte Initiativantrag für ein Gesetz zur »Wahrnehmung gemeinsamer Aufgaben auf dem Gebiet des Rundfunks«, der schon im Vorfeld zu einem heftigen Kompetenzstreit zwischen dem eigentlich zuständigen Bundesinnenministerium und dem in dieser Frage als Vertrauter Adenauers tätigen Staatssekretär im Kanzleramt Otto Lenz geführt hatte, wurde sowohl von der Alliierten Hohen Kommission wie von den Ministerpräsidenten der Länder, die die Unabhängigkeit des Rundfunks dadurch gefährdet sahen, abgelehnt. Als 1959 die Bundespost unter Berufung auf die Fernmeldehoheit des Bundes das Sendernetz für ein zweites Fernsehprogramm auszubauen begann – und zwar auf zwei neuen Frequenzen, die sie der ARD, der 1950 eingerichteten Arbeitsgemeinschaft der öffentlich-rechtlichen Rundfunkanstalten der Bundesrepublik Deutschland, verweigerte –, sah Adenauer die Möglichkeit gegeben, nun das Fernsehen »in die Hand« zu bekommen (nachdem es ihm 1960 gelungen war, die »Deutsche Welle« als Auslandsdienst und den »Deutschlandfunk« als Rundfunkanstalt auf der Basis von Bundesrecht zu schaffen). Die Schaffung einer vom Bund bestimmten Fernsehanstalt lehnten die Ministerpräsidenten jedoch entschieden ab. Im Rundfunk- wie Fernsehstreit deckten sich bei den sozialdemokratischen Regierungschefs die Interessen ihres Landes mit den Interessen ihrer Partei; die Ministerpräsidenten der von der CDU und CSU regierten Länder befanden sich jedoch aufgrund der von ihnen erwarteten parteipolitischen Solidarität in einem Interessenkonflikt, den sie – was einen wesentlichen Beitrag zur Erhaltung der Diskursfähigkeit in der Bundesrepublik darstellte – zugunsten der Verteidigung der verfassungsrechtlichen Positionen der Länder entschieden.[674] Das »Bubenstück«, die fehlende Gesetzesgrundlage durch die Gründung einer privatrechtlichen Gesellschaft mit beschränkter Haftung (»Deutschland-Fernsehen GmbH«) wettzumachen – das Zweite Programm sollte noch vor den Bundestagswahlen 1961 sendefähig sein –, scheiterte am Bundesverfassungsgericht, bei dem die SPD-Länder Hamburg, Hessen, Bremen und Niedersachsen Klage eingereicht hatten; dieses verbot zunächst durch einstweilige Verfügung im Dezember 1960 die Ausstrahlung eines Zweiten Programms sowohl durch die »Deutschland-Fernsehen GmbH« wie auch durch die ARD. Mit Urteil vom 28. Februar 1961 wurde den Ländern die volle Rundfunkkompetenz zugesprochen; der Rundfunk falle als »kulturelles Phänomen« unter die im Grundgesetz festgelegte Kulturhoheit der Länder. Ferner müsse bei jeder denkbaren Organisationsform Gewähr gegeben sein, daß in ihr in ähnlicher Weise wie bei den öffentlich-rechtlichen Anstalten alle gesellschaftlich relevanten Kräfte zu Wort kämen und die Freiheit der Berichterstattung unangetastet bliebe. Gestützt auf eine Umfrage, wonach 56 Prozent der Bevölkerung einen zweiten Kanal wünschten, beschlossen die Länder bereits im März 1961, unabhängig von den bestehenden Anstalten, eine zentrale gemeinnützige Fernsehanstalt des öffentlichen Rechts zu gründen. Der Staatsvertrag über das ZDF als zwölfter Rundfunkanstalt trat am 1. Januar 1962 in Kraft. Dem Fernsehrat gehörten elf Vertreter der Landesregierungen, drei der Bundesregierung, zwölf aus den Vorständen der Bundesparteien und vierzig der gesellschaftlich relevanten Gruppen an. Eine solche Zusammensetzung stellte nach Hans Bausch (seit 1958 Intendant des Süddeutschen Rundfunks und damals ARD-Vorsitzender) »das Musterbeispiel eines Kompromisses zwischen staatlichem Kontrolleinfluß, parteipolitischem Ausgleichsbemühen und Beachtung des verfassungsrechtlichen Gebots« dar.[675] Die pluralistische Gesellschaft brauche neutrale Institutionen; eine solche müsse das Fernsehen sein und bleiben, hatte Theodor Eschenburg in einem Kommentar August 1960 gemeint.[676] Der versuchte Coup der Bundesregierung, der zu einem »explosiv wirkenden Fremdkörper in unserem demokratischen Gefüge« hätte werden können, war mißlungen. Ungelöst blieb freilich die Frage, ob die jeweiligen Rundfunk- und Fernsehräte in der Lage waren, dem »Wächteramt« über die Freiheit des Geistes und des pluralistischen Diskurses gerecht zu werden – indem sie ein eigenständiges Bewußtsein entwickelten und sich nicht als verlängerter Arm partikularer, auch parteipolitischer Interessen fühlten. Dazu kam der starke Einfluß des jeweiligen Intendanten, der von einem »monokratischen Anstaltsorgan« sprechen ließ. Die zweite Fernsehanstalt nannte man wegen des starken Einflusses der CDU bald nicht mehr ZDF, sondern CDF.[677]

Rundfunk und Fernsehen seien ein »kulturelles Phänomen«, hatte das Bundesverfassungsgericht dekretiert. Daß solcher Anspruch (einigermaßen) erfüllt wurde, hing zum einen von der kulturellen Kompetenz der für diese Medien Verantwortlichen und in ihnen Tätigen ab, zum anderen von der geistigen Bereitschaft des Publikums, die audiovisuellen Informations- und Unterhaltungsmöglichkeiten sinnvoll zu nutzen. »Fug und Unfug liegen beim Fernsehen so nahe beieinander wie bei jedem anderen Instrument, dessen ich mich bediene«, meinte Alexander Mitscherlich in seinem Buch *Auf dem Weg zur vaterlosen Gesellschaft*[678]; Unfug entstehe aus der Benutzungsweise: Wie die Darbietungen nicht als Information, sondern als illusionäre Befriedigung erfahren werden, wie sich der einzelne zu Hause von Zuhause ablenken lasse, das sei nicht dieser ingeniösen Erfindung, sondern sowohl den Abonnenten wie den Agenten in die Schuhe zu schieben. »Die Widerstandslosigkeit, mit der man sich abends befluten läßt, hängt mit den Anforderungen zusammen, denen man tagsüber ausgesetzt war.«

Die kritische Intelligenz reagierte ambivalent. Aus den USA kam schlimme Nachricht: das Fernsehen sei zur Lieblingsbeschäftigung des Menschen entartet, auf den dann nichts mehr »zutreffe«. Er bleibe »unbetroffen« und könne beliebig viel aufnehmen; er brauche das pausenlose Programm.[679] Fernsehen erweise sich als Gaukelei aus dreizehn Millionen Lichtstichen; die Enthüllung werde millimeterweise betrieben, meinte Barbara Klie, nachdem sie eine Woche lang ferngesehen hatte. »Ich kenne die Ansagerinnen der deutschen Sender, schöne und sympathische Damen, die wochentags in Blusen und am Samstag schulterfrei erscheinen, ich habe sechs Professoren, eine Dichterin, einen Innenminister und mehrere Diplomaten kennengelernt, die in der russischen Botschaft Wodka tranken. Es war auch ein Kuchen zu sehen, der war mit russischen Lettern garniert. Ich habe das erste Flugzeug über den Nordpol fliegen sehen und zwei Hände mit einem Bindfaden, welche mir die Strecke auf einem Globus demonstrierten. Ich habe einen Pastor gesehen, der am Schreibtisch eine taktvolle und ziemlich weltliche Predigt zum Wochenende hielt und die Prüfungen des biblischen Hiob als ›Pechsträhne‹ bezeichnete. Einen netten Herrn von der Polizei, der beinahe wie der Dichter Ernst Jünger aussah und erklärte, wie man dem Verkehrstod entrinnen kann. Eine Gruppe von Schulmädchen verschiedenen Alters, die sich nebenher als Wassernixen ausbilden. Das Fenster, hinter dem der Papst seiner Genesung entgegengeht. Sehr viele Maschinen habe ich gesehen: Bagger, die einen Tunnel aufreißen, Schweißapparate, die Funken sprühen, armdicke Stahlseile und schließlich wurde die Kölner Rheinbrücke daraus.« Ferner bestand die Beute in acht Tagen aus fünf Fernsehspielen, fünf Vorträgen (»die mit Demonstration verbunden waren, also ein Mittelding zwischen Unterricht, Conférence und Kulturfilm darstellten«), mehreren Plaudereien, einem Ballett, zwei Puppenspielen und allerhand Aktualitäten bis hin zur Tagesschau, die alle zwei Tage gesendet wurde.[680]

Damit war, auf feuilletonistische Weise, das »Angebot«, das das neue Medium bereithielt, auf Jahrzehnte hinaus ziemlich genau umrissen. Erkennbar war und blieb der gute Wille – fundiert in der Bildungsbeflissenheit der Trümmerzeit –, das Fernsehen als Instrument der Erziehung des Menschengeschlechts zu nutzen. Als Mitte der fünfziger Jahre die »Deutsche Akademie für Sprache und Dichtung« auf einer Tagung das Thema *Literatur – Rundfunk – Fernsehen* behandelte (»diesmal in einem dicht vor der ersten Baumblüte stehenden Baden-Baden, wo der Südwestfunk mit seinem dichterischen Intendanten Friedrich Bischoff die gastlichen Hilfen bot«), schloß Werner Pleister, der Leiter der in Hamburg sitzenden Fernsehzentrale der westdeutschen Rundfunksender, sein Referat mit der auf das Fernsehen anzuwendenden Devise: »Mensch, werde wesentlich!« Bischoff warnte vor den Gefahren, die mit dem Fernsehen kommen müßten, wenn es nicht rechtzeitig »künstlerisch« ausgeformt werde.[681] (Als Intendant des Nordwestdeutschen Rundfunks hatte Pleister 1952 im Rahmen der damals laufenden Fernseh-Versuchssendungen davon gesprochen, daß es Werbung im deutschen Fernsehen niemals geben dürfe. Dieses habe den Auftrag – so der Bundespostminister Hans Schuberth – »zur Gesundung der deutschen Seele« beizutragen; man sei eben nicht in Amerika.)

Dem »Bildungsauftrag« des Fernsehens dienten vor allem die regelmäßigen

Theaterabende; sie motivierten übrigens viele »Bildungsbürger« und Intellektuelle zur Anschaffung eines Fernsehgeräts. Das Fernsehen, so Klaus Budzinski in *Das Schönste* (1959), sei gerade wegen seiner Inszenierungen ein hervorragender Kulturvermittler, indem es den Bildeindruck zu einem geistigen Erlebnis sublimiere.[682] Von Oktober 1958 bis März 1959 beispielsweise brachte die ARD, was die Theaterfreudigkeit seiner Programmplanung exemplarisch belegt, folgende Stücke: *Kabale und Liebe*, *Die Räuber* (Schiller), *Othello* (Shakespeare), *Die Ratten* (Hauptmann), *Die Troerinnen* (Euripides), *Die Bürger von Calais* (Kaiser), *Ein Spiel von Liebe und Tod* (Romain Rolland), *Johanna von Lothringen* (Maxwell Anderson), *Die Bernauerin* (Orff), *Die Panne*, *Besuch der alten Dame* (Dürrenmatt), *Die begnadete Angst* (Bernanos), *Der Tod des Handlungsreisenden* (Miller), *Das Lächeln der Gioconda* (Huxley), *Die Beklagte* (Elmer Rice), *Colombe* (Anouilh), *Glasmenagerie* (Tennessee Williams); dazu kamen Ballette, Opern und Musikaufführungen. An Bedenken wurde von Kritikern geäußert, daß das Publikum nach Raum und Gefühl keine Einheit mehr darstelle und der Wille, ein Kunstwerk zu sehen und zu erleben, oft fehle (»der Bildschirm steht neben dem Eßtisch«). Das deutsche Fernsehspiel übernehme zudem noch zu sehr die Bühnendramaturgie; es müsse ästhetisch eigenständiger werden. Es fehlten, was in Amerika und England kein Problem mehr darstelle, Fernsehautoren, die für dieses Medium schrieben, und Regisseure, die fernsehgerecht inszenierten.[683] Heinz Schwitzke, Abteilungsleiter im NDR, wichtiger Promotor des Hörspiels, schrieb 1960 in der von ihm herausgegebenen ersten deutschen Fernsehspielanthologie: »Die Zahl der nennenswerten, in Deutschland bisher entwickelten Fernsehspielmanuskripte ist an den Fingern herzuzählen. Und die Diskussion über die selbständige Kunstgattung des jungen Mediums hat noch fast gar keine Ergebnisse.«[684]

Auf der Fernsehtagung der »Deutschen Akademie für Sprache und Dichtung« hatte sich Friedrich Bischoff dagegen ausgesprochen, daß das Fernsehen in erster Linie an Aktualität sich orientiere; er befürchtete, daß die Wirklichkeit wie bei der Sensationspresse dem geweckten Bedürfnis nicht mehr genügen und eine künstliche, manipulierte, »verlogene Aktualität« gezüchtet werde. Er warnte auch vor Übertragungen aus dem Bundestag, billigte allerdings politische Dokumentationen und Diskussionen, die »Hintergründe« aufklärten. Der Erfolg des »Internationalen Frühschoppens« mit jeweils fünf Journalisten aus verschiedenen Ländern, von Werner Höfer moderiert, bewies, daß ein »diskursives Klima« mit dem neuen Massenmedium durchaus vereinbar war und sich hoher Akzeptanz erfreute. Bezeichnenderweise handelte es sich freilich zunächst um eine sehr erfolgreiche Hörfunksendung, an die sich im Rahmen der »Rundfunk-, Phono- und Fernsehausstellung« Düsseldorf 1953 das deutsche Fernsehen anschloß (wobei zugunsten der Konzentration aufs Wort optische Gags ausgeschlossen waren). Am 30. August 1953 wurde der »Frühschoppen« erstmals von den Düsseldorfer »Rheinterrassen« zu den damals noch recht wenigen Fernsehgeräten übertragen.[685]

Höchst erfolgreich waren auch die politischen »Magazin-Sendungen«; gerade an ihnen wurde jedoch deutlich, daß die grundgesetzliche Maxime »Eine Zensur findet nicht statt« bei einem Massenmedium, das unter starker politischer Beobachtung und auch politischem Druck stand, nicht einfach durchzuhalten war. Als zum Beispiel das Norddeutsche Fernsehen im Rahmen der Sendung »Panorama« im November 1964 einen Beitrag von Lutz Lehmann zeigte, der die Strafverfolgung politischer Vergehen in der Bundesrepublik kritisierte, mußte der Sender unter dem Druck der Behörden sich sechs Wochen später davon distanzieren. Eugen Kogon, angesehener Moderator der Sendung, legte die Leitung nieder, nachdem schon einige Zeit vorher der streitbare Chefredakteur Gert von Paczensky ausgeschieden war. In seiner Abschiedsansprache warnte Kogon vor der wachsenden »Autokratisierung« des öffentlichen Lebens in der Bundesrepublik.[686]

Das Magazin »Monitor« des Westdeutschen Rundfunks wurde seit 1965 (unter Claus Hinrich Casdorff) ausgestrahlt. Es war gleichermaßen in Kontroversen verstrickt und wurde – wie auch andere Informations- und Diskussionssendungen – von einer diskursfeindlichen bzw. diskursunfähigen politischen Öffentlichkeit mit dem Vorwurf der »Unausgewogenheit« bedacht.[687] Das Sündenregister der Mattscheiben-Störenfriede sah jeweils ziemlich ähnlich aus: Die Sendungen seien »manipuliert«, subjektiv »einseitig«, »unwahr«, »halbwahr«, »unfair«, »zweifelhaft«. Was von den Fernsehsittenrichtern als »Gemeinwohl« ausgegeben wurde, bezog sich in den meisten Fällen nur auf das Wohl der eigenen Partei oder Parteiung.[688]

Eine große Rolle sollte das Fernsehen im Bereich der Erziehung spielen. Es sei – viel mehr noch als der Hörfunk, dessen Schulfunkprogramme bereits eine bedeutsame demokratische Tradition hätten – geeignet, Wissen und Bildung an viel mehr Menschen als bisher heranzutragen; dem Lehrermangel könne wirksam begegnet werden. So erweise es sich als entscheidendes Mittel für die Egalisierung der Bildungschancen und für die Erfassung aller Begabungen und für die optimale Ausschöpfung der Bildungsreserven (vor allem in Hinblick auf das »flache Land«). Das Fernsehen besitze die Elastizität, temporäre Informations- und Bildungsaufgaben punktmäßig, relativ rasch und wirkungsvoll durchzuführen; es fördere die Lehrerbildung und Lehrerfortbildung, erleichtere den kulturellen Austausch der Länder und Völker und unterstütze die weltweiten Integrationsbestrebungen.[689] In einem Beitrag in der Zeitschrift *Merkur*, März 1963, warnte Hellmut Becker, der im gleichen Jahr die Direktion des Max-Planck-Instituts für Bildungsforschung in Berlin übernahm, am Beispiel von »Fernsehen und Bildung« vor der »traditionellen deutschen Trennung von Geist und Macht«. Wenn die intellektuelle Avantgarde sich von dem neuen Medium abwende, wie es etwa in der Dämonisierung des Fernsehens durch Günther Anders, Theodor W. Adorno oder die Gruppe 47 geschehe, werde eine große Chance, nämlich Emanzipation via Technik, versäumt. »Georg Picht hat darauf hingewiesen, daß die Technik kein Fatum ist, demgegenüber wir uns melancholisch oder optimistisch verhalten könnten, sondern ein Produkt der Geschichte, das aus geistigen Entscheidungen hervorgegangen ist, die unserer Prüfung offenstehen. Man kann sagen, daß die Reformation ohne die gleichzeitige Erfindung der Buchdruckerkunst wahrscheinlich keinen Erfolg gehabt hätte . . . Nachdem unsere Geistesgeschichte den Weg von den Humanisten über die Aufklärung bis zu unserer heutigen geistigen Situation gegangen ist, kann sie nicht gegen die technischen Ausdrucksformen derselben Situation sinnvoll Widerspruch einlegen.«[690]

Daß die aufklärerischen Blütenträume, die man mit dem neuen Medium verband, nicht so reiften, wie die Optimisten unter den Präzeptoren es erhofften, lag vor allem daran, daß die neue »Bildersprache« eine so große Sogwirkung ausübte, daß alle guten Vorsätze rasch hinweggespült (»hinweggespielt«) wurden. Nach dem ersten halben Jahr Sendezeit erregte ein Telegramm des damaligen Bundestagspräsidenten Hermann Ehlers an den NWDR-Intendanten Pleister Aufsehen: Er habe gestern ferngesehen und nur bedauert, nicht auf das Programm schießen zu können. – Die Konsum-Mentalität der Wirtschaftswunderkinder stand nicht auf der Seite derjenigen, die eine asketische Nutzung des Fernsehens anstrebten. Fernseherziehung spielte zudem keine Rolle in den Bildungsplänen; auch bei curricularer Reform blieb sie weitgehend unbeachtet. Schließlich versäumte es die Journalistik, wie sie auch die Architekturkritik vernachlässigte, regelmäßig das Fernsehen zu »rezensieren«; ein eigenes Genre dafür bildete sich nicht oder erst später und dann oft nur als »Berichterstattung« auf einer eigenen Rundfunk- und Fernsehseite heraus; es gab freilich auch Ausnahmen: so etwa die in den fünfziger Jahren jeden Tag in den regionalen, aber auflagenstarken *Nürnberger Nachrichten* erscheinende Fernsehkritik von Wolfgang Buhl oder die wöchentliche Fernsehkritik von Momos (Walter Jens) in der *Zeit*.

Nach einem Versuchsbetrieb des Nordwestdeutschen Rundfunks ab 1950 (in einem Hochbunker) begann das »tägliche Fernsehen« am 25. Dezember 1952 mit einem Programm, das der NWDR zwischen 20 und 22 Uhr zunächst halbstündlich, dann stündlich am Nachmittag ausstrahlte. Der Intendant des Senders hatte verkündet: mehr als zwei Stunden täglich wolle man auf keinen Fall senden, um negative Auswirkungen zu verhindern. In seiner ersten Fernsehansprache zum Jahreswechsel 1952/53 meinte Bundespräsident Theodor Heuss: »Wer durchs Land fährt, sieht, es wird gebaut. Große Brücken haben die Ruinen des Krieges ersetzt, auch in den kompliziertesten Erfindungen sind die Deutschen wieder mit auf dem Weg, und jetzt wird auch bei uns das schwer begreifbare Zauberwerk des Fernsehens in das Bewußtsein treten.«[691] Als Introitus übertrug man aus dem Hamburger Senderaum – nur von wenigen TV-Besitzern auf winzigen, in große Holzkästen eingelassenen Bildschirmen verfolgt – Goethes *Vorspiel auf dem Theater* (*Faust, 1. Teil*) live aus dem Studio. Der Theaterdirektor wendet sich dort an den Dichter und die »lustige Person«: »Ihr beiden, die ihr mir so oft, / in Not und Trübsal, beigestanden, / sagt, was ihr wohl in deutschen Landen / von unsrer Unternehmung hofft? . . .«[692]

Zumindest die quantitative Antwort war eindeutig: 1955 waren 100 000 Fernsehteilnehmer registriert, Oktober 1957 wurde die Ein-Millionengrenze, Ende 1958 die Zwei-Millionengrenze erreicht, Ende 1960 gab es vier Millionen Fernsehteilnehmer, Oktober 1963 acht Millionen. Die Anschaffung eines Gerätes war am Anfang mit hohen Kosten verbunden. Auf der Zweiten Deutschen Industrieausstellung 1951 in Berlin zeigten sechzehn Firmen dreißig TV-Modelle, und zwar jeweils in zwei Ausführungen: als Tischgerät für 1200 bis 1500 Mark; und als Fernsehtruhe oder Fernsehschrank mit entsprechendem Aufschlag – am Sozialprestige der Wohnzimmereinrichtung ausgerichtet, oft »abendländischer Tradition« verpflichtet; mit Namen wie »Tizian«, »Raffael«, »Leonardo«, »Leonardo Luxus«.

»Ich wünschte sehr, der Menge zu behagen«, heißt es in Goethes *Vorspiel*; und später: »Gebt ihr ein Stück, so gebt es gleich in Stücken! / Solch ein Ragout, es muß euch glücken.« Zum »Mischgericht« gehörte von Anfang an die Tagesschau; in hoher Gunst standen Spielfilme, Sport, aktuelle und kabarettistische Sendungen. Unter der von Adolf Grimme, dem Generalsekretär des NWDR, bei der Eröffnung des ersten Nachkriegsstudios in Hamburg-Lokstedt, Oktober 1953, ausgegebenen Parole »Freude schenken!« erfolgte der Ausbau der Unterhaltung[693]; die wichtigsten Entertainer der Nation waren Hans-Joachim Kulenkampff mit der Quizsendung *Wer gegen wen?*, Peter Frankenfeld mit seiner an amerikanischen Beispielen orientierten Improvisations-Show »1:0 für Sie«, Robert Lembke mit seinem *Heiteren Beruferaten* (seit 1955) und der Fernsehkoch Clemens Wilmenrod; Max Schmeling feierte als Fernseh-Gast ein Comeback. Höchsten Beliebtheitsgrad erreichten die Familienserien, die für deutschen Ordnungssinn, deutsche Gemütlichkeit und deutsche Sauberkeit einstanden. Zwischen 1954 und 1959 kam *Unsere Nachbarn heute abend: Familie Schölermann* auf einhundertundelf Sendungen; als sie 1958 abgesetzt werden sollte, löste dies einen Sturm der Entrüstung aus; ihr folgte die gleichermaßen erfolgreiche *Familie Hesselbach*. Friedrich Knilli sprach später in einer Analyse der Familienserien des westdeutschen Werbefernsehprogramms von der »heiligen Fernsehfamilie« als Konsumgemeinschaft, die auf die »Verewigung der Konsumgesellschaft« ziele.[694] In diesem Sinne stabilisierte das Familienprogramm von Anfang an das »Wirtschaftswunder-Glücksgefühl« im Land der großen Mitte.

Fernsehen veränderte den Lebensrhythmus in entscheidender Weise. »Was immer die Menschen vor 30 oder 60 Jahren am Abend zwischen 19.00 und 22.00 Uhr getan haben, in den Fernsehnationen sitzt die Mehrzahl von ihnen heute in diesem Zeitraum vor dem Fernsehschirm. Am Wochenende sind es gelegentlich bis zu 80 Prozent, vier Fünftel der Bewohner eines Landes.« (Heinz Werner Hübner)[695] Als Friedrich Luft 1955 das Fernsehen »lernte«, berichtete er: »Konversation, Streit, Familienaustausch fand in jenen Wochen nicht mehr statt. Wir stierten auf die Scheibe. Wir waren wohl beisammen, aber wir hatten nur gemeinsam, was wir sahen, was uns angeboten wurde ... Unsere Hausgemeinschaft, in gleicher Neugier zusammengeschweißt, so lang beisammen wie sonst nur selten – sie war nur räumlich geeint, geistig, menschlich waren wir separiert.«[696] In den *Frankfurter Heften* schrieb 1956 Peter Gundwin: »Wir haben seit sechs Wochen keine Kinovorstellung mehr besucht. Wir hören Rundfunk noch viel ausgewählter als früher. Der Apparat ist jeden Abend eingeschaltet, und immer sieht sich zumindest ein Teil der Familie das Geschehen auf dem Bildschirm an. (Wir leben in mehreren Räumen, so daß man auch allein sein kann.) Wir bedauern zuweilen, andere Verpflichtungen zu haben, die es uns nicht erlauben, zum Fernsehen zuhause zu bleiben. Wir sind, um aber unseren Abend nicht zu vertun, entschlossen, in Zukunft jedesmal nach fünf bis zehn Minuten unerbittlich abzudrehen, wenn uns die Sendung nicht entspricht. (Und was folgt später im Programm? Die Gesamtankündigung ist ja keine Aussage über die Qualität. Sollen wir es jedesmal von neuem versuchen und so die Stunden zerhacken?) Wir sind um zehn Uhr oder halb elf Uhr abends, also nach reichlich zwei Stunden, in der Regel ›verbraucht‹. Das Familiengespräch, sporadisch oder ausgiebig geführt, ist auf andere Zeiten verschoben.«[697]

Horst Antes, Dreiäugige Figur mit schwarzer Weste, 1962–65

Wirklichkeitsflucht und Realitätsprinzip

Die Dichotomien des Kulturlebens

Der alte und der junge Film

Als das Fernsehen in der zweiten Hälfte der fünfziger Jahre zum größten Freizeitfaktor wurde, sanken die Zuschauerzahlen der Kinos rapide ab. Nach der Gründung der Bundesrepublik hatte der Film einen großen Aufschwung genommen, wobei er sich ganz als Teil der affirmativen Kultur begriff – gesellschaftliche Defizite beschönigend, ungestillte Sehnsüchte absättigend, konservative Mentalitätsmuster bestätigend. Die Peripetie war 1956 mit 817,5 Millionen Kinobesuchern bei 6438 Lichtspieltheatern erreicht.[698] Der Film der fünfziger Jahre, so Klaus Kreimeier, war der Film der Adenauer-Ära und des CDU-Staates. »Er war das Symptom einer autoritären Gesellschaftsstruktur, und die an der Filmproduktion Beteiligten handelten, wo nicht im Auftrag, so doch in politischer Übereinstimmung mit den diesen Staat tragenden Instanzen wie der Regierung, den Kirchen und den an der Macht befindlichen Parteien.«[699] Der restaurative Charakter der Epoche trat im Film besonders stark zutage; abweichende, aleatorische, querdenkende Strömungen gab es – bis zum Entstehen des »neuen Films« in den sechziger Jahren – viel weniger als bei Theater, Literatur, bildender Kunst und Musik, wobei die gesamte Entwicklung des Kulturlebens dichotomisch verlief. Das schnelle Wachstum der deutschen Filmproduktion – sie hatte bald einen verhältnismäßig großen Marktanteil – war durch die Unterstützung des Staates möglich geworden; es war jedoch mit einem erheblichen Verlust an Freiheit erkauft. Über eine eigens eingerichtete staatliche Bürgschaftsgesellschaft, die 1950/51 20 Millionen, 1953-1956 60 Millionen Mark (in der Regel für ganze »Filmstaffeln« = 8 Filme) übernahm, kontrollierte der Bund fünfzig Prozent der deutschen Filmproduktion bis zur Besetzungsliste.[700] Der deutsche Film werde nach wie vor eine große Zukunftschance besitzen, meinte Rudolf Vogel, CDU-Mitglied des deutschen Bundestags (damals einer der wichtigsten Männer der bundesrepublikanischen Filmpolitik), wenn er wieder auf sein ihm ursprünglich zufallendes Gebiet des Musikfilms, des landschaftsgebundenen Films und des Kulturfilms zurückfinde. Von einer solchen Einstellung war auch der »Freiwillige Kodex der Deutschen Filmindustrie« von 1948 und die spätere »Freiwillige Selbstkontrolle« (FSK) sowie die »Praxis der Filmbewertung« (FBW) wesentlich mitbestimmt. Spielfilme – so im Kommentar des »Kodex« – sollten ein »Mittel der Unterhaltung« sein, den »vom Lebenskampf ermüdeten Menschen Entspannung und Erholung gewähren«, der sittlichen Persönlichkeit nicht schaden und sie nicht zu »minderwertigen Daseinsformen hinlenken«. Maßgebend hatten zu sein die »natürlichen Gesetze«, die der »ganzen Menschheit ins Herz geschrieben sind, die allgemeinen Grundsätze also des

Naturrechts und der Gerechtigkeit, wie das Gewissen sie dem gesitteten Menschen vorschreibt«. Die »Heiligkeit der Ehe und Familie« war stets zu achten und zu verteidigen.[701]

Die Fassadenwelt des nationalsozialistischen Films war keineswegs abgebaut; in den »unpolitischen« Enklaven, die dieser für »Herz und Gemüt« inmitten brutaler Wirklichkeit angeboten hatte, fühlte man sich nach wie vor wohl. Während die Trümmerfilme vor der Währungsreform (wie *Berliner Ballade*, *In jenen Tagen*, *Lang ist der Weg*, *Der Ruf*, *Liebe 47*, *Nachtwache* – unter der Regie von Helmut Käutner, Robert A. Stemmle, Harald Braun und Wolfgang Liebeneiner) sich mit Daseinsnot und unverarbeiteter Vergangenheit auseinanderzusetzen bemüht hatten, dominierten nun Filme »ohne Wirklichkeitsanalogie«, also solche, die die Realität illusionistisch verzerrten oder traumbildartig auflösten, über das Zeitgeschehen einen »verunklarenden Schleier« breiteten. Ob Kriegsereignis oder Flüchtlingsschicksal, Justizirrtum oder Liebesleidenschaft: immer wurde Scheinwelt (oft mit eindrucksvollen filmischen Mitteln) vorgetäuscht, die von ausländischen Einflüssen, etwa dem italienischen Neorealismus, völlig unberührt blieb.[702] Als 1964 Paul Sethe, Ferdinand Fried und Hans Schwab-Felisch eine politische, wirtschaftliche und kulturelle Bilanz der Ära Adenauer zogen, sprachen sie vom »großen Film-Fiasko«. Die Bilanz des deutschen Films sei trostlos. Hoffnungsvoll habe es in den ersten, armen Jahren nach dem Krieg begonnen; nach der Währungsreform stürzte sich die Filmindustrie jedoch »in das große Geschäft der Heimat- und Heidefilme, der anrüchigen Helden und einer verschmierten Moral, für die der Geschmack des vielzitierten Lieschen Müller als Alibi herhalten mußte«. Der deutsche Film habe den Anschluß an internationales Niveau verloren, bleibe formalen Experimenten so gut wie verschlossen, sei insgesamt tot.[703] Zu einer ähnlichen Bilanz war die Zeitschrift *Das Schönste* bereits 1956 gekommen (»auf Qualität wurde zugunsten der vollen Kassen bedenkenlos verzichtet«); doch meinte sie, daß inzwischen ein paar mutige Regisseure den »Bannfluch des schlechten Geschmacks« durchbrochen und einige Filme geschaffen hätten, die sogar Qualität besäßen. Besonders herausgehoben wurden u. a. *Die Sünderin*, 1950, unter Regie von Willi Forst (mit Hildegard Knef und Gustav Fröhlich), *Die letzte Brücke*, 1953, von Helmut Käutner (mit Maria Schell und Bernhard Wicki), *Königliche Hoheit*, 1953, nach Thomas Manns Roman, von Harald Braun (mit Dieter Borsche, Ruth Leuwerik, Lil Dagover und Matthias Wieman), *Solange du da bist*, 1953, von Harald Braun (mit O. W. Fischer, Maria Schell, Brigitte Horney, Matthias Wieman), *Sauerbruch. Das war mein Leben*, 1954, nach der Biographie des Arztes, von Rolf Hansen (mit Ewald Balser und Friedrich Domin), *Des Teufels General*, 1954, nach Carl Zuckmayers Bühnenstück, von Helmut Käutner (mit Curd Jürgens und Victor de Kowa), *Feuerwerk*, 1954, von Kurt Hoffmann (mit Lilli Palmer), *Ludwig II.*, 1954, von Helmut Käutner (mit O. W. Fischer, Ruth Leuwerik, Marianne Koch, Friedrich Domin), *Canaris*, 1954, von Alfred Weidenmann (mit O. E. Hasse), *Ein Mädchen aus Flandern*, 1956, nach einer Novelle von Carl Zuckmayer, von Helmut Käutner (mit Nicole Berger, Maximilian Schell, Friedrich Domin und Victor de

Plakatentwurf von Ernst Litter, 1954   Plakatentwurf von Hans Blank (?), 1956

Kowa).[704] Aber selbst diese herausgehobenen »wagemutigen Arbeiten« konvergierten mit dem gängigen Mittelmaß, das die Genres des »Restaurationsfilmes« bestimmte[705].

Der Heimatfilm spiegelt die hierarchische Ordnung der guten alten Zeit; er spielt in Oberbayern oder im Salzkammergut, in einem durch Wilderer und Trachtenkapellen geprägten blau-weißen Paradies; oder im Schwarzwald: *Das Schwarzwaldmädel*, Regie Hans Deppe (mit Sonja Ziemann und Rudolf Prack) war der erste deutsche Farbfilm nach dem Zweiten Weltkrieg (1950); er fand schon im ersten Jahr sechzehn Millionen Zuschauer. Deppe erschloß dem für den Heimatfilm zum »Markenzeichen« werdenden Liebespaar Ziemann/Prack auch die Heide als Topos deutscher Gemüthaftigkeit – eine Landschaft mit strahlendblauem Himmel, wogenden Baumkronen, Heidschnucken, durchtönt von Hermann-Löns-Liedern (*Grün ist die Heide*, 1951).

Als Kontrastprogramm zum Naturidyll, in dem junge Burschen Birken und schöne Mädchen küßten, gab es den rauhen Kriegsfilm: *08/15* (nach dem Erfolgsroman von Hans Hellmut Kirst), 1954; *Der Stern von Afrika*, 1957; *Kapitänleutnant Prien*; *Hunde, wollt ihr ewig leben*; *Taiga* (alle 1958); *Division Brandenburg*, 1960. Oft nur als Antikriegsfilme getarnt, nahmen sie einen wichtigen Stellenwert bei der psychologischen Vorbereitung für die Remilitarisierung Westdeutschlands ein. Auch bei größerem Ernst wirkte »der Glanz der Uniformen« eindringlicher als die Verurteilung des vergangenen Regimes. Bernhard Wickis Antikriegsfilm

Die Brücke war da mit seinem kompromißlosen Realismus eine von der Kritik mit Recht gerühmte Ausnahme; doch konnte man beobachten, daß das sinnlose Sterben einer Gruppe junger Menschen in den letzten Tagen des Krieges eine oft gegenteilige Reaktion, nämlich »sportliche Begeisterung«, hervorrief.[706]

Bei den historischen Filmen (*Ludwig II.*, 1954; *Herrscher ohne Krone, Königin Luise, Stresemann*, 1956; *Gustav Adolfs Page*, 1960) standen Staatsräson und Staatsautorität im Mittelpunkt. Mit *Sissi*, der »zauberhaften Liebesgeschichte der jungen Kaiserin Elisabeth von Österreich« (1955) und *Sissi, die junge Kaiserin*, 1956, sowie *Sissi, Schicksalsjahre einer Kaiserin*, 1957, wurde die damals von Mutter und Produzent »fremdbestimmte« Romy Schneider zu des »deutschen Wunders süßestem Leinwandidol«; die »Jungfrau von Geiselgasteig« nannte sie der *Spiegel*.[707] Zusammen mit Karlheinz Böhm, dem stets königlichen Partner, feierte sie nationale Triumphe.

Seit Harald Brauns *Die Nachtwache* (1949), mit Dieter Borsche als katholischem Kaplan, mußten sich fast alle männlichen Filmstars der fünfziger Jahre – von O. W. Fischer über Heinz Rühmann und Karlheinz Böhm bis Curd Jürgens – als Filmgeistliche bewähren. »Dies ist sicher nicht nur dem starken, vielfach diktatorischen Einfluß der katholischen Kirche auf die neudeutsche Filmproduktion zuzuschreiben, sondern auch einem objektiv vorhandenen Sinndefizit nach dem Kriege, einer nach der allgemeinen Sinnsuche resultierenden Bereitschaft zu religiösen Fixierungen in breiten Schichten einer Bevölkerung, die Wolfdietrich Schnurre in einer frühen polemischen Abrechnung mit dem Film der fünfziger Jahre als ›christliches Dutzend-Publikum‹ höhnisch abgekanzelt hatte.«[708]

Hatte der Skandal, der um den Film *Die Sünderin* entstand, noch die tiefsitzende sexuelle Verklemmung der anbrechenden Wirtschaftswunderzeit signalisiert –, die Heustadl-Techtelmechtel-Heimatfilme, die importierten FKK-Schweden-Filme, französischen Rotlichtbezirk-Filme und italienischen Reispflanzerinnen-Filme verdarben die Sitten. In den sechziger Jahren setzte dann eine Sexfilmwelle ein, die alles nachholte, was unter Volkswartbund-Aufsicht und rigide kontrollierender Bundesprüfstelle bislang nicht möglich gewesen war.[709]

Jugendprobleme behandelte eindringlich (mit genauer Milieukenntnis) Georg Tresslers Film *Die Halbstarken* von 1956; verharmlosend wirkten Josef von Bakis *Die Frühreifen* (1957), Wolfgang Liebeneiners *Immer wenn der Tag beginnt* (1957) und Wolf Rillas *Die zornigen jungen Männer* (1960). Die junge Generation, die zunehmend von aggressiver Unruhe ergriffen wurde, fand ihr Idol in James Dean, dem amerikanischen Filmschauspieler, der 24jährig mit seinem Sportwagen bei einem Tempo von einhundertundachtzig Stundenkilometern tödlich verunglückte (1955). Seine Popularität stieg ob solchen Schicksals post mortem: Ein früh Vollendeter, mutig, aufsässig, sensibel, zärtlich; »alle Unzufriedenen, alle Unglücklichen, alle Schlüsselkinder, alle seelisch Unterernährten hatten durch ihn ein Gesicht bekommen, das des Anschauens wert war.«[710]

Die zahlreichen Musikfilme der fünfziger Jahre setzten die Tradition der Tonfilm-Revuen der Vorkriegszeit fort; dazu kam der Einfluß des amerikanischen Musicals. Film und Schlagergeschäft waren eng miteinander verknüpft. In der Saison 1958/59 zum Beispiel bestand die Hälfte der erfolgreichen Filme der Bundesrepublik aus Schlagerfilmen.[711] Arthur Brauner, wichtiger Filmproduzent der Nachkriegszeit – 1946 erhielt er von der französischen Militärregierung eine der ersten Lizenzen (seine »Central Cinema Company«, CCC, zeigte eine von der musikalischen Komödie *Herzkönig*, 1947, bis zu den *Nibelungen*, Ende der sechziger Jahre, reichende steile Erfolgskurve; von den bis dahin gedrehten 1700 deutschen Spielfilmen kam jeder zehnte aus seinen Ateliers) –, Brauner, der Film-Tycoon der Wirtschaftswunderwelt, meinte, daß es nur drei Filmgattungen gäbe, die geschäftlich keine Enttäuschung bereiteten: den Monumentalfilm, den Film nach einem Bestseller oder erfolgreichen Illustriertenroman und den Schlagerfilm. Häufig waren Schlagertitel identisch mit Filmtiteln und umgekehrt. Sängerinnen, Sänger und Melodien, die über Film, Fernsehen und Funk bekannt wurden, war der Schallplattenerfolg sicher. (1949 wurden sechs Millionen, 1958 bereits achtundfünfzig Millionen Schallplatten, vorwiegend mit Unterhaltungsmusik, verkauft.) 1959/60 waren unter zweiunddreißig Musikfilmen achtzehn ausschließlich von Schallplattenstars getragene – vier von Peter Kraus, je drei von Freddy Quinn, Cornelia Froboess und Fred Bertelmann, je zwei von Caterina Valente und Peter Alexander, einer von Zarah Leander. In den Verträgen der Sänger war meist eine Filmrolle garantiert, oder die Filmfirma garantierte ihren Hauptdarstellern in Musikfilmen die parallellaufende Schallplattenaufnahme. In Fachkreisen unterschied man nach den Schallplatten-Hauptproduzenten »Elektrola«-, »Polydor«- und »Teldec«-Filme; an dem Film *La Paloma* (den gleichnamigen Schlager, 1944 – *Ein Wind weht von Süd* . . . – kannten Millionen) waren elf »Polydor«-Stars beteiligt.

Die von der Vergnügungsindustrie produzierte Musik war seit der Trümmerzeit weitgehend »amerikanisiert«; doch kam es auch zu einer Invasion südamerikanischer Rhythmen. Die deutsche Gefühlsschnulze hatte weiterhin Hochkonjunktur, z. B. mit Rudi Schuricke, dem »Troubadour der Liebe«. Im Schlagergeschäft reüssierten Evelyn Künneke, Lys Assia (*O mein Papa*), Caterina Valente (die 1958 das Bundesverdienstkreuz als »Botschafterin des deutschen Show-Business« erhielt), Peter Alexander, Udo Jürgens (1966 »Grand Prix Eurovision de la Chanson«), Drafi Deutscher (1965 von dem Teenager-Blatt »Bravo« zum »Sänger des Jahres« gewählt), Freddy Quinn (1956 erster »Schallplattenmillionär« der Bundesrepublik; wie seine Schlager hießen auch meist seine Filme). Als Kinderstar trat Cornelia Froboess hervor (*Pack die Badehose ein*), die 1950 im Berliner Titania-Palast ihren ersten Auftritt hatte; in den späten sechziger Jahren wurde Heintje als »frecher und intelligenter Lausbub« zum großen Liebling der Mütter und Großmütter. Conny (Froboess) und Peter (Kraus) waren Ende der fünfziger und Anfang der sechziger Jahre mit ihrer »fröhlichen Wohlerzogenheit« wohl die beliebtesten Idole des bürgerlichen Geschmacks. Dagegen wurde Rock'n'Roll (mit der charismatischen Figur des Elvis Presley) als Aufruf zu Krach und Krawall verstanden; es kam zu Saalschlachten und Polizeieinsätzen. »Wie Elvis seinen Kritikern, so trotzten seine Fans ihren Eltern: in deutschen Familien brach ein erbitterter Kleinkrieg um Frisuren, Kleidung und die geltenden Anstandsregeln aus. Im Streit um die pomadige Wassertolle, auch ›Entenschwanz‹ genannt, unterlag der auf sein Erziehungsrecht pochende und den kurzgeschnittenen Rekrutenschnitt fordernde Vater immer öfter dem aufsässigen Sprößling. Erboste Mütter, die sich deutsche Mädchen nicht anders als in adrett schwingenden Röckchen vorstellen konnten, mußten verstört mit ansehen, wie ihre Töchter in abenteuerlichen ›Amibüxen‹ herumliefen.« (Monika Sperr)

In Reaktion auf die bundesrepublikanische Filmmisere erlebte der intelligente wie intellektuelle Film (auch der Film der Intellektuellen)[712] Anfang der sechziger Jahre eine Wiedergeburt. 1962 unterzeichneten sechsundzwanzig Filmemacher, Kameraleute und Schauspieler in Oberhausen ein Manifest, das einen Weg aus der Trostlosigkeit wies (mit seinen internationalen, Osteuropa einschließenden Kurzfilmtagen, die aus einem Volkshochschulkurs sich entwickelt hatten, war die Stadt zu einem kulturpolitisch wichtigen Gegenzentrum zum Filmestablishment geworden[713]): »Der Zusammenbruch des konventionellen deutschen Films entzieht einer von uns abgelehnten Geisteshaltung endlich den wirtschaftlichen Boden. Dadurch hat der neue Film die Chance, lebendig zu werden . . . Wir haben von der Produktion des neuen deutschen Films konkrete geistige, formale und wirtschaftliche Vorstellungen. Wir sind gemeinsam bereit, wirtschaftliche Risiken zu tragen. Der alte Film ist tot. Wir glauben an den neuen.«[714] Zu den Unterzeichnern gehörte eine ganze Reihe von »Nachwuchstalenten« – oft freilich schon »Dreißiger« –, die bald darauf, zusammen mit anderen, dem Geist des Manifests verpflichteten Debütanten, ihr Versprechen einlösten: Ulrich Schamoni (*Es*, 1965), Volker Schlöndorff (*Der junge Törleß*, 1965), Peter Schamoni (*Schonzeit für Füchse*, 1966), Alexander Kluge (*Abschied von gestern*, 1966), Werner Herzog (*Lebenszeichen*, 1967), Johannes Schaaf (*Tätowierung*, 1967), Franz Josef Spieker (*Wilder Reiter GmbH*, 1967), Christian Rischert (*Kopfstand, Madam*, 1967), Edgar Reitz (*Mahlzeiten*, 1967). Themen wie Abtreibung, Geburtenkontrolle, Vater-Sohn-Konflikt, gesellschaftliches Außenseitertum, Ehescheidung, spießbürgerliches Familienleben, junge Liebe, weibliche Emanzipation bezogen sich auf die unmittelbare Wirklichkeit der Bundesrepublik. Soziale Vorgänge wurden subjektiv reflektiert.

In einer Bilanz des jungen deutschen Films, wobei er das Jahr 1966 zum »Jahr Eins des praktischen Neubeginns« deklarierte, meinte Urs Jenny, daß junge Regisseure wie Pilze nach dem Regen hervorgeschossen und der Aufstand der Kunst gegen den Kommerz, der zugleich ein Generationenkonflikt war (gegen die Älteren mit ihren von der Ufa geprägten Klischeevorstellungen), voll in Gang gekommen sei. »Deutschlands ›Neue Welle‹ rollt also, das ist für die Beteiligten erst einmal wichtiger als die Qualität des einen oder anderen.« Doch werde die bundesrepublikanische Realität, auf die man sich nun stürze, oft nur als Kulisse behandelt. »Auf ihre Weise setzen die meisten der Jungen den Eskapismus der Älteren fort. Sie zeigen einer Generation, der er schon so selbstverständlich ist, daß an eine Alternative niemand mehr denkt: es geht in ihren Filmen um Privates, meist um das ›Leben zu zweit‹ mit meist bescheidenen Seligkeiten und bescheidenen Kümmernissen.«[715] So kam es 1967/68 zu einer neuen, nun vom Underground-Cinema beeinflußten Kinorebellion. Hellmuth Costard zeigte in *Besonders wertvoll* einen überdimensionalen großen Penis, dessen Glans-Öffnung als Mund die Sittenklauseln des Filmförderungsgesetzes und des Fördererlasses des Innenministeriums zitierte und anschließend, umgeben von konsumanreizenden Werbephotos, gegen eine Glasscheibe vor der Kameralinse ejakulierte.[716]

Als Filmtheoretiker wie Filmpraktiker, aber auch als Schriftsteller trat Alexander Kluge, geboren 1932 in Halberstadt, hervor. Nach dem Studium der Rechtswissenschaft, Geschichte und Kirchenmusik – 1956 promovierte er zum Dr. jur., mit Hellmut Becker publizierte er 1961 das Buch *Kulturpolitik und Ausgabenkontrolle* – war er Produzent und Regisseur bei mehreren Kurzfilmen; 1962 baute er mit Edgar Reitz das »Institut für Filmgestaltung« in Ulm auf. Mit seinen »teils erfundenen, teils nicht erfundenen« *Lebensläufen* (1962)[717] schuf er eine neue Erzählform, die mit ihrer Montage von Wirklichkeitsfragmenten (Sezierungs-Befunden) eine Sozialpathologie vorwiegend der nationalsozialistischen Zeit und ihrer Auswirkungen gibt. In dem Film *Abschied von gestern*, 1966, nach einer Erzählung aus dem Buch *Lebensläufe*, ist Anita G. »wie ein Seismograph, der durch unsere Gesellschaft geht, wie eine Sonde«: Als Kind jüdischer Eltern in Leipzig geboren, ist sie nach dem Krieg in die Bundesrepublik gekommen; sie gerät in Konflikt mit der Gesellschaft, wird wegen eines Diebstahls und kleinerer Betrügereien verurteilt und als Geliebte eines verheirateten Ministerialrats schwanger; sie stellt sich der Polizei. Deutlich wird das Versagen der Justiz, doch erscheint auch als positives Gegenbild der hessische Oberstaatsanwalt Fritz Bauer, engagierter Vertreter einer Humanisierung der Justiz.[718] Der Film *Die Artisten in der Zirkuskuppel: ratlos* (1968) reflektiert in bild- und ton-assoziativer Form das Spannungsverhältnis von Utopie und Wirklichkeit wie die Situation des Künstlers, des Filmemachers. Variiert und exemplifiziert wurde, was für Alexander Kluge die »Utopie Film« ausmachte: Film ist auf Erkenntnis gerichtet. Der Film läßt eine radikale Erweiterung der literarischen Mittel zu. Der Film kennt das Wunschbild des »zweckfreien Films«, der »Kinogewohnheiten« nicht berücksichtigt. Filmbildung soll ein Verantwortungsgefühl entwickeln, das darauf beruht, daß der Film eine Massenbasis hat. Der Film muß vielmehr die kritische Haltung des Zuschauers, den Anspruch des Zuschauers, als ein aufgeklärter Mensch behandelt zu werden, vorwegnehmen. »Die Malerei und die Musik oder das Theater brauchen das nicht. Die Sensibilität für diese Verantwortung so auszubilden, daß sie den schöpferischen Impuls nicht stört, ist die Hauptaufgabe der Filmbildung.«[719]

Theater als Musentempel oder Werkstatt

Alexander Kluges Feststellung, daß das Theater (wie auch Malerei und Musik) die kritische Haltung des Zuschauers nicht »vorwegnehmen« müsse, konnte man so interpretieren, daß eben Theater, und sei es noch so realistisch, immer mit Verfremdung arbeite und somit den Menschen nicht in den Sog der Identifikation mit »Vorgegebenem« ziehe. Für den »offiziellen Geist« des neuen Staates erschien freilich Theater nicht als Ort aleatorischen, transitorischen, sich immer wieder »aufhebenden« und neu »entwerfenden« Bewußtseins, sondern als Bastion der Selbstbestätigung: »Man war wieder wer.« Und dies demonstrierte man durch Musentempel, die weniger die Freude am steten Diskurs (in »Werkstatt-Atmosphäre«) als an Repräsentation und Festlichkeit demonstrierten. »Den sichtbarsten kulturellen Ehrgeiz entwickeln die deutschen Länder und Kommunen für ihre Opern und Theater. Ihre Bedeutung für die deutsche bürgerliche Gesellschaft, die sie von der höfischen übernommen hat, ist gar nicht abzuschätzen«, schrieb 1964 Hans Schwab-Felisch in seiner auf die fünfziger Jahre zurückblickenden Bilanz der Ära Adenauer.[720] Zu dieser Zeit gab es, einschließlich Westberlins, wieder einundzwanzig Staats- und einhundertundzwei Stadttheater; fünfundvierzig davon hatten den Krieg einigermaßen unzerstört überstanden. Neben dem Wiederaufbau der klassizistischen Gebäude in Braunschweig (1949) und Hannover (1951) entstanden als neue Bauten für ein fest engagiertes Ensemble u. a. das Schillertheater Berlin (1951), das Residenztheater München (1951), das Schauspielhaus Frankfurt (1951), das Schauspielhaus Bochum (1953), die Staatsoper Hamburg (1955), das Theater in Münster (1956), das Kölner Opernhaus (1957), das Mannheimer Nationaltheater (1957), das Staatstheater Kassel (1959), das Gelsenkirchner Theater (1959), das Kölner Schauspielhaus (1962), die Städtischen Bühnen Dortmund (1966), das Schauspielhaus Düsseldorf (1969).[721] In kurzer Zeit, hieß es in einem Bericht der Zeitschrift *Das Schönste* über die Theaterbauten in Mannheim, Münster, Düsseldorf, Wuppertal, Augsburg 1957, würden alle deutschen Großstädte wieder über einen eigenen Theaterbau verfügen. »Ist es der Zwang der Gewohnheit oder ein frisches Bedürfnis nach Kunst? Ist die Suche nach einem sinnvollen Erlebnis oder der Wunsch nach gesellschaftlicher Repräsentation maßgebend?«[722] Man investierte nicht nur viel Geld ins Gehäuse, obwohl der Wiederaufbau die kommunalen Haushalte sehr belastete; es gab auch kaum Zweifel an der Notwendigkeit, Theater ausreichend zu subventionieren bzw., wie in den meisten Fällen, als Einrichtung des Staates oder der Stadt zu betreiben. Dieter Sattler, Staatssekretär im Bayerischen Kultusministerium, meinte freilich 1950: von allen Seiten drohe die Gefahr, daß das Theater bürokratisch erstarre, gerade wenn es subventioniert werde.[723]

Die Vielzahl der Theater, ursprünglich Ergebnis des Repräsentationsbedürfnisses der Fürsten, dann Ausdruck bürgerlichen Kulturbewußtseins, war eine Erbschaft, die man weiterhin im neu entstandenen Staat sehr schätzte und entsprechend pflegte. Dem kam entgegen, daß auch das, was auf der Bühne sich abspielte, im wesentlichen den bürgerlichen Vorstellungen von Kunst entsprach.

Hervorragende Schauspielerinnen und Schauspieler arbeiteten in stabilen Ensembles unter profilierten Regisseuren. Friedrich Luft charakterisierte allerdings die prästabilierte theatralische Harmonie in der Adenauerzeit mit dem lapidaren Diktum: »Volle Häuser, geistige Leere«.[724] In einer Diskussion über »Fug und Unfug des Theaters« (1955) sprach der bekannte Theaterkritiker der *Stuttgarter Zeitung*, Siegfried Melchinger, davon, daß es mit unserem Theater, wenn wir nach der Kunst fragten, keineswegs gut stehe. Bürokratisierung und Provinzialisierung drängten es in den schrecklichen Status des Kulturbetriebs, während gleichzeitig die Künstler von der Unrast und den Verlockungen der Zeit herumgewirbelt würden wie nie zuvor, und der Mangel an neuen Stücken immer spürbarer werde.[725] Auch bei Beginn der sechziger Jahre wurde von der Kritik unvermindert darüber geklagt, daß es, nach nun eineinhalb Jahrzehnten seit Kriegsende, kaum Nachwuchsdramatiker gäbe, die mehr auszusagen hätten als tüchtige Leitartikler und geistreiche Essayisten. In der »Häufigkeitsskala« sämtlicher Aufführungen auf deutschsprachigen Bühnen für die Spielzeit 1958/59 befanden sich unter den ersten hundert Stücken acht Werke lebender deutschsprachiger Autoren. An erster Stelle stand *Kennen Sie die Milchstraße?* von Karl Wittlinger mit 673 Aufführungen an 33 Bühnen, an 7. Stelle *Biedermann und die Brandstifter* von Max Frisch mit 369 Aufführungen an 22 Bühnen; es folgten an 15. Stelle *Der Fischbecker Wandteppich* von Manfred Hausmann, an 42. Stelle *Philemon und Baukis* von Leopold Ahlsen, an 49. Stelle *Zwei Engel steigen aus* von Günther Weisenborn, an 65. Stelle *Korczak und die Kinder* von Erwin Sylvanus, an 80. Stelle *Die Herberge* von Fritz Hochwälder und an 84. Stelle *Zur Zeit der Distelblüte* von Hermann Moers. »Das Bild ändert sich auch nicht, wenn man in der Statistik der Jahre zurückblättert. Im Gegenteil, aus der Perspektive der Nachwuchsdramatiker verschlechtert es sich. Nur die beiden Schweizer Dürrenmatt und Frisch tauchen immer wieder auf und der alte Recke Zuckmayer behauptet sich.«[726] Kein Mensch zerbreche sich bei uns heute mehr den Kopf darüber, warum eigentlich Theater gespielt werde, welchen Sinn Theater in einer Zeit, die den Fortschrittsglauben von 1900 mit dem Untergangsglauben von 1945 vertauschte, noch haben könne. »Woran orientiert sich das Publikum? An welchen Maßstäben mißt es seine künstlerischen Eindrücke? Hält das Theater überhaupt der Zeitgeschichte stand? Auf dem Gebiet der bildenden Kunst haben die Erfindungen der modernen Physik in den beweglichen plastischen Bildwerken Alexander Calders, den ›Mobiles‹, einen gewissen Niederschlag gefunden. Hätten unsere Theater wenigstens die Anmut, den Charme und die Beweglichkeit dieser Bildwerke der kleinsten Form, so wäre schon etwas gewonnen.«[727] Diese mit der Aufforderung »Mut zum Experiment!« verknüpfte Lamentation von Oskar Fritz Schuh (1953) ist aus vielerlei Gründen bezeichnend: Sie kam von einem profilierten Intendant-Regisseur, der damals das Theater am Kurfürstendamm Berlin (1953-1959) leitete (dann die Kölner Städtischen Bühnen, 1959-1963, und das Deutsche Schauspielhaus Hamburg, 1963-1968); sie übte zwar Kritik an einer Lebens- und Kunstform, die »keine Experimente« wollte — aber auf sehr moderate Weise, im Sinne eines »Nierentisch-Geschmacks« (war doch Calder ein »beweglicher«, aber keineswegs »revolutionärer« Künstler).[728]

Im Rückblick wirken solche Klagen überraschend. Das deutsche Theater verfügte damals über eine Equipe höchst angesehener und erfolgreicher Intendanten, Regisseure, Schauspielerinnen und Schauspieler. Gustaf Gründgens war Leiter des Düsseldorfer Schauspielhauses, wechselte 1955 ans Hamburger Deutsche Schauspielhaus; ihm folgte Karl Heinz Stroux. In Bochum wirkte von 1949 bis 1972 Hans Schalla. Dazu kamen Gustav Rudolf Sellner (nach ihm Gerhard F. Hering) in Darmstadt; Kurt Hübner in Ulm (ab 1962 in Bremen), Boleslav Barlog in Berlin, Schloßpark- und Schillertheater (seit 1945 beziehungsweise 1951), Heinz Hilpert in Göttigen (seit 1950), Hans Schweikart in München, Kammerspiele (seit 1947), Kurt Horwitz, Münchner Staatsschauspiel (seit 1953).[729]

Unter den Schauspielerinnen und Schauspielern traten in den fünfziger Jahren besonders hervor: Maria Becker (Iphigenie, Blanche du Bois in Tennessee Williams *Endstation Sehnsucht,* Jungfrau von Orleans, die Braut in García Lorcas *Bluthochzeit*); Ernst Deutsch (Nathan, Robespierre in *Dantons Tod*); Walter Franck (Macbeth, Eustache in Georg Kaisers *Bürger von Calais*); Käthe Gold (Antigone); Joana Maria Gorvin (Temple Drake in William Faulkners *Requiem für eine Nonne*); Heidemarie Hatheyer (Rose Bernd); Hanns Ernst Jäger (Schweyk in Brechts *Schweyk im Zweiten Weltkrieg*); Johanna von Kozcian (Franziska in *Minna von Barnhelm,* Anne Frank); Hilde Krahl (Maria Magdalena, Nora); Werner Krauß (König Lear, Wilhelm Voigt in Zuckmayers *Hauptmann von Köpenick*): Hannes Messemer (Marquis Posa, Macheath in Brechts *Dreigroschenoper*); Karl Paryla (Mephisto); Will Quadflieg (Peer Gynt in Ibsens gleichnamigem Drama); Erich Schellow (Marquis Posa, Tasso, Hamlet, Rodrigo in Claudels *Seidenem Schuh*); Hermann Schomberg (Dorfrichter Adam in Kleists *Zerbrochenem Krug*); Antje Weisgeber (Gretchen); Oskar Werner (Hamlet); Paula Wessely (Nora Melody in O'Neills *Fast ein Poet*); Maria Wimmer (Gretchen, Maria Stuart).

Klassiker standen an der Spitze des Spielplans, mit Friedrich Schiller als Favorit; sie wurden oft genug zelebriert, ritualisiert. Als der Regisseur Berthold Viertel nach Kriegsende aus der Emigration zurückkehrte, beobachtete er beim Besuch von Klassikervorstellungen in Berlin, Düsseldorf und Wien mit Erschrecken das Weiterleben des »Reichskanzleistils« – »eine seltene Mischung: eine wurzellose Ekstase oder eine kalt prunkende Rhetorik, die das Offizielle, Repräsentative der Darstellung betonte und überbetonte, in jäher Abwechslung mit einer sich ins allzu Leise, Private und Unterprivate flüchtenden Diskretion.« Nicht nur schaltete diese Art Pathetik das selbständige Denken des Zuhörers aus, wenn es sich darum handelte, ihm bestimmte Gedankengänge durch herausgeschmetterte, kolbenschlagartig wiederholte Begründungen beizubringen und ihm gewisse Texte und Formen einzuhämmern; sie beeinträchtigte auch das Gefühl, indem sie es überrumpelte, überbot und überdröhnte. »Aber dieser Paroxysmus, der dem Schauspieler Schaum auf die Lippen treten ließ, erregte tatsächlich die Bewunderung des Publikums, das die losknallenden Tiraden regelmäßig mit lebhaftem Beifall quittierte.«[730]

Der größte Unruhestifter in der insgesamt traditionalistisch ausgerichteten Theaterlandschaft war Fritz Kortner, der 1947 aus der Emigration nach Berlin zurückgekommen war. Mit ihm trat ein Regisseur in Erscheinung, der nichts so sehr haßte als leere Phrasen, prätentiöse Gesten, Kopien, Klischees. Er vermenschlichte die heroischen Charaktere. »Als Kortner darüber sprach, wie die deutsche Sprache unter den Nazis korrumpiert worden war, wie sie pompös und hohl geworden war voll Schall und Rauch, aber inhaltsleer – da verstand ich, was Kortner gegen Helden hat« (Peter Zadek). Kortner wollte, was die deutsche Sprache betraf, einen »Zersetzungsprozeß« vornehmen, »einen notwendigen und wohlüberlegten Prozeß des Auseinandernehmens und Freilegens dessen, was fast zwanzig Jahre lang durch falsche Werke und Verdummung unglaubwürdig geworden war.«[731] Als ein vom Theater Besessener, der in den dreißiger Jahren fast alle großen Rollen selbst gespielt hatte, widerlegten seine eigenwilligen Inszenierungen (darunter *Minna von Barnhelm, Faust, Hamlet, Die Räuber, Dantons Tod*) die Behauptung, daß dem bundesrepublikanischen Theater die Vitalität ausgegangen sei; es mußte einer nur wieder die künstlerische Kompetenz und den Mut zum »Gegenentwurf« aufbringen und den Kampf gegen Mediokrität und Saturiertheit eröffnen.

Kortners Inszenierung von Schillers *Don Carlos* im Hebbel-Theater Berlin 1950 entfesselte den heftigsten Theaterskandal der Nachkriegszeit.[732] Man empörte sich über das Bühnenbild, das *hinter* die Kulissen des spanischen Palastes versetzte und so die Intrigenhandlung krass herausstellte; über die Kostüme mit ihren aktuellen Bezügen (Carlos im Overall, »vielleicht ein Autoschlosser«; Alba im Lederanzug, »wie ein verfrühter Panzerkommandant«); über die Interpretation der Rollen: der König kein König mehr, der Inquisitor ein grotesker Über-Herrscher, Posa fern vom Heldenjüngling. Vor allem aber vermißte man den pathetisch-idealistischen Schiller: es fehlte der »Schiller-Schwung«, der »Feuer-Atem«. Publikum und Kritik begriffen nicht – und das war symptomatisch für den restaurativen Charakter der Epoche –, daß Kortner mit seiner diskursiven, radikal fragenden, jede Frag-würdigkeit erspürenden Intellektualität eine längst fällige Entmythologisierung der durch »deutsche Ideologie« fehlinterpretierten Klassik vornahm; sie begriffen nicht, daß Kortner »rücksichtslos und kühn der menschlichen Substanz jeder Rolle nachgespürt hatte und, sobald er sie aufgespürt zu haben vermeinte, die Figur konsequent von da aus anlegte.«

Fast zwanzig Jahre später beschloß eine weitere sensationelle Entmythologisierung (nun eines Goethe-Stücks, des *Tasso*) das »Theater-Kapitel« der fünfziger und sechziger Jahre und leitete eine neue Entwicklungsphase ein. Peter Stein hob mit seiner Inszenierung den im Leid red-seligen Dichter Tasso vom Piedestal und artikulierte damit, höchst artifiziell, den Zweifel am Sinn künstlerischer Arbeit schlechthin – die neueste bundesrepublikanische Stimmung der Ambivalenz und Skepsis gegenüber »Kopfarbeit«, die nicht zum Handeln kommt, reflektierend. 1970 übernahm Stein die Leitung der vom Ensemble mitbestimmten »Schaubühne am Halleschen Ufer« in Berlin. Seine Inszenierungen wurden mit denen von Max Reinhardt verglichen. Ihnen fehle aber – so Günter Rühle – die Wärme der Reinhardtschen, die geschmackvolle Lust am Entfesseln der szenischen Wirkungen; man spürt eher kühle Reserve, gelegentlich Bloßstellungen; alles einzelne bleibt in einer festen, manchmal hinterhältigen Bindung in eine doch strenge Komposition. »Und da zu dem Namensfeld, in das Stein gerät, auch der Name Kortner gehört, dem er wohl doch weniger verdankt, als sich verpflichtet fühlt, muß man sagen: es fehlt ihnen auch der Punkt, an dem Kortner immer menschlich war: das Mitleiden mit der Kreatur, die im Menschen verborgen ist. Auch was Stein von ihr weiß, läßt er eher ahnen als zur Geltung kommen.«[733]

Die Dichotomie im Theatergeschehen der fünfziger und sechziger Jahre trat nicht nur im Gegensatz von traditioneller und »kortnerscher« Klassik zutage; das aus Frankreich kommende »absurde Theater« von Eugène Ionesco, Arthur Adamov, vor allem von Samuel Beckett irritierte und provozierte die Wirtschaftswundermentalität, die sich im Überbau vom affirmativ-idealistischen Wertesystem bestens »bedient« fühlte. Die unbekümmerte Phantastik von Ionesco, der gegen das Ideentheater als »Patronatstheater« polemisierte, kümmerte sich um »Wahrheiten« keinen Deut. Bei dem »Anti-Pièce« *Die kahle Sängerin* war schon der Titel purer Nonsens, »das Stück selbst eine Parodie auf alles, was seit den Tagen der Klassik das bürgerliche Theater ausmacht und was heute, zum abgesunkenen Kulturgut degradiert, ein fahles, blutloses, aber wirtschaftlich gesichertes Dasein auf unseren Bühnen führt.« (Marianne Kesting)[734] – Der abgründige Pessimismus von Beckett konfrontierte den Aufbau-Optimismus mit »Endspielen«. Kaum war man der Apokalypse entronnen, sah man sich schon wieder der großen Sintflut gegenüber. Pathos bot keinen Halt mehr; »Sinnerfüllung«, in der Adenauerzeit kulturpolitische Deklaration, wurde clownesk eskamotiert. (Karl Heinz Stroux inszenierte Becketts *Warten auf Godot* am Schloßparktheater in Berlin 1953; Kortner an den Münchner Kammerspielen 1954, mit Heinz Rühmann und Ernst Schröder.)

Neben solche existentielle Verunsicherung trat die politische. Seit Anfang der sechziger Jahre entstand mit Rolf Hochhuths *Der Stellvertreter* (1963), *Soldaten* (1967), Peter Weiss' *Die Ermittlung* (1965) und Heinar Kipphardts *In der Sache J. Robert Oppenheimer* (1964) ein Dokumentartheater, das die brennende Frage nach dem Zustand der politischen Moral nicht mehr in den Ideenhimmel verlegte, sondern an aktuellen geschichtlichen Vorgängen festmachte. Vorbereitet war diese Politisierung auch durch die Studententheater, die sich in ihrer ersten Phase (1946-1952) bereits gegen die neu entstehenden reaktionären Tendenzen gewandt hatten und nun, in Widerspruch zum etablierten Theaterbetrieb, der als hierarchisch-kommunikationslos angegriffen wurde, die Kritik an der Gesellschaft verstärkten.

Vor allem Peter Palitzsch, seit 1966 Schauspieldirektor in Stuttgart, bemühte sich, »Gegenwart und Geschichte nach Brechtschem Beispiel, aber nun ohne sozialistische Heilserwartung, auf die Bühne zu bringen.«[735] Was sich seit 1963 in der Dramatik ereignete, veränderte den Inszenierungsstil; sein augenfälligstes

Merkmal war: Distanz. »Dabei werden Provokationen und Aggressionen weder vermieden noch gesucht. Wo sie Skandale erregen (was seit einiger Zeit häufiger vorkommt als in den Jahren vor 1963), sind diese frei von Leidenschaft oder gar von Konfession. Ihr hervorstechendes Merkmal ist eine geradezu formale Objektivität... So scheint auch auf der Bühne die Epoche der individuellen Temperamente zu Ende zu gehen. Das Persönliche schwindet. Die Einfälle der Phantasie werden durch Distanzierung gefiltert.« So Siegfried Melchinger in einem Rückblick auf das deutsche Theater seit 1955, der aus Anlaß des zehnjährigen Bestehens der Zeitschrift *Theater heute* Oktober 1970 erschien.[736]

Das Reich der reinen Töne

Die Oper, so Theodor W. Adorno in seinem Aufsatz *Theater – Oper – Bürgertum* (1955) werde beherrscht vom Element des Scheins, wie Walter Benjamins Ästhetik es in Gegensatz zu dem des Spiels gerückt habe. Was auf der Opernbühne geschehe, sei meist wie ein Museum vergangener Bilder und Gesten, an die ein retrospektives Bedürfnis sich klammere. »Dem entspricht jener Typus des Opernpublikums, der immer wieder das Gleiche hören will und das Ungewohnte feindselig, oder, schlimmer noch, passiv interesselos über sich ergehen läßt, weil das Abonnement dazu verurteilt. Die Lage der Oper ist nicht zu beneiden inmitten der verwalteten Menschheit, die, gleichviel unter welchem politischen System, sich nicht sehr um Befreiung, Ausbruch und Versöhnung kümmert, wie sie die Oper des früheren Bürgertums vor Augen stellt, sondern gegen den Laut der Humanität krampfhaft die Ohren verschließt, um es zufrieden, vergnügt und resigniert im Getriebe aushalten zu können.«[737] Eine solche generelle Feststellung – korrespondierend mit Adornos Wort, daß in der Oper der Bürger zum Menschen transzendiere – charakterisierte auch die aktuelle Situation der fünfziger und sechziger Jahre. Der restaurative Charakter der Epoche spiegelte sich in einer konservativen, affirmativen Musikkultur; der Materialismus der Wirtschaftswunderwelt wurde gerade in der Oper in den Bereich der Mythologie »ver-rückt«. Zugleich konnte man unbefriedigte Sehnsüchte auf das vertraute Musikkunstwerk hinwegprojizieren und sich mit Hilfe repräsentativer Scheinwelt, der die Architektur der Opernhäuser entsprach, von den durch banales Werktags-Dasein bewirkten Frustrationen entledigen. Die Oper ist im besonderen Verdichtung dessen, was der ästhetische Schein darstellt: die Vergoldung des Bestehenden und der Abglanz dessen, was anders wäre – Surrogat des Glücks, das den Menschen verweigert wird, und das Versprechen des Wahren. Das Reich der reinen Töne lag jenseits der Politik; der Künstler, der mit Politik zu tun gehabt hatte, war – »rein Künstlerisches« in Anspruch nehmend – exkulpiert. Wenn Leute wie Wilhelm Furtwängler wollten, daß alles vergessen werde, die Instrumente neu gestimmt würden und das Spiel weitergehe, so fanden sie darin weitgehend Zustimmung auch bei denjenigen, die ansonsten um Trauerarbeit bemüht waren (nicht bei Alexander Mitscherlich, der 1946 anläßlich des »Falles Furtwängler« feststellte: »Wenn alles mit den alten Spielern weitergehen sollte, dann wäre wieder nichts gewonnen, dann wäre jedes Opfer umsonst.«[738]). Ein junger Aufsteiger im Dritten Reich war Herbert von Karajan gewesen. Karriere bedeutete ihm alles. »Völlig skrupellos drängte er nach Macht, nach der monopolistischen Beherrschung des seiner spezialisierten Begabung entsprechenden Öffentlichkeitsbereichs: fast ein Albert Speer der Musik. Es lag nur an seinem Alter und gewissen Konstellationen (Konkurrent Furtwängler), daß Karajan seine konkrete Vision von Macht noch nicht im Hitlerreich, sondern erst in den fünfziger Jahren ganz verwirklichen konnte.«[739]

Entscheidend für das Musikleben, unabhängig von der politischen Vergangenheit seiner Protagonisten, zu denen auch viele Emigranten gehörten, war das Faktum, daß mit der Verfestigung der gesellschaftlichen Strukturen das traditionelle Musikleben immer mehr an Bedeutung gewann. Die Sensibilität, Virtuosität, Genialität großer Interpreten (Karl Böhm, Fritz Busch, Ferenc Fricsay, Wilhelm Furtwängler, Robert Heger, Eugen Jochum, Herbert von Karajan, Joseph Keilberth, Rudolf Kempe, Erich Kleiber, Otto Klemperer, Hans Knappertsbusch, Ferdinand Leitner, Dimitri Mitropoulos, Carl Schuricht, Georg Solti, Bruno Walter, u. a.) verwirklichte sich innerhalb eines Kultur- und Musikbetriebs, der die »Festlichkeit« der Tonkunst allem Experimentellen vorzog. Besonders deutlich trat dies bei der Opernregie zutage, die, durchschnittlich gesehen, außerordentlich konventionell war und dem »Reichskanzleistil« der Klassikeraufführungen im Schauspiel entsprach.[740]

In einer Bilanz des Musiklebens Ende der fünfziger Jahre meinte der Kritiker Karl Schumann, daß das Wirtschaftswunder auch zum Kulturwunder geführt habe. Das deutsche Musikleben töne nun wieder in Dur, nicht mehr con sordino, alla Marcia funèbre. In die neugeschaffenen repräsentativen Konzertsäle komme man nun auch nicht mehr im abgewetzten Straßenanzug oder im verknitterten Sportkleid, sondern fühle, daß der zum Kunstgenuß hochgestimmte innere Mensch seine äußere Entsprechung in Kleidung und Gehabe zeigen müsse. (Die Zahl der Konzertabonnenten verdreifachte sich zwischen 1953 und 1959.) »Man will vom Musikgenuß etwas haben, heroische Vorstellungen, romantische Poesie, Schicksalsdämonie und pathetische Empfindungen. Man nähert sich solchen erhebenden Stimmungen am leichtesten bei Werken, deren harmonische, rhythmische und formale Struktur geläufig ist.«[741] Der rationalisierte Ablauf des modernen Lebens verlangte wohl nach einem Gegengewicht, das die Unterhaltungsindustrie auf die Dauer nicht zu bieten vermochte. Eine durchwegs romantisch verstandene Musik gewährleistete den schönen Traum, ein Schwelgen in Empfindungen, die entspannende Harmonie, ganz abgesehen von der üblichen Wertschätzung der Musik als Bildungsgut. Dem vorwaltenden »Musikhunger« lag der Wunsch zugrunde, von der »holden Kunst« in eine bessere Welt entrückt zu werden.

»Musikkultur« als »Vergoldung des Bestehenden« personifizierte auf herausragende Weise Herbert von Karajan. Das Publikum, meinte er in einem Gespräch, sei durch »schöne Begehrlichkeit« bestimmt. Die große Prosperität, die heute schon den kleinen Mann zum Besitzer von Dingen mache, die er sich früher vergeblich erhoffte, habe auch seine Ansprüche im Theater gesteigert. Er wolle das Exzeptionelle. »Das Publikum will heute an großen Häusern nicht nur gelegentlich einmal ein kurzes Gastspiel einer gefeierten Primadonna miterleben, es möchte den Stars möglichst permanent begegnen, deren Namen es überall liest und deren Stimme es sich mit einem Tastendruck in seine eigenen vier Wände holen kann.«[742] Als Star setzte Karajan auf das Startheater (was ihm freilich auch »schlechte Noten« einbrachte[743]). Abgesehen von einer unbestritten hohen Qualität als Dirigent (allerdings geringen Kompetenz als Regisseur), stieg sein Stern, ein »Komet am Pult«, vor allem deshalb, weil er bis in seine feudale Lebensweise hinein, einschließlich des eigenen selbstgesteuerten Flugzeugs, den Vorstellungen von der »Festlichkeit der Musik« voll entsprach. Mit »nachtwandlerischer Sicherheit«, bei »aufrüttelnder Gestik der Arme und Hände«, führte er durch die schwierigsten Partituren, »ruhig, mit geschlossenen Augen, um dann plötzlich ein Presto, ein Fortissimo witternd, in heißer Ekstase zu agieren.«[744] Der »große Magier des Taktstocks« repräsentiere nun, hieß es in einem Bericht von *Das Schönste* 1956, nachdem ihm neben der Führung der Berliner Philharmoniker, der Mitarbeit an der Mailänder Scala und an den Salzburger Festspielen auch noch die künstlerische Leitung der Wiener Staatsoper übertragen worden war, »eine musikalische Hausmacht, wie sie vor ihm keinem Dirigenten vergönnt war«. Alle Musikfreunde hofften, daß Karajans Künstlertum »in der eigentümlichen Prägung seines traumwandlerischen Musizierens, dem verzehrenden Feuer des Ausdrucks und der glasklaren Strukturdeutung trotz aller Überlastung rein erhalten bleiben möge«.[745]

Ein wichtiges Symptom für die »Konsolidierung« des Musiklebens wie für die repräsentative Theaterkultur waren die vielen Festspiele, die in den frühen fünfziger Jahren wiedergegründet oder, soweit ihr Ursprung in der Trümmerzeit lag, intensiv ausgebaut wurden – darunter die Wiesbadener Mai-Festspiele und die Münchner Opernfestspiele ab 1950, die Festspiele in der Bad Hersfelder Stiftsruine und die Berliner Festwochen ab 1951. Vom affirmativen Sog der »Sündflut der Festspiele« (Herbert Ihering) wurden auch die Ruhrfestspiele ergriffen; ihr, wenn auch nie genau definierter »sozialer Charakter« trat zurück. Statt für die politischen Arbeiterinteressen »wirklichkeitsbezogene, polemische Theatergenüsse« zu ermöglichen, ging der Deutsche Gewerkschaftsbund als »schlichter Käufer auf den bürgerlichen Kunstmarkt und kaufte sich ein klassizistisches Nirwana zum ›gehobenen‹ stundenweisen Aussteigen ein. Was zur einen Seite als Aushängeschild funktionierte, wirkte nach der anderen als Sozial-Ventil.«[746]

Die Bayreuther Festspiele fanden wieder ab 1951 statt. Winifred Wagner hatte im Januar 1949 zugunsten ihrer Söhne Wieland und Wolfgang auf jede Mitwirkung verzichtet; daraufhin hatten die Amerikaner das zur Truppenbetreuung beschlagnahmte Haus freigegeben. Man begann mit *Parsifal*; die Inszenierung durch Wieland Wagner, der unter dem Motto »Kein Denkmalschutz für Wagner«

antrat, wirkte als ein Schock; das »Bühnenweihespiel« wurde wie der auf dem Programm stehende *Ring* von Hans Knappertsbusch dirigiert; dazu kamen die *Meistersinger*; es gab zweiundzwanzig Aufführungen. Wieland Wagner hatte sich um Entmythologisierung bemüht, Dekor und Pathetik zu beseitigen und die braunen Schwaden, die über dem Hügel lagen, durch kluge ästhetische Argumentation hinwegzuscheuchen versucht.[747] Das Wunschbild »unpolitischer Kunst« – nach einer Phase der ideologischen »Indienstnahme« Wagners durch die Nationalsozialisten, für die Winifred Wagner wesentlich verantwortlich war – spiegelte auch eine Verlautbarung, die 1951 bei der Wiedereröffnung im Festspielhaus angeschlagen war: »Im Interesse einer reibungslosen Durchführung der Festspiele bitten wir von Gesprächen und Debatten politischer Art auf dem Festspielhügel freundlichst absehen zu wollen. ›Hier gilt's die Kunst.‹ Die Festspielleitung.«[748]

Der Versuch der Wagner-Enkel, das Werk ihres Großvaters zu »entrümpeln«, ihn zu »modernisieren«, vor allem auch durch »magischen Realismus« mit Hilfe von Lichtregie an die Stelle geistfeindlicher Mythen eine reflektierte und zur Reflexion auffordernde Symbolik zu setzen, schien deutlich zu machen, daß Bayreuth innerhalb der Dichotomie des Musiklebens der fünfziger und sechziger Jahre sich auf die Seite theatralischer »Gegenentwürfe« schlug; dementsprechend war das konservative Publikum, das »treu an Minne und Brünne« hing, entsetzt – so wie Winifred Wagner, die ihre Korrespondenz aus dem Fichtelgebirge mit dem Vermerk »im Exil« verzierte. Als äußerer Effekt griff im In- und Ausland die Meinung um sich, daß der »Fall Wagner« nun abgeschlossen sei; man entdeckte im unpolitischen Wagner den »wahren Wagner«. Künstler, Kritiker, frühere Volksgenossen, Staatsbürger, Liberale, Christlich-Soziale, Sozialdemokraten, Kapitalisten, Gewerkschafter eilten beflissen ins Bayreuther Festspielhaus. »Als die Bayreuther Bühnenweih-Festspiele wieder ihre Pforten öffneten, sah sich die Welt mit Erstaunen einem unerwartet neuen Wagnerbild gegenüber, das keine Ähnlichkeit mehr mit der althergebrachten Tradition aufwies. Kühn warfen die jungen Herrscher auf dem grünen Hügel . . . allen außerkünstlerischen Ballast ab, mit dem vergangene Generationen das Werk ihres Großvaters beschwert hatten. Konzentriert auf das zutiefst Menschliche, auf das Symbolhafte entstand Richard Wagners Idee des Gesamtkunstwerkes in neuer Kraft, im reinen Zusammenhang von Musik, Darstellung und Bild«, hieß es in *Das Schönste* 1956.[749] Daß eine derart gutgemeinte und auch gut-gekonnte Entnazifizierung Wagners letztlich, zumindest nach Meinung der Wagner-Gegner, nicht gelang, hing mit dem Werk Wagners selbst zusammen.[750] Seine »brutale Ideologie zu schönen Klängen« war durch Regietheater »bestenfalls« zu »überspielen«, aber nicht demokratisch zu legitimieren. Hinter dem Versuch, sich vom Mummenschanz-Mythos des späten 19. Jahrhunderts und seiner epigonalen Romantik zu lösen, statt dessen »echte Symbolik« mit Hilfe »moderner Theatralik« zu vermitteln, stand die Überzeugung, daß Wagners Werk eben nicht, laut Ernst Bloch, »Kolportage« war, sondern lediglich »kolportiert« worden war. Die weltanschauliche Position der Neubayreuther war somit gar nicht so weit entfernt von den Wagnermythomanen des 19. Jahrhunderts: Beide sahen im »Meister« eben nicht vor allem den großen Theatraliker, den Poseur, einen Künstler, dem – wie es Ludwig Marcuse formulierte – die »mächtigste Show des 19. Jahrhunderts« zu danken war; sie sahen in ihm einen Deuter von Lebenssinn, den Urheber einer musikalischen Kosmogonie. Lediglich der Inszenierungsstil hatte sich verändert. 1876 vollzog sich Brunhildes Erwachen im altdeutschen Märchenwald, inmitten hochgetürmter Felsen, auf weit ausgebreitetem Purpurmantel – 1957 auf einem Welten-Ei in archetypischer Einsamkeit. 1856 schmachteten Tristan und Isolde sich noch auf dem bürgerlichen Sofa an – einhundert Jahre später schwebten sie substanzlos im sphärischen Licht. Im Venusberg wünschte sich Wagner Grotten, zarten, rosigen Dämmerschein, korallenartige tropische Gewächse, smaragdgrüne Wasserfälle, badende Najaden, Sirenen, Nymphen, Amoretten, Satyre und Faune, und das Ganze »von einem zauberhaften, von unten her dringenden, rötlichen Licht« beleuchtet (also ganz im Sinne des Schlafzimmerbilder-Geschmacks, wie er in so ausgeprägtem Maße Ludwig II. zu eigen war) – bei Wieland Wagner erschien die Venus nicht etwa als bezaubernde Oberhure; vielmehr ähnelte sie einer Art Gymnastiklehrerin oder gar Kommandeuse, die »natürlich nicht, wie Wagner es logischerweise haben wollte, liegen darf; im Mittelpunkt steht sie unbeweglich wie eine Statue und überwacht unbarmherzig die im fahlen Dämmerlicht angestrengt turnenden und exerzierenden Massen« (Marcel Reich-Ranicki, 1964).[751] Da nun alles existentiell gemeint war, fielen die Accessoires weg; *Tannhäuser* war nun ohne Harfe, Flieder, Eiche, Muttergottesbild, Pilgerstab. Schluß gemacht wurde mit dem »Popularität heischenden Kreisleiter Sachs« (W. Wagner), obwohl doch die *Meistersinger* ohne Nationalismus und Chauvinismus, ohne Deutschtümelei und nationales Pathos unverständlich sind: nämlich repräsentative Festoper eines falschen Bewußtseins, und nicht unverbindliche, unterhaltsame Hanswurstiade. Mit der Entrümpelung wurde gleich das ganze Theater weggelassen, um dessentwillen man ins Theater ging. Der Wagnerfreund Blochscher Provenienz (»Rettung Wagners durch Karl May«) merkte die neomythologisierende Absicht und war »verstimmt«. Verstimmt waren allerdings auch die konservativen Kritiker. Wieland Wagner betreibe Geschichtsklitterung, meinte Johannes Jacobi in der *Zeit* 1964. Weil niemand sich die Finger verbrennen wolle, indem er auf großartige, stilistisch wegweisende Kunstleistungen verteidigend hinweisen möchte, die unter (und trotz) dem politischen Patronat Hitlers in Bayreuth vollbracht worden seien, täten die Enkel so, als ob es das zweite Bayreuth gar nicht gegeben hätte. Die Grenzlinie zwischen dem seinerzeitigen Tietjen-Preetorius- und dem Wieland-Bayreuth verlaufe entlang der Natur und der szenischen Funktion, die ihr in den Inszenierungen zugebilligt werde; weiter gefaßt: der realistischen Illusion.[752] Emil Preetorius, dessen alte heroisierende Bühnenbilder übrigens noch Karajan bei seiner Erarbeitung des *Ring* (1957 bis 1960) verwendete, hätte nur soweit stilisiert und symbolisiert, wie es die illustrative Musik zuließe; die Romantik der Natur- und Sagenwelt wurde nicht nur respektiert, sondern durch szenische Überhöhung aus einem dekorativen Element zum Symbolrang gesteigert. Wieland Wagners

Bayreuther Revolution sei hingegen in der prinzipiellen und systematischen Entromantisierung zu erblicken. »Die Regisseure müssen einen Weg finden, auf dem sich das romantische Wesen der Wagnerischen Kunstwerke darstellen läßt, sicherlich mit den szenischen Mitteln der modernen Bühne, doch so, daß Richard Wagner als Romantiker erhalten und als solcher erlebbar bleibt. Wem die Diskrepanz zwischen Romantik und Gegenwart unerträglich geworden ist, der mache einen Bogen um Wagner.«[753] Bei der heftigen Diskussion um Wagner und Bayreuth bezog man sich immer wieder auf Theodor W. Adornos 1937/38 in London und New York niedergeschriebenes, 1952 erstmals bei Suhrkamp veröffentlichtes Buch *Versuch über Wagner*, in dem er unter anderem dessen Antisemitismus bis ins Kunstwerk hinein verfolgte und aus ihm begründete. In einer *Nachschrift zur Wagner-Diskussion* (1964) wies Adorno darauf hin, daß in jeglicher Dimension, vom Charakter bis in die Kompositionstechnik, Wagner Ambivalenz zum Wesen habe. Die politischen und ästhetischen Momente könnten nicht voneinander getrennt werden; sie seien ineinander verwachsen. Es gäbe Wagner als Politikum, auch heute noch in einem höchst handgreiflichen Sinne; vom Ästhetischen müsse es soweit getrennt werden, wie Kunstwerke als Schein nicht unmittelbar eins sind mit der Realität. »Millionen von Juden sind ermordet worden. Das Werk Wagners – keineswegs nur die Prosaschriften – agitiert unverkennbar für völkischen Antisemitismus. Diesen Aspekt der Musikdramen heute weiter unverändert zu präsentieren, nach dem Unsäglichen, was geschah, ist nicht zu verantworten.« Adorno neigte der Ansicht zu, daß das Schlimmste gestrichen werden müsse.[754] Das war kein rigoros-moralischer, sondern ein pragmatischer Gesichtspunkt; antifaschistische Wagnerfreunde konnten auf diese Weise mit besserem ästhetischen Gewissen einem Genuß nachgehen, den sie sich vom politischen Standpunkt aus (wie Theodor Heuss, der einen Besuch der Bayreuther Festspiele ablehnte) hätten versagen müssen.

Das Publikum, das im Sommer 1951 und späterhin auf dem Festspielhügel zusammenkam, glich dem der früheren Jahrzehnte; es setzte sich zusammen aus dem finanzkräftigen deutschen Bürgertum und der konservativen, noch immer aristokratischen Gesellschaft, aus dem internationalen, vorwiegend angelsächsischen Kulturtourismus und aus einer kleinen Schar kritisch-passionierter Liebhaber und Künstler, die eigentlich die Diskussion um Bayreuth führten; und aus nun republikanisch gewordenen Vertretern der »Arbeitsfront«.[755] Die Auffahrt zum Hügel war und blieb ein Schauspiel des Luxus und des offen zur Schau getragenen Reichtums. In den langen Pausen promenierte ein Publikum, das seine bürgerliche Solidität mit jedem Schritt, mit jeder Geste betonte. Das alte wie das neue Bayreuth erwiesen sich eben als eine Schöpfung von »Gründerzeit«. Später kam zur gravitätischen Starre etwas mehr modische Aleatorik. Eleganz durfte dann auch extravagant sein.[756]

Dichotomie des Musiklebens: Auf dem einen Zweig, einem sehr starken, kräftigen, überwölbenden, blühte der Konservativismus auf; auf dem anderen die keineswegs unterbelichtete Modernität (neue Oper, neue Musik); beide »Branchen« waren oft eng miteinander »vergabelt«. Die Kontinuität des Musiklebens war durch die totale Niederlage 1945 nicht lange unterbrochen worden (die im Dritten Reich geschätzten Vertreter waren sowieso immer nur Mitläufer gewesen). Solche Beständigkeit verkörperte etwa die Pianistin Elly Ney, die bereits 1927 das Ehrenbürgerrecht der Beethovenstadt Bonn bekommen hatte. »Der Konzertsaal scheint sich in einen Raum der Andacht zu verwandeln, wenn die berühmte Pianistin mit durchgeistigter Inbrunst und meditativer Abgeklärtheit das Reich Beethovens zum Klingen bringt.«[757] Bei dem »abgeklärten, vergeistigten Musizieren der Seniorin unter den deutschen Pianistinnen« (verbunden mit dem »jugendlichen Feuer einer Künstlerin, die mit unermüdlicher Besessenheit den feinsten seelischen Schwingungen der Musik« nachspürte) empfand das begeisterte Publikum, daß die »Unrast der Zeit wie fortgewischt« war.[758] In den Konzertpausen rezitierte Elly Ney aus Beethovens *Heiligenstädter Testament*; weißgekleidete Mädchen sammelten inzwischen mit herumgereichten samtenen Beuteln wie in der Kirche Geld für den Wiederaufbau der Bonner Beethovenhalle.[759]

Was das Cello »an Glanz und Farbigkeit, an männlicher Kraft und Beweglichkeit seines baritonalen Tones« zu bieten hatte, »blühte edel« unter Ludwig Hoelschers Bogenstrich auf. Als bedeutendster Repräsentant seines Faches meisterte er auch die »modernsten Klangaufgaben mit höchster Vollendung«. Mit fünfzig Jahren war er bereits von dem früheren NS-Künstler Arno Breker in Bronze gegossen worden.[760] – Der Pianist und Dirigent Edwin Fischer, tieflotend, die letzten Geheimnisse des Kunstwerks enthüllend, »ohne dabei auch nur ein Gran an Intensität und faszinierender Suggestivkraft einzubüßen«, war Mittler »zwischen dem Göttlichen, dem Ewigen und den Menschen«.[761] – Eine beispiellose Karriere begann für Dietrich Fischer-Dieskau, der nach der Rückkehr aus der Kriegsgefangenschaft über Freiburg nach Berlin ging. Große Opernpartien machten ihn bekannt (Almaviva, Wolfram, Falstaff, Wozzeck); berühmt aber wurde er vor allem als ein Sänger, der eine Renaissance des romantischen Liedes bewirkte bzw. den romantischen Bedürfnissen der Nachkriegszeit einen Fixierungspunkt von höchster Qualität bot. »Inbegriff deutscher Kultur« nannte ihn ein ausländischer Kritiker. In einer Kritik aus dem Jahr 1959 heißt es: »Er tastet die feinen Regungen im Lied mit der Reinheit eines Kindes nach. Für ihn verbrauchen sich die tönenden Bilder dieser Lieder nicht mit der Zeit, sondern erneuern sich bei jeder Begegnung. Er ist von Schuberts Melodien berauscht . . . Das Wunder seines Vortrages wäre unmöglich, hätte er nicht letzte technische Meisterschaft erworben. Wo bliebe bei seinem Liedvortrag je ein Wunsch offen?«[762]

Von einer *Reise durch das deutsche Konzertleben* berichtete Horst Koegler 1957, daß nach wie vor der ganze Komplex der modernen Musik – und er beginne in manchen Städten schon bei Bruckner – auf den größten Widerstand beim durchschnittlichen Konzertpublikum träfe. Private Veranstalter könnten sich Konzerte mit ausschließlich zeitgenössischen Programmen überhaupt nicht leisten; sie täten es liebend gern, versicherten sie alle, aber das Publikum ließe sie glatt in Stich; man schreibe böse Briefe oder drohe mit der Nichterneuerung eines

Die Pianistin Elly Ney

Abonnements zur nächsten Saison, wenn ein Solist wage, zu dem einen ihm widerwillig zugestandenen modernen Stück noch ein oder gar zwei weitere zu spielen.[763] Doch war auch hier die dichotomische Situation unübersehbar; sie wurde gerade durch die »Publikumslieblinge« mit bestimmt: Ludwig Hoelscher zum Beispiel verdankten viele moderne Komponisten erfolgreiche Uraufführungen; Dietrich Fischer-Dieskau setzte sich für Hans Werner Henze und Aribert Reimann ein. Auf Festspielen, vor allem in Salzburg, gelangten vielfach moderne Opern zur Uraufführung. Unter den Dirigenten war Hermann Scherchen ein Protagonist der »musica nova«, sowohl was die Vertreter der älteren Generation (Arnold Schönberg, Alban Berg, Anton Webern) als auch was ihre jüngeren Nachfolger betraf. Scherchen, ein unbequemer Musiker für den Kulturbetrieb, ein Anti-Star, arbeitete häufig und gern mit wenig prominenten und jugendlichen Musikern zusammen. »Er, der von sich und auch von allen an der Interpretation Beteiligten das Äußerste an Intensität verlangte, war dennoch kein Perfektionist, der nur mit Perfektionisten hätte umgehen wollen (darin unterschied er sich kraß von z. B. Karajan).«[764]

Fragt man nach den Wurzeln der modernen Musik und den Gründen für ihre relativ große Bedeutung und facettenreiche Weiterentwicklung nach dem Zweiten Weltkrieg in Westdeutschland, so wird man von einem Aufstand des Geistes gegen das Gefühl sprechen können. Nach Siegfried Borris[765] lagen die zur Krise drängenden Faktoren der Musik des 19. Jahrhunderts zutiefst in der romanti-

Plakatentwurf von Helmut Jürgens, 1957

schen Geisteshaltung begründet. Lyrische Gemütshaltung, intime Inweltschau, Bekenntnisdrang, Selbstentschleierung und Maßlosigkeit der Empfindung hatten die romantische Musik zu den subtilsten, zartesten Seelenpoesien, aber auch zu den monumentalen pathetischen Gebärden des Weltschmerzes, religiöser Hymnik und idealer Weltverklärung geführt. So hatte die Musik allmählich immer mehr »Seelenfracht und Ausdrucksgeladenheit« mitbekommen. Einerseits wuchsen die Ausdrucksmittel, zum Beispiel des Orchesters, ins Gigantische; andererseits ging das Raffinement der Differenzierung feinster Tönungen zu allerzartesten Abstufungen. Hier nun müsse man die »Musik im Umbruch« ansetzen. »Alle Elemente des Klanges: Melos und Rhythmus, sowie Harmonik und Dynamik sind bis an die Grenze einerseits der Potenzierung, andererseits der Differenzierung vorgetrieben. Ein fortwährendes Fluten und Schwellen gegensätzlicher Impulse kennzeichnete die überreizte, fast hektische Nervosität dieser Musik.« Arnold Schönberg suchte einen Weg zur Lösung und Entäußerung von all dem Überladenen und Verpflichtenden, das die abendländische Musik als Last ihrer Tradition dem Schaffenden aufbürdete. Wie auch Alban Berg und Anton Webern wandte er sich in seiner Musik betont von der Welt der Sinne ab; die Zwölftonmusik war ein Kompositionsprinzip, das sich der ordnenden Kraft des Logos verpflichtet fühlte, wobei freilich eine neue kosmische Ekstatik um sich griff – gewissermaßen eine religiös-mathematische Inbrunst. Schönbergs These von der »absoluten Klangfreiheit« war eine neue Heilslehre, die mit ihrem Hang zur weltverachtenden, essentielle Verdichtung anstrebenden Esoterik die Musik bis an den Rand des Verstummens brachte. Gegenüber solcher Reiz-Reduzierung zugunsten radikaler Vertiefung artikulierte sich etwa in der Musik Igor Strawinskys eine »Reiz-Erneuerung«, die mit vitalem Elan in die Bereiche des Elementaren, Barbarischen, Magischen vorstieß. Expressionismus und die Begegnung mit dem Jazz spielten dabei eine Rolle. Der neue Vitalismus war bei Paul Hindemith genauso zu spüren, wie er Carl Orff und Werner Egk maßgebend bestimmte.

Eine Komponente des musikalischen Lebens bestand in der Aufarbeitung von Vergangenheit. Musikalische Aufrührer der zwanziger Jahre wie Paul Hindemith, Ernst Krenek, Kurt Weill, Arthur Honegger kamen zu neuem Ansehen. Hindemiths Oper *Mathis der Maler* wurde nach dem Erfolg der Erstaufführung (1946) ins Repertoire aufgenommen. Andere Werke des modernen Musiktheaters, wie Kreneks im Dritten Reich totgeschwiegene Oper *Karl V.* (Düsseldorf 1958), errangen Achtungserfolge.[766] Dezidiert wandten sich moderne Komponisten der Literaturoper zu, in Absage an die schwülstigen Libretti der traditionellen Oper, die keine Reflexionsprozesse in Gang setzten. Beispiele dafür waren: Gottfried von Einems *Dantons Tod* (G. Büchner), Werner Egks *Irische Legende* (W. B. Yeats) und *Der Revisor* (N. Gogol); Wolfgang Fortners *Bluthochzeit* (G. Lorca); Hans Werner Henzes *Der Prinz von Homburg* (Text von Ingeborg Bachmann) und *Elegie für junge Liebende* (W. H. Auden); Gieselher Klebes *Die Räuber*; Hermann Reutters *Don Juan und Faust* (Chr. D. Grabbe).[767]

Die Geschichte von Bernd Alois Zimmermanns einziger Oper *Die Soldaten*, nach dem Schauspiel des Jakob Michael Reinhold Lenz, zeigte, wie schwer es war, modernes Musiktheater innerhalb der Organisationsstrukturen eines Stadttheaters, aber auch in Hinblick auf die eingeschliffenen Seh- und Hörgewohnheiten des Publikums, zu verwirklichen. (In einem *Spiegel*-Interview 1967 empfahl Pierre Boulez, alle Opernhäuser in die Luft zu sprengen; später dirigierte er dann in Bayreuth.) Zimmermann erhielt einen Kompositionsauftrag der Stadt Köln für diese Oper, die 1960 zur Aufführung kommen sollte. Als 1959 die ersten beiden Akte vorlagen, erklärten der damalige Kölner Intendant Oskar Fritz Schuh und sein Generalmusikdirektor Wolfgang Sawallisch, die Oper sei unaufführbar. Zimmermann brach die Ausarbeitung des dritten Aktes ab, konnte aber den Westdeutschen Rundfunk für eine konzertante Fassung gewinnen, die 1963 öffentlich zur Uraufführung kam. Der neue Intendant des Kölner Theaters, Arno Assmann, erklärte sich bereit, die szenische Uraufführung nun vorzunehmen; die Oper ging, nach Fertigstellung des dritten Aktes, am 15. Februar 1965 zum ersten Mal über die Bühne und wurde daraufhin von acht weiteren Häusern übernommen.[768]

Auf zwei Wegen stellte sich für das moderne Musiktheater der fünfziger und sechziger Jahre ein gewisser Erfolg ein: Wenn man sich entweder traditioneller Ästhetik so weit wie möglich unterordnete (wozu etwa Henze zunehmend neigte), oder wenn man sich dieser Ästhetik betont nonkonformistisch, auch radikal verweigerte.[769] Was dem Physiker recht sei, der über Kraft, Materie,

Kausalität nachdenke, müsse mittlerweile auch dem Musiker billig sein, meinte Theodor W. Adorno in *Klangfiguren* (1959). Darüber zu klagen und der verlorenen Naivität nachzutrauern, stünde nicht an. Anstatt die Bewußtwerdung der Musik, ihre immanente Rationalität zu verleugnen, sollten spontane Subjekte sie steigern, bis sie der ästhetischen Qualität beistehe. »Wer seine musikalische Unschuld noch nicht verlor, dem ist nichts besseres zu wünschen, als daß er sie schleunigst verliere.«[770] In diesem Sinne trieb die serielle Musik, vor allem repräsentiert von der ton-angebenden Trias Luigi Nono (geb. 1924), Pierre Boulez (geb. 1925) und Karlheinz Stockhausen (geb. 1928) – anstelle von Schönberg nun Anton Webern sich zur Leitfigur wählend – die Anti-Naivität auf die Spitze. Die von ihnen vertretene »zentrale und einheitliche Steuerung durch eine mehrdimensionale Netzstruktur von Reihen (woraus sich der Begriff ›seriell‹ ableitet) entsprach einem damals aktuellen Denken in technischen Kategorien und einer in allen Künsten vorherrschenden antipathetischen Abstraktionslust. Für die Musik, die ja seit jeher mit dem Zahlenwesen in enger Nachbarschaft lebt, versprach dieser totale Zugriff von Rationalität überdies die Erfüllung eines längst vorhandenen Existenzideals.« (Ulrich Dibelius)[771] Die Mathematisierung der Ordnung von Klangmaterialien führte 1951 zur Einrichtung des ersten »Elektronischen Studios« im Kölner Funkhaus – auf Initiative von Herbert Eimert, der mit einem Stab von Musikern, Akustikern und Technikern an die Erarbeitung einer neuen Musikästhetik ging. Elektronische Musik wurde definiert als eine neuartige meta-musikalische Klangwelt, aus Tönen »aufgebaut«, welche die traditionelle Musik nicht kannte, jenseits von Grenzen also, die den mechanischen Instrumenten gesetzt sind; sie besteht ausschließlich in der radiophonischen Form der Tonband- und Lautsprechermusik und basiert auf der elektronischen Erzeugung des Klangs sowie seiner Fixierung auf dem Tonband, das durch Manipulation die Verarbeitung des aufgenommenen Klanges ermöglicht.[772] Elektronische Musik sei, so Karlheinz Stockhausen, im wörtlichen Sinne unanschaulich: sie entspreche deshalb dem Rundfunkhören, bei dem es eben nichts zu schauen gäbe. »Ich kann von mir selbst sagen, daß ich am besten solche Musik höre und meine Phantasie am freiesten ist, wenn ich allein bin, nur lausche, am besten die Augen schließe, um auch die Dinge um mich herum auszuschließen. Da tun sich dem inneren Auge Visionen auf in Zeiten und Räume, die die Möglichkeiten der Gesetze der uns umgebenden physikalischen Welt übersteigen; räumliche Entfernungen und die Logik der Aufeinanderfolge von Ereignisketten in der Zeit sind aufgehoben. Elektronische Musik hat die innere Welt frei gemacht, denn man weiß, daß es bei ihr draußen nichts zu sehen gibt, daß die Frage sinnlos ist, womit und wie die Klänge und Klangfarben erzeugt werden. Die innere Welt ist so wirklich und so wahr wie die äußere, und ich denke, daß Musik mehr als je zuvor dem Erlebnis dieser inneren Welt dienen sollte, in der jeder einzelne sich selbst am stärksten erlebt und dadurch auch die äußere Welt neu sehen und hören lernt.«[773] Unabhängig von der ästhetischen Wirkung solcher Musik, die von der Kritik nach einer Phase modischer Zuwendung steriler Phantasielosigkeit bezichtigt wurde, markiert das Zitat den kulturpolitischen und sozialpsychischen Standort (Endpunkt), an dem die Bewegung der neuen Musik nun angekommen war. Im schwitzenden Idyll der Wirtschaftswunderwelt mit ihrem konsumtiven Materialismus zog man sich in eine hermetisch abgeschlossene Welt mathematischer Abstraktion zurück, die »Sinnlichkeit« nur noch via Elektronik zuließ – kastalische Provinz, die im technischen Glasperlenspiel Sinnerfüllung fand. Vom »Altern der neuen Musik« zu reden, scheine paradox, meinte Theodor W. Adorno Mai 1955; »aber inmitten des beängstigenden Weltzustandes zeigt das Symptom der falschen Befriedung, was sein Wesen hat an der Kündigung des Einverständnisses und sein Recht an der Gestaltung dessen, was die konventionelle Oberfläche des Alltags verdeckt und was sonst zum Schweigen verdammt wird von eben jenem Kulturbetrieb, zu dessen Sparte auch die Neue Musik zu werden droht.« Das war zwar kompliziert, aber richtig gedacht. Als Musik zum ersten Mal an alldem (gemeint war der »Ton des Affirmativen«, die »Bestätigung eines Bestehenden«) gründlich irre ward, wurde sie zur Neuen; mit dem Altern der neuen Musik sei nun nichts anderes gemeint, als daß dieser Impuls in ihr verebbe; sie gerate in Widerspruch zu ihrer Idee und büße deshalb auch die eigene ästhetische Substantialität und Stimmigkeit ein. Die »Stabilisierung der Musik«, die Gefahr des Gefahrlosen, habe sich nach dem Weltuntergang noch verstärkt. »Keineswegs aber hat, wie ein anderes Klischee es haben möchte, der gärende Most sich zu reifem süßem Wein abgeklärt. Es ist nicht etwa an Stelle der Exzesse einiger Stürmer und Dränger nun die gültige Leistung, das runde Meisterwerk getreten. Das Verlangen danach gehört selber zum Bereich jenes Konformismus, den die Neue Musik aufkündigte. Während die Epigonen der Moderne, denen man heute auf Schritt und Tritt begegnet, vergessen, was das Ganze eigentlich sollte, nimmt die Qualität, die Verbindlichkeit der Gefüge, ab; beides, das Nachlassen der inneren Spannung und das Nachlassen der gestaltenden Kraft, entspricht sich und hat wohl die gleiche Wurzel.« Das Ordnungsschema hatte das Wozu substituiert, die Organisation der Mittel war zum Ersatz für den verleugneten Zweck geworden. Durch die atomistische Disposition der Elemente zerging der Begriff des musikalischen Zusammenhangs, »ohne den von Musik doch wohl nicht die Rede sein kann. Der Kultus der Konsequenz geht in Götzendienst über; das Material wird nicht weiter durchgeformt und artikuliert, um der künstlerischen Absicht dienstbar zu sein, sondern seine Zurichtung wird zur einzigen künstlerischen Absicht, die Palette zum Bild. So schlägt die Rationalisierung auf ominös symbolische Weise ins Chaotische um.«[774]

In Chronologie, »Schulen«, Tendenzen und Namen festgemacht hieß dies:[775] Nach der Rezeption von Schönberg, Strawinsky, Hindemith und der populistisch sich anbiedernden Musik von Egk und Orff war im Zeichen von Anton Webern die Flucht in ein System erfolgt, das Rationalität garantierte, eine Flucht aus der engagierten politischen »Stellungnahme« in einen Bereich des reinen, ungestörten und unpolitischen Klanges; (Nono scherte freilich dann aus und stellte sich mit der Oper *Intolleranza*, 1960, in den Dienst des »Klassenkampfes«).

Hindemith verlor als Leitfigur der neuen Musik an Bedeutung; seine Werke wurden allerdings häufiger aufgeführt als diejenigen jüngerer Komponisten, die unter dem Einfluß des »Seriellen« Zeichen der Erstarrung zeigten (symptomatisch, daß Werner Henze, Bernd Alois Zimmermann und Gieselher Klebe, wohl auf der Suche nach neuer »Sinnlichkeit«, ihren Wohnsitz im Süden nahmen, nach Italien übersiedelten).

Die serielle Musik als aleatorische Musik, als »musikalische Graphik«, wurde von einem neu aufkommenden, keineswegs nur sozialistisch bestimmten »neuen Realismus« als formalistischer Ausdruck des dekadenten kapitalistischen Systems empfunden; durch einen solchen Aufstand linker wie rechter Ideologen erfuhr die »Hirnmusik« allerdings auch eine gewisse, nämlich anti-ideologische Legitimation.

Eine postserielle Phase kündigte sich an; John Cages »destruktive« mystische Ästhetik sah die eigentliche Natur des Akustischen durch ein Komponieren, das von Kategorien wie Strukturen und Formen ausging, verstellt; sein »Chaotismus« löste 1958 in den »Darmstädter Ferienkursen für neue Musik« tiefe Verunsicherung aus. Der im Gegensatz zur romantischen Redundanz und klassischen Pathetik entwickelte musikalische Rationalismus sah sich mit der »ahistorischen« Forderung konfrontiert, die reine Materie der Töne »direkt« zur Geltung zu bringen.

Die Reduktion des Komponierens auf die bloße Initiierung von tonalen Prozessen und Aktionen, der totalen »Über-Organisation« des Klangmaterials entgegentretend, hatte einen neu erwachenden Sensualismus zur Folge. »Wie zu Beginn des Jahrhunderts die Dissonanzen den Konsonanzen gleichgestellt wurden, so erfuhr jetzt beispielsweise das Geräusch seine Emanzipation gegenüber dem musikalischen Ton, trat die Klangfarbe gleichberechtigt neben die anderen Parameter. In manchen Fällen handelte es sich um Emanzipationen der durch Systemzwänge unterdrückten tönenden Natur, um das Abschütteln von kulturgezeugten Zwängen bürgerlicher Musik. Dazu gehören in erster Linie die Aufgabe der reinen Serialität und die Aufwertung, ja der Sieg der freien Improvisation gegenüber der autoritären Komposition. Solche Befreiungsbewegungen scheinen für die sechziger Jahre generell kennzeichnend zu sein. Es gab sie auch im Free Jazz, der eben erst aufkam ... Der elementare Drang, den Zwang immanenter Herrschaftssysteme zu brechen und freiheitliche Ordnungen auf neuer Basis zu schaffen, dürfte ebenso fundamental zum faszinierend reichen Bild der Musik zwischen 1960 und 1970 gehören wie die Freude an der Entdeckung neuer Möglichkeiten, Kommunikation zwischen Interpreten und Zusammenhang im musikalischen Werk zu stiften.« (Hans Oesch)[776]

Im Dezember 1968, im Jahr zunehmender studentischer Unruhen und Protestaktionen, sollte Henzes Oratorium *Das Floß der Medusa* in Hamburg aufgeführt werden. Ein Che-Guevara-Poster und eine rote Fahne auf dem Podium führten zur Konfrontation zwischen dem Veranstalter (dem »Establishment des Rundfunks«) und SDS-Gruppen aus Berlin und Hamburg. Henze begeisterte sich für das neue junge, demokratische Bewußtsein; überall »artikulierten junge Leute ihre Wut, ihren Protest, ihren Abscheu gegen eine Gesellschaft, die all

ihren Vorstellungen, Plänen, Utopien von wahrhaft menschlichen Lebensver-
hältnissen zynisch ins Gesicht lachte«.[777] Die Studio-Atmosphäre schien ver-
lassen; man war wieder bei »etwas Lebendigem« angelangt. Rhythmische Ho-
Chi-Minh-Rufe skandierten das Ende der Zeit der schönen Selbsttäuschungen.
Seinen Wohnsitz aus Italien nach Deutschland zu verlegen, das Dorado ästhe-
tischen Scheins mit dem Ort politischer Aktion zu vertauschen – daran dachte der
Spieler und Lyriker, Eklektiker und Genießer Henze, der nun seine Zigarren aus
Kuba bezog, freilich nicht.

Kunst zwischen »Verlust der Mitte« und »neuer Unverbindlichkeit«

In dem Ausstellungskatalog *Kunst in Deutschland 1898-1973*, der »annalistisch«
vorgeht – für jedes Jahr um ein zentrales Bild oder eine zentrale Plastik Zeugnisse
und Analysen gruppierend –, heißt es zu 1949 als Stichwort: »Der Künstler gerät
in den Konflikt der Weltanschauungen. Hält er an der menschlichen Gestalt fest,
beanspruchen ihn die Ideologen des ›sozialistischen Realismus‹. Zugleich wird er
dort zur Unperson, wo die Formel Abstraktion = schöpferische Freiheit gilt.
(Die anderen sprechen vom Formalismus.) Im Blick auf das ›Menschenbild‹ trifft
sich die linke Parteilichkeit mit dem Neo-Konservativen, die das, was sie vor
vierzig Jahren akklamierten, jetzt als bloßes ›Spiel‹ abtun.«[778] Zur Charakterisierung bzw. Illustration dieser doppelten Dichotomie (Ost-West, progressiv-
konservativ) werden als Abbildungen gezeigt:
eine karikierende Zeichnung von George Grosz, 1949, auf der ein Maler an
einer üppigen nackten Frauengestalt »Maß nimmt« (»Weg mit dem Formalismus,
Formen wollen wir wieder sehen«);
das Gemälde *Auferstehung* von Otto Dix, 1948 (ausgestellt auf der Großen
Münchner Kunstausstellung 1949);
die Plastiken *Tänzerin*, 1948, von Toni Stadler (ausgestellt auf der Großen
Münchner Kunstausstellung 1949) und *Der Geschlagene*, 1949, von Fritz Cremer;
ein Ausschnitt aus einer Illustrierten, 1949, der eine adrett gekleidete junge
Frau neben einer Plastik von Gustav Seitz (*Sitzendes Mädchen*, 1949) zeigt.
Als Texte werden unter anderem zitiert:
ein Artikel von Heinz Lüdecke aus dem *Neuen Deutschland* (1949) über Seitz:
sein Hauptthema sei nach altem Bildhauerbrauch der nackte Mensch, vor allem
der Frauenkörper, den er kernig gesund und mit sparsamen Gesten gestaltet;
eine kritische Analyse des Publizisten Wilhelm Hausenstein, in der es heißt,
daß das, was sich heute als abstrakte Kunst gäbe, eine Wiederholung darstelle: die
zweite Auflage eines Experimentes, das uns in der Malerei Wassily Kandinskys
bis 1914 eine Zeitlang erregt habe, um nachher als etwas Letztes und Unergie-
biges beiseite zu bleiben. (»In welchem Stadium der Erschöpfung muß aber erst
die modernste Kunst angekommen sein, um sich heute, nach dem fürchterlichen

Memento der beiden Kriege, ein zweites Mal auf solche Spiele einzulassen – und seien es selbst Spiele um ein echtes Geheimnis!«);

ein in der Zeitschrift *Für Kunst* 1949 erschienener Bericht von Heinz Ladendorf über den Zweiten Deutschen Kunsthistorikertag in München: »Die lebhafte Diskussion zur Kunstgeschichte der neueren und neuesten Zeit erreichte mit dem Beitrag von W. Haftmann einen leidenschaftlichen Höhepunkt; sie darf als ein Beweis dafür gelten, daß die Arbeit an der Kunstgeschichte des Mittelalters keine Flucht vor der Gegenwart bedeutet, sondern die Forschung daneben in starker Anteilnahme bemüht ist, sich mit den echten Fragen der Zeit auseinanderzusetzen.«

In nuce sind in dieser Kombination von Bildern und Texten wichtige Hinweise auf Aspekte, Tendenzen und Kontroversen der bildenden Kunst der fünfziger und sechziger Jahre enthalten.[779] Der Streit um die abstrakte Kunst, oft stellvertretend als Auseinandersetzung um die moderne Kunst überhaupt geführt, erreichte einen besonderen Höhepunkt; der verdrängte oder mißachtete Realismus (auch Expressionismus, Symbolismus, Surrealismus) machte sich, freilich oft erfolglos, geltend; die bildungsbeflissenen »oberen« Schichten der nivellierten Mittelstandsgesellschaft fühlten sich durch den Umgang mit bestimmten Formen moderner Kunst in ihrem Drang nach Lebensqualität und Sozialprestige bestätigt. (Das »Schönste« führte aus den Grauwelten der Trümmerzeit heraus.)

Nach 1945 sah es trostlos aus: »Die nationalsozialistische Kunstdiktatur hatte durch Arbeits- und Ausstellungsverbote den ›Kunsttempel‹ von allen Begabungen gereinigt und nur am Leben gelassen, was dem sogenannten gesunden Menschenverstand zugänglich war, sie hatte in den Bibliotheken und Lehranstalten die Literatur über die neuere Kunst ausgemerzt und alle wesentlichen Kunstwerke der Gegenwart aus den Galerien entfernt und verkauft . . . Die Jüngeren brachten kaum noch eine Vorstellung mit, wie die Kunst vor 1933 ausgesehen hatte, und die Älteren waren durch die persönlichen und allgemeinen Schicksale vergrämt.« So der Kunstwissenschaftler Will Grohmann, der vor und nach der Gründung der Bundesrepublik mit seinen Kritiken, Artikeln und Büchern einen wesentlichen Beitrag dazu leistete, daß die tiefsitzenden Vorurteile und die weitverbreitete Ignoranz über moderne Kunst schrittweise abgebaut werden konnten.[780] Bei dem Bemühen, einesteils wieder anzuknüpfen an die deutsche Tradition vor 1933, andererseits aber auch Einblick zu bekommen in das, was sich seitdem international ereignet hatte, fiel der abstrakten Kunst eine ganz besondere Rolle zu. Sie wurde als Ausdruck der neuen politischen Ordnung, als Manifestation demokratischen und republikanischen Geistes begriffen: e contrario, hatten doch die Nationalsozialisten sie in ganz besonderem Maße denunziert; dann aber auch, weil ihre Gegenstandslosigkeit von der zunächst sehr tristen Wirklichkeit abzulenken vermochte und eine politisch-engagierte Kunst, die unangenehme Fragen hätte aufwerfen können, überflüssig zu machen schien; schließlich, weil die Identifikation mit ihr eine antikommunistische Spitze hatte, wurde doch in der SBZ, der späteren DDR, der »sozialistische Realismus«

Willi Baumeister vor seiner
Staffelei, Stuttgart 1948

als offizielle Kunstrichtung gegenüber westlich-kapitalistischer Dekadenz propagiert.[781] Von den »Altmeistern« abstrakter Kunst wurden vor allem Kandinsky
und Paul Klee rezipiert; dazu kamen ausländische Einflüsse; das Werk Joan
Mirós etwa empfand man als bildnerische Überwölbung aleatorischer »schöner
Formgestaltung«. Gegenstandslosigkeit, Farbrhythmik und lyrische Abstraktion fanden in Willi Baumeister (1889-1955) einen besonders geschickten und
populären Propagator – und zwar als Theoretiker wie, neben Fritz Winter, Ernst
Wilhelm Nay und Theodor Werner, als Maler. Einer jüngeren Generation war es
dann vorbehalten, »die endgültige Integration deutscher Avantgarde in den
›internationalen Stil‹ zu vollziehen. Diesen Dreißig- bis Vierzigjährigen sollte es
gelingen, die bereits von Baumeister, Werner und Julius Bissier in den dunklen
Kriegsjahren erträumte kosmische Freiheit in eine emotional hemmungslose und
vernunftunkontrollierte Bildartikulation umzusetzen. Heimat dieser als Informel
und Tachismus bezeichneten abstrakt-expressiven Malerei war die ›École de
Paris‹, wo auch die aus Deutschland stammenden ›Psychogrammatiker‹ Hans
Hartung und Wols ihren gewichtigen Beitrag zu einer von Stimmungen motivierten, rhythmisch-spontanen Malweise geleistet hatten.« (Karin Thomas)[782]
   Die Künstlerbünde der ersten Nachkriegszeit, wie der »junge westen« in Recklinghausen, »Zen 49« in München, die »Gruppe 53« in Düsseldorf, vereinten in

sich zwar Angehörige der älteren wie jüngeren Generation und verschiedener Stiltendenzen; ihr Schaffen war jedoch insgesamt konsequent gegenstandslos, geprägt von der Absicht, sich von der nationalsozialistischen Kunstdiktatur mit ihrem Blut-und-Boden-Realismus eindeutig abzugrenzen. In Gegensatz zu den »Gegenstandslosen« traten Künstler unterschiedlicher Provenienz – vorwiegend Vertreter von Kunstrichtungen, die in den abstrakten Chiffren, Ornamenten, Strukturen eine große Ablenkung von den eigentlichen existentiellen und historischen Fragen der Zeit sahen. Die Wogen der Empörung schlugen dabei hoch; man unterstellte Opportunismus, zumal der Bundesverband der deutschen Industrie schon bald nach dem Krieg zu einem der wenigen mäzenatischen Förderer gegenstandsloser Richtungen geworden war. Karl Hofer ließ sich sogar dazu hinreißen, von einer »abstrakten SS« zu sprechen.[783] Fatal war es in der Tat, daß die unmittelbar nach Kriegsende in vielen eindrucksvollen Werken präsente »apokalyptische Kunst« bald vergessen war oder nicht genügend beachtet wurde – eine Kunst, die von Vertretern der inneren Emigration (wie Richard Oelze, Franz Radziwill, Karl Hofer) entweder »in Erwartung des Unheils« oder, nach 1945, von den gleichen Künstlern und neu hinzugekommenen, »angesichts des Unheils« geschaffen worden war. Im Sog der gegenstandslosen Aleatorik verblieb die antifaschistische Katakombenkunst, auch nach der Befreiung von der NS-Diktatur, häufig weiterhin in den Katakomben, nur langsam wieder ins Bewußtsein aufsteigend. An hohläugige Menschengespenster vor geborstenem Gemäuer, an Flüchtlinge, Krüppel und klagende Frauen inmitten anbrandenden Mauerschutts (wie in den Bildern von Rudolf Schlichter, Karl Hubbuch, Hannah Höch, Werner Heldt, Harald Duwe) wollte man im Wirtschaftswunderland nicht mehr gerne erinnert werden. Es dauerte auch einige Zeit, bis Max Beckmann wieder entdeckt wurde; sein mythologisierendes Spätwerk hatte inzwischen in den USA, wo der Maler ab 1947 eine neue Heimat gefunden hatte, große Anerkennung gefunden.[784] Leichter hatten es da Künstler, die nicht, wie Beckmann, die Last der furchtbaren geschichtlichen Vergangenheit zu tragen, auf- und abzuarbeiten suchten, sondern in träumerischer Naturverbundenheit und orphischer Mythenverschlüsselung arkadische Mittelmeerlandschaften aufsuchten. Über Werner Gilles schrieb Will Grohmann: »Gerade das Lyrische macht ihn zum auserwählten Liebling des deutschen Publikums. Er sucht noch immer das Land der Griechen mit der Seele.«[785]

Die Angriffe gegen die abstrakte Kunst kamen jedoch auch aus ganz anderer Richtung: nicht von einer Seite, die in der Gegenstandslosigkeit unpolitisches Verhalten und das Fehlen von Trauerarbeit beanstandete, sondern, im Gegenteil, in ihr eine Gefährdung des »unpolitischen« abendländischen Menschenbildes sahen. Daß der abstrakte originale Künstler das Bekannte und das Können verlasse und bis zum Nullpunkt vorstoße (wie es Baumeister formulierte), provozierte all diejenigen, die Experimente mißachteten und Verunsicherung verabscheuten. Die abstrakte Malerei nach 1945 sei nach der Ästhetik des Nationalsozialismus ein mühseliger, zweifelnder Weg, eine Suche nach Wahrheit mit allen ihren bisher unbekannten Risiken gewesen, meinte Bernard Schultze[786], der als kritischer Gegenstandsloser, vor allem Anfang der sechziger Jahre, den Glamour des Konsums mit seiner raumplastischen Malerei »de-komponierte«. Die Abstraktion, die Mißtrauen gegenüber festgefügten Seh-, Gefühls- und Denkweisen artikulierte, mit ihrem »Relativismus« alles in ein »Spiel der Formen und Farben« auflöste und offensichtlich nichts »Ein-sichtiges«, vor allem nichts »Heiliges« (»Unverrückbares«) anerkannte, traf affirmative Kultur im Kern. Diese berief sich, mit Hans Sedlmayr, auf »Mitte« und meinte damit vor allem den Fortbestand traditionaler, häufig autoritativ-hierarchischer Denkweisen. Der Kunstwissenschaftler Sedlmayr trat als dezidierter Christ auf, der Kunst als Teil von »Heilsgeschichte« sah. In seinem schon in den frühen vierziger Jahren konzipierten Buch *Verlust der Mitte* (1948) erscheint die Moderne als zweiter Sündenfall, als ein Abfall von Gott.[787] Die verlorene Mitte ist da zu suchen, wo der Mensch als Gottes Geschöpf, nicht aber als derjenige, der Gott verdrängt hat, zwischen Himmel und Erde steht.

Sedlmayr war nur eine, wenn auch sehr prominente Stimme im Chor der Bußprediger, die zur Einkehr und Umkehr aufriefen und eine Art Gegenaufklärung betrieben. Dabei war es opportun – im Rahmen des zunehmenden Einflusses der katholischen Kirche auf die Republik, die in manchen Ländern, wie in Bayern, bis zur Klerikalisierung reichte –, »Gesundung« mit der »Rückkehr zu Gott« gleichzusetzen. Gemeint war aber vor allem die Erneuerung der alten Ordnung. Natürlich gab es auch religiös-naive, um die personale Einheit des Menschen besorgte Warner, die mit redundanten Metaphern die durch die moderne Kunst bewirkte »Zerstückelung« von Leben, Welt und Identität beklagten[788] – was etwa in evangelischen und katholischen Akademien und in Volkshochschulseminaren von einem ans Schöne glaubenden, bildungsbeflissenen Publikum gierig aufgenommen wurde. Der unverwüstliche Oskar Kokoschka, der nach seiner Rückkehr aus der Emigration mit der Weiterentwicklung seines expressionistischen Werkes wieder zu berechtigtem Ansehen kam, rhapsodierte über das »unwandelbare Auge« und die Schönheit der »sichtbaren Welt«, die auch ohne die Bejahung seitens der Künstler weiterbestehen werde und der selbst eine »etwas windschief ausgefallene Kirche« (er meinte Le Corbusiers Wallfahrtskirche in Ronchamp) nichts anhaben könne.[789] Subtile, kunstästhetisch und kunstphilosophisch begründete Fragen an die gegenstandslose Kunst stellte Theodor Heuss; er befürchtete, daß das Abstrakte, lehrbar gemacht, aus dem Sinnenhaften in das Gebiet des formal Theoretischen gerate und darüber sich das Kriterium der *echten* Aussage, die man bei Klee, bei Marc finde, verflüchtige.[790] Hans Egon Holthusen war besorgt, daß die Massenmedien sich des Begriffs »Avantgardismus« bemächtigen würden, wobei das Formalistische sich besonders gut vermarkten ließe. Er knüpfte an einen Aufsatz von Hans Magnus Enzensberger über die *Aporien der Avantgarde* an, in dem es hieß: »Die Zukunft des Kunstwerkes wird verkauft, noch ehe sie eingetroffen ist. Angeboten wird jeweils, wie in anderen Branchen auch, das Modell des nächsten Jahres.«[791]

Für Arnold Gehlen hatte die moderne Kunst sich von der seit der Renaissance bestehenden Naturbezogenheit (der Aneignung und Durcharbeitung des Diesseits) gelöst.[792]. Die neue Reflexionskunst gipfelt in der »reinen«, also auf alle Konnotationen verzichtenden abstrakten Kunst in ihrer hellsten Bewußtheit. Das Malen mit dem Kopf, nicht mit der Hand, läßt sich leiten von der Idee einer Bildrationalität von hoher innerer Reflexionsspannung. Der Expressionismus erscheint demgegenüber als pure Fehlleistung – als »amorphe Emotionalität«, »provinziell«, »zwar ausdrucksstark, aber intellektuell tot«. »Der Reiz und der wirkliche, nicht mit Phrasen aufgedonnerte Sinn der Malerei und der anderen Künste könnte ja im gegebenen Moment damit zusammenhängen, daß sie uns mit Daseinsmächtigkeit verschonen, könnte also in der Entlastung liegen.« Die abstrakte Malerei erweist sich als Sehnsuchtsraum, Freizügigkeit und Atemholen, gerade, weil sie die »existentiellen« Appelle nicht mehr enthält. Die im Bild mitgeführten Traditionen, die Wertungen verbindlich gewesenen Geschmacks, die mitschwingenden moralischen Ansinnen sind abgestreift; die Kunstform selbst aber wird weitergespielt auf einem reflektierten und entlasteten Niveau, reizoffener und beweglicher.[793] Der fürchterliche Ernst der Wirklichkeit zieht sich in die Religion und Politik zurück; dort allein kommt es noch auf Haftung und Handlung an. Fazit: »Bei einem guten Bild ist heute nicht mehr dahinter, als darauf ist, sonst ist es mißglückt, und deswegen fordern wir den pictor doctus, damit man etwas zu sehen bekommt.«

Im Befund konvergiert Gehlens Analyse der abstrakten Kunst mit den gegen sie vom gesellschaftskritischen Realismus vorgetragenen Einwänden; was jedoch die linke Position als Defizit konstatiert, wird von konservativer Anthropologie gepriesen: der unpolitische Charakter abstrakter Kunst erweist sich als ihr »eigentlicher« Wert. Weder interpretiert sie die Welt, noch will sie sie verändern; sie bietet dem Menschen eine Enklave, ein Refugium für »entlastendes Spiel«. Damit wird freilich auch der Vorwurf, moderne Kunst stelle einen »Verlust der Mitte« dar, nicht mehr ernst genommen, sondern indirekt als das gesehen, was er in der Tat war: ein vergeblicher Versuch, mit Hilfe antiquierter, anachronistischer theologischer Kriterien die Kunst zu zensieren und zu reglementieren. Die Allianz des klugen Konservativen mit den gegenstandslosen Progressiven signalisiert die kunstgeschichtliche Situation in den sechziger Jahren: Zwar war der vorherrschende Geschmack nicht der Geschmack der Herrschenden; aber von wenigen Ausnahmen abgesehen, zu denen Joseph Beuys (aber weniger wegen seiner Kunst, sondern mehr wegen seiner politischen Verhaltensweisen) gehörte, stellte die moderne Kunst kein Skandalon mehr dar. Ob Monochromie (in der Nachfolge von Yves Klein) oder dynamischer, häufig mit Lichteffekten arbeitender zwei- bis dreidimensionaler »Strukturalismus« (wie beim »Zero«-Trio Heinz Mack, Otto Piene, Günther Uecker), ob serieller Reduktionismus oder farbengeometrischer Neokonkretismus (Günther Frühtrunk, Thomas Lenk, Georg Pfahler, Otto Herbert Hajek) – die vielen neuen »Figurationen« der sechziger Jahre, einschließlich des »Happening«, wirkten kaum noch als Provokation. Wenn sie »Reflexionskunst« waren, dann im Sinne introspektiver Nabelschau, die alles und jedes meinte (oder auch nichts). ». . . Zero ist die Stille. Zero ist der Anfang. Zero ist rund. Zero ist Zero.«[794]

Da die moderne Kunst zunehmend außerhalb der politisch und gesellschaftlich relevanten Bereiche angesiedelt war, konnte sie besonders erfolgreich vermarktet werden. »In Scharen schieben wir uns durch die großen Ausstellungen, die die Klassiker der Moderne oder Zeitgenössisches aus In- und Ausland zeigen, und jeder versucht, zwischen den Köpfen der anderen hindurch einen Blick auf die Bilder zu erhaschen«, heißt es in einem Beitrag von Jürgen Beckelmann über *Kunst und Kunstkonsum heute* in den *Frankfurter Heften* 1962. Mit Unbehagen müsse man feststellen, daß die Kunst, wie jede beliebige andere Ware behandelt, selber zu einer Art Ware werde, nicht nur als solche werbewirksam angeboten und preislich hochgespielt, sondern vielfach nun auch schon als Ware hergestellt.[795]

Nach Kriegsende hatte man gehofft, daß Kunst Teil des öffentlichen steten Diskurses sei und bleibe; nun zog sie sich wieder in die Galerien und Kunsthallen zurück, logierte auch in den Chefetagen der großen Konzerne. Kluge Intellektuelle parlierten vor avantgardistischen Reflexionsbildern von klugen Künstlern. Man wußte jedoch nicht mehr so recht, was Kunst eigentlich soll. »Es wird so ähnlich sein, wenn du dich erinnerst, wie auf dem Bilde von Oelze, so ähnlich stehen wir da in Erwartung und irgend jemand in unserem Rücken, hinter uns, da wird es immer jemand geben, der uns warten sieht«, heißt es in der *Trilogie des Wiedersehens* von Botho Strauß, die in einem Ausstellungsraum spielt.[796] Mitglieder und Freunde des Kunstvereins haben sich zur Vorbesichtigung der Bilder des »kapitalistischen Realismus« versammelt; immerhin kommt es zu einem Streit um die Ausstellung: ob sie nämlich stattfinden soll oder nicht, denn auf einem der Bilder ist ein Mitglied des Kunstvereinvorstandes in einer sexuell verfänglichen Lage und überdies als Nazi porträtiert. Dabei handelt es sich freilich um ein realistisches Bild.

Die »neue Unverbindlichkeit« trat besonders im Ausstellungswesen zutage; die Künstlerbund-Ausstellungen und die alljährliche Große Münchner Ausstellung im Haus der Kunst zeigten als wichtige Seismographen für provokative Trends und kreative Eruptionen immer weniger markante Ausschläge an. Dieses Schicksal teilte auch die »documenta« in Kassel, die 1955 erstmals stattgefunden hatte und sich als die wichtigste kunstpolitische Leistung der fünfziger und sechziger Jahre erwies – als der aufregende Versuch, auf breiter internationaler Basis mit großer Öffentlichkeitswirkung einen Ort des bildnerischen Diskurses zu schaffen. Doch ließ der Erfolg die »documenta« immer mehr zur »etablierten« Einrichtung werden. »Mit den Jahren – nicht nur mit der Wandlung der Kunst – hat die ›documenta‹ ihren Charakter verändert und sich der allgemeinen Entwicklung entsprechend mehr und mehr zu einer Institution des Handels gewandelt. Die ›documenta 7‹ im Jahre 1982 glich auf weiten Strecken einem thematisierten internationalen Kunstmarkt.« (Doris Schmidt)[797]

Die »documenta 1« brachte Kunst des 20. Jahrhunderts; vor allem wurde der deutsche Expressionismus gezeigt und damit rehabilitiert. Die »documenta 2«

(1959) stand ganz im Zeichen der Gegenstandslosen. Martin G. Buttig, der im *Monat* über das »große Treffen der Abstrakten« berichtete, meinte, daß es in diesem Bereich keinen unbestellten Winkel, und schon gar keine unentdeckten mehr gebe.[798] Auf der dritten »documenta« im Jahr 1964 kündigte sich die Pop art an, eine Kunstrichtung, die die Kunsumwelt und ihre Misere aufgriff und – erfolgreich gemanagt – selbst zum Konsumprodukt wurde.[799]

Bei der Auswahl der deutschen Documenta-Künstler ging es weniger um Revolution als um Evolution.[800] Ernst Wilhelm Nay, Fritz Winter, Joseph Faßbender, Rolf Nesch, HAP Grieshaber, Hann Trier, Heinz Trökes waren ohne Unterbrechung über drei Ausstellungen hinweg vertreten. Bei den Bildhauern überwogen die Vertreter eines heilen Menschenbildes. »Nicht Hans Uhlmann und Norbert Kricke, sondern Gerhard Marcks, Toni Stadler, Gustav Seitz, Hans Mettel, aus der nächsten Generation Bernhard Heiliger und Karl Hartung herrschten im Documenta-Profil vor. Den Paradigmenwechsel vollzog erst die ›documenta 3‹. Damals hatten Thomas Lenk, Erich Hauser und Otto Herbert Hajek ihre breite Präsentation.« Mit der »documenta 4« (1968) trat die amerikanische Kunst in den Mittelpunkt; an die Stelle des bislang expressiven Grundtons traten widersprüchliche Attitüden und Antiformen (u. a. mit Günther Uecker, Georg Baselitz, A. R. Penck, Sigmar Polke, Gerhard Richter, Reiner Ruthenbeck, Franz Erhard Walther).

Am Ende des dritten »Salzburger Humanismus-Gesprächs«, 1967, über »Zukunft oder Ende der Kunst«, an dem u. a. Herbert Marcuse und Herbert Read teilnahmen, meldete sich aus dem Publikum ein junger Mann zu Wort. »Kaum über zwanzig, ernst und blaß, bescheiden und doch von einer sonderbaren, gruppenhaften, mehr als existentiellen Anmaßung getragen, erstieg er das Rednerpult, wandte sich zur Korona der auf dem Podium zum Schlußgespräch versammelten Geister und erklärte schlicht: ›Entschuldigen Sie, meine Herren, aber Sie sind ja schon tot.‹ Dann legte der junge Mann eine Pause ein und fuhr fort: ›Uns Jüngeren haben Sie nichts zu sagen. Sie können uns in unserer Not nicht helfen, das ist alles, was ich sagen wollte.‹ Daraufhin verbeugte er sich höflich und trat ab.«[801] Der »Berliner Sommer« im gleichen Jahr sorgte dafür, daß auch für die bildende Kunst die Zeit der schönen Selbsttäuschungen zu Ende ging.

Literarischer Eskapismus

Als 1959 Studenten nach ihren Lieblingsautoren befragt wurden, entschied sich jeder fünfte für Thomas Mann (bei den deutschen Autoren folgten Brecht, Goethe, Hesse, Musil, Bergengruen, Kafka, Zweig, Benn, Böll). Ernest Hemingway kam an die zweite Stelle. Die Wirkung der Literatur ins tätige Leben hinein sei beim intellektuellen Nachwuchs auf dem Nullpunkt angelangt, hieß es in einem Kommentar der Zeitschrift *Das Schönste*. Wirkung könne nämlich nur von den Zeitgenossen ausgehen: Der junge Goethe hatte sie, als er für seine jungen Leser den Selbstmord à la Werther zur Mode machte; mit Heine liebten seine Zeitgenossen melancholisch; und mit Erich Kästner, dem Jüngeren, verbarg man seine Rührseligkeit hinter einer kaltschnäuzigen Diktion. Durch das Dritte Reich sei der Faden der Kontinuität zerrissen worden; das Publikum habe sich verlaufen; die neuen Akteure hätten weder Tradition noch Routine. Nur Heinrich Böll gelänge es offenbar, mit den älteren Autoren ungefähr Schritt zu halten; obwohl er an manchen Problemen der Zeit nicht vorbeigehe, baue er jedoch immer eine Distanz ein; Gegenwart und Vergangenheit würden bei ihm fast grenzenlos verschwimmen. »Ein anderer der jüngeren Schriftsteller, der die Zeit wirklich scharf unter die Lupe nimmt, Wolfgang Koeppen, wurde von keinem einzigen der jungen Leser als ›Lieblings-Autor‹ benannt. Von dem vielzitierten Avantgardismus der Jugend ist wenig zu spüren.«[802] Eine solche Momentaufnahme des literarischen Geschmacks in einer bestimmten Schicht zeigte, im besonderen was die deutschen Autoren betraf, eine Vorliebe fürs Klassisch-Abgesicherte, für gemäßigte Modernität. Mit Hemingway wurde ein amerikanischer Einfluß deutlich, der seit 1945 in Form der Kurzgeschichte, short-story, das literarische Leben stark bestimmte. »Die Besieger haben sie uns mitgebracht.« (Hans Bender); Hemingway, Thomas Wolfe, William Saroyan und andere amerikanische Autoren waren außerordentlich beliebt; nach dem Blut-und-Boden-Schwulst des Nationalsozialismus und seiner propagandistisch aufgeladenen Pseudoromantik empfand man die »tough novels« mit ihrer reduzierten Sprache dem eigenen reduzierten Leben angemessen. Aus kargen Worten und Satzfolgen ergaben sich prägnante Umrißlinien des Geschehens. Von der short-story als einer Graphik der Prosa meinte der 1925 geborene Erzähler, Lyriker und Literaturkritiker Heinz Piontek, daß sie »sparsam und unerbittlich« der Welt Kontur verleihe; Ausscheiden und Fortlassen erzeuge Konzentration; »ihre Linien sind messerscharf«.[803]

Angesichts der Misere zerstörter Stadtlandschaften und innerer Destruktion, aber auch als Gegengewicht zur Wirtschaftswundereuphorie, wurde die Rezeption Franz Kafkas zu einem tiefe Betroffenheit hervorrufenden Ereignis. Die deutsche Kurzgeschichte erhielt eine surreale Dimension; der »kafkaeske Röntgenblick« war an dem interessiert, was sich hinter der glänzenden Fassade abspielte. Auch der Roman machte sich surrealistische Weltsicht zu eigen; aus dem Widerspruch von »Fleisch und Stachel« entwickelte sich der christliche Roman der Elisabeth Langgässer. Für die Dichterin, von den Nationalsozialisten verfolgt und verfemt (die uneheliche »dreivierteljüdische« Tochter war nach Auschwitz deportiert worden, was bei der Mutter tiefe Schuldgefühle hervorrief[804]), war das Satanische tief im Menschen verwurzelt; das Böse vermittelte Lust. Inmitten innerer und äußerer Anfechtung erwuchs jedoch auch der Glaube. In den Werken der Langgässer stehen immer wieder Heiligkeit und Bosheit, Trieb und Askese, Bordell und Kloster nebeneinander. In diese Welt realer Brüchigkeit, seelischer Zerrissenheit, in der Zeit und Raum zerbersten und jede Ordnung menschlichen Sinnes sich verliert, fällt nach wie vor das Mysterium der göttlichen Gnade, das freilich oft genug erst im Scheitern erlebt wird; dieses erweist sich so als Chiffre des wahren Seins. Der Kampf Gottes mit dem Satan in dieser Welt steht schlecht für Gott.[805] Elisabeth Langgässer hatte 1950, in ihrem Todesjahr, postum den Georg-Büchner-Preis erhalten. Diese alljährlich von der »Deutschen Akademie für Sprache und Dichtung« in Darmstadt vergebene Auszeichnung sondierte literarische Strömungen und honorierte ihre Vertreter – rückte sie auf diese Weise in den Mittelpunkt des öffentlichen Interesses. Die Auszeichnung von Gottfried Benn 1951 war eine Hommage an den Expressionismus und stand für die Notwendigkeit, die literarische Tradition der zwanziger Jahre, deren Vertreter von den Nationalsozialisten in die äußere oder innere Emigration getrieben worden waren, »aufzuarbeiten«; in diesem Zusammenhang war auch die Verleihung des Preises an Erich Kästner 1957 und Golo Mann 1968 zu sehen. 1953 erhielt den Preis der 1903 geborene Ernst Kreuder; sein Erzählwerk (*Die Gesellschaft vom Dachboden*, 1946; *Die Unauffindbaren*, 1948; *Herein ohne anzuklopfen*, 1954) war durch surrealistisch-romantische Elemente geprägt. Neben Hermann Kasack (*Die Stadt hinter dem Strom*, 1947) vertrat er eine literarische Position, die eine zerbrochene Realität zeitkritisch, existentiell, vor allem metaphysisch zu deuten suchte; hinzu kamen aphoristische Zuspitzung, lyrische Reduktion, doppelbödige Deskription, sozialengagierte Opposition. Auf dieser Linie lagen auch die Preisvergaben an Martin Kessel 1954, Karl Krolow 1956, Max Frisch 1958, Hans Erich Nossack 1961, Wolfgang Koeppen 1962, Hans Magnus Enzensberger 1963, Ingeborg Bachmann 1964, Günter Grass 1965, Wolfgang Hildesheimer 1966, Heinrich Böll 1967, Helmut Heißenbüttel 1969. Der Preis, der 1960 an Paul Celan ging, würdigte einen Dichter, der in Existenz und Werk den stärksten Gegenpol zur Mentalität des »schwitzenden Idylls« darstellte. Er wurde 1920 in Czernowitz geboren; die Eltern verschleppte man als Juden in ein Steinbruchlager in der Ukraine, wo sie umkamen. Celan, der während des Krieges in einem Arbeitslager in Rumänien bittere Erfahrungen machen mußte, emigrierte 1947 nach Wien; ab 1948 lebte er in Paris, wo er sich 1970 das Leben nahm. Seine Lyrik (*Der Sand aus den Urnen*, 1948, *Mohn und Gedächtnis*, 1952, *Sprachgitter*, 1959, *Die Niemandsrose*, 1963, *Fadensonnen*, 1968 – darunter die *Todesfuge*, die den Massenmord an den Juden im Dritten Reich in dunkle Chiffren faßt) variiert den poetischen Grundsatz des Dichters: »Wahr spricht, wer Schatten spricht.«[806] Als Celan 1958 den Bremer Literaturpreis entgegennahm, sagte er von seiner Sprache: »Aber sie mußte nun hindurchgehen durch ihre eigenen Antwortlosigkeiten, hindurchgehen durch furchtbares Verstummen, hindurchgehen durch die tausend Finsternisse todbringender Rede. Sie ging ... hindurch und durfte wieder zutage treten, ›angereichert‹ von all dem.«[807]

Solche Radikalität des Denkens und Dichtens war ungewöhnlich; weite Gefilde der Literaturlandschaft waren durch Eskapismus geprägt; der Innerlichkeitskult schoß üppig ins Kraut.[808] Betont abendländisch, vor allem christlich, gaben sich Rudolf Alexander Schröder, Hans Carossa, Ina Seidel, Gertrud von Le Fort, Werner Bergengruen – politische Fragwürdigkeiten aus der Zeit des

Dritten Reiches geschickt überspielend. Bürger – Weltmann – Christ – Mittler – Dichter: unter diesen bezeichnenden Begriffen stand eine Auswahl aus Schröders Werk, die unter dem Titel *Fülle des Daseins* (1958) herauskam. Hans Carossas Heile-Welt-Lyrik, darunter *Der alte Brunnen* (». . . Viel Wandrer gehen fern im Sternenschimmer, / und mancher noch ist auf dem Weg zu dir«), war in den Lesebüchern weit verbreitet. Auf dem Gang zu den Müttern und zur bergenden Natur befand sich Ina Seidel (»Unsterblich duften die Linden. –/ Was bangst du nur? . . .«). Der Unmut über den restaurativen Charakter der Literatur veranlaßte den 1924 geborenen Karlheinz Deschner, der als Soldat in Frankreich, Holland, Italien, auf Sizilien und in der »Festung Breslau« gewesen und eine ganz andere (nicht »heile«) Wirklichkeit kennengelernt hatte, zu einem polemischen Rundumschlag: Seine literarische Streitschrift *Kitsch, Konvention und Kunst* erschien 1957; sie wurde als Sensation empfunden, von den Konservativen selbstverständlich abgelehnt, aber auch im »progressiven Lager« mit Skepsis betrachtet – hatte der Autor doch ohne Differenzierung neben Hans Carossa, Ernst Jünger, Werner Bergengruen, Rudolf Georg Binding auch Hermann Hesse, Robert Musil, Hermann Broch, Hans Henny Jahnn, Gottfried Benn, Georg Trakl u. a. attackiert. Er prangerte, freilich an oft untauglichen Beispielen, die ideologische Befangenheit des Literaturbetriebs an. Das Gros der Leser sei nicht imstande, kraft formaler Kriterien zu urteilen, sondern bejahe dort, wo es sich in seiner Weltanschauung bestätigt finde, und lehne ab, wo das nicht der Fall ist.[809] Franz Schonauers Buch *Deutsche Literatur im Dritten Reich* (1961), aus einer Sendefolge des von Gerhard Szczesny geleiteten Sonderprogramms des Bayerischen Rundfunks 1959 entstanden, machte in »polemisch-didaktischer Absicht« die Fragwürdigkeit der Position, die die Schriftsteller der »inneren Emigration« einnahmen, ja die Fragwürdigkeit des Begriffs »innere Emigration« überhaupt deutlich. Daß zum Beispiel Carossa, Jünger und Wiechert den Ruf genossen, durch ihre Bücher dem Regime Widerstand geleistet zu haben, »mag zeigen, wie vage die Vorstellungen vom geistigen Widerstand waren und wie korrumpiert der Begriff Literatur. Den Mythos einer literarischen ›inneren Emigration‹ zu zerstören, darauf kam es dem Verfasser besonders an, weil eine Auseinandersetzung mit der Vergangenheit erst dann möglich ist, wenn falsche Bilder die Wirklichkeit nicht mehr verdecken.«[810]

An »falschen Bildern« hielten Deutschunterricht und Universitätsgermanistik weitgehend fest; sie erwiesen sich als Hort eines meist dumpfen literarischen Provinzialismus, wenig zugänglich für den urbanen Geist, den der Umgang mit der Exilliteratur hätte erschließen können. Die verspätete Nation blieb im Bereich der literarischen Rezeption weiter verspätet.[811]

Der Nimbus der Universitäten war nach 1945 bald wieder hergestellt; die Germanisten prägten mit ihren Büchern, Aufsätzen und Vorträgen, vor allem auf den vielen Konferenzen und Tagungen der fünfziger und sechziger Jahre, den Überbau des Deutschunterrichts. Bemerkenswert der Einfluß didaktischer »Schulen«, mit denen der künftige Deutschlehrer vorwiegend bei seiner praktischen Ausbildung im Studienseminar in Berührung kam. Die restaurativen bzw. reaktionären Positionen überwogen; Vergeßlichkeit und Gleichgültigkeit gegenüber der früher verfemten bzw. verbotenen Literatur waren deutlich stärker als der Wille und die Bereitschaft zur Aufarbeitung. Die verfemte Literatur wurde zwar punktuell rehabilitiert, allerdings nicht in dem Maße, wie man es von einem demokratisch-republikanischen Bewußtsein hätte erwarten können. Gerade der Deutschunterricht, auch wenn er sich von nationaler bzw. nationalistischer Eindimensionalität abhob und platten Positivismus vermied, erwies sich als ein besonderer Vertreter der von Herbert Marcuse beschriebenen affirmativen Kultur: Die Rezeption der kulturellen Tätigkeiten und Gegenstände gewann eine hoch über den Alltag emporgesteigerte Würde; sie wurde zu einem Akt der Feierstunde und der Erhebung.[812]

Unter dem Einfluß der »Frankfurter Schule« wurde in den sechziger Jahren der affirmative Deutschunterricht als «Seelenbadeanstalt» attackiert; in seinem Aufsatz *Unzeitgemäßer Literaturunterricht* schrieb Hugo Ivo 1964: »›Lösch aus dein Licht und schlaf!‹ ruft sich das deutsche Bildungsbürgertum zu und deutet jenen Vorgang, der zum Symbol der Schreckensherrschaft geworden ist, das nächtliche Geräusch von ›harten Tritten‹, als freudvolles Ereignis: ›Viel Wandrer gehen fern im Sternenschimmer/und mancher noch ist auf dem Weg zu dir.‹ Und seit 1945 wird unseren Oberschülern – die Reifeprüfungen beweisen es – dieser Trost zuteil (nicht ohne den Hinweis, daß allem zum Trotz die Sterne vollzählig überm Land stehen).«[813]

Das Abheben von der Wirklichkeit schloß oft genug Überheblichkeit ein; Literatur bedeutete das »ganz andere«; elitäre Abkapselung war die Folge. Zwar bestimmte das nationalsozialistische Gedankengut nicht mehr den Deutschunterricht (da hatte der totale Zusammenbruch doch eine tiefe Zäsur bewirkt); dominant blieben jedoch die irrationalen Grundströmungen, die im Nationalsozialismus zusammengeflossen waren. Im besonderen erwies sich das deutsche Lesebuch nach 1945 als Indikator für restaurative und reaktionäre Gesinnung. Die Lektionen, die man vom »anderen Deutschland«, vor allem vom deutschen Geist im Exil, hätte erhalten können, blieben ungelehrt und ungelernt. Verhältnismäßig spät wurde der faschistoide Wurzelgrund dieser Lesebücher aufgedeckt. Bereits 1952 urteilte der französische Germanist Robert Minder: »Fielen dem Mann vom Mond solche Lesebücher in die Hände, er dächte: ein reiner Agrarstaat muß dieses Deutschland sein, ein Land von Bauern und Bürgern, die in umhegter Häuslichkeit schaffen und werkeln und seit Jahrhunderten nicht mehr wissen, was Krieg, Revolution und Chaos ist.«[814] 1963 befand der Berliner Jurist Alfred Oberlack, die jungen Lesebuchleser würden für dumm verkauft: Anhand von 144 untersuchten bundesrepublikanischen Lesebüchern legte er dar, daß vom zeitgenössischen Leben so gut wie nichts berichtet, dafür aber der »Boden« romantisiert werde[815]. 1965 kritisierten die Zeitungswissenschaftler Peter Glotz und Wolfgang R. Langenbucher, die im gleichen Jahr als Gegenmodell den »Entwurf eines Lesebuchs« (*Versäumte Lektionen*) vorlegten, daß in vielen Lesebüchern die Sprache sich zu dunklem Geraune zurückentwickelt habe. 1966 gingen jüngere Wissenschaftler auf dem Germanistentag in München dem Zusammenhang zwischen Nationalsozialismus und Germanistik nach; sie zeigten, wie das Fach schon fast von Beginn an in eine verhängnisvolle Bahn geraten war; sie brachten damit ein Stück »deutscher Ideologie« zum Vorschein, das verdeckt und unbeobachtet bis in die Gegenwart hinein die schädlichsten Wirkungen auf die Praxis des Fachs, im besonderen auf die Ausbildung der Deutschlehrer, ausgeübt hatte.[816]

Wie beim Lesebuch überwog auch bei den schulischen Literaturgeschichten die restaurative Grundhaltung. Diese ersetzten kritische Analyse durch raunende Rhetorik; es galt die »Wirkung der Dichtungen in der Tiefe der Seele« zu bestaunen. »Der Dichter besitzt den Blick in die Ursprünge des Lebens. Er erfaßt seine Grundstruktur und stellt sie in reiner Weise dar. Wer deshalb zu dem Werk des Dichters greift, gerät um so mehr hinein, als der Dichter von diesem Schein nicht in begrifflicher, sondern in sinnbildlicher Weise spricht.«[817] Solche hochgemuten, mit Lebensphilosophie aufgeladenen Zielsetzungen verbannten literarsoziologische, sozialpsychologische, epochenphysiognomische, rezeptionsanalytische Betrachtungsweisen aus ihrem Gesichtskreis. Eine dieser Literaturgeschichten aus geistig-dürftiger Zeit zeigt als Titelbild einen kümmerlich gestalteten Brunnen; im Vorspruch hieß es dazu: »Die Umschlagzeichnung meint im Symbol des Brunnens die Dichtung als zeitlos strömenden, sich selbst erneuernden und in Form gefaßten Quell seelischen Erlebens.« Unter einer derartigen »Leitidee« konnte man natürlich schlecht die intellektualistische und damit zersetzende Asphaltliteratur des Exils subsumieren. In Auseinandersetzung mit dieser weit verbreiteten Literaturgeschichte, 1951 erschienen, stellte Walther Killy fest: »Das Unheil, das ein derartiges Lehrbuch in der Hand des Lehrers anrichtet, der es für einen brauchbaren Leitfaden hält, oder des Schülers, der es beim Wort nimmt, kann durch keine eifrig betriebene Schulreform gemildert werden.«[818] Bei der Analyse zweier anderer schulischer Literaturgeschichten, ebenfalls von größter Verbreitung, meinte Walter Jens, daß die von den Nationalsozialisten propagierte Antithese zwischen deutschem Dichtertum und rassisch minderwertigem Literaten-Geschreibsel auch in unseren Tagen fröhliche Urständ feiere (»schließlich sind die Lehrbuch-Verfasser, 1940 und 1960, nicht selten die gleichen«). Thomas Mann wird kürzer als Ernst Wiechert, Manfred Hausmann länger als Ernst Stadler behandelt; Bergengruen erscheint größer als Kafka, Kolbenheyer unendlich viel bedeutender als der zum Beispiel nur mit zwei Zeilen vertretene Josef Roth. Die NS-Autoren Dwinger, Wehner, Schauwecker sind vertreten, nicht aber Annette Kolb, René Schickele, Robert Walser, Robert Neumann, Joachim Maass, Kurt Tucholsky.[819]

Eine Übersicht über den Lektüre-Kanon 1967 macht deutlich, daß moderne Literatur zwar einen verhältnismäßig großen Stellenwert einnahm; Dichter der Emigration waren außer Brecht, Thomas Mann, Döblin jedoch kaum vertreten.[819] Eine ähnliche Situation ergibt sich bei den Aufsatz-Themen; man scheute sich zwar nicht zu fragen, warum Kunst die Betrachtung der Welt im Zustand der Gnade, der Erleuchtung sei; und warum Kunst hinter jedem Ding Gott zeige.

Die Besinnung über die verfemte, verfolgte, verbotene, vergessene Literatur kam dem Besinnungsaufsatz jedoch nicht in den Sinn. Innerhalb der Stoffverteilungspläne spielte das Thema »Exil« ebenfalls keine Rolle. Entscheidende Anstöße zu einer wissenschaftlichen Beschäftigung mit der Exilliteratur kamen verhältnismäßig spät und dann von außerhalb der Universitäten. 1962 erschien eine kommentierte Bibliographie von Wilhelm Sternfeld und Eva Tiedemann: *Deutsche Exil-Literatur 1933-1945*; 1965 zeigte die Deutsche Bibliothek die Ausstellung *Exil-Literatur 1933-1945*. »Von einer systematischen, wissenschaftlich fundierten Erforschung der deutschsprachigen Exilliteratur in der Bundesrepublik Deutschland kann man – sieht man von zum Teil beachtlichen Einzelinitiativen ab – erst seit der zweiten Hälfte der 60er Jahre sprechen. Die Gründe für dieses um rund 20 Jahre verzögerte Einsetzen der Forschung sind vielfältig, vorrangig aber politischer Art.« (Hans Albert Walter)[820]

Wäre das Exil akzentuierter in die curriculare Reflexion einbezogen worden, hätte sich der pädagogische Konservatismus (verstärkt durch Mangel an Information) wohl nicht so durchsetzen können. Die den Bereich Erziehung betreffenden Verlautbarungen in den Länderverfassungen, Schulgesetzen, Lehrplänen und allgemeinen wie speziellen Didaktiken strotzten geradezu von hochgemuten, den Idealismus in immer größere Höhen vorantreibenden Sentenzen und Metaphern: ». . . Muttersprache ist dasjenige Element des Geistes, in dem wir auf unsere, das heißt auf deutsche Weise um Wahrheit und um Recht ringen. Geht sie zugrunde, dann stirbt unser menschliches Sein ab.«[821]

Dort, wo der Versuch hätte gemacht werden müssen, die »Wahrheit des Menschseins« zu konkretisieren, essentielle Einsichten vom Kopf auf die Füße zu stellen, zum Beispiel in einen spannungsreichen Lektüre-Kanon umzuwandeln, verengte sich die Betrachtungsperspektive auf provinzielle Weise. Man nahm nicht wahr, daß gerade die Literatur des Exils die »Muttersprache« vor dem vollständigen Kahlschlag durch Ideologie bewahrt hatte, daß »Heimat« als Idee vor allem von denjenigen bewahrt blieb, die ihre Anhänglichkeit an den »deutschen Geist« mit Heimatlosigkeit bezahlen mußten. »Die Jugendlichen kurz nach 1945 waren aufgeschlossen für die jüngste, in Deutschland teils unbekannte, teils verbotene Literatur. Thomas Mann, Rilke, Kafka, Borchert, Benn, Brecht wurden verschlungen, auch die Werke der Klassik wurden mit neuen Augen betrachtet. Das Kriegserlebnis hatte die Jugend wach, fragend und suchend gemacht. Neue Methoden der Gedichtbetrachtung, der Dramenbehandlung, des Umgangs mit dem Lesebuch wurden entwickelt, neue Wege auch in der Anleitung zum sprachlichen Gestalten beschritten. Aber in den fünfziger Jahren, als die Nachkriegsgeneration das Gymnasium füllte, als die Erfahrungen des Krieges, des Hungers, der Not ›vergessen‹ waren, als sich die Verwissenschaftlichung des Deutschunterrichts durchsetzte, schwand erstaunlicherweise das Interesse an den Werken der Vergangenheit; es begannen sich Gleichgültigkeit und Langeweile ihnen gegenüber auszubreiten. Die Jugend nahm keinen Anteil mehr an literarischer Vergangenheit – Deutschland war nicht mehr eine literarisch-interessierte Nation.«[822]

Derjenige, von dem dieses Zitat (aus einer Analyse des »Deutschunterrichts im Zeitalter der Demokratie«) stammt, wurde später in der Zeit der außerparlamentarischen Oppositionsbewegung von den Vertretern des »kritischen Deutschunterrichts« im besonderen bezichtigt, zu dieser fatalen Entwicklung maßgebend beigetragen zu haben: Robert Ulshöfer. Mit Recht hat man ihn den einflußreichsten Mentor deutscher Schulgermanistik nach 1945 genannt;[823] seit 1947 erschien die von ihm ins Leben gerufene und geleitete Schriftenreihe *Der Deutschunterricht*, die mit sechs Heften pro Jahr »Beiträge zu seiner Praxis und wissenschaftlichen Grundlegung« lieferte und deren Jahrgänge die Entwicklung des Faches getreulich widerspiegeln. Der Deutschunterricht, so Ulshöfer im Vorwort des 1952 erschienenen ersten Mittelstufenbandes seiner dreibändigen *Methodik des Deutschunterrichts*, sei das Fach der Lebenslehre schlechthin. Weil aber Leben immer gestalthaftes, in Gestaltung und Umgestaltung begriffenes Sein sei, so erweise sich der Deutschunterricht als Kernfach der Gestalt- und der Gestaltungslehre. Erziehung zur Muttersprache und durch die Muttersprache sei nicht anders möglich, als daß man die jungen Menschen einführe in die Sinngebilde des gelebten Lebens und der sie umgebenden Kultur. In dem Maße, wie sie verstehend und schaffend zu Gliedern in einem größeren Lebensganzen würden, bilde sich ihr Sprachsinn und ihr allgemeines Weltverständnis.[824] Im Zentrum von Ulshöfers Vorstellungen steht die »Idealbildung und Erziehung zur Wirklichkeit«, deren Krönung das Leitbild des ritterlich-adeligen Menschen ist. Dabei erinnert Ulshöfer an den Geist des christlichen Rittertums im Mittelalter, andererseits empfiehlt er das Gentleman-Ideal der englischen Public-Schools.[825] »Ulshöfers Pädagogik betreibt die Herausbildung eines schwachen Ich zugunsten eines starken Über-Ich. Gesellschaftliche Normen werden in seiner Methodik wesentlich indirekt vermittelt, z. B. durch ›straffe Führung‹. Seine Lehrbeispiele geben die Probe eines verdrängt-homoerotischen Unterrichtsstils der Pseudo-Maskulinität.«[826] Ein solch hartes Urteil verkennt freilich die Tatsache, daß in den Trümmerjahren die durch den Nationalsozialismus verwüstete Pädagogik einer starken inneren Kraft, des Höhenflugs des Idealismus, durchaus bedurfte, um von der tristen, niederdrückenden Wirklichkeit »abheben« und »Neuaufbau« wagen zu können. Außerdem übersieht die Kritik, daß Ulshöfer, wie gerade sein *Arbeitsbuch Deutsch* für die Sekundarstufe II aus dem Jahre 1972 zeigt, als »lernfähig« sich erwies und immer wieder seine Position zu revidieren bereit war – freilich ohne Aufgabe seiner konservativen Grundlinie.[827]

Der Züricher Literarhistoriker Emil Staiger erwies sich als überragende Leitfigur affirmativer Schul- und Hochschulgermanistik. Die von ihm propagierte Kunst der Interpretation (»Begreifen, was uns ergreift«) zielte darauf ab, ein literarisches Werk aus sich selbst heraus aufzuschließen, es ganz aus seiner Eigenheit zu erfassen und damit soziologische und politische Begründungszusammenhänge auszuschließen. Die Literatur wurde so, im »Einklang mit einer gesamtgesellschaftlichen Tendenz der Suche nach geistigem Halt in Kirche und Tradition«, als »Seinsoffenbarung« interpretiert, die, eben weil sie im Seinsgrund verankert sei, einen besonderen Beitrag zur »Idealbildung« zu leisten und Rückhalt gegenüber den Krankheits- und Verfallserscheinungen in der Gegenwart zu bieten vermöge.[828] Nachdem schon beim »Germanistentag« im Oktober 1956 in Frankfurt am Main ein junger Wissenschaftler, allerdings aus Jena (das heißt von einem »nicht-pluralistischen Standpunkt« aus), demgegenüber festgestellt hatte, daß Dichtung immer nur aus der Dialektik der Geschichte verständlich sei, kam es 1967 zum sogenannten »Züricher Literaturstreit«. In einer Rede über *Literatur und Öffentlichkeit* hatte Staiger ausgeführt, daß er in der »littérature engagée« eine Entartung jenes Willens zur Gemeinschaft sehe, die die Dichter vergangener Zeiten beseelt habe. Gehe man die Gegenstände der neuen Romane und Bühnenstücke durch, so wimmelten sie von Psychopathen, von gemeingefährlichen Existenzen, von Scheußlichkeiten großen Stils und ausgeklügelten Perfidien.[829] Wenn ein bekannter Dramatiker (gemeint war Peter Weiss mit der *Ermittlung*) Auschwitz auf die Bühne bringe, in einem früher verfaßten Stück mit dem Marquis de Sade (*Die Verfolgung und Ermordung Jean Paul Marats, dargestellt durch die Schauspielgruppe des Hospizes zu Charenton unter Anleitung des Herrn de Sade*, 1964), einen Welterfolg errungen habe, »so nehmen wir an, er habe hier wie dort die ungeheure Macht des Scheußlichen auf das heutige Publikum einkalkuliert und sich natürlich nicht verrechnet«. Es seien nicht ausnahmslos, aber meistens Zeiten des Wohlstandes und der Ruhe, in denen der démon ennui, die dämonische Langeweile, die Verzweiflung an allem Leben, gedeihe. »Der Nihilismus ist, in erstaunlich vielen Fällen, ein Luxusartikel.«

Die Rede löste eine außergewöhnlich lebhafte Debatte aus, an der sich fast alle Autoren von Rang und Namen beteiligten. Sie stellte insofern einen Höhepunkt des für diese Zeit charakteristischen Eskapismus dar, als sie den bürgerlichen Wunsch nach zeitenthobener Kunst, die als schöner Schein das Bestehende verkläre, unverhüllt und imperativ zum Ausdruck brachte – und damit, von persönlich durchaus integerem Standpunkt aus, reaktionären Tendenzen Vorschub leistete (ein Jahr zuvor hatte William S. Schlamm, Kolumnist der *Welt am Sonntag*, sein Buch *Vom Elend der Literatur. Pornographie und Gesinnung* veröffentlicht). Max Frisch schrieb in der *Weltwoche*: »Leider habe ich die Stücke, die Du da meinst, reihenweise versäumt; sie müssen aber, wie ich Deinem Schrecken entnehme, sehr zahlreich sein. Was werden die Zürcher, endlich aufgerüttelt aus ihrer Unzucht mit der heutigen Literatur, jetzt tun? Sie werden Dich . . . nicht verbrennen; deine Rede, meisterlich in übernommener Sprache, wirkte befreiend: Endlich kann man wieder von entarteter Literatur sprechen.«

Die hier besonders deutlich werdende Dichotomie der literarischen Kultur (zwischen Verfechtern der Poésie pure und der Poésie engagée) war insgesamt charakteristisch für diese Jahre, deren Dichtung – oft von einem gemeinsamen Ursprung ausgehend (nämlich der Absicht, den Nationalsozialismus zu überwinden) – sich in zwei Achsen gabelte: Entlang der einen versuchte man das Heil durch Verinnerlichung zu erlangen, entlang der anderen begab man sich in die »Niederungen« der Realität. Einerseits löste man sich eskapistisch von den aktuellen Lebensbezügen, andererseits wandte man sich der realen Geschichte, Gesellschaft und Politik zu. Man hob ab in den idealistischen Ideenhimmel oder ging daran, Restauration zu »ebener Erde« zu bekämpfen. Qualität wie Scharlatanerie waren auf beiden Seiten vorhanden. »Hier das verlogene Preislied aufs Edle, Gute und Schöne, dort Sozialkritik als Vorwand, um im Trüben fischen zu können; hier ruchlose Traktätchenseligkeit, dort – makabre Entsprechung! – die verzeichnende Schwarzmalerei als Charakteristikum von Dilettanten, deren Kraft nicht ausreicht, um der Tugend den Spiegel zu halten . . .« (Walter Jens)[830] Die Exploration der neuen Wirklichkeiten bedurfte einer literarischen Kompetenz, die »Tradition« wie »Progressivität« auf Hohlstellen auszukultieren vermochte. Jenseits skandalbesetzter Tageskämpfe wurde die literaturkritische Diskussion auf hohem Niveau geführt: neben Walter Jens von Jean Améry, Günter Blöcker, François Bondy, Helmut M. Braem, Ivo Frenzel, Walter Helmut Fritz, Helmuth de Haas, Curt Hohoff, Hans Egon Holthusen, Karl August Horst, Paul Hühnerfeld, Joachim Kaiser, Hans Mayer, Marcel Reich-Ranicki, Peter Rühmkorf, Friedrich Sieburg, Dieter Wellershoff und anderen.[831]

Literaturproduktion

Auf die Frage *Sind wir noch das Volk der Dichter und Denker*, Titel eines von Gert Kalow 1964 herausgegebenen Sammelbandes, hatte Walter Dirks unter Heranziehung demoskopischer Erkenntnisse geantwortet: An der Spitze der Lektüre steht die angewandte Religion. Es folgt die angewandte Kochkunst. Religiöse Bücher, Gesangbücher, Gebetbücher zu besitzen geben 51 Prozent der Bevölkerung an, Kochbücher 49 Prozent; einen Atlas haben 45 Prozent. Innerhalb der schönen Literatur war die Reihenfolge: Unterhaltungsromane 42 Prozent, Liebesromane und -geschichten 40 Prozent, geschichtliche Romane 32 Prozent. 11 Prozent der erwachsenen Bevölkerung haben überhaupt keine Bücher; 15 Prozent lesen kaum oder gar nicht. Nicht nur nach dem *Spiegel* und der *Bild-Zeitung* würden die Deutschen jedoch greifen, sondern zunehmend nach dem Taschenbuch; in Interpretation statistischer Daten kommt Dirks zu dem Ergebnis, daß das Lesen der Deutschen erst in Ordnung kommen könne, wenn wieder ein »produktiver Zirkel« zwischen dem gesellschaftlichen Stand des einzelnen und der Literatur hergestellt sei.[832]

In diesem Sinne wirkte ein umfangreiches, vor allem durch Einzelpersönlichkeiten geprägtes Verlagsleben. Die zunehmende Kommerzialisierung wurde zwar schon beklagt; von Großkonzernen mit Buchfabriken war jedoch nicht die Rede. Das Buch, meinte Theodor Heuss in seiner Rundfunkansprache zur »Woche des Buches« im Mai 1950, sei wie ein Pflug, der das Erdreich lockere.[833]

Die erste Phase der Verlagsentwicklung nach dem Zusammenbruch des Hitlerreiches war eine Zeit der Neugierde, ein Jahrzehnt der Begeisterung für ausländische Autoren, eine Dekade der großen Popularisierungen in allen Bereichen der Geisteswissenschaften. Dann folgte bis zum Ende der sechziger Jahre eine Phase kosmopolitischen Überschwangs; internationale Buchreihen entstanden, gemeinsame Unternehmungen über die Grenzen hinweg.

Als ein deutliches Zeichen für weltoffene »Neugier« und kosmopolitisches Interesse erwies sich der von der westdeutschen Buchhändler-Vereinigung, vom »Börsenverein des Deutschen Buchhandels, Frankfurt am Main« gestiftete »Friedenspreis des Deutschen Buchhandels«; ihn erhielten Max Tau (1950), Albert Schweitzer (1951), Romano Guardini (1952), Martin Buber (1953), Carl J. Burckhardt (1954), Hermann Hesse (1955), Reinhold Schneider (1956), Thornton Wilder (1957), Karl Jaspers (1958), Theodor Heuss (1959), Viktor Gollancz (1960), Sarvepalli Radhakrishnan (1961), Paul Tillich (1962), Carl Friedrich von Weizsäcker (1963), Gabriel Marcel (1964), Nelly Sachs (1965), Augustin Bea und Willem A. Visser't Hooft (1966), Ernst Bloch (1967), Léopold Sédar Senghor (1968), Alexander Mitscherlich (1969).

Was die quantitative Seite betraf, so waren bis zur Währungsreform rund achthundertundfünfzig Verlage lizenziert worden, von denen freilich bis 1955 bereits wieder ein Drittel vom Markt verschwunden war; auch längerlebige Neugründungen der Nachkriegszeit (wie Blanvalet, Stahlberg, Weismann, Desch) waren trotz ihres Profils wegen des Mangels an älteren Verlagsrechten auf die Dauer dem Konkurrenzkampf mit alteingesessenen Firmen nicht gewachsen. Diese, wie z. B. C. H. Beck, Bruckmann, Callwey oder Franz Schneider, zunächst von den Alliierten nicht zugelassen, nahmen nun wieder führende Positionen ein. Eine besonders günstige Position hatte Ernst Rowohlt, da er auf Rechte aus der Zeit vor 1933 und auf Auslandsrechte zurückgreifen konnte, die wegen der Devisenlage und Außenhandelsbeschränkungen in den ersten Nachkriegsjahren für die meisten Verleger unerreichbar und unerschwinglich waren. Suhrkamp hatte sich von S. Fischer getrennt und eine stabile Entwicklung genommen; S. Fischer wiederum verfügte als exilierter und nun heimgekehrter Verlag über ein weites Spektrum wichtiger Autoren des In- und Auslandes.[834]

Die Normalisierung im deutschen Buchwesen signalisierte der Sprung von 14 000 (1952) auf 17 000 (1958) neue Titel. Mit 17,6 Prozent der gesamten titelmäßigen Buchproduktion beanspruchte die Belletristik 1957 den ersten Platz unter fünfundzwanzig Sachgebieten. Von insgesamt 1514 Titeln, die 1957 vor allem aus dem Englischen, Amerikanischen und Französischen in die deutsche Sprache übersetzt wurden, gehörten 727, das waren 48,2 Prozent, zur »schönen Literatur«.[835] Die Ausfuhr an Büchern überschritt 1957 den Wert von 100 Millionen Mark, während die Einfuhr eine Summe von rund 51,6 Millionen erreichte. Im gleichen Zeitraum betrug die Zahl der an der westdeutschen Buchproduktion beteiligten Verlage 1934, eine Zahl, die sich seit 1951 (1985) kaum verändert hatte.[836]

Belletristik war fürs Verlagsimage wichtig; die höheren Auflagen hatte das in den fünfziger und sechziger Jahren sehr populäre Sachbuch. Die Titel *Götter, Gräber und Gelehrte* von C. W. Ceram (1949) (1941 war er als Kurt W. Marek mit dem »Tatsachenbericht« *Wir hielten Narvik* hervorgetreten), *Die Zukunft hat schon begonnen* von Robert Jungk (1952), *Und die Bibel hat doch recht* von Werner Keller

(1955) wurden zu »geflügelten Worten«; die Machart dieser Bücher erwies sich als ein Modell für viele ihrer Nachfolger.

Erwin Barth von Wehrenalp, dessen Verlag (Econ) ein Schwerpunkt der Sachbuchliteratur war, gründete die Verlagsgemeinschaft »dms – Das moderne Sachbuch«, der vierzehn, später fünfzehn Verlage angehörten; jeden Monat erschien ein Titel mit einer Auflage von maximal 30 000 Exemplaren.[837] Ein Sachbuch sei »ein Werk, das, sachkundig geschrieben, einen Wissensbereich oder mehrere Wissensbereiche einem breiten Leserkreis erschließt«. Joachim G. Leuthäuser, neben Walther Kiaulehn (*Eiserne Engel*) und Heinrich Eduard Jakob (*6000 Jahre Brot*) selbst erfolgreicher Sachbuch-Autor, wies darauf hin, daß das Sachbuch eine wichtige Funktion innerhalb historischer gesellschaftlicher Wandlungsprozesse übernommen habe und im Zusammenhang mit den Wandlungen des Bildungsbegriffs stehe. Im Kampf gegen die Privilegien der Bildung, des Wissens und der Information war es ein wichtiges Instrument der Aufklärung gegenüber restaurativem Obskurantismus.[838]

So konnte man auch die durch das Taschenbuch hervorgerufene »Buchrevolution« verstehen. Die in Großformat auf Zeitungspapier gedruckten ersten Rowohlt-Rotations-Romane waren 1947 erschienen; die ersten vier rororo-Taschenbücher wurdem im Sommer 1950 ausgeliefert. 1952 startete der S. Fischer Verlag eine Taschenbuchreihe; weitere Verlage, darunter Goldmann und Ullstein folgten. 1961 schlossen sich elf Verlage zum »dtv-Deutscher Taschenbuch Verlag« zusammen. Der These, daß das Taschenbuch in die kulturell unterentwickelten Sozialregionen der Bundesrepublik eingedrungen sei,[839] wurde freilich mit zunehmender Produktion, die immer mehr zum Selbstzweck geriet, widersprochen. Das allgemeine Konsumverhalten präge auch den Buchkäufer; er werde zum Erwerb der Ware veranlaßt, nutze aber nicht die in ihr liegenden Möglichkeiten. Daß das Taschenbuch die ihm zugedachte Funktion als Bildungsmittel aller Schichten nicht erfüllt habe, sei nicht allein ihm anzulasten. »Wenn sich unter seinem Einfluß weder der Leserkreis entscheidend vergrößert noch das Niveau in der Auswahl der Bücher erheblich verändert hat, so erweist sich daran nur die Widersprüchlichkeit einer Gesellschaft, die es zwar fertiggebracht hat, mittels eines perfektionierten Produktionsapparates Bücher in Massen herzustellen, aber ohne die Menschen gleichzeitig fähig zu machen, sie auch zu lesen.«[840] In seiner Analyse der Taschenbuchproduktion, *Bildung als Konsumgut* (1959), sprach Hans Magnus Enzensberger davon, daß sich eine ganz bestimmte soziale Schicht mit dem Taschenbuch ihren Büchertyp geschaffen habe, nämlich jene Mittelklasse, die mit dem alten Mittelstand nichts als den Namen gemein habe und die in den Berufsstatistiken unter den verschiedensten Rubriken auftauche: Angestellte, Bankbeamte, Beamte, Techniker, Ingenieure, Vertreter . . . Der Anteil dieser Berufe, die sämtlich Verteilungs-, Verwaltungs-, Vermittlungs-, Organisations- und Kontrollfunktionen ausübten, nehme bekanntlich in unserer Zivilisation rapide zu. »Sie arbeitet im ›weißen Kragen‹, sie ist überaus konsumfreudig, sie ist geistig und materiell vollständig von den Riesenapparaten abhängig, die sie bedient. Sie wohnt in den Randzonen der großen Städte. Zu ihrem Lebenszuschnitt gehört der eigene Kleinwagen, der Supermarket und – das Taschenbuch. Die Langweiligkeit ihrer privaten und beruflichen Existenz, ihr Hunger nach sozialem Prestige und ihre Scheu vor jedem Risiko machen diese Schicht zum idealen Ausbeutungsobjekt der Kulturindustrie . . . Der geringe Verkaufspreis versichert die Käufer gegen das materielle, die hohe Auflagenziffer gegen das geistige Risiko, das der Kauf eines Buches einschließt. Was von hunderttausend andern gekauft wird, kann schlechterdings kein Reinfall sein. So stimmt der Großverleger mit seiner Kundschaft darin überein, daß aus der Literatur eine völlig risikolose Sache gemacht werden müsse, ein Spiel, bei dem alle Beteiligten gewinnen können, bei dem jeder Verlust ausgeschlossen ist.«[841]

Wenn das Geschäft blühte, war die Kulturkritik eben allergisch; was dergestalt dem Taschenbuch angelastet wurde, bekam in den sechziger Jahren das Verlagswesen generell zu hören: gegenüber Geldinteressen zöge der Geist allemal den kürzeren. Die Buchmesse in Frankfurt, einst das Mekka literarischer Aufklärung, wurde als Topos kultureller Vermarktung angeprangert, wobei Autoren und Kritiker auf dem »Jahrmarkt der Eitelkeiten«, von Fernsehauftritten beflügelt, munter mitmachten. Die Anti-Springer-Demonstration auf der Frankfurter Buchmesse 1967 galt als ein Beweis dafür, daß nun zum ersten Mal die Leser sich aktiv in den Literaturbetrieb einmischten und im Namen eines neuen Verständnisses von Öffentlichkeit ihr eigenes Recht als deren Subjekte einforderten.[842] Das Stichwort hieß: Demokratisierung der Presse, des Börsenvereins, der Literaturproduktion. 1969 wurde die Buchmesse von einem »Messerat« (einschließlich der linken »Literaturproduzenten«) geleitet, die Hauptversammlung des Börsenvereins gesprengt. Walter Boehlich, angesehener Cheflektor bei Suhrkamp, verließ den Verlag und schloß sich der Protestbewegung an – symptomatisch für die nun einsetzende Rebellion einer größeren Reihe von Lektoren und Autoren in bürgerlichen Verlagen. Hans Magnus Enzensberger ließ das »Sterbeglöcklein für die Literatur« erklingen; für literarische Kunstwerke lasse sich eine wesentliche gesellschaftliche Funktion nicht angeben.[843] Das Narrenparadies der Literatur, in dem »Alt-Sozialdemokraten, Neo-Liberale und Spät-Jakobiner« die Freiheit des Geistes hoch gehalten hatten, schien vorbei; einsam und enttäuscht wanderte Jean Améry durch die Frankfurter Buchmesse; Bücher wie Geschriebenes überhaupt waren nichts mehr, woraus der Autor das Material zum Aufbau seiner Identität holen konnte. »Wie die Lage uns gegeben ist, kann in Deutschland die Neue Linke gefährlich – nur für die Linke sein. Sie lockte keinen Strauß hinter dem Stand seines Verlages hervor. Sie wird auch keine Revolution machen, wenn, was denkbar, wenn auch nicht aktuell ist, in diesem Lande die revolutionäre Erhebung letztes und äußerstes geschichtliches Gebot sein sollte. Wenn irgendwo der Begriff des ›falschen Bewußtseins‹ einen guten Sinn hat, dann in der Anwendung auf die nicht nur außerparlamentarische, sondern leider auch außer-gesellschaftliche, inzestuöse Opposition der linksradikalen Studenten.«[844]

Movens und Eigentlichkeit

Die Dichotomie von affirmativer, der heilen Welt sich vergewissernder und versichernder Kultur und die vorgegebene Wirklichkeit in Frage stellender, auf eine Utopie hin transzendierender dialektischer Kultur – dieser Gegensatz von pseudoidealistischem Wortgeräusch und exakter sprachlicher »Realitätsfixierung« konnte an den Strukturen der Lyrik als »verdichtetem Sprechen« besonders gut abgelesen werden.

Pathetische Ergriffenheit, verbunden mit gefühlvoller Introspektion, führte zu einer Sonettmode, deren metaphorische Redundanz durch »formale« Strenge kaschiert wurde; ihr stand Kahlschlagpoesie mit indikativischer »Inventarisierung« (»Dies ist meine Mütze, / dies ist mein Mantel, / hier mein Rasierzeug / im Beutel aus Leinen . . .«)[845] gegenüber. Solcher Gegensatz wirkte über die Trümmerzeit hinaus weiter. In der von Hans Bender herausgegebenen, für die Schärfung des Sprachbewußtseins der fünfziger Jahre außerordentlich wichtigen Anthologie *Mein Gedicht ist mein Messer – Lyriker zu ihren Gedichten* hatte z. B. Marie Luise Kaschnitz an einem persönlichen Beispiel aufgezeigt, wie »skrupulös« Sprachverantwortung inmitten von sprachlicher Korruption (mit der »Inflation der Worte«) sein konnte[846].

Weder das reduzierte noch das »ergriffene« Dasein konnten einer Lyrik genügen, die als »konkrete Poesie«, dadaistische Vorbilder rezipierend, jede »Konvention der Zeichen« ablehnte. Auf der einen Seite wurde durch die Auflösung der syntaktischen, semantischen und pragmatischen Bezüge, also durch sprachliche Sinn-losigkeit, die Sinnlosigkeit der Zeit apostrophiert; auf der anderen verflüchtigte sich derart konkretes Sprechen immer mehr in die Spielerei, die auf eine heitere Weise nichts-sagend war. Nicht der »angesprochene« und damit »fixierte« Gegenstand galt als einigender Faktor der Kommunikation; das Fragmentarische, die Bruchstücke von »Materialien« (als »dekomponiertes« Kunstwerk angeboten) sollten menschliches Bewußtsein zum eigenständigen Zusammenfügen, Assoziieren, Integrieren anregen. Der Leser, Hörer, Betrachter wird in Bewegung (»movens«) gesetzt. »Gleiches gilt für die elektronische Musik von Stockhausen und König, des Tänzers und Theaterdekorateurs Harry Kramer mechanisches Theater. Am deutlichsten und verfänglichsten wird das Prinzip ›movens‹ bei der Literatur . . . Man bringt es fertig, abstrakt zu sprechen, d. h. Worte zu benützen, ohne daß ein Sinn beifällt. Da wird allen künstlerischen Gebilden eine ›Phasenqualität‹ zugesprochen.« Curt Hohoff bezog sich bei dieser Analyse auf die kurz vorher (1960) von Walter Höllerer und Manfred de la Motte herausgegebene Anthologie *Movens*, die den Stand der seit Jahren, abseits aller Öffentlichkeit, vorangetriebenen konkreten und experimentellen Literatur und Kunst dokumentierte: »Die sprachliche Formulierung läßt ein spiralisches Kreisen von Begriffen erkennen, die eigentlich keinen Ort mehr haben.«[847] Die aleatorische Komponente der »konkreten Poesie«, die man in Bezug setzen konnte zu Alexander Calders Mobiles, auch zum »schrägen Geschmack« der Nierentisch-Ära, bestimmte das Werk des 1925 geborenen Eugen Gomringer

(*Konstellationen*, 1953; *33 Konstellationen*, 1960): »worte sind schatten / schatten werden worte / worte sind spiele / spiele werden worte / sind schatten worte / werden worte spiele / sind spiele worte / werden worte schatten / sind worte schatten / werden spiele worte / sind worte spiele / werden schatten worte.«[848] Indem einzelne Vokabeln als das Konkrete der Sprache isoliert und montiert wurden, einfache Formelketten darstellend, glich diese Dichtung sich den signalhaften Abbreviaturen moderner Technologie an, deren Tastaturen man zweckhaft zu bedienen wußte – ohne daß man deshalb Sinnzusammenhänge erfassen mußte. Helmut Heißenbüttel meinte später (sein *Textbuch I* war 1960, also im gleichen Jahr, da die Anthologie *Movens* herauskam, erschienen): »Die ursprüngliche Vorstellung von experimenteller Literatur als einer der abstrakten bildenden Kunst parallelen avantgardistischen Bewegung verlor ihre generelle Gültigkeit in dem Moment, in dem dieser literarische Avantgardismus auf typografische Gedichte und Lautgedichte reduziert wurde. Die wahre Gegenbewegung zum nachvollziehenden, beschreibenden, diskursiven Sprachverhalten gründet vielmehr in der Entdeckung, daß man sich in der Sprache bewegen kann wie in einer anderen Welt, ohne noch auf Zusammenhänge, Sachverhalte und Ereignisse achten zu müssen, wie sie die Orientierung in der sogenannten realen Welt erzwingt. Was davon im sprachlichen Beziehungsraum vorhanden ist, ist, vom Realitätsverständnis her, in dem zu leben wir nicht umhin können, übersetzt, verschoben, deformiert, in völlig anderen Fluchtlinien angeordnet.«[849]

Der sprachliche Bezugsraum war, angesichts des restaurativen Charakters der Epoche, vom »Jargon der Eigentlichkeit« weitreichend usurpiert. Dieses vom offiziellen Festredenstil stark geprägte Sprachmuster stand im diametralen Gegensatz zu dem Versuch, der Gesellschaft durch steten Diskurs zur Selbstaufklärung zu verhelfen. »Eigentlichkeit« nenne kein Eigentliches als spezifische Eigenschaft, »sondern bleibt formal, relativ auf einen in dem Wort ausgesparten, womöglich zurückgewiesenen Inhalt selbst dort noch, wo das Wort adjektivisch verwendet wird«, so Theodor W. Adorno in seinem Essay *Jargon der Eigentlichkeit – Zur deutschen Ideologie*, 1964.[850] Der »Jargon der Eigentlichkeit« nimmt die Möglichkeiten von Aufklärung nicht zur Kenntnis; er entzieht sich der dialektischen Befragung; er will lediglich Vorhandenes bestätigen. Der Jargon beschirmt vor der Unannehmlichkeit, sich ernsthaft zur Sache, von der er nichts versteht, äußern zu müssen; er erlaubt es jedoch, womöglich übersachliche Beziehungen zu ihr vorzutäuschen. »Dazu eignet der Jargon sich gut, weil er stets von sich aus den Schein eines abwesenden Konkreten mit dessen Veredelung vereint.« Kritische und emanzipatorische Möglichkeiten werden mit Hilfe des »Auftrags«, der sich eine charismatisch abgeleitete Autorität zulegt, verdrängt. Auftrag maßt sich, im Vulgärjargon der Eigentlichkeit, unbefragte Autorität an. Ihre Fehlbarkeit wird vom absoluten Gebrauch des Wortes vertuscht. »In Deutschland wird ein Jargon der Eigentlichkeit gesprochen, mehr noch geschrieben, Kennmarke vergesellschafteten Erwähltseins, edel und anheimelnd in eins; Untersprache als Obersprache. Er erstreckt sich von der Philosophie und Theologie nicht bloß Evangelischer Akademien über die Pädagogik, über Volkshochschulen und Jugendbünde bis zur gehobenen Redeweise von Deputierten aus Wirtschaft und Verwaltung.« Der Mangel an Geist führt zu einem »mechanischen Zungenschlag«; die Verpackung wird bereits als Botschaft empfunden. Der Jargon schließt ein und er schließt aus; er bekräftigt die Gemeinschaft der Gleichsprechenden und er grenzt diese aggressiv gegenüber denjenigen ab, die anders sprechen, denken und fühlen. Zugleich soll mit solcher Abgrenzung das elitäre Bewußtsein vermittelt werden, daß die eigene Sprache wahr und die Sprache der anderen weniger wahr oder unwahr ist. »Muttersprachgeraune« etwa suggeriert, daß die »organische Sprache« gegenüber der »artifiziellen« die »eigentliche« Sprache sei. Da der »Jargon der Eigentlichkeit« das Bedenken und Nachdenken perhorresziert, liebt er Klischees und Formeln; so bietet er dem Sprachunsicheren, demjenigen, der nach sprachlicher Sicherheit strebt, Asyl. Es erfolgt die Usurpation der Wirklichkeit durch die Metapher, die Himmelfahrt des Wortes nach dem Tode gedanklicher Konkretheit.

Die fäkalische Sprache des »underground«, als Artikulation einer ersten Welle des jugendlichen Protestes, wandte sich gegen den »Schmutz der sauberen Leute«. Die »Ästhetik der Aktion«[851] forderte dann Ende der sechziger Jahre das »Ende der Höflichkeit«, das heißt eine Revision der »Anstandserziehung in einer unanständigen Gesellschaft«.[852] Die Sprache der verwalteten Welt[853], mit dem Ziel der Domestikation, Normierung, Entindividualisierung, bewirkte als Reaktion einen stürmischen Ich-Kult, der sich von geometrischer Cleverness, Kapitalismus im Bürstenhaarschnitt, Management in »Knoll-international« absetzte. »Hippieland« – das bedeutete eine anarchische Ekstase, die der abgezirkelten Moral widersprach. Neuartige Formen des Gemeinschaftserlebnisses sollten entstehen.[854]

In der Flucht nach vorne fand Jugend sich im Zeichen der Beat-Kultur zusammen; diese entstand vornehmlich aus dem Gefühl sexueller Frustration: dem Auseinanderklaffen von biologischer und sozialer Reife, wie es in der Industriegesellschaft besonders stark in Erscheinung tritt; als Folge ungeklärter Autoritätsbeziehungen in der »vaterlosen Gesellschaft«; der Spannung zwischen den Moral- und Idealvorstellungen der Erwachsenengesellschaft und der praktizierten Wirklichkeit.[855] Der Versuch der Beat-Kultur, sich abzugrenzen und einen eigenen Lebensstil zu entwickeln, war freilich nur insofern Protest, als er die traditionelle Geschmacksrichtung in Leitbildern und Lebensgewohnheiten ablehnte und von der gängigen Freizeitindustrie sich löste (allerdings dann, nach der ersten Phase, eine neue jugendbezogene Freizeitindustrie hervorrief). Während die Beat-Kultur als expressive Jugendkultur eine psychosomatische Bewältigung der weitgehend triebdynamisch bestimmten jugendlichen Krise bewirkte, wurde sie als Jugendkultur von der Erwachsenenwelt hemmungslos diffamiert: als Auflösung tradierter Werte und Normen beklagt, oft auch als jugendliche kollektive Zwangsneurose interpretiert.

Die Phraseologie der politischen Sprache, die sich am deodorierten Frischwärts der Warenästhetik orientierte und alert über komplexe wie sperrige Probleme hinwegtäuschte, hat Adorno in seinem Essay als »Irrationalität dessen, was gleichwohl noch im Stadium des angedrehten Mythos nicht darauf verzichtet, sich Denken zu nennen«[856] bezeichnet. Die Sprache der protestierenden Studenten wandte sich gegen die entleerte Sprache mit ihrem Arsenal von Begriffs- und Wortklischees (... freiheitlicher Rechtsstaat ... Wiedervereinigung in Friede und Freiheit ... unsere Sorge: der Mensch ...). Gegenüber dem »Jargon der Eigentlichkeit«, dieser Wurlitzer Orgel des Geistes, wurden neue Sprach- und Denkdimensionen erschlossen. Als einer der ersten hat freilich Jean Améry erkannt, daß die neue Sprache der Dialektik in einen »Jargon der Dialektik« – im Sinne »signalhaft einschnappender Worte« und der »Verpackung als Botschaft« – zu pervertieren und sich damit strukturell dem »Jargon der Eigentlichkeit« zu nähern begann.[857] Die durchgangsphasenhafte Flexibilität wurde aufgegeben; die Notwendigkeit der Negation und des Infragestellens nicht mehr reflexiv auch auf die eigene Position bezogen, die erworbene (erarbeitete) Artikulationsebene und -weise verabsolutiert und damit ideologisiert. Außerdem wurde der »Jargon der Dialektik« in zunehmendem Maße einem Freund-Feind-Schema dienstbar gemacht, das Lernprozesse, Diskurs, Kommunikation verhinderte. Via Sprache sollten nur noch die faschistoiden Wesenszüge des Establishments entlarvt und durch den Aufbau von Gegensymbolen (Sündenböcken) die eigene Gruppe mit Hilfe aggressiver Gruppensprache als »verschworene« Gemeinschaft formiert werden. Eine Sprache, die damit im doppelten Sinne manipulatorischen Charakter annahm, konnte nicht mehr den ehrlichen Anspruch erheben, Manipulation, Stereotypie und Ideologie durchbrechen zu wollen. So erwies sie sich als Kehrseite der gleichen (repressiv-bourgeoisen) Medaille. Sprache, die zum reflexbestimmten Aktionismus wurde, Provokation, die als triebdynamische Abreaktion, als Frustrationsaggressivität außerhalb der Reflexion stand, schlug auf den Gegner, der zum Feind hochstilisiert wurde, ein, um ihn sprachlos zu machen.

Wozu noch Philosophie?

Im *Jargon der Eigentlichkeit* unterzog Theodor W. Adorno Martin Heidegger einer vernichtenden Kritik.[858] Schon in *Sein und Zeit* (1927) habe dieser Eigentlichkeit schlechthin, existentialontologisch, als fachphilosophisches Stichwort eingeführt und energisch in Philosophie gegossen, wofür die Eigentlichen minder theoretisch eiferten, und dadurch alle gewannen, die auf jene vage ansprachen. Entbehrlich wurden durch ihn konfessionelle Zumutungen. Sein Buch erlangte seinen Nimbus, weil es als einsichtig beschrieb, als gediegen verpflichtend vor Augen stellte, wohin es den dunklen Drang der Intelligentsia vor 1933 trieb. Heidegger unterstellt prästabilierte Harmonie zwischen wesentlichem Gehalt und heimeligem Geraune. Während er im Dritten Reich an anderen Blubo-Freunden die Reklame für den Blubo beanstandete, die sein Monopol beeinträchtigen konnten, erwies sich seine reflektierte Unreflektiertheit als anbiederndes Geschwätz angesichts der agrarischen Umgebung, mit der er auf vertrautem Fuß stehen will. Gleich den minder prominenten Sprechern von Eigentlichkeit ist Heidegger erfüllt von der Ranküne der Innerlichkeit. »Der ›Jargon der Eigentlichkeit‹ ist Ideologie als Sprache, unter Absehung von allem besonderen Inhalt.« Heideggers Philosophieren sollte damit nicht unterstellt werden, daß dessen raunende Sprache mit ihrer eigenwilligen Etymologie und Semantik lediglich Leere eindrucksvoll verpacke. Doch war Adorno der Meinung, daß diese Philosophie, die den immanenten und transzendenten Grund von Existenz auszuloten suchte, nicht nur die gesellschaftlichen Bedingtheiten von Existenz völlig mißachtete, sondern auch die rationale Aufklärung über Dasein mit Hilfe einer Sprachalchimie, die nicht mehr kritisch nachprüfbar war, verhindere.

Was dergestalt kritisiert wurde, erwies sich als besondere philosophische Faszination. Karl Löwith, kein Schüler Heideggers, aber in der von ihm eingeschlagenen Richtung weiterdenkend, hat hervorgehoben, daß dieser die auf die Seinsvergessenheit der Metaphysik zurückzuführende traditionelle Bestimmung des Menschen als eines animal rationale leidenschaftlich bekämpft und damit den Menschen nicht »eindeutig«, »einheitlich« und »einseitig« durch Seele und Geist oder Bewußtsein und Existenz oder als »Da« des Seins bestimmt habe, sondern als einen »leibhaftigen Zwiespalt von Animalität und Rationalität«. Die äußerste Weise dieses Zwiespalts bezeuge sich in der Möglichkeit der Selbstvernichtung: daß der Mensch als einziges Lebewesen nicht nur den Trieb zur Selbsterhaltung, sondern auch die »Freiheit zum Tode« habe.[859]

Für Heideggers Philosophieren gründet die Seinsfrage in der Endlichkeit, die als »Vorlaufen zum Tod«, als »Sein zum Ende«, als »Sein zum Tod« erfahren wird. Menschliches Dasein muß sein Sein erst »entwerfen«, wobei es die Möglichkeit hat, zur Selbstverwirklichung vorzustoßen oder aber in der Selbstentfremdung sich zu verlieren. Menschliches Dasein ist durch Seinsverständnis ausgezeichnet. Das Dasein ängstigt sich vor dem Nichts; das macht seine Grundbefindlichkeit aus; doch kann es in seinem Freisein für die Freiheit sich selbst wählen und damit neue Identität gewinnen. Vor allem über den Existentialismus Sartres, seit Ende der vierziger Jahre von großem Einfluß, war Heideggers Denken in wesentlichen Elementen in der Nachkriegszeit präsent. Sartres existentialistische Grundthese, daß die menschliche Freiheit dem Wesen des Menschen vorausgehe und dieses erst ermögliche, daß das Wesen des menschlichen Seins in dessen Freiheit »hineingehalten« sei, korrespondierte zu der geschichtlichen Erfahrung, die man gemacht hatte und die man nun zu überwinden hoffte. War man frei gewesen zum »Fehlverhalten« – frei zur Unfreiheit –, so konnte man nun auch frei zur Freiheit sich entscheiden. Auf »richtiges Handeln«, den Aufbruch zu einer neuen, veränderten, humanen Realität, gingen die Bestrebungen – vor allem der jüngeren Generation, die nicht manipuliert werden wollte, sondern sich zum Selbstsein bekannte. »Was wir Freiheit nennen, kann also unmöglich vom Sein der ›menschlichen Realität‹ unterschieden werden. Der Mensch ist keineswegs zunächst, um dann frei zu sein, sondern es gibt keinen Unterschied zwischen dem Sein des Menschen und seinem Freisein.«[860]

Heidegger selbst geriet nach 1945 vor allem deswegen ins Kreuzfeuer der

Kritik, weil er im Dritten Reich die Möglichkeit zum Freisein offensichtlich »falsch« genutzt hatte, sich zu einer »unmenschlichen Realität«, zumindest zu Beginn des Dritten Reiches, bekannt hatte.[860] Seine Äußerungen 1933 wurden als Verrat am Geist verstanden; die Beharrlichkeit, mit der Heidegger zu den Vorwürfen schwieg, verstärkte den Unmut über sein Verhalten. Hatte Heidegger in einem Augenblick, in dem die letzten Bastionen kritischer Rationalität von der Barbarei hinweggefegt wurden, wirklich den Aufstieg der Barbarei gefördert? War er ein Musterbeispiel für die Verführbarkeit des Geistes oder nur für kurze Zeit, eigentlich gegen seine Überzeugung, in ein Fahrwasser geraten, dem er sich dann entschieden zu entziehen wußte? Aus Anlaß des 80. Geburtstags im Jahre 1969 kommentierte Hannah Arendt Heideggers Verhältnis zum Nationalsozialismus mit den verständnisvollen Worten, daß Heideggers Weltversagen in seiner philosophischen Weltferne läge; daß er, über Wesentliches nachdenkend, in der aktuellen Realität sich eben nicht »richtig« zurechtgefunden habe. »Denn der Sturm, der durch das Denken Heideggers zieht – wie der, welcher uns nach Jahrtausenden noch aus dem Werk Platos entgegenweht –, stammt nicht aus dem Jahrhundert. Er kommt aus dem Uralten, und was er hinterläßt, ist ein Vollendetes, das, wie alles Vollendete, heimfällt zum Uralten.«[861]

Der schillernde Nebel des Mythos lege sich, nicht ohne eigene Schuld des Philosophen, um Heidegger – einen Mann, der nach der Übernahme des Rektorats der Universität Freiburg, vier Monate nach Hitlers Ernennung zum Reichskanzler, von der Größe und Herrlichkeit des nationalsozialistischen Aufbruchs sprach; zugleich hätten die Gedanken und Schriften dieses Mannes Deutschland und die Welt mehr beeinflußt als die irgendeines anderen deutschen Denkers in unserem Jahrhundert – so Paul Hühnerfeld, damals Leiter des Feuilletons der *Zeit*, in seinem Buch *In Sachen Heidegger. Versuch über ein deutsches Genie* (1959).[862] Wer Heideggers innerer Entwicklung heute nachgehe, wer die mannigfachen Sentiments und Ressentiments, die seine Philosophie trotz ihrer scheinbaren «Objektivität» durchkreuzen, analaysiere, wer die tiefen und dunklen Gründe seines Lebens zu durchleuchten versuche, der könne die Hinwendung des Freiburger Denkers zum deutschen Faschismus nicht als Tagesirrtum empfinden. »Sie war vielmehr folgerichtig und notwendig.«

Hühnerfeld bezog sich bei seiner Auseinandersetzung mit Heidegger unter anderem auf einen Aufsatz von Jürgen Habermas, der im Sommer 1953 in der *Frankfurter Allgemeinen Zeitung*, von Karl Korn verantwortet, erschien und in heftigen Vorwürfen gegen den Philosophen gipfelte. Das Erscheinen von Heideggers Buch *Einführung in die Metaphysik* hatte Habermas zum Anlaß genommen, das »Problem der faschistischen Intelligenz« anzusprechen; er tat das anhand eben dieser Vorlesungen aus dem Jahre 1935, die Heidegger 1953 unverändert hatte drucken lassen. ». . . Überflüssig zu bemerken, daß ein solcher Mann unter den Bedingungen des 20. Jahrhunderts als ideologischer Einpeitscher wirken mußte, unter den exaltierten Bedingungen von 1935 als Prophet.«[863]

Martin Heideggers Buch *Holzwege* erschien 1949; in einer Besprechung der

Süddeutschen Zeitung im gleichen Jahr bemerkte Reinhold Schneider, das gemäße Gespräch mit dem Philosophen habe noch gar nicht begonnen; »vielleicht sind die Voraussetzungen dieses Gesprächs noch gar nicht erfüllt.« Kurt Roßmann schrieb im *Monat*: das Buch gebe die Stimmung wieder, die der Historismus seit Nietzsche aus sich heraus erzeugt habe; man fühle sich dem Untergang nahe. Der dem Selbstruin sich entgegenstellende Planungsoptimismus würde mit seinen mehr und mehr sich vervollkommnenden und verselbständigenden Werkzeugen der Wissenschaft und Technik den Fortschritt auf dem Weg des Verderbens noch fördern. Ähnlich wie bei Gottfried Benn zeige sich bei Heidegger stets ein schicksalhaftes, mythisches Untergangsdenken, das sich mit einem starken Anti-Effekt der Technik gegenüber verbinde und in einer Sprache ausdrücke, die mit ihren raunenden Mystifikationen Aufklärung (Erhellung durch Ratio und logisches Denken) verhindere.[864]

In seinem Aufsatz *Heidegger und Hebel oder die Sprache von Meßkirch* hatte Robert Minder im besonderen das Phänomen von Heideggers »Wurzeldeutsch« aufgegriffen und in seiner Eigenart zu deuten versucht. Heidegger stehe in einer alten (alemannischen) Tradition, freilich in ihrer letzten, pervertierten Phase. »Blutrot« habe das Wort »alemannisch« zu schimmern begonnen, als 1933 ein hochindustrialisiertes, rassisch besonders bunt gemengtes Volk sich arische Ahnen beilegte und bald darauf im ganzen besetzten und terrorisierten Europa Tod und Leben des Einzelnen davon abhängen ließ, ob er von Siegfried abstamme oder nicht. Im Kontext des aller Natürlichkeit entfremdeten, ins Kitschig-Pathetische hinaufstilisierten »Alemannismus« müsse man Heideggers Sprechen und Philosophieren verstehen.[865] Ähnlich »verarbeitete« Günter Grass in seinem Roman *Hundejahre* (1963) den Freiburger Philosophen. Eine Parodie auf Heideggers Sprache durchsetzt die zweite Hälfte des Buches. »Die alemannische Mütze zipfelt zwischen Todtnau und Freiburg.« Walter Matern, einer der Helden des Romans, sagt zu seinem Hund, einem Tier, das der »Führer« einst geschenkt bekam, das aber seinen Herrn rechtzeitig verließ: »Hör gut zu, Hund: Der wurde geboren in Meßkirch. Das liegt bei Braunau am Inn.«[866] Walter Jens nannte in einer Besprechung diese Heidegger-Parodie »albern«; sie zeige weder Kenntnis noch Geschmack.[867]

»Heidegger ist da«, schrieb Hans-Georg Gadamer 1964 in seinem Aufsatz *Martin Heidegger.* »Man kommt an ihm nicht vorbei und ist auch nicht – leider – über ihn in der Richtung seiner Frage hinausgekommen. So ist er auf eine bestürzende Weise im Wege. Ein erratischer Block, den die Flut eines auf technische Perfektion gerichteten Denkens umspült und nicht von der Stelle bringt. Vielleicht lebt dennoch einiger Dank.«[868] Der Dank an Heidegger wurde besonders an seinem 80. Geburtstag 1969 offenbar. »Kaum ein anderer deutscher Philosoph dieses Jahrhunderts hat die geistige Physiognomie der Zeit so entscheidend mitbestimmt wie Martin Heidegger. Weder Sartre noch Herbert Marcuse sind ohne seinen Einfluß denkbar,« schrieb die *Süddeutsche Zeitung*.[869]

Der große Gegenpol zu Martin Heidegger war Karl Jaspers. In seinen 1978 postum erschienenen *Notizen zu Heidegger* heißt es, daß von den deutschen

Philosophieprofessoren der Gegenwart nur dieser ihn wirklich interessiert habe.[870] Heidegger habe freilich nicht gewußt, was Freiheit sei. Schön und verführerisch, kostbar gearbeitet und unwahr, versprechend und in nichts sich auflösend, erdnah und verderblich, angstvoll, ständig verfolgt, nie ruhend in einer Liebe, unwirsch und dann klagend, rührend, mitleiderweckend, Hilfe begehrend, im Machtgefühl sich überschlagend, im Kollaps ratlos und würdelos; immer bemüht, stets indirekt, mit berechnendem, aber sich selbst nicht durchschauendem Instinkt: Heidegger denke polemisch, aber nicht diskutierend; er denke beschwörend, nicht eigentlich begründend; er sage aus, vollziehe aber nicht Gedankenoperationen.

Ausgehend von dem Satz, daß Zusehen nicht Existieren sei, hat Jaspers sich stets in die Realität »eingemengt«. Seine Schrift *Die geistige Situation der Zeit* 1931 (1947 wieder aufgelegt) zeigte das Engagement, auch das Pathos, mit dem der Philosoph sich fürs »Selbstsein« des Menschen einsetzte – in großer Sorge vor dem Aufstand der Massen, ihren Mechanismen und Apparaturen.[871] War die Geschichte der Menschheit ein vergeblicher Versuch, frei zu sein, oder war der Augenblick des Bewußtseins von Freiheit nur ein Zwischenspiel zwischen zwei unermeßlichen Schlafzuständen, von denen der erste als Naturdasein, der zweite als technisches Dasein zu definieren war?

Mit einer Jüdin verheiratet, hatte Jaspers, wie er in seiner 1956 geschriebenen »philosophischen Autobiographie« berichtet, im Dritten Reich das Dunkel und das Bewußtsein der ständigen Gefahr erlebt. »Auf diesem Boden aber erwuchs das unendliche Glück der Gegenwärtigkeit. Ich erfuhr das tiefe Genügen der Liebe, die jedem Tag, bis heute, seinen Sinn zu geben vermochte.« Die Rettung bei dem Gefühl des Mitschuldigseins durch das eigene Überleben steigerte den Anspruch, nach Kräften recht zu leben und zu arbeiten.[872]

Diese Verpflichtung hat Jaspers dann nach 1945 in ganz besonderer Weise, im wahrsten Sinne des Wortes »existentiell«, erfüllt, wobei seine philosophische *und* politische Begabung voll zur Geltung kam. »Für nahezu ein Vierteljahrhundert war er das Gewissen Deutschlands« (Hannah Arendt). »Er ist«, heißt es in dem Essay über Solon – die Worte können Jaspers selbst charakterisieren – »wie die alten Propheten, Erzieher eines Volkes, Verkünder der Wahrheit. Aber radikal ist er von ihnen vor allem durch eines unterschieden: Er beruft sich nicht auf die Gottheit, er beansprucht keine nähere Beziehung zu ihr, er gibt sich nicht Autorität durch sie, sondern: ›Dies befahl mir mein Herz, die Athener zu lehren.‹ «[873] Die Lehre, die Jaspers den Deutschen erteilte, war oft sehr unbequem und rief entsprechend aggressive Reaktion hervor. Leidenschaftlich wandte er sich gegen die atomare Aufrüstung: »Bisher konnte der Mensch als einzelner sich selbst das Leben nehmen. Er konnte in Kämpfen töten und getötet werden. Völker konnte man ausrotten. Jetzt aber kann die Menschheit im Ganzen durch Menschen vernichtet werden. Daß dies geschieht, ist nicht nur in den Bereich der Möglichkeiten getreten. Es ist für die rein rationale Erwägung wahrscheinlich, daß es geschehen wird.« – Neben seinem Buch *Die Atombombe und die Zukunft des Menschen. Politisches Bewußtsein in unserer Zeit* (1958)[874] war vor allem der Band

Wohin treibt die Bundesrepublik? (1966) von aufrüttelnder Wirkung. In den ersten drei Wochen nach Erscheinen fand die Schrift dreißigtausend Leser; nach weniger als einem Jahr war die Zahl der verkauften Exemplare fast bei der Hunderttausendgrenze angekommen. »Ulbricht, noch im Glanze unbestrittener Alleinherrschaft, meinte in einem Brief, daß den Verfasser und ihn selbst bezüglich der Entwicklung der Bundesrepublik ›die gleiche Sorge bedrückt‹. Ein junger Nachwuchspolitiker namens Eppler, damals noch nicht mehr als eine politische Hoffnung, schloß dagegen seine Rezension mit der erschrockenen Frage, wie ›vergiftet die politische Atmosphäre eines Landes sein müsse, in dem ein solches Buch zum Bestseller wird.‹«[875] Mit dem Netz von Lügen im Grunde der staatlichen Existenz könne es nicht weitergehen, mahnte Jaspers; die Deutschen würden sich auf unbegründete Rechtsansprüche berufen; sie verleugneten die Haftung für den Hitlerkrieg, würden den Sinn der bedingungslosen Kapitulation verkennen. »Wir verlangen, was unmöglich zu erreichen ist: die Grenzen von 1937; wir verschleiern die Gefahren, die in der Tatsache der Wehrmacht, in den Plänen der Notstandsgesetze liegen: wir lassen geschehen sowohl das Hintreiben durch Entschlußlosigkeit wie die Manipulationen der rücksichtslos zur Macht Drängenden; wir reagieren also selten auf die Verletzung oder Einschränkung oder Mißachtung der Grundrechte.«[876] Beim Wiederlesen des Buches meinte Hermann Rudolph, daß es vor allem die Erfahrungen der deutschen Katastrophe dieses Jahrhunderts waren, die Jaspers zu dieser Philippika wider die bundesrepublikanische Gegenwart trieben. Unüberhörbar sprach das Vor-, ja das Vorvorgestern beunruhigt, beunruhigend in die Analyse der Gegenwart hinein.

Jaspers, der Medizin studiert und sich für Psychologie habilitiert hatte, war ein »Philosoph der Leidenschaft«, bei dem sich Parteinahme und Hermeneutik, Appell und Diagnose miteinander verbanden. Er vertrat eine trotzige, pathetische Philosophie der Existenz; Klaus Podak spricht von der »ein wenig donnernden Mixtur aus Eigentlichkeit, Ehrlichkeit und Zivilcourage«.[877] Dem Bedürfnis nach Klarheit, nach Einfachheit, nach Unbedingtheit des Engagements kam er mit großen, aber auch tönenden Worten entgegen. Das machte ihn bei denjenigen, die die Wahrhaftigkeit seines Aufrufs zum »Eigentlich-Werden« nicht erkannten, suspekt, rückte ihn in die Nähe der Vertreter des »Jargons der Eigentlichkeit«. Er selbst, oft genug befangen im Pathos appellativer Moral (mit magischen Worten »Umkehr«, »Besinnung«, »Wahrheit« beschwörend) stand der »kritischen Theorie« und ihren Vertretern ablehnend gegenüber. In einem Brief vom 29. April 1966 schreibt Karl Jaspers an Hannah Arendt: »Adorno, so scheint es, wird in der Bundesrepublik allmählich zur Autorität, hoch geachtet. Was für ein Schwindel: soweit ich ihn gelesen habe, auch in seinen geistreichen, unermeßlich viel wissenden, alles hin- und herwendenden Schriften, die er vom Standpunkt höchster Weisheit schreibt, scheint mir nichts glaubwürdig. Aber er findet dann Glauben. Mir wird das natürlich schnell langweilig. Solch ein Durcheinander des Beliebigen ist unerträglich.«[878]

Als erratische Blöcke bestimmten Heidegger und Jaspers die Philosophielandschaft der Nachkriegszeit. Diese zeigte, vertikal gesehen, zwei Zeitschichten[879]:

Gleich nach dem Krieg wandte man sich, ein Nachholbedürfnis befriedigend, den Grundthemen der Phänomenologie, der Ontologie, der Metaphysik, Erkenntnistheorie und Anthropologie zu, wie sie für die Debatten der zwanziger Jahre bestimmend gewesen waren. Die Existenzphilosophie hatte angesichts der Erschütterungen des Zweiten Weltkrieges Konjunktur.[880]

Die zweite Phase der Entwicklung brachte eine Internationalisierung der philosophischen Forschung. Die amerikanische Philosophie wurde rezipiert; im besonderen auch der logische Empirismus des durch die Nationalsozialisten vertriebenen »Wiener Kreises«. Während die Schulphilosophie sich vor allem auf Hermeneutik zurückzog (auf die Kunst der Auslegung von Texten, mit der Hoffnung, daß daraus Modelle für Welterfahrung zu gewinnen seien[881]), formierte sich der kritische Rationalismus sowohl gegen die irrationalistisch-metaphorische Hermeneutik Heideggers als auch gegen den Neo-Hegelianismus und Neo-Marxismus der Adorno, Marcuse, Bloch. Hans Albert und Karl R. Popper attackierten seit Anfang der sechziger Jahre vor allem den Mythos der totalen Vernunft, wie er von den Frankfurter Dialektikern vertreten wurde: Diese operierten mit provokanten und effektvollen Formulierungen, wobei sie die Grenzen zwischen Argumentation und Agitation überschritten. Logische Stringenz und empirische Sachlichkeit würden »spekulativer Vernunft« geopfert. Das deutsche Vorurteil gegen die Klarheit sorge dafür, daß philosophische Lehren schon dadurch allgemeine Aufmerksamkeit fänden, wenn sie in unverständlich und tiefsinnig klingender Sprache abgefaßt seien.[882] »Der Wortzauber der Heideggerei und Adornos auf Hegel zurückgehende dialektische Verdunkelungen: ähneln sie sich nicht?«[883]

Es verstärkt sich in dieser Zeit auch die Auseinandersetzung zwischen Wissenschaftstheorie bzw. analytischer Philosophie (auch Grundlagenforschung genannt) und der Existenzphilosophie (im weitesten Sinne des Wortes einer Philosophie, die innerhalb der Dimension reflektierenden Handelns sich entwickelte). Für den Wissenschaftstheoretiker galt Existenzphilosophie nicht als Philosophie; umgekehrt war für den Existenzphilosophen die Wissenschaftstheorie keine Philosophie, weil sie nur die Form von Aussagen über Gott, die Welt und den Menschen untersuche, aber selbst keine Aussagen mache. Die inhaltlichen Aussagen werden von den »Grundlagenforschern« den Wissenschaften zugeordnet.

Für die Entwicklung des demokratischen kulturellen Bewußtseins war dabei der Beitrag der Naturwissenschaften[884] wichtig – hatten doch die Nationalsozialisten, oft genug aufgrund ihres rassistischen Denkens, einen geradezu »mittelalterlich« anmutenden Obskurantismus vertreten und verbreitet. Vor allem die moderne Physik hatte für eine kopernikanische Wende gesorgt.[885] Ehemals elementare Prämissen galten nicht mehr: Raum und Zeit, früher unverrückbares, objektives Anschauungsgerüst, wurden relativiert; Kausalität und strenge Gesetzlichkeit mußten einer weitgehend nur noch statistisch erfaßbaren Wahrscheinlichkeit weichen. Das Eindringen in die Strukturen von Mikro- und

Makrokosmos zeigte, daß trotz der geradezu unvorstellbaren Gegensätzlichkeit ihrer Dimensionen ein gemeinsames Bauprinzip alle Materie zusammenschließt: Aus Atomen[886] besteht die kleinste Einheit der Welt, und aus Atomen bestehen die Sternmassen des Kosmos.[887] Die Grenzziehung zwischen Unbelebtem und Belebtem ließ sich nicht mehr aufrechterhalten; denn auch die Zelle, die den Organismus bildet, setzt sich aus atomaren Bestandteilen zusammen, trägt somit das gleiche Gesicht wie alles in der Welt. Dementsprechend revolutionierte der Physiker die Chemie; der Chemiker muß Kernphysik treiben, ist zugleich Biochemiker; der Biologe erweist sich als Quantenbiologe. »Die große Einheit der Natur bedingt, daß alle unsere in die Naturgeheimnisse eindringenden Forschungswege sich wieder treffen« (Pascual Jordan). Vier Schwerpunkte kristallisierten sich dabei heraus: Atom und Atomspaltung, Molekül und chemische Verbindung, Zelle und Vererbung, Stern und Weltbewegung. Bei all diesen Fragen wurde deutlich, daß ein anschauliches Begreifen unmöglich ist, daß mit mathematischen Formeln als Hilfsbegriffen zur Ordnung experimentell beobachtbarer Tatsachen gearbeitet werden muß, die nie sagen, was ein Ding ist, sondern nur, wie es sich verhält. Oder aber es finden Modelle und Analogien als Arbeitshypothesen Verwendung, die gleichermaßen das »Ding an sich«, wie es Kant nannte, nicht sichtbar machen können. 1958 entwickelte Heisenberg eine »Weltformel«, aus der er die Existenz und Eigenschaften aller Elementarteilchen herzuleiten hoffte. »Dieses Programm ist das Programm der gesamten heutigen Forschung über Elementarteilchen; es erstrebt die Schließung der wichtigsten großen Lücke im entstehenden System der Physik. Weder er noch ein anderer vermochte die mathematischen Konsequenzen zu seiner Gleichung voll zu ziehen. Und so ist es bis heute ungewiß, wie weit sie der empirischen Wirklichkeit entsprechen. Keine konkurrierende Theorie ist erfolgreicher gewesen, wenn sie über ›phänomenologische‹ Zusammenhänge der Daten hinauszugehen suchte, und mir scheint, daß keine sich so tief auf die wirklichen Probleme eingelassen hat, die in diesem Bereich auf uns warten, wie die Theorie Heisenbergs.« (Carl Friedrich von Weizsäcker)[888]

1963 antwortete Theodor W. Adorno auf die selbstgestellte Frage »Wozu noch Philosophie?«: »Philosophie, wie sie nach allem allein zu verantworten wäre, dürfte nicht länger des Absoluten sich mächtig dünken, ja müßte den Gedanken daran sich verbieten, um ihn nicht zu verraten, und doch vom emphatischen Begriff der Wahrheit nichts sich abmarkten lassen. Dieser Widerspruch ist ihr Element. Es bestimmt sie als negative. Kants berühmtes Diktum, der kritische Weg sei allein noch offen, gehört zu jenen Sätzen, in denen die Philosophie, aus der sie stammen, die Probe besteht, indem sie, als Bruchstücke, das System überdauern.«[889] Jürgen Habermas hat 1971 die Frage fortgeführt: ob sich die Gestalt des philosophischen Geistes nicht ein zweites Mal veränderte. Nicht nur die große Philosophie habe ein Ende gefunden; auch die großen Philosophen scheinen dieses Schicksal zu teilen. Heideggers 80. Geburtstag sei nur noch ein privates Ereignis. Jaspers' Tod bleibe folgenlos. Für Bloch scheinen sich in erster Linie die Theologen zu interessieren. Adorno hinterlasse ein chaotisches Gelände.[890] Angesichts der deutschen Philosophie des letzten halben Jahrhunderts spricht Habermas von vier Beobachtungen:

Zunächst drängt sich die erstaunliche Kontinuität der Schulen und der prinzipiellen Fragestellungen auf. In den zwanziger Jahren sind im deutschen Sprachraum bereits die theoretischen Ansätze entstanden, die die philosophische Diskussion noch in den fünfziger und sechziger Jahren beherrscht haben. »Damals haben sich gegen die imperiale Stellung des Neukantianismus, dessen Einfluß weit über die deutschen Grenzen hinausreichte, im wesentlichen fünf philosophische Impulse durchgesetzt: mit Husserl und Heidegger eine teils transzendentallogische, teils ontologisch gerichtete Phänomenologie; mit Jaspers, Litt und Spranger eine an Dilthey anknüpfende, teils existentialistisch, teils neuhegelianisch eingefärbte Lebensphilosophie; mit Scheler und Plessner (und in gewisser Weise auch mit Cassirer) die philosophische Anthropologie; mit Lukács, Bloch, Benjamin, Korsch und Horkheimer eine auf Marx und Hegel zurückgreifende kritische Sozialphilosophie; und schließlich mit Wittgenstein, Carnap und Popper der im Wiener Kreis zentrierende logische Positivismus.« Neu war hinzugekommen der in den angelsächsischen Ländern zur herrschenden Philosophie gewordene Neopositivismus.

Die Kontinuität der Entwicklung ist durch ein weiteres Moment noch verstärkt worden: durch die ungebrochen personalistische Erscheinungsform des philosophischen Denkens. Wahrscheinlich wird man in wenigen Jahren jenen Gestus, der in den vergangenen Jahrzehnten und dann wieder nach Kriegsende selbstverständlich gewesen ist, als altmodisch empfinden: ». . . ich meine den rhetorischen Gestus, mit dem eben Heidegger und Jaspers, Gehlen, Bloch und Adorno als akademische Lehrer vor ihren Studenten, in der literarischen Öffentlichkeit, in der politischen Publizistik, sogar in den Massenmedien ihre Gedanken vertreten, geradezu exerziert und verbreitet haben.«

An der philosophischen Entwicklung in Deutschland ist ferner die Fixierung an das zeitgeschichtliche Phänomen des Faschismus bemerkenswert. Ein neutralistisches Selbstverständnis war nach 1945 nicht möglich; die politische Lebensgeschichte trennte Exilierte (und Zurückkehrende) wie Bloch, Horkheimer, Adorno von den »inneren« Emigranten (vieler Schattierungen) wie Jaspers und Litt und von den intellektuellen Vorreitern oder temporären Nothelfern des Regimes wie Heidegger, Freyer und Gehlen. »Freilich hätte diese biographische Hypothek ihr Gewicht nicht über zwei Jahrzehnte behalten können, wenn nicht das Problem der mittelbaren intellektuellen Urheberschaft politischer Verbrechen, überhaupt der praktischen Folgen und Nebenfolgen des Philosophierens bestanden hätte und als systematische Frage doch zugleich unerledigt geblieben wäre.«

Das Philosophieren in Deutschland ist schließlich durch einen zeitkritischen Bezug ausgezeichnet, der eigentümlich in Widerspruch steht zu seinem Akademismus. »Keine der genannten Philosophien verhält sich in ihren tieferen Intentionen zu der bestehenden gesellschaftlichen und politischen Ordnung konform. Das gilt für die irrationalistischen Impulse Heideggers und Gehlens ebenso wie für die dialektische Kritik eines Bloch oder Adorno. Aber nicht nur dem rückwärts gewandten Eskapismus in die Unmittelbarkeit des Seins oder der großen Institutionen, nicht nur dem Transzendieren nach vorn und dem Denken in emanzipatorischer Absicht fehlt die Gelassenheit einer Philosophie, die sich entweder im juste milieu selbstsicher eingerichtet hat, die sich mit dem Fortschritt der Epoche eins weiß oder auf arbeitsteilige Forschung selbstzufrieden regrediert ist – auch dem liberalistischen Denken fehlen in unserem Lande solche Identifikationen. Das zeigt sich am untergründigen Jakobinertum eines Jaspers genauso wie an der abstrakt aufklärerischen Rigidität der von Popper Beeinflußten (wie Topitsch und Albert).«

Der deutsche philosophische Geist vor allem der letzten Jahrzehnte ist durch Ambivalenz geprägt; es gibt drei Theorien der Ungleichzeitigkeit, die die deutsche Entwicklung zu deuten versuchten: Die Theorie der zurückgebliebenen kapitalistischen Entwicklung, die Theorie der verspäteten Nation und die Theorie der verzögerten Moderne.[891] Die schiefe Stellung zu einem Prozeß der Vergesellschaftung, der selber abweichend vom normalen Gang der kapitalistischen Entwicklung, der Nationalstaatsbildung, der Modernisierung, verlief, macht diesen Geist sensibel für beides: »für die Verluste an humaner Substanz, die die gewalttätig fortschreitende Rationalisierung einer in naturwüchsigen Antagonismen gleichwohl verharrenden Gesellschaft abverlangt, aber eben auch für die Notwendigkeit, diesen Fortschritt in einem zurückbleibenden Land zu forcieren, um die auf dem Hintergrund *möglicher* Rationalisierung erst recht hervortretende Barbarei der archaischen Lebensbereiche zu verringern.«

In seinem Essay hatte Adorno Zweifel angemeldet, ob Philosophie als Tätigkeit des begreifenden Geistes nicht zurückbleibe hinter dem, was sie zu begreifen hätte: dem auf die Katastrophe zutreibenden Zustand der Welt; für Kontemplation scheine es zu spät. Die Protestbewegung Ende der sechziger Jahre jedenfalls meinte, daß Aktion wichtiger sei als Reflexion – selbst wenn sie in ihrer ersten Phase noch auf Philosophie, zum Beispiel auf das Werk Herbert Marcuses, rekurrierte. Auch im Bereich der Philosophie bewahrheitete sich, was Enzensberger hinsichtlich des (vorläufigen) Endes der bundesrepublikanischen liberalen Intelligenz vermerkt hatte: die Zeit der schönen aufklärerischen Selbsttäuschungen hatte ein Ende. Freilich erfolgte nicht der Einzug der Revolutionäre. Die Vertreter der »zynischen Vernunft« und der »neuen Unübersichtlichkeit« standen vor der Tür des leergefegten Denkraumes.

Protestantische Theologie und katholisches Milieu

Von der Fixierung des Philosophierens an das zeitgeschichtliche Phänomen des Faschismus sprach Jürgen Habermas. Eine solche Feststellung gilt auch (Verdrängung eingeschlossen) für die Ausgangslage der Theologie nach 1945.[892] Innerhalb des Protestantismus stellte die Bekennende Kirche einen starken moralischen Faktor dar. Auf ihrer Synode in Barmen 1934 hatte sie der Weltanschauung der Deutschen Christen und der herrschenden nationalsozialistischen Lehre die Botschaft des Neuen Testaments und der Reformation entgegengestellt. Am 18. und 19. Oktober 1945 trafen erstmals nach Kriegsende in Stuttgart die Mitglieder des Rates der »Evangelischen Kirche in Deutschland« (EKD) mit Vertretern des »Ökumenischen Rates der Kirchen« zusammen; die EKD war in Nachfolge der 1933 geschaffenen »Deutschen Evangelischen Kirche«, die sich politisch diskreditiert hatte, Juli 1948 in Eisenach als zunächst gesamtdeutscher Verband mit insgesamt siebenundzwanzig selbständigen lutherischen, reformierten und unierten deutschen Kirchen gebildet worden. Vorausgegangen war die evangelische Kirchenversammlung Ende August 1945 in Treysa bei Kassel, auf der es dem württembergischen Landesbischof Theophil Wurm, als ältestem unter den leitenden geistlichen Amtsträgern der Landeskirchen, gelang, »die durch den Kirchenkampf entstandenen Spaltungen zu überwinden und die miteinander zerstrittenen Gruppen zu einer neuen Gemeinschaft in einer handlungsfähigen Kirche zusammenzuführen.«[893] Wurm gehörte neben Hans Meiser (seit 1933 Bischof der Evangelisch-Lutherischen Landeskirche von Bayern), Otto Dibelius (seit 1945 Bischof von Berlin/Brandenburg), Martin Niemöller (im Dritten Reich von 1937-1945 im Gefängnis und KZ), Hanns Lilje (Oberlandeskirchenrat in Hannover) und anderen zu den Unterzeichnern des Stuttgarter Schuldbekenntnisses, in dem man den Vertretern des Ökumenischen Rates der Kirchen gegenüber die »Solidarität der Schuld« zum Ausdruck brachte: »Mit großem Schmerz sagen wir: Durch uns ist unendliches Leid über viele Völker und Länder gebracht worden . . . Nun soll in unseren Kirchen ein neuer Anfang gemacht werden. Gegründet auf der Heiligen Schrift, mit ganzem Ernst ausgerichtet auf den alleinigen Herrn der Kirche, gehen sie daran, sich von glaubensfremden Einflüssen zu reinigen und sich selber zu ordnen.«[894]

Die konkrete Schuld (Konzentrationslager, Judenverfolgung und -ausrottung) wurde nicht benannt; den nachfolgenden Kontroversen um das Stuttgarter Schuldbekenntnis – handelte es sich bei der Erklärung nur um ein Bekenntnis vor Gott oder auch um ein politisches Bekenntnis vor dem Menschen? – bestimmte über Jahrzehnte, offen oder unterschwellig, das kirchliche Leben. Martin Niemöller, der profilierteste, wenn auch umstrittenste Vertreter der Bekennenden Kirche ging von einem radikalen Schuldbekenntnis aus: »Ich bin schuldig, weil ich 1933 noch Hitler gewählt habe, weil ich geschwiegen habe, als man gleich in der ersten Zeit Scharen von aktiven Kommunisten ohne Prozeß und Gerichtsverfahren verhaftete und einsperrte; ja, auch im KZ noch bin ich schuldig geworden, denn wenn all die Menschen ins Krematorium geschleift wurden, habe ich mich in die Ecke gedrückt und habe nichts dazu gesagt, habe nicht einmal dazu geschrien.«[895] Die Kirche müsse in Erkenntnis ihres weitreichenden Versagens nun politische Mitverantwortung übernehmen. – Demgegenüber sprach Hanns Lilje bereits im November 1945 davon, daß es sich beim Stuttgarter Schuldbekenntnis um keine politische, sondern um eine kirchliche Erklärung gehandelt habe; sie sei niemals für die Öffentlichkeit bestimmt gewesen; die ausländischen Kirchenführer hätten ausdrücklich zugesichert, daß sie jeden politischen Mißbrauch der Erklärung in der Öffentlichkeit verhindern würden.

Die um »Vergangenheitsbewältigung« bemühten engagierten Theologen und Laien orientierten sich vor allem an Karl Barth und Rudolf Bultmann.[896] Der Schweizer Barth war 1935 seines Lehramtes an der Universität Bonn von den Nationalsozialisten enthoben worden und hatte, in die Heimat zurückgekehrt, das nationalsozialistische Regime in seiner Brutalität, Heuchelei und Verlogenheit aufs härteste kritisiert. Die geschichtlichen Erfahrungen standen dabei im Gegensatz zu seiner Theologie, die davon ausging, daß – weil Gott in der Zeit als Erlöser Mensch geworden war – alle Schöpfung von vorneherein als gut, von vorneherein als gerechtfertigt erscheine. In den zwanziger Jahren hatte Barth freilich sich nicht als »Botschafter der Liebe«, sondern als »Prophet des Gerichts« erwiesen: in seinem Kommentar zum *Römerbrief* sprach er von dem unendlich qualitativen Unterschied zwischen Gott und dem Menschen; von Gott als dem »ganz Anderen«, dem gegenüber alles Natürliche, Kreatürliche, Menschliche nur Vergängliches, d. h. Innerweltlich-Profanes und Materialistisches sei. Solche »dialektische Theologie«, die einerseits den »unendlichen Abstand von Zeit und Ewigkeit« betonte, andererseits von einem meist expressiv-leidenschaftlich artikulierten eschatologischen Optimismus bestimmt war, widerlegte mit ihrem antifaschistischen demokratischen Engagement die Weltferne Barths, die sich etwa in dem Satz spiegelte: »Wir dürfen Gottes Zeugen sein. Seine Advokaten, Ingenieure, Manager, Statistiker und Verwaltungsdirektoren zu sein, hat er uns nicht berufen.« (1948).[897]

Man könne nicht elektrisches Licht und Radioapparat benutzen, in Krankheitsfällen moderne medizinische und klinische Mittel in Anspruch nehmen und gleichzeitig an die Geister- und Wunderwelt des Neuen Testaments glauben, schrieb Rudolf Bultmann in seinem Aufsatz *Neues Testament und Mythologie* (1942).[898] Seine »abstrakte Theologie«, die davon ausging, daß der Mensch, der an Gott glaube, »nichts in Händen hat«, traf den Nerv einer Zeit, da man sich insgesamt, politisch, gesellschaftlich, existentiell, »enteignet« fühlte. Als einziges blieb die Verkündigung (»Kerygma«), die den Glauben von jedem Aktualismus des naturwissenschaftlichen wie historischen Denkens, der die agnostischen wie atheistischen Aufklärer zu bestätigen schien, löste; ermutigt wurden diejenigen, die mit dem »Wagnis des Glaubens« ihrer Existenz eine neue Essenz zu geben trachteten. Der Glaube konnte somit Befreiung sein: in ihm transzendiere der Mensch sich selber. »Und so kann man sagen, daß der Mensch immer nur der ist, der er wird. Er selbst steht sich noch bevor, sein wahres Jetzt liegt vor ihm, und er kann es gewinnen, er kann es auch verlieren – im Leben wie im Sterben; auch im Tode wird Gott auf mich zukommen und mich herausfordern in seine Zukunft, in meine Freiheit. Wie er mir begegnen wird, weiß ich nicht zu sagen; aber ich weiß, daß er mich da trifft und mir die Freiheit eröffnet.«[899]

Auf eine eigenartige Weise korrespondierte solche Theologie mit der Fortschrittsgläubigkeit der Wirtschaftswunderzeit, die Existenzanalyse – Bultmann war mit Martin Heidegger befreundet und arbeitete mit ihm zusammen – mit der theologisch fundierten Weltbezogenheit: auch im Endlich-Konkreten sah man nun die Möglichkeit, sich auf ein Zukünftiges hin neu zu entwerfen. Mündigkeit bedeutete dann nicht nur die Hoffnung, sich auf Gott als den »ganz Anderen« zu verlassen, sondern sich mit Jesus von Nazareth – dem ersten Herrn der Welt, Urbild des mündigen Menschen – der Welt in ihrer Endlichkeit zuzuwenden, um *dort* Christ, also handelnder Christ, zu sein.

»Der Mensch zwischen Gott und Welt« war das Thema Friedrich Gogartens, der »Säkularisierung« bejahte.[900] Verantwortung dürfe nicht leer sein; gerade weil der Mensch erlöst sei, könne er Verantwortung tragen. Die Hoffnung des Glaubens ist auf das Heil der Welt ausgerichtet: »Alles ist euer« (*1. Korintherbrief*). Die Bemühung der Vernunft, den Menschen heil zu machen, bringt noch nicht das Heil; habe man jedoch das von Gott »geschenkte Ganze« der Welt im Sinne, erweist sich Zweckhaftes als durchaus sinnvoll. »Wissenschaft ist glaubenslos, oder sie ist nicht Wissenschaft; aber nur wo Glaube ist, kann die Wissenschaft glaubenslos sein.« (Heinz Zahrnt)

Der 1933 in die USA emigrierte und dort zum einflußreichsten Theologen gewordene Paul Tillich wollte mit seinem Werk gleichermaßen die Kluft zwischen Religion und »profaner« Kultur, zwischen Glauben und Denken, auch zwischen dem Christentum und den anderen Hochreligionen schließen. In seinem System[901] wird zwischen dem reinen Sein und dem Sein im Zustande der Entfremdung, das heißt der Existenz, unterschieden. Aber die Entfremdung des Menschen von Gott, den anderen Wesen und von sich selbst wird mit Wirklichkeitssinn im Geiste aktiver Theologie – des »Muts zum Sein« – angegangen. »Der Mensch ist weder ganz frei noch ganz unfrei, vielmehr schwankt er zwischen Freiheit und Bestimmung, in welche seine Freiheit gebettet erscheint. Aber er kann die Grenzen überschreiten, die allen anderen Wesen gesetzt sind, denn er kann Begriffe bilden, überlegen und entscheiden, den Mechanismus des rein Biologischen durchbrechen und überdies schöpferisch eine Welt der Technik und der Kunst, der theoretischen Strukturen und praktischen Organisationen erzeugen. Gerade weil er das Ebenbild Gottes ist, kann er sich selbst seines Menschentums entäußern, sündigen.« (Max Rieser)[902] Als »Botschafter einer neuen Wirklichkeit« ging es Tillich, geprägt auch durch amerikanischen Wirklichkeitssinn, im besonderen darum, das Wort Gottes wieder verständlich zu machen. Sowohl auf dem Katheder wie auf der Kanzel sollte die sakrale Esoterik der Sprache aufgebrochen werden, bis hin zur Profanität der Aussage bzw. nichtreligiösen Verkündigung, um so den säkularen Menschen wieder zu erreichen.

»Ein Pastor muß reden können«, meinte Helmut Thielicke – und er dachte dabei nicht nur an die für die Geschichte der Kirche charakteristische Verbindung von Theologie und Rhetorik; ihm ging es vor allem darum, daß der Geistliche aus der Tiefe des Glaubens heraus argumentiere. »Auf der Suche nach dem verlorenen Wort«[903] stieß er auf das Fehlen des »Bekenntnisses«, das sich freilich nicht von der Welt ablösen dürfe. Die Grundlage christlicher Existenz sei eine theologische Ethik, die sich auf Wirklichkeit einlasse. An »Modellfällen des

Lebens« erläuterte Thielicke, der selbst ein leidenschaftlicher und hervorragender Prediger war, immer wieder die »Konkretionen des Glaubens«.[904] Gegenüber religiöser Radikalität verfocht er den Kompromiß; Gott selbst habe mit der Welt einen solchen geschlossen; dieser sei das Resultat des Sündenfalls und der Schuld des Menschen einerseits und des Gnadenwillens, der Liebe Gottes andererseits. Wir lebten zwischen zwei Äonen und seien beiden verbunden, sowohl dem Äon dieser Welt, wie dem Äon zukünftiger Welt. Thielicke, der im Dritten Reich Schreib- und Redeverbot erhalten hatte und nach dem Zusammenbruch Professor für systematische Theologie in Tübingen geworden war, dann von 1954 bis 1974 in Hamburg lehrte, war wohl der populärste Theologe der fünfziger und sechziger Jahre – in seinen Stärken und Schwächen ein typischer Repräsentant des vorwaltenden Feuilletonismus. Er hat zwar »keine Leidenschaft geweckt und keine Schule begründet. Ein Genie der Kommunikation war er gewiß. Und wenn er nicht groß war, so doch großartig.« (E. Chr. Hirsch)[905]

Das Buch *Theologie der Hoffnung* von Jürgen Moltmann (1964)[906] erlebte in kurzer Zeit sechs Auflagen; der Verfasser wurde als Herold eines neuen Protestantismus im In- wie Ausland gepriesen. Das Werk ging auf die »konkretistischen Bedürfnisse« der Zeit ein. Moltmann fand sich nicht damit ab, daß die Eschatologie nur von Dingen redete, die irgendwann einmal eintreten werden; denn mit solcher Vertagung auf den jüngsten Tag verlören diese Ereignisse ihre weisende, aufrichtende und kritische Bedeutung für alle jene Tage, die der Mensch in der Geschichte zubringen muß. »Das Christentum ist gar nicht nur im Anhang Eschatologie«, sondern es ist »Hoffnung, Aussicht und Ausrichtung nach vorne, darin auch Aufbruch und Wandlung der Gegenwart. Der christliche Glaube lebt von der Auferweckung des gekreuzigten Christus und streckt sich aus nach den Verheißungen der universalen Zukunft Christi. Darum kann Eschatologie eigentlich kein Teilstück christlicher Lehre sein. Eschatologisch ausgerichtet ist vielmehr der Charakter aller christlichen Verkündigung, jeder christlichen Existenz und der ganzen Kirche.« Im Gegensatz zu Barth und Bultmann, die er wegen ihrer »Jenseitigkeit« kritisiert, fordert Moltmann eine diesseitige Theologie, die zu einer aktiven, ja aggressiven Auseinandersetzung mit der politischen Umwelt ermächtigt und aufruft. Die Christen sollten der Wirklichkeit nicht mehr die Schleppe nachtragen, sondern die Fackel voran. Die gegenwärtige Gesellschaft wird als repressiv bezeichnet; damit humane Verhältnisse entstünden, müsse man »demonstrieren«. Mit Ernst Bloch ist ihm der »Gott der Hoffnung« ein Gott »mit Futurum als Seinsbeschaffenheit«. In Moltmanns Besprechung von Ernst Blochs *Atheismus im Christentum* (1966) – »Nur ein Atheist kann ein guter Christ sein, nur ein Christ kann ein guter Atheist sein« – hieß es: »Die Bibel wird wider den Strich gebürstet. Sie wird von unten, nicht mehr von oben gelesen. Die Geschichten Gottes mit sündigen Menschen verschwinden, und es treten die Geschichten der murrenden, hadernden und aufsässigen Menschen mit ihrem launischen Gott heraus. So wird die Bibel zu einem subversiven, revolutionären Buch, das sich mit kirchlicher Autorität und staatschristlicher Macht nicht mehr verträgt.«[907] Moltmanns deutliche Sympathie mit einer solchen Position machte deutlich, daß eine Strömung der protestantischen Theologie der Nachkriegszeit sich konsequent auf eine radikale Bereitschaft zur Übernahme von »Weltverantwortung« hin bewegte, wie sie zwei Jahrzehnte vorher schon das Stuttgarter Schuldbekenntnis geprägt hatte und sich dann vornehmlich in den Kontroversen zwischen Staat und Kirche über die Wiederbewaffnung (vor allem seit Beginn des Korea-Krieges im Juni 1950) niederschlug.

Die Dichotomie der Entwicklung innerhalb des Protestantismus trat besonders klar zutage, als Gustav Heinemann, der erste Innenminister der Bundesrepublik Deutschland, angesichts Adenauers Alleingang, einen deutschen Wehrbeitrag zur »Sicherheit gegenüber der Aufrüstung der Sowjetzone durch Sowjetrußland« zu leisten, zurücktrat. Heinemann begründete seinen Schritt mit der Feststellung, daß eine Politik der Wiedervereinigung und gleichzeitig der Wiederaufrüstung sich gegenseitig ausschlössen; theologisch fügte er die Frage, »zumeist für Politiker, die aus christlicher Verantwortung zu handeln erklären«, hinzu, »ob es nicht etwa so ist, daß wir durch Gottes Gericht waffenlos gemacht worden sind um deswillen, was wir mit der Waffe angerichtet haben«. Heinemann war zu dieser Zeit auch Präses der Synode der EKD und beurteilte die Wiederbewaffnungsfrage aus dem Geist des Stuttgarter Schuldbekenntnisses, das er selbst mit unterzeichnet hatte. »Für Adenauer, der über Heinemann in der Regierung die wichtigste personelle Verbindung zum deutschen Protestantismus hielt, löste dieser Rücktritt die erste innenpolitische Krise aus. Denn er zog den massiven Widerspruch der linken Gruppen des Protestantismus, insbesondere der Kirchenpräsidenten Niemöller und Wilm und der in der Tradition der Bekennenden Kirche sich verstehenden ›Kirchlichen Bruderschaften‹ nach sich.«[908]

In Zusammenhang mit der durch die Protestbewegung insgesamt bewirkten gesellschaftspolitischen Sensibilisierung erfuhr die »linke Theologie«, wie sie etwa aus dem Buch von Moltmann sprach, zunächst eine Verstärkung. Dorothee Sölle propagierte die Auflösung des Zusammenhangs zwischen bürgerlicher und christlicher Kultur und das Gespräch zwischen Christentum und Marxismus.[909] 1968 veröffentlichte Sölle die Aufsatzsammlung *Atheistisch an Gott glauben* und den Band *Phantasie und Gehorsam. Überlegungen zu einer künftigen christlichen Ethik*[910]. Ausgangspunkt ihres Nachdenkens war, daß der alte Gott tot sei; die neue christologische Hoffnung sehe in Jesus, dem Einen, die anderen immer schon mitgesetzt und mitgemeint. Das im Protestantismus tabuierte »Wort« wird in seinem autoritären Charakter dekuvriert; an seine Stelle soll das »erhellende Wort« treten. Aufklärung ist jedoch nur möglich, wenn gesellschaftliche und politische Zusammenhänge mit bedacht werden. (Am Totengedenken zum Volkstrauertag zum Beispiel wird das problematische Verhältnis der Deutschen zu ihrer Vergangenheit aufgewiesen.) »Mut zeigt auch der Mameluk, Gehorsam ist des Christen Schmuck«: Der autoritären Fehldeutung Jesu und seiner Sache wird ein Glück des Menschen entgegengestellt, das in der Freiheit besteht – ein Glück, das Jesus selber hatte und das er anderen mit

Phantasie eröffnete, damit sie ihre Phantasie für die Menschen und die Welt einsetzen.

In einer Serie von Büchern hatte der Schweizer evangelische Theologe Walter Nigg aus theologischer wie kulturhistorischer Sicht religiöse Querdenker (christliche Narren, Zweifler, Agnostiker, Atheisten) gewürdigt.[911] In seinem Buch über die Häresie *Das Buch der Ketzer* zeigte er auf, daß der Ketzer mit dem Heiligen gemeinsam habe, daß er, religiös lebendig, für seinen Glauben alles opfere und von einer christlichen Dynamik erfüllt sei, die den stärksten Gegenpol zum religiös Indifferenten, zum diplomatisch und kirchenpolitisch Denkenden darstelle. Kirche und Ketzer gehörten viel stärker zusammen, als sich beide Teile eingestehen wollten. Die Kirche trage allezeit die Verantwortung für das Aufkommen der Ketzerei, weil diese fast immer in einer Vernachlässigung der Wahrheit durch die Kirche bestehe.

Niggs Bücher waren sehr erfolgreich; aber Ketzer gab es im Wirtschaftswunderland wenige. Das Justemilieu war geprägt durch Gleichgültigkeit und Anpassung. Wenn die Kirche, so Eberhard Stammler, damals Chefredakteur der evangelischen Zeitschrift *Junge Stimme*, gegen sich selbst ehrlicher wäre, könnte sie barmherziger mit den Menschen werden. Sie würde dann erkennen, daß in aller scheinbaren Gleichgültigkeit oft ergreifende Zeugnisse von Sehnsucht zu finden sind. Von etwa hundert evangelischen Christen blieben heute etwa neunzig dem Leben ihrer Kirche fern. Diese besitze deshalb keine Anziehungskraft mehr, weil sie den Laien entmündige oder ihn bestenfalls im Zustand der Halbmündigkeit halte. Die Kirche resigniere vor der Aufgabe, Volkskirche zu sein; sie müsse radikal werden, d. h. sich auf ihre Wurzeln, nämlich im Glauben Verantwortung zu tragen, besinnen.[912]

In einer vieldiskutierten Streitschrift *Die Kapitulation oder Deutscher Katholizismus heute* beschrieb Carl Amery die »Herrschaft des Milieus im deutschen Katholizismus«.[913] Seit dem 19. Jahrhundert habe ein kleinbürgerliches Tugendsystem die Kirche erstarren lassen. Primärtugenden wie Gläubigkeit, Demut, Caritas, asketische Kraftanstrengung seien von »Sekundärtugenden« (Arbeitsamkeit, Sauberkeit, Pünktlichkeit, Zuverlässigkeit, Mißtrauen), die keine Ziele in sich enthalten, sondern auf bestimmte Ziele ausgerichtet sein müssen, um »positiv« zu sein, überlagert oder ersetzt. »Ich kann pünktlich zum Dienst im Pfarramt oder im Gestapokeller erscheinen; ich kann in Schriftsachen ›Juden-Endlösung‹ oder Sozialhilfe penibel sein; ich kann mir die Hände nach einem rechtschaffenen Arbeitstag im Kornfeld oder im KZ-Krematorium waschen. So konnte Himmler an seinen Mordkommandos rühmen, daß sie inmitten ihres schweren Dienstes verstanden, anständig zu bleiben.« Die »säkularisierte Religiosität« des »sekundären Tugendsystems« war eine »Schmücke-dein-Heim«-Religiosität, deren »Sittlichkeit« durch Egoismus bestimmt war. So hat das Milieuchristentum des Katholizismus wie des Protestantismus erst dann empfindlich reagiert und Widerstand geleistet, als die Nationalsozialisten das Milieu selbst bedrängten. Zum Kampf gegen den Nationalsozialismus trat man nicht an, als Menschenwürde und Menschlichkeit verletzt und zerstört wurden, sondern als die kirchlichen Machtpositionen gefährdet waren. Im Verlauf einer lang andauernden Entwicklung entfernte sich die Denkweise und Moralität des katholischen Milieus immer mehr vom Christentum. »Aber erst heute, in der CDU-Ära, glaubt es, das ›ideale‹ Verhältnis zur Kirche entdeckt zu haben – nämlich das Verhältnis eines Parasiten zu seinem Opfer.«

Diejenigen, die den Kampf gegen das »Milieu« wagten, konnten sich entweder nicht durchsetzen, oder sie wurden diszipliniert. Zum ersten neuen Deutschen Katholikentag in Mainz 1948 (ein Jahrhundert vorher hatte in der gleichen Stadt der erste Deutsche Katholikentag stattgefunden) schrieb Walter Dirks in den *Frankfurter Heften*: »Von der stolzen Selbstzufriedenheit, die früher oft eines der Grundelemente unserer öffentlichen Wirksamkeit war, sollte nicht viel übriggeblieben sein. Wir haben versagt, wir wissen wenig und wir können nicht viel – das müßte der Grundton des ersten neuen Deutschen Katholikentages sein –, dies und die gläubige Hoffnung auf den, der allein das Antlitz der Welt erneuern kann.«[914] Die Kirchentage der fünfziger und sechziger Jahre, sowohl die katholischen wie die protestantischen, erfüllten solche Hoffnung nicht. Dirks Diktum (in seinem Buch *Die Antwort der Mönche*), daß die christliche Geschichte oft schief gehe, bewahrheitete sich erneut.

Der Linkskatholizismus blieb schwach; er fand keine politische Heimat; die oppositionellen Strömungen waren isoliert. Immerhin stellten die von Walter Dirks und Eugen Kogon herausgegebenen *Frankfurter Hefte* ein wichtiges Diskussionsforum dar. Von Bedeutung waren auch die *Werkhefte*; zur Redaktion unter Gerd Hirschauer gehörten unter anderem Christian Geissler, der mit seinem Erstlingsroman *Die Anfrage* (1960) dem Nachwirken der jüngsten Vergangenheit in der unmittelbaren Gegenwart nachging und Entrüstung auslöste;[915] Arno Klönne, maßgeblich an der Organisation der Ostermärsche der Atomwaffengegner beteiligt; Carl Amery. Einzelne Angehörige des Kreises um die katholische Jugendzeitschrift *Ende und Anfang* (1946-1949) wirkten als Publizisten oder Mitarbeiter in der Gewerkschaftsbewegung weiter (wie Franz Josef Bautz und Theo Pirker).

Oswald von Nell-Breuning vertrat zwar eine progressive Position innerhalb der katholischen Soziallehre; doch gewann die durch den Nationalsozialismus erheblich geschwächte katholische Arbeitnehmerbewegung kein eigenständiges Gewicht mehr. Die von ihr 1955 initiierte christliche Gewerkschaftsbewegung, unterstützt von den katholischen Bischöfen Westdeutschlands, abgelehnt von der evangelischen Kirche, kam nur auf eine geringe Mitgliederschaft (Mitte der sechziger Jahre 250 000 – der DGB 6,5 Millionen).[916] Das Wagnis französischer Priester, mitten unter einer kirchenentfremdeten Arbeiterschaft, meist in vorwiegend kommunistischem Milieu, zu leben und zu wirken[917], fand zwar ein starkes publizistisches Echo; vergleichbare Bemühungen, die angesichts des Wirtschaftswunders mehr auf die Bekämpfung mentaler Verelendung hätten ausgerichtet sein müssen, gab es in der Bundesrepublik nicht. Eine verständnisvolle Auseinandersetzung mit dem Marxismus fand nur durch Außenseiter statt. Hinsichtlich der Aussöhnung mit Polen blieb die katholische Kirche passiv;

mit einer Anerkennung der Oder-Neiße-Grenze konnte sie sich nicht anfreunden.

Die Haltung der katholischen Kirche gegenüber Sexualität und Familienplanung blieb konservativ bzw. reaktionär. Leitbild war die patriarchalische Familienstruktur; die Frau entsprach dem christlichen Idealbild am besten, wenn sie den Eros aus ihrem Leben verbannte und ausschließlich als Mutter in den Kindern ihre Weiblichkeit erlebte. Empfängnisverhütung wurde als unsittlich bekämpft; die päpstliche Enzyklika zur Frage der Familienplanung 1968 ignorierte biologische, psychologische und anthropologische Erkenntnisse; oder sie interpretierte sie falsch. Allerdings gelang es der Enzyklika nicht, einen nennenswerten Teil der katholischen Bevölkerung von Empfängnisverhütung abzuhalten. Die sexuelle Revolution war bereits zu weit fortgeschritten.

Flucht und Vertreibung aus den ehemaligen Ostgebieten Deutschlands hatten den Anteil der Katholiken in der Bundesrepublik deutlich erhöht; er blieb nur noch wenig hinter dem der Protestanten zurück. Das ökumenische Denken blieb jedoch unterentwickelt; man grenzte sich strikt voneinander ab; die Intoleranz trieb groteske Blüten.[918] 1953 weigerte sich der damalige Würzburger Bischof Julius Döpfner, eine Zuckerfabrik einzuweihen, bloß weil ein evangelischer Pfarrer im Talar anwesend war und ebenfalls eine Weihehandlung vornehmen sollte. Ein Jahr später stritt man sich in Würzburg darüber, ob ein Katholik neben einem evangelischen Christen beerdigt werden dürfe; 1957 wurde in einer hessischen Gemeinde auf einem Spielplatz eine Ligusterhecke gepflanzt, weil evangelische und katholische Kinder getrennt voneinander spielen sollten; noch 1962 fand in der pädagogischen Hochschule in München der Turnunterricht nach Konfessionen statt. Bayern war überhaupt ein Hort ultramontaner Engstirnigkeit. Mit Hilfe amerikanischer konservativ-katholischer Kreise wurde die frühere liberale Schulpolitik der US-Militärregierung revidiert (im Rahmen eines Revirements wurde George N. Shuster Staatskommissar in Bayern); dem von 1946 bis 1950 amtierenden bayerischen Staatsminister für Unterricht und Kultus, Alois Hundhammer, gelang es, die Konfessionsschule wieder einzuführen.[919] Besonders negativ wirkte sich die Ablehnung konfessionsverschiedener Ehen durch die katholische Kirche aus; mit einem Hirtenwort erklärten die Bischöfe 1958: »Wer vor der Mischehe warnt, zerstört nicht den konfessionellen Frieden, sondern hilft, vor dem Leid des gespaltenen Glaubens und seelischen Konflikten zu bewahren.« Die Eltern wurden aufgefordert, ihre Kinder in katholischer Familienatmosphäre zu erziehen, um sie auf diese Weise gegenüber der Begegnung mit Andersgläubigen zu »immunisieren.«

Die Freiheit des Geistes hatte dort ein Ende, wo kirchliche Interessen im Spiel waren; häufig wurden die deutschen Gerichte bemüht, auf Grund des aus dem Jahr 1871 stammenden »Gotteslästerungsparagraphen« des Strafgesetzbuches gegen Schriftsteller und Künstler vorzugehen. Besondere Publizität fand der Fall des Studenten Reinhard Döhl. Er hatte in der Göttinger Studentenzeitschrift *Prisma* eine lyrische Montage unter dem Titel *missa profana* veröffentlicht; das Hildesheimer Generalvikariat stellte Strafantrag; das Landgericht Göttingen befand Döhl für schuldig.[920] Die Rechtsprechung ließ sich freilich in den meisten Fällen, zumindest bei Revisionsverhandlungen, nicht als Magd der Theologie mißbrauchen; so sprach der Bundesgerichtshof auch Döhl 1961 frei. – Zwar konnten atheistische und religions- wie kirchenkritische Schriften erscheinen: Karlheinz Deschner veröffentlichte seine polemische Kirchengeschichte *Abermals krähte der Hahn* (1961) und das Buch *Mit Gott und den Faschisten. Der Vatikan im Bunde mit Mussolini, Franco, Hitler und Pavelic* (1965)[921]; Gerhard Szczesny legte »zeitgemäße Betrachtungen eines Nichtchristen«: *Die Zukunft des Unglaubens* (1958) vor.[922] Doch machte sich in den Medien, Verlagen und im Wissenschaftsbetrieb ein starker Konformismus breit; man wollte vor allem bei katholischen Kreisen nicht anecken. In seinem Buch *Descartes und die Folgen* schrieb Max Bense, selbst Atheist: » ›Die Begegnung mit Christus, die mir in diesem Jahr geschenkt wurde . . .‹ – das ist nun der Anfang aller Vorworte, der Refrain der Wissenschaft, die den Lehrstuhl garantiert. Die Wehklage über den ›Verlust der Mitte‹ unter den Dichtern und Philosophen, Schriftstellern und Gelehrten, die Sehnsucht nach Korporation unter den jungen Menschen, der Konformismus der Zeitschriften und der Alten Herren . . . verraten, wie schwer den Deutschen eine Freiheit des Denkens und des Urteils fällt.«[923]

In Heinrich Bölls *Doktor Murkes gesammeltes Schweigen* hört ein Hilfsregisseur ein Kurzhörspiel, das am Abend laufen soll, noch einmal ab. Er findet es gut, nur der Schluß befriedigt ihn nicht: ein Atheist schreit zwölf Fragen in eine große leere Kirche hinein (»Wer denkt noch an mich, wenn ich der Würmer Raub geworden bin? . . . Wer wartet auf mich, wenn ich wieder zu Staub geworden bin? . . . Und wer denkt an mich, wenn ich wieder zu Laub geworden bin? . . .«) Hinter jeder Frage steht: »Schweigen«. Da wäre es doch besser, meint der Regisseur, wenn hinter jeder Frage als Antwort »Gott« käme. Der Tontechniker weiß Hilfe: hat man doch kürzlich aus einem religiös-redundanten Vortrag siebenundzwanzigmal das Wort »Gott« herausgeschnitten. »Es ist natürlich einfach, das ›Schweigen‹ rauszuschneiden und zwölfmal ›Gott‹ reinzukleben, wenn Sie's verantworten können.« So etwas kann der Redakteur natürlich verantworten![924]

In Hinblick auf die große Schuld der Kirchen an der Entstehung und Entwicklung des Antisemitismus, aber auch angesichts der Billigung des Nationalsozialismus durch hohe kirchliche Würdenträger sowie des kirchlichen Schweigens bei der Judenverfolgung und der »Endlösung« war die theologische »Unfähigkeit zu trauern« besonders provozierend und deprimierend. Seinem Buch *Gottes erste Liebe. 2000 Jahre Judentum und Christentum. Genesis des österreichischen Katholiken Adolf Hitler* (1967) stellte der katholische Außenseiter Friedrich Heer, der sich in seinen Aufsätzen und Büchern immer wieder des Verdrängten annahm – daß nämlich Judenhaß und Judenmord von theologischen Konzeptionen lebten und von den erlauchtesten Köpfen der christlichen Theologie entworfen worden waren –, ein Bußgebet des Papstes Johannes XXIII. voraus: »Wir erkennen nun, daß viele, viele Jahrhunderte der Blindheit unsere Augen bedeckt haben, so daß wir die Schönheit Deines auserwählten Volkes nicht mehr sehen und in seinem

Gesicht nicht mehr die Züge unseres erstgeborenen Bruders wiedererkennen. Wir erkennen, daß das Kainzeichen auf unserer Stirne steht. Jahrhundertelang hat Abel darnieder gelegen in Blut und Tränen, weil wir Deine Liebe vergaßen. Vergib uns die Verfluchung, die wir zu Unrecht aussprachen über den Namen der Juden. Vergib uns, daß wir Dich in ihrem Fluche zum zweiten Mal kreuzigten. Denn wir wußten nicht, was wir taten.« (Das Pontifikat Johannes' XXIII. war von allen liberalen Christen, vor allem von Katholiken, als ein großer Lichtblick empfunden worden. Es dauerte freilich nur eine kurze Zeit, 1958-1963, und hatte nur episodische Bedeutung.) In seinem Buch wollte Heer eine Antwort geben auf die zu dieser Zeit intensiv und leidenschaftlich diskutierte Frage: »Warum schwieg Rom angesichts der Vernichtung des Judentums durch die Nationalsozialisten?«[925]

Daß diese Frage mit aller Deutlichkeit gestellt und die Schuld des Vatikans (des Papstes Pius XII.) offengelegt wurde, war dem Schauspiel *Der Stellvertreter* von Rolf Hochhuth zu danken.[926] Beim Prozeß gegen Adolf Eichmann 1962 in Israel und bei den Vorbereitungen zum Auschwitz-Prozeß, der 1963 in Frankfurt begann, war auch die Schuld der Kirchen angesprochen worden. Hochhuth hatte seinen Text bereits 1961 fertiggestellt; er schloß einen Vertrag mit dem Hamburger Verlag Rütten und Loening, der zum Bertelsmann-Konzern gehörte; die gesetzte Paperback-Ausgabe wurde nicht gedruckt, da der Verlag Bedenken bekam und vor allem eine einstweilige Verfügung des Vatikans befürchtete. Durch den Verleger Heinrich Maria Ledig-Rowohlt konnte Erwin Piscator, der damalige Intendant der Freien Volksbühne in Berlin, gewonnen werden, das Stück zu inszenieren. Zugleich mit der Berliner Uraufführung am 20. 2. 1963 erschien im Rowohlt Verlag die Textausgabe des Stücks. Neunzehn Abgeordnete brachten am 2. Mai 1963 im Bundestag eine Anfrage ein: »Muß es die Freunde unseres Volkes nicht befremden, wenn gerade von deutscher Seite in Papst Pius XII. eine Persönlichkeit angegriffen wird, die nicht nur den Juden während der Verfolgung durch das Naziregime tatkräftig geholfen, sondern auch während der gesamten Zeit ihres Wirkens dem deutschen Volk besonders nahegestanden hat?« Der damalige Bundesaußenminister Gerhard Schröder bedauerte zutiefst, daß Hochhuths Stück »Angriffe gegen den Papst Pius XII. gerichtet« habe. Das Zentralkomitee der deutschen Katholiken führte Klage, daß ausgerechnet im freien Westberlin ein solches Stück aufgeführt worden sei. Die Diskussion um das Stück stellte alle bisherigen Skandale der Nachkriegszeit in den Schatten. Als der Rowohlt Verlag sieben Monate nach der Uraufführung eine Dokumentation herausgab, konnte er aus ca. 3000 Kritiken, Berichten und Briefen auswählen. 1975 waren 7500 Publikationen zum *Stellvertreter* erschienen. Dazu kamen ungezählte öffentliche Diskussionsveranstaltungen, vor allem auch an den jeweiligen Aufführungsorten.

Gegenüber der geistig-religiösen Unruhe, die vielfach den Protestantismus der fünfziger und sechziger Jahre bestimmte, war der Katholizismus dieser Zeit vorwiegend durch geistigen Immobilismus und religiöse Stagnation bestimmt. Geduldet wurde eine herausragende Theologie lediglich dann, wenn ihre philo-

sophisch-theologische Reflexion in der Dimension einer transzendierenden Allgemeinheit verblieb, also nicht auf die Diskrepanz von Anspruch und Wirklichkeit sich einließ. Das Lebendige zu ehren, weil es vom lebendigen Gott ab-
stammte, eine religiöse Festtagsstimmung zu erzeugen, die in ihrer naiven
Ehrlichkeit die »Gemeinde« und Schülerschaft durchaus ergriff – das war die
Leistung Romano Guardinis, der seit 1948 in München wirkte.[927] Verankert vor
allem im Innerlichkeitskult der Trümmerzeit, zeigte er in seinen zahllosen Schriften und akademischen Vorlesungen eine »Abgehobenheit des Standpunkts,
über deren Schemenhaftigkeit nicht selten die suggestive Kraft seiner Sprache
hinwegtäuschte. Mochte das auch einer weltanschauungshungrigen Zeit entge-
genkommen und wegen der unbestrittenen Lauterkeit Guardinis dankbar aufgenommen werden, so stieß die mitunter spürbare Tendenz zur Simplifizierung
und Ästhetisierung doch auch manche zurück. Nach einem Guardini-Vortrag
notierte etwa Wilhelm Hausenstein in sein Tagebuch: ›Fatal war mir immer das
Ausweichen ins Literarische hinein. Ein Priester soll bei seinem Zentrum bleiben, statt auf die Peripherie zu gehen.‹ « (G. Becker)[928]

Dieser sympathische »Denker der christlichen Existenz« schrieb einmal über
seine zweifache Heimat Deutschland-Italien: »Wenn ich in den Ferien nach
Italien fahre, fällt immer gleichsam die Last unbestimmter Schwermut, der
Nebulosität, von mir ab und ich atme auf. Wenn ich über die Alpen nach
Deutschland zurückkehre, atme ich auf, wieder dort zu sein, wo man problema-
tisch ist, zur Klarheit trachtet und sie mühsam sucht.«[929] Schwerer ums Herz war
es da Karl Rahner, wenn er in den Süden fuhr – gerade weil er sich, jenseits von
»Nebulosität«, um eine konkrete Problematisierung der kirchlichen Situation
bemühte.[930] Er wurde von der Kurie jahrelang scharf angegriffen und zeitweise
mit Rede- und Publikationsverbot belegt. Von 1939-1944 wirkte der Jesuit als
Dozent in Wien, von 1945-1948 an der Jesuitenfakultät in Pullach bei München.
Danach wurde er zum ordentlichen Professor der Theologie an die Universität
Innsbruck berufen, von wo er 1967 an die Universität Münster überwechselte; (er
starb 1984).[931] Im Mittelpunkt seines Denkens stand der Versuch, Theologie und
Anthropologie zu verbinden, nämlich die Inhalte des christlichen Glaubens –
Trinität, Gnade, Menschwerdung Gottes, Leben, Taten und Worte Jesu, Leiden,
Kreuz, Auferstehung und eschatologische Vollendung – nicht nur als abstrakte
Wahrheit zu begreifen, sondern sie in Beziehung zur konkreten Existenz des
Menschen zu bringen. Die Institution Kirche war für einen Christen wie Rahner,
dem das Christentum ernst war, der sich unbefangen den Problemen der heutigen
Zeit und den Sorgen der Menschen stellte und über sie nachdachte, keine
Amtskirche, sondern Sakrament, also »Mittel, Werkzeug und Zeichen der Ver-
einigung von Gott und Mensch und dadurch auch der Menschen untereinander«.
Die Kirche sollte das Antlitz Christi, der das Licht der Welt sei, widerstrahlen. In
diesem Sinne trugen seine Schriften[932] dazu bei, den Weg zu einer Öffnung und
Erneuerung der Kirche zu ebnen. So konnte er auch am Zweiten Vatikanischen
Konzil (1962-1965) unter Papst Johannes XXIII. mitwirken; nach der damals
geweckten Hoffnung bedeutete dann freilich die nachkonziliare Entwicklung für

ihn mehr ein »Leiden an der Kirche«. 1970 hielt er als erster Träger des Guardini-Preises in der Katholischen Akademie Bayern eine Rede, in der er sich »mit Freiheit und Manipulation in der Kirche« beschäftigte.[933] Freiheit sei Basis christlicher und kirchlicher Wahrheit; wo die kirchenamtlich verkündete Lehre den Freiheitsraum nicht ausdrücklich genug einräume, könne dies nur zum Schaden ihrer Lehre selbst geschehen. Der kirchlichen Autorität gegenüber brauche ein Christ von heute keine »kindlichen Gefühle«, keinen Respekt eines »Sohnes« aufbringen; »wir müßten heucheln, wenn wir sagen würden, wir fühlten uns als ›geliebte Söhne und Töchter‹ des Papstes oder der Bischöfe . . . Die institutionalisierte Mentalität der Bischöfe ist, wenn man einmal so sagen darf, feudalistisch unhöflich und paternalistisch, nicht der einzelne Bischof als konkrete Person, dem dieses gar nicht auffällt, wodurch freilich die Sache nicht besser, sondern schlimmer wird.«

Durch das Zweite Vatikanische Konzil, durch Theologen wie Karl Rahner, Hans Küng (Tübingen), Edward Schillebeeckx (Nijmwegen) und engagierte Laien wie Heinrich Böll, Luise Rinser, Walter Dirks war die Kirche von der Basis her in Bewegung geraten. »Mehr Demokratie wagen«: das färbte auch auf die Kirche ab. Katholizismus schien nicht nur als konservative Lebenshaltung denkbar; der Theologe Johann Baptist Metz sprach von der Kirche als einer gesellschaftskritischen Institution. Den turbulenten Essener Katholikentag 1968 nannte die *Frankfurter Rundschau* »die gelungene Einübung des Ungehorsams«; es gab sogar ein katholisches Aktionskomitee, das den Rücktritt des Papstes verlangte. Eine Zeit der »schönen Selbsttäuschung« (der Liberalisierung) hatte hier erst begonnen, während sie bei den »Alt-Jakobinern« zu Ende ging. Ein Jahrzehnt später war das Rollback (auch wenn der Papst seine Weltläufigkeit durch viele Reisen demonstrierte) voll im Gange: Die Herausforderung, wie sie die Probleme der Dritten Welt darstellten, wurde negiert, die Theologie der Befreiung mißachtet und unterdrückt. Am 15. Dezember 1979 wurde dem Theologieprofessor Hans Küng die Lehrbefugnis entzogen.

Die blockierte Schulreform

Der 1945 neugegründeten Zeitschrift *Die Sammlung*, die sich zu einem Forum für die Erziehungsreform entwickelte, gab der Pädagoge Herman Nohl als Leitspruch mit auf den Weg: »Unser Kompaß ist die einfache Sittlichkeit, ein standhafter Glaube an die Ewigkeit der geistigen Welt.« Die Erziehungspläne der Trümmerzeit spiegelten die hochgemute Hoffnung, daß nach einer langen »Zeit der Finsternis« die christlich-humanistischen abendländischen Werte wieder auferstünden. Die engagierten Pädagogen der »ersten Stunde« verschlossen keineswegs die Augen vor der Ungeheuerlichkeit des nationalsozialistischen Terrors mit seinen »Menschenvernichtungs-Fabriken« – *Todesmühlen* hieß der Dokumentarfilm, der nach der Befreiung der Lager von der US-Armee in Auftrag gegeben wurde und um die Jahreswende 1945/46 in die Kinos kam[934]. Viele Pädagogen hatten im Dritten Reich selbst Verfolgung erlitten oder waren zumindest in die »innere Emigration« gegangen (Nohl zum Beispiel, Bildungstheoretiker der geisteswissenschaftlichen Richtung und Begründer der »Göttinger Schule«, war 1937 vom NS-Regime entlassen worden). Um so mehr überrascht im Rückblick der abgehobene Idealismus, mit dem man an den Wiederaufbau der »Pflanzstätten des Geistes« (der Schulen und Hochschulen) ging. Diese Mentalität konvergierte jedoch mit den Verdrängungsmechanismen, die insgesamt die deutsche Bevölkerung kennzeichneten: Von Kollektivschuld oder Kollektivscham war kaum die Rede.

Selbst bei den hervorragendsten Vertretern des neuen »Erziehungsauftrages« entwickelte sich oder wirkte fort eine Art von »Verkündigungsstil«, der in immer neuen wortreichen Varianten das »Eigentliche«, nämlich die »Tugenden«, pries; der Schritt zum »Jargon der Eigentlichkeit« war bedenklich klein. Das Wahre wäre richtiger gewesen, wenn es wirklichkeitsbezogener gewesen wäre. »Wenn von der Sicherheit des Hauses die Rede ist, so ist diese dem Menschen nicht als Besitz, sondern als Aufgabe gegeben. Und das gilt nicht nur vom Haus, sondern darüber hinaus von jeder menschlichen Ordnung, für die dieses ja nur als einfachstes Beispiel gewählt war: Keine menschliche Ordnung besteht von sich allein, sondern nur indem sie in beständiger Anstrengung immer neu gegen den Ansturm der Unordnung verteidigt wird. Aber umgekehrt: nur indem er immer wieder dem Chaos die Ordnung, der Bedrohung die Geborgenheit abzugewinnen sucht, nur insofern er nach Frieden und Sicherheit strebt, kann der Mensch Mensch sein.« Ein solches Zitat aus einem Aufsatz von Otto Friedrich Bollnow (*Wesen und Wirklichkeit des Menschen*, 1957)[935] markiert exemplarisch die Ambivalenz der zwischen Aufklärung und Romantik angesiedelten Reformpädagogik, die sich zwar, moderat kritisch, um eine Überprüfung der bürgerlichen Tugenden (Fleiß, Tapferkeit, Bescheidenheit, Wahrhaftigkeit, Treue, Vertrauen . . .) bemühte, diese aber nicht − wie es angesichts der geschichtlichen Entwicklung angebracht gewesen wäre − radikal in Frage stellte. Die Trennschärfe des Begriffs blieb zugunsten der beschwörenden Metapher suspendiert. Bollnow, seit 1939 ordentlicher Professor für Psychologie und Pädagogik in Gießen, ab 1946 in Mainz, dann in Tübingen, hatte die Lebensphilosophie Diltheys (*Dilthey, eine Einführung in seine Philosophie*, 1933; *Das Wesen der Stimmungen*, 1941 − Bücher, die nach Kriegsende wieder aufgelegt wurden) zu einer philosophischen Anthropologie weiterentwickelt, bei der die Sprache als umfassendes Medium menschlicher Selbstverwirklichung im Mittelpunkt stand; es wäre aber vor allem auf eine politische Anthropologie mit republikanischen Inhalten angekommen. Die »neue Geborgenheit«, wie ein Buchtitel von Bollnow aus dem Jahre 1955 hieß[936], »behauste« den Menschen, der in seiner Vermessenheit schuldig geworden war, wieder; der saturierten Wirtschaftswunderwelt hätte eine aufsässige, gesellschaftskritischere Pädagogik besser getan.

»Wir treiben Wissenschaft, um zu wachsen, nicht um uns zu verlieren«, meinte Eduard Spranger, unter Bezug auf Kant, Goethe, Schiller und Humboldt (der

1882 geborene Philosoph und Pädagoge war von 1911 bis 1920 Professor in Leipzig, ab 1920 in Berlin; im Dritten Reich ging er von 1936-1939 als Austauschprofessor nach Japan; im Zusammenhang mit dem 20. Juli wurde er von den Nationalsozialisten verhaftet; ab 1946 lehrte er in Tübingen). Spranger, unter anderem Schüler von Dilthey, ging es ums «personale Zentrum«[937]: Der Mensch lebt aus den Leitvorstellungen von Sinn und Wert; diese sind etwas Objektives; sie finden ihren Niederschlag in den exemplarischen Leistungen der Kultur. Wo objektiver Geist – dieser war offensichtlich auch nach Auschwitz im Sinne Hegels noch der Inbegriff des Historischen (»in dem ein echter und also fortwirkender und in diesem Sinne ewiger Gehalt wohnt«) – und die sich entfaltende, suchende subjektive Geistigkeit zusammentrafen, da lag der Prozeß der Bildung. Bildung bedeutete »die lebendig wachsende Aufnahme aller objektiven Werte, die zu der Anlage und dem Lebenskreise eines sich entwickelten Geistes in Beziehung gesetzt werden können, in das Erleben, die Gesinnung und die Schaffenskräfte dieses Menschen mit dem Ziele einer geschlossenen, objektiv leistungsfähigen und in sich selbst befriedigten Persönlichkeit«.[938]

Was ist der Mensch? Von der Jugendbewegung, Dilthey und Nohl ausgehend, von den Erschütterungen des Weltkrieges und des Nationalsozialismus durchaus beunruhigt, meinte Wilhelm Flitner (1929 bis 1957 Professor der Pädagogik und Philosophie in Hamburg): »Die Kräfte des Alls sind in ihm, aber sie sind in individueller Stärke und Mischung da, und an einem einmaligen Standort und Zeitpunkt. Er vervollkommnet sich und ›wird, der er ist‹, wenn er seine Kräfte allseitig braucht, steigert und übt, sie aber zugleich zu einem harmonischen Ganzen temperiert. Dann stehen nebeneinander originale Individuen, sie verkehren miteinander und bereichern sich dadurch, sie sollen sich aber als ein Ganzes von innen her ordnen. Damit wird jedes Individuum auf seine Weise Gleichnis des Weltgesetzes und spiegelt dessen Schönheit.«[939]

Eine solche religiös-demokratische, im Überbau üppig schweifende Erziehungslehre entwickelte wenig Sinn für ein Lernen im Sinne von Wegräumen, Überwinden, Freiraum-Schaffen; man vertraute der Tradition, nicht dem Experiment; der Extrapolation und nicht der Antizipation. Dementsprechend blieb nicht nur das Schulwesen in seiner traditionellen Dreigliedrigkeit erhalten; auch eine curriculare Revision, geschweige denn Revolution, fand nicht statt. Gerade Kulturpädagogik hätte – da Kunst immer das »ganz andere«, nämlich Gegenentwurf zur Wirklichkeit ist – »aufhebendes Lernen« bewirken können; doch vollzog sich die »ästhetische Erziehung des Menschen« innerhalb konventioneller Bahnen. Affirmative Pädagogik pries den »menschlichen Menschen« und glaubte ihn überall, vor allem im Kunstwerk (im Guten, Schönen und Wahren), entdecken zu können.

Die Gegenbewegung zur affirmativen Pädagogik, die in den fünfziger und sechziger Jahren sich entfaltete, ging auf der einen Seite von der idealistisch-humanistischen Position aus, versuchte aber, sie vom Kopf auf die Füße zu stellen, sie also mit dem Realitätsprinzip zu verbinden; zudem war sie getragen von dem Unbehagen und dem Unmut über eine Kulturpolitik, die durch politische Selbstgefälligkeit und positivistische (die eigentlich erzieherischen Auf-gaben erstickende) Stoffhuberei geprägt war. Viel mehr aber ging es den Propa-gatoren der Schulreform um pragmatische Gesichtspunkte: wie nämlich Moder-nisierungsrückstände zu beheben und »überfällige Anpassungsleistungen des Bildungssystems an eine unter Treibhausbedingungen gesetzte kapitalistisch-industrielle Dynamik der Gesellschaft« vorzunehmen seien.[940] Dazu kam die Absicht, sozusagen als Kompensation des Leistungsdrucks, unter dem die nivel-lierte Mittelstandsgesellschaft stand, zumindest im Schonraum der Schule kultu-relle Identität zu ermöglichen bzw. zu verstärken. »Einer Gesellschaft, die das ›Wunder‹ einer die Siegermächte einholenden und teilweise sogar überholenden ökonomischen Rekonstruktion vollbracht hatte, schien es jetzt an der Zeit, sich auf das Selbstverständnis einer alten Kulturtradition zu besinnen und diese mit erhöhtem Aufwand auf das Zivilisationsniveau einer modernen Gesellschaft zu heben« (Oskar Negt). Es waren also nicht Krisen und Katastrophen, die das Modernisierungspostulat bestimmten, sondern das Bedürfnis, aus einem ge-wissen Überfluß heraus das Bildungs- und Ausbildungssystem zu reformie-ren: einesteils, um die internationale Konkurrenzfähigkeit dieser Gesellschaft zu verbessern und deren politisch-ökonomische Grundlage für die Zukunft zu sichern; andererseits, um solches Effizienzdenken zu kompensieren, auch zu sublimieren, bzw. der gestreßten Leistungsgesellschaft die notwendigen Rege-nerationsmöglichkeiten zu offerieren.

1953 wurde gemeinsam von Bund und Ländern ein aus neunzehn Mitgliedern bestehendes unabhängiges Gremium ins Leben gerufen, dessen Aufgabe darin bestand, durch Beratung und Empfehlungen die notwendig gewordene Neuord-nung des Erziehungs- und Bildungswesen in der Bundesrepublik vorzubereiten. Mitglieder waren u. a. Adolf Butenandt, Direktor des Max-Planck-Instituts für Biochemie und des Physiologisch-chemischen Universitätsinstituts München; Walter Dirks, Hauptabteilungsleiter am Westdeutschen Rundfunk; Wilhelm Hahn, Professor der praktischen Theologie in Heidelberg; Felix Messerschmid, Direktor der Akademie für politische Bildung Tutzing; Lieselotte Nold, Leiterin des Bayerischen Mütterdienstes; Georg Picht, Leiter der Forschungsstelle der evangelischen Studiengemeinschaft Heidelberg; Erich Weniger, Professor der Pädagogik in Göttingen. 1959 legte der Ausschuß einen Rahmenplan zur Um-gestaltung und Vereinheitlichung des allgemeinbildenden öffentlichen Schulwe-sens vor. In der Einleitung hieß es: »Das westdeutsche Schulwesen bleibt einer Vielzahl sich widersprechender Forderungen ausgesetzt, die von seiten der Elternschaft, der Hochschulen, der Wirtschaft, der Berufs- und Fachverbände, der Standesorganisation und anderer Mächte in Staat und Gesellschaft geltend gemacht werden. Jede Institution und jede gesellschaftliche Gruppe ist verständ-licherweise bemüht, die ihren Interessen entsprechenden Bildungsansprüche bei der erstrebten oder befürchteten Reform durchzusetzen. Diesem Widerstreit partikulärer Interessen stellt der Ausschuß in seinen Vorschlägen eine Ordnung des Schulwesens gegenüber, die auf einem für das ganze Volk verbindlichen Fundament der Bildung und Gesittung beruht und der Entwicklung unserer

Kultur und unserer pädagogischen Einsicht gerecht wird.« In vier Hauptabschnitten wurden das Problem der Übergänge, der neue Aufbau, die einzelnen Schultypen und Vorschläge zur Überleitung erörtert.[941]

Mit der Gründung des »Deutschen Bildungsrates« 1965 wurde, in Nachfolge des mehr freischwebenden »Deutschen Ausschusses« (der im gleichen Jahr seine Arbeit einstellte[942]), ein Gremium ins Leben gerufen, in dem Bund, Länder und Kommunen zusammen mit wissenschaftlichen Sachverständigen in zwei Kommissionen arbeiteten.[943] Von den von ihm verabschiedeten Gutachten fand vor allem die Empfehlung *Zur Einrichtung von Schulversuchen mit Gesamtschulen* (1969) heftigen Widerspruch; sie wurde wegen ihrer »gleichmacherischen Tendenzen« bekämpft. Der *Strukturplan für das Bildungswesen* (1970) zielte auf einen Kompromiß bzw. auf eine Entschärfung des Gesamtschulkonflikts. Die Stufengliederung des Bildungswesens sollte nicht durch strukturelle und organisatorische Integration, sondern durch eine curriculare Annäherung der Bildungswege zustandegebracht werden. Die Einheit von theoretischer und praktischer Bildung wurde proklamiert und die Wissenschaftsorientiertheit allen Lernens festgestellt. Von bedarfsorientierter Bildungspolitik wurde Abstand genommen. Der Strukturplan legitimierte die Bildungsexpansion, die damals in vollem Gange war, unabhängig von den Entwicklungen des Beschäftigungssystems. Er versuchte eine Einheitlichkeit der Grundbildung zu entwickeln, ohne die Dreiteiligkeit des Schulsystems endgültig zu beseitigen. Die Chancenungleichheit sollte durch Erweiterung des Elementarbereichs und durch die Einführung der Orientierungsstufe abgebaut werden.

1964 veröffentlichte Georg Picht (Heidegger-Schüler, von 1946 bis 1956 Direktor der Internatsschule Birklehof in Hinterzarten/Schwarzwald, nach seiner Tätigkeit als Leiter der Forschungsstelle der evangelischen Studiengemeinschaft in Heidelberg dort Professor für Religionsphilosophie) in der Wochenzeitung *Christ und Welt* eine Artikelfolge, die den Titel *Die deutsche Bildungskatastrophe* führte und kurz darauf auch als Buch erschien.[944] Die Beiträge fanden ein beispielloses Echo; zweimal befaßte sich der Bundestag in stundenlangen Debatten mit Pichts Thesen; mit seinen Vorschlägen beschäftigten sich auch die Landtage in Stuttgart, München, Hamburg und Berlin sowie die Konferenz der Kultusminister, die auf ihrer hundertsten Plenarsitzung (*Berliner Erklärung*) die Notwendigkeit einer »aktiven Bildungspolitik« verkündete. Es erschienen Hunderte von Artikeln; die Bundesrepublik war aufgewühlt, denn Picht hatte seine Katastrophenprognose an Bedarfskriterien orientiert. Bildungsnotstand bedeute wirtschaftlichen Notstand. Der bisherige wirtschaftliche Aufschwung werde ein rasches Ende nehmen, wenn die qualifizierten Nachwuchskräfte fehlten, ohne die im technischen Zeitalter kein Produktionssystem etwas leisten könne. In der vergleichenden Schulstatistik stehe die Bundesrepublik am untersten Ende der europäischen Länder, neben Jugoslawien, Irland und Portugal. Junge Wissenschaftler wanderten aus; noch Schlimmeres bereite sich auf den Schulen vor; in wenigen Jahren werde man, wenn nichts geschehe, die schulpflichtigen Kinder wieder nach Hause schicken müssen, weil es für sie weder Lehrer noch Klassenräume gebe.[945] »Das Gebäude unserer Wirtschafts- und Sozialpolitik, unserer gesamten Verwaltung und der Landesverteidigung ruht auf dem Sockel unseres Bildungswesens. Da dieser Sockel zu zerbrechen droht, gleicht unser Staat einem Koloß auf tönernen Füßen.«[946] Eine derartige, auf Bedarfsorientierung zugeschnittene allgemeine Höherqualifizierung, wie sie von Picht mit einem deutlich elitären Akzent vorgetragen wurde, war so sehr an die Machtökonomie der wirtschaftlich-technologischen Entwicklung geknüpft, daß sie naturgemäß deren Schicksal auf Gedeih und Verderb teilen mußte. Eine unter Gesichtspunkten der marktwirtschaftlichen Bildungsökonomie betriebene Bildungsreform trug nach dem Gesetz, wonach sie angetreten, bereits ihr Ende in sich. Indem ihr von Anbeginn gesellschaftlich-geschichtliches Krisenbewußtsein fehlte, wurde der Boden bereitet für eine Permanenz der Bildungskrise.[947]

Die heftige Kritik am deutschen Schulwesen[948], die in den sechziger Jahren ihren Höhepunkt erreichte, beanstandete vor allem den Mangel an Chancengleichheit. Die Demokratisierung von Erziehung habe noch nicht oder höchst unterschiedlich stattgefunden. Dabei gerieten äußere wie innere Mißstände ins Visier. Picht stellte fest, daß in Schleswig-Holstein etwa 24 Prozent der Schüler die sogenannte »Mittlere Reife«, im Saarland nur 5 Prozent erreichten. In Westberlin erhielten 73 Prozent der Volksschüler Fremdsprachenunterricht und in Rheinland-Pfalz 1,7 Prozent. Die Kritik bezog sich vor allem auf folgende Punkte:

Kein Land mit vergleichbarem Lebensstandard hatte eine Volksschulmisere wie die Bundesrepublik aufzuweisen; in den USA etwa besuchten mehr als 80 Prozent der jungen Menschen die High-School, das heißt: sie befanden sich bis zum 17. oder 18. Lebensjahr in einem Erziehungs- bzw. Bildungsprozeß, der in der Woche fünf Tage und am Tag sechs bis acht Stunden umfaßte. Ähnlich war die Situation in der UdSSR, in England, Frankreich und in den skandinavischen Ländern. Für die meisten deutschen Volksschüler lag das Ende der Schulzeit beim 14. Lebensjahr. »Im 20. Jahrhundert muß man sich mit Umständen abfinden, die schon zur Zeit des Alten Fritz die Regel waren« (H. Wetterling).[949]

Im Durchschnitt standen für den in Berufsausbildung befindlichen jungen Menschen pro Woche 150-200 Minuten geistiger Weiterbildung zur Verfügung: die Zeit des theoretischen Unterrichts in der Berufsschule. Damit war die Welt von heute mit ihren schwierigen gesellschaftlichen und politischen Problemen nicht begreifbar zu machen. Die Berufsschule hatte es dabei mit Schülern zu tun, die aufgrund der verkürzten Volksschulzeit keine ausreichenden Fundamentalkenntnisse besaßen und durch den Arbeitsprozeß frühzeitig ausgepowert wurden, weil sie physisch noch nicht den an sie gestellten Anforderungen gewachsen waren. 40-50 Prozent der Jugendlichen arbeiteten z. B. zu lange.[950]

Vom »Schülermaterial« her gesehen war die Höhere Schule[951] besser gestellt. Mehr denn je erwies sie sich als »Verteilungsamt für Sozialchancen«. Begabungen liefen ihr von selbst zu. Man mußte sich anstellen, man ließ sich geduldig hinausprüfen, man stellte sich wieder an. Die innere Reform blieb stecken, während man eifrig Pläne für die organisatorische Gestaltung entwarf.[952]

Was die Universitäten betraf, so forderte man Neugründungen, vor allem auch solche, die neue akademische Formen entwickeln würden.[953] Der »Wissenschaftsrat«, 1957 gegründet, stellte fest, daß die Kapazität den Bedürfnissen in keiner Weise mehr gerecht werden könne. Außerdem sei die Universität immer noch Standesuniversität; von 100 Gymnasiasten stammten in England und Frankreich 25 aus Arbeiterfamilien, in Schweden 23, in der Bundesrepublik 8. Die fehlende Integration von Allgemein- und Universitätsbildung, etwa die geringe Zusammenarbeit der Hochschulen mit den Volksbildungseinrichtungen (die selbst unterentwickelt waren)[954] und den Höheren Schulen, der unzureichende Ausbau des »Zweiten Bildungsweges« waren weitere Symptome des Mangels an demokratisierter Erziehung und Bildung.

Um einen vertretbaren Bildungstand bis 1970 zu erreichen, wurden – alle Schularten zusammengenommen – weitere 300 000 Lehrer als notwendig erachtet. Aber nicht nur Personen konnten da helfen; orientiert an amerikanischen Erfahrungen, forderte man die Ausweitung der Unterrichtstechnologie. Programmiertes Lernen mit Hilfe von Lehr- und Lernmaschinen konnte dem Lehrerdefizit abhelfen; eine Erziehung, die auf kybernetischen Grundlagen beruhte, bedeutete auch eine größere Unabhängigkeit gegenüber dem Erzieher, dem man mit einer gewissen Berechtigung nach wie vor autoritäres Verhalten unterstellte, und damit eine Objektivierung des Erziehungsprozesses.[955]

Auch bei der Diskussion um die Gesamtschule, die vor allem um die Mitte der sechziger Jahre einsetzte (nachdem sie schon in der Trümmerzeit unter dem Einfluß der amerikanischen Besatzungsarmee diskutiert, aber dann von konservativen Kreisen blockiert worden war), verschränkten sich pragmatische und ideelle Gesichtspunkte. Die Gesamtschule, hieß es in der *Empfehlung des Deutschen Bildungsrates zur Einrichtung von Schulversuchen mit Gesamtschulen*[956], nehme für sich in Anspruch, erzieherische Forderungen optimal zu verwirklichen, die für eine demokratische Industriegesellschaft unbestritten von allen Seiten erhoben werden: Chancengleichheit für alle; Förderung des einzelnen gemäß Neigung und Fähigkeit; Vermeidung verfrühter Schullaufbahnentscheidungen und deren ständige Korrigierbarkeit; breites Fächerangebot bei entsprechender Vielfalt der Begabungen und in Hinblick auf die Erfordernisse der Gesellschaft. Es ging darum, der gesamten Jugend umfassende Bildungsmöglichkeiten einzuräumen, vor allem auch den Kindern der Unter- und unteren Mittelschicht eine höhere Schulbildung zu ermöglichen; auf diese Weise konnten Begabungsreserven erschlossen und die Industriegesellschaft mit dem entsprechenden notwendigen Nachwuchs versehen werden.

Wie bei der Gesamtschule war auch die Forderung nach politischer Bildungsarbeit in den Schulen an amerikanischen Vorbildern, zumindest in der ersten Phase, orientiert (Social studies wurden zur »Gemeinschaftskunde«). Auf einer gemeinsamen Tagung der Bundeszentrale und der Landeszentralen für Heimatdienst, die seit 1952 bestanden und eine wichtige Mittlerrolle zwischen Wissenschaft und Schulpraxis übernommen hatten (ab 1963 dann Bundeszentrale bzw. Landeszentralen für politische Bildung genannt), faßte der Politologe Waldemar

Besson die Aufgabe politischer Bildung in zehn Forderungen zusammen: Die Forderung nach Solidarität. Die Forderung nach präziser Information. Die Forderung, die Problematik einer sachlichen Politik zu erkennen. Die Forderung nach Komplexität des Sehens und seiner Anwendung auf das Handeln. Die Forderung nach Polarität. Die Forderung nach präziser Begrifflichkeit. Die Forderung nach Universalität. Die Forderung nach Kontinuität. Die Forderung nach Dynamik. Die Forderung nach Werthaftigkeit.[957] Auf der gleichen Tagung stellte Felix Messerschmid – neben dem 1880 geborenen Pädagogen Theodor Litt, der sich vor allem in seinen Spätschriften vom Standpunkt der Theorie aus mit Fragen der politischen Bildung beschäftigte, einer der bedeutendsten Praktiker der politischen Bildung – fest, daß die Bemühungen um eine Erziehung des jungen Menschen zum Staatsbürger im Widerspruch zur Struktur der Schule stünden. Er bezog sich dabei auf ein Gutachten des *Deutschen Ausschusses für das Erziehungs- und Bildungswesen zur politischen Erziehung und Bildung* aus dem Jahre 1955, das gewissermaßen zu einer Magna Charta der politischen Bildung und Erziehung geworden sei. »Zunächst deutet das Gutachten auf eines der auch heute noch wichtigsten Erschwernisse. Eine große Schwierigkeit für die politische Bildung und Erziehung in der Schule stamme daher, daß der Geist der Schule, ihre Struktur, der Aufbau des Schulwesens bis hin zu den gesetzlichen Regelungen und den Staatsabhängigkeiten in Deutschland dem nicht entgegenkommt, was die politische Bildung an Gehalten darbietet. Ein obrigkeitlicher oder patriarchalischer Zuschnitt kann schwerlich Demokraten erziehen, auch wenn das demokratische Ideal noch so sehr gelobt und gepriesen wird.«[958] Zu entscheiden sei die Frage, ob unsere Bildungseinrichtungen demokratische Vitalität hervorbrächten, meinte Hellmut Becker, als Direktor des Max-Planck-Instituts für Bildungsforschung in Berlin einer der engagiertesten Vorkämpfer für politische Bildung. »Sind die Menschen in Deutschland bereit, sich für die Freiheit einzusetzen, für die Freiheit Opfer auf sich zu nehmen, und sind sie innerlich am politischen Geschehen beteiligt? Unsere politische Bildung wäre erst dann erfolgreich, wenn Politik für die Menschen in der Bundesrepublik eine Sache wird, an der und für die sie sich zu engagieren bereit sind.«[959]

Die Verfechter politischer Bildungsarbeit waren vielfach durch positive amerikanische Erfahrungen geprägt. Vielen Kulturpolitikern (unter ihnen Hildegard Hamm-Brücher, FDP, die sich durch besonders beharrliches Reformbewußtsein auszeichnete), Verwaltungsbeamten, Lehrkräften und Studenten wurde der Besuch in den USA ermöglicht. Auf die Euphorie der fünfziger Jahre folgte dann freilich Ernüchterung; die Erfahrung rassischer Vorurteile (die schlechte Situation der schwarzen Bevölkerung in den USA), vor allem der Vietnamkrieg ab 1965, führten zur Entfremdung eines Teils der »Amerikafahrer« vom Land ihrer demokratischen Sehnsüchte und Erwartungen.[960]

Als einer der ersten deutschen Studenten reiste der 1925 geborene Hartmut von Hentig 1948 in die Vereinigten Staaten – von einem »zerstörten, unaufgeräumten Kai, auf dem hungrige, schlecht gekleidete Arbeiter und einige mißmutige Zollbeamte den ausgeleerten amerikanischen Frachter abfertigten. Ich floh buchstäblich vor dem, wonach sich meine deutschen Mitbürger in ihrer Mehrzahl sehnten und dessen Schwelle sie 1948 sichtbar erreichten.« Fünf Jahre später kam Hentig zurück; das Schiff legte an derselben Stelle an: »an einem modernen Pier mit eleganten Lagern und Verwaltungsgebäuden.« Das Wirtschaftswunder hatte stattgefunden. »Scharen von Menschen drängten sich, um ihre Freunde abzuholen. Sie waren von weither gekommen mit der Bahn und ihren kleinen, gepflegten Käfern, braungebrannt, wohlgenährt, zufrieden, haferlbeschuht und klepper-bemantelt: Bürger des Augenblicks, Bürger ohne Vergangenheit, Bürger ohne ›Trauer‹. – Ich nahm wahr, daß ich Deutschlands folgenreichsten Wandel versäumt hatte: den Wandel zurück zu sich selbst. Ich war im Aufbruch geblieben. Ich habe mich damals gegen alle mit dem Wort ›Wieder-‹ beginnenden Erscheinungen gewandt: Wiederherstellung, Wiederaufbau, Wiederbewaffnung. Ich habe mich dagegen gewehrt, nicht, weil mir das Alte prinzipiell zuwider war (wie hätte ich dann ausgerechnet die alten Sprachen studieren können!), nicht weil ich in Amerika fortschrittsgläubig geworden war; nicht, weil ich bisher nicht mitgemacht hatte und mich ausgeschlossen fühlte – keinen Anzug besaß, sondern in Blue-jeans und T-Shirt meinen ersten Lehrerposten versah. Ich kam anders aus Amerika zurück, weil ich anders hingegangen war. Ich habe dort meine ›Lektionen‹ gelernt, weil ich Hilfe gesucht hatte für das, was man seither ›Bewältigung der Vergangenheit‹ nennt und was nur einen Sinn haben kann: Bewältigung der Gegenwart oder der Zukunft im Bewußtsein der eigenen Schwächen, die sich so unwiderleglich offenbart hatten. Die Lektionen hießen erstens die Demokratie als Lebensform, zweitens die Wissenschaft, genauer Empirie, als Mittel der gesellschaftlichen Aufklärung, drittens der Friede als moralisches Problem. Diese Lektionen boten sich an, weil ich beschlossen hatte: kein deutsches Zerknirschungsmelodram, aber fortan auch keine Beschwichtigung!«[961]

Hartmut von Hentig, nach seiner Rückkehr aus Amerika zunächst Lehrer am Landerziehungsheim Birklehof, dann Professor für Pädagogik an der Universität Göttingen, ab 1968 in Bielefeld (wo er auch mit dem Aufbau und der Leitung der Laborschule wie des Oberstufenkollegs in die pädagogische Praxis zurückkehrte), blieb seinen Prinzipien treu. In vielen Publikationen und Vorträgen erwies er sich als einer der ganz wenigen pädagogischen Wissenschaftler, die mutig und kompetent den Fehlentwicklungen im Wirtschaftswunderland entgegenzusteuern suchten. Mit sokratischer Methode entwickelte er seine Gedanken – aus immer wieder neuen Erlebnissen neue Überlegungen. Er wandte sich gegen die verwaltete wie verschulte Schule. Er entwickelte phantasiereich Alternativen zur Schule; er erwies sich als ein Meister des Fragens, Befragens, Infragestellens, der Frag-würdigkeit. Die Schule sollte Spiel-Raum, sollte Erfahrungsraum sein, so angelegt, daß spontane Ereignisse wieder vorkommen, die die Kinder mit Freuden, Gefahren, Aufgaben, Beziehungen, Fragen, Erklärungen konfrontieren, von denen her sie wiederum ihre Lehrer, ihre Bücher, ihre Mitschüler brauchen und in ihrem Erkundungsdrang motiviert werden. Statt dessen sei Pädagogik heute etabliert. »Ihre Einrichtungen werden besucht, weil es sie gibt; ihre Mittel und Apparate werden benutzt, weil man sie hat; ihre Programme werden ›absolviert‹, ihre Lehrer verwandeln sich zu Programmhelfern, die Kinder zu Evaluationsobjekten – zu etwas, was die Einrichtungen bestätigt. Pädagogik beschäftigt sich mit Pädagogik: mit den Folgen ihrer eigenen Existenz und mit ihren eigenen theoretischen und praktischen Möglichkeiten – und immer weniger mit den Kindern.«[962] In Hentigs Schaffen kam das aleatorische Prinzip, das in den fünfziger und sechziger Jahren immer wieder kulturelle Gegenentwürfe zur bundesrepublikanischen Stereotypie bestimmt hatte, voll zur Geltung; da war ein Pädagoge, der nicht dem »Jargon der Eigentlichkeit« verfiel, sondern aus real-idealistischem Bewußtsein heraus, ohne konformistische Zugeständnisse, um Aufklärung und pädagogischen Fortschritt sich mühte.

Otto Dix, Verspottung, 1960

Ermittlung

Auferstehung der Kultur in Deutschland? hatte Theodor W. Adorno im Mai 1950 in den *Frankfurter Heften* gefragt und von dem in der Bundesrepublik vorwaltenden gefährlichen und zweideutigen Trost der Geborgenheit im Provinziellen gesprochen. »Die Welt ist aus den Fugen, aber die Fugen sind mit träger Masse ausgefüllt.« Eine Starre des Geistes mache sich breit.[963] Rund zwei Jahrzehnte später, eingeleitet und vorbereitet von einer Reihe von Erdstößen, die das Establishment in ihrer Bedeutung nicht erkannte, wandte sich die protestierende Jugend gegen den überall dominierenden Immobilismus.

Daß dabei das Wirtschaftswunderland in der Gefahr war, an Saturiertheit zu ersticken, ist zwar für eine kulturpolitische Bilanz der fünfziger und sechziger Jahre ein Negativposten, doch macht dieser nicht den Kern der bundesrepublikanischen Misere aus. Die Wurzeln des Übels lagen viel tiefer. Das Versäumnis, das diese Zeit charakterisiert, betraf die Substanz der neuen Demokratie: Die Bundesrepublik war nicht bereit, Trauerarbeit zu leisten, sich in einem essentiellen Sinne mit dem Nationalsozialismus und seinen furchtbaren Verbrechen auseinanderzusetzen – in Form eines Selbstaufklärungs- und Reinigungsprozesses. Adenauer und seine Regierungen, unterstützt von den westlichen Alliierten, denen Antikommunismus bald wesentlich wichtiger als Antifaschismus war, begünstigten aus realpolitischen Gründen in unverantwortlicher Weise die Reinwaschung der Schuldigen, den Aufstieg der Belasteten, die Freisprechung der Hauptschuldigen. Den Rechtsparteien trat man nicht energisch entgegen; die weiten Rieselfelder nationalistischer und neofaschistischer Literatur wurden nicht ausgetrocknet; die Gerichte kümmerten sich nicht oder zu spät um die NS-Verbrechen. Standhafte und integre Juristen, wie etwa Richard Schmid, Fritz Bauer, Martin Hirsch, gab es nicht sehr viele; die meisten ehemaligen »Mörder im Talar« blieben im Amt oder genossen ihre Pensionierung.[964] Die 1958 von den Justizministern der Länder eingerichtete »Zentralstelle zur Aufklärung nationalsozialistischer Verbrechen« konnte zwar dank ihres hervorragenden und couragierten Leiters, des früheren Staatsanwaltes Adalbert Rückerl, umfangreiche Ermittlungen durchführen; aber für eine Sühne war es oft zu spät; vor allem fehlte der staatsmoralische Impetus, die notwendigen Gerichtsverfahren einzuleiten, um die furchtbare Schuld der vielen Einzelnen (wie der Gesamtheit des deutschen Volkes) aufzudecken. Mit zunehmendem zeitlichen Abstand zum Dritten Reich wurde eine schlüssige Beweisführung schwer. Bei »Schreibtischtätern« war zudem das juristische Beurteilungsinstrumentarium inadäquat. 1984 zog die *Süddeutsche Zeitung* eine Bilanz, die ein Licht auf die erschreckende moralische Indolenz des neuen Staates warf: »Trotz des in Ludwigsburg auf mehr als 1,3 Millionen Karteikarten gespeicherten und systematisch aufgeschlüsselten Aktenstoffes, trotz 4802 Vorermittlungs- und ungefähr 13 000 Ermittlungsverfahren seit 1958 – unter dem Strich bleibt dennoch eine Bilanz, die unerträglich sein muß für Opfer, die Auschwitz oder Majdanek, Theresienstadt oder Treblinka überlebt haben. Von 88 587 Personen, die bis zum 1. Januar 1983 nationalsozialistischer Straftaten beschuldigt worden sind, wurden nur 6465 verurteilt, 12 zum Tode, 158 zu lebenslanger Freiheitsstrafe. 80 355 wurden freigesprochen und gegen 1767 Angeklagte sind die Verfahren noch anhängig; mit erheblichen Freiheitsstrafen ist jedoch kaum noch zu rechnen.«[965]

Armin Mohler hatte 1962 die Schließung der zeitgeschichtlichen Archive gefordert – man müsse erst Zeit gewinnen; die war längst gewonnen; den meisten Verbrechern kam man zwar auf die Spur, man belangte sie aber nicht. Mohler gehörte 1967 zu den ersten Preisträgern der dubiosen Deutschlandstiftung, deren Stiftungsgesellschaft aus einer Stammtischrunde mediokrer Nationalkonservativer bestand, mit Konrad Adenauer als Ehrenpräsident. Die institutionalisierte Rechte, die politisch mit der NPD zeitweilig verhältnismäßig stark in Erscheinung trat, wurde damit auch kulturell sichtbar, und noch dazu von hoher politischer Warte aus protegiert (neben Mohler wurden der Historiker Ludwig Freund, weil er nicht zur »politisierenden Schicht instinktloser Intellektueller« gehöre, und der Dichter Bernd von Heiseler, ein Kämpfer gegen die »ethische Herabwürdigung und Zerstörung ethischer Werte und Bindungen«, ausgezeichnet).[966] Bei der Preisverleihung in München waren die Spitzen und Stützen der Gesellschaft, darunter Julius Kardinal Döpfner, Erzbischof von München-Freising, und der bayerische Ministerpräsident Alfons Goppel, vertreten. Stolz erhobenen Hauptes war man eben wieder wer. Erst Willy Brandt nahm es auf sich (bei seinem Polenbesuch 1970), kniend der Opfer des nationalsozialistischen Terrors zu gedenken.

Als Horst Krüger den Auschwitz-Prozeß in Frankfurt (1963-1965) besuchte – das Verfahren eröffnete einen Blick in die Abgründe der ungeheuerlichen Bestialität der KZ-Schergen – notierte er: »Zweiundzwanzig Männer sind hier angeklagt, acht sind in Haft, vierzehn gegen Kaution in Freiheit, und alle sehen mit ganz wenigen Ausnahmen natürlich aus wie alle anderen, benehmen sich wie alle anderen, sind wohlgenährte, gutgekleidete Herren im gehobenen Alter: Akademiker, Ärzte, Kaufleute, Handwerker, Hausmeister, Bürger unserer neudeutschen Gesellschaft im Überfluß, freie Bundesbürger, die draußen wie ich ihr Auto vor dem Römer stehen haben und zur Verhandlung kommen wie ich. Da ist nichts zu unterscheiden. Und ich muß plötzlich an den Film denken, den ich bald nach Kriegsende sah. Er hieß: ›Die Mörder sind unter uns‹. Das war vor siebzehn Jahren.«[967] Um etwa zweihundert- bis dreihunderttausend Personen dürfte es sich gehandelt haben, die die Endlösung der Judenfrage (etwa sechs Millionen Ermordete), die Beseitigung der unnützen Esser (Euthanasie), den Tod von drei Millionen Kriegsgefangenen und den Justizmord an dreißigtausend Deutschen aktiv »ins Werk« gesetzt hatten. Von wenigen Ausnahmen abgesehen, hatte die »Tätergemeinde« sich spurlos in die Nachkriegsgesellschaft verflüchtigen können; sie war dort nicht weiter auffällig geworden. »Das größte geschichtsbekannte Verbrechen wurde mit dem größten Resozialisationswerk abgeschlossen.« (Jörg Friedrich)[968] Der »Nürnberger Prozeß« gegen die Hauptkriegsverbrecher wie die Prozesse gegen einige der ideologischen Triebtäter in den Konzentrations- und Vernichtungslagern erfüllten dabei eine wichtige »Beruhigungsfunktion«. Das Regime der Nationalsozialisten wurde auf ein einfaches Schema gebracht: Ganz oben herrschten einige Dämonen, wie Hitler, Göring, Himmler, Goebbels; diese bedienten sich einiger bösartiger Kreaturen; alle anderen hatten nichts gewußt und waren dementsprechend schuldlos – fühlten sich unschuldig. Es ist vor allem Jörg Friedrich zu danken, daß er anhand der zwölf Nürnberger Nachfolgeprozesse (darunter Ärzteprozeß, Juristenprozeß, Prozeß gegen das Wirtschafts- und Verwaltungshauptamt der SS, Flick-Prozeß, IG-Farben-Prozeß, Prozeß gegen die Süd-Ost-Generale, Prozeß gegen das Rasse- und Siedlungshauptamt der SS, Einsatzgruppen-Prozeß, Krupp-Prozeß, Wilhelmstraßen-Prozeß, Prozeß gegen das Oberkommando der Wehrmacht) aufgezeigt hat, wie weitverbreitet der Täterkreis war, wie viele etwa, häufig als »Bürokraten des Todes«, an der Vernichtung der Juden beteiligt waren.[969]

Die ehrenwerte Gesellschaft der Bundesrepublik fand in ihrer überwiegenden Mehrheit keinen Grund, angesichts der nationalsozialistischen Massenverbrechen Trauerarbeit zu leisten. Es gab freilich auch eine nicht unerhebliche Anzahl von Menschen, die, in tiefer Betroffenheit über die Geschehnisse im Dritten Reich, für die Aufklärung der nationalsozialistischen Verbrechen eintraten und neofaschistische und rechtsradikale Bestrebungen energisch bekämpften.

Das *Tagebuch der Anne Frank* (Taschenbuchausgabe 1955), das auch, in der Dramatisierung von Frances Goodrich und Albert Hackett, auf viele Bühnen kam (deutsch zuerst 1956 in Aachen), beeindruckte und bestürzte vor allem junge Menschen. Jean Améry, im Dritten Reich KZ-Häftling, einer der bedeutendsten deutschsprachigen Kritiker und Essayisten (1912 in Österreich geboren, nach dem Kriege in Brüssel lebend, 1978 Freitod), schrieb in seinem 1966 erschienenen Buch *Jenseits von Schuld und Sühne. Bewältigungsversuche eines Überwältigten*: »*Ich* bin belastet mit der Kollektivschuld, sage ich: nicht sie. Die Welt, die vergibt und vergißt, hat mich verurteilt, nicht jene, die mordeten oder den Mord geschehen ließen. Ich und meinesgleichen sind die Shylocks, den Völkern nicht nur moralisch verdammenswert, sondern auch schon geprellt um das Pfund Fleisch. Die Zeit tat ihr Werk. In aller Stille. Die Generation der Vernichter, der Gaskammernkonstrukteure, der jederzeit zu jeder Unterschrift bereiten, ihrem Führer verpflichteten Feldherrn wird in Würden alt. Die Jungen aber anzuklagen, wäre gar zu unmenschlich und nach Allgemeinbegriffen auch geschichtswidrig. Was sollte denn ein zwanzigjähriger Student, aufgewachsen im windstillen Klima einer neuen deutschen Demokratie, zu schaffen haben mit den Taten seiner Väter und Großväter?«[970]

Es gehörte zu den ermutigendsten Zeichen deutscher Kultur in der Nachkriegszeit, daß vor allem Ende der sechziger Jahre gerade viele junge Menschen sich mit der Verdrängung der geschichtlichen Wahrheit nicht mehr zufrieden gaben und mit ihren »Anfragen« den dichten Nebel von Gleichgültigkeit, Beschwichtigung, Heuchelei und Verlogenheit zu durchstoßen versuchten.

Am Ende des »Oratoriums in 11 Gesängen« *Die Ermittlung* von Peter Weiss (1965), das sein Material dem Auschwitz-Prozeß entnahm, sagt der »Angeklagte 1«:[971]

> »Wir alle
> das möchte ich nochmals betonen
> haben nichts als unsere Schuldigkeit getan
> selbst wenn es uns oft schwer fiel,
> und wenn wir daran verzweifeln wollten
> Heute
> da unsere Nation sich wieder
> zu einer führenden Stellung
> emporgearbeitet hat
> sollten wir uns mit anderen Dingen befassen
> als mit Vorwürfen
> die längst als verjährt
> angesehen werden müßten.«

Martin Walser hat darauf aufmerksam gemacht, daß bei der Strafsache gegen die NS-Massenmörder auch »unser Auschwitz« Gegenstand des Verfahrens war: nämlich Ermittlung über eine Gesellschaft, die Auschwitz zugelassen hatte. Die fünfziger und sechziger Jahre sind mit dem Makel der »Unfähigkeit zu trauern« behaftet. Nach Auschwitz war längst wieder alles möglich.

Anhang

Anmerkungen

1 Theodor W. Adorno: Auferstehung der Kultur in Deutschland? In: Frankfurter Hefte, 5/1950, S. 169 ff.

2 Grundgesetz für die Bundesrepublik Deutschland vom 23. Mai 1949. Textausgabe mit Erläuterungen von Prof. Dr. Friedrich Giese. Frankfurt am Main 1949, S. 8. – Vgl. auch Karlheinz Niclauß: »Restauration« oder Renaissance der Demokratie? Die Entstehung der Bundesrepublik Deutschland 1945-1949. Beiträge zur Zeitgeschichte. Hg. von Peter Haungs und Eckhard Jesse. Band 10. Berlin 1982.

3 Thomas Mann: Deutsche Hörer! 55 Radiosendungen nach Deutschland. In: Werke. Das essayistische Werk. Taschenbuchausgabe in acht Bänden. Hg. von Hans Bürgin. Politische Schriften und Reden. Dritter Band. Frankfurt am Main-Hamburg 1968, S. 290.

4 Zit. nach Wolfgang Benz (Hg.): »Bewegt von der Hoffnung aller Deutschen«. Zur Geschichte des Grundgesetzes. Entwürfe und Diskussionen 1941–1949. München 1979, S. 492, 495.

5 Jahrbuch der öffentlichen Meinung 1947–1955. Hg. von Elisabeth Noelle und Erich Neumann. Allensbach 1956. Zit. nach Wolfgang Benz: »Bewegt von der Hoffnung aller Deutschen«; a.a.O., S. 9.

6 Zit. nach Hans-Peter Schwarz: Die Ära Adenauer. Gründerjahre der Republik. 1949-1957. Mit einem einleitenden Essay von Theodor Eschenburg. Band 2 der Geschichte der Bundesrepublik Deutschland. Hg. von Karl Dietrich Bracher, Theodor Eschenburg, Joachim C. Fest, Eberhard Jäckel. Stuttgart-Wiesbaden 1981, S. 27.

7 Zit. nach Klaus Hohlfeld: Dokumente der Deutschen. Politik und Geschichte von 1848 bis zur Gegenwart. VI. Band: Deutschland nach dem Zusammenbruch 1945. Berlin-München o. J., S. 390 ff.

8 Hans Maier: Die Deutschen und die Freiheit. Perspektiven der Nachkriegszeit. Stuttgart 1985, S. 24.

9 William S. Schlamm: Die Grenzen des Wunders. Ein Bericht über Deutschland. Zürich 1959, S. 58 ff. – Vgl. auch Jean Améry: Das Elend des Herrn Schlamm. In: Merkur, 224/1966, S. 1101 ff.

10 Sebastian Haffner: Im Schatten der Geschichte. Historisch-politische Variationen aus zwanzig Jahren. Stuttgart 1985, S. 288, 291.

11 Walter Dirks: Der restaurative Charakter der Epoche. In: Frankfurter Hefte, 9/1950, S. 951.

12 Eugen Kogon: Die Aussichten der Restauration. Über die gesellschaftlichen Grundlagen der Zeit. In: Frankfurter Hefte, 3/1952, S. 172.

13 Vgl. Hans Peter Schwarz: Die Ära Adenauer. Epochenwechsel. 1957-1963. Mit einem einleitenden Essay von Johannes Gross. Band 3 der Geschichte der Bundesrepublik Deutschland. Hg. von Karl Dietrich Bracher, Theodor Eschenburg, Joachim C. Fest, Eberhard Jäckel. Stuttgart-Wiesbaden 1983, S. 357. – Ferner Dieter Blumenwitz, Klaus Gotto, Hans Maier, Konrad Repgen, Hans-Peter Schwarz: Konrad Adenauer und seine Zeit. Politik und Persönlichkeit des ersten Bundeskanzlers. Band I und II. Stuttgart 1976. – Anselm Doering-Manteuffel: Die Bundesrepublik Deutschland in der Ära Adenauer. Außenpolitik und innere Entwicklung 1949-1963. Darmstadt 1983.

14 Vgl. Rudolf Mittendorfer: Robert Schuman – Architekt des neuen Europa. Hildesheim 1983.

15 Peter Koch: Konrad Adenauer. Eine politische Biographie. Reinbek bei Hamburg 1985, u. a. S. 432 ff.

16 Konrad Adenauer: Erinnerungen. 1945-1953. Stuttgart 1965, S. 45.

17 Vgl. die Kabinettsprotokolle der Bundesregierung. Hg. von Hans Booms. Band 1. 1949. Bearbeitet von Ulrich Enders und Konrad Reiser. Boppard 1982.

18 Hans Maier: Die Deutschen und die Freiheit; a.a.O., S. 29. – Ferner Konrad Adenauer: Teegespräche 1950-1954. Rhöndorfer Ausgabe. Hg. von Rudolf Morsey und Hans Peter Schwarz im Auftrag der Stiftung Bundeskanzler-Adenauer-Haus, bearbeitet von Hanns Jürgen Küsters. Berlin 1984.

19 Vgl. Klaus Gotto (Hg.): Der Staatssekretär Adenauers. Persönlichkeit und politisches Wirken Hans Globkes. Stuttgart 1980.

20 Walter Müller-Bringmann: Das Buch von Friedland. Göttingen 1956. S. 152.

21 Golo Mann: Konrad Adenauer, Staatsmann aus Sorge. In: Frankfurter Allgemeine Zeitung, 14. Februar 1976.

22 Konrad Adenauer: Erinnerungen. 1945-1953; a.a.O., S. 173.

23 Hermann Proebst: Adenauer. In: Vierzehn Jahre mit Adenauer. Sonderbeilage der Süddeutschen Zeitung. 15. Oktober 1963.

24 Wolfgang Koeppen: Das Treibhaus (1953). Berlin-Grunewald, o. J., S. 29. – Vgl. Marcel Reich-Ranicki: Der gierige Zeuge. Über Wolfgang Koeppen. In: Der Monat, 177/1963, S. 70 f.

25 Zit. nach Hermann Rudolph: Papa wider Willen. In: Zeit-Magazin, Jg. 1984. – Vgl. auch Hildegard Hamm-Brücher und Hermann Rudolph: Theodor Heuss. Eine Bildbiographie. Stuttgart 1983. – Ingelore M. Winter: Theodor Heuss. Ein Porträt. Tübingen 1983.

26 Zit. nach Erich Mende: Theodor Heuss in Bayern. Zum 100. Geburtstag des ersten Bundespräsidenten. Bayerischer Rundfunk. Sendemanuskript. 29. 1. 1984, S. 2.

27 Vgl. Friedrich Henning (Hg.): Theodor Heuss; Lieber Dehler! Mit einem Geleitwort Hildegard Hamm-Brüchers. München 1983.

28 Vgl. Erich Mende: Das verdammte Gewissen. Zeuge der Zeit 1921-1945. München-Berlin 1982.

29 Zit. nach Erich Mende: Theodor Heuss in Bayern, a.a.O., S. 9. – Vgl. auch Theodor Eschenburg: Theodor Heuss als Schriftsteller. In: Merkur, 151/1960, S. 868 ff.

30 Theodor Heuss zum 10. Jahrestag der Erklärung der Menschenrechte. In: Aus Politik und Zeitgeschichte. Beilage zur Wochenzeitung »Das Parlament«, 24. 12. 1958, S. 679.

31 Dank und Bekenntnis. Gedenkrede zum 20. Juli 1944 von Theodor Heuss. Tübingen 1954, S. 3.

32 Vgl. Das Parlament, 17/1977, 30. April 1977. – Ferner: Hermann Glaser (Hg.): Bundesrepublikanisches Lesebuch. Drei Jahrzehnte geistiger Auseinandersetzung. München 1978, S. 306 ff.

33 Vgl. Wilfried Röhrich: Am Anfang war Adenauer. Politische Kultur in der BRD. In: Frankfurter Rundschau, 27. August 1983.

34 Wolfgang Koeppen: Das Treibhaus; a.a.O., S. 139.

35 Wilhelm Hennis: Der deutsche Bundestag 1949-1965. In: Der Monat, 215/1966, S. 27 ff.

36 Vgl. Klaus Hohlfeld: Dokumente der deutschen Politik. VI. Band; a.a.O., S. 398 f.

37 Theodor Eschenburg: Herrschaft der Verbände. Stuttgart 1955, u. a. S. 28, 32, 87.

38 Karl Hermann Flach: Die Republik ohne Herz. Bonn und das Klima der deutschen Politik. In: Helmut Hammerschmidt (Hg.): Zwanzig Jahre danach. Eine deutsche Bilanz 1945-1965. München-Wien-Basel 1965, S. 34 ff.

39 Erhard H. M. Lange: Im Schatten des Bundeskanzlers. Zum 80. Geburtstag von Heinrich von Brentano. In: Das Parlament, 9./16. Juni 1984.

40 Vgl. Heinrich G. Ritzel: Kurt Schumacher in Selbstzeugnissen und Bilddokumenten. Reinbek bei Hamburg 1972, S. 123 ff. – Vgl. auch Willy Albrecht: Kurt Schumacher – Reden, Schriften, Korrespondenzen 1945-1952. Bonn 1985.

41 Zit. nach Hans-Jochen Vogel: Schumachers Werk ist nicht davor gefeit, mißbraucht zu werden. Sein Erbe wirkt in der SPD weiter. In: Vorwärts, 12. Oktober 1985.

42 Zit. nach Arno Scholz und Walter G. Oschilewski: Turmwächter der Demokratie. Ein Lebensbild von Kurt Schumacher. Band I: Sein Weg durch die Zeit. Band II: Reden und Schriften. Band III: Als er von uns ging. Berlin 1953. Band III, S. 16.

43 Vgl. Brigitte Seebacher-Brandt: Ollenhauer. Biedermann und Patriot. Berlin 1984. – Ferner: Bernd Rudolph: Von der Macht nicht fasziniert. Ein Leben für die Partei und in seiner Partei: Treue, Disziplin, Solidarität. In: Die Zeit, 9. November 1984. – Volker Ulrich: Der Typus eines SPD-Funktionärs alter Schule. In: Frankfurter Rundschau, 17. November 1984. – Arnulf Baring: Ausersehen, vergessen zu werden. Ollenhauers Weg in die Nachkriegspolitik. In: Frankfurter Allgemeine Zeitung, 6. Dezember 1984.

44 Vgl. Brigitte Seebacher-Brandt: Ollenhauer; a.a.O., S. 53. – Vgl. auch Dorothea Beck: Julius Leber. Sozialdemokrat zwischen Reform und Widerstand. Berlin 1983.

45 Susanne Miller: Die SPD vor und nach Godesberg. Kleine Geschichte der SPD. Band 2. Bonn-Bad Godesberg 1974, S. 36.

46 Vgl. Jochen Steffen: Der Einzelne und seine Partei. Epilog für Herbert Wehner. In: Trans-Atlantik, 3/1983, S. 62.

47 Günter Gaus: Der Schwierige. Versuch über Herbert Wehner. In: Der Monat 244/1969, S. 58. – Vgl. auch Eghard Mörbitz: Herbert Wehner ging immer unter dem Joch. In: Frankfurter Rundschau, 13. Januar 1983.

48 Fritz Erler: Sozialismus als Gegenwartsaufgabe. Schwenningen 1947, S. 9.

49 Fritz Erler: Sozialismus als Gegenwartsaufgabe; a.a.O., S. 30.

50 Zit. nach Hartmut Soell: Fritz Erler. Eine politische Biographie. Band I. Band II. Berlin-Bonn-Bad Godesberg 1976. Band I. S. 234, S. 245 ff.

51 Carlo Schmid: Erinnerungen. München 1981, S. 93, 219.

52 Carlo Schmid: Erinnerungen; a.a.O., S. 660.

53 Vgl. Kurt Kotzbach: Der Weg zur Staatspartei. Programmatik, praktische Politik und Organisation der deutschen Sozialdemokratie 1945 bis 1965. Berlin-Bonn 1982. – Ferner: Wilhelm Mommsen: Deutsche Parteiprogramme. Berlin-München 1961, S. 114 ff. – Das Programm, das zum Begriff wurde. In: Die Zeit, 23. November 1984. – Klaus Lompe: Zwanzig Jahre Godesberger Programm der SPD. In: Aus Politik und Zeitgeschichte. Beilage zur Wochenzeitung »Das Parlament«, 17. November 1979, S. 3 ff.

54 Karl Hermann Flach: Die Republik ohne Herz; a.a.O., S. 45 f.

55 Vgl. Wolf-Dieter Narr: CDU – SPD. Programm und Praxis seit 1945. Berlin, Köln, Mainz 1966, S. 209 ff.

56 Ralf Dahrendorf: Gesellschaft und Demokratie in Deutschland. München 1965. S. 143, 29.

57 Hans Maier: Die Deutschen und die Freiheit; a.a.O., S. 19.

58 Hermann Schreiber: Der gute Mensch vom Tegernsee. In: Der Spiegel, 37/1965, S. 27 ff.

59 In: Die Zeit, 30. 7. 1965.

60 Johannes Gross: Erhards Regentschaft. Die zweite Kanzlerdemokratie. In: Der Monat, 192/1964, S. 8. – Vgl. auch Rüdiger Altmann: Das Erbe Adenauers. Stuttgart 1960. – Karl Hermann Flach: Erhards schwerer Weg. Stuttgart-Degerloch 1963.

61 F. R. Allemann: Brief aus Westdeutschland. Bonn ist nicht Weimar. In: Der Monat, 76/1955, S. 333 ff. – F. R. Allemann: Bonn ist nicht Weimar. Köln 1956.

62 Vgl. Theodor W. Adorno: Auferstehung der Kultur in Deutschland?; a.a.O., S. 169 ff.

63 Vgl. Günter Gaus: Wo Deutschland liegt. Eine Ortsbestimmung. Hamburg 1983, S. 37 ff.

64 Vgl. Hans Georg Lehmann: Chronik der Bundesrepublik Deutschland. 1945/49 bis 1981. München 1981. S. 43 ff.

65 Hans Georg Lehmann: Chronik der Bundesrepublik Deutschland; a.a.O., S. 42.

66 Gerd Bucerius: Dann wären nur Scherben geblieben . . . In: Die Zeit, 29. November 1985. – Vgl. auch Rolf Steininger: Eine vertane Chance – Die Stalin-Note vom 10.März 1952 und die Wiedervereinigung. Eine Studie auf der Grundlage unveröffentlichter britischer und amerikanischer Akten. Bonn 1985. – Eine Chance zur Wiedervereinigung? Die Stalin-Note vom 10. März 1952. Darstellung und Dokumentation auf der Grundlage unveröffentlichter britischer und amerikanischer Akten. Beiheft 12 des Archivs für Sozialgeschichte. Bonn 1985.

67 Jens Daniel: Ein Lebewohl den Brüdern im Osten. In: Der Spiegel, 1/1952, S. 3 ff. Vgl. Christoph Kleßmann: Die doppelte Staatsgründung. Deutsche Geschichte 1945-1955. Göttingen 1982.

68 Friedrich Meinecke: Weltbürgertum und Nationalstaat (1908). Berlin 1962. Vgl. auch Werner Weidenfeld (Hg.): Die Identität der Deutschen. Bonn 1983, vor allem S. 38 ff.

69 Gebhard Schweigler: Nationalbewußtsein in der BRD und DDR. Düsseldorf 1974, S. 41.

70 Friedrich Sieburg: Der Donnerkeil des Plauderers. In: Frankfurter Allgemeine Zeitung, 17. August 1957.

71 Erich Kuby: Das ist des Deutschen Vaterland. 70 Millionen in zwei Wartesälen (1957). Taschenbuchausgabe; o.O. 1959, S. 194 f., 205.

72 Das hatte »Der Monat« schon 1949 gefragt. Vgl. die Diskussion darüber, an der sich u. a. Raymond Aron, Dolf Sternberger, Emmanuel Mounier, Peter de Mendelssohn, Wilhelm Röpke, Eugen Kogon und Franz Borkenau beteiligten. In: Der Monat, 8/1949, 9/1949.

73 Norbert Muhlen: Das Land der großen Mitte. Notizen aus dem Neon-Biedermeier. In: Der Monat, 63/1953, S. 237 ff.

74 Walter Dirks: Was ist des Deutschen Vaterland? In: Frankfurter Hefte, 12/1957, S. 848.

75 Vgl. auch Karl Jaspers: Wohin treibt die Bundesrepublik? Tatsachen, Gefahren, Chancen. München 1966.

76 Ulrich Sonnemann: Die Wiedervereinigung Deutschlands und die Politik des Immer-davon-Redens. In: Merkur, 157/1961, S. 258.

77 Rolf Schroers: Meine deutsche Frage. Politische und literarische Vermessungen 1961-1979. Stuttgart 1979, S. 18.

78 Gerhard Zwerenz: Ärgernisse – Von der Maas bis an die Memel. Köln 1961. – Vgl. dazu Günther Busch: Gesamtdeutsche Ärgernisse. In: Merkur, 165/1961, S. 1093 f.

79 Gerhard Zwerenz: Aus dem Tagebuch eines Geflohenen. Reflexion und Kritik. In: Der Monat, 135/1959, S. 45.

80 Gerhard Zwerenz: Aus dem Tagebuch eines Geflohenen; a.a.O., S. 47.

81 Vgl. Hans-Albert Walter: Vergeblicher Brückenschlag zwischen »Ost und West«. Alfred Kantorowicz und seine Nachkriegszeitschrift. In: Frankfuter Rundschau, 2. August 1980. – »Ost und West«. Faksimile-Nachdruck. Königstein/Ts. 1980.

82 Alfred Kantorowicz: Deutsches Tagebuch. Berlin 1979. I. und II. Teil. Berlin 1979. II. Teil, S. 701.

83 Vgl. Hans Mayer: Ein Deutscher auf Widerruf. Erinnerungen. I. Frankfurt am Main 1982. II. Frankfurt am Main 1984.

84 Vgl. Peter-Jochen Winters: Er glaubte an das Gute und Humane im Kommunismus. In: Frankfurter Allgemeine Zeitung, 14. April 1982. – Fritz J. Raddatz: Zweifler aus Freiheitsliebe. Zum Tode Robert Havemanns. In: Die Zeit, 16. April 1982. – Hartmut Jäckel (Hg.): Ein Marxist in der DDR – Für Robert Havemann. München 1980.

85 Marion Gräfin Dönhoff: Ideen sind stärker als Polizeimacht. In: Die Zeit, 7. März 1980. – Vgl. Robert Havemann: Ein deutscher Kommunist. Rückblicke und Perspektiven aus der Isolation. Reinbek bei Hamburg 1978. Ferner Robert Havemann: Morgen. Die Industriegesellschaft am Scheideweg. Kritik und reale Utopie. München 1980.

86 Eva Müthel: Für dich blüht kein Baum. Frankfurt am Main 1959.

87 Erika von Hornstein: Flüchtlingsgeschichten. 43 Berichte aus den frühen Jahren der DDR. (Neuauflage) Nördlingen 1985.

88 Walter Kempowski: Im Block. Ein Haftbericht. Reinbek bei Hamburg 1969.

89 Gerhard Zwerenz: Zorn ist eine Moral. Gedanken zwischen West und Ost. In: Merkur, 149/1960, S. 659.

90 Zitate nach: Vaterland, Muttersprache. Deutsche Schriftsteller und ihr Staat seit 1945. Ein Nachlesebuch für die Oberstufe. Zusammengestellt von Klaus Wagenbach, Winfried Stephan und Michael Krüger. Mit einem Vorwort von Peter Rühmkorf. Berlin 1979. S. 183 ff.

91 Zit. nach Kurt Fassmann: Bert Brecht. Drama im Zwielicht. In: Das Schönste, 11/1959, S. 54 ff.

92 Das Schönste, 9/1965, S. 20.

93 Zit. nach Friedrich Torberg: Soll man Brecht im Westen spielen? Ein Vortrag im Zyklus »Umstrittene Sachen« des WDR. In: Der Monat, 159/1961, S. 59 f.

94 Friedrich Torberg: Soll man Brecht im Westen spielen?; a.a.O., S. 57.

95 Soll man Brecht spielen? Antwort an Friedrich Torberg. In: Der Monat, 161/1962, S. 60.

96 Karl Jaspers: Wohin treibt die Bundesrepublik? Tatsachen, Gefahren, Chancen; a.a.O., S. 178.

97 Kurt Fassmann: Ein offener Brief an Hermann Kesten und Uwe Johnson. In: Das Schönste, 4/1962, S. 14.

98 Kuno Raeber: Bei Uwe Johnson in Rom. In: Das Schönste, 5/1962, S. 27 ff.

99 Uwe Johnson: Ingrid Babendererde. Reifeprüfung (1953). Frankfurt am Main 1985.

100 Zit. nach Heinz Ludwig Arnold (Hg.): Uwe Johnson. Text & Kritik 65/66/1980, S. 22.

101 Uwe Johnson: Mutmaßungen über Jakob. Frankfurt am Main-Hamburg 1962, S. 178 f.

102 Hans Magnus Enzensberger: Berliner Gemeinplätze. In: Kursbuch, 11/1968, S. 157 f.

103 Kurt Tucholsky: Panter, Tiger & Co. Eine neue Auswahl aus seinen Schriften und Gedichten. Hg. von Mary Gerold-Tucholsky. Hamburg 1954, S. 13. Vgl. Hermann Kesten: Dichter im

Café. München-Wien-Basel 1965, S. 340. – Walter Laqueur: Weimar. Die Kultur der Republik. Frankfurt am Main-Berlin 1976, S. 285.

104 Kongreß für kulturelle Freiheit. Berlin, 26.-30. Juni 1950. In: Der Monat, 22/23/1950, u. a. S. 339 f., 406, 467 f., 471, 479.

105 Günter Gaus: Wo Deutschland liegt; a.a.O., S. 45.

106 Literatur und Kommunismus. Ein Gespräch zwischen François Bondy und Hans Mayer. In: Der Monat, 185/1964, S. 56.

107 Vgl. »Es steht schlecht um unsere Sache«. Nachruf auf eine Literaturzeitschrift. In: Das Schönste, 10/1962, S. 4 ff.

108 Gerhard Zwerenz: Das gespaltene Wort. Ein Pamphlet. In: Der Monat, 143/1960, S. 88.

109 Günter Kunert: Verspätete Monologe. München 1981, S. 17 f. Vgl. Lutz Mackensen: Gespaltenes Deutschland – gespaltene Sprache? In: Universitas, 8/1960, S. 817 ff.

110 Zit. nach Fritz J. Raddatz: Die gespaltene Sprache. Ein deutsch-deutscher Vergleich. In: Süddeutsche Zeitung, 5./6. April 1975.

111 Vgl. Karl Pisarczyk: Der Euphemismus – Politische Sprache in der DDR und BRD. In: Frankfurter Hefte, 2/1969, S. 107 ff. Ferner: Wolfgang Bergsdorf: Herrschaft und Sprache. Pfullingen 1983, S. 125 ff.

112 Hartmut von Hentig: Berliner Gespräche. Beobachtungen aus Anlaß einer Studienfahrt im März 1961. In: Merkur, 165/1961, S. 1063.

113 Vgl. Sigrid Mayer: Friedrich Dürrenmatt. Der Besuch der alten Dame. Grundlagen und Gedanken zum Verständnis des Dramas. Frankfurt am Main-Berlin-München 1983, S. 64 f., 70.

114 Hanns Braun: Besuch der alten Dame. Dürrenmatt-Premiere in den Kammerspielen. In: Süddeutsche Zeitung, 30./31. Mai 1956.

115 Friedrich Dürrenmatt: Der Besuch der alten Dame. In: Komödien I. Zürich 1957, S. 313, 354, 355, 356.

116 Alexander und Margarete Mitscherlich: Die Unfähigkeit zu trauern. Grundlagen kollektiven Verhaltens. München 1967, S. 24 ff., 19.

117 Vgl. Hans Heigert: Deutschlands falsche Träume oder: Die verführte Nation. Hamburg 1967.

118 Vgl. Helmuth Plessner: Die verspätete Nation. Über die politische Verführbarkeit bürgerlichen Geistes (1935). Stuttgart 1959.

119 Karl Bednarik: an der Konsumfront. Zwischenbilanz des modernen Lebens. Stuttgart 1957.

120 Karl Schnog: Wann wird das sein? In: Ulenspiegel, 5/1948, S. 2.

121 Karl Krolow: Kopfjäger schreiben keine Verse. In: Rheinischer Merkur/Christ und Welt, 23. November 1984.

122 Heinrich Böll: Die Mark der frühen Jahre. Für eine Geschichte zwanzig Brote. In: Rheinischer Merkur/Christ und Welt, 30. November 1984.

123 Vgl. Christian Borngräber: Nierentisch und Schrippendale. Hinweise auf Architektur und Design. In: Dieter Bänsch: Die fünfziger Jahre. Beiträge zu Politik und Kultur. Tübingen 1985, S. 225 f. Ferner: F. Ehmcke: Schlechte Noten. In: Werk und Zeit, 6/1952.

124 Vgl. Charles L. Mee: The Marshall Plan. New York 1984.

125 Vgl. Angela Delille und Andrea Grohn: Von leichten Mädchen, Callgirls und PKW-Hetären. In: Elefanten Press: Perlon-Zeit. Berlin 1985, S. 166 ff.

126 Karl Bednarik: An der Konsumfront; a.a.O., S. 31.

127 Gerd Gaiser: Schlußball. Aus den schönen Tagen der Stadt Neu-Spuhl. München 1958, S. 133.

128 Vgl. Werner Helwig: Humor aus Verzweiflung. Martin Walsers »Ehen in Philippsburg«. In: Süddeutsche Zeitung, Jg. 1957. – Karl Korn: Satirischer Gesellschaftsroman. In: Frankfurter Allgemeine Zeitung, Jg. 1957.

129 Hans Georg Lehmann: Chronik der Bundesrepublik Deutschland; a.a.O., S. 52.

130 Vgl. Bernhard Schäfers: Sozialstruktur und Wandel der Bundesrepublik Deutschland. Ein Studienbuch zu ihrer Soziologie und Sozialgeschichte. Stuttgart 1981, S. 153.

131 Zit. nach Anton Kehl: Die Arbeitswelt. In: Wolfgang Benz (Hg.): Die Bundesrepublik Deutschland. Geschichte in drei Bänden. Band 2: Gesellschaft. Frankfurt am Main 1983, S. 162.

132 Anton Kehl: Die Arbeitswelt; a.a.O., S. 163, unter Verwendung von Zitaten aus Heinrich Popitz, Hans Paul Bahrdt u. a.: Das Gesellschaftsbild des Arbeiters. Tübingen 1957, S. 238.

133 Heinrich Popitz, Hans Paul Bahrdt u. a. Das Gesellschaftsbild des Arbeiters; a.a.O.

134 Vgl. Werner Abelshauser: Der Ruhrkohlenbergbau seit 1945. Wiederaufbau, Krise, Anpassung. München 1984. – Ferner: Karin Hartewig: Wie der Kohlenbergbau in die Krise kam. Ein zentrales Kapitel der westdeutschen Wirtschaftsgeschichte. In: Süddeutsche Zeitung, 19. April 1985.

135 Vgl. Hans Dieter Baroth: Aber es waren schöne Zeiten. München 1982, S. 14 f.

136 Max von der Grün: Irrlicht und Feuer. Reinbek bei Hamburg 1967, S. 79 f.

137 Vgl. Friedhelm Baukloh: Der Dortmunder Weg. In: Der Monat, 206/1965, S. 58 ff.

138 Vgl. Paul Michael Lützeler und Egon Schwarz (Hg.): Deutsche Literatur in der Bundesrepublik seit 1965. Untersuchungen und Berichte. Königstein/Ts. 1980, S. 107.

139 Vgl. Elisabeth Endres: Die unbewältigte Arbeit. Zehn Jahre danach. Gruppe 61. Arbeitsliteratur – Literatur der Arbeitswelt. In: Merkur, 11/1971, S. 1116 f. – Ferner: Heinz Ludwig Arnold (Hg.): Gruppe 61. Arbeiterliteratur – Literatur der Arbeitswelt. Stuttgart-München-Hannover 1970.

140 Bottroper Protokolle. Aufgezeichnet von Erika Runge. Vorwort von Martin Walser. Frankfurt am Main 1968, S. 7 ff.

141 Bottroper Protokolle; a.a.O., S. 51 f.

142 Erika Runge: Abschied von den Protokollen. Überlegungen zur Dokumentarliteratur. In: Frankfurter Allgemeine Zeitung, 17. Juli 1976.

143 Vgl. Elefanten Press: Perlon-Zeit. Wie die Frauen ihr Wirtschaftswunder erlebten; a.a.O.

144 Die gute Ehe, 1959. Zit. nach Elefanten Press: Bikini. Die Fünfziger Jahre. Kalter Krieg und Capri-Sonne. Fotos – Texte – Comics – Analysen zusammengestellt von Eckhard Siepmann, ausgebreitet von Irene Lusk, montiert von Jürgen Holtfreter. Berlin 1981, S. 278.

145 Vgl. Sibylle Meyer und Eva Schulze: Von Liebe sprach damals keiner. Familienalltag in der Nachkriegszeit. München 1985, S. 169 ff.

146 Zit. nach Sibylle Meyer und Eval Schulze: Von Liebe sprach damals keiner; a.a.O., S. 172.

147 Gerhard Wurzbacher: Leitbilder gegenwärtigen deutschen Familienlebens (1951). Stuttgart 1969. – Vgl. Angela Vogel: Familie. In: Wolfgang Benz (Hg.): Die Bundesrepublik Deutschland. Geschichte in drei Bänden. Band 2: Die Gesellschaft; a.a.O., S. 107 f.

148 Joachim Bodamer: Der Mann von heute. Seine Gestalt und Psychologie (1956). Freiburg-Basel-Wien 1964, S. 98 ff.

149 Alexander Mitscherlich: Auf dem Weg zur vaterlosen Gesellschaft. Ideen zur Sozialpsychologie. München 1963, S. 421 ff.

150 Paul Moor (Hg.): Das Selbstporträt des Jürgen Bartsch. Frankfurt am Main 1972, u. a. S. 19 ff., 79 f.

151 Vgl. Jürgen Neven- du Mont und Karl Schütz: Kleinstadtmörder. Spur 1081. Hintergründe zum Fall Lebach. Unter Mitarbeit von Rainer Söhnlein. Hamburg 1971.

152 Alexander Mitscherlich: Auf dem Weg zur vaterlosen Gesellschaft; a.a.O., S. 459.

153 Vgl. Sibylle Meyer und Eva Schulze: Von Liebe sprach damals keiner; a.a.O., S. 181 f.

154 Vgl. Angela Vogel: Familie; a.a.O., S. 110 ff. – Ferner: Helmut Schelsky: Wandlungen der deutschen Familie der Gegenwart. Stuttgart 1953.

155 Lieselotte Mohl: Frauen am Gängelband der Ideologie. In: Frankfurter Hefte, 1/1967, S. 31 ff. – Vgl. Bericht der Bundesregierung über die Situation der Frauen in Beruf, Familie und Gesellschaft. Bundesdrucksache V/909 (1966). – Ferner: Henning Dunckelmann: Die erwerbstätige Ehefrau im Spannungsfeld zwischen Beruf und Konsum. Tübingen 1961. – Reinhold Junker: Die Lage der Mütter in der Bundesrepublik Deutschland. Frankfurt am Main 1965. – Elisabeth Pfeil: Die Berufstätigkeit von Müttern. Tübingen 1961. – Ulrike Marie Meinhoff: Frauen sind billiger – Ein Bericht über Frauenlöhne und Frauenarbeit in der Industrie (I und II). In: Frankfurter Hefte, 5/1967 und 6/1967.

156 Die gute Ehe. Zit. nach Elefanten Press: Bikini. Die Fünziger Jahre; a.a.O., S. 278.

157 Heinrich Böll: Haus ohne Hüter (1954). München 1981.

158 Siegfried Lenz: Heinrich Bölls Personal. In: Die Zeit, 15. Dezember 1967. – Vgl. auch Günther Schloz: Der gute Mensch von Köln. Heinrich Böll: Poeta laureatus wider Willen. Literatur-Nobel-Preis. In: Deutsche Zeitung/Christ und Welt, 27. Oktober 1972.

326

159 Vgl. Bundeszentrale für Politische Bildung (Hg.): Informationen zur politischen Bildung. Ausländer. 201/1984, S. 3, 5 f.

160 Vgl. Valentin Siebrecht: Die ausländischen Arbeiter in der Bundesrepublik. In: Frankfurter Hefte, 8/1964, S. 557, 561 f.

161 Zit. nach Elefanten Press (Redaktion Eckhard Siepmann, Irene Lusk u. a.): Che, Schah, Shit. Die Sechziger Jahre zwischen Cocktail und Molotow. Berlin 1984, S. 45.

162 Vgl. Hans Paul Bahrdt: Marxistisches Denken in der deutschen Arbeiterschaft? In: Die Neue Geselschaft, 6/1955, S. 403 ff. – Heinz Kluth, Ulrich Lohmar, Rudolf Tartler: Arbeiterjugend gestern und heute. Heidelberg 1955. – Wolfgang Rothe: Wandlungstendenzen der gegenwärtigen Gesellschaft. Arbeitshilfe Nr. 15 der Akademie für politische Bildung, Tutzing o. J.

163 Vgl. W. Krelle, J. Schunck, J. Siebke: Überbetriebliche Ertragsbeteiligung der Arbeitnehmer. Mit einer Untersuchung über die Vermögensstruktur der Bundesrepublik Deutschland. Tübingen 1968.

164 Gerd Hardach: Die Wirtschaftsentwicklung der fünfziger Jahre. Restauration und Wirtschaftswunder. In: Dieter Bänsch (Hg.): Die fünfziger Jahre. Beiträge zu Politik und Kultur. Tübingen 1985, S. 57 f.

165 Vgl. Michael Ben: Dreimal geschnitten und immer noch zu kurz. Die Gewerkschaften der 50er Jahre. In: Elefanten Press: Bikini. Die Fünfziger Jahre; a.a.O., S. 130.

166 Theo Pirker: Die blinde Macht. Die Gewerkschaftsbewegung in Westdeutschland. Teil 1: 1945-1952. Vom »Ende des Kapitalismus« zur »Zähmung der Gewerkschaften«. München 1960.

167 Hans-Peter Schwarz: Die Ära Adenauer; a.a.O., S. 234 ff.

168 Walter Dirks: Der lange Streik. In: Frankfurter Hefte, 4/1957, S. 234.

169 Vgl. Gerd Hardach: Die Wirtschaftsentwicklung der fünfziger Jahre; a.a.O., S. 58.

170 Karl W. Böttcher: Die alten und die neuen Mittelschichten. In: Frankfurter Hefte, 4/1956, S. 241 f.

171 Aldous Huxley: Was kostet der Fortschritt? In: Der Monat, 3/1948, S. 17.

172 David Riesman: Die einsame Masse. Darmstadt-Berlin-Neuwied 1956, S. 15.

173 Alfred Weber: Abschied von der bisherigen Geschichte. Überwindung des Nihilismus? Hamburg 1946. – Alfred Weber: Der dritte oder der vierte Mensch. München 1953. – Vgl. auch Fritz Kraus: Sehr viele Lichter machen hell. Alfred Weber zur Existenzfrage des heutigen Menschen. In: Süddeutsche Zeitung, Jg. 1953. – Herbert von Borch: Der dritte und der vierte Mensch. In: Süddeutsche Zeitung, 27./28. Juli 1968.

174 Karl Jaspers: Es ist der einzelne, der die Zukunft trägt. In: Süddeutsche Zeitung, 8./9./10. Juni 1957.

175 Vgl. J. B. Hygen: Albert Schweitzers Kulturkritik. Göttingen 1955.

176 Hannah Arendt: Franz Kafka, von neuem gewürdigt. In: Die Wandlung, 12/1946, S. 1050 ff. Vgl. Elisabeth Endres: Die Literatur der Adenauerzeit; a.a.O., S. 65 ff.

177 Vgl. Hans Daiber: Deutsches Theater seit 1945. Stuttgart 1976, S. 171.

178 Wilhelm Emrich: Protest und Verheißung. Studien zur klassischen und modernen Dichtung. Frankfurt am Main-Bonn 1960. – Ferner: Wilhelm Emrich: Franz Kafka. Das Baugesetz seiner Dichtung. Der mündige Mensch jenseits von Nihilismus und Tradition. Frankfurt am Main-Bonn 1958.

179 Walter Jens: Nein. Die Welt der Angeklagten. Hamburg (1950) 1954, S. 217. – Vgl. auch Gerd Müller: Die Literatur der Bundesrepublik und der deutschsprachigen Schweiz. In Victor Žmegač (Hg.): Geschichte der deutschen Literatur vom 18. Jahrhundert bis zur Gegenwart. Band III/2: 1945-1980. Königstein/Ts. 1984, S. 505 f.

180 Max Weber: Wirtschaft und Gesellschaft. Grundriß der verstehenden Soziologie. Tübingen 1956, S. 571 ff.

181 Vgl. Theodor Eschenburg: Geschichte der Bundesrepublik Deutschland. Jahre der Besatzung. 1945-1949. Geschichte der Bundesrepublik Deutschland. Band 1; a.a.O., S. 259 f.

182 C. Northcote Parkinson: Parkinsons Gesetz und andere Untersuchungen über die Verwaltung. Düsseldorf-Stuttgart 1958. – Vgl. auch Hermann Glaser: Jenseits von Parkinson. Ein kybernetisches Modell für Verwaltung und Wirtschaft. Köln 1972. – Ferner: Richard Kaufmann: Mr. Parkinson und sein Gesetz. In: Süddeutsche Zeitung 10./11. Januar 1959.

183 Emerich Francis: Beamte – Spezialisten für das Allgemeine. Über die Anpassung des öffentlichen Dienstes an veränderte Verhältnisse. In: Frankfurter Allgemeine Zeitung, 15. März 1966.
184 Ralf Dahrendorf: Deutsche Oberschicht im Übergang. In: Merkur, 194/1964, S. 323 ff.
185 Günter Grass: Hundejahre. Neuwied-Berlin 1963, S. 513.
186 Max Kruk: Die hundert größten Unternehmen. In: Frankfurter Allgemeine Zeitung, 7. November 1959.
187 Vgl. William Manchester: Krupp. Zwölf Generationen. München 1968.
188 Karl Unger: Neue Aufgaben für Flick, Krupp & Co. Über die Kontinuität kapitalistischer Industriepolitik. In: Vorwärts, 17. August 1985.
189 Vgl. Roger Gloor: Nachkriegswagen. Personenautos 1945-1960. Bern und Stuttgart 1985, S. 86 ff.
190 Vgl. Dieter Francke: Die fünfziger Jahre. Als das Leben wieder anfing. München, Zürich 1981, S. 36.
191 Sabine Weißler: Fahnen des Neubeginns. Perlonstrümpfe. In: Elefanten Press: Perlonzeit; a.a.O., S. 150.
192 Vgl. Heinz Blüthmann: Der letzte Auftritt eines Alleinunterhalters. In: Die Zeit, 26. November 1982.
193 Vgl. Peter Amstutz und Roland Bunzenthal: Der Aufstieg begann mit dem »Linzer Stüberl«. In: Frankfurter Rundschau, 31. August 1982.
194 James Burnham: Das Regime der Manager. Stuttgart 1949, u. a. S. 42 f., 51, 91 f., 101 f., 151, 226, 327.
195 Vgl. Otto Graf: Die Krankheit der Verantwortlichen und der Gesundheitsschutz des geistigen Arbeiters. In: Universitas, 10/1953, S. 1009 ff.
196 Vgl. auch Karl Wilhelm Böttcher: Die neuen Reichen und die Neureichen in Deutschland. In: Frankfurter Hefte, 5/1951, S. 333.
197 Kurt Pritzkoleit: Gott erhält die Mächtigen. Rückblick und Rundblick auf den deutschen Wohlstand. Düsseldorf 1963. – Ders.: Wem gehört Deutschland? Eine Chronik von Besitz und Macht. München-Wien-Basel 1957. – Ders.: Das gebändigte Chaos. Die deutschen Wirtschaftslandschaften. München-Wien-Basel 1965.
198 Vgl. Erich Preiser: Die Zukunft unserer Marktwirtschaft. Göttingen 1955, S. 18, 93.
199 Alfred Müller-Armack: Soziale Marktwirtschaft. In: Handwörterbuch der Sozialwissenschaften, Stuttgart 1956, S. 390.
200 Vgl. Roland Nitsche: Marx auf den Kopf gestellt. In: Die Zeit, 9. Juni 1961.
201 Wilhelm Röpke: Gesellschaftskrisis der Gegenwart. Erlenbach-Zürich 1942 (1949). – Ders.: Civitas Humana. Erlenbach-Zürich 1944 (1950). – Ders.: Die Krisis des Kollektivismus. Erlenbach-Zürich 1947. – Ders.: Jenseits von Angebot und Nachfrage. Erlenbach-Zürich 1958. – Vgl. auch Reinhard Behlke: Der Neoliberalismus und die Gestaltung der Wirtschaftsverfassung in der Bundesrepublik Deutschland. Berlin 1961. – Hans-Carl Nipperdey: Soziale Marktwirtschaft und Grundgesetz. Köln-München 1961. – Edith Eucken-Erdsiek: Die Ordnung in der wir leben. Zum Verständnis unserer Wirtschaftsordnung. Rastatt 1961. – Eberhard Körting: Revision des Liberalismus. In: Süddeutsche Zeitung. Jg. 1951.
202 Wilhelm Röpke: Der Eintopf als Dogma. Der Wohlfahrtsstaat ist das Ende der Wohlfahrt. In: Frankfurter Allgemeine Zeitung, 26. Oktober 1957.
203 Oswald von Nell-Breuning: Wirtschaft und Gesellschaft heute. Band I: Grundfragen. Band II: Zeitfragen. Band III: Zeitfragen. Freiburg 1956-1960. – Vgl. auch Helmut Herles: Die allmähliche Versöhnung der Gegensätze. Sozialpolitik und Christentum. In: Frankfurter Allgemeine Zeitung, 14. Juli 1984.
204 Vgl. für das Nachfolgende Gerhard Himmelmann: Die Sozialdemokratie und der Kapitalismus. Die positive Ökonomie des demokratischen Sozialismus im Godesberger Programm. In: Frankfurter Rundschau, 8. November 1983.
205 Willy Brandt: Im Godesberger Verständnis ist Sozialismus entfaltete Demokratie. Festansprache aus Anlaß des 20. Jahrestages des Godesberger Programms. In: Frankfurter Rundschau, 17. November 1979.
206 Vgl. Hans Schuster: Parteien ohne Ideale? Doktrinäre oder Techniker der Macht. In: Merkur,

156/1961, S. 157 ff. – Ferner: Ernst Forsthoff: Die Bundesrepublik Deutschland. Umrisse einer Realanalyse. In: Merkur, 151/1960, S. 807 ff.

207 Hans Maier: Die Deutschen und die Freiheit; a.a.O., S. 52 ff. – Vgl. auch Günter Buchstab und Klaus Gotto (Hg.): Die Gründung der Union. Traditionen, Entstehung und Repräsentanten. München 1981. – Wulf Schönbohm: Die CDU wird moderne Volkspartei. Selbstverständnis, Mitglieder, Organisation und Apparat 1950-1980. Stuttgart 1985. – Kurt Kotzbach: Der Weg zur Staatspartei. Programmatik, praktische Politik und Organisation der deutschen Sozialdemokratie 1945-1965. Berlin-Bonn 1982. – Richard Stöss (Hg.): Parteien-Handbuch. Die Parteien der Bundesrepublik Deutschland 1945-1980. 2 Bände. Wiesbaden 1983/84.

208 Vgl. Ernest Zahn: Soziologie der Prosperität. Köln 1960.

209 Jürgen Eick: Jahrhundert des kleinen Mannes. In: Frankfurter Allgemeine Zeitung, 14. November 1959.

210 Nach Kurt Blauhorn: Alles soll jetzt besser werden. In: Dieter Franck (Hg.): Die fünfziger Jahre; a.a.O., S. 56 f.

211 Vgl. Sibylle Zehle: Josef Neckermann. Ein dressierter Mann. In: Die Zeit, 4. Juni 1982.

212 Hans Magnus Enzensberger: Das Plebiszit der Verbraucher (1960). In: Einzelheiten I. Bewußtseins-Industrie. Frankfurt am Main 1964, S. 168 ff.

213 Vgl. L. Kroeber-Keneth: Erzeugt das Massenzeitalter manipulierte Konsumenten? In: Frankfurter Allgemeine Zeitung, 11. Oktober 1958.

214 Vance Packard: Die geheimen Verführer. Der Griff nach dem Unbewußten in Jedermann. Düsseldorf 1958. – Vgl. auch Vance Packard: Die unsichtbaren Schranken. Theorie und Praxis des Aufstiegs in der »klassenlosen« Gesellschaft. Düsseldorf 1959. – Ferner: Eberhard Maseberg: Die geheimen Verführer. In: Süddeutsche Zeitung, 19./20. Oktober 1957. – Karl Korn: Der manipulierte Mensch. Perspektiven der amerikanischen Sozialingenieure. In: Frankfurter Allgemeine Zeitung, 10. August 1957.

215 Vgl. Klaus Arnsperger: Die Garde der heimlichen Verführer. In: Süddeutsche Zeitung, Nr. 52/1958. – Vgl. auch Ernest Dichter: Strategie im Reich der Wünsche. Düsseldorf 1961.

216 Leo Spitzer: Amerikanische Werbung als Volkskunst verstanden. In: Sprache im technischen Zeitalter, 12/1964, S. 951 ff.

217 Unter anderem Martin Mayer: Madison Avenue. Verführung durch Werbung. Köln 1959. – Willi Bongard: Männer machen Märkte. Mythos und Wirklichkeit der Werbung. Hamburg 1963. – Werner Suhr: Die stärksten Appelle. Sex contra Facts. Düsseldorf 1963. – Rainer Fabian: Idole in unserer Zeit. Das Geschäft mit unerfüllten Wünschen. Freiburg 1967.

218 Zit. nach: Werbung. Ein bißchen irre. In: Der Spiegel, 4/1966, S. 41.

219 Urs Widmer: In uns und um uns und um uns herum. In: Renate Matthaei (Hg.): Trivialmythen. Frankfurt am Main 1970, S. 13 f.

220 Ingeborg Bachmann: Reklame. Zit. nach Karl Otto Conrady (Hg.): Das große deutsche Gedichtbuch. Kronberg/Ts. 1977, S. 1002.

221 Jürgen Habermas: Illusionen auf dem Heiratsmarkt. In: Süddeutsche Zeitung, 24./25. November 1956.

222 Hans Egon Holthusen: Die Schönheitskönigin. In: Süddeutsche Zeitung, Jg. 1955.

223 Joachim Bodamer: Der Mann von heute. Seine Gestalt und Psychologie; a.a.O., S. 115 f. – Vgl. auch Joachim Bodamer: Die Frau im Zeitalter der Technik. In: Süddeutsche Zeitung, 30. 11./ 1. 12. 1957.

224 Vgl. Sabine Weißler: Sexy Sixties. In: Elefanten Press: Che Schah Shit; a.a.O., S. 96 ff.

225 Vgl. für das Nachfolgende Angela Vogel: Frauen und Frauenbewegungen. Familie. In: Wolfgang Benz: Die Bundesrepublik Deutschland. Band 2: Gesellschaft; a.a.O., S. 68 f., 70 f.

226 Franz-Josef Wuermeling: Familie – Gabe und Aufgabe. Baden-Baden 1959. Zit. nach Angela Delille und Andrea Grohn: Blick zurück aufs Glück. Frauenleben und Familienpolitik in den 50er Jahren. Berlin 1985, S. 67 f.

227 Heimweh nach den falschen Fünfzigern. In: Der Spiegel, 14/1978, S. 99 f.

228 Die gefallene Natur. Der Spiegel, 19/1966, S. 50 f. – Ferner: R. Dörner: Das Bild der Frau in der Illustrierten. In: Das Argument, 3/1962. – E. Becker: Das Bild der Frau in der Illustrierten. In: Zeugnisse – Th. W. Adorno zum 60. Geburtstag. Frankfurt am Main 1963.

229 Peter Demetz: B. B. Geschichte einer Legende. In: Frankfurter Allgemeine Zeitung, 13. April 1985.

230 Vladimir Nabokov: Lolita. Hamburg 1959.

231 Friedrich Sieburg: Nichts da, Leute. In: Frankfurter Allgemeine Zeitung, 3. Oktober 1959. Zit. nach Friedrich Sieburg: Zur Literatur. Hg. von Fritz J. Raddatz. 1957-1963. Stuttgart 1981, S. 154.

232 Oswalt Kolle: Dein Mann, das unbekannte Wesen. München 1967. – Ders.: Deine Frau, das unbekannte Wesen. München 1967.

233 Peter Brügge: Den Deutschen ist es ernst mit der Lust. Über den Liebesberater Oswalt Kolle. In: Der Spiegel 29/1968. – Vgl. auch Hellmut Jaesrich: Sex in der Konsumgesellschaft. In: Der Monat, 254/1969.

234 Helmut Schelsky: Soziologie der Sexualität. Hamburg 1955. – Ferner Hans Bürger-Prinz und Hans Giese (Hg.): Schriftenreihe zur Sexualforschung. Stuttgart 1952 ff. – Hans Giese (Hg.): Die Sexualität des Menschen. Handbuch der modernen Sexualforschung. Stuttgart 1955. – Karl Saller: Sexualität heute. München 1967. – Ludwig Marcuse: Obszön. Geschichte einer Entrüstung. München 1962.

235 Vgl. Hans-Joachim Schoeps: Soll Homosexualität strafbar bleiben? In: Der Monat, 171/1962, S. 19 ff. – Peter Bratt: Über einen zweifelhaften Strafrechtsparagraphen. Ein Streitgespräch. In: Merkur, 188/1963, S. 943 ff. – Dieter Giese: Die Strafwürdigkeit der Erwachsenen-Homosexualität. In: Frankfurter Hefte, 9/1967, S. 631. – Fritz Bauer: Sexualtabus und Sexualethik im Spiegel des Strafgesetzes. Sonderreihe 29. Aus gestern und heute. München 1967.

236 Fritz Bauer: Sexualität, Sitte und ein neues Recht. In: Die Zeit, 11. Februar 1966.

237 Helmut Thielicke: Sex. Ethik der Geschlechtlichkeit. Tübingen 1966.

238 Der Sexus ist kein Sündenpfuhl. Spiegel-Gespräch mit Professor Dr. Dr. Helmut Thielicke (Universität Hamburg) über Moral und Kirche. In: Der Spiegel, 49/1966, S. 68 ff., 75.

239 Vgl. Mädchen überholen die Jungen. In: Der Spiegel, 10/1985, S. 89.

240 Dieter Krusche: Reclams Filmführer. Stuttgart 1977, S. 309.

241 Vgl. Kentler, Bittner, Scarbath, Goldstein, Hoppe: Für eine Revision der Sexualpädagogik. München 1967. – Ferner: Hermann Glaser: Aspekte der Sexualität. Eine Darstellung zur integrierten Sexualerziehung. Frankfurt am Main-Berlin-München 1971.

242 Helmut Kentler: Sonne und Amore – Ferienlager-Bericht über einen Typus deutscher Jugendlicher. I, II, III. In: Frankfurter Hefte, 6/7/8/1963; Folge III, S. 552.

243 Peter Rühmkorf: Über das Volksvermögen. Exkurse in den literarischen Untergrund. Reinbek bei Hamburg 1967.

244 Helmut Kentler: Fernhalten und Ablenken – Tendenzen der »Aufklärungsliteratur«. In: deutsche jugend, 9/1965, S. 397 ff.

245 Helmut Kentler: Repressive und nichtrepressive Sexualerziehung im Jugendalter. In: Kentler, Bittner, Scarbath u. a.: Für eine Revision der Sexualpädagogik; a.a.O., S. 30 ff.

246 Otto Brüggemann: Sexuelle Konflikte in Gymnasien. Heidelberg 1967, S. 105 f., 110. – Vgl. auch Thilo und Hartmut Castner: Sexualrevolution und Schule. Neuwied-Berlin 1970.

247 Sexualkunde-Atlas. Biologische Informationen zur Sexualität des Menschen. Opladen 1969.

248 Inga Wex: Grobe und harte Mittel. Sexualkunde-Atlas im Kreuzfeuer. In: Die Zeit, Nr. 29/1969.

249 Helene Rahms: Wer mag da noch lieben? Sexualkunde in der Klempner-Sprache. In: Frankfurter Allgemeine Zeitung, Jg. 1969. Vgl. auch Sexualkunde – heute neu? Informationen der Fachgruppe Gymnasien der Gewerkschaft Erziehung und Wissenschaft im DGB, 1/1970.

250 Vgl. René König: Menschheit auf dem Laufsteg. Die Mode im Zivilisationsprozeß. München 1985, S. 274. – Ferner: Marietta Riederer: Rückblick auf die Fünfziger Jahre. In: Süddeutsche Zeitung 19./20. Mai 1984. – Mit Pepita voll im Trend. Der neue Kult um die 50er Jahre. In: Der Spiegel 14/1984, S. 230 ff.

251 Vgl. Dieter Franck (Hg.): Die fünfziger Jahre; a.a.O., S. 36.

252 »Stern« vom 8. 6. 1954; zit. nach Elefanten Press: Perlonzeit; a.a.O., S. 151.

253 Zit. nach Angela Delille und Andrea Grohn: Blick zurück aufs Glück; a.a.O., S. 108.

254 Vgl. Angela Delille und Andrea Grohn: Blick zurück aufs Glück; a.a.O., S. 112 ff.

255 Mündlich berichtet von Peter Brückner. Zit. nach: Graffiti. 1/1978 (Die 50er Jahre), S. 8.

256 C. H. Meyer: Traum-Frauen. Zur Hamburger Ausstellung »Modephotographie der fünfziger Jahre«. In: Süddeutsche Zeitung, 19./20. November 1983.

257 Karlheinz Graudenz und Erica Pappritz: Etikette neu (1956). 11. völlig neu bearbeitete Auflage 1969, S. 147 ff.

258 Vgl. Horst-Volker Krumrey: Entwicklungsstrukturen von Verhaltensstandarden. Eine soziologische Prozeßanalyse auf der Grundlage deutscher Anstands- und Manierbücher von 1870 bis 1970. Frankfurt am Main 1984.

259 Friedrich Sieburg: Haben wir einen gesellschaftlichen Stil? In: Frankfurter Allgemeine Zeitung (vor 1964).

260 Einmaleins des guten Tons. Zit. nach Elefanten Press: Bikini. Die fünfziger Jahre; a.a.O., S. 277.

261 Vgl. Rainer Horbelt und Sonja Spindler: Tante Linas Nachkriegsküche. Geschichten, Rezepte, Dokumente. Frankfurt am Main 1985, S. 285.

262 Anzeige. Zit. nach Nikolaus Jungwirth und Gerhard Kromschröder: Die Pubertät der Republik. Die 50er Jahre der Deutschen. Frankfurt am Main 1978, S. 5.

263 Angelika Mechtel: Wir sind arm, wir sind reich. Stuttgart 1977, S. 35 f.

264 Peter Rühmkorf: Die Jahre die Ihr kennt. Anfälle und Erinnerungen. Reinbek bei Hamburg 1972, S. 53.

265 Gottfried Benn: Probleme der Lyrik. In: Gesammelte Werke in acht Bänden. Hg. von Dieter Wellershoff. Band 4: Reden und Vorträge. Wiesbaden 1968, S. 1088.

266 Karl Heinz Kramberg: Wolf von Niebelschütz. Die Kinder der Finsternis. In: Das Schönste 1/1960, S. 66. – Vgl. Jens Malte Fischer: Kammerherr im Kahlschlag. Der Autor Wolf von Niebelschütz. In: Merkur, 432/1985, S. 152 ff.

267 Klaus Budzinski: Arbeitstag des Künstlers: Rudolf Hagelstange. Preis ohne Fleiß. In: Das Schönste, 7/1959, S. 48.

268 Karl Heinz Kramberg: Rudolf Hagelstange. Spielball der Götter. In: Das Schönste, 8/1959, S. 52 ff.

269 Werner Gilles: Mythische Landschaft. 16 Farbtafeln nach Aquarellen des Künstlers. Hg. von Erhard Göpel; o. O., 1962. – Vgl. auch Alfred Hentzen: Werner Gilles. Köln 1960. – Ferner: Werner Gilles. Ausstellung anläßlich der Verleihung des Lichtwark-Preises 1961 der Freien und Hansestadt Hamburg. Katalog.

270 Willibald Kramm: Italienisches Skizzenbuch. Zeichnungen und Texte. Vorwort von Herbert Asmodi. Feldafing 1957, S. 22, 32.

271 Peter Paul Althaus: Dr. Enzian. Karlsruhe 1952, S. 7. – Vgl. auch Karl Heinz Kramberg: Der Lyriker Peter Paul Althaus. Traumstadt des Dr. Enzian. In: Das Schönste, 5/1960, S. 36.

272 W. Christlieb: Bele Bachem. Um 12 schlägt ihre Stunde. In: Das Schönste, 4/1960, S. 34 f.

273 Raymond Peynet: Aus lauter Liebe. Ein Bilderbuch für zärtliche Leute. Hamburg 1953. – Raymond Peynet: Amor auf Weltreise. Eine Geographie für Empfindsame. Hamburg 1955.

274 Der Zeichner und Karikaturist Saul Steinberg. Wohnen mit Steinberg. In: Das Schönste, 9/1962, S. 50 ff. – Steinberg's Umgang mit Menschen. Hamburg o. J. – Steinberg's Passeport. Hamburg o. J.

275 Vgl. Günter Canzler: Die Schmunzelinsel. Feldafing o. J. – François, Mose, Chaval: Frivolitäten. Feldafing o. J. – Paul Flora: Menschen und andere Tiere. An die Leine genommen von Erich Kästner. München 1957.

276 H. M. Brockmann: Das deutsche Wunder. Ein ABC in Karikaturen. München 1955. – Ders.: Leute von heute . . . und gestern. München 1955. – Ferner: Georg Ramseger (Hg.): Duell mit der Geschichte. Deutsche Karikaturisten der Gegenwart. Oldenburg 1955.

277 E. K.: Das Deutsche Wunder. In: Süddeutsche Zeitung, Jg. 1955.

278 Vgl. Thomas Thieringer: Lauter heikle Themen. Ein Gespräch mit Loriot. In: Süddeutsche Zeitung, 31. Dezember/1. Januar 1986.

279 Auf den Hund gekommen. 44 lieblose Zeichnungen von Loriot. Eingeleitet von Wolfgang Hildesheimer. Zürich o. J.

280 Odo Marquard: Lachen ist Denken. Lobrede eines Skeptikers auf Loriot. In: Frankfurter Allgemeine Zeitung, 9. November 1985.

281 Richard Biedrzynski: Grimassen der Wirklichkeit. Zu einer Analyse der Karikatur. In: Stuttgar-

ter Zeitung, 9. Februar 1957. – Vgl. auch Werner Hofmann: Die Karikatur von Leonardo bis Picasso. Wien 1956. – Ferner: Hofnarren des Zeitgeistes. Wie die Karikaturisten uns sehen. In: Christ und Welt, 28. Januar 1960.

282 Peter Paul Althaus: Dr. Enzian; a.a.O., S. 13.

283 Simone de Beauvoir: Das andere Geschlecht (1949). Reinbek bei Hamburg 1968. – Alice Schwarzer: Das andere Geschlecht. In: Die Zeit, 13. Mai 1983.

284 Vgl. Jean-Paul Sartre: Die Fliegen. Reinbek bei Hamburg 1961, S. 70 f.

285 Vgl. Michael Th. Greven: Der Einzelne als historisches Subjekt? Kritische Theorie und Sartrescher Existenzialismus. In: Dieter Bänsch (Hg.): Die fünfziger Jahre; a.a.O., S. 184 ff.

286 Albert Camus. Ziele der Kunst. Zit. nach: Das Schönste, 11/1960, S. 20.

287 Albert Camus: Der Mythos von Sisyphos. Ein Versuch über das Absurde (1942). Reinbek b. Hamburg 1958, S. 101.

288 Zum Tod des Dichters Albert Camus. Eine Hoffnung ging verloren. Das Schönste, 1/1960, S. 37 f.

289 Hans Egon Holthusen: Der unbehauste Mensch. Motive und Probleme der modernen Literatur. München o. J. (1951); u. a. S. 25, 95.

290 Wystan Hugh Auden: Das Zeitalter der Angst. Ein dramatisches Gedicht. München 1958, S. 5.

291 Helmuth de Haas: Der Einzelne und die Nachtbar. Zit. nach: Das geteilte Atelier. Essays. Düsseldorf 1955, S. 197 f.

292 Ingrid Schmidt-Harzbach: Rock'n Roll in Hanau. In Elefanten Press: Perlonzeit; a.a.O., S. 37 ff.

293 Françoise Sagan: Bonjour tristesse (1954). Berlin 1957, S. 9, 15, 152.

294 Friedrich Sieburg. Was soll aus ihr werden? Frankfurter Allgemeine Zeitung, 12. April 1958. Zit. nach Friedrich Sieburg: Zur Literatur; a.a.O., S. 70.

295 Vgl. Samuel Schirmbeck: Wg. Sagan. In: Frankfurter Rundschau, 21. Juni 1985. – Vgl. auch Gerda Zeltner: Françoise Sagan in ihrer eigenen Welt. In: Neue Zürcher Zeitung, 15./16. September 1984.

296 Vgl. Elefanten Press: Perlonzeit; a.a.O., S. 41.

297 Werner Bökenkamp: Ein Zwangsarbeiter der Elendmalerei. Das Leben des Bernard Buffet. In: Frankfurter Allgemeine Zeitung, 15. März 1958.

298 Reich an Armut . . . Bernard Buffet und Fernand Léger repräsentieren die moderne Kunst Frankreichs. In: Das Schönste 4/1957, S. 24. – Anatol Marc: Bernard Buffet. In: Das Schönste, 3/1961, S. 30. – Bernard Buffet: Die Kritik ist wieder zufrieden. In: Das Schönste, 3/1962, S. 52 f.

299 Raymond Loewy: Häßlichkeit verkauft sich schlecht. Düsseldorf 1953. Vgl. auch: Was ist Formgestaltung? Lehren und Erfahrungen von Raymond Loewy. In: Die Kultur, 15. März 1954.

300 Vgl. Waren und Wohnen. In: Bikini; a.a.O., S. 196.

301 Vgl. Reiner Raestrup: Alles Plastik. Die schöne Welt der 50er Jahre. In: Wechselwirkung, 19/1983, S. 31. – Vgl. ferner W. Glenz: Kunststoffe – ein Werkstoff macht Karriere. München-Wien 1985.

302 Vgl. James S. Plaut: Industrielle Formgestaltung in den Vereinigten Staaten. In: Perspektiven, 9/1954, S. 113.

303 Wend Fischer: Bau. Raum. Gerät. München 1957, S. 258.

304 Gert Selle: Die Geschichte des Design in Deutschland von 1870 bis heute. Entwicklungen der industriellen Produktkultur. Köln 1978, S. 169.

305 Vgl. Paul Maenz: Die 50er Jahre. Formen eines Jahrzehnts. Stuttgart 1978, S. 134 f.

306 Gottfried Benn: Kunst und Drittes Reich. In: Gesammelte Werke in acht Bänden. Hg. von Dieter Wellershoff. Band 3; a.a.O., S. 877 f.

307 Kurt Pawek: Das Leben nach 45. In: magnum, 24/1959. – Vgl. auch Andreas Schwarz: Design, Grafik Design, Werbung. In: Wolfgang Benz: Die Bundesrepublik Deutschland. Band 3: Kultur; a.a.O., S. 222 ff.

308 Irene Zander: Im Märchenwald der modernen Form. Die Mailänder Triennale 1954. In: Süddeutsche Zeitung, Jg. 1954.

309 Irene Zander: Tendenzen eines Zeitstils: das understatement. Beobachtungen auf der Mailänder

Triennale 1957. In: Süddeutsche Zeitung, 24./25. August 1957. – Vgl. auch Gerhard Schön: Mehr als ein Warenhaus. Mailand eröffnet die XI. Triennale. In: Stuttgarter Zeitung, 10. August 1957.

310 Paul Maenz: Die 50er Jahre; a.a.O., S. 140 ff. – Vgl. auch Giselher Wirsing: Platz an der Sonne für jedermann. Erkenntnisse und Gedanken auf der Triennale in Mailand. In: Christ und Welt, 39/1957. – Ferner: Odd Brochmann: Über Häßliches und Schönes. Berlin 1956.

311 Zit. nach James S. Plaut: Industrielle Formgestaltung in den Vereinigten Staaten; a.a.O., S. 118.

312 Zit. nach: 50 Jahre Deutscher Werkbund. Im Auftrage des Deutschen Werkbundes herausgegeben von der Landesgruppe Hessen, bearbeitet von Hans Eckstein. Frankfurt am Main-Berlin 1958, S. 36.

313 Wolfgang Hildesheimer: Wie lebt man modern? Mißverstandene Moderne. In: Die Kultur, 15. Februar 1957. – Vgl. Wolfgang Heyn: Der Mensch von heute richtet sich ein. In: Die Zeit, 3. November 1955. – Vgl. auch W. Braun-Feldweg: Gestaltete Umwelt – Haus, Raum, Werkform. Berlin 1956. – Herta Maria Witzemann: raum werkstoff farbe. Stuttgart 1957.

314 Hans Wichmann: Gerät in der Wohnung. Die Wohnung. Hg. vom Deutschen Werkbund Bayern. Heft 3. München 1962, S. 8.

315 Zit. nach Paul Maenz: Die 50er Jahre; a.a.O., S. 174.

316 Vgl. Andreas Schwarz: Design, Grafik Design, Werbung; a.a.O., S. 228 ff.

317 Vgl. Otl Aicher: innenseiten des kriegs. Frankfurt am Main 1985.

318 Clara Menck: Abenteuer auf dem Q-Berg. Entwicklung und Pläne der Ulmer »Hochschule für Gestaltung«. In: Frankfurter Allgemeine Zeitung, Jg. 1957.

319 Zit. nach Andreas Schwarz: Design, Grafik Design, Werbung; a.a.O., S. 232.

320 Doris Schmidt: Ein bewußter Reformer. In: Süddeutsche Zeitung, 4./5. Januar 1986.

321 Zit. nach Gert Selle: Die Geschichte des Designs in Deutschland von 1870 bis heute; a.a.O., S. 176.

322 Herausragendes Design in den 50er Jahren. In: Der Spiegel, 14/1984, S. 239 f. Vgl. Christian Borngräber: Zwischen Biederkeit und Schippendale; a.a.O.

323 Vgl. Die 50er Jahre. Blickpunkt Deutschland – eine Materialsammlung. Hamburg 1978, S. 12.

324 Vgl. etwa: Neue Möbel – neue Geräte. In: Das Schönste 8/1957, S. 27. – Die Wohnung von Morgen? In: Das Schönste, 9/1957, S. 26 ff. – Wohnen in unserer Zeit (I): Die Stadtwohnung. In: Das Schönste, 5/1959, S. 19 ff. – Innenarchitektur. In: Das Schönste 8/1960, S. 6 ff.

325 Hans G. Helms: Die Ideologie der anonymen Gesellschaft. Köln 1966, S. 247 ff.

326 Peter Kurzeck: Der Nußbaum gegenüber vom Laden, in dem du dein Brot kaufst. Die Idylle wird bald ein Ende haben! Frankfurt am Main 1979, S. 187. – Vgl. auch Hans-Dieter Bahr: Das unheimliche Heim oder die schaurige Geborgenheit bürgerlichen Wohnens. In: Kursbuch (Unsere Bourgeoisie) 42/1975, S. 45 ff. – Ferner Alphons Silbermann: Vom Wohnen der Deutschen. Frankfurt am Main–Hamburg 1963.

327 Egbert Hoel: Deutschlands erste Wohnberatungsstelle. In: Die Kultur, 15. März 1954. – Vgl. auch: Die Wohnung. Hg. vom Deutschen Werkbund Bayern. Heft 1: Das Wohnquartier. Heft 2: Wohnräume. Heft 4: Möbel. Heft 5: Kinderzimmer. Kindermöbel. Spielzeug. München 1961 ff.

328 Vgl. Sibylle Zehle: Beutestücke aus Träumen. In: Die Zeit, 3. Mai 1985.

329 Zit. nach Dieter Franck: Die fünfziger Jahre; a.a.O., S. 12.

330 Wolfgang Heyn: Der Mensch von heute richtet sich ein; a.a.O.

331 Vgl.: Glas verdrängt die Mauern. In: Das Schönste, 3/1958, S. 29 ff.

332 Wohnkultur. Haus am Hang. Ein Bungalow fängt die Sonne. In: Das Schönste, 5/1958, S. 38 ff.

333 Hannelies Taschau: Landfriede. Zürich-Köln 1978, S. 77 f.

334 Der Bungalow. Wohn- und Empfangsgebäude für den Bundeskanzler in Bonn. Fotografiert von Paul Swiridorf. Text von Erich Steingräber. Pfullingen o. J., S. 53.

335 Hannelies Taschau: Landfriede; a.a.O., S. 90. – Vgl. Hans Kampffmeyer, Friedrich Spengelin, Wolf Jobst Siedler: Zu Beginn der 60er Jahre hatten wir das Gefühl: Jetzt müssen wir von Grund auf neu anfangen. In: Bauwelt, 48/1985, S. 326 ff.

336 Erich Kühn: Die blühende Stadt. Geborgenheit im umschließenden Raum und Nähe zur Natur. Grünplaner und Städtebauer schaffen. In: Christ und Welt, 14. März 1957.

337 Vgl. Hans Paul Bahrdt: Humaner Städtebau. Hamburg 1968.

338 Zit. nach Christoph Hackelsberger: Architektur eines labilen Jahrhunderts. In: Süddeutsche Zeitung, 27./28. März 1982.

339 Philipp C. Johnson: Ludwig Mies van der Rohe. Stuttgart o. J. – Erich Pfeiffer-Belli: Der Architekt Mies van der Rohe. In: Süddeutsche Zeitung, Jg. 1956.

340 Vgl. Siegfried Giedion: Walter Gropius. Mensch und Werk. Stuttgart 1954. – Ferner: Walter Gropius: Die neue Architektur und das Bauhaus. Grundzüge und Entwicklung einer Konzeption. Mainz 1965.

341 Vgl. Manfred Sack: Vater der Moderne. Revolution mit dem Bauhaus. Walter Gropius zum Hundertsten. In: Die Zeit, 13. Mai 1983. – Andreas-Christian Arndt: Kratzer an einem Mythos. Ausstellung über Walter Gropius im Bauhaus-Archiv Berlin. In: Nürnberger Zeitung, 8. Januar 1986. – Werner Rhode: Entzauberung. Ein Baumeister in neuem Licht. In: Frankfurter Rundschau, 20. Januar 1986.

342 Vittorio M. Lampugnani: Architektur und Stadtplanung. In Wolfgang Benz (Hg.): Die Bundesrepublik Deutschland. Geschichte in drei Bänden. Band 3: Kultur; a.a.O., S. 161.

343 Irene Zander: In Marseille steht das Haus der Zukunft. Über die »Unité d'Habitation« des Architekten Le Corbusier. In: Neue Zeitung, 28. August 1953.

344 Zit. nach Le Corbusier: Die Stadt ist ein Werkzeug. In: Süddeutsche Zeitung, Jg. 1957. – Vgl. auch Le Corbusier: Der Modulor. Darstellung eines in Architektur und Technik allgemein anwendbaren harmonischen Maßes im menschlichen Maßstab. Stuttgart 1953. – Ders.: Feststellungen zu Architektur und Städtebau. Berlin 1964.

345 Vgl. Anton Henze: Ronchamp. Le Corbusiers erster Kirchenbau. Recklinghausen 1956.

346 Vgl. Richard Neutra: Wenn wir weiterleben wollen. Erfahrungen und Forderungen eines Architekten. Hamburg 1956. – Dazu Helene Rahms: Zur Situation der Architektur. In: Frankfurter Allgemeine Zeitung, Jg. 1956. – Ferner: Neue deutsche Architektur. Einleitung Hubert Hoffmann. Bildtexte Karl Kaspar. Ausgewählt von Gerd Hatje, Hubert Hoffmann, Karl Kaspar. Stuttgart 1956.

347 Vgl. Bruno E. Werner: Mensch und Raum. Das Darmstädter Gespräch 1951. In: Neue Zeitung, Jg. 1951.

348 Vgl. Irene Zander: Nicht Form – sondern Rhythmus. In: Neue Zeitung, Jg. 1954.

349 Vgl. Irene Zander: Das Gespenst der Wohnmaschinen. In: Süddeutsche Zeitung, 13./14./15. August 1955.

350 Vgl. hierzu und für das Folgende: Vittorio M. Lampugnani: Architektur und Stadtplanung. In: Wolfgang Benz (Hg.): Die Bundesrepublik Deutschland in drei Bänden. Band 3: Kultur; a.a.O., S. 150 ff., vor allem S. 152. – Ferner: Alfred Simon (Hg.): Bauen in Deutschland 1945-1962. Hamburg 1963. – Wolfgang Pehnt: Neue deutsche Architektur 3. Stuttgart 1970. – Jürgen Joedicke: Architektur im Umbruch. Geschichte, Entwicklung, Ausblick. Stuttgart 1980.

351 Vgl. Eberhard Schulz: Zwischen Glashaus und Wohnfabrik. Bremen 1959. – Eberhard Schulz: Die Prediger mit dem Reißbrett. Stuttgart 1964.

352 Eberhard Schulz: Der Niedergang der Städte. In: Frankfurter Allgemeine Zeitung, 29. Oktober 1977.

353 Vgl. Eberhard Schulz: Der Babylonische Turm der Büros. In: Frankfurter Allgemeine Zeitung, 22. August 1959.

354 Vgl. Thomas Sperling: Deutsche Architektur nach 1945: Der Frankfurter Flughafen. In: Frankfurter Allgemeine Zeitung, 3. August 1982.

355 Monika Zimmermann: Deutsche Architektur nach 1945. Atrium-Hotel und Bahnhofsvorplatz in Braunschweig. In: Frankfurter Allgemeine Zeitung, 3. Januar 1984.

356 Wolfgang Pehnt: Deutsche Architektur nach 1945. Das Bensberger Rathaus von Gottfried Böhm. In: Frankfurter Allgemeine Zeitung, 10. November 1983.

357 Camilla Blechen: Empfindsamer Rationalist. Der Architekt Max Taut. 100. Geburtstag und eine Ausstellung. In: Frankfurter Allgemeine Zeitung, Jg. 1984.

358 Albert Schulze Vellinghausen: Weltlicher Festbau. Die neue Stuttgarter Liederhalle. In: Frankfurter Allgemeine Zeitung, Jg. 1956.

359 Vgl. Wulf Schirmer (Hg.): Egon Eiermann – Bauten und Projekte. Stuttgart 1985.

360 Die neue Gedächtniskirche. Berlins Mahnmal, Gotteshaus und Architektur-Experiment. In: Das Schönste, 3/1958, S. 34.

361 Helene Rahms: Spröde Eleganz im luxuriösen Raum. Zum Tode des Architekten Sep Ruf. In: Frankfurter Allgemeine Zeitung, 31. Juli 1982.

362 Vittorio M. Lampugnani: Architektur und Stadtplanung; a.a.O., S. 158.

363 Vgl. Lisbeth Sachs: Architekten heute. Portrait Frei Otto. Berlin 1984. – Ferner: »Mir wird speiübel«. Professor Frei Otto über westdeutsche Nachkriegsarchitektur. In: Der Spiegel, 13/1977.

364 Wettstreit im Museumsbau. Zwei berühmte deutsche Kunstsammlungen öffnen nach dem Wiederaufbau ihre Pforten: die alte Pinakothek in München und das Kölner Wallraff-Richartz-Museum. In: Das Schönste, 7/1957, S. 18 f.

365 Vgl. auch Willy Weyres und Otto Bartning: Kirchen. Handbuch für den Kirchenbau. München o. J.

366 Mathias Schreiber: Bescheidenes, lapidares Bauen. Architektur nach 1945: Das Kloster Marien-au von Emil Steffann. In: Frankfurter Allgemeine Zeitung, 4. Februar 1984.

367 Zit. nach Hans Hansen: Hans Scharouns Lehrwirksamkeit. In: Bauwelt, 76/1982, S. 419.

368 Vittorio M. Lampugnani: Architektur und Stadtplanung; a.a.O., S. 148.

369 Vgl. Camilla Blechen: Zwischen Bauhaus und Zuckerbäcker-Stil. Der Ost-Berliner Architekt Hermann Henselmann wird achtzig. In: Frankfurter Allgemeine Zeitung, 2. Februar 1985.

370 Brasilia wächst. In: Das Schönste, 5/1960, S. 15 ff.

371 Irene Zander: Der Wettstreit um die vier Wände. Zur Eröffnung des Berliner Hansa-Viertels. In: Süddeutsche Zeitung, 6./7. Juli 1957.

372 Eberhard Schulz: Deutschland heute. Der Mensch der Nachkriegszeit. Frankfurt am Main 1958, S. 186.

373 Wolf Jobst Siedler: Die gemordete Stadt. Berlin 1964.

374 In: Hans Kampffmeyer, Friedrich Spengelin, Wolf Jobst Siedler: Zu Beginn der 60er Jahre hatten wir das Gefühl . . .; a.a.O., S. 331. – Vgl. Harry Ristock: Meine Vorstellung von Berlin. In: Berliner Morgenpost, 19. Januar 1977. – Wolf Jobst Siedler: Planungsfehler sind geistige Niederlagen. Der Wiederaufbau deutscher Städte: Berlin. In: Frankfurter Allgemeine Zeitung, 24. August 1979. – Karl-Heinz Krüger über den Streit der Architekten und den Wandel im Wohnungsbau. In: Der Spiegel, 40/1985, S. 250 ff.

375 Vgl. Vittorio M. Lampugnani: Der Städtebau der Demokratie. Deutsche Stadtplanung und Architektur. In: Frankfurter Allgemeine Zeitung, 30. August 1983.

376 Alexander Mitscherlich: Thesen zur Stadt der Zukunft. Frankfurt am Main 1971, S. 2.

377 Schöner Wohnen. Protokoll aus dem Märkischen Viertel Berlin, 1971/72. In: Kursbuch, 27/1972, S. 1 f.

378 Vgl. Eberhard Fechner: Zur Entstehung des Filmes »Nachrede auf Klara Heydebreck«. Text-buch des Filmes. In: Der Monat, 266/1970, S. 21 ff.

379 Vgl. Profitopolis oder Der Mensch braucht eine andere Stadt. Ein Ausstellungskatalog. Eine Ausstellung über den miserablen Zustand unserer Städte und über die Notwendigkeit, diesen Zustand zu ändern, damit der Mensch wieder menschenwürdig in unserer Stadt leben kann. München 1972.

380 Hans Paul Bahrdt: Profitopolis, a.a.O., S. 1.

381 Gerhard Zwerenz: Bericht aus dem Landesinneren. City Strecke Siedlung. Frankfurt am Main 1972, S. 10 f.

382 Wolfgang Sachs: Die Liebe zum Automobil. Ein Rückblick in die Geschichte unserer Wünsche. Reinbek bei Hamburg 1984, S. 82 f. – Vgl. auch Hans Dollinger: Die totale Autogesellschaft. München 1972.

383 Vgl. für das Nachfolgende Hermann Glaser: Das Automobil. Eine Kulturgeschichte in Bildern. München 1986.

384 Vgl. Ulrich Kubisch und Volker Janssen: Borgward – Ein Blick zurück auf Wirtschaftswunder, Werksalltag und einen Automythos. Berlin 1984.

385 Vgl. Ulrich Kubisch: Motor-Roller mobil. Vom zivilisierten Zweirad zum Fast-Automobil. Eine Geschichte der Massenmotorisierung. Berlin 1985.

386 Angelika Mechtel. Wir sind arm. Wir sind reich. Stuttgart 1977, S. 109 f.
387 Vgl. Thomas Krämer-Badoni, Herbert Grymer, Marianne Rodenstein: Zur sozio-ökonomischen Bedeutung des Automobils. Frankfurt am Main 1971, S. 103.
388 Erich Kuby: Rosemarie. Des deutschen Wunders liebstes Kind. Stuttgart 1958, S. 117 f. – Vgl. auch Angela Delille und Andrea Grohn: Von leichten Mädchen, Callgirls und PKW-Hetären. In Elefanten Press: Perlonzeit; a.a.O., S. 166 f.
389 Vgl. Gerhard Zwerenz: Bericht aus dem Landesinneren. City Strecke Siedlung; a.a.O., S. 11 f.
390 Erich Kuby: Das ist des Deutschen Vaterland; a.a.O., S. 14 f.
391 Vgl. A. Colly: Durch die präparierte Welt. Bilanz einer Reise-Saison. In: Süddeutsche Zeitung, 3./4. September 1955.
392 Thomas Weymar: Ein Volk auf Achse. In: Wechselwirkung, 19/1983, S. 25.
393 Vgl. Monika Sperr: Schlager. Das Große Schlager-Buch. Deutsche Schlager 1800 – Heute. München 1978, S. 240.
394 Vgl. Hans-Peter Schwarz: Die Ära Adenauer. Gründerjahre der Republik. 1949-1957. In: Karl Dietrich Bracher, Theodor Eschenburg, Joachim C. Fest, Eberhard Jäckel: Geschichte der Bundesrepublik Deutschland in fünf Bänden. Band 2; a.a.O., S. 380 f. – Kaspar Maase: Freizeit. In: Wolfgang Benz (Hg.): Die Bundesrepublik Deutschland. Geschichte in drei Bänden. Band 2: Gesellschaft; a.a.O., S. 214 ff.
395 Hans Magnus Enzensberger: Vergebliche Brandung der Ferne. Eine Theorie des Tourismus. In: Merkur, 126/1958, S. 719 f.
396 Eberhard Schulz: Deutschland heute. Der Mensch der Nachkriegszeit; a.a.O., S. 118 ff.
397 Vgl. Horst Krüger: Camping – ein Sommermärchen. In: Deutsche Augenblicke. Bilder aus meinem Vaterland. München 1969, S. 266 ff.
398 Vgl. Barbara Klie: Eroberer unterwegs. In: Süddeutsche Zeitung, Jg. 1955.
399 Vgl. Kaspar Maase: Freizeit; a.a.O., S. 211 ff. – Vgl. auch L. Kroeber-Keneth: Weniger Arbeit – mehr Verschleiß. Paradoxien der wachsenden Freizeit. In: Frankfurter Allgemeine Zeitung, 21. Februar 1959.
400 Erich Dombrowski: Ausflüge – Ausflüchte? In: Frankfurter Allgemeine Zeitung, 24. August 1957.
401 Frank Thieß: Olympia als moralische Idee. In: Neue Literarische Welt, Jg. 1953.
402 Friedrich Georg Jünger: Die Perfektion der Technik. Frankfurt am Main 1946.
403 Herman Nohl: Vom Ethos des Sportes. Frankfurt am Main 1952.
404 Carl Diem: Der Sport im heutigen Leben – Gefahren und Aufgaben. In: Universitas, 5/1955, S. 487 ff.
405 Vgl. Friedhelm Baukloh: Massensport Fußball. In: Frankfurter Hefte, 11/1952, S. 859 ff.
406 Zit. nach Elefanten Press: Bikini. Die Fünfziger Jahre; a.a.O., S. 295.
407 Vgl. Heinz Maegerlein: Als der Sport ein Spaß war. In: Dieter Franck (Hg.): Die fünfziger Jahre; a.a.O., S. 170 ff.
408 Helmut Schelsky: Die skeptische Generation. Eine Soziologie der deutschen Jugend. (1958). Düsseldorf-Köln 1963, S. 74 ff.
409 Das Schönste, 10/1956, S. 2.
410 Ralf Dahrendorf: Gesellschaft und Demokratie in Deutschland; a.a.O., S. 143.
411 George Forestier: Ich schreibe mein Herz in den Staub der Straße. Düsseldorf 1952. – Ders.: Starr wie der Tod ist die Nacht, ist die Liebe. Düsseldorf 1954.
412 Heinz Piontek: Gedichte von Tod und Liebe. Der zweite Versband von George Forestier. In: Stuttgarter Zeitung, Jg. 1954.
413 Vgl. Jörg Andreas Elten: Himmel und Hölle kennen keinen George Forestier. In: Süddeutsche Zeitung, Jg. 1955.
414 George Forestier: Ich schreibe mein Herz in den Staub der Straße; a.a.O., S. 146.
415 Gottfried Benn: Reisen. In: Gesammelte Werke in acht Bänden. Hg. von Dieter Wellershoff. Band 1. Gedichte. Wiesbaden 1968, S. 327.
416 Gottfried Benn: Probleme der Lyrik. In: Gesammelte Werke in acht Bänden. Band 4. Reden und Vorträge; a.a.O., S. 1088.
417 Gottfried Benn: Doppelleben. In: Gesammelte Werke in acht Bänden. Band 8. Autobiographische Schriften; a.a.O., S. 2031.

418 Peter Rühmkorf: Die Jahre die Ihr kennt. Anfälle und Erinnerungen. Reinbek bei Hamburg 1972, S. 92 f.

419 Gottfried Benn: Der Radardenker. In: Gesammelte Werke in acht Bänden. Band 6. Stücke aus dem Nachlaß. Szenen; a.a.O., S. 1435.

420 Gottfried Benn: Rilke. In: Gesammelte Werke in acht Bänden. Band 7. Vermischte Schriften; a.a.O., S. 1735.

421 Elisabeth Endres: Die Literatur der Adenauerzeit; a.a.O., S. 91.

422 Vgl. Hans Egon Holthusen: Der unbehauste Mensch. München 1951.

423 Hans Egon Holthusen und Friedhelm Kemp (Hg.): Ergriffenes Dasein. Deutsche Lyrik 1900-1950. Ebenhausen bei München 1953, S. 347 ff.

424 Peter Rühmkorf: Die Jahre die Ihr kennt. Anfälle und Erinnerungen; a.a.O., S. 92.

425 Walter Höllerer (Hg.): Transit. Lyrikbuch der Jahrhundertmitte. Frankfurt am Main 1956.

426 Vgl. Hermann Glaser (Hg.): Bundesrepublikanisches Lesebuch. Drei Jahrzehnte geistiger Auseinandersetzung. München 1978, S. 519.

427 Walter Höllerer: Transit; a.a.O., S. XVII.

428 Karin Thomas: Zweimal deutsche Kunst nach 1945. 40 Jahre Nähe und Ferne. Köln 1985, S. 158 ff.

429 Peter Rühmkorf: Die Jahre die Ihr kennt; a.a.O., S. 95.

430 Walter Jens: Deutsche Literatur der Gegenwart. München 1961, bes. S. 119 ff.

431 Walter Jens: Antwort. In: Heinz Friedrich (Hg.): Schwierigkeiten heute die Wahrheit zu schreiben. Eine Frage und einundzwanzig Antworten. München 1964, S. 70 f. – Vgl. auch Ludwig Fischer (Hg.): Literatur in der Bundesrepublik Deutschland bis 1967. Band 10 von Rolf Grimminger (Hg.): Hansers Sozialgeschichte der deutschen Literatur vom 16. Jahrhundert bis zur Gegenwart. München 1986, S. 47 ff.

432 Gottfried Benn: Kunst und Drittes Reich. In: Gesammelte Werke. Band 3; a.a.O., S. 877 f.

433 Thomas Mann: Deutsche Hörer! 55 Radiosendungen nach Deutschland. In: Werke. Das essayistische Werk. Taschenbuchausgabe in acht Bänden. Hg. von Hans Bürgin; a.a.O., S. 290.

434 Kurt Tucholsky: Panter, Tiger & Co. Eine neue Auswahl aus seinen Schriften und Gedichten. Hg. von Mary Gerold-Tucholsky. Hamburg 1954, S. 13.

435 Hermann Hesse: Das Glasperlenspiel. Berlin-Frankfurt am Main (1946) 1957, S. 20 ff.

436 Zit. nach Werner Ross: Mit der linken Hand geschrieben . . . Der deutsche Literaturbetrieb. Zürich 1984, S. 26.

437 Horst Krüger: In die Jahre gekommen. Kritisches über die Institution der Podiumsdiskussion. In: Die Zeit, 22. November 1968.

438 Vgl. H. G. Evers: Darmstädter Gespräch. Das Menschenbild unserer Zeit. Darmstadt 1950, S. 48 ff., S. 146 ff. (Baumeister verzichtete darauf, den Vortrag zu halten, als er hörte, daß Sedlmayr nicht mehr im Saale war); ferner S. 59, 129.

439 Vgl. Wolfgang Benz: Die Bundesrepublik Deutschland. Geschichte in drei Bänden. Band 3: Kultur; a.a.O., S. 145.

440 Zit. nach Klaus-Jürgen Sembach: 1950. Orientierung nach dem Kriege. Eine Ausstellung der Neuen Sammlung München. München o. J., S. 116 f.

441 Eduard Beaucamp: Das programmierte Bewußtsein. Max Bense wird sechzig. In: Frankfurter Allgemeine Zeitung, Februar 1970.

442 Vgl. Hermann Glaser (Hg.): Haltungen und Fehlhaltungen in Deutschland. Freiburg 1966. – Ders. (Hg.): Aufklärung heute – Probleme der deutschen Gesellschaft. Ein Tagungsbericht. Freiburg 1967. – Ders. (Hg.): Erkennen und Handeln. Gegenwart und Zukunft der deutschen Gesellschaft. Freiburg 1967. – Hermann Glaser und Karl-Heinz Stahl (Hg.): Opposition in der Bundesrepublik. Freiburg 1968. – Karl-Heinz Stahl (Hg.): Teilhabe. Kommunikation und Partizipation in unserer Gesellschaft. Freiburg 1970.

443 Zit. nach Hermann Glaser (Hg.): Haltungen und Fehlhaltungen in Deutschland; a.a.O., S. 7.

444 Vgl. Dieter Baacke: Das »Nürnberger Gespräch« 1965-1969. Zur Didaktik von Kommunikation auf öffentlichen Kongressen. In: Neue Sammlung, 4/1969, S. 372 ff.

445 Vgl. Karl Markus Michel: Die sprachlose Intelligenz. Frankfurt am Main 1968.

446 Vgl. Walter Höllerer (Hg.): Autoren im Haus – Zwanzig Jahre Literarisches Colloquium Berlin. Berlin 1982. – Vgl. auch Walter Höllerer: Gedichte 1942-1982. Frankfurt am Main 1982.

447 Michael Merschmeier: Dichter, Anreger, Förderer von Dichtung und Dichtern. Geselliger Einzelgänger. Walter Höllerer und das »Literarische Colloquium Berlin«. In: Die Zeit, 18. März 1983.

448 Hermann Peter Piwitt: Lange auf der Wut gekaut. Kindheit und Jugend eines fünfzigjährigen deutschen Autors. In: Frankfurter Rundschau, 2. Februar 1985.

449 Vgl. Helmuth de Haas: Im Wanderzirkus der Intelligenz. In: Das geteilte Atelier; a.a.O., S. 210.

450 Peter Rühmkorf: Die Jahre die Ihr kennt. Anfälle und Erinnerungen; a.a.O.; S. 172.

451 Ludwig Marcuse: Mein zwanzigstes Jahrhundert. Auf dem Weg zu einer Autobiographie. Zürich (1960) 1975, S. 125 f.

452 Vgl. Harold von Hofe (Hg.): Briefe von und an Ludwig Marcuse. Zürich 1975.

453 Ludwig Marcuse: Nachruf auf Ludwig Marcuse (1969). Zürich 1975, S. 66.

454 Vgl. auch Karl Heinz Bohrer: Was heißt hier »Verantwortlichkeit der Intellektuellen?« In: Frankfurter Allgemeine Zeitung, 26. September 1972.

455 Gerhard Szczesny: Das sogenannte Gute. Vom Unvermögen der Ideologen. Reinbek bei Hamburg 1971, S. 16 f.

456 Gerhard Szczesny: Die Zukunft des Unglaubens. Zeitgemäße Betrachtungen eines Nicht-christen. München 1958. – Vgl. auch Paul Noack: Die Intellektuellen. Wirkung. Versagen. Verdienst. München 1961. – Ferner Alfred Grosser: Das Deutschland im Westen. Eine Bilanz nach 40 Jahren. München-Wien 1985, S. 250 ff.

457 Hans Magnus Enzensberger: Berliner Gemeinplätze. In: Kursbuch 11/1968, S. 157 f.

458 Vgl. Franco Basaglia und Franca Basaglia-Ongaro (Hg.): Befriedungsverbrechen. Über die Dienstbarkeit der Intellektuellen. Frankfurt am Main 1980.

459 Hans Magnus Enzensberger: verteidigung der wölfe. Frankfurt am Main 1957, S. 70.

460 Vgl. Hermann Glaser: Der erfolgreiche Sisyphos. In: Neues Forum 284/285/1977, S. 36 ff. – Reinhold Grimm: Hans Magnus Enzensberger. Materialien. Frankfurt am Main 1984. – Joachim Schickel: Über Hans Magnus Enzensberger. Frankfurt am Main 1970.

461 Hans Magnus Enzensberger: option auf ein grundstück. In: verteidigung der wölfe; a.a.O., S. 68.

462 Hans Magnus Enzensberger: landessprache. Frankfurt am Main 1960. S. 7.

463 Zit. nach Hans Egon Holthusen: Chorführer der Neuen Aufklärung. Über den Lyriker Hans Magnus Enzensberger. In: Merkur, 388/1980, S. 896.

464 Gotthart Wunberg: Die Funktion des Zitats in den politischen Gedichten von Hans Magnus Enzensberger. In: Neue Sammlung, 3/1964, S. 275.

465 Hans Magnus Enzensberger: Die Sprache des »Spiegel« (1957). In: Einzelheiten I. Bewußtseins-Industrie. Frankfurt am Main 1964. – Vgl. auch: Einzelheiten II. Poesie und Politik. Frankfurt am Main 1964. – Ferner Hans Magnus Enzensberger: Deutschland, Deutschland unter anderm. Äußerungen zur Politik. Frankfurt am Main 1967.

466 Hans Magnus Enzensberger (Hg.): Museum der modernen Poesie (1960). München 1964.

467 Christian Linder: Die Träume der Wunschmaschine. Essays. Reinbek bei Hamburg 1981, S. 117.

468 Hans Magnus Enzensberger: blindenschrift. Frankfurt am Main 1964. S. 58.

469 Hans Magnus Enzensberger: blindenschrift a.a.O., S. 86 f.

470 Hans Magnus Enzensberger: verteidigung der wölfe; a.a.O., S. 8.

471 Hans Magnus Enzensberger: verteidigung der wölfe; a.a.O., S. 7.

472 Zit. nach Holger Fuß: Der literarische Libero auf dem Luxusdampfer. In: Vorwärts, 7. 9. 1985.

473 Hans Magnus Enzensberger: Gedichte 1955-1970. Frankfurt am Main 1971, S. 153.

474 Arnold Gehlen: Über die gegenwärtigen Kulturverhältnisse. In: Merkur, 100/1956, S. 530.

475 Hans Freyer: Theorie des gegenwärtigen Zeitalters. Stuttgart 1955. Vgl. Günter Maschke: Der proletarische Bürger. Hans Freyer: Theorie des gegenwärtigen Zeitalters. In: Günther Rühle: Bücher, die das Jahrhundert bewegten. München-Zürich 1978, S. 185. – Ferner Hans Freyer: Schwelle der Zeiten. Beiträge zu einer Soziologie der Kultur. Stuttgart 1965.

476 Joachim Günther: Ein Widersacher. Der Philosoph Arnold Gehlen wird siebzig. In: Frankfurter Allgemeine Zeitung, Jg. 1974.

477 Arnold Gehlen: Der Mensch. Seine Natur und seine Stellung in der Welt (1940). Bonn 1955. – Vgl. auch Helmut Schelsky: Ein politischer Denker gegen die Zeit. Ein Nachruf. In: Frankfurter Allgemeine Zeitung, Jg. 1976.

478 Die Extreme berühren sich. Gespräche mit Wolfgang Harich zum Tod von Arnold Gehlen. In: Frankfurter Rundschau, 21. Februar 1976.

479 Arnold Gehlen: Die Seele im technischen Zeitalter. Hamburg 1957, S. 15 f. – Vgl. Karl Korn: Kulturkritik zwischen Skepsis und Spekulation. Arnold Gehlen: Die Seele im technischen Zeitalter. In Günther Rühle: Bücher, die das Jahrhundert bewegten, a.a.O., S. 199 ff.

480 Arnold Gehlen: Die Seele im technischen Zeitalter; a.a.O., S. 24.

481 Arnold Gehlen: Das Engagement der Intellektuellen und der Staat. In: Christ und Welt, 29. Mai 1964.

482 Vgl. Christian Graf von Krockow: Der Mensch. Tier ohne Instinkt. Erinnerung an den Soziologen Arnold Gehlen: Vom Glauben an die Institutionen. In: Die Zeit, 17. Februar 1984.

483 Peter de Mendelssohn: Gegenstrahlungen. Ein Tagebuch zu Ernst Jüngers Tagebuch. In: Der Monat, 14/1949, S. 154.

484 Hans Egon Holthusen: Ernst Jünger und das deutsche Verhängnis. In: Süddeutsche Zeitung, Jg. 1955. – Vgl. auch Günter Blöcker: Eine Daseinssekunde als Treffpunkt der Jahrtausende. Ernst Jüngers Altersnotizen »Siebzig verweht II«. In: Frankfurter Allgemeine Zeitung, 24. Dezember 1981.

485 entfällt

486 Friedrich Sieburg: Abmarsch in die Barbarei – Gedanken über Deutschland. Hg. von Klaus Harpprecht. Stuttgart 1983. – Vgl. auch Klaus Harpprecht: Vom Pathos der Anpassung. In: Frankfurter Rundschau, 10. September 1983.

487 Vgl. François Bondy: Eines Siegers Glück und Angst. Friedrich Sieburg: Gott in Frankreich? (1929). In Günther Rühle (Hg.): Bücher, die das Jahrhundert bewegten; a.a.O., S. 86 ff. – Ferner: Friedrich Sieburg: Unsere schönsten Jahre. Ein Leben mit Paris. Tübingen o. J. – Ders.: Blick durchs Fenster. Aus zehn Jahren Frankreich und England. Hamburg 1956.

488 Friedrich Sieburg: Die Lust am Untergang – Selbstgespräch auf Bundesebene. Hamburg 1954.

489 Friedrich Sieburg: Toter Elefant auf einem Handkarren. Martin Walser, Halbzeit. In: Frankfurter Allgemeine Zeitung, 3. Dezember 1960. Zit. nach Friedrich Sieburg: Zur Literatur. 1957-1963; a.a.O., S. 198 f.

490 Zit. nach Fritz J. Raddatz: Die Nachgeborenen. Leseerfahrungen mit zeitgenössischer Literatur. Frankfurt am Main 1980, S. 97.

491 Fritz J. Raddatz: Die Nachgeborenen; a.a.O., S. 97.

492 Zit. nach Hans-Peter Schwarz: Die Ära Adenauer. Gründerjahre der Republik. 1949-1957. Geschichte der Bundesrepublik Deutschland. Band 2; a.a.O., S. 424.

493 Heinrich Böll: Angst vor der Gruppe 47? In: Merkur, 209/1965, S. 776.

494 Hans Werner Richter und die Gruppe 47. Mit Beiträgen von Ilse Aichinger, Carl Amery, Alfred Andersch, Ingrid Bachér, Jürgen Becker, Peter Bichsel, Horst Bienek, Heinrich Böll, Günter Grass, Wolfgang Hildesheimer, Walter Höllerer, Walter Jens, Uwe Johnson, Joachim Kaiser, Walter Kolbenhoff, Barbara König, Siegfried Lenz, Hans Mayer, Hans Josef Mundt, Tadeusz Nowakowski, Marcel Reich-Ranicki, Ernst Schnabel, Wolfdietrich Schnurre, Martin Walser, Peter Wapnewski, Roland H. Wiegenstein, Gabriele Wohmann. Frankfurt am Main-Berlin-Wien 1981, S. 51 ff. – Vgl. auch Hans Werner Richter (Hg.) in Zusammenarbeit mit Walter Mannzen: Almanach der Gruppe 47. 1947-1962. Reinbek bei Hamburg 1962. – Hans Dollinger (Hg.): Außerdem. Deutsche Literatur minus Gruppe 47 = wieviel? München-Bern-Wien 1967.

495 Gunther Groll: Die Gruppe, die keine Gruppe ist. In: Süddeutsche Zeitung, 10. April 1948. – Reinhard Lettau: Die Gruppe 47. Bericht. Kritik. Polemik. Ein Handbuch. Neuwied-Berlin 1967, S. 35 f.

496 Georg Hensel: Gruppe 47 macht keine geschlossenen Sprünge. In: Darmstädter Echo, 8. April 1948. Zit. nach Reinhard Lettau: Die Gruppe 47; a.a.O., S. 39.

497 Albrecht Knaus: Die Meistersinger von Inzighofen: In: Die Neue Zeitung, 16. Mai 1950. Zit. nach Reinhard Lettau: Die Gruppe 47; a.a.O., S. 56.

498 Vgl. Die Gegenwart, 5. Oktober 1957.

499 Jürgen von Hollander: Wer und was ist die Gruppe 47? In: Die Neue Zeitung, 16. Mai 1950. – Vgl. auch Gottfried Benn: Probleme der Lyrik. In: Gesammelte Werke in acht Bänden. Band 4. Reden und Vorträge; a.a.O., S. 1088.
500 Armin Einholz: Welzheimer Marginalien. In: Die Neue Zeitung, 27./28. Oktober 1951.
501 Hans Georg Brenner: Ilse Aichinger – Preisträgerin der Gruppe 47. In: Die Literatur, 1. Juni 1952. Zit. nach Reinhard Lettau: Die Gruppe 47; a.a.O., S. 77.
502 Ilse Aichinger: Spiegelgeschichte (1954). In: Wo ich wohne. Erzählungen, Dialoge, Gedichte. Frankfurt am Main 1963, S. 18.
503 Christian Ferber: Die Frühjahrstagung der Gruppe 47 in Mainz. Süddeutscher Rundfunk, Juli 1953. Zit. nach Reinhard Lettau: Die Gruppe 47; a.a.O., S. 89.
504 Zit. nach Prospekt des Piper Verlages, München o. J.
505 Joachim Kaiser und Wolfdietrich Rasch: Ingeborg Bachmann – Werk und Interpretation. In: Universitas, 7/1964, S. 699 f.
506 Hans Egon Holthusen: Kämpfender Sprachgeist. Zur Lyrik Ingeborg Bachmanns. In: Merkur, 6/1958, S. 562 ff.
507 Vgl. Ingeborg Bachmann: Gedichte, Erzählungen, Hörspiele, Essays. München-Zürich 1981.
508 Hans Werner Richter: Heinrich Böll. Erdachtes kann Dichtung sein, Erträumtes kann Wahrheit werden . . . aber mein Feld ist die Wirklichkeit! In: Das Schönste, 1/1957, S. 42 f. – Vgl. auch Heinrich Böll: Erzählungen. Hörspiele. Aufsätze. Köln-Berlin 1965.
509 Vgl. Hermann Glaser: Bölls Aufsätze, Kritiken, Reden – Schnappschußprosa mit Überblende. In: Hanno Beth (Hg.): Heinrich Böll. Eine Einführung in das Gesamtwerk in Einzelinterpretationen. Kronberg/Ts. 1975, S. 103 ff.
510 Heinrich Böll: Aufsätze, Kritiken, Reden. Köln-Berlin 1967, S. 233.
511 Heinrich Böll: Neue politische und literarische Schriften. Köln 1973, S. 104.
512 Elisabeth Endres: Die Literatur der Adenauerzeit; a.a.O., S. 250.
513 Joachim Kaiser: Die Gruppe 47 lebt auf. In: Süddeutsche Zeitung, 5. November 1958.
514 Günter Grass: Rückblick auf die Blechtrommel. Oder: Der Autor als fragwürdiger Zeuge. In: Süddeutsche Zeitung, 12./13. Januar 1974. – Günter Grass: Die Blechtrommel (1959). Darmstadt-Neuwied 1984.
515 Vgl. Franz Josef Görtz: Die Blechtrommel. Attraktion und Ärgernis. Ein Kapitel deutscher Literaturkritik. Darmstadt-Neuwied 1984.
516 Hans Werner Richter und die Gruppe 47; a.a.O., S. 75 ff.
517 A. G.: An Stelle eines Romanischen Cafés. In: Die Gegenwart, 5. Oktober 1957. Zit. nach Reinhard Lettau: Die Gruppe 47; a.a.O., S. 286 f.
518 Vgl. P. H. (Peter Härtling): Repräsentanten. In: Der Monat, 193/1964, S. 6.
519 Friedrich Sieburg: Kriechende Literatur. In: Die Zeit, 14. August 1952. – Ders.: Literarischer Unfug. In: Die Gegenwart, 13. September 1952. – Vgl. Reinhard Lettau: Die Gruppe 47; a.a.O., S. 336 ff.
520 Günter Blöcker: Die Gruppe 47 und ich. In: Die Zeit, 26. Oktober 1962.
521 Zit. nach R. W. Leonhardt: Gruppenbild nach 30 Jahren. In: Die Zeit, 1. Juli 1977.
522 Rolf Schroers: »Gruppe 47« und die deutsche Nachkriegsliteratur. In: Merkur, 206/1965, S. 448 ff., bes. 457 f. – Vgl. auch Monika Fassbender und Klaus Hansen: Feuilleton und Realpolitik. Rolf Schroers: Schriftsteller, Intellektueller, Liberaler. Baden-Baden 1984.
523 Martin Walser: Sozialisieren wir die Gruppe 47! In: Die Zeit, 3. Juli 1964.
524 Hans Egon Holthusen: Die literarische Opposition. In: Süddeutsche Zeitung, 26. November 1960.
525 Vgl. Reinhard Lettau: Die Gruppe 47; a.a.O., S. 504.
526 Vgl. Reinhard Lettau: Die Gruppe 47; a.a.O., S. 510 ff.
527 Martin Walser (Hg.): Die Alternative oder Brauchen wir eine neue Regierung? Hamburg 1961.
528 Vgl. Joachim Kaiser: Drei Tage und ein Tag. In: Süddeutsche Zeitung, 30. April 1966. Zit. nach Reinhard Lettau. Die Gruppe 47; a.a.O., S. 222 f.
529 Peter Handke: Publikumsbeschimpfung und andere Sprechstücke. Frankfurt am Main 1966, S. 46 f. – Vgl. auch Rolf Günter Renner: Peter Handke. Stuttgart 1985.
530 Hans Werner Richter und die Gruppe 47; a.a.O., S. 106 ff.

531 P. H. (Peter Härtling): Repräsentanten. In: Der Monat, 193/1964, S. 6.

532 Zit. nach Hanjo Kesting: Vom Geist der Unruhe. Zum Tode von Alfred Andersch. In: Frankfurter Hefte, 4/1980, S. 42 f.

533 Hans Werner Richter: »Einmal so berühmt sein . . .« Erinnerungen an Alfred Andersch. In: Süddeutsche Zeitung, 8./9. Februar 1986. Vgl. auch Wolfgang Koeppen: Mein Freund Alfred Andersch. In: Süddeutsche Zeitung, 4. Februar 1984.

534 Walter Dirks: Heilige Allianz. Bemerkungen zur Diffamierung der Intellektuellen. In: Frankfurter Hefte, 1/1961, S. 23 ff., vor allem S. 26, 29, 30. – Vgl. auch Horst Krüger: Was ist heute eigentlich links? In: Der Monat, 147/1961.

535 Gerhard Stoltenberg: Was heißt heute eigentlich »links«? In: Aus Politik und Zeitgeschichte. Beilage zur Wochenzeitung »Das Parlament«, 23. Januar 1963, S. 3 ff., vor allem S. 7.

536 Helmut Schmidt: Was bedeutet heute eigentlich »rechts«? In: Aus Politik und Zeitgeschichte. Beilage zur Wochenzeitung »Das Parlament«, 23. Januar 1963, S. 8 ff., vor allem S. 12.

537 Armin Mohler: Konservativ 1962. In: Der Monat, 163/1962, S. 23 ff. – Dazu: Was ist heute eigentlich konservativ? Eine Diskussion mit Golo Mann, Hans-Joachim v. Merkatz, Caspar Freiherr von Schrenck-Notzing und Klaus Harpprecht. In: Der Monat, 165/1962. Ferner: Hans Mühlenfeld: Politik ohne Wunschbilder. Die konservative Aufgabe unserer Zeit. München 1952.

538 Armin Mohler: Die konservative Revolution in Deutschland. Stuttgart 1950.

539 Vgl. Margret Boveri: Zwischen Selbstüberhebung und Selbstkasteiung. Zu Sebastian Haffner: Die Sieben Todsünden des Deutschen Reiches. Grundfehler deutscher Politik damals und heute. Hamburg 1965 und Armin Mohler: Was die Deutschen fürchten. Angst vor der Politik. Angst vor der Geschichte. Angst vor der Macht. Stuttgart 1965. In: Merkur, 216/1966, S. 384 ff.

540 Wolfgang Weyrauch (Hg.): Ich lebe in der Bundesrepublik. Fünfzehn Deutsche über Deutschland. München 1960, S. 7 ff. – Dazu Ludwig Marcuse: Fünfzehn Deutsche in der Bundesrepublik. Politische Betrachtungen einiger Unpolitischen. In: Die Zeit, Jg. 1960.

541 Heinrich Böll: Aufsätze, Kritiken, Reden. Köln-Berlin 1967, S. 124.

542 Hans Werner Richter: Im Etablissement der Schmetterlinge. Einundzwanzig Porträts aus der Gruppe 47. München 1986.

543 Hans Magnus Enzensberger: Gemeinplätze, die neueste Literatur betreffend. In: Kursbuch, 15/1968, S. 187.

544 Walter Boehlich: Autodafé. Kursbogen zum Kursbuch, 15/1968.

545 Günter Grass: Politische Landschaft. In: Ausgefragt. Gedichte und Zeichnungen. Neuwied-Berlin 1967, S. 72 f.

546 Vgl. Hermann Glaser: Kleinstadt-Ideologie. Zwischen Furchenglück und Sphärenflug. Freiburg im Breisgau 1969, S. 89 f. – Ferner ders.: Der Gartenzwerg in der Boutique. Provinzialismus heute. Frankfurt am Main 1973. – Vgl. auch Carl Amery: Die Kapitulation oder Deutscher Katholizismus heute. Reinbek 1963.

547 Horst Krüger: Im Revier. Bilder aus dem Ruhrgebiet. In: Merkur, 238/1968, S. 67 ff., vor allem S. 71 f. – Dazu: Dortmund im Wiederaufbau. 1945-1960. Eine Dokumentation des Stadtarchivs Dortmund. Dortmund 1985. – Klaus Honnef und Hans M. Schmidt: Kunst und Kultur im Rheinland und Westfalen. 1945-1952. Aus den Trümmern. Neubeginn und Kontinuität. Köln 1985.

548 Reinhard Baumgart: Durch den weiß-blauen Dunst. Stimmen, Daten, Bilder aus Bayern. In: Neue Rundschau, 2/1975, S. 311 ff., vor allem S. 312.

549 Ludolf Herrmann: Franz-Josef Strauß: Ein Bild von einem Mann. In: Der Monat, 3/1979, S. 113 ff., vor allem S. 116 f.

550 Zit. nach Sven Papcke: Zweifel von Anfang an. Zur Entstehung der Soziologie in Deutschland, In: Die neue Gesellschaft, 11/1981, S. 982. – Vgl. Dirk Käsler (Hg.): Klassiker des soziologischen Denkens. Band 1: Von Comte bis Durkheim. Band 2: Von Weber bis Mannheim. München 1976/78. – Wolf Lepenies: Geschichte der Soziologie. Studien zur kognitiven, sozialen und historischen Identität einer Disziplin. 4 Bände. Frankfurt am Main 1981.

551 Jürgen Habermas: Comeback der deutschen Soziologie. In: Frankfurter Allgemeine Zeitung, Jg. 1955. – Vgl. Wilhelm Bernsdorf und Friedrich Bülow: Wörterbuch der Soziologie. Stuttgart 1955. – Arnold Gehlen und Helmut Schelsky: Soziologie. Ein Lehr- und Handbuch der

modernen Gesellschaftskunde. Düsseldorf 1955. – Ferner: Alfred Weber (Hg.): Einführung in die Soziologie. München 1955. – Alfred von Martin: Soziologie. Die Hauptgebiete im Überblick. Berlin 1956. – Vgl. Karl Mannheim: Mensch und Gesellschaft im Zeitalter des Umbaus. Darmstadt 1958. – Ders.: Diagnose unserer Zeit. Konstanz 1951. – Ders.: Wissenssoziologie. Auswahl aus dem Werk. Eingeleitet und herausgegeben von Kurt H. Wolff. Berlin-Neuwied 1964.

552 Nachfolgend Joachim Matthes: Das schlechte Gewissen der Soziologie. Die Schlüsselwissenschaft unserer Zeit und ihre künstliche Wirklichkeit. In: Frankfurter Allgemeine Zeitung, 29. November 1980. – Vgl. auch Friedrich H. Tenbruck: Der neue Turm zu Babel. Triumph und Hybris der Sozialwissenschaft: Ist das Experiment einer säkularen Gesellschaft mißglückt? In: Rheinischer Merkur/Christ und Welt, 14. März 1980.

553 Arnold Hauser: Sozialgeschichte der Kunst und Literatur. München 1953.

554 M. Rainer Lepsius: Was kann die Soziologie? In: Neue Zeitung, 14./15. März 1953.

555 Vgl. M. Rainer Lepsius: Eine Wissenschaft in der Stagflation. In: Frankfurter Allgemeine Zeitung, 5. April 1975.

556 Wolfgang Rothe: Die Situation der Soziologie in Deutschland. In: Deutsche Rundschau, 1/1954. – Vgl. auch Günther Lüschen (Hg.): Deutsche Soziologie seit 1945. Entwicklungsrichtungen und Praxisbezug. Opladen 1979. – Karl-Heinrich Bette und Matthias Herfurth (Hg.): Bibliographie zur deutschen Soziologie 1945-1977. Göttingen 1980.

557 Vgl. René König (Hg.): Soziologie. Das Fischer Lexikon. Frankfurt am Main 1958.

558 Vgl. Peter W. Jansen: Soweit Max Weber. Nach dem 15. Soziologentag in Heidelberg. In: Frankfurter Allgemeine Zeitung, Jg. 1960.

559 Vgl. Max Horkheimer und Theodor W. Adorno: Sociologica II. Aufsätze und Reden. Frankfurt am Main 1962.

560 Werner Ross: Mit der linken Hand geschrieben . . . Der deutsche Literaturbetrieb, Zürich 1984, S. 70 f.

561 Helmut Schelsky: Die skeptische Generation. Düsseldorf-Köln 1957. – Dazu Barbara Klie: Die Jugend setzt sich ab. Zu dem Buch des Hamburger Soziologen Helmut Schelsky über die »Skeptische Generation«. In: Christ und Welt, 6. März 1958. – Joachim Kaiser: Die Zukunft ist unter uns. Zu Helmut Schelskys Buch »Die skeptische Generation«. In: Süddeutsche Zeitung, 3./4. Mai 1958. – Ferner: Helmut Schelsky: Soziologie der Sexualität. Hamburg 1955. – Ders.: Wandlungen der deutschen Familie der Gegenwart. Stuttgart 1953. – Bernhard Schäfers: Nekrolog. In: Kölner Zeitschrift für Soziologie und Sozialpsychologie, 2/1984, S. 420 ff. – Horst Baier (Hg.): Helmut Schelsky – ein Soziologe in der Bundesrepublik. Eine Gedächtnisschrift von Freunden, Kollegen und Schülern. Stuttgart 1986.

562 Hendrik de Man: Vermassung und Kulturzerfall. München 1951. – Vgl. auch Walter Hagemann: Vom Mythos der Masse. Heidelberg 1952.

563 Robert Dvorak: Technik, Macht und Tod. Hamburg 1948. – Ferner: Friedrich Georg Jünger: Die Perfektion der Technik. Frankfurt 1948. – Arnold Gehlen: Die Seele im technischen Zeitalter. Hamburg 1957. – Friedrich Dessauer: Die Seele im Bannkreis der Technik. Frankfurt 1952. – Johannes B. Lotz: Von der Einsamkeit des Menschen. Zur geistigen Situation des technischen Zeitalters. Frankfurt 1955. – Klemens Brockmöller: Christentum am Morgen des Atomzeitalters. Frankfurt 1956. – Johann Michael Hollenbach: Der Mensch als Entwurf. Seinsgemäße Erziehung in technisierter Welt. Frankfurt 1957. – Helmut Thielicke: Christliche Verantwortung im Atomzeitalter. Stuttgart 1957.

564 Günther Anders: Die Antiquiertheit des Menschen. Band I: Über die Seele im Zeitalter der zweiten industriellen Revolution. München (1956) 1983, S. 24, 286. – Vgl. auch Günther Anders: Die Antiquiertheit des Menschen. Band II: Über die Zerstörung des Lebens im Zeitalter der dritten industriellen Revolution. München 1980. – Ferner: Michael Schwarze: Der Mensch in der Welt der Geräte. Günther Anders: »Die Antiquiertheit des Menschen« (1956). In Günther Rühle (Hg.): Bücher, die das Jahrhundert bewegten; a.a.O., S. 192 ff.

565 Max Frisch: Homo faber. Frankfurt am Main 1958. Zit. nach Suhrkamp Literaturzeitung 5/1975, S. 8. – Dazu Erich Franzen: Homo faber. In: Merkur, 128/1958, S. 980 ff.

566 Herbert Marcuse: Der eindimensionale Mensch. Studien zur Ideologie der fortgeschrittenen Industriegesellschaft. Neuwied-Berlin 1967, S. 93, ferner 183, 117.

567 Paul Tillich: Der Mensch in der technisierten Gesellschaft. In: Perspektiven, 8/1954, S. 140 f.

568 Robert Jungk: Die Zukunft hat schon begonnen. Amerikas Allmacht und Ohnmacht. Stuttgart 1952, S. 16 f. – Vgl. auch Robert Jungk: Heller als tausend Sonnen. Das Schicksal der Atomforscher. Stuttgart 1956.

569 Norbert Wiener: Mensch und Menschmaschine. Frankfurt am Main 1958, S. 88.

570 Eric W. Lesver und J. J. Brown: Die Fabrik der Zukunft; o.O. 1947. – Ferner: Walter Greiling: Wie werden wir leben? Düsseldorf 1954. – I. Diebold: Die automatische Fabrik. Nürnberg 1955. – W. Bittorf: Automation. Darmstadt 1956. – Das Elektronengehirn. Theorie und Praxis der Automation. Wiesbaden 1957. – A. G. Miller: Morgen geht's uns besser. Ein Standardwerk der Automatisierung. Bayreuth-Wien 1957. – Kurt K. Doberer: Sinn und Zukunft der Automation. Frankfurt am Main 1958. – Leo Brandt: Die zweite industrielle Revolution. München 1957. – Helmut Schelsky: Die sozialen Folgen der Automatisierung. Düsseldorf 1957. – Vgl. Wolfgang Wieser: Organismen. Strukturen. Maschinen. Frankfurt am Main 1959. – Hans G. Schachtschabel: Automation in Wirtschaft und Gesellschaft. Reinbek bei Hamburg 1961.

571 Ossip K. Flechtheim: Warum Futurologie? In: Futurum, 1/1968, S. 16. Ferner Ossip K. Flechtheim: Futurologie – Der Kampf um die Zukunft, Köln 1970. – Dietger Pforte und Olaf Schwencke: Ansichten einer künftigen Futurologie. Zukunftsforschung in der zweiten Phase. München 1973.

572 Eugen Rosenstock-Huessy: Soziologie. Band I: Die Übermacht der Räume. Stuttgart 1956. Band II: Die Vollzahl der Zeiten. Stuttgart 1959. – Vgl. auch Eugen Rosenstock-Huessy: Der unbezahlbare Mensch. Berlin 1956.

573 Vgl. Josef Fuchs: Mechanisierung – Automatisierung – Automation. In: Frankfurter Hefte, 7/1957, S. 507.

574 Die populäre Medizin-Literatur schoß in die Blüte: Vgl. Hans Kilian: Meister der Chirurgie und die Chirurgenschulen im deutschen Raum. Stuttgart 1951. – L. Dalmas: Die Geheimnisse der modernen Medizin. Bonn 1952. – Ritschie Calder: Wegbereiter der Zukunft. Wiesbaden 1953. – Gerhard Venzmer: Psyche, Hormone, Persönlichkeit. Stuttgart 1953. – Gerhard Venzmer: Wissenschaft besiegt Mikroben. Ulm 1953. – Rudolf Erckmann (Hg.): Via Triumphalis. Nobelpreisträger im Kampf gegen den Tod. München-Wien 1954. – Fritz Bolle: Mensch und Mikrobe. Moderne Wissenschaft und Forschung im Kampf gegen die Seuchen der Menschheit. Berlin 1954. – Joseph Zinzius: Die Antibiotika und ihre Schattenseiten, Stuttgart 1954. – Hugo Glaser: Weltbild der Medizin. Wien-Bonn 1955. – Paul Hühnerfeld: Kleine Geschichte der Medizin. Frankfurt 1956. – Gerhard Venzmer: Krankheit macht Weltgeschichte. Stuttgart 1956. – Jürgen Thorwald: Das Jahrhundert der Chirurgen. Stuttgart 1956. – Paul Hühnerfeld: Macht und Ohnmacht der Medizin. Porträt der großen Krankheiten. Frankfurt 1957. – Friedrich Deich: Was haben die Ärzte uns heute zu sagen – Neue Einsichten der Medizin. München 1957. – Jürgen Thorwald: Das Weltreich der Chirurgen. Stuttgart 1957. – Peter Kleemann: Das heilende Messer. Ein Abenteuer wird Wissenschaft. Darmstadt 1957. – Curt Riess: Auf Leben und Tod. Wunderleistungen der modernen Chirurgie. Berlin 1958. – Hugo Glaser: Die jüngsten Siege in der Medizin. Zürich 1964.

575 Arnold Gehlen: Das gestörte Zeit-Bewußtsein. In: Merkur, 182/1963, S. 315 f.

576 Joachim Bodamer: Gesundheit und technische Welt. Stuttgart 1955, S. 11. – Vgl. auch Joachim Bodamer: Der Mann von heute. Seine Gestalt und Psychologie (1962). Freiburg im Breisgau 1964, S. 147 f.

577 Zu diesem Problemkreis: K. Horney: Neue Wege in der Psychoanalyse. Stuttgart 1951. – Wilfried Daim: Umwertung der Psychoanalyse. Wien 1951. – Friedrich Seifert: Tiefenpsychologie. Die Entwicklung der Lehre vom Unbewußten. Düsseldorf und Köln 1955. – Joachim G. Leithäuser: Das unbekannte Ich. Die Erkenntnisse der Psychologie für den modernen Menschen. Berlin 1955. – Robert Heiß: Allgemeine Tiefenpsychologie. Methoden, Probleme und Ergebnisse. Bern-Stuttgart 1956. – Hans Jürgen Eysenck: Wege und Abwege der Psychologie. Hamburg 1956. – Igor A. Caruso: Bios – Psyche – Person. Eine Einführung in die allgemeine Tiefenpsychologie. Freiburg-München 1956. – Lawrence S. Kubie: Psychoanalyse ohne Geheimnis. Hamburg 1956. – Vgl. Gustav von Bergmann: Neues Denken in der Medizin. München 1947. – Franz Alexander: Psychosomatische Medizin, ihre Prinzipien und ihre An-

wendung. Berlin 1950. – H. Ruhland: Ganzheitsmedizin und Psychosomatik. München-Basel 1953. – Medard Boss: Einführung in die psychosomatische Medizin. Bern-Stuttgart 1954. – A. Mitscherlich: Leib und Seele; o.O. 1954. – Frank G. Slaughter: Gesunde Seele – gesunder Körper – psychosomatische Medizin. Berlin o. J. – Willi Hellpach: Soma und Psyche. Stuttgart 1954. – H. J. Weitbrecht: Kritik der Psychosomatik. Stuttgart 1955. – Karl Kötschau: Wandlungen in der Medizin. Gedanken zu einer Ganzheitsmedizin. München-Berlin 1956. – Josef Rattner: Psychosomatische Medizin. Stuttgart 1964.

578 Vgl. Jürgen Eick und Kurt Gauger: Angina temporis – Zeitnot, die Krankheit unserer Tage. Düsseldorf 1955. – I. Schleicher: Unternehmerkrankheit. Entstehung und Verhütung. Stuttgart 1953.

579 Friedrich Deich: Die Wissenschaft von der Anpassung. In: Süddeutsche Zeitung, 16./17. November 1957. – Friedrich Deich: Windarzt und Apfelsinenpfarrer. Freiburg im Breisgau 1955.

580 Hans Selye: Stress beherrscht unser Leben. Düsseldorf 1957. – Vgl. auch Hans Selye: Stress beherrscht unser Leben. In: Die Kultur, 15. Dezember 1957. – Ferner: Hans Selye: Stress – mein Leben. Erinnerungen eines Forschers. München 1981.

581 Vgl. Arthur Jores: Der Mensch und seine Krankheit. Stuttgart 1956.

582 Viktor von Weizsäcker: Grundfragen medizinischer Anthropologie. Tübingen 1948. – Ders.: Diesseits und jenseits der Medizin. Stuttgart 1950. – Ders.: Arzt und Kranker. Stuttgart 1950. – Ders.: Natur und Geist. Erinnerungen eines Arztes. Göttingen 1954. – Ders.: Menschenführung. Göttingen 1955. – Ders.: Pathosophie. Göttingen 1956. – V. von Weizsäcker und Dieter Wyss: Zwischen Medizin und Philosophie. Göttingen 1958. – Vgl. auch Curt Oehme: Die Bildung des Arztes. Heidelberg 1948. – A. Maeder: Sendung und Aufgabe des Arztes. Zürich 1952. – Fritz Hartmann: Der ärztliche Auftrag. Berlin-Göttingen-Frankfurt 1956. – Gabriel Marcel: Was erwarten wir vom Arzt? Stuttgart 1956. – Joachim Bodamer: Seele und Seelenkrankheit des Menschen von heute. Hamburg 1956. – Paul Bertololy: Im Angesicht des Menschen. Aus dem Leben eines Landarztes. München 1956. – Michael Balint: Der Arzt, sein Patient und die Krankheit, Stuttgart 1957.

583 Alexander Mitscherlich: Auf der Suche nach der Identität von Leib und Seele. Zum 70. Geburtstag von Viktor von Weizsäcker. In: Die Zeit, Jg. 1956.

584 Alexander Mitscherlich: Wie frei ist der Arzt? Gedanken zur Soziologie des ärztlichen Berufs. In: Süddeutsche Zeitung, 4./5. November 1967. – Ders.: Die Krankheit der Medizin. In: Süddeutsche Zeitung, 14./15. Mai 1966. – Ferner: Alexander Mitscherlich: Krankheit als Konflikt. Studien zur psychosomatischen Medizin. Frankfurt am Main 1966. – Vgl. auch Helmut Thielicke: Das Krankenhaus – Abbild unserer Welt. Über Leistungsfähigkeit und Begrenzungen der modernen Klinik. In: Frankfurter Allgemeine Zeitung, 24. Mai 1966.

585 Vgl. Alexander Mitscherlich: Gesammelte Schriften. Hg. von Klaus Menne. 10 Bände. Frankfurt am Main 1983.

586 Vgl. den Film von Thomas Mitscherlich: Vater und Sohn (1984).

587 Max Horkheimer: Notizen von 1950 bis 1969. Dämmerung – Notizen in Deutschland. Hg. von Werner Brede. Einleitung von Alfred Schmidt. Frankfurt am Main 1974. – Vgl. auch Helmut Gummior und Rudolf Ringguth: Max Horkheimer in Selbstzeugnissen und Bilddokumenten. Reinbek bei Hamburg 1973.

588 Theodor W. Adorno: Negative Dialektik (1966). Frankfurt am Main 1970, S. 241.

589 Max Horkheimer und Theodor W. Adorno: Dialektik der Aufklärung. Philosophische Fragmente (1947, 1969). Frankfurt am Main 1971, S. 3 ff. – Vgl. auch Max Horkheimer: Gesammelte Schriften in achtzehn Bänden. Hg. von Alfred Schmidt und Gunzelin Schmid Noerr. Frankfurt am Main 1985 ff. – Günter Rohrmoser: Das Elend der kritischen Theorie. Theodor W. Adorno. Herbert Marcuse. Jürgen Habermas. Freiburg im Breisgau 1970. – Alfred Schmidt: Zur Idee der Kritischen Theorie. Elemente der Philosophie Max Horkheimers. München 1974. – Gerhard P. Knapp: Theodor W. Adorno. Berlin 1980.

590 Jürgen Habermas: Die Frankfurter Schule in New York. Max Horkheimer und die »Zeitschrift für Sozialforschung«. In: Süddeutsche Zeitung, 2./3. August 1980. – Hans Mayer: 1932 bis 1941 Eine Zeitschrift leistet Widerstand. Die im Dunkel und die im Licht. Die Geburt der »Kritischen

Theorie« und die »Zeitschrift für Sozialforschung«. In: Die Zeit, 31. Oktober 1980. – Vgl. auch Zeitschrift für Sozialforschung. Reprint (1970). München 1980. – Martin Jay: Dialektische Phantasie. Die Geschichte der Frankfurter Schule und des Instituts für Sozialforschung 1923-1950. Frankfurt am Main 1976. – Rolf Wiggershaus: Die Frankfurter Schule. Geschichte. Theoretische Entwicklung. Politische Bedeutung. München 1986.

591 Vgl. Theodor W. Adorno: Eingriffe. Neun kritische Modelle. Frankfurt am Main 1963. – Ferner: Theodor W. Adorno: Prismen. Kulturkritik und Gesellschaft. Berlin-Frankfurt am Main 1955.

592 Vgl. Raymond Geuss: Die Idee einer kritischen Theorie. Königstein/Ts. 1983.

593 Karl R. Popper: Ein Plädoyer für intellektuelle Redlichkeit. Zit. nach Claus Grossner: Verfall der Philosophie. Hamburg 1971, S. 287.

594 Theodor W. Adorno: Was ist deutsch? In: Frankfurter Allgemeine Zeitung, 2. April 1966.

595 Zit. nach Alfred Schmidt: Übergang zur verwalteten Welt. Max Horkheimer und Theodor W. Adorno: »Dialektik der Aufklärung« (1947). In: Günther Rühle: Bücher, die das Jahrhundert bewegten, a.a.O., S. 150.

596 Georg Picht: Atonale Philosophie. Theodor W. Adorno zum Gedächtnis. In: Merkur, 258/1969, S. 892.

597 Keine Angst vor dem Elfenbeinturm. Spiegel-Gespräch mit Theodor W. Adorno. In: Der Spiegel, 19/1969, S. 204.

598 Ausführlich über Herbert Marcuse und Ernst Bloch in Band 3 dieser »Kulturgeschichte der Bundesrepublik Deutschland«.

599 Die Zeit, 21. Juli 1967.

600 Martin Walser: Prophet mit Marx- und Engelszungen. In: Süddeutsche Zeitung, 26./27. September 1959.

601 Vgl. Ernst Bloch: Das Prinzip Hoffnung. Frankfurt am Main 1959.

602 Vgl. Reinhard Baumgart: Jürgen Habermas. Erkenntnis und Interesse. In: Die Zeit, 30. September 1983.

603 Vgl., auch für das Nachfolgende, Claus Grossner: Der letzte Richter der kritischen Theorie? In: Die Zeit, 13. März 1970.

604 Vgl. Jürgen Habermas: Theorie des kommunikativen Handelns. 2 Bände. Frankfurt am Main 1981.

605 Jürgen Habermas: Illusionen auf dem Heiratsmarkt. In: Süddeutsche Zeitung, 24./25. November 1956.

606 Jürgen Habermas: Das Absolute und die Geschichte. Von der Zwiespältigkeit in Schellings Denken. Bonn 1954.

607 Vgl. Jürgen Habermas: Student und Politik. Eine soziologische Untersuchung zum politischen Bewußtsein Frankfurter Studenten. Zusammen mit L. v. Friedeburg. Neuwied 1961. – Ders.: Strukturwandel der Öffentlichkeit. Untersuchungen zu einer Kategorie der bürgerlichen Gesellschaft. Neuwied 1962. – Ders.: Theorie und Praxis. Sozialphilosophische Studien. Neuwied 1963. – Ders.: Erkenntnis und Interesse. Frankfurt am Main 1968. – Ders.: Technik und Wissenschaft als Ideologie. Frankfurt am Main 1968. – Ders.: Protestbewegung und Hochschulreform. Frankfurt am Main 1969.

608 Jürgen Habermas: Notizen zum Mißverhältnis von Kultur und Konsum (1955). In: Arbeit, Erkenntnis, Fortschritt. Aufsätze 1954-1970. Amsterdam 1970, S. 41 f.

609 Jürgen Habermas: Legitimationsprobleme im Spätkapitalismus. Frankfurt am Main 1973, S. 25.

610 Vgl. Jürgen Habermas: Können komplexe Gesellschaften eine vernünftige Identität ausbilden? In: Jürgen Habermas und Dieter Henrich: Zwei Reden. Frankfurt am Main 1974, S. 66.

611 Jürgen Habermas: Soziologische Notizen zum Verhältnis von Arbeit und Freizeit. In: Arbeit, Erkenntnis, Fortschritt; a.a.O., S. 68 f.

612 Wilfried Kunstmann: Gesellschaft – Emanzipation – Diskurs. Darstellung und Kritik der Gesellschaftstheorie von Jürgen Habermas. München 1977, S. 26.

613 Wilfried Kunstmann: Gesellschaft – Emanzipation – Diskurs; a.a.O., S. 32.

614 Jürgen Habermas: Wahrheitstheorien. In: Helmut Fahrenbach (Hg.): Wirklichkeit und Reflexion. Festschrift zum 60. Geburtstag von Walter Schulz. Pfullingen 1973, S. 255.

615 Vgl. für das Nachfolgende u. a. Wilmont Haacke und Günter Pötter: Die politische Zeitschrift. Band II: 1900-1980. Stuttgart 1982. – Janet K. King: Literarische Zeitschriften. 1945-1970. Stuttgart 1974.

616 Vgl. Harold Hurwitz: Die Pressepolitik der Alliierten. In: Harry Pross (Hg.): Deutsche Presse seit 1945. Bern-München-Wien 1965, S. 55.

617 Peter Grubbe: Freiheit, die ich meine. In: Der Monat, 199/1965, S. 88 f.

618 Der Spiegel, 21. April 1965, S. 136 ff.

619 Paul Sethe in: Der Spiegel, 5. Mai 1965, S. 17 f. Zit. nach Norbert Frei: Die Presse. In: Wolfgang Benz: Die Bundesrepublik Deutschland. Band 3: Kultur; a.a.O., S. 299.

620 Zit. nach Dieter Schröder: Der Anspruch einer Zeitung. Es lohnt sich, für die Freiheit zu streiten. In: Zeitungsgeschichte. Zeitungsgeschichten. Beilage der Süddeutschen Zeitung vom 15. November 1985 anläßlich der Ausstellung »40 Jahre Zeitgeschichte – 40 Jahre SZ« in München, S. 2.

621 Zeitung für Deutschland. In: Frankfurter Allgemeine Zeitung für Deutschland, 1. November 1949. – Vgl. Die erste Seite: Frankfurter Allgemeine Zeitung für Deutschland. Das politische Weltgeschehen auf der Titelseite der FAZ vom 1. November 1949 bis zum 17. November 1980. Mit einem Vorwort von Bruno Dechamps. Zwei Bände. Frankfurt am Main-Stuttgart 1980.

622 Dolf Sternberger: Die Journalisten im Staatsleben. In: Frankfurter Allgemeine Zeitung, 20. Mai 1964.

623 Joachim Kaiser: Karl Korns Macht und Ruhm. Zum 75. Geburtstag eines großen Feuilletonisten. In: Süddeutsche Zeitung, 20. Mai 1983.

624 Hans Magnus Enzensberger: Journalismus als Eiertanz. Beschreibung einer Allgemeinen Zeitung für Deutschland (1962). In: Einzelheiten I. Bewußtseins-Industrie. Frankfurt am Main 1964, S. 18 ff.

625 Vgl. auch Claus Heinrich Meyer: Zeit und Zeitung. Zeitung für Deutschland. In: Der Monat, 252/1969, S. 104.

626 Hans Magnus Enzensberger: Die Sprache des Spiegel (1957). In: Einzelzeiten I; a.a.O., S. 75, 90 f. – Vgl. auch Paul Sacharndt: Der Spiegel – entzaubert. Analyse eines deutschen Nachrichtenmagazins. Essen 1961. – Dieter Just: Der Spiegel. Arbeitsweise, Inhalt, Wirkung. Hannover 1967. – Hans Dieter Jaene: Der Spiegel. Ein deutsches Nachrichten-Magazin. Frankfurt am Main 1968. – Franz-Hubert Tobling: Personendarstellung im »Spiegel«. Erläutert an Titel-Stories aus der Zeit der Großen Koalition. Tübingen 1983.

627 Vgl. Hans Georg Lehmann: Chronik der Bundesrepublik Deutschland. 1945/49 bis 1981. München 1981, S. 64 ff. – Ferner: Theo Sommer: Ein Abgrund von Landesverrat? In: Die Zeit, 24. Mai 1963. – Jürgen Seifert (Hg.): Die Spiegel-Affäre. Band 1 und 2. Olten-Freiburg 1966.

628 Vgl. Otto von Loewenstein: Der Mann, der den Spiegel anzeigte. In: Stern, 46/1962, S. 6.

629 Zit. nach Daniel Koerfer und Karl-Heinz Janßen: Sie kamen bei Nacht und Nebel. Vor zwanzig Jahren erschütterte die Spiegel-Affäre die Republik. Neues über die Rolle von Strauß und der FDP. In: Die Zeit, 22. Oktober 1982.

630 Hans-Albert Walter: Der Spiegel. Oder: Politische Aufklärung im Massenzeitalter. In: Frankfurter Hefte, 12/1962, S. 805.

631 Vgl. Klaus Wagenbach, Winfried Stephan, Michael Krüger (Hg.): Vaterland, Muttersprache. Deutsche Schriftsteller und ihr Staat seit 1945. Berlin 1979, S. 199 ff.

632 Vgl. Theodor Eschenburg: Ein realistischer Träumer. Gerd Bucerius zum 75. Geburtstag. In: Die Zeit, 15. Mai 1981. – Ferner: Marion Dönhoff wird 75 Jahre alt. Widersprüche aushalten, Spannungen leben. Gerd Bucerius und Theo Sommer sprachen mit Marion Gräfin Dönhoff über ihr Leben in zwei Welten. In: Die Zeit, 30. November 1984.

633 Vgl. Otto B. Roegele: Widerstehen zur rechten Zeit. Abschied von einem Journalisten, der die Gründerzeit verkörperte. In: Rheinischer Merkur, 9. Dezember 1983.

634 Vgl. Christian Schütze und Peter Diehl-Thiele: Ein leidenschaftlicher Erklärer. Zum Tod von Klaus Mehnert. In: Süddeutsche Zeitung, 6. Januar 1984. – Christian Schütze: Mehr »Welt« als »Christ«. Zustandsbericht über eine Wochenzeitung. In: Der Monat, 244/1969, S. 95 ff.

635 Alois Schardt: Publik ist tot. In: Publik, 19. November 1971. – Vgl. Josef Blank: Korruptes Milieu? Zum Pyrrhus-Sieg über »Publik«. In: Deutsche Zeitung/Christ und Welt, 26. November

1971. – Klaus Kamberger: Ein Kirchenblatt – reformatorisch. Das Experiment Publik. In: Der Monat, 244/1969, S. 92 ff.

636 »So christlich sind die Christen nicht«. Karl Rahner S. J. zum Ende von »Publik«. In: Der Spiegel, November 1971.

637 Joachim Moras und Hans Paeschke: Deutscher Geist zwischen Gestern und Morgen. Bilanz der kulturellen Entwicklung seit 1945. Stuttgart 1954, S. 450 ff. – Vgl. auch Helmut Heißenbüttel: Das Ende einer Illusion. Plattform ohne Maßstäbe? »Merkur – Deutsche Zeitschrift für europäisches Denken«. In: Die Zeit, 7. Oktober 1977. – Ferner: Anselm Doering-Manteuffel: Die Bundesrepublik Deutschland in der Ära Adenauer. Darmstadt 1983, S. 217.

638 Hans Egon Holthusen: Tod eines Freundes. In: Merkur, 159/1961, S. 405.

639 Walter Dirks: Der restaurative Charakter der Epoche. In: Frankfurter Hefte, 9/1950, S. 954, 942.

640 Hans Magnus Enzensberger: Dokument aus der Finsternis des »Wirtschaftswunders«: »Texte und Zeichen«. Was die Deutschen leider nicht lesen wollten. In: Die Zeit, 2. Februar 1979. – Vgl. auch Hans Christian Kosler: Meisterschaft des anonymen Geistes. Zur Kabinetts-Ausstellung »Texte und Zeichen« in Marbach. In: Süddeutsche Zeitung, 17./18. Januar 1981.

641 Akzente. Zeitschrift für Dichtung. Hg. von Walter Höllerer und Hans Bender. 1. Jahrgang 1954, S. 1, 57.

642 Hans Magnus Enzensberger: verteidigung der wölfe. Frankfurt am Main 1957, S. 85. – Ankündigung einer neuen Zeitschrift. Kursbuch, herausgegeben von Hans Magnus Enzensberger im Suhrkamp Verlag. (Kursbuch erscheint am 10. Juni 1965.)

643 Vgl. Dieter E. Zimmer: Wie bringt man Zeitschriften unter die Leute? In: Die Zeit, 30. November 1962.

644 Vgl. Hans Jürgen Usko und Günter Schlichting: Kampf am Kiosk. Macht und Ohnmacht der deutschen Illustrierten. Hamburg 1961, S. 10 ff. – Ferner: Hans Albert Walter: Die Illustrierten – Schizophrenie als journalistisches Prinzip. I, II, III. Frankfurter Hefte 3/4/5/1965. – Horst Holzer: Illustrierte und Gesellschaft. Zum politischen Gehalt von »Quick«, »Revue« und »Stern«. Freiburg i. Br. 1967. – Otto Walter Haseloff: »Stern«. Strategie und Krise einer Publikumszeitschrift. Mainz 1977.

645 Vgl. Eberhard Stammler: Traumwelt als Konsumware. Konkurrenzkampf unter der Diktatur des Publikumsgeschmacks. In: Christ und Welt, 18. Dezember 1964.

646 Vgl. Klaus Schulz: twen – erstaunlich menschenähnlich. In: Der Monat, 247/1969, S. 100 ff.

647 Vgl. Ben Witter: Spaziergänge mit Prominenten. Der Mann, der Springer reich machte. In: Die Zeit, 9. August 1985.

648 Christian Schütze: Satire verkauft sich gut. In: Der Monat, 246/1969, S. 105 ff.

649 Ingrid Langer-El Sayed: Frauenzeitschriften. In: Frankfurter Hefte, 7/1966, S. 473 f. – Vgl. auch Angela Delille und Andrea Grohn: Blick zurück aufs Glück. Frauenleben und Familienpolitik in den 50er Jahren. Berlin 1985, S. 100 ff.

650 Vgl. Wolfgang Höpker: Bosse am Schalthebel der Macht. Deutschland, deine Presse. II. In: Christ und Welt, 25. Februar 1966. – Vgl. Haug von Kuenheim: Über die Jahre hinweg. Der Verleger setzte stets auf gute Freunde. John Jahr. In: Die Zeit, 19. April 1985. – Werner Ross: Ein Condottiere im Zeitungsdickicht. Gerd Bucerius und die fünf Gebote des Journalismus. In: Frankfurter Allgemeine Zeitung, 11. Juni 1983. – Hans-Otto Eglau: Macht und Pracht der bunten Bilder. Der Offenburger Verleger Franz Burda, der es vom Drucker zum Pressezaren brachte. In: Die Zeit, 26. November 1982.

651 Hans Magnus Enzensberger: Der Triumph der Bild-Zeitung oder Die Katastrophe der Pressefreiheit. In: Merkur, 420/1983, S. 653. – Ferner Ekkehart Mittelberg: Wortschatz und Syntax der Bildzeitung. Marburg 1967.

652 Kurt Becker: Vom Verleger zum politischen Missionar. Der Aufstieg seines Zeitungsimperiums – ein Stück deutscher Nachkriegsgeschichte. In: Die Zeit, 27. September 1985. – »Das Wort Realitäten bringt mich um«. Springer-Presse ohne Springer: Wohin steuert der Konzern? In: Der Spiegel 40/1985, S. 144 ff. – Hans Dieter Müller. Der Springer-Konzern. Eine kritische Studie. München 1968.

653 Vgl. Bernt Engelmann: Die Traum-Fabrik des Axel Springer. Sonderreihe aus »Gestern und heute«, hg. von Kurt Hirsch. München, April 1967. – Christa Rotzoll: Sex im Familienkreis. In:

Der Monat, 249/1969, S. 106 ff. – Hermann Glaser: Der Gartenzwerg in der Boutique. Mythen der Regression – Provinzialismus heute. Frankfurt am Main 1973, S. 21 ff. – Dieter Baacke: Mit »Jasmin« bestreut. In: Merkur, 247/1968, S. 1060 ff.

654 Zit. nach Jürgen Pelzer: Kritik durch Spott. Satirische Praxis und Wirkungsprobleme im westdeutschen Kabarett (1945-1974). Frankfurt am Main 1985, S. 113 ff.

655 Norbert Muhlen: Das Land der Großen Mitte. Notizen aus dem Neon-Biedermeier. In: Der Monat, 63/1953, S. 242.

656 Klaus Budzinski: Die Münchner Lach- und Schießgesellschaft. In: Das Schönste, 1/1962, S. 47. – Vgl. auch Karl-Heinz Krumm: Ein Schüchterner, der treffen will. Plädoyer für einen Einzelkämpfer. Dieter Hildebrandt. In: Frankfurter Rundschau, 29. Dezember 1984.

657 Jürgen Pelzer: Kritik durch Spott, a.a.O., S. 86.

658 Klaus Budzinski: Satire mit Musik: Das Kabarett. Die Berliner »Stachelschweine«. In: Das Schönste, 9/1961, S. 35.

659 Jürgen Pelzer: Kritik durch Spott; a.a.O., S. 64 ff., 74.

660 Klaus Budzinski: Satire mit Musik: Das Düsseldorfer »Kom(m)ödchen«. In: Das Schönste, 10/1961, S. 360.

661 Jürgen Pelzer: Kritik durch Spott; a.a.O., S. 76 f.

662 Vgl. Der Berliner Kaputt-Kabarettist Wolfgang Neuss wird sechzig. In: Nürnberger Zeitung, 2. Dezember 1983. – Vgl. auch Wolfgang Neuss: Wir Kellerkinder. Serenade für Angsthasen. Genosse Münchhausen. Frankfurt am Main 1983.

663 Jürgen Pelzer: Kritik durch Spott; a.a.O., S. 137 f.

664 Zit. nach Werner Ross: Mit der linken Hand geschrieben. Der deutsche Literaturbetrieb; a.a.O., S. 46.

665 Vgl. Ernst Müller-Meiningen jr.: Ein trefflicher Provokateur. Walter von Cube gestorben. In: Süddeutsche Zeitung, Juni 1984.

666 Wolfram Schütte: Weltoffen. Ernst Schnabel gestorben. In: Frankfurter Rundschau, 27. Januar 1986.

667 Günter Eich: Träume (1950). In: Träume. Vier Spiele. Berlin und Frankfurt am Main 1959, S. 189.

668 Heinz Schwitzke: Sprich, damit ich dich sehe. Sechs Hörspiele und ein Bericht über eine junge Kunstform. München 1960, S. 19.

669 Helma Sanders-Brahms: Frieden, Freiheit, gute Butter. In: Perlonzeit; a.a.O., S. 9. – Vgl. Ingeborg Bachmann: Der gute Gott von Manhattan, 1958. – Max Frisch: Biedermann und die Brandstifter, 1956 (als Schauspiel 1958). – Günter Eich: Der Tiger Jussuf, 1952. – Ders.: Die Brandung von Setúbal, 1958.

670 Heinrich Böll: Doktor Murkes gesammeltes Schweigen. Satiren. Köln und Berlin 1958.

671 Zit. nach Norbert Frei: Hörfunk und Fernsehen. In: Wolfgang Benz (Hg.): Die Bundesrepublik Deutschland. Band 3. Kultur; a.a.O., S. 327; für das Nachfolgende S. 327, 333 ff.

672 Vgl. Heinz Werner Hübner: Wandel durch Anordnung. Hörfunk und Fernsehen in vier Jahrzehnten. In: Die Zeit, 2. August 1985.

673 Zit. nach Rolf Steininger: Rundfunkpolitik im ersten Kabinett Adenauer. In Winfried B. Lerg und Rolf Steininger (Hg.): Rundfunk und Politik 1923-1973. Berlin 1975, S. 342.

674 Vgl. Hans Bausch: Rundfunkpolitik nach 1945. Erster Teil: 1945-1962. Band 3. Hans Bausch (Hg.): Rundfunk in Deutschland. München 1980, S. 306 f.

675 Hans Bausch: Rundfunkpolitik nach 1945; a.a.O., S. 477.

676 Theodor Eschenburg: Zur politischen Praxis in der Bundesrepublik. Kritische Betrachtungen 1957 bis 1971. München 1964, S. 232. – Vgl. auch Wilhelm Albers: Worum geht es im Rundfunkstreit? In: Frankfurter Hefte, 12/1960, S. 843 ff.

677 Vgl. Götz Dahlmüller, Wulf D. Hund, Helmut Kommer: Kritik des Fernsehens. Darmstadt-Neuwied 1973, S. 269.

678 Alexander Mitscherlich: Auf dem Weg zur vaterlosen Gesellschaft; a.a.O., S. 423.

679 Helmuth de Haas: Utopie und Fernsehwitze. In: Das geteilte Atelier, a.a.O., S. 173.

680 Barbara Klie: Enthüllung millimeterweise. Vor und hinter dem Fernsehschirm. In: Neue Zeitung, Anfang der 50er Jahre.

681 W. E. Süskind: Literatur – Rundfunk – Fernsehen. Die Deutsche Akademie für Sprache und Dichtung tagt. In: Süddeutsche Zeitung, Jg. 1955.

682 Klaus Budzinski: Ist die Fernseh-Kamera Feind der Kunst? In: Das Schönste, 4/1959, S. 13.

683 Vgl. Heinrich Fischer: Das Fernsehspiel. In: Das Schönste, 1/1960, S. 10.

684 Heinz Schwitzke: Vier Fernsehspiele. Stuttgart 1960. Zit. nach Alfred Kellner: Wer vieles bringt – wird jeden ärgern. Zum Beginn des 2. Fernsehprogramms in Deutschland. In: Der Monat, 153/1961, S. 17 ff.

685 Vgl. Ewald Rose: Über 30 Jahre den Finger im Wind. Der Dauerbrenner: Werner Höfers Internationaler Frühschoppen. In: Das Parlament, 9. März 1985.

686 Vgl. Peter Grubbe: Freiheit, die ich meine. In: Der Monat, 199/1976, S. 88.

687 Karl-Otto Saur: Das Kreuzfeuer als Marken- und Qualitätszeichen. Heute vor zwanzig Jahren wurde zum erstenmal das WDR-Magazin »Monitor« ausgestrahlt. In: Süddeutsche Zeitung, 21. Mai 1985.

688 Vgl. Gösta von Uexküll: Der Kampf um die Mattscheibe. In: Merkur, 185/1963, S. 718.

689 Johannes Zielinski: Das Fernsehen als Unterrichtsfaktor. In: Bertelsmann Briefe, 28/1964, S. 8.

690 Hellmut Becker: Fernsehen und Bildung. In: Merkur, 181/1963, S. 251 ff. – Vgl. auch Bert Donnep u. a.: Der Adolf-Grimme-Preis. Möglichkeiten und Grenzen einer Kooperation Erwachsenenbildung – Fernsehen. Braunschweig 1973. – Ferner: Klaus von Bismarck: Fernsehen als Bildungsfaktor. In: Universitas, 7/1964, S. 737 ff. – Ingo Hermann: Bildung durch Bildschirm. In: Frankfurter Hefte, 3/1970, S. 194 ff.

691 Zit. nach Peter Bexte: Es braust ein Ruf, so fern ich seh. FAZ-Magazin, Jg. 1985.

692 Vgl. Peter Bexte: Es braust ein Ruf, so fern ich seh; a.a.O.

693 Vgl. Eckhard Siepmann: Bikini; a.a.O., S. 265 f.

694 Vgl. Friedrich Knilli (Hg.): Die Unterhaltung der deutschen Fernsehfamilie. Ideologiekritische Kurzanalysen von Serien. München 1971. – Vgl. auch Martin Esslin: Fernsehen und Fernsehspiele – soziologische Aspekte. In: Universitas, 3/1971, S. 311 ff.

695 Heinz Werner Hübner: Wandel durch Anordnung; a.a.O. – Vgl. Horst Holzer: Theorie des Fernsehens. Fernseh-Kommunikation in der Bundesrepublik Deutschland. Hamburg 1975. – Claus Eurich und Gerd Würzberg: 30 Jahre Fernsehalltag. Wie das Fernsehen unser Leben verändert hat. Reinbek bei Hamburg 1983.

696 Friedrich Luft: Ich lerne Fernsehen. In: Der Monat, 86/1955, S. 56.

697 Peter Gundwin: Und wieder unterliegen wir neuen Einflüssen. Anmerkungen zum Deutschen Fernsehen. In: Frankfurter Hefte, 11/1956, S. 798.

698 Vgl. Friedrich P. Kahlenberg: Film. In: Wolfgang Benz: Die Bundesrepublik Deutschland. Band 3: Kultur; a.a.O., S. 367.

699 Klaus Kreimeier: Der westdeutsche Film in den fünfziger Jahren. In: Dieter Bänsch (Hg.): Die fünfziger Jahre; a.a.O., S. 285.

700 Vgl. Heinz Ungureit: Filmpolitik in der Bundesrepublik. In: Filmkritik, 1/1964, S. 13. – Vgl. auch Martin Osterland: Gesellschaftsbilder in Filmen. Eine soziologische Untersuchung des Filmangebots der Jahre 1949 bis 1964. Stuttgart 1970, S. 57.

701 Zit. nach Margot Schmidt: »Es gibt noch Märchen, die in Erfüllung gehen«. Filme, Idole, Leinwandstars. In: Perlonzeit; a.a.O., S. 169.

702 Vgl. Paul Heimann: Das deutsche Filmwesen der Gegenwart. In: Universitas, 4/1959, S. 398 f.

703 Paul Sethe, Ferdinand Fried, Hans Schwab-Felisch: Das Fundament unserer Zukunft. Bilanz der Ära Adenauer: politisch – wirtschaftlich – kulturell. Düsseldorf-Wien 1964, S. 219 ff.

704 Zehn Jahre deutscher Nachkriegsfilm. In: Das Schönste, 5/1956, S. 47 ff.

705 Für das Nachfolgende vgl. Friedrich P. Kahlenberg: Film; a.a.O., S. 369. – Gerhard Bliersbach: So grün war die Heide . . . Der deutsche Nachkriegsfilm in neuer Sicht. Weinheim und Basel 1985. – Klaus Kreimeier: Der westdeutsche Film in den fünfziger Jahren; a.a.O., S. 302. – Paul Sethe, Ferdinand Fried, Hans Schwab-Felisch: Das Fundament unserer Zukunft; a.a.O., S. 220. – Theodor Kotulla: Zum Gesellschaftsbild des Films in der Bundesrepublik. In: Frankfurter Hefte, 6/1962, S. 401 ff.

706 Vgl. Walther Schmieding: Kunst oder Kasse – Der Ärger mit dem deutschen Film. Hamburg 1961, S. 23.

707 Zit. nach Gerhard Bliersbach: So grün war die Heide . . . a.a.O., S. 63 ff.

708 Klaus Kreimeier: Der westdeutsche Film in den fünfziger Jahren; a.a.O., S. 292 ff.

709 Vgl. Til Radevagen: Wie die blonden Tanten bei Capri baden gingen. Bundesrepublik – deutscher Film in den 50er Jahren. In: Bikini; a.a.O., S. 244.

710 Axel Arens: Denn er wußte, was er tat. James Dean. In: FAZ-Magazin, 20. September 1985, S. 17. – Vgl. auch Ernst Wendt: James Deans und Werthers Leiden. Meine amerikanische Bildung. In: Süddeutsche Zeitung, 6./7. November 1982.

711 Für das Nachfolgende: Monika Sperr (Hg.): Schlager. Das Große Schlager-Buch. Deutsche Schlager 1800 - heute. München 1978, S. 230 ff., 244, 246, 267, 272, 280, 284, 286, 292, 300, 310, 313. – Siegfried Schmidt-Joos: Geschäfte mit Schlagern. Bremen 1960, S. 126 ff.

712 Vgl. Nicola Chiaromonte: Bild und Wort. Anmerkungen zum intellektuellen Film. In: Merkur, 11/1963, S. 1036 ff.

713 Zit. nach 10. Westdeutsche Kurzfilmtage Oberhausen. Bericht 1964, S. 9. – Vgl. Rolf Dörrlamm: Junger Film – alte Filmhilfe. In: Der Monat, 226/1967, S. 49 ff.

714 Vgl. Peter W. Jansen: Anatomie einer Provokation. Der Modellfall Oberhausen. In: Merkur, 243/1968, S. 671.

715 Urs Jenny: Nach einem Jahr. Der junge deutsche Film. In: Merkur, 230/1967, S. 475, 478.

716 Vgl. Peter W. Jansen: Ein Jahr Kinorebellion. In: Merkur, 248/1968, S. 1135 ff.

717 Alexander Kluge: Lebensläufe. Anwesenheitsliste für eine Beerdigung (1962). Frankfurt am Main 1974.

718 Vgl. Dieter Krusche: Reclams Filmführer; a.a.O., S. 193 f., 217.

719 Alexander Kluge: Die Utopie Film. In: Merkur, 201/1964, S. 1142 ff.

720 Paul Sethe, Ferdinand Fried, Hans Schwab-Felisch: Das Fundament unserer Zukunft; a.a.O., S. 212.

721 Vgl. Henning Rischbieter: Theater. In: Wolfgang Benz (Hg.): Die Bundesrepublik Deutschland. Band 3: Kultur; a.a.O., S. 79.

722 Fünf neue deutsche Bühnenbauten. In: Das Schönste, 2/1957, S. 11 ff.

723 Dieter Sattler: Subventioniertes Theater? In: Frankfurter Hefte, 3/1950, S. 309 f.

724 Zit. nach: Zuschauer, Intendanten, Subventionen. In: Der Monat, 80/1955, S. 180.

725 In: Zuschauer, Intendanten, Subventionen; a.a.O., S. 169.

726 Heinz Ritter: Was treiben die deutschen Dramatiker? In: Der Monat, 156/1961, S. 64.

727 Oskar Fritz Schuh: Rückblick und Ausblick. In: Der Monat, 60/1953, S. 646 f.

728 Henning Rischbieter: Theater; a.a.O., S. 81. – Zu Nachfolgendem auch Hans Daiber: Deutsches Theater seit 1945. Stuttgart 1976.

729 Vgl. auch Joachim Kaiser: Schauspiel in der Bundesrepublik. In: Frankfurter Hefte, 5/1952, S. 333 ff.

730 Berthold Viertel: Der Reichskanzleistil. In: Theater heute, 10/1970, S. 26.

731 Vgl. Der letzte der Löwen. Peter Zadek 1959 über Fritz Kortner. In: Theater heute, 11/1979, S. 18.

732 Vgl. Henning Rischbieter: Berlin, Hebbel-Theater 1950. Im Gefängnis der Diktatur. Fritz Kortner inszeniert Schillers »Don Carlos«. In: Theater heute, 2/1984, S. 43 ff., 46.

733 Günther Rühle: Signatur am Ende des Weges. Erste Betrachtung nach zehn Jahren. Die Schlußbilder in Peter Steins Inszenierungen. In: Frankfurter Allgemeine Zeitung, 29. 4. 1978.

734 Marianne Kesting: Panorama des absurden Theaters. In: Süddeutsche Zeitung, 13./14. Mai 1961. – Vgl. auch Marianne Kesting: Panorama des zeitgenössischen Theaters. 50 literarische Porträts. München 1962.

735 Henning Rischbieter: Theater; a.a.O., S. 89.

736 Theater 1960-1980. In: Theater heute. Jahrbuch der Zeitschrift »Theater heute«. Seelze 1980, S. 84 ff.

737 Theodor W. Adorno: Theater – Oper – Bürgertum. In: Der Monat, 84/1955, S. 532 ff., 537.

738 Alexander Mitscherlich: Analyse des Stars. Ein Beitrag zum Fall Furtwängler. In: Neue Zeitung, 8. Juli 1946.

739 Hans-Klaus Jungheinrich: Mehr als die Demontage eines Denkmals. Enthüllendes über die Karriere Herbert von Karajans. In: Frankfurter Rundschau, Jg. 1983. – Vgl. Robert C. Bachmann: Karajan – Anmerkungen zu einer Karriere. Düsseldorf 1983.

740 Vgl. Hans Daiber: Deutsches Theater seit 1945; a.a.O., S. 56, 119 ff.

741 Karl Schumann: Der Dirigent wird zum Bestseller. In: Das Schönste, 7/1959, S. 13.

742 Walter Panofsky: Ein »Commonwealth« der Opernhäuser? Bericht über ein Gespräch mit Herbert von Karajan. In: Das Schönste, 3/1962, S. 15.

743 Vgl. Walter Panofsky: Schlechte Noten für Karajan? In: Das Schönste, 11/1961, S. 48 f.

744 Komet am Pult. In: Das Schönste, 1/1956, S. 12.

745 Herbert von Karajan. In: Das Schönste, 7/1956, S. 17.

746 Michael Ben: »Noch ist die Welt ganz«. Die DGB-Kulturpolitik mit den Ruhrfestspielen in den 50er Jahren. In: Bikini; a.a.O., S. 152.

747 Vgl. Bayreuth: Die Götter dämmern. In: Der Spiegel, 10/1976, S. 150. – Hans Daiber: Deutsches Theater seit 1945; a.a.O., S. 154 f.

748 Zit. nach Hartmut Zelinsky: Das erschreckende »Erwachen«, und wie man Wagner von Hitler befreit. In: Neue Zeitschrift für Musik, 9/1983, S. 9.

749 Bayreuth 1956 – Verjüngte Tradition. Die Festspiele verbinden das Werk Richard Wagners mit den Stilmitteln der Gegenwart. In: Das Schönste, 8/1956, S. 6. – Vgl. auch Willy Jäggi und Hans Oesch (Hg.): Der Fall Bayreuth. Basel-Stuttgart 1962. – Hans Mayer: Richard Wagner in Bayreuth 1876-1976. Stuttgart 1976. – Martin Gregor-Dellin: Richard Wagner. München 1980. – Oswald Georg Bauer: Richard Wagner, die Bühnenwerke von der Uraufführung bis heute. Berlin 1982.

750 »Zu schönen Klängen eine brutale Ideologie«. Wagner-Forscher Hartmut Zelinsky über »Parsifal« und dessen Auswirkungen auf Hitler und Holocaust. In: Der Spiegel, 29/1962, S. 132 ff. Vgl. auch Hartmut Zelinsky: Richard Wagner – ein deutsches Thema. Frankfurt am Main 1976.

751 Zit. nach Marcel Reich-Ranicki: Des Meisters Worte und der Enkel Sinn. Wieland Wagners Rechnung geht nicht auf. In: Die Zeit, August 1964.

752 Vgl. Hans Daiber: Deutsches Theater seit 1945; a.a.O., S. 202.

753 Johannes Jacobi: Des Meisters Worte und der Enkel Sinn. Das Bayreuth der Antiwagnerianer. In: Die Zeit, 14. August 1964.

754 Vgl. Theodor W. Adorno: Versuch über Wagner. (1952). München-Zürich 1964. – Ders.: Nachschrift zur Wagner-Diskussion. In: Die Zeit, 9. Oktober 1964.

755 Vgl. Werner Oehlmann: Das neue Bayreuth. Ein Rückblick auf die Festspiele 1951 und 1952. In: Der Monat, 48/1952, S. 635 f.

756 Vgl. H. G. von Studnitz: Vom Kampf der Wagen und Gesänge. Viermal Bayreuther Festspiele. In: Christ und Welt, 31. Juli 1964.

757 Deutschlands große Pianisten: Elly Ney. In: Das Schönste, 6/1956, S. 3.

758 Am Flügel: Elly Ney. In: Das Schönste, 4/1958, S. 18 f.

759 Vgl. Ulrich Dibelius: Die Musik in den fünfziger Jahren. In: Dieter Bänsch (Hg.): Die fünfziger Jahre. Beiträge zur Politik und Kultur; a.a.O., S. 10 f.

760 Ein deutscher Cellist von Weltgeltung: Ludwig Hoelscher. In: Das Schönste, 5/1957, S. 8.

761 Edwin Fischer: Der Dirigent am Klavier. In: Das Schönste, 5/1956, S. 4.

762 Friedrich Herzfeld: Der Sänger Dietrich Fischer-Dieskau. Die Renaissance der Romantik. In: Das Schönste, 11/1959, S. 18 ff. Vgl. auch Joachim Fest: Ahnungen des Endgültigen. Zum sechzigsten Geburtstag von Dietrich Fischer-Dieskau. In: Frankfurter Allgemeine Zeitung, 29. 5. 1985.

763 Horst Koegler: Manager der Musik. Eine Reise durch das deutsche Konzertleben. In: Der Monat, 104/1957, S. 56. – Vgl. auch Kultur in Zahlen: Beethoven, Mozart, Brahms beherrschen Europas Konzertsäle. In: Das Schönste, 9/1958, S. 16 f.

764 Vgl. Hans-Klaus Jungheinrich: Erinnerung an Hermann Scherchen. Einer der großen Musiker des 20. Jahrhunderts. In: Frankfurter Rundschau, 3. November 1984.

765 Siegfried Borris: Die Hauptströmungen der neuen Musik, ihre Stile und ihre geistigen Grundlagen. In: Universitas, 3/1959, S. 269 ff. – Vgl. H. H. Stuckenschmidt: Zwischen den beiden Kriegen. 2. Band: Neue Musik. Frankfurt am Main 1951. – Ulrich Dibelius: Musik. In: Wolfgang Benz (Hg.): Die Bundesrepublik Deutschland. Band 3: Kultur; a.a.O., S. 110 ff.

766 Vgl. Vision eines Lebens – vertont. Die Deutsche Oper am Rhein brachte die Neufassung der Oper »Karl V.« von Krenek. In: Das Schönste, 5/1958, S. 19.

767 Vgl. Hans Daiber: Deutsches Theater seit 1945; a.a.O., S. 144 f. – Ferner Joseph Müller-Blattau: Der Weg der zeitgenössischen Oper – von Strawinsky bis Henze. In: Universitas, 10/1964, S. 1044 f.

768 Wulf Kunold: Bernd Alois Zimmermann. In: Deutscher Musikrat: Zeitgenössische Musik in der Bundesrepublik Deutschland. Heft 3: 1950-1960 zur Schallplattendokumentation. Bonn 1982, S. 11 f.

769 Vgl. Hanspeter Krellmann: Moderne Oper – zeitgenössische Oper – zeitgerechte Oper? In: Universitas, 6/1977, S. 575.

770 Theodor W. Adorno: Kriterien der neuen Musik. In: Klangfiguren. Musikalische Schriften I. Frankfurt am Main 1959, S. 19.

771 Ulrich Dibelius: Musik; a.a.O., S. 116.

772 Hans Oesch: Einführung in die elektronische Musik. In: Universitas, 2/1956, S. 170.

773 Zit. nach Karl H. Wörner: Der Komponist Karlheinz Stockhausen und sein Werk für moderne Musik. In: Universitas, 7/1969, S. 726.

774 Theodor W. Adorno: Das Altern der Neuen Musik. In: Der Monat, 80/1955, S. 150, 154.

775 Für das Nachfolgende Deutscher Musikrat: Zeitgenössische Musik in der Bundesrepublik Deutschland. Heft 3: 1950-1960, Heft 4: 1950-1960, Heft 5: 1960-1970, Heft 6: 1960-1970, Heft 7: 1960-1970. Wulf Kunold: Tendenzen der fünfziger Jahre, 3, S. 8 f. – Albrecht Riethmüller: Anfechtung und Verteidigung des kompositorisch Neuen zwischen 1950 und 1960, 4, S. 8 f. – Carl Dahlhaus: Das »post-serielle« Jahrzehnt, 5, S. 8 f. – Hans Oesch: Die Musik der sechziger Jahre, 6, S. 8 f. – Claus-Henning Bachmann: Die Gestimmtheit der sechziger Jahre, 7, S. 8 f. Bonn 1982.

776 Hans Oesch: Die Musik der sechziger Jahre; a.a.O., S. 9.

777 Zit. nach Ulrich Dibelius: Musik; a.a.O., S. 125.

778 Werner Hofmann, Eleonore Reichert, Michael Schwarz, Georg Symken (Hg.): Kunst in Deutschland. 1898-1973. Ausstellungskatalog. Hamburg 1973. (Zum Jahr 1949.)

779 Zum Nachfolgenden: Karin Thomas: Zweimal deutsche Kunst nach 1945. 40 Jahre Nähe und Ferne. Köln 1985. – Bernhard Schulz (Hg.): Grauzonen. Kunst und Zeitbilder. Farbwelten. 1945-1955. Berlin 1983. – Nationalgalerie. Staatliche Museen. Preußischer Kulturbesitz: 1945-1985. Kunst in der Bundesrepublik Deutschland. Ausstellungskatalog. Berlin 1985.

780 Will Grohmann (Hg.): Neue Kunst nach 1945. Malerei. Köln 1958, S. 151. – Vgl. auch Will Grohmann: Bildende Kunst und Architektur. Zwischen den Kriegen (III). Frankfurt am Main 1953.

781 Vgl. Karin Thomas: Zweimal deutsche Kunst nach 1945; a.a.O., S. 12 f.

782 Karin Thomas: Zweimal deutsche Kunst nach 1945; a.a.O., S. 21 f.

783 Zit. nach Martin Warnke: Von der Gegenständlichkeit und der Ausbreitung der Abstrakten. In: Dieter Bänsch (Hg.): Die fünfziger Jahre; a.a.O., S. 209. – Dazu auch Karl Hofer: Zur Situation der Bildenden Kunst. In: Der Monat, 77/1955, S. 425 ff.

784 Vgl. Karin Thomas: Zweimal deutsche Kunst nach 1945; a.a.O., S. 28 f.

785 Will Grohmann: Neue Kunst nach 1945; a.a.O., S. 178.

786 Zit. nach Eduard Beaucamp: Verdrängte Geschichte? Zu einer Kontroverse über deutsche Kunst nach 1945. In: Frankfurter Allgemeine Zeitung, 29. Juni 1985.

787 Hans Sedlmayr: Verlust der Mitte. Die bildende Kunst des 19. und 20. Jahrhunderts als Symptom und Symbol der Zeit (1948). Frankfurt am Main 1955. – Dazu Eduard Beaucamp: Der verlorene Gott und die Künste. Hans Sedlmayr: »Verlust der Mitte« (1948). In: Günther Rühle (Hg.): Bücher, die das Jahrhundert bewegten; a.a.O., S. 163 f.

788 Vgl. Max Picard: Die Atomisierung in der modernen Kunst. Hamburg 1954, S. 13 f. – Ferner: Wilhelm Hausenstein: Was bedeutet die moderne Kunst? Ein Wort der Besinnung. München 1949. – Alois Melichar: Überwindung des Modernismus. Wien-Frankfurt-London 1954.

789 Oskar Kokoschka: Das unwandelbare Auge. In: Stuttgarter Zeitung, 9. März 1957. – Dazu J. P. Hodin: Oskar Kokoschka. In: Der Monat, 18/1950, S. 651 ff.

790 Theodor Heuss: Zur Kunst dieser Gegenwart. Drei Essays. Tübingen 1956, S. 79. – Vgl. auch Bayerische Akademie der schönen Künste (Hg.): Die Künste im technischen Zeitalter. München 1956.

791 Hans Egon Holthusen: Avantgardismus und die Zukunft der modernen Kunst. München 1964, S. 40 f. – Dazu Peter Demetz: Der Kritiker Holthusen: Wandlungen und Motive. In: Merkur, 145/1960, S. 277 ff. – Hans Magnus Enzensberger: Aporien der Avantgarde. In: Einzelheiten II. Frankfurt am Main 1962. S. 269.

792 Dazu Arnold Gehlen: Zeit-Bilder. Zur Soziologie und Ästhetik der modernen Malerei. Frankfurt am Main-Bonn 1960, S. 165, 205, 209.

793 Arnold Gehlen: Soziologischer Kommentar zur modernen Malerei. In: Merkur, 122/1958, S. 314.

794 Zit. nach Karin Thomas: Zweimal deutsche Kunst nach 1945; a.a.O., S. 106.

795 Jürgen Beckelmann: Kunst und Kunstkonsum heute. In: Frankfurter Hefte 1/1962, S. 40 ff.

796 Zit. nach Jakob Lehmann (Hg.): Kleines deutsches Dramenlexikon. Königstein/Ts. 1983, S. 318, 316.

797 Doris Schmidt: Bildende Kunst. In: Wolfgang Benz (Hg.): Die Bundesrepublik Deutschland. Band 3: Kultur; a.a.O., S. 195.

798 Martin G. Buttig: Das große Treffen der Abstrakten. In: Der Monat, 131/1959, S. 78 f.

799 Zit. nach Paul Sethe, Ferdinand Fried, Hans Schwab-Felisch: Das Fundament unserer Zukunft; a.a.O., S. 226.

800 Für das Nachfolgende: Nationalgalerie, Staatliche Museen – Preußischer Kulturbesitz (Hg.): 1945-1985. Kunst in der Bundesrepublik Deutschland; a.a.O., S. 686.

801 Stefan Theodorescu: Sie sind ja schon tot, meine Herren. Das 3. Salzburger Humanismusgespräch verlief dramatisch: Sir Herbert Read gegen Herbert Marcuse. In: Christ und Welt, 8. September 1967.

802 Hat sich die Avant-Garde ergeben? 400 Studenten wurden nach ihren Lieblingsautoren befragt und jeder fünfte von ihnen entschied sich für Thomas Mann. In: Das Schönste, 6/1959, S. 8.

803 Vgl. Hermann Glaser, Jakob Lehmann, Arno Lubos: Wege der deutschen Literatur. Eine geschichtliche Darstellung. Frankfurt am Main-Berlin-Wien 1984, S. 424 ff.

804 Vgl. Cordelia Edvardson: Gebranntes Kind sucht das Feuer. München 1986.

805 Vgl. Hermann Glaser, Jakob Lehmann, Arno Lubos: Wege der deutschen Literatur; a.a.O., S. 421.

806 Zit. nach Karl Otto Conrady: Das große deutsche Gedichtbuch. Kronberg/Ts. 1977, S. 948.

807 Zit. nach Hermann Burger: Paul Celans Bilder wissen mehr. Seine »Gesammelten Werke« in fünf Bänden. In: Frankfurter Allgemeine Zeitung, 10. Dezember 1983.

808 Vgl. Hermann Glaser, Jakob Lehmann, Arno Lubos: Wege der deutschen Literatur; a.a.O., S. 336 ff.

809 Karlheinz Deschner: Kitsch, Konvention und Kunst. Eine literarische Streitschrift. München 1957, S. 14.

810 Franz Schonauer: Deutsche Literatur im Dritten Reich. Versuch einer Darstellung in polemisch-didaktischer Absicht. Olten-Freiburg i. Br. 1961, S. 13.

811 Zum Nachfolgenden vgl. Hermann Glaser: Das Exil fand nicht statt. Schulwirklichkeit im Deutschunterricht 1945-1965. In: Ulrich Walberer (Hg.): 10. Mai 1933. Bücherverbrennung in Deutschland und die Folgen. Frankfurt am Main 1983, S. 260 ff. – Vgl. auch Horst Joachim Frank. Geschichte des Deutschunterrichts. Von den Anfängen bis 1945. München 1973, S. 604 f.

812 Vgl. Herbert Marcuse: Über den affirmativen Charakter der Kultur. In: Kultur und Gesellschaft I. Frankfurt am Main 1965, S. 63.

813 Zit. nach Harro Müller-Michaelis (Hg.): Literarische Bildung und Erziehung. Darmstadt 1976, S. 157.

814 Zit. nach Robert Minder: Lesebuch als Explosionsstoff. In: Süddeutsche Zeitung, 16./17./18. Juni 1967.

815 Vgl. Alfred Oberlack: Schulbücher unter dem Dreschflegel. Bad Godesberg 1965.

816 Germanistik – eine deutsche Wissenschaft. Beiträge von Eberhard Lämmert, Walther Killy, Karl Otto Conrady und Peter von Polenz, Frankfurt 1967.

817 Karl Müller: Bildungsziel und Bildungsauftrag des Deutschunterrichts der Höheren Schulen. In: Der Deutschunterricht, 1/1960, S. 16.

818 Walther Killy: Wer hat dies Buch genehmigt? Vom Wesen und Werden der deutschen Dichtung. In: Die Zeit, 24. März 1961.

819 Robert Ulshöfer und Annemarie Kleiner: Vergleichende Übersicht über den Lektürekanon in den beiden Teilen Deutschlands. In: Der Deutschunterricht, 1/1967, S. 37 ff.

820 Zit. nach Jan Hans: Exilforschung in der Bundesrepublik. In: Mitteilungen des Deutschen Germanisten-Verbandes, September 1973, S. 26.

821 K. Müller: Bildungsziel und Bildungsauftrag des Deutschunterrichts der Höheren Schule; a.a.O., S. 20.

822 Robert Ulshöfer: Der Deutschunterricht im Zeitalter der Demokratie. Nöte, Grundlagen, Aufgaben, Probleme. In: Der Deutschunterricht, 2/1965, S. 12 f.

823 Vgl. Friedrich Leiner: Die Ziele des Deutschunterrichts seit 1945 im Spiegel didaktischer und methodischer Werke. In: Blätter für den Deutschlehrer, März 1977, S. 65 ff.

824 Robert Ulshöfer: Methodik des Deutschunterrichts. Mittelstufe I. Stuttgart 1952, S. VI ff.

825 Robert Ulshöfer: Methodik des Deutschunterrichts; a.a.O., S. 63.

826 Lienhard Wawrzyn: Methodenkritik des Literaturunterrichts. Emanzipation durch Verfahren. Darmstadt und Neuwied 1957, S. 20 f. – Vgl. auch Gertrud Bienko und Heinz Ide: Aus der Hochburg des »ritterlichen Menschen«. In: Heinz Ide (Hg.): Bestandsaufnahme Deutschunterricht. Ein Fach in der Krise. Stuttgart 1970, S. 147 ff.

827 Robert Ulshöfer (Hg.): Arbeitsbuch Deutsch. Sekundarstufe II. Band 1: Sprache und Gesellschaft. Band 2: Literatur und Gesellschaft. Dortmund 1972.

828 Vgl. Heinz Ide (Hg.): Bestandsaufnahme Deutschunterricht. Ein Fach in der Krise. Stuttgart 1970, S. 13.

829 Zit. nach Wolfgang Ignée: Nihilismus als Luxusartikel. Emil Staigers Rede über »Literatur und Öffentlichkeit« und die Folgen. In: Christ und Welt, 13. Januar 1967. – Vgl. Christoph Siegrist: Nationalliterarische Aspekte bei Schweizer Autoren. In: Hansers Sozialgeschichte der deutschen Literatur; a.a.O., S. 670 f. – Ferner William S. Schlamm: Vom Elend der Literatur. Pornographie und Gesinnung. Stuttgart 1966.

830 Walter Jens: Deutsche Literatur der Gegenwart. München 1961, S. 81. – Vgl. auch Walter Jens: Statt einer Literaturgeschichte. Pfullingen 1957. – Ders.: Moderne Literatur. Moderne Wirklichkeit. Pfullingen 1958.

831 Vgl. u. a. Günter Blöcker: Die neuen Wirklichkeiten. Linien und Profile der modernen Literatur. Berlin 1957. – Karl August Horst: Die deutsche Literatur der Gegenwart. München 1957.

832 Gert Kalow (Hg.): Sind wir noch das Volk der Dichter und Denker? 14 Antworten. Reinbek bei Hamburg 1964, S. 125.

833 Zit. nach: Theodor Heuss. Politik und Kultur. 1949-1959. Katalog und Ausstellung Michael Kienzle und Dirk Mende. Bonn 1984, S. 71.

834 Vgl. Hannes Schwenger: Buchmarkt und literarische Öffentlichkeit. In: Hansers Sozialgeschichte der deutschen Literatur; a.a.O., S. 105 ff.

835 Vgl. Konjunktur ohne Schwankungen: gesunde deutsche Buchproduktion. In: Das Schönste, 11/1958, S. 66.

836 Vgl. auch »Das Schönste« fragte zehn deutsche Verleger: Nennen Sie uns Bücher von literarischer Bedeutung. In: Das Schönste, 10/1958, S. 33 ff.

837 Vgl. Knut Hickethier: Das Sachbuch. In: Hansers Sozialgeschichte der deutschen Literatur; a.a.O., S. 564 ff.

838 Vgl. Joachim G. Leithäuser: Was ist ein Sachbuch? In: Der Monat, 199/1965, S. 81. – Vgl. auch Fritz J. Raddatz: Tradition und Kommerz. Zur Situation des Verlagswesens. In: Der Monat, 216/1966, S. 16 ff.

839 Vgl. Gerhard Schmidtchen: Lesekultur in Deutschland. In: Börsenblatt für den Deutschen Buchhandel, 30. August 1968, S. 2016.

840 Helga Märthesheimer: Kulturgut Taschenbuch – aufgezeigt am Deutschen Taschenbuch Verlag. In: Frankfurter Hefte, 7/1964, S. 485. – Vgl. auch Heinrich Vormweg: 25 Jahre Taschenbuch. In: Merkur, 329/1975, S. 979 ff.

841 Hans Magnus Enzensberger: Bildung als Konsumgut. Analyse der Taschenbuch-Produktion. In: Einzelheiten I. Bewußtseins-Industrie; a.a.O., S. 163 f.

842 Vgl. Hannes Schwenger: Buchmarkt und literarische Öffentlichkeit. In: Hansers Sozialgeschichte der deutschen Literatur; a.a.O., S. 124.

843 Hans Magnus Enzensberger: Palaver. In: Kursbuch, 15/1968. Zit. nach Politische Überlegungen (1967-1973). Frankfurt am Main 1974, S. 51 f.

844 Jean Améry: Weder Autor noch Linker. Nachdenkliches zur Buchmesse 1968. In: Merkur, 247/1968, S. 1066 f.

845 Günter Eich: Inventur. In: Gesammelte Werke. Band 1. Frankfurt am Main 1973, S. 35.

846 Hans Bender (Hg.): Mein Gedicht ist mein Messer. Lyriker zu ihren Gedichten. Heidelberg 1955, S. 16 ff. – Vgl. Heinrich Vormweg: Literatur. In: Wolfgang Benz (Hg.): Die Bundesrepublik Deutschland in drei Bänden. Band 3: Kultur; a.a.O., S. 57.

847 Curt Hohoff: Literarisches Perpetuum mobile. In: Süddeutsche Zeitung, 21./22. Januar 1961.

848 Zit. nach Curt Hohoff: Literarisches Perpetuum mobile; a.a.O.

849 Helmut Heißenbüttel: Pro domo. In: Frankfurter Rundschau, 12. Oktober 1985.

850 Theodor W. Adorno: Jargon der Eigentlichkeit. Zur deutschen Ideologie. Frankfurt am Main 1969, u. a. S. 104, 74, 9.

851 Vgl. Wilhelm Höck: Schmutz der sauberen Leute. Sozialpathologische Vermutungen zur Ästhetik der Aktion. In: Die Zeit, 1. Mai 1970.

852 Vgl. Diethart Kerbs u. a.: Das Ende der Höflichkeit. Für eine Revision der Anstandserziehung. München 1970.

853 Vgl. Karl Korn: Sprache in der verwalteten Welt. Frankfurt am Main 1958.

854 Vgl. Hermann Glaser (Hg.): Jugend-Stil, Stil der Jugend. Thesen und Aspekte. München 1971, S. 10.

855 Vgl. Hermann Glaser: Radikalität und Scheinradikalität. Zur Sozialpsychologie des jugendlichen Protests. München 1970.

856 Theodor W. Adorno: Jargon der Eigentlichkeit; a.a.O., S. 75. – Vgl. auch Hans Dieter Baroth: Schriftsteller testen Politikertexte. München-Bern 1967. – Wolfgang Bergsdorf: Herrschaft und Sprache. Studie zur politischen Terminologie der Bundesrepublik Deutschland. Pfullingen 1983.

857 Jean Améry: Jargon der Dialektik. In: Merkur, 236/1967, S. 1041 ff. – Vgl. auch Kurt Sontheimer: Das Elend unserer Intellektuellen. Hamburg 1976, S. 241 ff.

858 Theodor W. Adorno: Jargon der Eigentlichkeit; a.a.O., S. 8, 44 ff., 47 ff.

859 Karl Löwith: Die Frage Martin Heideggers. In: Universitas, 6/1970, S. 607 f.

860 Jean-Paul Sartre: Das Sein und das Nichts. Versuch einer phänomenologischen Ontologie. Reinbek bei Hamburg 1980, S. 197. – Zum Nachfolgenden Hermann Glaser: Martin Heidegger und die Politik. Ein Dossier. In: Bundesrepublikanisches Lesebuch. München 1978, S. 120 ff.

861 Hannah Arendt: Martin Heidegger ist achtzig Jahre alt. In: Merkur, 258/1969, S. 902.

862 Paul Hühnerfeld: In Sachen Heidegger. Versuch über ein deutsches Genie. Hamburg 1959, S. 103 f.

863 Jürgen Habermas: Martin Heidegger. Zur Veröffentlichung von Vorlesungen aus dem Jahre 1935. In: Frankfurter Allgemeine Zeitung, 25. Juli 1953. Zit. nach Jürgen Habermas: Philosophisch-politische Profile. Frankfurt am Main 1981, S. 69.

864 Kurt Roßmann: Martin Heideggers Holzwege. In: Der Monat, 21/1950, S. 236 ff.

865 Robert Minder: Heidegger und Hegel oder die Sprache von Meßkirch. In: Dichter in der Gesellschaft. Erfahrungen mit deutscher und französischer Literatur. Frankfurt am Main 1966, S. 210 ff.

866 Günter Grass: Hundejahre. Neuwied 1963, S. 474 f.

867 Walter Jens, in: Die Zeit, 6. September 1963.

868 Hans-Georg Gadamer: Martin Heidegger. Frankfurter Allgemeine Zeitung, 24. September 1964.

869 In: Süddeutsche Zeitung, 27./28. September 1969.

870 Karl Jaspers: Notizen zu Martin Heidegger. Hg. von Hans Saner. München-Zürich 1978, S. 75, 77.

871 Karl Jaspers: Die geistige Situation der Zeit. 1931. – Karl Korn: Existentielles Verhalten als Widerstand? Wieder gelesen Karl Jaspers' Schrift: Die geistige Situation der Zeit, 1931. In: Frankfurter Allgemeine Zeitung. Jg. 1977.

872 Karl Jaspers: Philosophische Autobiographie. In: Philosophie und Welt. Reden und Aufsätze. München 1958, S. 285.

873 Zit. nach Rolf Hochhuth: Karl Jaspers oder Die Lebensfreundlichkeit. Eine Erinnerung, die an der Zeit ist. In: Frankfurter Allgemeine Zeitung, 20. Februar 1974.

874 Karl Jaspers: Die Atombombe und die Zukunft des Menschen. Politisches Bewußtsein in unserer Zeit. München 1958, S. 21.

875 Hermann Rudolph: Das Buch als Gewittervogel. Wiedergelesen: Karl Jaspers' »Wohin treibt die Bundesrepublik?« (1966). In: Frankfurter Allgemeine Zeitung, 7. September 1977.

876 Karl Jaspers: Wohin treibt die Bundesrepublik? Tatsachen, Gefahren, Chancen. München 1966, S. 96.

877 Vgl. Klaus Podak: Zeit für Jaspers. Vor hundert Jahren wurde der Philosoph geboren. In: Süddeutsche Zeitung, 23. Februar 1983.

878 Hannah Arendt und Karl Jaspers: Briefwechsel 1926-1969. München-Zürich 1985, S. 673.

879 Vgl. Hans Michael Baumgartner und Hans-Martin Sass: Philosophie in Deutschland 1945-1975. Standpunkte, Entwicklung, Literatur. Kronberg/Ts. 1978.

880 Vgl. auch Aloys Wenzl: Die Hauptthemen der Philosophie von heute. In: Neue Zeitung, Anfang der fünfziger Jahre.

881 Vgl. Claus Grossner: Die Philosophie des Vorurteils. Hans-Georg Gadamer. In: Die Zeit, 3. April 1970.

882 Jean Améry: Der Philosoph Hans Albert gegen eine Philosophie als Religionsersatz. In: Die Zeit, Jg. 1971.

883 Zit. nach Claus Grossner: Hans Albert. Reform ohne Revolution. In: Die Zeit, 20. März 1970.

884 Vgl. Johann Jakob: Die Grundlagen unserer naturwissenschaftlichen Erkenntnis. Zürich 1948. – Pascual Jordan: Wandlungen in den Grundlagen der Naturwissenschaft; o.O., 1948. – Ders.: Forschung macht Geschichte. Frankfurt 1954. – Werner Heisenberg: Wandlungen in den Grundlagen der exakten Naturwissenschaft. Stuttgart 1949. – James Conant: Moderne Naturwissenschaft und der Mensch. Frankfurt 1953. – B. Bavink: Ergebnisse und Probleme der Naturwissenschaft. Zürich 1953. – Reinhold Lotze und Hans Sihler: Das Weltbild der Naturwissenschaft. Ergebnisse und heutiger Stand der Forschung. Stuttgart 1954. – Waldemar Kaempffert: Bis an die Grenzen. Neue Horizonte der Wissenschaft. Berlin-Köln 1954. – Lebendiges Wissen, hg. von Heinz Friedrich. Wiesbaden 1954 f. – Jean Gebser: Abendländische Wandlung. Abriß der Ergebnisse moderner Forschung in Physik, Biologie und Psychologie. Frankfurt 1956. – Pascual Jordan: Wie sieht die Welt von morgen aus? München 1958.

885 Vgl. Max Planck: Das Weltbild der neuen Physik; o.O. 1947. – Pascual Jordan: Das Bild der modernen Physik. Braunschweig 1948 (Frankfurt 1957). – Edmund Whittaker: Von Euklid zu Eddington. Zur Entwicklung unseres modernen physikalischen Weltbildes. Wien-Stuttgart 1952. – C. F. von Weizsäcker: Physik der Gegenwart. Stuttgart 1956. – Ernst Zimmer: Umsturz im Weltbild der Physik. München 1954. – Arthur March: Die physikalische Erkenntnis und ihre Grenzen. Braunschweig 1955. – Albert Einstein, Leopold Infeld: Die Evolution der Physik. Hamburg 1956. – Max Born: Physik im Wandel meiner Zeit. Braunschweig 1957. – Arthur March: Das neue Denken der modernen Physik. Hamburg 1957.

886 Vgl. J. G. Feinberg: Die Geschichte des Atoms. Köln-Berlin 1954. – A. G. M. van Meisen: Atom – gestern und heute. Die Geschichte des Atombegriffs. Freiburg-München 1957. – Hans Schmeiser: Das ABC des Weltaufbaus. Graz-Wien 1949. – S. Wiechowski: Atomkraft heute und morgen. Stuttgart-Wien 1953. – Sir George Bornson: Das Atom. Göttingen 1957. – I. Asimov: Atomwelt – Wunderwelt. Stuttgart 1957. – Walt Disney und Heinz Haber: Unser Freund das Atom. München 1958. – O. W. Gail: Der Griff nach dem Atom. München 1958. – G. Schuster: Vom Atom zum Atomkraftwerk. Köln 1958.

887 Vgl. Hans Vogel: Vom Atom zum Universum. München 1953. – Pascual Jordan in: Vom Atom zum Weltsystem. Stuttgart 1954. – Vom Unbelebten zum Lebendigen. Ringvorlesung der Universität Münster. Stuttgart 1956.

888 Carl Friedrich von Weizsäcker: In Memoriam Werner Heisenberg. In: Frankfurter Allgemeine Zeitung, 3. Februar 1976.

889 Theodor W. Adorno: Wozu noch Philosophie? In: Eingriffe. Neun kritische Modelle. Frankfurt am Main 1963, S. 14, 23.

890 Jürgen Habermas: Wozu noch Philosophie? In: Philosophisch-politische Profile. Frankfurt am Main 1981, S. 15 ff.

891 Vgl. Georg Lukács: Über einige Eigentümlichkeiten der geschichtlichen Entwicklung Deutschlands. In: Die Zerstörung der Vernunft. Berlin 1955, S. 31 ff. – Helmuth Plessner: Die verspätete Nation. Stuttgart 1959, S. 127. – Ralf Dahrendorf: Gesellschaft und Demokratie in Deutschland. München 1965, S. 453.

892 Für das Folgende: Heinz Horst Schrey: Weltbild und Glaube im 20. Jahrhundert. Göttingen 1955. – Hans-Rudolf Müller-Schwefe: Der Standort der Theologie in unserer Zeit. Göttingen 1958.

893 Erwin Wilkens: Als Bischof Wurm die Widersacher versöhnte. Die Geburtsstunde der Evangelischen Kirche in Deutschland 1945 in Treysa. In: Rheinischer Merkur/Christ und Welt, 31. August 1985.

894 Zit. nach Martin Honecker: Ein Zankapfel der Nation. Noch immer scheiden sich am Stuttgarter Schuldbekenntnis die Geister. In: Rheinischer Merkur/Christ und Welt, 19. Oktober 1985. – Vgl. auch Martin Greschat (Hg.): Die Schuld der Kirche. München 1962.

895 Zit. nach Dietrich Strothmann: Der schwierige Sohn im schwierigen Vaterland. Martin Niemöller wird neunzig. In: Die Zeit, 15. Januar 1982.

896 Vgl. Urs von Balthasar: Karl Barth. Darstellung und Deutung seiner Theologie. Köln 1951. – Ferner: Helmut Thielicke: Gott ist der »ganz andere«. Zum Tode des Kirchenvaters Karl Barth. In: Christ und Welt, 20. Dezember 1968.

897 Zit. nach Eberhard Schulz: Der Kirchenvater des zwanzigsten Jahrhunderts. Zum Tode von Karl Barth. In: Frankfurter Allgemeine Zeitung. Jg. 1968.

898 Vgl. Rudolf Bultmann: Jesus Christus und die Mythologie. Das Neue Testament im Lichte der Bibelkritik. Gütersloh 1980. – Rudolf Bultmann: Marburger Predigten. Tübingen 1956. – Ferner Bernd Jaspert (Hg.): Rudolf Bultmanns Werk und Wirkung. Darmstadt 1984. – Karl Barth und Rudolf Bultmann: Briefwechsel 1922 bis 1966. Zürich 1971.

899 Zit. nach Hans Fischer-Barnicol: Der Glaube als Befreiung. Rudolf Bultmann zum achtzigsten Geburtstag. In: Christ und Welt, 21. August 1964.

900 Vgl. Friedrich Gogarten: Verhängnis und Hoffnung der Neuzeit. Stuttgart 1953. – Ders.: Der Mensch zwischen Gott und Welt. Heidelberg 1952. – Ders.: Jesus Christus, Wende der Welt. Grundfragen der Christologie. Tübingen 1966.

901 Vgl. Paul Tillich: Gesammelte Werke. Stuttgart 1929-1964.

902 Max Rieser: Erlösung, philosophisch neu gedeutet. In: Frankfurter Allgemeine Zeitung, 28. März 1959.

903 Helmut Thielicke: Auf der Suche nach dem verlorenen Wort. Hamburg 1986. – Ders.: Ich glaube. Das Bekenntnis der Christen. Stuttgart 1965. – Ders.: Leiden an der Kirche. Ein persönliches Wort. Hamburg 1965. – Ders.: Christliche Verantwortung im Atomzeitalter. Ethisch-politischer Traktat über einige Zeitfragen. Stuttgart 1957.

904 Vgl. Max Schoch: Lehrer der christlichen Ethik. Zum Tode des Theologen Helmut Thielicke. In: Neue Zürcher Zeitung, 8./9. März 1986.

905 Eike Christian Hirsch: Helmut Thielicke erinnert sich. Hamburg 1984. In: Die Zeit, Jg. 1984.

906 Jürgen Moltmann: Theologie der Hoffnung. Untersuchungen zur Begründung und zu den Konsequenzen einer christlichen Eschatologie. München 1964. – Vgl. auch Wolf-Dieter Marsch: Diskussion über die »Theologie der Hoffnung«. München 1967. – Ferner: Manfred Kühn: Hoffnung als Provokation. Die Theologie Jürgen Moltmanns zwischen den Fronten. In: Christ und Welt, 23. Juli 1965.

907 Jürgen Moltmann: Über Ernst Bloch. Atheismus im Christentum. In: Der Spiegel, Jg. 1966. – Ernst Bloch: Atheismus im Christentum. Zur Religion des Exodus und des Reichs. Frankfurt am Main 1966.

908 Theodor Mahlmann: Kirche und Wiederbewaffnung. In: Dieter Bänsch (Hg.): Die fünfziger Jahre; a.a.O., S. 97 f.

909 Dorothee Sölle: Das Gespräch zwischen Christen und Marxisten. In: Merkur, 238/1968, S. 140.

910 Ferner: Dorothee Sölle: Atheistisch an Gott glauben. Beiträge zur Theologie. Olten-Freiburg

1968. – Dies.: Phantasie und Gehorsam. Überlegungen zu einer künftigen christlichen Ethik. Stuttgart 1968.

911 Walter Nigg: Das Buch der Ketzer. Zürich 1949. – Ders.: Der christliche Narr. Zürich-Stuttgart 1956. – Ders.: Prophetische Denker. Berlin-München 1957.

912 Eberhard Stammler: Protestanten ohne Kirche. Stuttgart 1960.

913 Carl Amery: Die Kapitulation oder Deutscher Katholizismus heute. Reinbek bei Hamburg 1963, S. 23, 32, 27, 10. – Vgl. auch Carl Amery: Fragen an Welt und Kirche. 12 Essays. Reinbek bei Hamburg 1967.

914 Walter Dirks: Der Mainzer Katholikentag. In: Frankfurter Hefte, 5/1948, S. 395 f. – Ders.: Die Antwort der Mönche. Frankfurt am Main 1953.

915 Christian Geissler: Anfrage. Hamburg 1960. – Vgl. Dieter Lattmann: Die Antwort auf die »Anfrage«. In: Das Schönste, 10/1960, S. 8.

916 Günter Hollenstein: Die Katholische Kirche. In: Wolfgang Benz (Hg.): Die Bundesrepublik Deutschland. Band 2: Gesellschaft; a.a.O., S. 245 f.

917 Vgl. Die Arbeiterpriester. Dokumente. Heilbronn 1957.

918 Vgl. Günter Hollenstein: Die Katholische Kirche; a.a.O., S. 249 ff.

919 Vgl. Franz Sonnenberger: Die Rekonfessionalisierung der bayerischen Volksschule 1945-1950. In: Zeitschrift für Bayerische Landesgeschichte. Jg. 1982.

920 Vgl. Ansgar Skriver: Schriftsteller auf der Anklagebank. Das höchste deutsche Gericht nimmt Stellung zu den Gotteslästerungs-Prozessen jüngster Zeit. In: Die Zeit, 21. Juli 1961.

921 Karlheinz Deschner: Abermals krähte der Hahn. Eine kritische Kirchengeschichte. Stuttgart 1962. – Ders.: Mit Gott und den Faschisten. Der Vatikan im Bunde mit Mussolini, Franco, Hitler und Pavelic. Stuttgart 1965.

922 Gerhard Szczesny: Die Zukunft des Unglaubens. München 1958.

923 Max Bense: Descartes und die Folgen. Baden-Baden 1955. Zit. nach Ivo Frenzel: Bense und die Folgen. In: Frankfurter Hefte, 4/1956, S. 282.

924 Heinrich Böll: Doktor Murkes gesammeltes Schweigen und andere Satiren. Köln 1958, S. 50 ff.

925 Friedrich Heer: Gottes erste Liebe. 2000 Jahre Judentum und Christentum. Genesis des österreichischen Katholiken Adolf Hitler. München-Esslingen 1967.

926 Rolf Hochhuth: Der Stellvertreter. Reinbek bei Hamburg 1963. – Vgl. für das Nachfolgende Bernd Balzer: Rolf Hochhuth. Der Stellvertreter. Grundlagen und Gedanken zum Verständnis der Dramas. Frankfurt am Main-Berlin-München 1986, S.15, 47 f., 50 f.

927 Vgl. Hanna-Barbara Gerl: Romano Guardini 1885-1968. Leben und Werk. Mainz 1985. – Romano Guardini: Angefochtene Zuversicht. Romano-Guardini-Lesebuch. Ausgewählt von Ingeborg Klimmer. Mainz 1985.

928 Gerhold Becker: Gottes Blick auf die Welt. Zum 100. Geburtstag Romano Guardinis. In: Frankfurter Allgemeine Zeitung, 16. Februar 1985.

929 Zit. nach Roland Hill: Der Denker der christlichen Existenz. In: Frankfurter Allgemeine Zeitung, Jg. 1968.

930 Vgl. Günter Hollenstein: Die Katholische Kirche; a.a.O., S. 253 f.

931 Vgl. Heinrich Freis: Aus Liebe unbequem. Karl Rahner wird am 5. März achtzig Jahre alt. In: Rheinischer Merkur/Christ und Welt, 2. März 1964.

932 Vgl. Karl Rahner: Schriften zur Theologie. Einsiedeln-Zürich-Köln 1954-1955.

933 Auszüge aus der Rede Karl Rahners an der Katholischen Akademie in Bayern. Freiheit und Manipulation in der Kirche. In: Süddeutsche Zeitung, 19. März 1970.

934 Vgl. Jörg Friedrich: Die kalte Amnestie. NS-Täter in der Bundesrepublik. Frankfurt am Main 1984, S. 30.

935 Otto Friedrich Bollnow: Wesen und Wirklichkeit des Menschen. Festschrift für Helmuth Plessner. Göttingen 1957. Zit. nach: Maß und Vermessenheit des Menschen. Philosophische Aufsätze. Neue Folge. Göttingen 1962, S. 22. – Vgl. auch Otto Friedrich Bollnow: Wesen und Wandel der Tugenden. Frankfurt am Main 1958.

936 Otto Friedrich Bollnow: Neue Geborgenheit. Stuttgart-Köln 1955.

937 Vgl. Heinrich Hahne: Zum 80. Geburtstag Eduard Sprangers. In: Die Höhere Schule, 6/1962, S. 117 ff.

938 Zit. nach Heinrich Rombach (Hg.): Lexikon der Pädagogik. Neue Ausgabe. Band 1-4. Band 4. Freiburg-Basel-Wien 1971, S. 161.

939 Wilhelm Flitner: Humanismus und humanistisches Bildungsideal. In: Aus Politik und Zeitgeschichte. Beilage zur Wochenzeitung »Das Parlament«, 12. März 1958, S. 123 f.

940 Oskar Negt: Zukunft der Arbeit, Erziehung zur Arbeitslosigkeit. Was sollen unsere Kinder lernen? In: Björn Engholm (Hg.): Demokratie fängt in der Schule an. Beiträge zur Wiederherstellung der Bildungspolitik am Ausgang des 20. Jahrhunderts. Frankfurt am Main 1985, S. 16.

941 Zit. nach Georg Picht: Ein Plädoyer für den »Rahmenplan«. Die Schulreform und ihre Gegner. In: Christ und Welt, 18. Juni 1959. – Vgl. Alfons Otto Schorb: Für und Wider den Rahmenplan. Stuttgart 1960, S. 11 ff.

942 Vgl. Theodor Pfizer: Erklärung des Ausschusses zum Abschluß seiner Tätigkeit. In: Das Parlament, 8. September 1965.

943 Für das Nachfolgende Hellmut Becker: Bildungspolitik. In: Wolfgang Benz (Hg.): Die Bundesrepublik Deutschland. Geschichte in drei Bänden. Band 2. Gesellschaft; a.a.O., S. 333.

944 Georg Picht: Die deutsche Bildungskatastrophe. Analyse und Dokumentation. Olten-Freiburg i. Br. 1964.

945 Vgl. Georg Picht: Die deutsche Bildungskatastrophe. Dunkel über der pädagogischen Provinz. Christ und Welt. Sonderdruck. Juni 1965, S. 1.

946 Georg Picht: Die deutsche Bildungskatastrophe; a.a.O., S. 56 f.

947 Oskar Negt: Zukunft der Arbeit; a.a.O., S. 17.

948 Vgl. Hermann Glaser: Die Bundesrepublik zwischen Restauration und Rationalismus. Analysen und Perspektiven. Freiburg i. Br. 1965, S. 89 ff. – Ferner: E. Lichtenstein: Die Schule im Wandel der Gesellschaft. Ratingen 1957. – H. Schelsky: Schule und Erziehung in der industriellen Gesellschaft. Würzburg 1957. – Hartmut von Hentig (Hg.): Die Schule zwischen Bewahrung und Bewährung. Stuttgart 1960. – K. Erlinghagen: Die Schule in der pluralistischen Gesellschaft. Freiburg 1964. – Hartmut von Hentig: Die Schule im Regelkreis. Stuttgart 1965. – Ralf Dahrendorf: Bildung ist Bürgerrecht. Plädoyer für eine Bildungspolitik. Hamburg 1965.

949 Vgl. Eugen Lemberg: Das Stiefkind Volksschule – Erziehung und Bildung (III). In: Frankfurter Hefte, 3/1958, S. 185 ff. – Ferner: Thomas Ellwein: Was geschieht in der Volksschule? Berlin-Bielefeld 1960. – J. Muth: Das Ende der Volksschule? Hamburg-Essen 1965.

950 Vgl. Horst Wetterling: Denken lernen? Keine Zeit . . . Die sitzengebliebene Berufsschule – Schlechter als vor vierzig Jahren. In: Die Zeit, 10. Juli 1964.

951 Vgl. Hermann Glaser: Gedanken zur Reform der Höheren Schule. Aufsätze zu Grundsätzlichem und Konkretem. Freiburg 1963. – Hartmut von Hentig: Wie hoch ist die höhere Schule? Stuttgart 1962. – Heinrich Hahne: Als Lehrer heute. Düsseldorf 1963. – C. L. Furck: Das unzeitgemäße Gymnasium. Weinheim 1965.

952 Horst Rumpf: Die Misere der Höheren Schule. Neuwied 1966. – Ders.: 40 Schultage. Tagebuch eines Studienrats. Braunschweig 1966.

953 Vgl. Jürgen Habermas: Vom sozialen Wandel akademischer Bildung. In: Merkur, 183/1963, S. 413 ff.

954 Helmuth Dolff (Hg.): 25 Jahre Deutscher Volkshochschulverband. Braunschweig 1978.

955 Vgl. Helmar Frank: Lehrmaschinen in kybernetischer und pädagogischer Sicht. Stuttgart-München 1963. – J. Zielinski und W. Schöler: Pädagogische Grundlagen der programmierten Unterweisung unter empirischem Aspekt. Ratingen 1964. – A. O. Schorb: Der programmierte Unterricht – Automatisierung der Bildung. Essen 1966.

956 Deutscher Bildungsrat: Empfehlungen der Bildungskommission. Einrichtung von Schulversuchen mit Gesamtschulen; o.O. 1969, S. 13.

957 Waldemar Besson: Die Forderungen der politischen Situation der Zeit an die politische Bildung. In: Das Parlament, 19. Juni 1963.

958 Felix Messerschmid: Die Forderung der politischen Bildung an die Schule. In: Das Parlament, 19. Juni 1963.

959 Hellmut Becker: Bildung und Politik. In: Merkur, 142/1959, S. 1156.

960 Vgl. hierzu auch Marion Gräfin Dönhoff: Amerikanische Wechselbäder. Beobachtungen und Kommentare aus vier Jahrzehnten. Stuttgart 1983.

961 Hartmut von Hentig: Aufgeräumte Erfahrung. Texte zur eigenen Person. München-Wien 1983, S. 43 f.
962 Hartmut von Hentig: Cuernavaca oder: Alternativen zur Schule? Stuttgart-München 1971, S. 124 ff. – Ders.: Systemzwang und Selbstbestimmung. Stuttgart 1969.
963 Theodor W. Adorno: Auferstehung der Kultur in Deutschland? In: Frankfurter Hefe, 5/1950, S. 469 ff.
964 Vgl. Rudolf Wassermann: Justiz und Nationalsozialismus. Zur Aufarbeitung der NS-Vergangenheit durch die Justiz. Neuwied-Darmstadt o. J. – Martin Hirsch, Diemut Majer, Jürgen Meinck (Hg.): Recht, Verwaltung und Justiz im Nationalsozialismus. Ausgewählte Schriften, Gesetze und Gerichtsentscheidungen von 1933-1945. Köln 1985.
965 Wulf Reimer: NS-Verbrechen: Bilanz nach 26jähriger Ermittlung. In: Süddeutsche Zeitung, 1. März 1984. – Vgl. auch Adalbert Rückerl (Hg.): NS-Prozesse. Nach 25 Jahren Strafverfolgung: Möglichkeiten – Grenzen – Ergebnisse. Karlsruhe 1972.
966 Vgl. Hans Gresmann: Das Münchner Spektakel um die »Deutschland-Stiftung e.V.« und ihren »Konrad-Adenauer-Preis«. In: Die Zeit, 10. März 1967.
967 Horst Krüger: Das zerbrochene Haus. Eine Jugend in Deutschland. München 1966, S. 260.
968 Jörg Friedrich: Die kalte Amnestie. NS-Täter in der Bundesrepublik. Frankfurt am Main 1984.
969 Jörg Friedrich: Die 13 »Nürnberger Prozesse« – Oder: Was ist ein Staatsverbrechen? Beiträge zur politischen Bildung, 1/1986, S. 4 ff. – Vgl. auch O.M.G.U.S. Militärregierung der Vereinigten Staaten für Deutschland. Finanzabteilung. Sektion für finanzielle Nachforschungen. Ermittlungen gegen die Deutsche Bank. Nördlingen 1985.
970 Jean Améry: Jenseits von Schuld und Sühne. Bewältigungsversuche eines Überwältigten. München 1966, S. 120 f.
971 Peter Weiss: Die Ermittlung. Oratorium in 11 Gesängen. (1965). Reinbek bei Hamburg 1969, S. 185 f.

Zeittafel

Die Zeittafel kann lediglich einige Akzente für die chronologische Orientierung setzen; sie wurde erstellt unter Verwendung folgender Publikationen: *Geschichte der Bundesrepublik Deutschland in fünf Bänden.* Hrsg. von Karl Dietrich Bracher, Theodor Eschenburg, Joachim C. Fest, Eberhard Jäckel, Band 1-4, Stuttgart-Wiesbaden 1983, 1981, 1983, 1984. Ekkehard Böhm u. a.: *Kultur-Tagebuch, 1900 bis heute,* Braunschweig 1984. Werner Stein: *Kulturfahrplan, Die wichtigsten Daten der Kulturgeschichte von Anbeginn bis 1975,* München-Berlin-Wien 1976. Hans Georg Lehmann: *Chronik der Bundesrepublik Deutschland 1945 bis 1981,* München 1983.

1948

20./21. Juni: In den Westzonen wird die Währungsreform durchgeführt und die D-Mark eingeführt; Ludwig Erhard, der Direktor der Verwaltung für Wirtschaft des Vereinigten Wirtschaftsgebietes, veranlaßt die Aufhebung der Preisbindung und Bewirtschaftung eines großen Teils der Waren.

Verschärfung des Ost-West-Gegensatzes: Als Reaktion auf die Londoner Sechsmächte-Konferenz mit ihrem Plädoyer für die Einheit Westdeutschlands und mit der Ermächtigung der westdeutschen Ministerpräsidenten, eine »Verfassunggebende Versammlung« einzuberufen, tagt in Warschau unter der Leitung der Sowjetunion eine Konferenz acht osteuropäischer Staaten, die dem Westen die Spaltung Deutschlands vorwirft und die »Oder-Neiße-Friedensgrenze« bekräftigt.

Blockade der Berliner Westsektoren; Einrichtung der britisch-amerikanischen Luftbrücke zur Versorgung der abgeschnittenen Stadt.

Wahl der Delegierten für den Parlamentarischen Rat in den Landtagen; Konrad Adenauer Vorsitzender.

In West-Berlin wird Ernst Reuter zum Oberbürgermeister gewählt.

Literatur-Nobelpreis für T.S. Eliot. Es erscheinen Norman Mailers Kriegsroman *Die Nackten und die Toten,* Aldous Huxleys *Affe und Wesen* (utopischer Roman über das Leben im Jahre 2018 nach einem Atomkrieg); von Alfred Ch. Kinsey *Das sexuelle Verhalten des Mannes*; von Hans Sedlmayr *Verlust der Mitte.*

Max-Beckmann-Ausstellung in St. Louis, USA. Gemälde *Die Blinden* von Karl Hofer. Jackson Pollock: *Composition No. 1* (Action painting). Le Corbusier beginnt mit dem Bau seines Wohnblocks Unité d'Habitation in Marseilles (vollendet 1952).

Skandal um Werner Egks »Tanzpoem« *Abraxas* in München. Durchbruch des Cool Jazz (Erfolg des Trompeters Miles Davis in New York).

Christian Dior mit seinem »New look« Modezar in Paris; im Kontrast zu der von ihm kreierten jugendlichen Beschwingtheit (Glockenrock): die vom Existentialismus bestimmten »Kellerkinder« von Saint-Germain-des-Près (schwarze Hosen, schwarze Pullover, wilde Haare); Juliette Greco wird als Chansonette bekannt.

Filme: Helmut Käutners *Der Apfel ist ab*; Robert Adolf Stemmles *Berliner Ballade*; Laurence Oliviers *Hamlet.*

Premieren: Bertolt Brechts *Herr Puntila und sein Knecht Matti* (Schauspielhaus Zürich) und *Der kaukasische Kreidekreis* (in englischer Sprache am Carlston College, USA; in Deutschland 1954); Jean-Paul Sartres *Die schmutzigen Hände* (Paris); Christopher Frys *Die Dame ist nicht fürs Feuer* (London; 1950 im Berliner Schloßpark-Theater).

Im Mai Aufhebung der Berliner Blockade. Der Parlamentarische Rat verabschiedet das »Grundgesetz der Bundesrepublik Deutschland« und einigt sich auf Bonn als vorläufige Hauptstadt des neuen Staates. John McCloy wird zum amerikanischen, André François-Poncet zum französischen und Sir Brian Robertson zum britischen Hochkommissar für Deutschland ernannt. Nach Billigung des Grundgesetzes durch die Landtage aller westdeutschen Länder, außer Bayern, am 14. August Wahlen zum Ersten Bundestag; Konrad Adenauer erster Bundeskanzler; Kurt Schumacher (SPD) wird Oppositionsführer; Theodor Heuss Bundespräsident.

Auseinandersetzungen um die Art des Wiederaufbaus: konsequent modern-funktionalistisch Hannover mit dem Stadtbaurat Rudolf Hillebrecht; ähnliche Entwicklungen (verkehrsgerechte Stadt) in Berlin, Frankfurt, Köln, Hamburg. Historisch orientiert sind die »Traditionalisten« in München, Freiburg, Würzburg, Nürnberg. Wiederaufbau des Goethe-Hauses (Frankfurt).

Gründung der Künstlergruppe »Zen« in München. Kokoschka-Ausstellung im Museum of Modern Art in New York. In Dortmund wird das Museum am Ostwall für Kunst des 20. Jahrhunderts gegründet. .

Goethe-Jahr (200. Geburtstag). Thomas Mann spricht in West und Ost (Frankfurt und Weimar) und ruft dadurch heftige Kontroversen hervor. Ernst Jünger: *Strahlungen*; Gottfried Benn: *Trunkene Flut*; George Orwell: *1984*; Stefan Andres: *Das Tier aus der Tiefe* (erster Band der Trilogie *Die Sintflut*); Hermann Broch: *Die Schuldlosen*; Simone de Beauvoir: *Das andere Geschlecht* (Paris). William Faulkner erhält den Nobelpreis. Bertolt Brecht gründet mit seiner Frau Helene Weigel in Ost-Berlin das »Berliner Ensemble«, das erstmals mit *Mutter Courage und ihre Kinder* (die Weigel in der Hauptrolle) hervortritt. Arthur Miller: *Der Tod des Handlungsreisenden* (New York, deutsch 1950).

Filme: Carol Reeds *Der dritte Mann* (mit Orson Welles), deutsch 1950; Harald Brauns *Nachtwache*.

Der Erfolgsschlager *Wer soll das bezahlen, wer hat das bestellt?* ist mehr rhetorisch gemeint: Die aus der Westbindung der Bundesrepublik sich ergebende, immer stärker werdende wirtschaftliche Unterstützung (Marshallplan) leitet einen raschen Aufstieg ein.

1950

Internationaler »Kongreß für kulturelle Freiheit« (gegen die Unterdrückung geistiger Freiheit durch den Kommunismus) in Berlin. Um einen Platz für Aufmärsche und Paraden zu schaffen, wird in Ost-Berlin das Berliner Schloß gesprengt. Bachfeiern in der neugegründeten DDR. Korea-Krieg.

Es sterben Heinrich Mann, Ernst Wiechert, Hedwig Courths-Mahler, George Bernard Shaw. In den USA erscheinen Ernest Hemingways Kriegsroman aus dem Zweiten Weltkrieg *Über den Fluß und in die Wälder* (deutsch 1954), John Herseys *Die Mauer* (über die Vernichtung des Warschauer Ghettos); in der Bundesrepublik: Walter Jens' *Nein – die Welt des Angeklagten,* Luise Rinsers *Mitte des Lebens*. Günter Eich erhält den ersten Preis der Gruppe 47. Der Friedenspreis des Deutschen Buchhandels wird erstmals auf der wiedergegründeten Buchmesse (an Max Tau) verliehen.

Die stark aktualisierte Inszenierung des *Don Carlos* von Friedrich Schiller durch Fritz Kortner am Berliner Hebbeltheater ruft einen Premierenskandal hervor. Uraufführung von Carl Zuckmayers *Der Gesang im Feuerofen* am Detuschen Theater in Göttingen (Regie Heinz Hilpert) und der Dramatisierung von Franz Kafkas *Der Prozeß* (durch André Gide und Louis Barrault) am Schloßpark-Theater Berlin. In Paris Eugène Ionescos *Die kahle Sängerin*. Hörspiele werden immer beliebter. Rudolf Rolfs eröffnet in Frankfurt sein Kabarett »Die Schmiere«. In der Illustrierten *Quick* erscheint die erste Nick-Knatterton-Folge – eine von dem Zeichner Manfred Schmidt geschaffene Comic-Serie, die den amerikanischen Superman persifliert.

Walt Disneys Zeichentrickfim *Schneewittchen und die sieben Zwerge* (1937) kommt nach Deutschland.

Billy Wilders Film *Sunset Boulevard* (deutsch 1951) rechnet mit dem Hollywood-Mythos ab. Luis Buñuels Film *Die Vergessenen* schildert die Jugendkriminalität in Mexiko-City (deutsch 1953). Vittorio DeSica: *Das Wunder von Mailand* (deutsch 1953) handelt von einem Jungen, der für die Armen am Stadtrand Wunder tut. Deutsche Premiere: *Das doppelte Lottchen* von Josef von Baky; *Das Schwarzwaldmädel* von Hans Deppe; *Frauenarzt Dr. Prätorius* von Curt Goetz. Max Ophüls: *Der Reigen*, nach dem gleichnamigen Stück von Arthur Schnitzler. Als sich Ingrid Bergman von ihrem Mann trennt und den Filmregisseur Rossellini heiratet, bewirkt dies in den USA einen Sittenskandal; die *Welt* widmet dem Paar eine Serie mit dem Titel *Aufstand der Liebenden*. Der Film *Stromboli* wird diesseits wie jenseits des Ozeans ein Erfolg.

Cornelia Froboess hat im Berliner Titania Palast ihren ersten Auftritt und wird zum Kinder-Schlagerstar. Die Polydor-Platte *Von den blauen Bergen kommen wir* wird zum ersten deutschen Nachkriegsschlager, der eine Auflage von 100 000 Exemplaren erreicht. Zur Western-Masche tritt die Südsee-Sehnsucht; in der Tanzmusik dominiert der Samba.

1951

Nach einer Streikdrohung der IG Metall einigen sich Adenauer und der DGB-Vorsitzende Hans Böckler (der im gleichen Jahr stirbt) über die Mitbestimmung im Montan-Bereich. Unterzeichnung des Vertrags über die Gründung der Europäischen Gemeinschaft für Kohle und Stahl; der deutsche Bundeskanzler kommt dabei zum ersten Mal in die französische Hauptstadt; im gleichen Jahr besucht er noch Italien und Großbritannien; nach Wiedereinrichtung des Auswärtigen Amtes leitet er es zunächst in Personalunion (ab 1955 Heinrich von Brentano).

Die Landtagswahlen in Niedersachsen erbringen 11% für die neonazistische SRP (Sozialistische Reichspartei). Arbeitszeit für den Erwerb von 1 kg Butter: in den USA 68 Minuten, in Großbritannien 91, in Dänemark 95, in Schweden 123, in der Bundesrepublik 240, in Frankreich 375 Minuten.

Die pazifistische Oper *Das Verhör des Lukullus* von Bertolt Brecht und Paul Dessau wird von der SED, die auf dem 5. Plenum des ZK eine Kampagne gegen den sich ausbreitenden »Formalismus« (gegen alle diejenigen, die der »Marschrichtung des politischen Kampfes« nicht folgen) eröffnet hat, gemaßregelt; erst nach der gewünschten Veränderung hat die Oper, nun als *Die Verurteilung des Lukullus*, öffentliche Premiere. Heinrich Böll erhält nach Erscheinen seiner Erzählsammlungen *Der Zug war pünktlich* (1949) und *Wanderer, kommst du nach Spa...* (1950) den Preis der Gruppe 47; veröffentlicht wird sein erster Roman *Wo warst du, Adam?*. Es erscheinen: *Tauben im Gras* von Wolfgang Koeppen, *Sie fielen aus Gottes Hand* von Hans Werner Richter, *Der Fragebogen* von Ernst von Salomon; *Molloy* von Samuel Beckett (deutsch 1954), *Verdammt in alle Ewigkeit* von James Jones. Gottfried Benn erlebt ein spektakuläres Come-back. Der deutsche PEN spaltet sich in eine westdeutsche und eine ostdeutsche Gruppe.

Theaterpremieren: Max Frischs *Graf Öderland* in Zürich, Eugène Ionescos *Die Unterrichtsstunde* in Paris (deutsche Erstaufführung 1956 am Mainzer Zimmertheater), Tennessee Williams' *Die tätowierte Rose* in New York (wenig später am Thalia-Theater, Hamburg), Jean-Paul Sartres *Der Teufel und der liebe Gott* (Hamburger Schauspielhaus). In Düsseldorf wird durch Gustaf Gründgens (Intendant dort von 1947-1955) das neue Schauspielhaus eröffnet.

Willi Forsts Film *Die Sünderin* (mit Hildegard Knef), als »Hohelied der Frau« angekündigt, führt wegen einer Nacktszene zu einem Skandal; es werden ihm »entsittlichende Wirkung und verfassungsfeindliche Tendenzen« unterstellt. Veit Harlan (der Regisseur des NS-Filmes *Jud Süß*) erscheint mit dem Streifen *Unsterbliche Geliebte* wieder. Wolfgang Staudte dreht *Der Untertan* (Uraufführung in Ost-Berlin). Eine Ausstellung im Münchner Haus der Kunst enthält viele Künstler, die im Dritten Reich reüssierten (darunter Sepp Hilz und Josef Thorak); die Proteste werden vom bayerischen Kultusminister Josef Schwalber abgewiesen.

In Bayreuth finden die ersten Richard-Wagner-Festspiele nach Kriegsende statt. Arnold Schönberg, der Schöpfer der Zwölftonmusik, stirbt in Los Angeles.

Die USA zünden in einem Atomtest die erste Wasserstoffbombe (mit der Sprengkraft von 600 Hiroshimabomben). Rundfunkgeräte der teueren Preisklasse werden mit einem »magischen Auge« für die Feineinstellung des Empfangs ausgestattet. In seinem Buch *Die Zukunft hat schon begonnen* berichtet Robert Jungk über die hochtechnisierte Massengesellschaft der USA. Norbert Wiener veröffentlicht *Mensch und Menschmaschine* (als philosophische Grundlage der Kybernetik). Die erste Fernsehsendung in der Bundesrepublik wird ausgestrahlt.

»Stalin-Note« zur Frage des deutschen Friedensvertrages versucht vergeblich, die Integration der Bundesrepublik ins westliche Bündnissystem zu verhindern; die Aufrichtigkeit der Vorschläge (u. a. freie gesamtdeutsche Wahlen) wird bezweifelt. Wiedergutmachungsverhandlungen zwischen Vertretern der Bundesrepublik, Israels und der jüdischen Weltorganisationen führen zu einem Abkommen zwischen der Bundesrepublik und Israel. Unterzeichnung des »Generalvertrages« (Deutschlandvertrages) und des Vertrages über die Europäische Verteidigungsgemeinschaft. Der Bundestag verabschiedet das Lastenausgleichsgesetz. Der SPD-Vorsitzende Kurt Schumacher stirbt; Erich Ollenhauer wird sein Nachfolger. Verbot der SRP durch das Bundesverfassungsgericht. Die Gesamtdeutsche Volkspartei wird gegründet; Vorsitz Gustav Heinemann.

Erste Jahrestagung des 1951 gegründeten »Kulturkreises im Bundesvorstand der Industrie«; für mäzenatische Zwecke werden 150 000 DM zur Verfügung gestellt. Mac Zimmermann: *Mythologischer Garten* (surrealistisches Gemälde); Marc Chagall: *Die grüne Nacht*; Fritz Winter: *Spannungen*.

Von Paul Celan erscheint der Gedichtband *Mohn und Gedächtnis*, der die *Todesfuge* (über die Ermordung der Juden in den Vernichtungslagern) enthält. Ferner werden veröffentlicht: *Rede unter dem Galgen* von Ilse Aichinger; *Die Kirschen der Freiheit* von Alfred Andersch; *Der letzte Rittmeister* von Werner Bergengruen, *Links, wo das Herz ist* von Leonhard Frank (Autobiographie), *Labyrinthische Jahre* von Hans Egon Holthusen (Gedichtband), *Der alte Mann und das Meer* von Ernest Hemingway. Nach dem Rowohlt Verlag, der in diesem Jahr seinen 50. ro-ro-ro-Titel herausbringt, startet der S. Fischer Verlag eine Taschenbuchreihe. Monatlich gibt jeder Deutsche 6,75 DM für Bücher, 4,85 DM für Theater und 3,47 DM für Kino aus.

Der Westdeutsche Rundfunk veranstaltet unter der Leitung von Werner Höfer den ersten »Internationalen Frühschoppen«. Das Boogie-Woogie-Fieber grassiert unter der Tanzjugend. Die Bildzeitung erscheint mit einer Startauflage von 250 000 Exemplaren; Preis 10 Pfennig.

1953

Unter dem neuen Präsidenten der USA, Dwight D. Eisenhower, wird John Foster Dulles, den bald eine enge Freundschaft mit Adenauer verbindet, Außenminister. Stalin stirbt; Nikita Sergejewitsch Chruschtschow wird Erster Sekretär des ZK. Adenauer besucht die Vereinigten Staaten; die Wahlen zum Zweiten Deutschen Bundestag werden für ihn zum großen persönlichen Triumph: CDU/CSU 45,2%, SPD 28,8% der Stimmen. Am 17. Juni kommt es zu einem Arbeiter-Aufstand in Ost-Berlin und in der DDR, der mit Hilfe sowjetischer Truppen niedergeschlagen wird. Waffenstillstand in Korea.

Am Schloßpark-Theater Berlin erfolgt die deutsche Erstaufführung von Samuel Becketts *Warten auf Godot*, mit der das »absurde Theater« auf den deutschen Bühnen einzieht; ferner Uraufführung von *Das Schloß* von Franz Kafka in der Dramatisierung von Max Brod (Berlin). Von Wolfgang Koeppen erscheint *Das Treibhaus*, von Heinrich Böll *Und sagte kein einziges Wort*, von Ingeborg Bachmann der Gedichtband *Die gestundete Zeit*, Ernst Berendt veröffentlicht das *Jazz-Buch*; Alan Bullocks Buch *Adolf Hitler – eine Studie über Tyrannei* kommt in deutscher Übersetzung heraus. Der zweite Teil des Kinsey-Reports (*Das sexuelle Verhalten der Frau*), wonach mehr als die Hälfte der

Amerikanerinnen nicht mehr jungfräulich in die Ehe gehen, ruft auch in der Bundesrepublik lebhafte und kontroverse Diskussionen hervor.

James D. Watson und Francis H. Crick entdecken die Struktur des Erbträgermoleküls Desoxyribonukleinsäure (DNS) und begründen damit den Forschungsbereich der Molekulargenetik.

Der Neuseeländer Edmund Percival Hillary besteigt zusammen mit dem Sherpa Tenzing Norgay den Mount Everest im Himalaja, den höchsten Berg der Erde (8848 m).

Die Breitwandfilme kommen auf. Marylin Monroe beginnt ihren Aufstieg als naiver Sexstar. Der Nordwestdeutsche Rundfunk sendet das erste regelmäßige Fernsehprogramm. Nach einer experimentellen Vorbereitungszeit wird die elektronische Musik (mit einem Tonstudio im Kölner Funkhaus als Zentrum) vor allem durch Karlheinz Stockhausen bekannt.

1954

Le Corbusier beendet den Bau der Wallfahrtskirche »Notre Dame du Haut« in Ronchamp. Zum ersten Mal wird in der Bundesrepublik (Krefeld) das Gesamtwerk von Joan Miró gezeigt. Auf der Biennale von Venedig schockieren die Bilder von Francis Bacon das Publikum. Françoise Sagan wird mit ihrem Erstlingswerk *Bonjour Tristesse* weltberühmt. Max Frisch veröffentlicht den Roman *Stiller*; es erscheinen von Heinrich Böll *Haus ohne Hüter*, von William Faulkner *Eine Legende*, von Thomas Mann *Die Bekenntnisse des Hochstaplers Felix Krull*. Ernest Hemingway erhält den Nobelpreis.

Neue Zeitschriften: *Akzente* (»Zeitschrift für Dichtung«) und (seit Dezember 1953) *Magnum* (»Zeitschrift für das moderne Leben«, typographisch raffiniert gestaltet, Organ eines engagierten Photojournalismus). Marylin Monroe erscheint als erstes »Playmate of the Month« im *Playboy*.

Ein Jahr nach seiner New Yorker Uraufführung kommt Arthur Millers *Hexenjagd* in die Bundesrepublik (Berliner Schillertheater); Erstaufführung von Bertolt Brechts *Der kaukasische Kreidekreis*.

Wilhelm Furtwängler stirbt. Europäische Erstaufführung von *Musik für zwei präparierte Klaviere* von John Cage und David Tudor bei den Donaueschinger Musiktagen. Rolf Liebermann: *Penelope* (Oper); Luigi Nono: *La victoire de Guernica* (Kantate).

Auf dem Bikini-Atoll detoniert die erste transportable amerikanische Wasserstoffbombe. Theodor Heuss wird erneut zum Bundespräsidenten gewählt.

Filme: *Die letzte Brücke* (Helmut Käutner), *La Strada* (Federico Fellini), *Die Faust im Nacken* (Elia Kazan).

Die bundesrepublikanische Mannschaft gewinnt die Fußballweltmeisterschaft.

1955

Konferenz von 29 blockfreien Staaten in Bandung. Aufnahme der Bundesrepublik in die NATO; der »Sicherheitsbeauftragte« Theodor Blank, seit 1950 zuständig für die »mit der Vermehrung der alliierten Truppen zusammenhängenden Fragen«, wird der erste Bundesverteidigungsminister. (Januar 1956 werden die ersten Bundeswehrkader – »Lehrkompanien« aus freiwilligen Soldaten – aufgestellt.)

Erste »documenta« in Kassel. Photoausstellung *The Family of Man* in New York. Pablo-Picasso-Ausstellung in München. Robert Rauschenberg erweist sich als Wegbereiter der amerikanischen Pop-art. Es sterben Willi Baumeister, Fernand Léger, Max Pechstein, Maurice Utrillo.

Kurz nach der Uraufführung von Tennessee Williams' Schauspiel *Die Katze auf dem heißen Blechdach* in New York deutsche Erstaufführung in Düsseldorf. Carl Zuckmayer: *Das kalte Licht* (Hamburg, inszeniert von Gustaf Gründgens). Der 150. Todestag von Friedrich Schiller wird in beiden deutschen Staaten mit großen Feiern begangen; Thomas Mann hält in Stuttgart und einen Tag später in Weimar eine Gedenkrede (*Versuch über Schiller*); ein paar Monate später stirbt der Dichter. Tod von Paul Claudel, Theodor Plivier, Alfred Polgar. Vladimir Nabokovs Roman *Lolita* erscheint in Paris, nachdem er von amerikanischen Verlegern aus moralischen Bedenken abgelehnt worden war.

Der Filmschauspieler James Dean verunglückt kurz nach Fertigstellung des Filmes *East of Eden* (Regie Elia Kazan) tödlich; er wird in kurzer Zeit zur Kult-Figur der Jugend. Filmpremieren: *Die Saat der Gewalt* (Richard Brooks), *Himmel ohne Sterne* (Helmut Käutner), *Sissi* mit Romy Schneider und Karlheinz Böhm, Regie Ernst Marischka), *Des Teufels General* (Helmut Käutner).

Durchbruch der Rock 'n' Roll-Musik (Elvis Presley). Die Berliner Philharmoniker unter Herbert von Karajan gastieren in New York. Deutschsprachige Premiere des Musicals *Kiss me Kate* von Cole Porter (1948). Großer Erfolg von Maria Callas in Berlin.

1956

Die Dramatisierung des *Tagebuchs der Anne Frank* (Buchausgabe 1955) wird an acht deutschen Bühnen aufgeführt und löst vor allem bei jungen Menschen tiefe Betroffenheit aus. Neuerscheinungen: *Der Fall* von Albert Camus (deutsch 1957, im gleichen Jahr Nobelpreis); *Die Dämonen* von Heimito von Doderer; *Hamlet oder Die lange Nacht nimmt kein Ende* von Alfred Döblin. Sachbuch: *Heller als tausend Sonnen* von Robert Jungk (über die Spaltung des Atoms und die Folgen). Es sterben Gottfried Benn, Bertolt Brecht. Uraufführung von Friedrich Dürrenmatts Drama *Der Besuch der alten Dame* in Zürich.

Neue Filme: *Stresemann* (Regie Alfred Braun); *Baby Doll* (Elia Kazan, deutsch 1957); *Die Trapp-Familie* (Wolfgang Liebeneiner, mit Ruth Leuwerik und Hans Holt); *Nacht und Nebel* (Alain Resnais, Dokumentarfilm über die Konzentrationslager des Dritten Reiches); *Die Halbstarken* (Georg Tressler); *Der Hauptmann von Köpenick* (Helmut Käutner, mit Heinz Rühmann).

80. Geburtstag Konrad Adenauers. Einigung mit Frankreich über die Angliederung des Saarlandes an die Bundesrepublik zum 1. Januar 1957. Bundestag verabschiedet Wehrpflichtgesetz. Franz Josef Strauß (CSU) wird Verteidigungsminister. Die KPD vom Bundesverfassungsgericht verboten.

Niederwerfung der ungarischen Revolution durch sowjetrussische Truppen. Angriff Israels auf Ägypten.

In den USA wird die Antibabypille entwickelt (erste erfolgreiche Tests auf der Antilleninsel Puerto Rico); obwohl von der katholischen Kirche erbittert bekämpft, tritt sie Anfang der 60er Jahre ihren Siegeszug um die ganze Welt an.

1957

Internationale Bauausstellung in Berlin. Werner Heisenberg und Wolfgang Pauli entwickeln als Versuch einer physikalischen Gesamtdeutung ihre »Weltformel« (seit 1953). Erster erfolgreicher Probelauf des Wankel-Motors. Göttinger Manifest: Unter Federführung von Otto Hahn veröffentlichen 18 deutsche Kernphysiker einen Aufruf, in dem sie die Bundesregierung zum freiwilligen Verzicht auf Atomwaffen auffordern; Adenauer hatte sich für die Ausrüstung der Bundeswehr mit Atomwaffen ausgesprochen. Die UdSSR startet den ersten künstlichen Erdtrabanten, Sputnik I. In den USA wird dadurch u. a. eine curriculare Umstellung des Erziehungswesens eingeleitet, da man sich nun technologisch überrundet sieht: die Naturwissenschaften sollen stärker betont werden. (Erster Start eines US-Satelliten 1958.)

Der Mailänder Verleger Feltrinelli veröffentlicht Boris Pasternaks Roman *Doktor Schiwago*, dessen Erscheinen in der Sowjetunion verhindert worden war. Weitere Neuerscheinungen: *Homo faber* von Max Frisch, *Sansibar oder der letzte Grund* von Alfred Andersch, *Verteidigung der Wölfe* von Hans Magnus Enzensberger, *Ehen in Philippsburg* von Martin Walser, *Unterwegs* von Jack Kerouc (deutsch 1959; eine autobiographische Erzählung, die zum Kult-Buch der Beat-Generation wird). Entwicklung des »Nouveau roman« in Frankreich; eingeleitet durch Alain Robbe-Grillets Roman *Die Jalousie oder Die Eifersucht* (deutsch 1959). Es sterben Alfred Döblin, Curzio Malaparte. Sachbücher: *Das ist des Deutschen Vaterland. 70 Millionen in zwei Wartesälen* von Erich Kuby; *Die skeptische Generation* von Helmut Schelsky.

Theaterpremieren: *Leben des Galilei* von Bertolt Brecht; *Der Balkon* von Jean Genet (deutsche Erstaufführung 1959); John Osborne: *Blick zurück im Zorn* (deutsche Erstaufführung in Berlin). Skandal um Eugène Ionescos absurdes Drama *Opfer der Pflicht* (Darmstadt).

Menschliche Beziehungslosigkeit und ihre Überwindung stehen im Mittelpunkt des Filmes *Wilde Erdbeeren* von Ingmar Bergman. Weitere Filmpremieren: *Das Wirtshaus im Spessart* (Regie Kurt Hoffmann); *Die zwölf Geschworenen* (Sidney Lumet), *Die Brücke am Kwai* (David Lean, mit Alec Guinness). BB (Brigitte Bardot) wird zur Symbolfigur weiblicher Emanzipation; sie »überspielt« die »Busenköniginnen« Gina Lollobrigida und Sophia Loren.

Die Fernsehfassung der Brechtschen *Dreigroschenoper* erreicht eine Einschaltquote von 81,2 Prozent.

Außenminister Heinrich von Brentano vergleicht das lyrische Spätwerk Brechts mit Produkten des Nazi-Dichters Horst Wessel. Beginn deutsch-sowjetischer Verhandlungen in Moskau über die Handelsbeziehungen und die Repatriierung der in der UdSSR noch zurückgehaltenen Deutschen.

1958

Lebhafte Diskussionen über die Möglichkeiten der Entspannung: Der polnische Außenminister Adam Rapacki schlägt eine atomwaffenfreie Zone in Mitteleuropa vor; die Sowjetregierung fordert in einem Memorandum die Einberufung einer Gipfelkonferenz (was Bundeskanzler Adenauer als Störmanöver und Propagandafeldzug bezeichnet); Fünf-Punkte-Programm des Führers der britischen Labour-Opposition Hugh Gaitskell für ein Disengagement in Europa. Massenkundgebungen der Aktion »Kampf dem Atomtod« in vielen deutschen Städten. Sowjetische Vorschläge für einen auf 25 Jahre befristeten Nichtangriffspakt zwischen den Mitgliedern der NATO und des Warschauer Paktes. Erstes Treffen von Adenauer mit dem neuen französischen Staatschef de Gaulle, der wenig später die Atombewaffnung Frankreichs ankündigt. Weltausstellung in Brüssel.

Kardinal Roncalli, der Erzbischof von Venedig, wird als Johannes XXIII. zum Papst gewählt.

Boris Pasternak erhält den Nobelpreis für Literatur. Es erscheinen *Frühstück bei Tiffany* von Truman Capote, *Schlußball* von Gerd Gaiser. Als Sachbücher: *Deutsche Geschichte im 19. und 20. Jahrhundert* von Golo Mann, *Der Sowjetmensch* von Klaus Mehnert.

In der bildenden Kunst werden die Mobiles von Alexander Calder bekannt. *Große sitzende Frauenfigur auf Stufen*: Plastik von Henry Moore. Fertigstellung des Seagram Building in New York (von Mies van der Rohe und Ph. Johnson).

Die Bundesregierung versucht, die Aufführung des gesellschaftskritischen Filmes *Rosemarie, des deutschen Wunders liebstes Kind* (Regie Rolf Thiele, Drehbuch Erich Kuby) auf der Biennale von Vendig zu verhindern. Die Filmselbstkontrolle setzt durch, daß vor dem Start des Filmes ein Vorspann eingesetzt wird, der jede Beziehung des Stoffes zur bundesdeutschen Wirklichkeit verneint. (Das Callgirl Rosemarie Nitribitt war 1957 in Frankfurt ermordet worden.) In Frankreich wird der »Film der Autoren«, im Gegensatz zur kitschigen Konfektionsware, vor allem durch François Truffaut (*Sie küßten und sie schlugen ihn*, deutsch 1959) bekannt.

Die Kunstausstellung »documenta 2« in Kassel (mit einem starken Übergewicht der Maler des abstrakten Expressionismus). Oskar Kokoschka porträtiert Bundesminister Ludwig Erhard. Fertigstellung der Wohnhochhäuser »Romeo und Julia« von Hans Scharoun in Stuttgart.

Günter Grass veröffentlicht den Roman *Die Blechtrommel*; vor allem wegen der Unverblümtheit in der Darstellung des Sexuellen wird ihm der von der Jury zuerkannte Literaturpreis der Stadt Bremen verweigert. Weitere Neuerscheinungen: *Billard um halbzehn* von Heinrich Böll, *Mutmaßungen über Jakob* von Uwe Johnson, *Sprachgitter* von Paul Celan, *Zazie in der Metro* von Raymond Queneau (deutsch 1960). Zahlreiche Feiern zu Friedrich Schillers 200. Todestag. Die DDR proklamiert die Arbeiterliteratur (»Bitterfelder Weg«).

Das durch den Krieg zerstörte Leben zeigen zwei in ihrer Form höchst unterschiedliche Spielfilme: *Die Brücke* von Bernhard Wicki (hartem Realismus verpflichtet) und *Hiroshima mon amour* von Alain Resnais (geprägt durch eine verfließende »Bildmelodie«, Drehbuch Marguerite Duras).

Deutsche Erstaufführung von Eugène Ionescos Drama *Die Nashörner* in Düsseldorf (Regie Karlheinz Stroux). Ferner: *Die heilige Johanna der Schlachthöfe* von Bertolt Brecht (unter der Regie von Gustaf Gründgens in Hamburg); *Die Eingeschlossenen* von Jean-Paul Satre (Paris).

Erste deutsche Bühnenaufführung von Arnold Schönbergs Oper *Moses und Aron* im Rahmen der Berliner Festwochen; Dirigent Hermann Scherchen; militante Störaktionen.

Hawaii wird 50. US-Bundesstaat. Abgeleitet aus hawaiianischer Folklore wird der Hula-Hoop-Reifen zur großen Freizeitmode.

Das Bundesverteidigungsministerium bestellt in den USA 96 »Starfighter«. Nominierung Konrad Adenauers zum Kandidaten der CDU/CSU für das Amt des Bundespräsidenten; Adenauer verzichtet; an seiner Stelle wird Heinrich Lübke gewählt. Die SPD verabschiedet das »Godesberger Programm«.

Der Deutsche Ausschuß für das Erziehungs- und Bildungswesen legt den »Rahmenplan zur Umgestaltung und Vereinheitlichung des allgemeinbildenden öffentlichen Schulwesens« vor.

1960

Israelische Agenten bringen den ehemaligen SS-Obersturmbannführer Adolf Eichmann, als »Schreibtischtäter« mitverantwortlich für die Massenvernichtung der europäischen Juden im Dritten Reich, nach Israel; er wird 1961 zum Tode verurteilt und 1962 hingerichtet.

Nikita Chruschtschow verlangt in der UNO die Aufnahme der Volksrepublik China, mit seinem Schuh auf den Tisch trommelnd. Eingreifen von UNO-Truppen im Kongo; (Patrice Lumumba hatte die Wahlen in Belgisch-Kongo gewonnen; er wird von Staatspräsident Kasawubu gestürzt und an die Provinz Katanga, unter Präsident Moise K. Tschombé, ausgeliefert; 1961 dort ermordet).

Brasilia wird Hauptstadt Brasiliens; Fertigstellung der dortigen Kathedrale durch Oscar Niemeyer. In New York Einweihung des Guggenheim-Museums (Architekt Frank Lloyd Wright).

Yves Klein: *Schwammrelief, monochrom blau* (Neuer Realismus). Die Happenings gewinnen an Bedeutung.

Erfindung des »Laser« (eines gebündelten, hochenergiereichen Lichtstrahls). Jacques Piccard erreicht mit seinem Tauchboot eine Rekordtiefe von 10 916 Metern. Frankreich zündet seine erste Atombombe.

Albert Camus kommt bei einem Autounfall um. Neuerscheinungen: *Die Rote* von Alfred Andersch, *Kaff auch Mare Crisium* von Arno Schmidt, *Halbzeit* von Martin Walser.

Die Fernseh-Familienserie *Familie Schölermann* (seit 1954 111 Folgen, Einschaltquoten 70 bis 90 %) wird eingestellt; Nachfolgeserie *Firma Hesselbach*.

Erster Spielfilm von Jean-Luc Godard: *Außer Atem*.

Uraufführung von Hans Werner Henzes Oper *Der Prinz von Homburg*; Libretto nach Heinrich von Kleists Schauspiel von Ingeborg Bachmann.

1961

Die USA brechen die diplomatischen Beziehungen zu Kuba ab. Chruschtschow und der neue Präsident der USA, John F. Kennedy, führen Gespräche in Wien. Der Mauerbau in Berlin führt zur hermetischen Abriegelung Ostberlins vom Westen. Adenauer wird wieder zum Bundeskanzler gewählt. Die Rebellion französischer Generäle in Algerien gegen de Gaulle bricht zusammen.

Dag Hammarskjöld, der schwedische Generalsekretär der UNO (seit 1953) erhält postum den Friedens-Nobelpreis (abgestürzt auf dem Flug zu einer Besprechung mit dem Katanga-Präsidenten Tschombé). Der sowjetische Fliegermajor Juri Gagarin umrundet als erster Mensch im Weltraum mit seinem Raumflugkörper Wostok I die Erde.

Neubau der Berliner Kaiser-Wilhelm-Gedächtniskirche durch den Architekten Egon Eiermann vollendet.

Nagelbilder und benagelte Objekte von Günther Uecker, der sich der seit 1957 bestehenden Künstlergruppe »Zero« anschließt. Marc Chagall: Entwürfe für die Glasfenster der Synagoge in der Jerusalemer Hadassah-Klinik. Friedensreich Hundertwasser: *Sonne und Spiraloide über dem Roten Meer*. Hans Uhlmann: Eisenplastik vor der Westberliner Deutschen Oper. George Segal: Environments, darunter *Frau in einer Restaurantnische*.

Ernest Hemingway begeht Selbstmord. Nobelpreis für den jugoslawischen Schriftsteller Ivo Andrič. Walter Höllerer gibt die Zeitschrift *Sprache im technischen Zeitalter* heraus.

Bei einer vom NDR in Auftrag gegebenen Fernsehinszenierung der von Fritz Kortner bearbeiteten *Lysistrata* des Aristophanes blendet sich der Bayerische Rundfunk aus dem ARD-Programm aus; Grund: Verletzung des sittlichen Empfindens. Gründung des Zweiten Deutschen Fernsehens (ZDF) in Mainz.

Filme: *Viridiana* von Luis Buñuel; *Letztes Jahr in Marienbad* von Alain Resnais (Drehbuch Alain Robbe-Grillet).

Heftige Diskussionen, ob man nach dem Mauerbau Brecht auf westdeutschen Bühnen noch spielen soll; die meisten Theaterintendanten solidarisieren sich gegen einen Boykott.

Das Wörterbuch der Gebrüder Jacob und Wilhelm Grimm gelangt zum Abschluß (seit 1851). In seinem Buch *Griff nach der Weltmacht* stellt der Hamburger Historiker Fritz Fischer die Schuld der deutschen Regierung am Ersten Weltkrieg heraus und bewirkt damit eine heftige Wissenschaftsdebatte.

Deutsche Erstaufführung von *My Fair Lady* (1956) in Berlin. Skandal um Luigi Nonos Oper *Intolleranza* in Venedig. In der Neuinszenierung des *Tannhäuser* durch Wieland Wagner in Bayreuth ist die Venus mit der farbigen Sängerin Grace Bumbry besetzt, was Proteste auslöst.

1962

Die US-Regierung verhängt ein Handelsembargo gegen Kuba und später eine Seeblockade, um den weiteren Ausbau der Insel als sowjetische Raketenbasis zu verhindern; Ultimatum an den Kreml; die Raketenstreitkräfte beider Großmächte werden in höchste Alarmbereitschaft versetzt; die Welt steht am Abgrund eines Atomkrieges. Da erklärt sich Chruschtschow bereit, die auf Kuba stationierten Raketen abzuziehen.

Die Durchsuchung der Redaktionsräume des *Spiegel* und die Verhaftung des Herausgebers Rudolf Augstein sowie mehrer Spiegel-Redakteure führt zu einer Regierungskrise: die FDP-Minister erklären ihren Rücktritt. Franz Josef Strauß verzichtet auf ein Amt in der neu zu bildenden Regierung; Adenauer kann so die CDU/CSU/FDP-Regierungskoalition fortsetzen.

In Rom wird von Papst Johannes XXIII. das Zweite Vatikanische Konzil eröffnet, dessen Aufgabe es sein soll, die Lehre der katholischen Kirche neu zu durchdenken, die Einheit der Christen zu fördern und das Verhältnis zu den Nichtchristen zu verbessern.

Nach einer Allensbacher Untersuchung billigt ein Drittel der Befragten, wenn eine unverheiratete Frau Mutter wird. Die »Antibabypille« ist nun auch in der Bundesrepublik im Handel erhältlich.

Die noch unbekannten Beatles, die sich 1958 in Liverpool zu einer Gruppe zusammengeschlossen haben, spielen sechs Wochen in Hamburg. Wolfgang Fortners Oper *In seinem Garten liebt Don Perlimplin Belisa* (nach einem Werk von Federico García Lorca) bei den Schwetzinger Festspielen uraufgeführt.

Marylin Monroe begeht Selbstmord. Niedergang des deutschen Films (Rückgang der Besucherzahlen, Schließung von Kinos). »Oberhausener Manifest« des jungen deutschen Films.

In New York Uraufführung von Edward Albees *Wer hat Angst vor Virginia Woolf?* (deutsch 1963).

1963

Alexander Mitscherlich veröffentlicht das Buch *Auf dem Weg zur vaterlosen Gesellschaft*. Es erscheinen ferner: *Eichmann in Jeusalem* von Hannah Arendt; *Das sogenannte Böse* von Konrad Lorenz; *Goethe – Sein Leben und seine Zeit* von Richard Friedenthal. Wichtige Romane: *Irrlicht und Feuer* von Max von der Grün; *Die Clique* von Mary McCarthy.

Rolf Hochhuths Schauspiel *Der Stellvertreter* bewirkt wegen seiner Kritik an Papst Pius XII. (erst sein Schweigen habe die Judenvernichtung im Dritten Reich möglich gemacht) heftige Diskussionen. Heinar Kipphardts »szenischer Bericht« *In der Sache J. Robert Oppenheimer* zunächst im Fernsehen, dann als Theaterstück.

Es sterben: Johannes XXIII.; Adolf Weber; Gustaf Gründgens; Ernst Glaeser (*Jahrgang 1902*); die Chansonsängerin Edith Piaf; Georges Braque (in München zeigt das »Haus der Kunst« sein Werk).

Eine Ausstellung von 200 Gemälden Fernand Légers in Moskau führt in der sowjetischen Presse zu heftigen Angriffen gegen moderne westliche Kunst. Gemälde *Nackter Mann und Große Nacht im Eimer* von Georg Baselitz.

Fertigstellung der »Neuen Philharmonie« von Hans Scharoun in Berlin. Konzertante Aufführung von Bernd Alois Zimmermanns Oper *Die Soldaten*.

Ingmar Bergmans Film *Das Schweigen* führt wegen einer Koitus-Szene zu einem Skandal; die Filmbewertungsstelle Wiesbaden vergibt das Prädikat »Besonders wertvoll«.

Der US-Präsident Kennedy macht einen Staatsbesuch in der Bundesrepublik und kommt, begeistert begrüßt, als erstes westliches Staatsoberhaupt seit 1945 auch nach Berlin; fünf Monate später (22. 11.) wird er in Dallas (Texas) ermordet.

Der 87jährige Bundeskanzler Konrad Adenauer tritt nach 14jähriger Amtszeit zurück. Sein Nachfolger wird Ludwig Erhard.

Es sterben Altbundespräsident Theodor Heuss und der Vorsitzende der SPD, Erich Ollenhauer (1964 wird Willy Brandt sein Nachfolger).

Die deutsche Lufthansa nimmt Flugzeuge des Typs Boeing 727 in Dienst; die Maschine, die seit 1954 entwickelt wurde und den Luftverkehr revolutionierte, war als erstes und zugleich erfolgreichstes Langstrecken-Düsenflugzeug seit 1959 auf der Route über den Nordatlantik eingesetzt.

Olympische Sommerspiele in Tokio; Olympia-Stadion mit Hängedach von Kenzo Tange, Yoshikatsu Tsuboi und Uichi Inoue.

Die »documenta 3« in Kassel, mit finanziellen Schwierigkeiten kämpfend, zeigt als »Museum der hundert Tage« (Arnold Bode) vor allem Werke anerkannter Meister, darunter Hans Arp, Oskar Schlemmer, Max Beckmann, Pablo Picasso, Constantin Brancusi, Emil Nolde; ferner Francis Bacon, Victor Vasarely, Jean Dubuffet, Yves Klein. Als »neue« Künstler sind u. a. vertreten Robert Rauschenberg, Joseph Beuys, Günther Uecker, Otto Piene.

Der Negerführer und Geistliche Martin Luther King erhält den Friedens-Nobelpreis (er wird 1968 ermordet). Jean-Paul Sartre lehnt den Literatur-Nobelpreis als »bürgerlichen Preis« ab; er veröffentlicht seine »Lebenserinnerungen« *Die Wörter.* Es erscheinen: *Mein Name sei Gantenbein* von Max Frisch; *Herzog* von Saul Bellow; der Gedichtband *blindenschrift* von Hans Magnus Enzensberger. Uraufführung: *Die Verfolgung und Ermordung Jean Paul Marats, dargestellt durch die Schauspielgruppe des Hospizes zu Charenton unter Anleitung des Herrn de Sade* von Peter Weiss (Schillertheater Berlin).

Der 1933 in die USA emigrierte Sozialphilosoph Herbert Marcuse veröffentlicht *Der eindimensionale Mensch* (deutsch 1967) und gibt damit erste Anstöße zur Studentenbewegung, die in den USA von der Staatsuniversität in Berkeley ausgeht.

Der in England von der Modistin Mary Quant entwickelte »Minirock« erfährt eine rasche Verbreitung.

1965

Ausweitung der seit 1964 eingeleiteten US-Intervention im Vietnam-Krieg; Präsident Johnson billigt Bombenangriffe gegen militärische Ziele in Nordvietnam.

Aufnahme diplomatischer Beziehungen zwischen Israel und der Bundesrepublik Deutschland. Urteil im Auschwitz-Prozeß. Wahl zum 5. Deutschen Bundestag; Ludwig Erhard wird erneut zum Bundeskanzler gewählt und bildet aus CDU/CSU und FDP ein Koalitionskabinett. Winston Churchill stirbt.

Beginn des Lehrbetriebs an der als Reformhochschule gedachten Ruhruniversität Bochum (der Bau erweist sich als »brutales Betonlabyrinth«; er wird für die relativ vielen Selbstmorde bzw. Selbstmordversuche innerhalb der Studentenschaft mitverantwortlich gemacht).

Im Gefolge des Vietnam-Krieges Oppositionsbewegungen in den USA: Radikalisierung der Studentenschaft; Folk-Rock und Protestsong (Bob Dylan, Joan Baez); Hippies (Aussteiger, die sich – als »Blumenkinder« – vor allem in Kalifornien sammeln); die Droge LSD, von dem Psychologen Timothy Leary propagiert, wird zum beliebten Mittel für »Bewußtseinserweiterung«.

Europarat-Ausstellung *Karl der Große* in Aachen. Zweite große Picasso-Ausstellung nach dem Kriege in Frankfurt und Hamburg. Gemälde: *Blumenbukett mit Liebespaar* von Marc Chagall; *California* von David Hockney, *Im Freien* von René Magritte, *Leda 65* von Paul Wunderlich. Mit Roy Lichtenstein und anderen wird die Pop-art zu einer dominanten Stilrichtung.

Das von Julian Beck und Judith Malina in New York gegründete, an Antonin Artauds Theorien (»Theater der Grausamkeit«) orientierte »Living Theatre« geht nach Berlin »ins Exil«. Ekstase und Exzess sollen das Publikum aus seiner Lethargie aufschrecken; inhaltlich stehen Pazifismus, Gewaltlosigkeit, Verzicht auf Besitz, freie Entwicklung des einzelnen im Mittelpunkt. In Recklinghausen wird das neue Haus der Ruhrfestspiele eröffnet. Uraufführung des »Oratoriums« *Die Ermittlung* von Peter Weiss, unter Verwendung von Aussagen im Auschwitz-Prozeß.

Hans Magnus Enzensberger gründet das *Kursbuch* als neue Zeitschrift; es wird zum Sprachrohr der linken Intelligenz.

1966

Mit *Goldfinger* und *Feuerball* (1965) erreicht die James-Bond-Mode einen Höhepunkt; die Filme verherrlichen in der Gestalt des Geheimagenten Bond (mit der Dienstnummer 007) männliche Omnipotenz und faszinieren ein breites Publikum durch technisch-raffiniert inszenierte Geheimdienst-Stories. Abschluß der Winnetou-Verfilmungen (neben weiteren Karl-May-Streifen). *Blow up* (Michelangelo Antonioni). Der junge deutsche Film reüssiert: nach *Es* von Ulrich Schamoni und *Der junge Törleß* von Volker Schlöndorff drehen Alexander Kluge *Abschied von gestern* und Peter Schamoni *Schonzeit für Füchse.*

Die von Richard Münch moderierte, vom Norddeutschen Rundfunk seit 1964 ausgestrahlte satirische Fernsehserie *Hallo Nachbarn* wird endgültig abgesetzt (eine erste Absetzung Ende 1965 hatte zu einem Proteststurm geführt).

Gegenbewegung zur Pop-art: Minimal-art (Bevorzugung einfacher geometrischer Formen). Kokoschka-Ausstellung zum 80. Geburtstag des Malers in Zürich. Große Picasso-Retrospektive in Paris.

Peter Zadek und Wilfried Minks inszenieren Schillers *Räuber* im Stil eines Comic-strip in Bremen; dort auch Uraufführung von Martin Sperrs *Jagdszenen aus Niederbayern.* Brecht-Feiern in Augsburg. Uraufgeführt werden: *Die Plebejer proben den Aufstand* von Günter Grass (Schillertheater Berlin) und *Publikumsbeschimpfung* von Peter Handke (Theater am Turm, Frankfurt).

Eröffnung des neuen Hauses der Metropolitan Opera in New York. Uraufführung der *Lukas-Passion* des Polen Krzystof Penderecki im Dom zu Münster, der *Puntila*-Oper von Paul Dessau an der Deutschen Staatsoper (Ost-Berlin), der Oper *Der junge Lord* (Libretto Ingeborg Bachmann) von Hans Werner Henze (Deutsche Oper Berlin).

Neuinszenierung des *Ring des Nibelungen* in Bayreuth durch Wieland Wagner, der in diesem Jahr stirbt, mit Karl Böhm als Dirigent; sparsam dekorierte Bühne; Lichteffekte; unpathetische Interpretation.

Flutkatastrophe in Florenz mit schweren Kunstschäden; internationale Hilfsaktion. Rücktritt der FDP-Minister aus dem Kabinett Erhard. Ein Antrag der SPD-Fraktion, der Kanzler möge die Vertrauensfrage stellen, wird im Bundestag mehrheitlich gebilligt. Rücktritt Ludwig Erhards. Wahl Kurt Georg Kiesingers (CDU) zum Bundeskanzler. Er tritt an die Spitze einer Großen Koalition aus CDU/CSU und SPD. Willy Brandt wird Bundesaußenminister.

Die von Mao Tse-tung in Rotchina eingeleitete Große Proletarische Kulturrevolution greift um sich; die 1964 erstmals erschienene und nun in riesigen Auflagen verbreitete Mao-Bibel (Zusammenstellung von Zitaten aus seinen Reden und Schriften) erscheint in englischer Sprache (deutsch 1967); sie wird zu einem revolutionären »Handbuch« der Protestbewegung.

Personenregister

Aalto, Alvar 141
Abel, Adolf 138
Abs, Herrmann Josef 87
Adamov, Arthur 246
Adenauer, Konrad 18 ff.,
    21 ff., 23 ff., 27, 29 ff., 41,
    47, 57, 111, 164, 181, 184,
    212, 219, 224, 226 f., 236,
    242, 297, 315 f.
Adorno, Theodor W. 15 f.,
    26, 56, 154, 170, 194,
    202 ff., 205 f., 215, 230, 247,
    252, 257 f., 281 ff., 284,
    288 ff., 291 f., 315
Agartz, Viktor 78, 92
Ahlers, Conrad 212
Ahlsen, Leopold 223, 243
Aicher, Otl 126
Aichinger, Ilse 179 f., 187,
    223 f.
Albers, Josef 121, 132
Albert, Hans 194, 207, 289,
    292
Alexander, Peter 239
Allemann, Fritz René 38 ff.
Althaus, Peter Paul 113, 115
Amery, Carl 298 f.
Améry, Jean 276, 279, 283,
    317
Anders, Günther 196, 230
Andersch, Alfred 165, 172,
    186 f., 215 f., 222 f.
Anderson, Maxwell 229
Anouilh, Jean 112, 229
Antes, Horst 234
Arendt, Hannah 83, 215, 285,
    287 f.
Arndt, Adolf 35
Aron, Raymond 53
Assia, Lys 239
Assmann, Arno 256
Auden, Wystan Hugh
    115 f., 256
Augstein, Rudolf 42, 47, 164,
    212

Babel, Isaak 56
Bachem, Bele 113
Bachmann, Ingeborg 97, 167,

179 f., 187, 215, 223, 256,
    269
Bahrdt, Hans Paul 66
Baki, Josef von 238
Balser, Ewald 236
Bardot, Brigitte 102, 117, 120
Barlog, Boleslav 49, 244
Barrault, Jean-Louis 83
Barth, Hans 53
Barth, Karl 294, 296
Barth von Wehrenalp, Erwin
    278
Bartning, Otto 124, 134, 139
Bartsch, Jürgen 73
Baselitz, Georg 267
Baudelaire, Charles 160
Bauer, Fritz 103, 241, 315
Baumeister, Willi 124, 165,
    262 f.
Baumgart, Reinhard 190
Baumgarten, Hans 211
Bausch, Hans 227
Bayer, Herbert 132
Bea, Augustin 277
Beaucamp, Eduard 167
Bautz, Franz Josef 299
Beauvoir, Simone de 115
Becher, Johannes R. 45, 55
Beckelmann, Jürgen 266
Becker, G. 303
Becker, Hans Detlef 212
Becker, Hellmut 230, 241, 311
Becker, Jürgen 180
Becker, Maria 244
Beckett, Samuel 246
Beckmann, Max 263
Bednarik, Karl 64
Beethoven, Ludwig van
    152, 221, 253
Beheim-Schwarzbach, Martin
    189
Bender, Hans 216, 268, 280
Benjamin, Walter 247, 291
Benn, Gottfried 83, 111, 122,
    157 ff., 160, 163, 168, 171 f.,
    179, 215, 267, 269 f., 273,
    286
Bense, Max 127, 166, 187, 215,
    301

Berg, Alban 254 f.
Bergengruen, Werner
    267, 269 f., 272
Berger, Nicole 236
Bergman, Ingrid 156
Bernanos, Georges 229
Bernard, Josef 139
Bernsdorf, Wilhelm 192
Bertelmann, Fred 239
Besson, Waldemar 310 f.
Beuys, Joseph 162, 265
Bichsel, Peter 180
Biedrzynski, Richard 114
Bill, Max 126 ff.
Binding, Rudolf G. 123, 270
Bischoff, Friedrich 228 f.
Bismarck, Otto von 19, 21
Bissier, Julius 262
Bissier, Werner 262
Bittner, Günther 104
Blank, Hans 237
Blessing, Karl 87, 219
Bloch, Ernst 44 f., 47, 55, 206,
    223, 250, 277, 289 ff., 292, 296
Blöcker, Günter 179, 184, 276
Bobrowski, Johannes 56, 180
Bodamer, Joachim 71 f., 99,
    200
Bode, Thilo 211
Böckler, Hans 78
Boehlich, Walter 111, 189, 279
Böhm, Gottfried 137
Böhm, Karl 248
Böhm, Karlheinz 238
Bökenkamp, Werner 120
Böll, Annemarie 62
Böll, Heinrich 62, 75, 165,
    177, 180 ff., 189, 223 f.,
    267 ff., 301, 304
Böttcher, Karl W. 80
Bollnow, Otto Friedrich 305
Bondy, Barbara 119
Bondy, François 53, 55, 164,
    215, 276
Borch, Herbert von 211
Borchert, Wolfgang 157, 223,
    273
Borgese, Giuseppe Antonio
    53

Quellennachweis der Abbildungen